引き際に利己で会社を潰す三流アホ社長 利他で会社を継ぐ一流デキる社長

小さな会社の事業承継の教科書

事業承継コーディネーター
鈴木世一
[Yoichi Suzuki]

はじめに——社長の引き際には、一流と三流がある

社長の引き際には、一流と三流がある。

大廃業時代に突入したと言われるこの令和の時代だが、なぜそんなに**たくさんの企業が廃業するのか？**

さらに、**二代目、三代目が会社を潰すとよく言われるが、それは本当なのか？**

このような疑問から本書を書こうと思い立ちました。

本文内ではタイトルの「利己」「利他」とあえて記さずに事例をあげております。

読者の皆さんに「事例の背景や情景、自分であればどうする？」という考察をより深く行っていただけると思い、あえて記さずに書き進めています。

唐突ですが、本書原稿の最終チェックをしていた頃、まだ新型コロナウイルスでの外出自粛要請が出るか出ないかというタイミングで、私はある大人数の会議に出席しなければなりませんでした。

すると家内が私に向かって「出席するなら二週間、帰宅せず、自分のオフィスにいてほしい！」と言うのです。一瞬「えっ？」と思いましたが、よくよく聞いてみると、「万一自分が罹患（りかん）していても無症状で気づかず、シニアが多く通うフィットネスクラブで、他のメンバーに移してしまっては大変なことになる」という理由でした。

小さな事柄かもしれませんが、これは明らかに「利他」の考え方です。正直この話を聞いて私は家内を見直しました。

これから出てくる事例は「利己」なのでしょうか？　それとも「利他」なのでしょうか？

ではスタートです。

社長の交代は企業の一大事業です。

中小企業の社長の交代がとても難しいのは当たり前なのですが、社長の交代や事業承継の話をすると、返ってくる中小企業の社長さんたちの答えは、たいていは、

「うちは大手と違って中小企業だから」
「交代できる後釜がいない」
「まだまだやれるし、交代は先の話だから考えていない」
「うちは中小だから、そのようなところにお金をかけられない」
「この苦労を息子たちにはさせられない」

のいずれかです。

大企業、とくに上場企業は、社長退任から交代までの仕組みそのものを持っています。
さまざまな交代理由があるとはいえ、交代が決まってしまえば粛々と進んでいくような

仕組みを持っています。さらに一番大きな理由としては、任期という仕組みで縛られていることがあります。

一方、中小企業はどうでしょうか？　社長のやりたい気持ちが続く限り？　健康が続く限り？　というように、時間軸が非常に不明確なのが中小企業です。

ですので、創業一〇〇年と言われるような老舗企業でも、社長の交代はせいぜい三～四回程度しか経験していないのです。

その上、大廃業時代と言われる令和の時代を迎えたほとんどの中小企業は、まだ**一度も社長の交代を経験していない会社が多い**のではないでしょうか。

ということは、**社長交代の仕組みそのものが存在しないのが中小企業**と言えます。

日本経済を支えているのは中小企業であり、企業全体の約九九％を占めていると言われています。

さらに、その多くはオーナー型の企業です。そのことが社長の交代を難しくしている側面もあり、また、仕組みそのものが存在しない理由もそこに隠れています。

仕組みと言うと冷ややかなイメージがありますが、**社長の引き際、すなわち交代の時期や手段に失敗し、晩節を汚してしまう三流社長があまりにも多く**、社長一人の晩節が汚れるだけならまだしも、晩節を汚すということは会社の存続に関わる重大問題でもあり、ひどい場合は倒産も想定されることになります。

逆に、事業承継に成功した一流社長の会社は、事業承継を行っていない会社と比べて経常利益率が何と平均二％もプラス（例：経常利益率の平均が三％とすると約五％）になっているデータ（帝国データバンクCOSMOS1、2による）まであります。

社長の交代は、時期が来たらという考えでは間に合いません。できるだけ早いタイミングから事前準備を行うことがとても大切になります。

極端な言い方をすれば、**交代準備を開始するのに早すぎるということはまったくありません**。

もっと言うと、日頃の経営の中に、その準備作業につながることが多く含まれて

いるのです。

本書は、社長の在任期間中の業績の優劣ではなく、企業のゴーイングコンサーン（企業は継続するものという前提）を実現するため、**次の世代にいかに最善の形で企業財産の承継ができるか？**に焦点を当てています。

そして、事業承継の重要性を認識し、日々の経営活動に注力できれば、結果的に事業承継を成功させて一流の英雄社長になれます。

当然ながら、事業承継の優劣でそれまでの経営者生活の評価が決まるというわけではありませんが、会社を存続させ、永続させる上で、また、顧客・従業員など取り巻く関係者からすると極めて重要なことです。

創業後五年未満で倒産する会社は八五％、一〇年では何と九四％と言われています。その荒波をかいくぐり、二〇年、三〇年と経営されてきた社長は、すでに立派に成功した経営者と言えます。

いくら自慢してもそれを否定できる人はいないはずですが、**そこに、社長交代という落とし穴が待ち受けていることに気付き、対応できる社長が、本当の意味での一流社長**と言えるのではないでしょうか。

ここで、想像してみてください。

これって理想的な社長の退任の姿でしょうか？

「今回の不良品は本当に申し訳ございませんでした！」。こんなお詫びや、納期遅延のお詫び、さらには「この融資を何とかお願いします！」と何度も金融機関に頭を下げた経験は？

社長である限り、数えきれないくらいこんなことがありましたね。

そんな荒波を乗り越え、一〇年、二〇年、三〇年と経営を続ける中で、夢の中でまで仕事をしてきたのではないかと思います。

そんな創業当時のことに思いをはせていると、突然、ドアのノックの音。

「社長、そろそろお時間です」

そう声をかけられ、社員たちが待つ会議室に行くと、花束をくれる社員や、「社長、本当にありがとうございました」と涙声で声をかけてくれる社員。
そう、今日で私はこの会社の社長を卒業する。この三〇年、本当にいろんなことがあったが、ようやくいい形で社長を譲れる日にたどり着いた。
社員たちの感謝の言葉に囲まれ、自分は何て幸せ者だろうと感謝の気持ちでいっぱいになった……。

繰り返します。これは理想の退任の姿でしょうか？

私は、東証一部上場企業のグループ会社や、独立資本企業六社の代表を務めた経験から、また、長年コンサルタントとして多くの社長をサポートしてきた経験から、さらには大学院で研究活動を行った経験から、どのように準備し、タイミングをはかって社長を退き、どのように事業承継を完成させていけばよいかが見えてきました。

本書ではそのエッセンスをわかりやすく書いていきます。

第1章では、どんな社長でも交代する時期が来るということを、現実として捉えるところからスタートします。

いかに引き際が大切だからといって、ただ潔く退けばよいというものではありません。時機を逸して放り出す三流社長に対し、自分が退いたあとも会社がうまく機能していくよう、あらかじめ整えておくことが一番重要だと考えて退けるのが一流社長です。

〝オレがオレが〟の経営を放棄し、晩節を汚さない社長の引き際には、事前の心構えと準備が必須です。

その準備は、一朝一夕にできるものではありません。晩節を美しく終えるための社長の姿勢、態度、行動について、晩節を汚してしまった社長の例を交えながら解説していきます。

第2章では、事業の流れに関係なく常に将来の準備を行う一流社長と、土壇場になって準備を始める三流社長を身近な例で比較しながら、引き際に備える準備とは何かについて解説していきます。

引き際の準備は、実は就任したときから始まっていると言っても過言ではありません。真剣に引退を考え出してからでは、取るべき行動の選択が狭まります。それでは、最高のタイミングで退くことはできません。

第3章では、私が関係した会社の事例を取り上げながら、一流社長と三流社長の差を具体的に書いていきます。

社長業は、さまざまな事態に遭遇します。そのたいていの「もんだい」は現場で起きることから、その「開決」も、現場の山あり谷ありの中で判断し、手を下していくことになります（あえて問題を「もんだい」、解決を「開決」と書く理由は、のちほどお伝えします）。その、一つひとつの「もんだい」を「開決」していく過程、やり方のすべてに、会社をより良くしていくのか悪くしていくのかの鍵が潜んでいるのです。会社を後継者に託すとは、社長の思い、理念を託すことに通じます。

第4章では、後継者を作る上で、社長として何をすべきかについて述べていきます。そして、その先に来る社長退任、および、**事業承継する最高のタイミングを見極める一流社長と、部下任せであったり、「もんだい」から目を逸らす三流社長**について、身近な例を交えて解説します。

第5章では、いくつもの方法を俯瞰する一流社長と、最初から決めてかかってしまう三流社長のよくある特徴について触れながら、**引き際の留意点**について解説していきます。これを誤ると、それまでの準備が台無しになってしまうほど大切なことです。

私が本書で、「引き際」という言葉を用いるのも、社長の美学を語る上で相応しいと感じるからです。

第6章では、事業承継としてM&Aを用いる際のポイントについて述べていきます。社長を退くためには、何が何でも後継者を育成ないし発掘し、その人に会社を継がせなければいけないというわけではありません。

事業承継には、他にもいくつかのタイプがあり、その中で近年増加しているM&Aという選択肢について触れていきます。

社長なら誰しもが、晩節を汚したいとは思っていません。むしろ、できることなら社長として有終の美を飾りたいと願っているはずです。**M&Aを行うことで引き際を美し**

くできる場合もあります。

以上、**「終わり良ければすべて良し！」**に向けてデキる英雄社長の引き際はいかにあるべきか、そのためには何をしておかなければならないかについて、本文へと移って具体的に述べていくことにしましょう。

鈴木　世一

CONTENTS

第1章 社長の天国と地獄

第2章 見る前に翔べ

第3章 答えは社内にある

第4章 社員を信じて任せる

第5章

引き際の美学

第6章 M&Aという選択肢も

第1章

社長の天国と地獄

引き際を美しくすることは、どんなに偉業を成し遂げ成功してきた社長であっても至難の業(わざ)です。多くの社長は、手探りで自分なりの方法を編み出し、成功を収めてきています。しかし、そのせいでかえって見えないもの、できないことも生じてきて、中でも**一番困るのは、そのことに気付けない社長が少なくないことです。**

オレがオレがの裸の王様になってしまっている社長は想像以上に多いのです。

引き際を誤ってしまう三流社長のほとんどは、裸の王様です。

社長の使命は、会社を永続させることに尽きます。

「企業の存続を至上命題にすることが日本企業の悪しき慣行で、その結果、何の価値も生み出していないゾンビ企業が蔓延している」と発言する評論家がたまにいます。

一面はその通りですが、そうであれば従業員を雇うのではなく、自分一人で一話完結する会社であればいいという話になります。そのような会社は逆にレアケースですね。

起業してから自社のサービスを評価してくれる顧客、それを拡大するために集まった社員たち。その過程を自分の発想や経営手腕でやり抜いてきたと思うのはけっこうですが、どんな社長にも必ず退くときがやってくる。

それは避けることができません。そんなことは、言われなくてもわかっているはずです。しかし、いつ退くかとなると、なかなか決断できない。

決断できないがために、退くタイミングを誤り、晩節を汚し、それまでの成果を台無しにしてしまうのは、本当にもったいなく残念なことです。自社を支持してくれる顧客や社員に対して、本当に申し訳ないことです。

では、退く決断がなかなかできないのはなぜなのでしょうか？

「育て→譲り→退く」という方程式はきれいごとなのでしょうか？

個々に見れば、それぞれの事情がありますが、大きく見れば、以下の三つの理由の一つないし複数が当てはまります。

事例を交えながら見ていくことにしましょう。

①後継者がいない

後継者がいなくて、高齢になっても社長を続けざるをえないというもの。そのために、会社を休業、廃業、ないし解散してしまうというケースが、令和の時代に入り爆発的に増えると言われています。

※東京商工リサーチ『休廃業・解散企業』動向調査」によれば、二〇一九年の休廃業・解散件数は四万三三八四件にまで増加しています。これら休廃業・解散企業の経営者の年齢を見ると、二〇一九年では七〇～七九歳が三九・〇六％、八〇歳以上が一六・九四％となっています。つまり、七〇歳以上が五割以上を占めていることになります。

また、日本政策金融公庫総合研究所が二〇一六年に行った「中小企業の事業承継に関するインターネット調査」によれば、廃業理由として後継者難が二八・五％となっています（「子供に継ぐ意思がない」一二・八％、「子供がいない」九・二％、「適当な後継者が見つからない」六・六％の合計の数値です）。

長年社長として奮闘し、数多くの苦難を乗り越えてきながら、後継者がいないがために、大切な会社を休業、廃業、ないし解散せざるをえないというのは、無念極まりないことでしょう。

しかし、見方を変えれば、**「なぜ後継者の育成や発掘をすることができなかったの**

か？　どうしてやらなかったのか？」については、すべて社長自身の責任なのです。

②事業承継後の不安

後継者候補がいても、実際、その人に社長をやらせたらうまくいかないのではないかという不安もあるでしょう。あるいは、経営手腕については太鼓判を押しているが、いざ、その人が会社を手中に収めると、もはや社長から退いてしまった自分を邪魔者扱いにするようになるのではないかという不安もあるかもしれません。

この種の不安も、信頼に足る後継者を育成ないし発掘することができなかった社長自身の責任と言えます。もちろん、どんなに信頼していた後継者でも、いざ社長になると、会社をうまく切り盛りできないかもしれません。あるいは、信じて社長を譲った自分に牙をむくかもしれません。

しかし、そういうことを不安がるあまり、**いつまでも社長を譲らない**というのは、会社にとって良いことではありません。

ぐずぐずしているうちに、後継者候補も社長への不信を募らせ、**本当に裏切るような行為に及ぶ**こともあるのです。

③権力欲・自己肯定欲

社長という仕事は苦労も多いのですが、遣り甲斐もあります。それ相応の収入もあることでしょう。また、従業員から崇められ、社外では偉い人としてもてはやされもしたでしょう。それをいつまでも手放したくないという欲もあって、決断を遅らせる要因となります。

さらには、退いたあと、自分の遣り甲斐の向け先がなくなる不安など、すべて自分中心に帰結する要因です。

権力欲に駆られ、あまりにも長く社長を務めていると、さまざまな弊害が出てきます。

以上、三つの理由であげたことは、多かれ少なかれ、どのような社長でも突き当たる壁です。しかしこれらを克服していかなければ、最高のタイミングで社長を退き、事業承継を成功に導き、会社を残す英雄社長（一流社長）にはなれません。

社長交代準備を進める上で、まず大事な社長の取るべき態度や心構えから話を進めていきたいと思います。

第1節

地獄から這い上がる胆力

ここでまず検証しておきたいことは、何十年も頑張って経営を続けてきた社長って、そもそもどんな道を歩んできたのかということです。少し実像を明確にしてみましょう。

傍からは、どんなに順風満帆に歩んできたように見える社長でも、成功した社長ほど、日々起こる「もんだい」への対処や、将来に向けての計画実行など、悪戦苦闘の日々を過ごしてきたのではないでしょうか？

社長は、会社の全責任を負う存在です。売上が伸びなければ資金繰りが悪化していきます。業績が悪ければ、思うように資金を借り入れることもできません。それどころか、場合によっては、取引金融機関から、借り入れていた資金の返済を迫られることさえあります。行きつく先は倒産です。会社に自身の私財をつぎ込んでいれば、無一文になってしまいます。

また、業績が良くても、いつ何時、トラブルに見舞われるかわかりません。取引先が倒産し、売掛金が回収できなくなった。自信を持って提供していた自社の商品に、欠陥が見つかった。社員のサービスが行き届かず、顧客を怒らせてしまった等々、あげればきりがないほどです。

社長は常にこうしたリスクと背中合わせで、会社を切り盛りしてきたわけです。そのプレッシャーは、言語に絶する場合も多く、社長でなければわからないでしょう。しかし、経営が順調になればよいかと言うと、得てして順調なときにこそ大問題が発生してくるものです。まさに天国と地獄の往復を幾度も経験していく。社長とはそのようなものではなかったですか？

しかし、そんなときにこそ、社長の真価が問われたのではないでしょうか。

難局に遭遇すると、たいていの人間は、目の前が真っ暗になってしまいます。思い悩み、その苦しみから逃れたいと、自殺さえ頭をよぎるかもしれません。社長も人間です。人一倍孤独であり、弱さを曝け出せない苦労もあります。

しかし、難局を打開することができないようでは、社長は務まらないはずです。

逆に言えば、**長く社長を務めている方は、いくつもの難局を乗り越えて生き抜いてきた、胆力のある素晴らしい方ですね。**

第2節

ゴーイング・マイ・ウェイ

社長とは、いわば地獄に突き落とされても、這い上がることのできる気概とタフさの持ち主であると言えます。そして、地獄から這い上がってきた経験は、自信を生み出します。難局が重大であればあるほど、それを乗り越え、会社を成長させてきたのであればなおさら自信も大きく、揺るぎないものになります。

その自信は、社長の信念、経営理念、マネジメント、リーダーシップなどに反映していきます。

とくに中小企業は社長ですべてが決まります。現実には、売上と利益こそが社長の通信簿として評価されます。**会社の成長は社長の成長**でもあります。

成功した社長で、信念を持たずにマイ・ウェイを確立していない人など、私は見たことがありません。

会社の大小を問わず、とくに中小零細企業になればなるほど、社長の言葉・行動で会社はすべて変わっていきます。それなりの気概を持って日々の経営に当たってきているはずです。

時代に関係なく、会社を永続させるというのは、その社長の信念・哲学が問われるところです。

後継者に会社を引き継ぐことは、社長の信念や哲学を引き継ぐことになるからです。

ここで、私が以前顧問をしていたA社の例をあげます。

A社は従業員が四〇名、売上は一五億円規模の金属加工の会社です。その社長は工場勤めを経たのちに創業した、職人からの叩き上げの人でした。経営は順調でした。資本関係はありませんでしたが、大企業の系列、いわゆる孫請け企業でしたので、当初は受注の問題は少なかったのですが、どうしても競合企業との間で値引き合戦が続き、利益は年々減り続けていました。このままだと資本に手が届く状況が近付いていた創業二一年目の頃、私はアドバイザーとして参加しました。

あるとき私は、そろそろ息子さんを社長に据え、当時叫ばれ出した脱系列に向けて、新規の顧客開拓に社運を賭けるように社長にアドバイスをしました。その結果、紆余曲折はありましたが、三事業年度で会社の絶頂期に戻るくらいまで売上と利益が出るようになりました。私としては基本的なアドバイスだけで、これを成し得た会社の技術力と息子社長の頑張りに称賛を送るだけだったのですが、何と!?

業績が回復して技術的に難しい注文が増えてはいましたが、創業社長の親父さんが、相談役から一線に戻ると突然言い出したのです。たしかに技術力で成り立っている会社ではありますが、それにともなう息子社長や従業員の遣り甲斐や意欲に与える影響や混乱は、容易に想像できます。

私を含め創業社長の奥様も反対したのですが、むなしい抵抗になってしまい、その二年後に、息子社長は親父さんと親子げんかになり、退任してしまいました。

創業社長の言い分は、技術力をもっと前面に出すために、というものでしたが、私から見ればその理由は後付けで、**前に述べた③の権力欲・自己肯定欲**にしか見えない状況でした。

渦中にいない人の目から見ると、この創業社長は三流社長で、オーナー型中小企業にありがちな、オレがオレがの社長の典型と思われるかもしれません。

ところが、超の付く大企業の創業社長でも同じような事例は多くあるのです。

その中でも、誰もがご存知のわかりやすい例として、私が敬愛するダイエーの創業者・中内㓛氏の例と比較してみたいと思います。

超の付く大企業の創業者と、町工場の創業社長を比べるのは不遜だというお叱りを、読者の皆さんから受けるのを覚悟で書き続けたいと思います。


中内㓛氏の原点は、フィリピンでの悲惨な戦争体験にあります。敵の手榴弾を受けて、死線をさまよっていた中内氏は、神戸の実家で家族そろってすき焼きを食べている光景が浮かんだのだと言います。

復員した中内氏は、家族が経営するサカエ薬局に勤務したあと、一九五七年に、末弟の中内力氏とともに大栄薬品工業株式会社を設立し、大阪千林駅前にダイエー薬局を開きました。しかし、開店記念セールが終わると売上が急減します。セールが需要を先食いしたことと、周囲のライバル店が対抗して安売りをし出したからです。

その事態を打開すべく、店舗を改装するとともに、店名を主婦の店ダイエーに改め、医薬品だけでなく食料品などを安価で売り始めます。ダイエーは、安売り攻勢と牛肉特売で人気となり、瞬く間に店舗網を拡大していきました。戦地で夢見たすき焼きを、庶民の手に届くようにしたのです。

売上が増加していくとともに、中内氏はもっと安価で薄利多売できるようにと、製造メーカーに対してより多額のリベートを要求するようになります。そうした中で、一九六四年には松下電器産業（現・パナソニック）が、一九六五年には花王石鹸（現・花王）が、ダイエーとの取引を停止します。

それでも中内氏は怯（ひる）むことはありませんでした。「価格の決定権を製造メーカーから消費者に取り戻す」との固い信念のもとに、売上を伸ばしていきました。一九七二年には百貨店の三越を抜き、小売業売上高トップとなり、一九八〇年には売上高一兆円を突破しました。私も、そのときの一兆円達成セールの規模の大きかったことを覚えています。結果、中内氏は「流通王」と呼ばれるまでになったのです。

どんなことがあっても、たとえ自社よりも大きな取引メーカーと喧嘩してでも、確固たる信念のもと、マイ・ウェイを貫き通したことが成功につながったことは、皆さんもよくご存知の通りです。

第3節

成功したがゆえの落とし穴

確固たる信念で自分の志を実現するため、情熱と直感を軸に起業される方も多いと思います。高い志なくして独立・起業しても、現実の荒波にいともたやすく翻弄され、撤退を余儀なくされる時代です。

また、既存のサービスやルールに縛られたまま生き抜くことができるほど、生易しいものではないことは、社長なら誰でも感じているはずです。つまり、新規事業や新しい何かを生み出さない限り、会社の存続は難しい時代なのです。

新規事業を興すとき、会社を興すときに必要なことは、きちんと撤退ラインを決めておくことです。これは、投資の世界でも同じことが言えます。

うまくいっているからこのままでよいというものではなく、成功体験にしがみついて撤退を考えないやり方は、事業承継についても同じ結果をもたらすのです。

会社を引き継ぐためにどのように考えて実行するか。その前に、事業承継できる中身のある会社を作ってきたというだけでも称賛されるべきことです。起業後の経過年数ごとの存続率を見ていくと、「一年後」四〇％、「五年後」一五％、「一〇年後」六％、「二〇年後」〇・三％、「三〇年後」〇・〇二％と言われています。

もし仮に、あなたの会社の社歴が三〇年だとすると、同期生はわずか〇・〇二％、一万社中二社のうちの一社があなたの会社です!!　どうですか？　これは十分に誇ってよいことだと思います。

ここからが大事なのですが、**社長の落とし穴は、成功が邪魔をするということ**です。自分が大人物であると思い上がり、その勢いで他の人を小人物であると見下し出す。それがいつしか独りよがり、唯我独尊となり、他の人の意見や忠告に耳を貸すことができなくなっていく。

とくに、確固たる信念を持ち、マイ・ウェイを貫く社長ほどそうなりがちです。

どんなに実績のある社長でも、全知全能というわけではありません。他の人から学び続ける謙虚さと、そのマイ・ウェイ精神を後継にきちんと伝えて引き継ぐことを視野に入れていかなければ、成功者ほど独善に陥り破滅していきます。

中内㓛氏の話を続け、核心部に近付きます。

彼は誰よりも確固たる信念を持って、マイ・ウェイを貫き通すことで一時代を築きました。しかし、他の人の意見や忠告を聞き入れなくなっていき、ついには一九八三年二月期の連結決算で、六五億円の赤字に転落。そして、当時、日本楽器製造（現・ヤマハ）社長であった河島博氏を副社長としてスカウトしました。ここから河島氏を総指揮官とする改革が始まり、三年後の一九八六年二月期決算では、連結利益の黒字転換を達成し、V字回復に成功すると、**何と中内氏は第一線に復帰し、元のワンマン社長に戻ってしまいます**。

マイ・ウェイとワンマンは大きな違いです。その後、一番の功労者である河島氏を中内氏の関係先企業に追いやり、そして再建を支えた若手幹部たちも次々と関連会社に放出し、さらに周囲をイエスマンで固めて、長男の中内潤氏を三一歳の若さでダイエー本体の専務に抜擢。一九八九年には副社長に据えました。

その後の中内ダイエーグループの末路はご存知の通りです。

何も、ことさらに中内氏を悪く言いたいのではありません。私は中内氏と同郷の神戸出身で、ダイエーには深い思い入れもあります。子供の頃、ダイエーに行くと、母親から何でも買ってもらえました。彼はそんな私のヒーローでした。

しかし、ヒーローの中内氏が晩節を汚し、失意の中でこの世を去っていかれたかと思うと残念でならず、あえて不遜にも例として書かせていただきました。

事業承継という点では二度行われたわけですが、結果的には晩節を汚した三流アホ社長と言わざるをえないでしょう。

どうですか？　冒頭の金属加工会社の社長と、流通の革命児・天才と言われた経営者の最後は？　どんな社長でも生身の人間である限り、会社の大小にかかわらず、これから起こる社長の交代という一大事業に際して、このような例は特殊ではないということです。

あなたは、マイ・ウェイ？　それともワンマン？　いかがですか？

第4節

社長は裸の王様になりやすい

部下の多くは、社長に対して、なかなか率直な意見や忠告をしてくれません。社長に気に入られるような振る舞いをする人が多いとさえ言えます。

とくに社長の顔がよく見える距離感の会社、中小企業では、社長に右へならえ的な同質性を求める傾向になりやすく、社長や上司に気に入られようと、仕事には関係ないはずの服装や持ち物まで似せてくる社員がいたりします。

顧客よりも上司の顔色を気にするようになり、顧客のニーズにマッチした商品・サービスを提供できなくなる会社は、やがて売上が落ち込み、会社の存続さえ危うくなるものです。

社長は、裸の王様になりやすいポジションなのです。どんなに優れた社長でもです。

厳しい言い方をすれば、そうなってしまうのは、部下たちのせいではなく、自分自身に落ち度があるためです。社長は常に、面と向かって「王様は裸だ」と正直に言ってくれるような人たち、それは社外取締役でも良し、経営コンサルタントでも良し、そんな適正な判断を下してくれる人たちのいる環境を作り出すよう努めることが大切です。

事業承継の肝は、当たり前すぎる話ですが、残る人たちの真摯な意見をいかに正しく汲み上げるかにかかってくるのです。

あなたの会社で、「社長、お言葉ですが〇〇」と言われるようなことが最近ありましたか？

ここが一流社長と三流社長との境目です。

第5節

迎えるのは天国か地獄か。会社の境目とは何か？

『王様と私』という、アメリカの古いミュージカル映画があります。一八六〇年代のシャム（現・タイ王国）を舞台に、王様（ユル・ブリンナー）と、その王子・王女たちの家庭教師としてイギリスから招かれた女性アンナ（デボラ・カー）との物語です。知らない方のために簡単なあらすじを紹介しておきます。

王様とアンナは、王子・王女たちへの教育方針や王国の制度・慣習などをめぐって幾度となく対立しますが、やがて魅(ひ)かれ合うようになります。しかし、王様が自身への不敬罪を犯した者に対し、鞭打ちの刑を執り行おうとすると、アンナは王様を野蛮人だと罵(のの)り、シャムを離れる決意をします。

アンナに罵られてからというもの、王様は食欲もなく夜も眠れず衰弱していきますが、駆けつけて涙を流すアンナに、いつも正しいことを言ってくれたと感謝し、ここに留まってほしいと伝えます。そして、王子の一人に王位を譲り、奴隷制度等の廃止を公布します。しかし、王様は回復することなく、アンナたちが見守る中、静かに息を引き取ります。

物語の中で、王様がアンナの手ほどきを受けながら、二人でダンスを踊るシーン。そのシーンで流れていた曲が『シャル・ウィ・ダンス?』です。

どんなに成功してきた社長でも、晩節を汚しては一気に三流社長へと墜落します。常に現場の声を聞く耳を持ち、部下たちとともに歩んでいくことが大切です。

裸の王様にならないための努力は、従業員とのコミュニケーションを取るか取らないかだけのことなのです。

次章では、涙ぐましいまでの努力で、社長が部下とのコミュニケーションを取り続けている実例を紹介していきます。

第2章

見る前に翔べ

引き際を美しくしたいからといって、ただ潔く退けばよいというものではありません。**社長は自分が退いたあとも、会社がうまく機能していくよう、あらかじめ整えておくことが必須です。**

その準備は一朝一夕にできるものではありません。常日頃からの社長の姿勢、態度、行動が大切なのです。

社長はいかにあり、何を考え、準備しておいたらよいのでしょうか。ここでも、事例を交えながら考えていきましょう。

第1節 まずは気付く

社長の多くは、裸の王様になっていたとしても、そのことに自ら気付くことがなかなかできないでいます。誰かが面と向かって正直に言ってくれればよいのですが、社長にとってそんな都合のいい人は、社長自身が教育して育てていかない限り、ほぼいません。

社長（自分）は裸の王様になっている！　と疑ってみましょう。

自ら気付くには、どうすればよいのでしょうか？

また、面と向かって正直に言ってくれる人を得るには、どうすればよいのでしょうか？

わかりきったことですが、自分自身がまず謙虚でいることが大切です。いつ何時でも、謙虚な心、謙虚な姿勢でいれば、自ずと己の眼は開き、面と向かって正直に話してくれる人も現れてきます。

中国の古典『老子』の中に、「上善如水」（上善は水の如し）という有名な言葉があります。最も理想的な生き方は水のあり方に似ている、という意味です。

水のあり方とは、おおよそ次の三つの特徴のことを言います。

第一に、極めて謙虚であるということです。水はどんどん低いところへと流れていきます。川は上流から下流へ、そして大きな海へと注いでいきます。

第二に、極めて柔軟であるということです。器にはさまざまな形のものがありますが、水はそれに合わせて形を変えることができます。

第三に、極めて大きなエネルギーを秘めているということです。急流ともなれば、硬い岩をも打ち砕いてしまいます。

水は謙虚であり、柔軟でもあります。謙虚だからこそ、柔軟になれるということもあるでしょう。そして何よりも、ものすごく大きなエネルギーを秘めています。硬い岩をも打ち砕き、大きな海ともなるのです。

社長は謙虚さが大切です。ただし、謙虚で人が好いだけでは務まりません。柔軟であることも大切です。そして何よりも、そのエネルギーを発揮できなくてはなりません。水の如き心持ちや姿勢を保ち続けることが、大を成すという教えです。

そうすれば、自ずと自分の姿が見えてくるはずです。

第2節

誰にでもある短所をいかに補うか？

「彼(かれ)を知(し)り己(おのれ)を知(し)れば百戦殆(ひやくせんあや)ふからず」

中国の古典『孫子』の中の有名な言葉です。戦をするためには、敵のことを知らなければならないのは当たり前ですが、それだけでは不十分で、己のことをも知っておくことが重要です。そうすれば、一〇〇回、戦をしたとしても負けることはないという教えです。

この言葉をビジネスに置き換えれば、彼とは、顧客、ライバル会社ということになるでしょう。己はもちろん、自社、そして自分自身です。

会社の大小に関係なく、社長であるならば常に、彼を知り己を知ること、とくに自身のことを知る努力が大切です。

ダイエー創業者の中内㓛氏も、「我々は生活消費大衆に対してどのような提案をするかだけ、生活者から受信をしてそれを商品化するだけ」と語っていたほど、顧客目線に徹していました。

あるとき、ダイエーの店舗を視察中、天ぷら売り場で足を止め、「ええか、ヨーカ堂の天ぷら売り場では、ジューという天ぷらを揚げるうまそうな音をテープで流しているそうやないか。うちは何でそんなこともでけへんのや！」と、売り場主任を怒鳴ったそうです。

そこまでライバル会社の動向を熟知する努力をしていたのです。

ライバル会社や自社のことを知るよう努めていた中内氏でさえも、**自分自身を知ることは難しかった**ようですね。自分自身を知ることは、それほど難しいということなのでしょう。

会社の大小にかかわらず、トップに立つ人間の陥りやすいところとして、最大の注意が必要です。

どんなに優れた人でも、全知全能ではありません。どこかに抜けがあるのは致し方ないことです。もちろん、仕方ないで諦めていては、思わぬ落とし穴にはまってしまうかもしれません。いくら謙虚な姿勢、心でいても、限界はあります。

ならば、どうすればよいのでしょうか。

自分の短所を補ってくれる優秀な補佐役、参謀を置くことです。

よく番頭さんという表現に集約されますが、会社の大小にかかわらず、優秀な参謀をいかに社内から育てるかが重要です。しかし、オレがオレがの三流社長はイエスマンばかりを抜擢し、自身の周りに置こうとします。知らず知らずのうちにそうなっている社長さんは少なくないはずです。

次のような事例が私の顧問先で起きました。先代社長が急逝され、急遽息子さんが社長に就任された会社がありました。息子社長の就任のタイミングで、私たちが関与することになった事例です。

息子さんは当時まだ三〇歳になったばかりで、院卒でしたので社会人経験もまだ少ない頃でした。社員数は二〇名規模の加工機械のメーカーで、創業社長がとてもワンマンな会社でしたので、周りのほとんどの人が、もうこの会社はダメかもしれないと思っていました。

そのような中で私たちのチームが受けた依頼は、この急場への対処と、息子社長の中長期に向けた船出のお手伝いでした。

まず私たちは、現状把握のために社員のファシリテートから始めたのですが、どの社員の口からも共通して出てくるのは、ナンバー2の専務（番頭さん）に対する信頼感と期待感の大きさでした。

そこで、専務の考えを再度聞いてみたところ、ほぼ先代が目指していたものと一致していること、さらには早く息子社長が自分の足で歩けるようにしたいという思いがにじみ出ていることに、深く感心したことを覚えています。

どうしてそこまでという思いから、時間をかけて話を聞いたところ、やはり**先代社長に対する深いリスペクトと、これまで二人三脚でやってきたというナンバー2のプライド**がそうさせたようです。私は先代社長とお話ししたことはありませんでしたが、この専務にしてその社長ありと思うほど、**先代社長と専務はまさに破れ鍋に綴じ蓋の**

ような関係で経営してきたことが、容易に想像できました。

なので、非常にスムーズに事が運び、私たちも一年ほどのお付き合いで、初期のご依頼事項を完結させ契約を終了しましたが、その後も順調に経営が進んでいるようです。

さらに、誰もが読み聞きした例ですが、「経営の神様」と称された松下電器（現・パナソニック）の創業者・松下幸之助氏にも高橋荒太郎という名参謀がいました。幸之助氏に見込まれて松下電器に入社し、取締役、専務、副社長を歴任しながら、幸之助氏を支え続け、「松下の大番頭」とも呼ばれていました。もちろん荒太郎氏が優秀であったことは間違いないと思いますが、幸之助氏の指導、育成があったことは明らかだと思います。

会社にとって一番重要な経営理念の社内浸透も荒太郎氏が行いましたが、極めつきは、**幸之助氏が自ら引退し、娘婿の松下正治氏に社長をバトンタッチする際に、荒太郎氏を会長に据えたことです**。経営の神様・幸之助氏をして、「あの人は神様や」と言わしめたとの話が伝わっています。

私の想像ですが、見えないところで荒太郎氏が幸之助氏に、ときには耳の痛い話もしたのではないかと思います。信頼関係というのは、会社の大小にかかわらず、社長と人間対人間として正直な意見を言ってくれる社員とで醸成されていくものではないでしょうか？

あの松下幸之助氏でさえも、いい番頭さんがいなければどうなっていたかわからないと言えます。

もう一例、ホンダ（本田技研工業）の創業者・本田宗一郎氏を、引き際を汚さず会社を譲った英雄社長にしたのは、やはり当時の大番頭・藤澤武夫氏であることは、誰もが知る有名な話ですね。

一九七三年に、宗一郎氏が社長を退く際、藤澤氏は一緒に副社長を辞しています。「忠臣は二君に仕えず」ということでしょうか。もっとも、この両者の引退は、**後継者を育てたかった藤澤氏が、先に辞めると言い出したものだと言います。**

宗一郎氏は**その意図を汲み取り**、「おれは藤澤武夫あっての社長だ。副社長が辞めるなら、おれも一緒に辞めるよ」と、即断したのだそうです。**二人の引退劇は当時、「最高の引き際」と称賛されていました。**

宗一郎氏は六五歳、藤澤氏は六一歳のころです。

この節の終わりに、逆に**番頭さんが二代目息子社長を潰した例**もお話しします。

その会社は、社長が営業が不得意だったので、中小企業の会社同士の話はトップ商談に限るという考えで、息子さんを社長に据えて顧客との交渉に当たらせました。そして社長は相談役に退き、自分を支えてくれた番頭を息子社長の補佐役に据え、現場の責任者にしました。息子社長はそれまで温めていた営業企画を積極的に売り込んでいき、社長とは違う路線が出来上がろうとした頃、新しい企画ですから、当然さまざまな社内調整が必要になってきました。業績が上がり出したとき、本来は最年長の番頭さんが調整に当たるところ、少し息子社長に嫉妬が出たのか、わかりにくいところで手抜きが始まり、ついに顧客に迷惑をかける事態が起こってしまいました。さすがに遠慮していた息子社長も注意したところ、「息子社長、あんたがのうのうと学校で女の子の尻を追っかけてた頃から、俺はこの会社で仕事をしてきているんだ！」と、このような暴言まで吐くようになりました。困り果てた相談役（お父さん）が間に入ってその場は収まったのですが、その後は、自分の息のかかっている従業員に陰湿ないじめをやらせたりして、ついには息子社長が病気になってしまったのです。

先代社長の番頭さんが次の経営者を潰すという例も、会社の大小にかかわらずよく見受けられる例です。

ホンダのように、二人同時にという選択肢も含んでおく必要がありますね。

次節では、ワンマンにならないように、外部の意見をどう入れやすくするのかへと話を進めていきます。

その中で、いい番頭さんをどのようにして育てるのかも、見えてくるのではないでしょうか？

第3節

外部視点を取り入れる

社外の人材をうまく使うことも一流の証です。

社長が独力では気付かない知見を得たり、自らの短所を補うためには、適任者を社外取締役に就けることも有効です。社外取締役は常勤ではありません。たいていは自身の別の仕事を持っています。ですので、外部の、しかも自分の専門の視点から会社を見ることができます。それが貴重なのです。

社長を含め、社内の人は視野が狭くなってしまいがちです。会社には、それぞれ固有の企業文化がありますので、長くいると、どうしてもそれに染まってしまいます。そうなると、そのフィルターを通してしか物事が見られなくなります。独力では気付かないことも出てきてしまいます。

いくら優秀な参謀役といえども、そうならないとは限りません。

企業文化は、社員間に連帯感をもたらしたり、経営の効率を上げたりと、プラスにも作用しますが、こうしたマイナス面もあるのです。

社外取締役は、その弊害からかなり自由な存在であるだけでなく、むしろ社内の人が感じない企業文化の違和感も感じ取りやすい存在です。もちろん、外部の人なら誰でもいいというわけではありません。外部の視点から、その会社にとって有益な情報を伝えたり、的確な指針を示してくれて、社長に対しても怯まずに正直にものが言える、信頼に足る人でないと意味がありません。

ここでも三流社長は、知り合いやお友達を招聘（しょうへい）しがちなので、注意が必要です。

こうした役割は、経営コンサルタントも担うことができます。コンサルタントであれば、何かと制約のある社外取締役に比べ、より多くの役割を果たすこともできます。フランクに付き合うことで、社長は、表立っては言えないような悩みまで、コンサルタントに打ち明けられるようになるかもしれません。懇意になったコンサルタントであれば、社長の信頼に応えようと、親身になっていろいろと教示してくれるはずです。社長のために一肌脱いでくれることもあるでしょう。

私も経営コンサルタントですが、これまでに、お酒を酌み交わしたり、一緒にゴルフに行ったりしながら、フランクにお付き合いしている社長が少なからずいます。それらの方々から、公私にわたるさまざまな悩みごとを打ち明けられてもきました。そして、微力ではありますが、私なりにできる限りのことはしてきたつもりです。だからこそ、信頼関係が深まり、長いお付き合いになっているのでしょう。そうなり得たのも、私が社内の人間ではなく、社外取締役でもなく、自由なお付き合いができる関係にある人間だからこそだと感じています。

少し変わったクライアントのお話ですが、その社長とは、ほぼ月に一度お会いしています。それも夜の食事の席でしかお会いしません。もちろんその方の会社は知っていますが、会社でお会いすることはまったくありません。

そして、食事中さまざまなお話をされ、ときには私に意見を聞くなどの会話を数時間行い、サッと引き上げていきます。

その間に、さまざまなことを感じたり、吸収したり、ときにはストレスの解消をしているのです。

このような話をすると、冒頭にも書きましたが、「うちは中小企業だから、費用が……」というようなお話をされる社長が多いのです。

一流社長は、社外取締役の任期は一年とし、経営コンサルタントとは必要なときだけ契約すればいいわけで、**必要なものを必要な期間だけ利用すると、専門分野の社員を育てたり新たな社員を雇うより、はるかに安い費用で済むということを知っています。**

第4節

社員の声に耳を傾ける

社員、社内は情報の宝庫。

社長が独力では気付かない知見を得たり、自らの短所を補うためには、まずは何よりも、社員の声に耳を傾けることです。社員に何がわかるのか、などといった態度は禁物です。現場のことを一番よく知っているのは社員なのです。

知っていたとしても、社長には正直に話してくれないと思っているかもしれません。しかしそれは、社長の態度に問題があるのです。社員に対しても謙虚な姿勢で接していれば、社員は胸襟（きょうきん）を開いて、いろいろと話してくれるはずです。

では、私の接した身近な事例をあげていきます。

以前、私の知っているある社長が、顔のわからない社員が増えてきたと、笑いながら言っているのを耳にしたことがあります。その社長は、それくらい会社が大きくなってきたと自慢したかったのだと思います。

人数が多くなってくれば致し方ないことですが、それでも、謙虚な社長であり続けたいというならば、できる限り社員の顔がわかるよう努力し続けなければならないでしょう。できるだけ多くの社員と接し、コミュニケーションを取る機会を自ら作っていくことが大切です。

一方、同じような会話でも、顔と名前が一致しなくなってきて**「ヤバイ状態なんだ」**と言われた社長もいました。同じ事象でも一八〇度捉え方が違うのは生身の人間だからこそと言えます。

私が顧問を務めている、あるＩＴ会社の社長は、階層別に、しかもなるべく少人数ごとに、社員とコミュニケーションを取るよう努めています。すでに社員数が三〇〇人規模の会社になっているのですが、それでもやり続けています。

役員たちとは、毎月、役員会のあと、少し高級なところで一緒に飲食するようにしています。部長、課長といったミドルマネジャーたちとは、月に一回、五人から六人ずつ、ローテーションで夜に会食する場を設けています。また、ロワークラスの社員たちとは、やはり月に一回、五人から六人ずつ、ローテーションでランチをともにするようにしています。これらとは別に、毎月、その月が誕生日の社員を全員集めて、誕生日会という食事会も開催しています。この誕生日会には、階層の異なる社員が集いますので、また違った話もできているそうです。

これらを通じて、社長は、社員たちから多くの気付きと学びを得ていると言います。社員たちも、社長に絶大な信頼を寄せています。また、会社自体、非常に風通しのいい状態が保たれています。その会社は、私の知る三年間で業績が二・五倍になるという、かなりの勢いで成長し続けていますが、それは、こうした社長の取り組みが功を奏しているからでもあるのでしょう。

もちろん、**理念の浸透への努力も惜しまず継続していることは、まさに毎食後の歯磨きのように習慣化**されています。

第5節

行動に移してこそ

見る前に翔べ。

講習会や研修会に真面目に参加される社長はとても多いのですが、せっかく新たな気付きや知見を得ることができても、それを**行動に移さなければ意味がありません。**状況は刻一刻と変化していきます。たとえこれまでずっと順調にきているからといって、それが今後も続くとは限りません。先を見越して、先手先手で行動していくことが大切です。

気付きや知見をいかに行動に移すかで、一流と三流の差が大きくなります。

真面目で勉強家の人ほど、インプットには時間も費用も惜しまないという人が多いのですが、アウトプットを行わない宝の持ち腐れのような人が多いように思います。

せっかく得た知見や知識が時間とともに陳腐化していくのは、会社が提供する製品やサービスと同じです。

製品には、「導入期→成長期→成熟期→衰退期」というライフサイクルがあります。製品に限らず、サービスにおいても同様でしょう。つまり、どんな製品、サービスでも、必ずや衰退期を迎え、やがて消滅していくのです。

たとえ今は人気があっても、ライバル会社がより良い製品、サービスを出してくれば、消費者はそちらへ流れていってしまいます。また、時代、環境などの変化により、消費者が関心を示さなくなってしまうかもしれません。ビジネスにおいては、常に一寸先は闇なのです。安閑としてはいられません。行動力が不可欠です。

行動するからこそ、周りが付いてくるということもあります。その意味でも、社長はとくにアウトプットを大事にし、行動の人であることが大切です。

「チャレンジして失敗を恐れるよりも、何もしないことを恐れろ！」

これは本田宗一郎氏の言葉です。失敗を恐れず、果敢にチャレンジしていれば、きっと道は開けるのではないでしょうか。この言葉は「世界のホンダ」ではなく町工場のときからの言葉です。

私は、「見る前に翔べ」という言葉を好んでよく使っています。たしかに、いろいろと情報を収集・分析し、検討に検討を重ねてから行動に移すということも必要です。石橋を叩いて渡るということでしょうか。しかし、どんなにそうしたからといって、成功が得られるとは限りません。逆に慎重になりすぎて、情報の収集・分析に明け暮れていたり、会議につぐ会議で、いつまで経っても決断できないというのであれば、せっかくの好機を逃してしまうかもしれません。

ビジネスにはスピードが求められます。チャンスはあっという間に消えてしまいます。やや乱暴に聞こえるかもしれませんが、「見る前に翔べ」というくらいの心構えで、素早く行動することが何より大切です。

社員にチャレンジさせるのも同じです。その社員の能力の高低については、さほど気にする必要はありません。能力の高低の前に、まず正直に努力する人に対し、その適性に合ったチャレンジの場を提供すればよいのです。

また、チャレンジはただ本人の考えで行うのではなく、チャレンジの効果、成果、リスクを上席者と事前に把握し、スタートさせることが肝心です。そして、スタートした限りは、成功させるべく、最大限のバックアップを行いながら、社員には責任を持って遂行させるのです。そうして、成功体験を積み上げさせていくのです。

そういった行動も次の社長育成につながっていきます。

社長の仕事は決断することが一〇〇%と言う経営者も多いですね。ここで、決めきれなかったためにビジネスチャンスを逃した三代目社長の例を書きます。

その企業はアパレル関係の老舗で、当時はやり出した新素材を採用するかしないかで社内が二分されており、反対派、賛成派の提案に日替わりで社長がＯＫを出してしまう始末で、収拾がつかない状態でした。

たしかにその新素材を扱うか否かは、投資額の大きさから言っても会社の運命を左右する重要案件でした。最終的には決めきれずに決断期限が過ぎ、話は流れてしまいました。もちろん実行していないのですから結果の成否はわかりません。

しかし皆さんの周りにも、案外こういう社長がいるのではないですか。

後日、社長にどうして決めきれなかったのかを聞いたところ、「あのプロジェクトは一〇年の期間を見なければならない。そのときまで自分が社長をしていられるかわからないので責任が持てなかった」との話でした。

え？　ですよね！　すごくまともで責任感があるように聞こえますが……。ひどい話でした。

これこそ、社長交代の準備もシミュレーションもしてこなかったため、会社の転換が図れなかった最たる例だと思います。

あれから数年経ちますが、その人はまだ社長をされています。業績は皆さんのご想像通り、右肩下がりになっています。

まさに次節の見出しの通り、わかりきったことほど人はできないのです。

第6節

わかりきったことほど人はできない

行動しなければならないとわかっていても、不思議と、わかりきったことほど人はできないものです。それを回避するには、どうしたらよいのでしょうか。

わかりきったことというのは、その人にとっては、すでに十分な知識や知見があり、やろうと思えばいつでもできるような簡単なことがほとんどです。

それはつまり、基本中の基本ということでもあります。しかし、その基本こそが大切なのです。

工芸職人を例に取れば、どんなに奇抜な装飾を施したところで、基本を疎かにしていては、良い作品にはなりません。いっときならともかく、それで人々を魅了し続けることはできないはずです。

野球選手にしても同じことで、どんなに難しいゴロをキャッチしてアウトにしたところで、簡単なプレーを疎かにし、ミスを連発しているようでは、とても名選手とは言えません。ファンからも見放されるのではないでしょうか。
これらのことは、工芸、野球に限らず、どのようなことにも当てはまります。もちろん、ビジネスにおいてもです。

今日決めなければいけないことを明日に回す、会社に良かれと思って発言した社員の諫言を正面から聞けなかった、などなど、数え上げればきりがないくらい、やってはいけないことが思い浮かぶと思います。経営者とはいえ生身の人間ですから、わからなくもありません。しかし社長が背負っているのは、自社を支持してくれる顧客と社員とその家族です。こんな当たり前の、わかりきったことも、思い起こしてもらえるといいと思います。

基本ができていなければ、応用はききません。基本に忠実であるからこそ、いろいろと応用がきき、高みへ達することができるのです。あのイチロー選手もこんなことを言っていました。

今、小さなことを多く積み重ねることが、とんでもないところへ行くただ一つの道なんだなというふうに感じています。

イチロー選手のあの華麗なプレーは、誰でもできることを誰よりもやり続けていた賜物なのでしょう。本当に頭が下がる思いです。

わかりきったことほどできないというのは、社長とて同じです。

社長だからこそ、なおさら基本が大切です。基本を大切にするその姿勢は、必ずや部下たちに伝播していくことでしょう。

「そんなこと、わかりきってるよ」と言われるあなた、ではそれを行動に移せていますか？

次章からは、日頃の活動を通して、継承後も見据えた組織作りや後継者教育について、さらに深く見ていきたいと思います。

第3章

答えは社内にある

そろそろ、社長交代のイメージができてきましたか？

本章では、私が携わった事例も取り上げながら、さらにじっくりと見ていきます。

社長を務めていれば、さまざまな事態に遭遇します。たいていの「もんだい」は現場で起きています。ならば、その「開決」も社内にあり、現場を無視してはあり得ません。

現場で一つひとつ「もんだい」を「開決」していくことが、社員個々人の成長、および会社の発展、さらには後継者教育につながっていくのです。

そして社長は、会社を最高の状態で後継者に託すことができれば、まさに有終の美を飾る英雄社長として退いていけます。これほど美しい引き際はないと思います。

それを実現するためには、社長は常日頃から、「もんだい」を「開決」する能力を、どのように社内で養っていけばいいのでしょうか。

第1節

「もんだい」は現場で起きている

「乱は治より生じ、怯は勇より生じ、弱は彊より生ず」

これは『孫子』の中の言葉です。軍隊は、よく治まっていると乱れが生じ、勇を誇っていると卑怯者が現れ、強いと安心していると弱さが出てくる、という意味です。

どんなに強い軍隊でも、油断、怠惰、慢心には勝てないということなのでしょう。

このことは、熾烈な市場競争を勝ち抜いてきている会社にも当てはまります。社長は、会社が順調に成長しているときこそ注意する必要があるでしょう。

それを防ぐためにという理由で、部下をこと細かに管理するのは三流社長です。

GE（ゼネラル・エレクトリック）の会長兼最高経営責任者（CEO）として同社のドラ

スティックな変革を推し進めたジャック・ウェルチは、次のように語っています。

管理職は、物事を複雑にすればよいと考えている。

そうすれば人よりも頭がよく見えると勘違いしている。これでは、部下は絶対に発奮しない。

わたしは、管理を連想させるものがすべて大嫌いである。

部下をコントロールし、抑え込む。

必要な情報を与えない。

報告書作成などのつまらない仕事で部下の時間を無駄にする。

部下にまとわりついて監視する。

これがよく散見される管理である。

こんな管理をして、部下に自信を植えつけることはできない。

これって、わかりきったことのはずです。

しかし、多くの日本企業に、そっくりそのまま当てはまることも多いと思います。それどころか、日本の会社では、もっと無用な仕事により多くの時間を割いているようなこともあるのではないでしょうか？

それは、**日本の労働生産性の低さ**からもうかがえます。

日本の労働生産性は、G7（先進7カ国）の中でダントツの最下位です。時間当たりの労働生産性を見ると、アメリカの三分の二の水準に留まっています。

早い話が、生産性の向上につながらない時間を仕事だと信じて、時間をかけているということです。

例えば、会社の売上が落ちてきたとしましょう。その要因は、景気の悪化、ライバル会社の健闘、顧客ニーズの変化など、いろいろとあることでしょう。しかし、いずれにしても、それにうまく対応し、売上を回復させることができていないのですから、問題は自社の組織にもあると言えます。

それは、会社が順調にいっていたがために、社員の間に、油断、怠惰、慢心が生じていたからかもしれません。あるいは、管理のやり方が良くなかったがために、社員の士気・やる気が低下していたからかもしれません。いずれにしても、**売上を回復させるだけの、**

組織としての力がなくなっていた、もしくは「もんだい開決」能力が育ちきっていないことに変わりはありません。こうした社内の問題を何とかしないでいては、売上の回復は難しいでしょう。

問題は現場で起きているのです。

現場で起きているとはいえ、常に俯瞰的に問題を把握し、適切な対応やアドバイスをする一流社長。

現場のこととして任せっきり、もしくは正反対に、現場に介入しすぎの三流社長。

第2節

「開決」は現場に委ねる

問題は現場で起きています。だとしたら、まずは現場で、その問題を適切に処理することが大切ですが、それだけでは、根本的な解決にはならないでしょう。その問題を引き起こしている根本的な「もんだい」自体を「開決」する必要があります。でないと、また同様の問題を引き起こすことは間違いありません。

私は、その問題の処理および現場の改革を、セットにして解決していくことが重要だと考えています。つまり、その問題の解決については、その現場に責任を持たせ、主体的に取り組ませながら、社長には俯瞰的に、状況把握とその方向性にぶれが出ていないかをチェックしてもらうというのが、私のモットーです。

ここで、私が経営コンサルタントとして携わった、ある食品加工会社の営業部の事例を紹介しましょう。

主体性を持って動く組織を作る一流社長。

ある食品加工会社の一つの営業部は、複数ある営業部の中で三年連続最下位、しかも、二期連続で赤字となり、周囲では部門の解散も囁(ささや)かれていました。

改革のサポートを委任された私は、まず部門のミーティングに参加することにしました。その営業部では、部門長が前年に退職し、部門長不在で、その上の役員が他の事業部とかけ持ちで部門長を兼務しており、**実質リーダーが不在の状態**でした。

そもそも、本筋の事業とは違うスポット的な商品を生産・販売する、いわば戦略的な位置付けで立ち上がった部署です。

その上、原料が相場に左右されることもあり、先が見えず、社内の問題も山積みで、部員のモチベーションはかなり下がっていました。とくに、その部門の商品は、多品種少量生産であったため、工場側からすると、商品の発注が入るごとに本流の生産のラインを止めて、いったん洗浄し、作ってはまた洗浄して、ラインをもとに戻すなど、かなりの手間がかかっていました。さらに、営業と工場との間でコミュニケーションの齟齬(そご)もあり、絵に描いたような部門間軋轢(あつれき)があって、お互いにかなりの不満を抱えていました。

表面化している具体的な問題としては、主に以下のようなものがありました。

〈クライアントから営業へのクレームの代表例〉

・消費期限間近の商品が誤出荷される。

・品質がロットごとに安定しない。
・納期遅れが頻発する、等々。

〈工場側の言い分の代表例〉

・営業の発注精度が悪く、常に過不足が生じている。
・多品種少量生産のため、手間ばかりかかって生産性が上がらず、生産利益が出ない。
・無駄な資材や在庫が多く、置き場がない、等々。

以上のような問題が常態化し、対応はいつもその場しのぎで、一向に改善がなされずにいたのです。


この問題について、どう解決しようと思っているのかとメンバーに投げかけたところ、

「工場の問題は、自分たちの問題ではなく、上の人の問題だから」

「結局、自分たちがお客さんに怒られれば済むだけの話だから」

などと、そのときは、いわゆる他責や諦め、投げやりな言葉しか出てきませんでした。


経営コンサルタントとして私は、市場での現在のポジション、製品の優位性や顧客の潜

在需要などから考察しても、品質や納期遅れなどの改善を図り、市場の信頼を回復できれば業績向上は可能と判断し、部内から一〇名のメンバーを選抜し、半年間の組織変革プロジェクトをスタートさせました。

スタートに当たり、私が行ったのは、問題の解決に向かう前に、現状に対して抱いている不平や不満を出し合い、感情的なわだかまりを思いっきり吐き出す場を設けたことでした。なぜなら、彼らの心情を理解し、真因を特定するためには、飲み屋でしか言えなかったことを公に引っ張り出すことが不可欠で、そのためには、会社の会議室と就業時間を使って、本音で話せる場を創出する必要があると考えたからです。

改革にはパワーが不可欠です。そのパワーの源は、本音、本心によるところが大きいのです。赤裸々に感情をぶつけ合う中で、問題の本質が見えてくることがあります。御多分にもれず、このケースでも次のような真因が浮かび上がってきました。

「自分たちの部署に存在価値はあるのか」

これが、彼らの深層心理に隠されていたイシューであり、真の問題でした。外部から言われるまでもなく、自分たち自身も、この事業の存続に自信をなくしつつあったのです。

ここで繰り返し申し上げたいのは、私たちのような第三者である経営コンサルタントが支援者として関わる意義は、普段とは違う空気感で真剣さを引き出す場を創出することです。そして、逃げずにメンバーの悩みと向き合い、真因をあぶり出すことです。

その真因を突き止めると、組織を変革するために向き合わなければならない「問い」が生まれてきます。その「問い」と向き合う矜持（きょうじ）が、私たちには求められているのです。

私のこれまでの経験則で申し上げるなら、たいていの場合、組織人は、自部署に存在意義がないという結論を下すことはありません。なぜなら、誰でも自分たちの存在を否定することはできないからです。

問題があぶり出されたことにより、直接関与しようとする三流社長。
問題と改善策に納得すると、現場に委ねる一流社長。

その後、想定した通り、彼らは存在価値があるという前提に立ち戻り、自分たちの価値を高めるためには何をしなければならないかについて真剣に話し合い、自ら以下のアクションプランを決めました。

・部として工場に対する要望を伝えると同時に、工場の要望も聞き、話し合う会議を持つ。
・アイテムの統廃合を行い、生産効率が上がる目標数値に合意する。
・発注から生産、出荷、納品日までのリードタイムを設定し、お互いに検証を行う。
・営業と工場の改善会議を月一回定例化する。

これだけを見るとわかりきったことのようですが、迷路に迷い込むと陥りやすい例です。

その後、この案件について、工場の主要メンバーと話し合いの場が持たれ、紆余曲折はあったものの、組織と組織が正式な会議の場で問題を話し合い、目標に合意し、改善のための話し合いを定例化しました。それによって、少しずつコミュニケーション・ギャップが埋まり始め、次第に、適切なＰＤＣＡ（「Plan」計画→「Do」実行→「Check」評価→「Act」改善）のサイクルが回り出し、問題は改善され、品質や納期も安定し始めました。それにともない、顧客の信頼も回復してきました。同時に、自分たちの自信も取り戻し始めました。自らの手で成果を出したという経験こそが、自己効力感、自己肯定感を高めることになったのです。

その間、社長へは部門長から細かく報告が上がっていましたが、幸い**社長が、大きく趣旨を逸脱するようなこと以外は、すべてこの部門長に判断を委ねたこと**が、さらに成功を確実なものにさせました。

プロジェクトが終了して我々の手が離れたら業績がもとに戻るということは、巷(ちまた)でよくある現象ですが、その原因の多くは部門長・経営トップがその成功に胡坐(あぐら)をかいて原点を忘れることにあります。しかし、この食品加工会社はその心配はありませんでした。

アクションプランを決めたら即実行、まさに「見る前に翔べ」です。

第3節

翔ぶことを恐れるな

以上の事例では、一見社長が関与していないように見えますが、方針を承認したあとは現場に権限を委ねた結果によるところが大きく、成果を出した社員は、自ら成果を上げた経験により自己効力感を高め、さらに強固な自信につながっていくということです。たいていの組織人は、チャンスさえあれば良い仕事をしたいという思いを持っています。抱えている不満が大きければ大きいほど、一気に加速する可能性を秘めてもいるのです。

もっとも、上司の言うことを素直に聞くだけの受け身的な社員では、そのチャンスを活かすことはできないでしょう。ただ、それはひとえに、その社員だけの責任ではありません。組織構造、組織文化、上司のマネジメントなどにも問題があるのです。

社長としてはまず、そのようなものについて、自ら変革に取り組む必要があるでしょう。各社員がはっきりと自分なりの考えを述べ、主体的に行動することができるような環境を作り上げることがとても重要です。

その上で、各社員にチャンスを与える、つまり、チャレンジする場と機会を提供するのです。

このような日々の行いが、社長交代をスムーズに進めるための基礎体力作りになるはずです。

そうすれば、それまで受け身的だった社員も、見違えるように生き生きと仕事に取り組むようになるでしょう。つまり、翔ぶことができるようになるのです。翔ぶことを恐れなくなるのです。

たとえ新入社員であっても、翔ぶことはできます。各人に見合ったチャレンジの場と機会を設けてあげることが大切です。

有名な例ですが、ザ・リッツ・カールトンホテルでは、誰もが自由にアイデアを提案できる仕組みの一つとして、「グッドアイデアボード」というものを設けているそうです。これは、各セクションの休憩所にフリップチャートを置き、そこに、ベテラン社員だけでなく、新入社員や、さらにはアルバイトのスタッフも、気付いたことを何でも書き込むというものです。良いアイデアであれば、すぐに実行に移されると言います。

面白いことに、採用されるアイデアで目立つのは、キャリアの浅い社員が書いたものだといいます。

その理由について、元日本支社長の高野登氏は、次のように述べています。

若い社員にアイデアが多いというのは、おそらくベテラン社員に見えていないものが見えるからだろう。

同じ環境の中にいると、人はどうしてもその環境に慣れてしまいます。若いスタッフは、ベテランの社員たちがもう見えなくなってしまったものを見る感性を持っています。会社はそれを企業内の枠やルールの中に閉じ込めるのではなく、むしろ積極的に引き出してあげる必要があるのです。

どんなに順調にいっている会社でも、長くその中にいると、見えにくくなるものが出てきます。これは致し方ないことです。高野氏が言うように、新入社員は、その見えなくなってしまったものを見る感性を持っているのです。それを活かさない手はないはずです。たしかに、見えにくいものを見えるようにするためには、前章で述べたように、参謀、社外取締役、経営コンサルタントなどをうまく活用するのも効果的です。

自分の体臭は自分ではわからないというのとまったく同じです。

新入社員も自分なりのフィルターを持っていることに変わりありませんが、参謀、社外取締役、経営コンサルタントなどとはまた違った感性を持っているはずです。新入社員の感性に触発されることで、硬直化しかけた会社の組織構造、組織文化、マネジメントに、変化の必要性を認めることができるようになるかもしれません。それが会社のさらなる成長へとつながっていくのです。

たしかに痛みはあるかもしれませんが、変化を受け入れ続けなければ、会社を存続させることは難しいでしょう。そのためにも、翔ぶことを恐れてはいけません。それは、社長をはじめ、すべての社員、そして新入社員においても同じです。

見えないものを感じようとする目を、なぜか一流社長は持っているのです。

第4節

翔んでこそ成長する

自ら成果を上げた経験は、その人の成長につながります。逆に言えば、それなしには成長は難しいでしょう。つまり、翔んでこそ成長するのです。

もちろん、チャレンジには失敗が付きものですが、それを恐れていてはチャレンジすることはできないでしょう。

何もみすみす失敗することはありません、翔び方が肝心なだけです。

とはいえ、翔び方をわきまえておく必要もあります。

前章で述べたように、成功に導くためには、彼を知り己を知るようにしなければなりませんが、その際、外部視点を取り入れることも大切です。ただ漫然と外から眺めるような心持ちで物事を見ているだけでは不十分でしょう。それなりの見方があります。

例えば、ベンチマーキングという経営手法があります。ベンチマーキングとは、同じプロセスに関する優れた事例を分析し、取り入れる経営手法のことです。

この手法は、近年に始まったものではありません。例えば、かつて松下電器は、「マネシタ電器」と揶揄（やゆ）されるほど、ベンチマーキングに熱心でした。

ただ、ベンチマーキングには、身近なところからだけではなく、普段はあまり縁のないところからの事例の取り入れも含まれます。そこにおいてこそ、イノベーションの鍵が隠されているのかもしれません。

この種のベンチマーキングでは、アメリカのサウスウエスト航空の事例がわかりやすいと思います。

同社は、インディ500というカーレースのコックピットにおいて、給油、タイヤ交換、車体整備といった一連の作業がスピーディーに行われていることからヒントを得て、航空機の空港停留時間を大幅に削減しました。そしてそれによって、航空機の回転率を上げることができるようになり、熾烈な競争が繰り広げられていた航空業界において、**価格面**

での競争優位を確立したのです。

普通でしたら、カーレースを見ていても、単にそれを純粋に楽しんで終わってしまうのではないでしょうか。常日頃から、顧客のためになりたいという熱い思いを持って、情報感度を高めておけば、この種の気付きが得られるかもしれません。

一流社長は、いつもベンチマーキングというアンテナがたくさん立っています。

アップルの創業者であるスティーブ・ジョブズが、こんな言葉を残しています。

美しい女性を口説こうと思ったとき、ライバルの男がバラの花を一〇本贈ったら、君は一五本贈るかい？　そう思った時点で君の負けだ。ライバルが何をしようと関係ない。その女性が本当に何を望んでいるのかを、見極めることが重要なんだ。

会社の大小にかかわらず、一流社長は、自分たちが何を望まれているのかを常に考えている人です。

第5節

社長の覚悟

一頭の狼に率いられた一〇〇頭の羊の群れは、一頭の羊に率いられた一〇〇頭の狼の群れにまさる。

これは、フランスの皇帝となったナポレオン・ボナパルトの言葉です。まさにその通りだと思います。

社長とて同じことです。社長は強くなければなりません。会社の大小にかかわらず、組織体制、管理体制を整えたとしても、**社長はリーダーシップを発揮し続ける必要**があります。

そして、会社の全責任を背負う姿勢を示し続けるのです。

三流社長ほど自分は狼だと錯覚していることが多いのです!

社内で起きているすべての問題は社長の責任です。問題の解決を現場に委ねるのはいいのですが、その責任は社長が担わなければなりません。人材育成、組織開発などを人事部に任せるのは当然ですが、それで何か問題が生じたとしても、逃げてはならないのです。責任を取ろうとせず、逃げの姿勢を示すような社長に、誰が心から付き従おうと思うでしょうか。羊ではなく、狼であることが求められる所以です。

もちろん、狼とは強さの象徴でしょう。ただし、強さだけでは不十分です。上に立つ者が取るべき態度について、中国の古典『論語』には、次のような教えが記されています。

恭なれば則ち侮らず（自分を慎みおごらなければ周りから侮られることはない）

寛なれば則ち衆を得（人におおらかになれば多くの人の心を捉えられる）

信なれば則ち人任ず（信義を守り偽り無ければ人は安心してすべてを任せる）

敏なれば則ち功あり（迅速にすぐに事を進めると必ず成果は上がる）

恵なれば則ち以て人を使うに足る（人に恵み深ければ人は快く働いてくれる）

日本の近代化に多大な貢献を果たし、最高額紙幣の顔となる渋沢栄一は、『論語』を自分なりに解釈し、「論語と算盤」という経営哲学を打ち立てました。同名の著書『論語と算盤』の中に、以下のような言葉があります。

限りある資産を頼りにするよりも、限りない資本を活用する心掛けが肝要である。限りない資本を活用する資格とは何であるか。それは信用である。信用はそれが大きければ大きいほど、大いなる資本を活用することができる。世に立ち、大いに活動せんとする人は、資本を造るよりも、まず信用の厚い人たるべく心掛けなくてはならない。

『論語』の教えのみでは、資本主義経済の中でビジネスを展開するのは難しいでしょう。ただ、資本主義経済だからといって、資金、売上、利益のことしか考えないというのでは、いっときは良くても、ビジネスを長く続けるとなれば、これもまたうまくいかないのではないでしょうか。

ビジネスを展開するには、信用を勝ち取らなければなりません。顧客はもちろんのこと、社員、取引先、そして株主などからです。資本と信用を結びつける渋沢氏の考えは、まさに卓見と言えます。だからこそ、五〇〇社を超える会社の創設に携わり、「日本資本主義の父」と呼ばれるまでになれたのでしょう。

この事例も、会社の大小にはまったく関係がないことを、一流社長は知っているはずです。

第6節

社長は武士(もののふ)たれ

「論語と算盤」の経営哲学は、引き際を汚さず会社を譲る（残す）現代の英雄社長（一流社長）にとっても十分に通用するはずです。

それどころか、必須と言ってもよいくらいの考えだと思います。

ただ私は、社長には、この「論語と算盤」に加えて、「武士道」が必要であると考えています。武士道とは強さを追求するものですが、それだけではありません。

「武士道といふは死ぬ事と見付けたり」

これは、佐賀鍋島藩士であった山本常朝（つねとも）が口述した『葉隠』の中の有名な言葉です。武士道の精神を簡潔に言い表しています。

解釈はさまざまですが、何もこの言葉は、ただ闇雲に早く死んでしまえという意味ではないと思います。

常に死ねる覚悟を持って生きろ、どんなときも潔くあれ、ということが言いたいのではないでしょうか。皆が自分のことにとらわれていては、組織は崩壊しかねません。自己を捨て、全体のことを考えて行動するからこそ、組織を活かすことができるのです。自己犠牲の精神、利他の精神であるとも言えるでしょうか。たとえそれで、本当に自ら潔く死を選んだとしても、それが忠義の道であり、ひいては家の存続につながるのです。

自分のことよりも会社を優先する一流社長。
会社よりも自分を優先してしまう三流社長。

わかりきったことですが、社長でしたら、自分のことよりも会社のことを優先して考えられるようでなくてはなりません。それこそが、**会社を存続**、発展させていくのです。社長はどんなときも逃げずに、会社の全責任を負わなければならないと先に述べましたが、その精神こそまさに武士道なのです。

たとえ責任を取って潔く社長を辞したとしても、それにより会社が存続できるのであれば正しい選択です。社長の職に恋々（れんれん）としてすがりついているようでは、いざというときに、潔く決断することはできないでしょう。それは問題を大きくし、解決の糸口すら見えなくさせてしまうかもしれません。社長に武士道が求められる所以です。

ちなみに私は、解決という字を、あえて**「開決」**と書き、用いるようにしています。それは、いつ、いかなるときも、開かれた心、開かれた気持ち、開かれた視野でやりましょうということです。問題に直面すると、人はどうしても視野が狭くなってきます。それを開きましょうということです。そうして問題が解決していくと、目の前が開け、それまでまったく前へ進めなかったのが、一歩、二歩、三歩と、足を踏み出せるようになります。

会社の未来が開けていくのです。これぞまさに、「開決」だと思うのです。

さらに私は、問題についても、漢字ではなく、**平仮名で「もんだい」**と書き、用いるようにしています。漢字ですと、何か首が絞められるような悲壮感を感じますが、平仮名にすることで、少し柔らかく、ソフトになると思います。難解な問題のように見えても、それを「もんだい」と平仮名にして向き合うと、たいしたことはない、何とかなるくらいにリラックスして考えられるようになるのではないでしょうか。

そう考えれば、自ずと開かれた心、開かれた気持ち、開かれた視野で、「もんだい」に対処できるようになると思うのです。そうすれば自然と目の前が開けていくのだと、私は確信しています。ですので、私はいつも**「もんだい開決」**という字をあえて用いています。

私の経験からしても、その会社の中では頭を抱えるような難しい問題だとしても、外部から見れば、それほどでもないことが多いように思います。外部視点を持つことの有効性については第2章で述べましたが、それはまさに、「もんだい開決」をもたらすのです。

この「もんだい開決」という字はぜひ、多くの社長に使っていただきたいと思っています。「論語と算盤」それに「武士道」というのでは、何か堅苦しく、悲壮感が漂っているような気がしてきます。

とくに昨今は、社長にはポジティブさ、明るさも求められるようになってきています。何か問題が起きたとしても、ポジティブに明るく「もんだい開決」していこうよ、くらいの姿勢を示せれば、きっと社員も社長を信じ、前向きに対処していくことができるのではないでしょうか。

第1章から第3章までで、日頃からの考え方や行動が、実は組織を育て、社長交代という一大事業を成し得るための**社長や社員の基礎訓練である**、ということがおわかりいただけたと思います。

本書の中で何度も書いているように、知っていることとできるということはまったく違います。得た知識をあなたなりに消化し、行動することが重要です。

第4章

社員を信じて任せる

自分しか信用していない、自分が正しいとしか思わない三流社長は、誰にも信頼されません。

最高のタイミングで退いていくには、社長は事前に、人を育て、会社をより良い状態にしておくことが重要です。もちろんそれは、「もんだい」を「開決」する中で自ずと進んでいくことが多いのですが、それに社長がどう関与していくかで、結果は大きく異なってしまいます。

本章では、人材を育成し、会社を変革していく上で、社長は何を求め、いかに行動していくかについて取り上げています。人を育て、会社をより良い状態にしていけば、必ずやその先に、社長を退き、事業を承継する最高のタイミングが見えてくるはずです。

第1節

自分の分身を作ろうとするな

「俺にできることが、どうしてできないんだ?」「誰でもわかるのにどうしてわからないんだ?」といった台詞を、ついつい言ってしまったことはありませんか? 私の周りの中小企業の社長が似たようなことを言っているのを、耳にすることが多々あります。発言側のお気持ちはわからなくはありませんが、こんな言葉で社員とのエンゲージメントが成り立ったケースを私は見たことがありません。

次の例の、ワタミグループの成長を知らない方はいないと思います。

その創業者である渡邉美樹氏は、若い頃はまさに苦労の人であり、努力の人であったことも有名です。創業一四年で東証一部に上場も果たしました。渡邉氏は自著の中で**自信満々に**、夢や目標の達成予定日は、「死ぬほどの努力を続けた結果、達成できる最短の日にち」に設定するのだと述べて、次のように続けていました。

> 今日一日を精一杯生きたときが一〇〇%だとして、さらに二〇%の無理をしたところに着地させる。
>
> それが夢を実現させるために有効な方法です。

まさに渡邉氏は不屈の精神の持ち主と言えるでしょう。

ただ、自社を急成長させてきた創業者にありがちなことなのですが、渡邉氏はこうした自分のやり方を部下にも強いていたのではないでしょうか。

少なくとも、それに近い働き方を求めていたのではないでしょうか。

渡邉氏にしてみれば、かつて自分がしていたことであり、自社の社員であるならば、同じように働いてほしいと思ったのかもしれません。まだ会社の規模が小さく、自分の眼の届くうちなら、それぞれの部下の適性や状況を見て、うまくそのパフォーマンスを引き出せていたのかもしれません。

しかし、会社の規模が大きくなると、そうはいかなくなります。高い要求のみが組織の上から下へと課されていき、それに耐えきれなくなる部下も少なからず出てきてしまったのでしょう。

ワタミは一時期、ブラック企業と批判されていました。その根っこには、渡邉氏がかつての自分の働き方を最善のものと信じ続けていたことが、そして、**社員を自分の分身と**

して作り上げようとしていたことがあったのではないでしょうか。

人にはそれぞれ違いがあります。それを無視して、自分の分身（コピー）にしようとしても、うまくいくはずがありません。部下の反発を招くのは必至です。

人の上に立つ者はまず、部下が自分と同じでないということを理解しておく必要があるでしょう。よく「自分の若い頃は……」という台詞で注意が始まる社長は、この傾向が強いようです。

自分にできることは他人にもできて当たり前、と思う三流社長は人材を潰します。

第2節

出すぎた杭は打たれない

一流社長は忍耐強く、部下の個性を見極めて、成果が出やすいようにうまく仕事

を託します。

組織ではとかく、同質性が求められる傾向があります。

私が目の当たりにしたひどい事例ですが、社長が数人の社員を連れて昼食に行ったところ、暗黙のうちに社長の注文に「右へならえ」になる会社がありました。ネクタイやスーツの色に関しても、よくある話ではありませんか。

ここで能力のある社員が、人より少しでも秀でているところを見せたり、その個性を発揮したりすると、同僚、先輩から、ときには社長からまでも妬まれたり、いじめを受けたりすることがあります。「出る杭は打たれる」という言葉の通りです。

しかし不思議なことですが、あることで人よりもずば抜けて秀でていたり、突出した成果を上げたりすると、妬まれることも、いじめを受けることもなくなります。むしろ、称賛さえされるのです。

出すぎた杭は打たれないのです。

この言葉は、多くの人が好んで使っています。私もとても気に入っており、ことあるごとに口にするようにしています。

人にはそれぞれ個性があります。性格、能力、感性、嗜好など、人によってさまざまです。また、人にはそれぞれ、得手、不得手がありますが、それも十人十色です。

ですので、それをある型にはめようとしても、なかなかうまくいかないのは当然のことでしょう。不得意な仕事を無理にやらせても、思うような成果は望めないでしょう。やっている本人は、なおのこと嫌になってくるのではないでしょうか。それでは、組織としてのパフォーマンスが上がるはずもありません。

もちろん、会社においては、各人のわがままを聞いてばかりはいられません。それでは、組織が成り立たなくなります。しかし、できるだけその人に合った仕事を与え、その能力を伸ばしてあげることが大切です。できれば、出すぎた杭は打たれないというレベルにまでです。適材適所、人材育成を疎かにしているようでは、会社の発展は望めないでしょう。

「やってみせ、言って聞かせて、させてみせ、褒めてやらねば、人は動かじ」

連合艦隊司令長官だった山本五十六氏の、人材育成に関する名言です。この言葉は、まさに人材育成の極意ではないでしょうか。

会社においても社長をはじめ、すべての管理職に持ってもらいたい姿勢です。とはいえ、期待通りに育ってくれないと、焦りからこうした姿勢をついつい忘れてしまうかもしれません。

育てる側には、忍耐も必要です。

第3節

期待感が人を育てる

一流社長は部下に信頼や期待はしますが、当てにはしません。失敗しても自分の責任と捉えます。

人を育てるためには、信頼、期待といったものが大切なことは、わかりきったことですね。一例ですが、私が以前お付き合いした社長で、部下をその気にさせるのが非常に上手な方がいました。その社長の決め台詞で、最後に必ず伝える一言が部下の心を捉えていました。それは、指示の最後に「君以上にこの仕事に向いている社員は、うちにはいないので、よろしくね」と、こんな感じで期待感を表します。

だからといって、万一うまくいかなかったときでも、絶対に部下を責めることはありませんでした。その会社は三〇人規模の製造会社で、小さなチャレンジですが、毎年いくつもの課題に挑戦し、成功させており、業績も優秀な会社でした。

信頼され、期待を寄せられた人は、それに応えようとし、それがその人を成長させていくのは、どんなところでも証明されています。

このことを捉える上で参考になるのが、ピグマリオン効果と呼ばれるものです。

かつて、R・ローゼンタールは、以下のような実験を行いました。

アメリカのある小学校において、生徒に知能テストを受けさせ、その結果を担任教師に意図的にでたらめに報告しました。

つまり、実際にはあまり知能の高くない生徒が高い点数だったり、知能の高い生徒が普通あるいは普通以下の点数だったり、という具合に報告したのです。

これは学期のはじめに実施したのですが、一年ほど経った学期の終わりに、もう一度知能テストを実施しました。すると、学期はじめの知能テストでは、実際はあまり高い得点ではなかったのに、**高い得点だったと担任教師が思い込んでいた生徒は、著しく得点が上がっていたのです。**

このように、信頼し、期待をかけることによって、相手もそれに応えるようになるという現象を、「ピグマリオン効果」と呼んでいます。

ピグマリオン効果は、前述の例でもわかるように、会社においても同じように表れてくるのです。今までの査定が低かったからといって、そうした評価にとらわれてその社員に接し続けてはいけません。その社員の成長の芽を摘むことになってしまいます。

評価というのはあくまでも過去のものです。それにとらわれていてはいけません。

ピグマリオン効果が示すように、信頼し、期待をかけてあげれば、その社員も必ずや成長していくはずです。

ただし、信頼、期待をしたからといって、失敗したときに必要以上に叱責するのは厳禁であり、さらに、過剰な期待は相手からしても負担になってしまい、逆効果をもたらしてしまうということもあります。

その人の能力だけでなく、性格などにも配慮しながら導いてあげることが大切です。

第4節

点を面にしていく

社長交代の直後は、新社長一人が奮闘しても、また、個々の社員が能力を伸ばして高いパフォーマンスを上げられるようになっても、それが組織としてのパフォーマンスの向上にあまりつながっていないという「もんだい」がどうしても起きます。それは、各人がばらばらの、いわば点に留まっている状態です。組織パフォーマンスを上げるためには、その新社長を含む各点を結び合わせ、**面にしていく**ための準備も必要になります。

そのために有効となる方策の一つとして、学習する組織の構築をあげることができるでしょう。

学習する組織とは、組織自体が継続的に学習し、自らを変革していく組織のことです。C・アージリスとD・ショーンが提唱し、のちにP・センゲが体系化したのを機に、普及した概念です。

学習する組織においては、各構成員による継続的な学習が不可欠となりますが、それだけでは十分ではありません。

センゲによれば、

①システム思考——各部分を全体の中に位置付け、相互に関連するものとして把握する思考のこと。

②自己マスタリー――各構成員が自己の習熟に努めること。
③メンタル・モデルの克服――固定化したイメージや概念を払拭（ふっしょく）すること。
④共有ビジョンの構築――全構成員が組織の将来像を共有すること。
⑤チーム学習――構成員間の対話を通じて、チームの知力を高めること。

という五つの訓練が必要であるとされています。

センゲは、①のシステム思考は他の四つの訓練を統合し、一貫した理論と実践の総体を作り得るとしています。

組織における対話については、近年ますます重視されるようになっています。例えば、『対話型組織開発』という書物が注目を集めています。タイトルの通り、**対話を通じた組織開発**を説くもので、この対話を通じた組織開発については、**第3章で、私がコンサルティングした事例（食品加工会社の営業部の例）を紹介した通りです**。

現場の社員たちがディスカッションできる場を多く設けるようにしましたが、それは対話が導く大いなる力を信じていたからです。そして実際、現場の社員たちは、対話を重ねながら「もんだい」を「開決」していったのです。

一流社長は、個対個、組織対組織の会話促進に力を注いでいます。

第5節 価値を創造してこそ

ギリシャ神話に登場するシーシュポスは、諸説がありますが、神々の怒りに触れて罰を与えられてしまいます。

シーシュポスは、山頂まで巨大な岩を休みなく運び上げるのですが、ひとたび山頂まで達すると、いつも岩はその重みで転がり落ちてしまい、この苦役が永遠に繰り返されるというのです。

カミュは『シーシュポスの神話』の中で、「無益で希望のない労働ほど恐ろしい懲罰はないと神々が考えたのは、たしかにいくらかはもっともなことであった」と述べています。たしかに、きっとやり遂げられるという希望があれば、やる気が湧いてくるかもしれません。しかし、苦痛までも取り払うことは難しいのではないでしょうか。

本当に、そんな日々が永遠に続くと思ったら、気が狂ってしまいそうです。

このことは、会社の仕事についても当てはまると思います。きっとやり遂げられるという希望があったとしても、仕事自体に苦痛を感じているのであれば、それを取り払うのは容易ではないでしょう。

逆に、仕事自体に面白味、楽しみ、意義や価値を感じているのであれば、どんな困難がともなっていようとも、それをものともしないでしょう。価値の創造は、そうしたところから生まれてくるのだと思います。

これも誰もが知る例ですが、東京通信工業（現・ソニー）が設立されたのは、戦後まもない一九四六年のことですが、その「設立趣意書」の中の「会社設立の目的」には、次のような文言があります。

　真面目なる技術者の技能を、最高度に発揮せしむべき**自由闊達にして愉快なる理想工場**の建設。

戦後の荒廃と混乱の中にありながらも、井深大氏をはじめとする創業者たちは、仕事に面白味、楽しみを見出そうとしていたのです。「設立趣意書」の中の「経営方針」には、次のような文言もあります。

　極力製品の選択に努め、**技術上の困難はむしろこれを歓迎**、量の多少に関せず最も社会的に利用度の高い高級技術製品を対象とす。

実際、同社では、仕事自体を楽しみ、困難さえも積極的に引き受けていました。だからこそ、テープレコーダー、トランジスタラジオ、ビデオテープレコーダー、携帯型カセットテーププレイヤー（ウォークマン）などといった独創的な製品を、他社に先駆けて次々と世に送り出すことができたのではないでしょうか。

一流社長は、その仕事の意義と価値と対価を社員に十分に理解させてから委ねています。

第6節

遊び感覚を取り入れる

社長が次の世代にバトンタッチするときに、どんな企業文化を残すのかを考えるのも、非常に重要な準備であると言えます。すでに本書の第2章、第3章で検証した企業文化などの参考として話を進めます。

仕事が遊びだとしたら、また遊びが仕事だとしたらどうでしょうか。そこには、つらい仕事などないはずです。それどころか、仕事が楽しくて仕方がないのではないでしょうか。

おカネをもらって遊んでいると思えば、なおさら愉快になるかもしれません。遊びなら、うまくいかないことがあっても、かえって、どう切り抜けてやろうかとチャレンジ精神が湧き、ワクワクしてくるのではないでしょうか。素晴らしい発想は概して、そういうときにこそ生まれてくるのかもしれません。

映画『ビッグ』では、一二歳の少年ジョッシュ（デヴィッド・モスコー）が、年に一度のカーニバルの日、どんな望みも叶えてくれるというマシーンに硬貨を入れ、「僕を大人にして」と願ったところ、翌朝、身体だけが三五歳の大人（トム・ハンクス）になってしまいます。

大人に変貌したジョッシュは、親にもわかってもらえず、家を追い出されてしまい、仕方なく玩具会社に勤めることになります。しかし、好きなオモチャが仕事となったことで、遊びながらどんどん新商品のアイデアを出し、成功を収めていくのです。

もちろん、これは映画であり、現実にはあり得ないことです。ただ、玩具メーカーでは実際に、ある程度、遊び感覚を仕事に取り入れています。

私は、ある玩具メーカーの社長を務めた経験がありますが、社員たちは真剣でありながらも、どこかに遊び感覚を持って仕事をしていました。開発部門、営業部門だけでなく、他のすべての部門においてもです。

その当時、いくつかの斬新な商品を世に送り出し、ヒットさせることができていましたが、それは社員たちの遊び感覚に負うところが大きかったと思っています。

もちろん、仕事ですから真剣さは必要です。社内では、「もんだい」も少なからず起きていました。しかしだからといって、真面目なだけでは、面白い商品を生み出すことはできません。悲壮感を漂わせていたり、落ち込んでいたりすれば、なおさらでしょう。私は自分も含め、社員たちにはポジティブな姿勢でいてもらうことが何よりと考え、そうしたマネジメントをしていたつもりです。

遊び感覚が大切なのは、何も玩具メーカーに限ったことではありません。他の業界においても当てはまるはずです。イノベーションを起こすには、遊び感覚は欠かせないとさえ感じています。

他にも、実際に遊び感覚を仕事に取り入れている会社はあります。

例えば、グーグル社では、「グーグルカルチャークラブ」と呼ばれる、社員同士が共有ドメインを使って集まる自主的なコミュニティが一〇〇以上あります。ラーメン好きが集う「ラーメン.jp」、ゴルフ好きが集う「ゴルフ.jp」、中には、横浜を愛する人が集う「横浜.jp」といったものまであると言います。

「二〇％ルール」というものもあるのだそうです。これは、週に一日もしくは月に四〜五日、就業時間の二〇％を、会社と社会を良くする目的であれば、自分の好きなテーマに割いてもよいというルールです。例えば、エンジニアがこんなものがあれば面白いと思うプログラムを書いて、世界中に発信します。そうすると、世界中からさまざまな意見が寄せられ、皆が面白いということになれば、商品化されることもあると言います。

新聞サイトの記事をカテゴライズして表示する「グーグルニュース」、コンテンツ連動型広告配信システムの「アドセンス」、無料メールサービスの「Gメール」も、二〇％ルールから誕生しています。グーグルでは、ほとんどの商品のアイデアが、こうした遊びと仕事の境界のないところから生まれていると言います。

このような例を聞いた瞬間、三流社長は「大企業だからできる」と言います。

その言葉を一〇〇%否定はしませんが、中小企業だからといって、このような活動ができないわけではありません。

何度も書いてきていますが、まずは行動、「見る前に翔べ」です。

現状のための創意工夫でさえも、次の社長を育てている活動になるのです！

第7節

誇りに思える会社にする

一流社長は、今の状況以上に将来の姿、自分の引退後の会社の姿を創造し判断します。

有名な話ですが、「世界のソニー」が中小企業の町工場だった頃の話です。

ソニーが成功してきた要因は、「愉快なる理想工場」に原点があるのでしょうが、もちろんそれだけではなく、技術者としての矜持、自社に対する誇りといったものも、多分に作用していたのだと思います。

ソニーの前身である東京通信工業は、一九五五年に、「ＳＯＮＹ」のマークを入れた日本初のトランジスタラジオを輸出しようとして、当時専務だった盛田昭夫氏を、アメリカとカナダへ市場調査と商談に向かわせました。

渡米中、盛田氏は、アメリカの大手の時計会社であったブローバ社から取引の依頼を受けます。

それは、「その値段で当方はＯＫだ。一〇万台のオーダーを出そう」という、願ってもない引き合いでした。

しかしそこには、ソニーではなく、その時計会社の商標を付けて売るという条件が付いていました。

盛田氏はそれに納得がいきません。その取引を断ることにし、その時計会社に赴き、断る旨を伝えました。

「誰がソニーなんか知っているんだ。自分のところは五〇年かかって、世界中に知られるようなブランドにしたんだ」

先方の社長は、いかにも「商売を知らないやつだ」というように笑って、そう言ったのだそうです。

それでは、五〇年前、何人の人があなたの会社の名前を知っていたのか？　わが社は、五〇年前のあなた方と同様に、今五〇年の第一歩を踏み出したところだ。五〇年経ったら、あなたの会社と同じくらいにソニーを有名にしてみせる。だから、この話はノーサンキューだ。

盛田氏は先方の社長にこう告げて、その場をあとにしたのです。

まだソニーが町工場の域から脱していなかった頃の話です。きっと、喉から手が出るほど、この契約が欲しかったことでしょう。実際、盛田氏がアメリカから日本の本社に向けて打った電報への返信も、「一〇万台の注文を断るのは、もったいなさすぎる。名前なんかいいから契約を取ってこい」というものでした。

このとき、もし目先の利益を求め、契約を成立させていたら、ソニーはずっと下請けメーカーであり続けていたかもしれません。

盛田氏が将来を見据え、自社のブランドにこだわったからこそ、その後の躍進があったのではないでしょうか。このとき、盛田氏は他の誰よりも、会社、製品、そして自分自身に対して、誇りを持っていたのだと思います。

会社に対する誇りは、すべての社員に持ってもらうことが大切です。それが会社の発展に大きく寄与していくのです。社員が誇りに思える会社にすることは、社長の大きな務めの一つです。社長の行動にかかっています。もちろん、誇りに思うからには、実態がなくてはなりません。

社長が社員とともに、その実態を作り上げていくのは当然のことです。そのこと

が次の社長教育に大きく寄与することは言うまでもありません。

私が社長を務めていた玩具メーカーでも、社員たちは、遊び感覚だけでなく、会社に対する誇りを抱いていました。

第3章で紹介した、私がコンサルティングした食品加工会社でも、たしかに不平不満は多く存在していましたが、それでも、誇りを持っていることは感じることができました。

だからこそ、不満をぶちまけることに終始せず、真剣に「もんだい」に向き合うことができたのでしょう。

また、対話を重ねるうちに、それを楽しむようにさえなっていたように感じます。「もんだい」を「開決」していくことができたのも、それに負うところが大きかったと感じています。

次期社長に指名されても断る人が増えていると、昨今よく耳にします。それは、このような会社に対する誇りなどを醸成してこなかった証左だと言えます。

第8節

ものの見方次第で意識は変わる

どんなに一生懸命、仕事に取り組んでいても、どうしても誇りを抱けないこともあります。世間からあまり評価されていないような仕事であれば、なおさらかもしれません。それでは、せっかく働いている**会社を好きになることも、ましてや、誇りに思うこともできないでしょう**。

一致団結、チームワークを作るために、会社のユニフォームをオシャレなものにすることが多いと思います。ここで、やり方一つで、とんでもない成功を収めて、マスコミにも取り上げられたという有名な例を紹介します。

ＪＲ東日本が運行する新幹線の清掃業務を担うＪＲ東日本テクノハートＴＥＳＳＥＩ（以下、ＴＥＳＳＥＩ）では、かつて、スタッフの意欲・自己肯定感が低い、定着率が悪い、事故やクレームが多い、といった状態が続いていました。

仕事の内容はいわゆる3K（きつい・汚い・危険）であると世間からも見られ、当人たちもそう認識していたようです。

そうした中、矢部輝夫氏が二〇〇五年に、前身の鉄道整備株式会社の取締役経営企画部長に就任します。

矢部氏は、日本国有鉄道に入社し、安全対策部課長代理、輸送課長、立川駅長、運輸部長、指令部長の要職を歴任していました。そこから清掃業務を担う子会社へ移ったのですから、周囲からは大左遷と見られていたかもしれません。

しかし、当の矢部氏は、やる気に満ちていました。そしてまず、スタッフたちの声を聴くことから始めたのです。

この仕事には、車両ごとに構造が異なる新幹線ならではの難解な清掃のオペレーションが必要です。それをしっかりと行うためには、相応の高い技術がなくてはなりません。

にもかかわらず、あるスタッフは、子連れの乗客から、**「ちゃんと勉強しないと『あいうふう』になるのよ」**と聞こえよがしに言われ、当人も、「自分がどこで働いているか、恥ずかしくて親戚に言えない」と話していました。「娘が私の仕事を恥ずかしいと思っている」と嘆いているスタッフもいたと言います。

それでも、駅のホームで仕事振りを眺めていると、スタッフたちは真剣に働いていました。**「自分たちはしょせんお掃除屋」という意識**が、スタッフたちの本来の良さにフタをしていると、矢部氏には思えたそうです。

そこで彼は、スタッフたちの「しょせんお掃除屋」という意識を変えるように動き出します。

効果てきめんだったのが制服です。清掃員ではなく、遊園地、レストラン向けなどのカタログを持ってきて、スタッフたち自身に新しい制服を選んでもらったそうです。

「エンジェルリポート」を発行し、スタッフの頑張りをチームで共有し、ほめ合い、学び合う取り組みも始めました。

チームの名称も、「クリーンセンター」から「サービスセンター」に変えました。

矢部氏がスタッフたちと対面するときには、「自分たちを『川下』にいると卑下しないで。私たちの仕事はたしかな技術を持った『サービス業』なんです」と語り続けたのだそうです。

清掃業からサービス業へと意識が変わったスタッフたちは、サービスの品質を高めるための提案を自発的に出すようになっていきました。その結果、頻発していた乗客からのクレームは減り、スタッフの定着率も上がっていったのだそうです。

そして今や、多くの海外メディアからも「新幹線劇場」「(清掃の)奇跡の七分間」と評され、日本のおもてなし文化の象徴にまでなりました。ハーバード大学ビジネススクールの教材にもなっているのだそうです。

「どうしてスタッフの方々はこんなに変われたんですか?」と聞かれるんですが、彼ら自身は少しも変わっていないんです。そういう良さをもともと持っていたんですから。変わったのは「マネジメント」のほうなんです。

これは矢部氏の言葉です。スタッフたちはもともと良いものを持っていました。ただ、自分たちの仕事を肯定的に捉えられないでいました。それを変えたのが矢部氏です。自分たちの仕事はたしかな技術を持ったサービス業であると説き続け、スタッフたちに誇りを植え付けたのです。

私の知る自動車整備工場の社長が、ＴＥＳＳＥＩのＴＶ特集番組を見て、感じるものがあったのでしょう。自社の整備士さんの作業服をまるでＦ１のピットクルーのようなカッコイイものに変えました。これも効果てきめんで、まず若手社員の意識が徐々に変わり始め、それがベテランに浸透していく中で、売上も伸び出したそうです。

ものの見方次第で意識は変わります。部下の意識を変えてあげるのは、上に立つ者の務めなのだと思います。まさにこの整備工場の社長も**まずはやってみようの「見る前に翔べ！」**ですね。

一流社長はどんな些細な仕事でも「仕事内容に貴賤無し」という事を知っており、その意義を浸透させていきます。

次節では、そのような企業文化をどのように作り定着させるのかについて話を進めていきます。

第9節

企業文化を変革する

社員の意識、行動には、会社の文化が少なからず影響を及ぼしています。組織文化と言われるものです。それが会社レベルのものならば、企業文化と呼ばれることもあります。

組織文化とは、「ある特定の集団が外部への適応や内部統合の問題に対処する際に学習したものであり、集団自身によって創られ、発見され、また発展させられた基本的仮定のパターンであって、それはよく機能して有効と認められ、したがって新しい構成員にそうした問題に関しての知覚、指向、感覚の正しい方法として教え込まれるものである」とされています。

そして、組織文化を、「人工物（Artifact）」「価値（Value）」「基本的仮定（Basic Assumption）」という三つのレベルに分けて捉えています（エドガー・シャイン）。

人工物とは、創り出された物理的・社会的環境のこと。建物、オフィスのレイアウト、服装、振る舞い、理念、行事など。

価値とは、議論されたり、疑問視されたり、反対されることもあるレベルのもの。

基本的仮定とは、価値と異なり、対立もなく議論の余地もないものになる傾向があり、その組織では、誰もが意識することさえなく、いわば無意識レベルで、当然のこととして受け止めているもの。

シャインのこの定義は有名であり、示唆に富んでいますが、ビジネスの現場で用いるとなると、やや難解で、実際の運用にそぐわない場合もあります。

そこで私は、このシャインの定義から学びつつ、また長年ビジネスに携わってきた自身の経験も踏まえて、企業文化とは、企業（や社会）において暗黙的に共有された価値観・信念・前提であり、そこに所属する人々の行動や態度、考えに影響を与え、長期間にわたって存在し続けるもの、と捉えています。

企業文化はあまりに自然に存在しているため、企業文化を共有する人々にとって、それを**自ら認識することは至難の業**と言えます。

極論ですが、海外に行ったとき最初に感じるその土地の匂いはそれぞれ違いますが、そこに住んでいる人にとっては、当たり前すぎて何も感じないのと同じです。

このことは、企業文化に根ざした判断や考え方、行動についても同様です。それらは、その企業文化を共有する人々にとっては、しごく当然で自然のことと受け止められています。したがって、その判断や考え方、行動について、なぜ正しいのか説明することや、自発的に思いを巡らすことは困難なのです。それは、**企業文化が不可視的であるということが、大きな要因となっている**と考えられます。

企業文化について敏感に感じ取ることができるのは外部の人で、外部の人は、その会社のカラーに染まっていません。だからこそ、わかるのです。このことからも、外部視点が有効であると言えます。

企業文化は通常、長い年月の中で形成されますが、少しずつ変化し続けてもいます。ですので、絶対に変えられないというわけではありません。しかし、故意に短期間で変革するとなれば、それなりの覚悟と方策が必要になります。

まず、先ほどの分類の人工物から手を付けるのがよいでしょう。先に紹介したように、ＴＥＳＳＥＩでは、制服をあか抜けたデザインのものに変えることから始めています。効果はてきめんでした。

私が関与していた、ある中小ＩＴ企業の例です。それまで**下町の古い雑居ビルに入っていたオフィスを、思いきって、一等地のオシャレな高層ビルの中に移転**させました。すると、**従業員の意識がみるみる変わっていき**、さらに、自らの仕事と会社に誇りを持つようにもなって、同時に、企業文化も明るく活気あるものに変化していきました。

組織構造は従来通りで、給与水準を上げたわけではありませんし、ましてや社長や上司が代わったわけでも、マネジメントの仕方を変えたわけでもありません。

オフィスを移転させただけで、企業文化の基本的仮定にまで変化を起こすことができたのです。賃借料は上がりましたが、それをはるかに上回る効果をもたらすことができたと言えるでしょう。

価値に訴えることも大切です。TESSEIでは、当時、取締役経営企画部長であった矢部氏が、スタッフたちに、「私たちの仕事はたしかな技術を持った『サービス業』なんです」と語り続けました。そうしているうちに、スタッフたちの意識も変わっていったのです。

前述のように、意識が変わったスタッフたちは、自発的に提案を出すようになっていきました。それはつまり、企業文化に、それも基本的仮定に変化が生じていたということでもあるでしょう。

もちろん、通常、企業文化を変革するのは一筋縄ではいきません。長い年月をかけて形成されてきたものであり、社員の無意識にまで及んでいるのですから、当然のことです。

変えるには、**社長をはじめとした上層部における、相当な覚悟と地道な努力が必要**となります。

一流社長は自社の企業文化に神経をとがらせています。

三流社長は自社の企業文化に鈍感です。

どんなに小さな会社でも企業文化の無い会社はありません、よく深呼吸して、見てみてください。その社長の行動が会社への誇りを生み、次期社長を目指す社員が現れる方策の一つでもあります。

さて次章より、社長交代準備の最終章、最重要課題に入っていきます。これまでのまとめも含め、実際に起きた問題や事例で進めていきます。

第5章

引き際の美学

本章では、いよいよ社長を退くに当たっての**後継者選び、後継者への教育から引き継ぎのタイミング**までの重要な点について取り上げます。ここを誤ると、結局は、それまでの準備が台無しになってしまいます。もし社長が自らの美学を持っているならば、それは退く際に結実するはずです。美しく、惜しまれつつ去り、承継後の業績維持、向上を願うのであれば、我執（がしゅう）と向き合い、正道を歩むことが必要となります。

それは、具体的にどういったことなのでしょうか。私が携わった事例も紹介しながら見ていくことにしましょう。

第1節

晩節を汚さず

社長でしたら、まして大きな成功を収めてきたのであればなおさら、有終の美を飾りたいと願っていることでしょう。少なくとも、晩節を汚すような真似はしたくないと思っているに違いありません。

しかし結果として、晩節を汚してしまう社長が多くいます。成功が大きければ大きいほど、往々にして晩節を汚してしまうのです。

これまでに成功を摑んできた方々ですから、ものを見る目には確かなものがあるはずです。他社の社長のことでしたら、客観的に見ることができ、**社長が会社発展や変革のボトルネックになってしまう日や、その潮時について、的確な判断を下せる**のではないでしょうか。

ところが、自分のこととなると、それに気付かない、多少は気付いたとしても、まだまだやれると思い込み、その潮時を見誤ってしまうのです。自分自身を知ることは、それほど難しいことなのです。

第2章で、『孫子』の中にある、「彼を知り己を知れば百戦殆ふからず」という言葉を紹介しましたが、勝利を収めるためには、自分自身に盲目であってはなりません。外部視点を取り入れることの大切さについても述べましたが、それでも、自分自身を客観的に捉え、その出処進退について的確な判断を下すことは、容易ではないでしょう。

第2章では、当時、ホンダの社長であった本田宗一郎氏と、副社長であった藤澤武夫氏が、両者同時に引退したことについて触れました。

ただ、その「最高の引き際」には、実は伏線があったのです。

一九六九年、ホンダでは、技術の粋を集めたＨＯＮＤＡ１３００の販売不振に端を発した論争が起きていました。当時、アメリカではマスキー法が成立し、厳しい排ガス規制が敷かれようとしており、ホンダはそのマスキー法をクリアするエンジンの開発に社運を賭けていました。

当時、ホンダのエンジンは空気による冷却方式で、高い技術力と実績を誇っており、宗一郎氏は当然、空冷エンジンにこだわり続けていました。

これに対し、久米是志氏を中心とする若い技術者たちは、空冷式は時代遅れであるとして、水冷エンジン開発の必要性を主張しました。

いわゆる空冷・水冷論争です。事態を収拾しようとした藤澤氏は、意を決し、宗一郎氏に会いに行きました。そして、自説を曲げようとしない宗一郎氏に向かい、**「あなたは社長として残りますか。それとも技術屋としてホンダに残りますか」**と問いかけます。

しばらくの沈黙のあと、宗一郎氏は、「やっぱりおれは社長として残るよ」と答え、この論争に終止符を打ったのです。

翌一九七〇年、株主総会を経て、宗一郎氏と藤澤氏の両人による創業期以来の指導体制から、河島喜好氏、川島喜八郎氏、西田通弘氏、白井孝夫氏の四専務による、いわゆる集団指導体制への移行が正式になされました。

この人事は同時に、**宗一郎氏と藤澤氏、両トップの退任**に向けての大きな布石であったと言います。

本田宗一郎という天才エンジニアでさえも、自分がボトルネックになったことを判断できなかったということです。

ホンダの経営はまさに、四専務に任される状況となったのです。

あとは前述の**「最高の引き際」**につながっていきます。

河島氏が社長に就任すると、ホンダはまた新たな飛躍を遂げていきます。「若い後継者を育て、早く道を譲る」という、ホンダ流のトップ人事は、激動の時代に立ち向かう大きな力となっていったのです。

一流社長は、社長となった日から、自分が会社のボトルネックになる前に、次への承継の準備を考えます。

第2節

我執と向き合う

誰もが知る京セラ、第二電電（ＤＤＩ）の創業者である稲盛和夫氏は、一九五九年、社員八人で京都セラミック（現・京セラ）を設立し、その後、大きな成功を収めました。

記憶に新しいところでは、倒産した日本航空（ＪＡＬ）の会長に就任し、経営の立て直しを成功させ、二〇一三年には名誉会長となり、二〇一五年には名誉顧問に退いています。

自身が経営者となったすべての会社を大きな成功に導き、有終の美を飾って、その第一線から退いています。成功が大きければ大きいほど、そう簡単に退けるものではないと思います。

それができたのは、自らの内から突き上げてくるエゴを抑えてきたからだと、稲盛氏は語っています。とはいえ、京都セラミックを創業して間もない頃はまだ、それができずにいたとして、次のように語っています。

私は一生懸命に頑張って会社を立派にし、数十億円の利益が出るようになった。そのとき、**これはオレがやったんだ、オレの才能で、オレの技術で、オレが寝食を忘れて頑張ってきた**のに、そのオレの給料が３００万円しかないとは、割が合わんではないか、**「オレが、オレが」**と思った。

ところが稲盛氏は、上場前に、ある新聞に掲載されていた女優の岸田今日子氏の寄稿コラムを読んだことで、それに触発され、考え方が変わったのだと言います。コラムには、存在に対する捉え方を一八〇度転換させるような思想が記されていました。

半導体が勃興していくには、ある人間が必要だった。たまたまそれが「稲盛和夫」であっただけで、他の存在が「稲盛和夫」と同じ才能を持っていれば、その人が代行していてもよかったはずだ。私が一介のサラリーマンであってもおかしくはない。

つまり我々が生きている社会は、壮大なドラマだと思うのです。劇場です。その劇場で、たまたま私は京セラという会社を作る役割を担い、京セラという会社の社長を演じることになった。ただし、それは「稲盛和夫」である必要はなく、そういう役割を演じられる人がいればよい。たまたま、私であっただけなのです。

今日は主役を演じているけれど、明日の劇では別の人が主役を演じてもよい。にもかかわらず「オレが、オレが」と言っている。それこそが、自分のエゴが増大していく元になるように思うのです。

考え方を改めた稲盛氏ですが、エゴが頭をもたげてくることもあるそうです。「私たちは心の中に、良心という自分とエゴという自分を同居させているのです」とも語っています。

それでも稲盛氏は、**「エゴを増大させていっては身の破滅だと思った私は、それからエゴと闘う人生を歩いてきました」**と言います。

自らを厳しく律しながら生きている姿に、ただただ敬服するのみです。

これはオレがやったんだ、オレの才能で、オレの技術で、オレが寝食を忘れて頑張ってきたのに、そのオレの給料が３００万円しかないとは、割が合わんではないか、**「オレが、オレが」**と思った。

この一節に思わずうなずいてしまった方も多くいると思います。私もその一人でした。

会社の大小にかかわらず、社長を務めていれば、手を伸ばせば摑めるものも多いでしょう。あれやこれやと誘惑もあるでしょう。

そもそも、世の社長には、**「オレがオレが」でやってきた人が多いと思います。「オレがオレが」でやってきたからこそ、社長になれた、あるいは、社長が務まってい**

るということもあるのではないでしょうか。その誰よりも強いエゴを抑えるのは至難の業です。稲盛氏のように、自らを厳しく律することができる人は、そういるものではないでしょう。

私は、社長でしたらまずは、自分が「オレがオレが」でやってきたエゴの強い人間だということを、ありのままに見つめ、認識することが大切だと思っています。その上で、そういう自分と向き合えば、ある程度は、**自分のことを客観的に見る**ことができるようになるはずです。

自分一人の会社であれば、他人がとやかく言うことではありません。

しかし、たとえ一人でも社員がいて、あなたの会社のサービスがなくなって困るお客様がいたら、とんでもないことです。

晩節を汚したくないと思うのであれば、やはり己を客観的に見つめ、自分の心が作り出すエゴと闘わなければならないでしょう。

誰もが「オレがオレが」と思う。そこを突き抜けられるかどうかが、社長交代にとって重要です。

第3節 事業承継の全体をデザインする

社長を退くに当たっては、さまざまな準備と対策が必要となることは、もう十分認識されたと思います。

単に後継者にバトンタッチすればよいというものではありません。**事業承継の全体をデザインし**、抜かりなく準備と対策を施していくことが大切です。

わかりきったことですが、社長を退くということは、辞めて会社を整理するのではありません。バトンタッチされた**新社長が滞りなく事業を継続できることが、事業承継の本質**です。もちろん、一口に事業承継と言ってもいろいろとありますが、大きくは、

①人の承継
②資産の承継
③知的資産の承継

の三領域に分けることができます。

まず、**人の承継**ですが、これは後継者への経営権の承継のことです。とくに中小企業においては、経営者の才覚が事業の成否に与える影響が大きいため、後継者の育成にはたいてい五年以上の時間が必要になります。

したがって、**後継者の選定は早めに開始する**ことが大切です。

次の、**資産の承継**においては、自社株の承継が基本になります。経営権を後継者に集中させたいのであれば、自社株の承継も後継者に集中させる必要があります。しかしそうすると、資産状況によっては税金対策が必要です。また、親族内承継の場合、後継者と他の相続人とのバランスも考える必要があります。現経営者の個人財産も合わせて、何をどう分割するのかを、早めに考えておく必要があります。

最後は、**知的資産の承継**です。知的資産とは、B／S（貸借対照表）上に記載されていない無形の資産であり、企業における競争力の源泉である、人材、技術、知的財産（特許・ブランド等）、組織力、経営理念、顧客ネットワーク等の経営資源の総称です。これこそが、**真の事業承継領域**であると言えるでしょう。

社長は事業を継承するに当たり、以上のような全体に照らして、自社のそれぞれの状況を把握し、どのような形で承継するのかを考える必要があります。

それを怠り、強引に事業承継を進めても、うまくはいかないでしょう。

中小企業にありがちな、事業承継がうまくいかない主な理由としては、以下のようなものがあります。

①事業のノウハウは先代の頭の中にあり、それを継承する仕組みがない。
②新社長を支える仲間がいない。
③今後のビジョンと戦略が立てられていない。

④経営陣幹部社員が財務諸表を理解していない。
⑤業界内の自社のポジショニングが、ぼんやりとしている。
⑥社長のトップ営業が中心で、営業が育っておらず、先行きが不安である。
⑦自分の問題以外の、社内問題の多くには我関せずで、大企業体質になっている。

社内に、これらの「もんだい」の中の、一つないし複数があると判明したならば、社長は、事業承継を行う前に、しっかりと「開決」しておかなければなりません。もっとも、これらの「もんだい」は、その会社に長くいると、なかなか把握することができません。第2章で見たように、**外部視点を取り入れながら調査・分析**を進め、事業承継の全体像をまずデザインすることが重要になります。

一流社長は常に承継の「もんだい認識とその開決」を模索しています。

第4節 後継者を指名する

常に人材不足に陥りやすい中小企業にとって、一番重要であり失敗できない、事業承継の中で**最も重要なことが、後継者の指名**です。

それを誤っては、他のすべてに支障が生じてきます。それでは、せっかく事業承継に向けていろいろと取り組んできた努力が、水の泡となりかねません。以下では、後継者の指名について、先に示した他のそれぞれの領域、各「もんだい」とからめながら、見ていくことにしましょう。

後継者については主に、次の三つのパターンが考えられます。

①**社員から選ぶ社内承継**
②**社外の人材を招聘し承継**
③**社長の親族への親族内承継**

それぞれ長所と短所があり、また、準備と対策において異なる部分があります。

〈社員を後継者とする場合〉

一般的に、会社の組織構造はピラミッド型になっています。会社の規模にもよりますが、社長を頂点に、役員、部長、課長、係長、主任、役なしの社員、といった階層構造ができてくるでしょう。年功序列を取っている会社もあるでしょうが、ピラミッドの上の方に行けば行くほど、その能力、実績などを重視して登用することが多くなるはずです。ですので、後継者は自ずと、そうやって階段を上ってきた役員あるいは部長クラスの中から選ぶことができるはずです。

まずはその中から、何人か候補者を絞るとよいでしょう（中小企業の場合は、人数的に一～三名程度になることが多いようです）。

そのことを、候補者をはじめ、他の役員あるいは社員たちに伝える必要は必ずしもありません。

周知させると、候補者は互いに競い合うようになってしまうかもしれません。それが、本人や会社にとってプラスの方向に行けばよいのですが、そうはならないことの方が明らかに多いのです。

また、他の役員あるいは社員たちは、自分は候補から漏れているのだと落胆し、モチベーションを下げてしまう恐れもあります。もちろん、候補者をそれなりのポジションに付ければ、ある程度、周囲は勘づくでしょう。それはそれで仕方ありません。しかしそれでも、まだチャンスはあるという期待はいくらか残るでしょう。それがモチベーションを維持させるのです。

候補者を絞ったら、次に、社長に相応しいかどうか見定めていく必要があります。

ここが一番難しいと言っても過言ではないところです。いくら役員あるいは部長として優秀でも、社長の器ではない場合もあります。もちろん、最初から社長に相応しい人材など、なかなかいるものではありません。これまでの章で述べた通り、教育を施し、チャンスの場を与えるなどして成長を促すのは必須で、ときには社長自らが教育することも大切です。

自らの経営手法、理念、信条、考え方などについて語ったり、身近に置いて、それらをどう行動に反映させているかを見せるＯＪＴも必要です。そうしているうちに、頭角を現す者が出てくるはずです。もし**候補が一人しかいなくても、指導、教育することは同じです。**

教育中、とくに気を付けなければならないことは、第４章でも述べましたが、**自分の分身を作るような教育や指導をしないことです。**いくら熱心に育てたところで、自分と同じような考え、振る舞いができるような人間など、そう作れるものではありません。イエスマンになってしまうのが関の山でしょう。

会社のさらなる成長を望むのであれば、社長に対し、出すぎた杭くらいの者の方がよいでしょう。粗削りなところがあるかもしれませんが、そこは、社長の器に相応しくなるように育てていけばよいのです。

完璧な人間など、そういるものではありません。一人にすべてを期待するのは間違いでしょう。**足りないところは、それをカバーできる参謀等を付ける**などして補えばよいのです。

もちろん、その参謀等の諫言を受け入れられる度量がないようでは、社長の器ではないかもしれません。その点は、後継者として指名する前に、しっかりと見定めておくことが大切です。

そして最後は、候補者の中から、社長に相応しい人間を後継者として指名することになります。その際、他の候補者の処遇についても、同時に考える必要があります。他の候補者は後継者にはなれませんでしたが、優秀な人材であることは確かでしょう。その人材を活かし続けることは、会社のためになるに違いありません。

いずれかの候補に決めきれないときは、先に紹介したホンダの事例のように、集団指導体制を取り、社長が一歩引いて、その候補者たちに複数で会社を推進させるようにするのも一つの方法です。

そして、その経緯の中で後継の社長を選出し、他の者たちが引き続きバックアップしていくようにすれば、社長交代で失敗することは少ないでしょう。

〈社外の人材を後継者にする場合〉

社外の人材は、いきなりやってきた会社で、孤立してしまうということが往々にしてあります。

しかし、社外の人材は外部視点を持っています。それにより、会社を飛躍させることができるかもしれません。とはいえ、これもわかりきったことですが、社外の人材は、社内のことはよくわかっていません。さらに役員を含め、多くの社員とは、ほとんど面識もないことでしょう。

カリスマ的な社長の会社の場合、いきなり社長に据えても、もともとの社長が多少フォローする程度で滑り出せることも多いのですが、いくら優秀な人材とはいえ、いきなり社長に据えると、人心掌握にエネルギーをかけざるをえなくなることが増え、本来の推進力を出すまでに時間がかかることもあるでしょう。

ですので、例えば一定期間、副社長等にするなどして、一期もしくは二期程度、社長の傍に置きながら、社内のことを学ばせるとよいでしょう。社内でどれだけのことができるか、チャンスの場を与えるなどして、見定めることも有効です。

受け入れ側の役員は、排除するのではなく、引き続き活かし続けることを考えなければなりません。そうすると他の社員たちも、社内の人材が排除されていないと安心するからです。

第5節 世襲を成功させるには？

最後は、**中小企業で一番多い、親族を後継者にする場合**、いわゆる世襲についてです。世襲を考えているのであれば、なるべく早い時期から、英才教育を施すことが肝心です。世襲の意向についても、ある程度前もって本人に伝え、自覚を持たせるようにするとよいでしょう。それは、本人の意識を覚醒させることにもなるはずです。

学校を出てからの就職先についてですが、別の会社を選ぶことも有効でしょう。昔から、「可愛い子には旅をさせよ」とか「他人の飯を食わせろ」などと言われ、実践されてもきました。別の会社で働くことで、外部視点が身に付くはずです。それは、のちに会社に戻ったときに、大きな力になることでしょう。

もちろん、学校を出てすぐに、自分の会社で働かせることも有効です。他の若手社員に交じって、一から現場で、上司、先輩たちから教育、指導を受けながら成長させていくのです。

ただし、他の若手社員とまったく同じ処遇を続ける必要はありません。**贔屓(ひいき)は良くありませんが、将来を見据えて、英才教育を施すことも大切**です。

社長の傍に置き、補佐役を担わせてもよいでしょう。そこでは、社長の考えや行動を直接学び取ることができます。また、社長の鞄持ちをすることで、社内だけでなく、社外の人脈も広がっていくことでしょう。それは、社長を引き継いだとき、かけがえのない財産となるのです。

また、その成長とともに、ポジションを上げていくことも大切です。そして、役員クラスになったら、サポート体制をしっかりと築くようにするとよいでしょう。役員クラスともなれば、重責を担うことになります。チャレンジングな仕事を任されることもあるでしょう。そこで実績を上げることが大切です。そのためには、信頼できる優秀な部下のサポートが欠かせないでしょう。その体制をしっかりと作っておくのです。そして、徐々に経営のすべてを任せるようにしていくとよいでしょう。

その**体制は、当人が後継の社長になってからも維持していくことができます。**サポート役を参謀役に置いてもいいですし、それまで集団指導体制を取ってきたならば、それをそのまま継続していくのも有効でしょう。

一流社長は、神輿(みこし)を担ぐスタッフの準備も滞りなく行います。

ここで、私がコンサルティングを行った、業界中堅のある製造会社の事例を紹介しましょう。

同社では長らく、いわゆるカリスマ創業者が社長を務めてきました。創業以来、その斬新な発想と抜群の行動力で会社の成長を支えてきました。そして、そろそろ自分の子供に後を継がせたいとの意向を持っていました。ただ、その子供は、人柄は良いのですが、残念なことに凡庸であったのです。

当然、社員たちも、いまだに初代の社長の方を向いている状態です。そこで、社長から、「自分の目の黒いうちに、二代目がやっていける体制を築きたい。二代目を支える数人の幹部候補を見つけ、二代目とともに育て、心が通う関係を作らせたい」との相談を受けたのです。

私はまず、社内全般についてサーベイを進めました。そして、社内に巣食う「もんだい」をあぶり出していったのです。同社の社員たちは、カリスマ創業者の強いリーダーシップゆえに、何もかも「上が決めてくれるのが当たり前」と考える、いわゆる「指示待ち」という企業文化の中にいる集団になっていました。

また、意見を出しても、その甘さや不足点を徹底的に突かれてきた経験が災いし、「どうせ言っても聞いてもらえない」という意識が、部門長以下、組織全体に蔓延していました。

そこで私は、各部門の部門長と部門長候補者で会社変革プロジェクトチームを編成し、活動を推進していくことにしました。具体的には、各部門から現行部門長と次世代を託す部門長候補者を選抜し、一〇カ月にわたる研修を実施することにしたのです。

最初に行ったのは、「内省型使命開発研修」です。これは、自分という人間の価値観、強み・弱みを、チームで掘り下げ、確かめ合うという研修です。その上で、「WPL（ワークプレイス・ラーニング）サーベイ」を実施しました。

参加者たちはその中で、自身の組織の「学習する組織」度の現状を客観視し、自身の影響と組織の「もんだい」を考察していったのです。

私は、それが進んでいくのを見届けると、今度は、参加者たちが自ら、あるべき未来のビジョンを描き、「もんだい」の根幹にある共通要因を「開決」すべく、組織横断プロジェクトチームを編成し、推進していくようにしたのです。

その結果、参加者たちをはじめ、ほとんどの社員は指示待ち人間から脱却していきました。「どうせ言っても聞いてもらえない……」から、「俺たちでやれるかも！」に変化していったのです。それは意識だけでなく、行動においてもです。

二代目も、「ここしかない」と覚悟を固めました。そして、「皆で会社を変えていきたい。手伝ってほしい」と、本音で発信したのです。社員たちは、大いに胸を打たれたに違いありません。だからこそ、その意識、行動が変化していったのでしょう。

プロジェクトを推進していくにつれ、封印していた「もんだい」意識が解かれ、「何とかせねば！」の当事者意識が噴出してくるようになりました。そして、「このメンバーで力を合わせればやれるかも」といった空気が醸成され、やらされ感の強いプロジェクトから、本気のプロジェクトへと変容していったのです。

親族であろうと社長候補となった限りは、自分を支えてくれるスタッフに心の底から出た本音をぶつけなければ、周りの心は動かないのです。

第6節 タイミングを見誤るな

事業承継をデザイン、実行していく上で最重要な課題は、「いつ?」というタイミングです。

後継者にバトンタッチするには、タイミングが重要です。社長は、ただ潔く退けばよいというわけではありません。それでは、後継の社長は戸惑うでしょうし、社内も混乱するでしょう。逆に、いつまでも社長に留まっていたのでは、後継者は不信と不満を抱くようになるかもしれませんし、社内からも不安と動揺が生じてくるかもしれません。

私はバトンタッチのタイミングは、陸上競技のリレー走と同じだと考えています。ルールとして、バトンパスは、定められたリレーゾーン内で行わないといけません。その前になってもあとになっても、失格になります。バトンパスを止まって行うことはできますが、それでは大きな時間のロスが発生してしまいます。全速力で走ってきた走者は、いきなり止まれるものではありません。次の走者も、すぐに全速力で走り出せるわけではありません。

ですので、通常は、先の走者は全速力からやや減速しながらゾーンに入ってきます。あとの走者はそのスピードに近付くまで加速していきます。そして両者は、互いの手の届く距離になったところで、バトンパスを行うのです。こうして、時間のロスを最小限にするというわけです。

社長の交代も、このリレー走のように進めていくことが効果的でしょう。すなわち、まず社長交代の時期については、不測の事態が起きないとは限りませんので、リレーゾーンのように、ある程度のタイムスパンを持たせて設定しておきます。

そして、その時期に合わせて後継者を育成し、経営全般についても徐々に任せるようにしていきます。後継者はそれに応える形で成長を遂げるようにし、任された経営をしっかりとこなしていくようにします。

そして社内・社外の状況を神経質なまでに見極めながら、最高のタイミングを見定め、バトンパスを行うのです。そうすれば、社長交代にともなうロスを最小限に留めることができるはずです。後継社長は、すでに経営のかなりの部分をしっかりとこなしてきていますので、すぐにでもそのすべてを担えるようになることでしょう。

もし棒立ちの状態で、つまり、何の準備も経営経験もなく、いきなり社長を引き継いだなら、本領を発揮できるまで、かなりの時間を要するどころか、会社の業績が下がっていくこともあります。そうなれば、その対応に追われ、本領を発揮できないまま、失脚せざるをえなくなるかもしれません。それでは、引き継いだ本人にとっても、会社にとっても、大きなダメージになってしまいます。

先代社長は結果として、事業承継に失敗したとのレッテルを貼られ、晩節を汚したことになってしまうのです。

先に紹介したホンダの事例も、そうだったのだと思います。四人の専務を選んだあとは、社長と副社長は一歩引いています。同時に、四専務は集団指導体制で、任された経営のほぼ全般をしっかりとこなしていきます。そして、経営能力が十分あることを見定めたところで、バトンタッチを行っているのです。

私がコンサルティングを行った、先の製造会社の事例においても同様でしょう。先代社長は、二代目を支える幹部の選抜に取り組み始めます。そして、そのためのプロジェクトをスタートさせます。社長はもはや、それまでのようにトップダウンですべてを取り仕切ることはしませんでした。

その中で、二代目は覚醒します。また、他の社員たちは、指示待ち人間から脱却していきました。そして先代社長は、二代目が幹部をはじめ社員たちとともに、しっかりとやっていけると確信できたところで、事業を承継したのです。

その後、二代目は社長として、先代が期待した以上のパフォーマンスを発揮し続けています。

たしかに二代目には、先代のようなカリスマ性はありません。先代は当初、二代目に自分と同じカリスマ性を求め、自分の分身を作ろうとしていたのだと思います。凡庸であると感じたのは、そのためでしょう。しかし二代目は、自分のスタッフを信じ、うまく用いることができています。社員たちの声に耳を傾け、積極的に仕事を任せるようにしています。それにより、企業文化も明るく活発なものになっています。

私は、二代目は先代のようになろうと背伸びをし、無理をしていただけなのだと思います。それを諦め、自らを認め、素直に頭を下げたことで、歯車が動き出したのです。

そうなれたのは、先代が途中で自分の分身を作ることを断念し、違う道（集団指導体制）を考えたからこそでしょう。人にはそれぞれ個性があります。自身の子供といえども、自分と同じではありません。その長所を伸ばし、短所を補えるよう心掛けることが大切です。

一流社長は、社長像は一つではなく、十人十色の個性があり、その一番良いところを伸ばそうとします。

第7節

我が子への愛の功罪

前節のようなやり方で事業承継を進めていくことが大切ですが、親族を後継者にする場合には、それがなかなかできないことも多々あります。

社長は我が子可愛さで、物事が見えなくなってしまう恐れがあります。外部視点を取り入れられればよいのですが、それすらもできないケースが多いのです。

第1章で見たように、ダイエーでは、創業者の中内㓛氏がカリスマ経営者として君臨し続けていました。そうした中、赤字に転落し、外部から河島博氏を副社長としてスカウトして黒字転換をしたとたん、中内氏は第一線に復帰し、河島氏をはじめ若手幹部たちを追いやり、周囲をイエスマンで固め、長男の中内潤氏を三一歳の若さでダイエー本体の専務に抜擢し、わずか三三歳にして副社長に据えてしまうのです。

元役員の証言によれば、「**自らの復権と長男・潤を社長にするためのレール作りに腐心した。これが、ダイエーが解体される元凶**となった」とのことです。

中内氏は潤氏に、自分の分身になることを望んだのではないでしょうか。そして、潤氏もそうなろうと懸命に努力していたのではないでしょうか。**中内氏はそんな潤氏を溺愛し、そのやることなすことすべてを良しとしてしまっていた**のかもしれません。

それがダイエー没落のすべてであったとまでは言えないでしょうが、大きな要因の一つであったことは間違いないと思います。

三洋電機は、かつて大手総合家電メーカーの一角を占めていましたが、二〇一五年に事実上消滅しています。これも、親族を後継者にしようとしたことに端を発しているケースだと感じています。

三洋電機の最後の社長、井植敏雅氏は必ずしも、社長として無能だったわけではないのかもしれません。**就任したタイミングが悪すぎたことも、不運だった**と言えるでしょう。転げ落ちていく会社を立て直すのは至難の業です。また、**敏雅氏をサポートする体制ができていなかった**のかもしれません。

本来は会長兼ＣＥＯの野中ともよ氏が外部視点から会社の状態を判断し、敏雅氏をサポートする役であったのでしょうが、結果として、事態をますます悪化させてしまいました。しかし、その野中氏をＣＥＯ兼会長に据えたのは、敏雅氏のお父さんの井植敏氏です。

「はじめに」で、**「二代目、三代目が会社を潰すとよく言われるが、それは本当なのか?」**と書きましたが、これも実際には、譲る側の先代の問題であったことは間違いありません。

ビジネスの世界では結果がすべてです。再建できなかった、すなわち、三流社長であったとの烙印を押されても仕方ないでしょう。わかりきったことほど難しいという証左だと思います。

次は、私がコンサルタントを依頼されてお断りした例です。打ち合わせの席上で、「どうして息子さんに継がせるのですか?」と質問した際に、その社長さんの回答が、「息子に任せて万一倒産しても、その方が自分は後悔しない」と、一見潔い答えが返ってきました。そして、登記を変更しただけで、教育らしい教育もせず社長にしてしまっていました。

何一つ法律違反をしているわけでもなく、一瞬「なるほど!」と納得してしまうような明快な回答でしたが、ここまで本書を読み込まれてきた方には、すぐにそれが手前勝手なことだとおわかりいただけると思います。

会社は社長の私有物ではありません。そこに集まる従業員や、その会社のサービスを受けている顧客のことはまったく置き去りになっています。わかりきったことですね。

その後、ご要望をお聞きし、いろいろご提案はしたのですが、会社ファースト、息子社長ファーストの考えならまだ対応策もありましたが、残念ながらそうではなかったため、最終的に私は受任しませんでした。新社長の息子さんにはどうか活躍してほしいと願うばかりです。

第8節

サラブレッドだからこそ

サラブレッドは国内競走馬の主流となっています。両親がサラブレッドでなければ、サラブレッドとは認められません。サラブレッドは「純血」という意味があり、「完全に育て上げられた」ということを表すのだそうです。

社長の子供は、いわばサラブレッドです。子供の頃から親の背中を見て育ってきました。早い時期から、自分の後継ぎであると告げられてきたことでしょう。それとともに、英才教育を施されてきたはずです。たとえどんなに優秀であっても、会社というピラミッド組織を下から一段ずつ上っていく社員とは、やはり違う環境で育ってきています。

とはいえ、一流の社長は、後継指名を常に身内ありきでは考えていません。

その例として、誰もが知る世界のトヨタの社長の変遷を記してみます。

トヨタ自動車は、一九三七年に、豊田佐吉氏の長男である豊田喜一郎氏によって創業されました。設立当初は、佐吉氏の娘婿で喜一郎氏の義兄である豊田利三郎氏が初代社長に就き、喜一郎氏は一九四一年に二代目社長に就任しています。

一九五〇年に喜一郎氏が退くと、**二代続けて、親族以外の人物を社長に登用することとなります**。

佐吉氏の甥である豊田英二氏が社長に就任するのは、その後一七年も過ぎた一九六七年になってからです。

そして一九八二年に、英二氏の後継として社長となったのが、喜一郎氏の長男である豊田章一郎氏です。

章一郎氏は、一九九二年まで社長を務めたあと、その座を実弟の豊田達郎氏に譲っています。一九九五年に達郎氏が退くと、今度は**三代続けて、親族以外の人物を社長に登用することとなります**。その間、トヨタ自動車はさらなる成長を遂げています。

そして二〇〇九年、満を持して、章一郎氏の長男である豊田章男氏が社長に就任しています。

このように、トヨタ自動車では、**創業家から常に社長を出しているわけではありません。** 創業家の者でなくとも、**信頼できる優秀な人を社長に就けています。**

創業家の者であっても、まだ未熟なうちは、無理をさせないということなのでしょう。その間、じっくりと修業させ、十分に育ってきたところで、サポート体制をしっかりと整え、内外の状況等も慎重に見計らいながら、最高のタイミングで社長に就けていることがうかがえます。それが世襲を成功させる秘訣なのでしょう。

これは会社の大小に関係なく、内外の状況、タイミングが重要である証左です。

世襲の成功例としてもう一社、中小の優良企業である玉子屋の事例を見てみましょう。玉子屋は、一九七五年に菅原勇継氏が創業した会社で、一日七万食のお弁当を製造販売する、事業所向け仕出し弁当業界のリーディングカンパニーです。

長男の菅原勇一郎氏は大学卒業後、銀行、マーケティング会社を経て、一九九七年に玉子屋に入社しています。**自分から「働かせてくれ」と言ってきた**のだそうです。

入社当時は常務でしたが、社長の勇継氏は勇一郎氏に経営の全権を委ね、好きなようにやらせたそうです。実質的には、入ったときから勇一郎氏が社長であったとも述べています。

そして、二〇〇四年に、正式に社長を勇一郎氏に譲り、勇継氏は会長に就任しています。**勇一郎氏は入社当初は、従業員との関係で苦労もあったようです。社長の息子だからといって、従業員から信頼してもらえるわけではなかった**と言います。

血がつながっていても、過去にどんな実績があったとしても、従業員からすると「あなたを信用していいかわからない」という時期がありました。従業員の一人ひとりと差しで飲んで**「親父はこういうやり方できたが、僕はこうやる」と半年かけて理解をしてもらいました。**しかし、僕のやり方で実績が上がらなければ付いてきてくれません。僕は、会長の人を大切にするところは受け継ぎながら、ことごとく成果を上げていきました。

その甲斐あって、二年後には、**「今までは言われるままついてきたが、これからは**

自分も意見を言いながらやっていきます、よろしくお願いします」と、従業員が自ら言ってきたのだそうです。勇一郎氏はまた、時間厳守の徹底、美味しさの追求、サービスの向上などを実現すべく、緻密なシステムの構築、実力主義の報酬制度の導入などを推進しました。その結果、勇一郎氏が入社した当時一五億円だった売上は急増し、現在では、仕出し懐石料理を担う玉乃家と合わせると、約九〇億円にまでになっています。

二七歳で継ぎましたが、そのとき**親父は五七歳です。親父は時代が変わり、カリスマ的な自分の経営ではいけない。これからは僕のようなタイプがふさわしいという判断で、脂ののった最中に譲った。すごいことだと思います。**

勇一郎氏自身、この言葉にあるように、**自分に父親のようなカリスマ性がない**ことに気付いていました。父親の勇継氏はそれを期待していたわけではありません。しかし、勇一郎氏のことを自分よりもはるかに出来がいいと思い、間違いなくやってくれると信じていました。**息子を自分の分身にしようとはせず、むしろその良さを伸ばし、いかんなく発揮できるよう、サポートし続けてきたのです。**だからこそ、玉子屋は飛躍を遂げることができたのでしょう。

その経営手法は、アメリカのスタンフォード大学ビジネススクールの講義で取り上げられるほど、注目を集めています。

一流社長は息子といえど、能力を見極めながら、自分が会社の成長のボトルネックになる前に事業承継をデザインするのです。

第9節 正道を歩め

マックス・ウェーバーは、支配には正当性が必要であると言います。正当性がなければ、支配を確立することはできません。

このことは、会社にも当てはまります。事業承継においても、正当性がなくてはならないでしょう。正当性は、支配者が一方的に築けるわけではありません。**被支配者が認めることによって生じる**のです。

会社においては、社員をはじめ、利害関係者、さらには一般の人々から受け入れられる必要があります。**社長がどんなに正当性を言い張っても、受け入れられなければ、正当ではないのです。**

事業承継に関して言えば、社長が創業者あるいは創業家出身者、また、創業者ではなく大株主であり、会社のオーナー的存在であるならば、親族を後継者にしても正当であると受け止められ、認められることでしょう。

もちろん、いずれにおいても、難のある人でしたら「もんだい」があります。しかし、それも前述のように、**後継者に据える準備とサポート体制の確立を怠ることがなければ、何とか乗り越えられるのです。**

社長が創業者や創業家出身者であったり、会社のオーナー的な存在であっても、あえて親族を後継者にしないケースはたくさんあります。

前述の、ホンダの創業者である本田宗一郎氏は、**「会社は個人の持ち物ではない」**との信念に基づいて、親族を後継者にしませんでした。ソニーの井深大氏、盛田昭夫氏にしても同様です。

こんな例がありました。社長が会社を立て直した、いわば中興の祖だったのですが、親族を後継者にして正当性が得られるかどうかは、微妙なところでした。その社長からすれば、自分がいなければこの会社はとうに潰れていた、あるいは少なくとも、こんなに発展することはなかったのだから、親族を後継者にしてよいはずだと言葉にまで出していました。そして、周りから意見も聞かず、まさに裸の王様状態で実際に息子さんを次期社長に据えてしまいました。

その後の結果は、皆さんのご想像の通りです。

この場合でも、成功する可能性はゼロではありません。その息子さんが本当に人心掌握をし、リーダーシップを発揮できる実力や能力を持っていればいいのですが、単なる身内への溺愛では難しいですね。

逆の事例をあげましょう。実際に私がお付き合いのある別の社長も、中興の祖として業績を四倍にまで押し上げたのですが、「自分自身、世襲を断ち切って社長に就いたのだから、そんな自分が世襲で社長を承継することは絶対にできない」と言いきり、実際にその言葉の通り、社内から社長の承継を行いました。

その会社は斜陽産業と言われている業界の中にあって、何とか安定的に事業を継続されています。

創業者、オーナー、あるいは中興の祖でない社長が、親族を後継者にしようとしても、正当性を得るのはとても難しいでしょう。

さらに親族でなくとも、後継者を選出するに当たって、贔屓が強すぎるのも良くありません。これといった能力も実績もないのに、ただ社長から可愛がられていたというだけで後継者になったのでは、なかなか周囲の納得は得られないでしょう。

このような贔屓による選出も、よく見聞きする例で、優秀な社員から櫛の歯が欠けるように退職者が出て、業績が芳しくなくなる企業が多いのが残念です。

生え抜きを抜擢する場合だけでなく、社外の人材をスカウトする場合も同じです。後継者には、それに相応しい能力、資質、キャリア、実績等を兼ね備えた人材を選任することが大切です。そうでないと、その人材を後継者にした社長が、一番の批判に晒されることになり、三流社長として晩節を汚したことになってしまうでしょう。

一流社長は任命責任から逃れられないことを十分に理解し、慎重に選任します。

第10節

お家騒動で晩節を汚す

創業者、オーナー、あるいは、中興の祖である社長が親族を後継者に据えるに際し、いわゆるお家騒動が起きてしまうことがあります。この「開決」を誤れば、会社は混乱し、衰退していきかねません。

親子喧嘩で世に有名な大塚家具では、二〇〇九年に、創業者の大塚勝久氏が退き、代わって長女の大塚久美子氏が社長に就任しました。業績は一時回復したものの、その後また悪化してしまいます。自身の築いた経営路線が否定されていると感じていた勝久氏は、業績不振を理由にして、二〇一四年に、久美子氏を無役の取締役に降格し、自らが社長に復帰します。

しかし、業績はさらに悪化していき、二〇一五年一月には、今度は久美子氏が社長に復帰します。勝久氏は会長に留まっていたものの、同年三月には、株主総会での決議を経て、退任させられました。まさに株主、お客様、従業員が置いてけぼりのお家騒動です。

その後、大塚家具は、低迷を抜け出せない状態が続いています。ここまで大塚家具が没落したのは、お家騒動がすべてであったとまでは言えませんが、その大きな要因の一つとなっていたことは確かでしょう。

セブン&アイ・ホールディングスの会長兼最高経営責任者（CEO）であった鈴木敏文氏は、まさに同社の中興の祖でした。しかし二〇一六年に、その職からの退任を余儀なくされています。その退任劇もいわば、ある種のお家騒動と言えるものだったと思います。

同グループに君臨し続けてきた鈴木氏でしたが、二〇一六年二月に、セブン‐イレブン・ジャパンの社長人事を巡って社内に対立が生じます。鈴木氏は、同社の社長を務めていた井阪隆一氏に対し、その働きに物足りなさがあるとして、退任するように迫ります。井阪氏はいったんは了承したようですが、のちに態度を変化させます。井阪氏にしてみれば、就任してから七年間、同社の拡大路線を支え、最高益を続けてきたにもかかわらず、退任させられるのは納得がいかないと思ったのでしょう。

鈴木氏は、すでに名誉会長に退いていた創業者の伊藤雅俊氏に、社長交代の人事案について了承を得ようとして働きかけます。伊藤氏から、これまで経営に対する提案で反対されることはありませんでしたが、このときはハンコをもらうことができませんでした。

また、名誉会長の伊藤氏も、鈴木氏がゆくゆくは次男の康弘氏をセブン&アイ・ホールディングスの社長に据えるのではないかと疑い、不信感を募らせていたとされています。伊藤氏の次男である伊藤順朗氏も当時、同社の取締役執行役員に就いており、康弘氏との間で確執が高まっていたという証言もあると言います。

創業者が第一線を退いていたとはいえ、依然として健在で、しかも、その息子が取締役執行役員を務めていたのですから、それを差し置くような振る舞いは、いくら中興の祖として長らく君臨していた鈴木敏文氏といえども、**正当性を獲得することはできなかったのでしょう**。そして、晩節を汚してしまったのです。私は鈴木氏を今でも尊敬しているだけに、本当に残念でなりません。

一流社長は、会社への正当性は常に利他の考えで行動しなければ、周りが受け入れないことを知っています。

第11節

お家騒動を開決するには？

ここで、いわゆるお家騒動で私がコンサルティングを行った、ある会社の事例を紹介しましょう。

もちろん、愛憎がからみ合ってドロドロのケースを含め、解決策もその会社ごとにそれぞれありますが、一例として見ていきましょう。

その会社は、カリスマ創業者のもとで四〇年続いている、社員数三〇名ほどの素材加工会社です。二〇億円規模の売上があり、ここ一〇年は黒字を継続していました。

創業者は八〇歳を迎え、四五歳になる長男への事業承継を進めていましたが、次男との間に確執が生じてしまいました。共同歩調が取れないため、社内体制が整わず、事業承継は遅々として進まない状況に陥っていました。それを何とか「開決」してほしいとの依頼でした。

創業者は五年前に、大手銀行に勤務していた長男を、二代目経営者にしようとして呼び寄せました。創業者には次男もいます。次男は高校卒業と同時に、同社に参画しました。以来、長きにわたって同社を支え続けてきました。次男にしてみれば、そこに、ずっと外で働いていた兄が入ってきて、いきなり経営者になるというのは面白くなかったのでしょう。

創業者は、長男に経営権・指揮権を渡しきれずに、いまだ経理と社内人事のすべてを仕切っていました。引き継ぎが中途半端になってしまっていることもあり、新規開拓も進まない状況で先行きも不透明です。創業社長の苦悩は増すばかりでした。

そこで私はまず、全従業員を一堂に集め、正式な経営引き継ぎのセレモニーを実施することを提案し、まずは社内に宣言することにしました。また、キックオフを二日間にわたって行い、新体制と新戦略をスタートすることにしたのです。

長男の社長と次男の専務による2トップ体制のもと、業務フローを洗い出し、**業務と役割分担を明確に**していきました。そして、それをもとに組織体制を再編したのです。同時に、それまでどんぶり勘定だった営業部門の実績を、正確に算出できるように整えました。この部分には実質二カ月を要しています。

また、会長・社長・専務からなる経営者会議をはじめ、営業会議、業務改善会議を、それぞれ月二回実施することにしました。そこで「もんだい」を抽出し、改善、改革を行っていこうというものです。

これらの取り組みを通じて、経営ビジョン、売上と利益の年度・月次目標の管理、業務分担を再整理し、ＰＤＣＡサイクルを定着させることができるようになりました。また、営業の見える化と情報共有が進んだことで、それまでの勘と度胸の営業から脱却し、見込み案件を追える体制が確立しました。

さらに、従来の属人的な仕事のスタイルから脱して、共同・連携して仕事ができるようになり、風通しの良い企業文化に変化していきました。

その結果、キックオフから一年半で、売上一二〇%アップ、利益一五〇%アップを達成することができました。さらに大手三社との新規取引口座を開くこともできたのです。

私が最初に、正式な経営引き継ぎのセレモニーとキックオフを行ったのは、創業者、長男、次男をはじめ、全従業員の意識を変えるためです。と同時に、企業文化を変革していきたかったのです。

第4章で見たように、社員は組織文化の中の人工物として「行事」をあげています。私は、企業文化の変革には行事が不可欠だと考えています。

それまで、創業者、長男、次男は、それぞれわだかまりを抱え続けていました。従業員はその間に挟まれて、息が詰まるような思いでいたことでしょう。これらのことはすでに、企業文化に浸透し始めてもいました。私は、その企業文化を変える必要性を痛感していたのです。セレモニーとキックオフの効果はてきめんでした。それなしには、わずか一年半で大きな成果を上げることはできなかったでしょう。

一流社長は外部視点も取り入れながら、自分がコントロールできる余力のある間に、事業承継をコントロールします。

第12節 惜しまれつつ去ろう

「一将功成りて万骨枯る」

これは、中国の古典で、曹松の『己亥歳』という詩にある有名な一節です。戦争では、一人の将軍が手柄を立てるために万人の兵が死んでいく、という意味です。戦争を行えば、たとえ勝ったとしても、多くの兵、そして民が犠牲になります。敗れた戦いにおいてはなおさらでしょう。私たちの世界は、そうした犠牲の上に築かれてもいるのです。

ビジネスにおいても同じことです。会社を成長させてきたからといって、それは、社長一人の力でできたことではありません。社員たちが、会社のために粉骨砕身して働いてきたからでもあるのです。

その中で、皆が幸せな人生を送れたわけではないでしょう。思うようなキャリアを歩めなかった社員もいるでしょう。働きすぎて病に倒れた社員もいるかもしれません。家族を犠牲にしてまで懸命に働いてくれた社員もいるかもしれません。そうした社員たちに思いを致すことが大切です。

そうしていれば、いつ、いかにして退くかが自ずと見えてくるでしょう。そして、惜しまれながら去っていくのです。

一流社長は、会社の成長のために力を尽くしてきてくれたすべての社員に感謝しつつ、引き際を考えます。

「露と落ち 露と消えにし我が身かな 浪速のことも 夢のまた夢」

豊臣秀吉のこの辞世の句のように、最期に人生を振り返ってみれば、すべては夢のようでしかないのでしょう。その中で人は、露ほどの存在でしかありません。立身出世を遂げ、天下人となった秀吉でさえ、最期はこうした境地に達しているのです。

人間は、どんなに偉い人だとしても、皆、露ほどの存在にすぎません。露と落ち、露と消えていきます。多くのことをなしてきたつもりでも、それは一瞬の出来事でしかなく、夢のように儚く消えていくのです。

社長をいつまで続けようとしても、それは徒労の情熱にすぎません。

いつかは退く日がやってきます。いつかはこの世を去るときがやってきます。

晩節を汚したくないのであれば、有終の美を飾り、惜しまれつつ退くことが何よりでしょう。

第6章

M&Aという選択肢も

社長を退くために、何が何でも後継者を育成ないし発掘し、その人に会社を継がせなければいけないというわけではありません。事業承継には、他にもいくつかのタイプがあります。

社員がいる限り、また自社のサービスを期待してくれる顧客がいる限り、安易な廃業は晩節を汚すことになります。

その中で近年増えているのが、M&Aという選択肢です。

M&Aにより、社長は自ら手塩にかけて育ててきた会社と社員を、他社に託すことになります。それで飛躍を遂げていければよいのでしょうが、そうならない場合も少なくないのです。それでは、社長は晩節を汚したことになりかねません。

さらに、私もお手伝いしていますが、最近ではゼロ円不動産売買のように、会社規模が小さくM&A費用が少額の場合であっても、大手M&A仲介会社とは一線を画し、低価格で仲介してくれる小企業向けのM&A仲介会社も出てきています。

自社の規模が小さすぎるからと諦める前に、そのようなサービスを行っている会社に相談するのも一つの方法です。

では、事業承継としてM&Aを進めていくには、どうすればよいのでしょうか。本章では、そのポイントについても取り上げていきます。

第1節 相手を選ぶ

自分の後継者を社員の中から抜擢しようとしても、適任者がいないということもあります。外部から第三者をスカウトしてこようとしても、良い人材に巡り合えるとは限りません。親族に継がせようとしても、拒否されてしまうということもあります。これら以外にも、後継者を見つけられない要因としてさまざまなものがあることでしょう。

事業承継は何も、必ず誰かに継がせなければいけないということではありません。事業承継には、他にもいくつかのタイプがあります。その中で近年増えているのが、M&Aという選択肢です。

M&Aは、後継者がいないために仕方なく選択する手段というものではありません。M

&A先の資金力を含めたインフラを利用することで、さらにワンステージ上がることもできますので、よりポジティブに捉え、積極的にM&Aを活用している社長も多くいます。

事業承継としてM&Aを活用するためには、まず買い手先を見つけなければなりません。その際、社長が自ら探すという方法もあります。顔が広ければ、さまざまな情報が入ってくることでしょう。同業他社に懇意の社長がいるかもしれません。もしかしたら、その社長自身が買収に興味を示してくれるかもしれません。懇意の社長でしたら、互いに相手のことがわかっていますし、悪いようにはしないでしょう。

また、自分で探すのではなく、顔の広い懇意の人に相談するという方法もあります。その人が親身になって、良い買い手先を探してくれるかもしれません。とはいえ、こうした方法では、どうしても範囲が限られてしまいますので、なかなか良い買い手先が見つからないかもしれません。

とくに最近では、専門の経営コンサルタントあるいはコンサルティング会社に依頼するのも、有効な手段として一般化しています。専門の経営コンサルタントあるいはコンサルティング会社でしたら、すでに買収候補先の情報を管理している場合もあります。そうでなくても、そのネットワークを通じて売り手側の情報を流せば、買収に興味を示してくる会社が、すぐにでもいくつか出てくることでしょう。

M&Aを多く手掛けてきたのであれば、さまざまなノウハウも持っているはずです。信頼できる経営コンサルタントあるいはコンサルティング会社ならば、買収候補先のネガティブな情報についても、包み隠さず提供してくれることでしょう。

一流社長は、まずは外部視点からの情報も重要視します。

第2節 会社を託す

社長は自ら手塩にかけて育ててきた会社を手放し、他社に託すわけですから、M&Aは慎重に進めるに限ります。なぜならその買い手先の会社が存続していけば、その中で生き続けることになるからです。自社の社員もそこで活躍し続けることでしょう。自社の商品がそのまま引き継がれ、販売され続けるということにもなるでしょう。

買収され、統合されることで、すべてがなくなるわけではないのです。

ここで、原材料からの二次製品の販売を手掛けている会社の事例を紹介しましょう。M&Aにより買収されましたが、買い手先の子会社という形で存続しています。現在の従業員は、正社員一〇名、季節雇用の社員六名です。

創業約八〇年と歴史があり、M&A以前の社長は二代目でした。創業者の親族内承継でしたが、M&Aにより社長は交代しています。

後を継いだ三代目社長は、現在もその職に就いています。その社長は、創業者の親族ではありません。大学卒業後、別業界を経て就職しています。入社当初は技術を担当していましたが、その後、営業に異動になり、以来、社長に就任するまで二〇年以上、一貫して営業を担当してきました。

二代目社長は、もともと息子さんを三代目社長にしようと自社に就職させましたが、七

〜八年勤務したあと、病気を患い、勤務が難しい状況になってしまいました。二代目社長はすでに高齢に達していましたので、**会社廃業の危機に見舞われた**のです。

そのとき、会社の危機を耳にし、救いの手を差し伸べてくれたのが、現在の親会社です。親会社はすぐに買収の提案をしました。親会社とは同業者です。現在の三代目社長が営業を担当していた頃、会合などで頻繁に親会社の人たちと会っており、長い付き合いがありましたので、両社とも互いのことはよくわかっていたのです。

ですので、すぐに親会社からのオファーを受け入れ、一〇〇%子会社となりました。M&A以前は、創業家で株式を一〇〇%保有するオーナー会社でしたが、M&Aによりすべての株式を売却すると同時に、二代目社長は辞任し、同社から完全に身を引いています。

現在の三代目社長は、M&A後も営業担当を継続するものと思っていたようです。しかし、M&Aの交渉を進める中で、親会社から社長への就任を打診されたのです。

親会社は以前から、三代目社長のことを知っており、この人なら任せられると考えたのでしょう。M&Aによる事業承継は、一カ月足らずで完了しています。顧問税理士からはアドバイスを得ましたが、金融機関を活用することはありませんでした。

親会社は、買収会社とほぼ同時期の創業で、従業員は五五名ほどです。買収会社は、親会社に比べて都市部に近いところに営業所があったので、親会社としては、買収することで営業所を都市部近郊にシフトしたい、との思惑があったようです。

両社はM&A以降、互いの取引先がバッティングすることもなく、逆に、弱みを補完し合うことができていると言います。

このように、売却後も子会社として存続できています。売り手側の会社にとっては、非常に良いケースだと言えるでしょう。こうした買い手先を見つけるのは、なかなか難しいでしょうが、努力してみる価値はあると思います。

一流社長は将来を見据え、オレがオレがではなく謙虚に人脈を広げることで、会社が救われることを知っています。

第3節

社員を託す

事業承継としてM&Aを活用する際、社長は自社の社員や顧客のことを第一に考慮しなければならないことはわかりきったことです。買い手先に、自社の社員や顧客を託すことになるのですから。

M&A後、買収され統合された会社で、自社の社員が惨めな思いをするようになっては、晩節を汚してしまうのと同じことでしょう。

先に紹介した会社では、M&A後、子会社になってからも、現在の三代目社長をはじめ、従業員たちが冷遇されることなどまったくないようです。むしろ、モチベーションが上がっているとさえ言います。

M&A後、親会社から非常勤で取締役が派遣されてきました。しかし、その取締役は、三代目社長の良き右腕となってくれているそうです。また、M&Aが決定した際、三名の正社員が自ら退職しています。それは、M&Aに反対だったからではありません。リストラされたわけでもありません。三名とも高齢であったため、M&Aで経営を一新する会社を、若い世代に託したいとの考えからだったのです。三名の退職により人員が減少してしまいましたが、親会社から出向者を何名か派遣してもらうことで補うことができていると言います。

この会社は長らく、二代目のワンマン社長のもとで、従業員は閉塞感を抱いていましたが、M&Aにより、その状態からも解き放たれました。親会社に人材を補完してもらいつつ、自社組織の再生を図ることに成功し、若い従業員が前向きに業務をこなせるようになっていると言います。

二代目社長が、どこまで自社の従業員のことを考えて、M&Aを進めたかは定かではありませんが、ただ結果として、若い従業員が前向きに業務をこなせる会社に生まれ変わりました。若い従業員にとっては、願ってもない買収であったと言えるでしょう。

結果オーライも原因無くしては起こらないことを、三流社長は知るべしです。

第4節

M&Aを実現するために

M&Aを進めるに当たり、売り手側は、意中の買い手候補が見つかったら、まず初期的交渉に入る必要があります。初期的交渉では一般的に、自社の会社概要、事業概要、案件概要、財務情報、希望取引条件などを記した提案書を作成し、買い手候補に提示します。知人、経営コンサルタント、コンサルティング会社等、仲介者がいるならば、それを介して渡すことになります。またその場合、社名を伏せるのが一般的です。

買い手候補は、その提案書に興味を持ったなら、一般的に、自社の会社概要、事業概要、希望買収価格、買収目的、買収後の経営方針などを記した意向表明書を作成し、売り手側に提示します。仲介者がいるならば、ここでも、それを介して渡すことになります。売り手側はそれを慎重に検討しなければなりませんが、ここで**買い手候補を一社に絞る必要はありません。**

次の段階として、売り手側は、その買い手候補と面談することになります。ここでは、互いに押さえておきたい事項について質問をし、それに対して可能な範囲で、誠実に答えなければなりません。この場で、ある程度、条件を詰めていってもよいでしょう。互いに、社長あるいは役員クラスの人が出席しますので、人間性などについて確かめ合うこともできます。

とくに、会社と社員を託すに相応しい買い手先かどうかを判断するには、その社長あるいは役員クラスの人の人間性を考慮することが不可欠となるでしょう。面談は一回とは限りません。必要があるならば、何度か行うとよいでしょう。

話が進んだら、基本合意書の作成となります。これにより、売り手側は、買い手候補に対して独占交渉権を与えることになります。ただし一般的には、一部を除き法的拘束力を持たせないようにします。

この合意を受けて、買い手候補は、売り手側の資産価値、収益性、リスクなどについて総合的かつ詳細に評価するデュー・ディリジェンス（Due Diligence）という調査を開始することになります。デュー・ディリジェンスは、事業、財務、税務、法務、ＩＴ、組織、人事、知的財産、取引先、顧客など、あらゆる範囲に及びます。売り手は、この調査にしっかりと対応していかなければなりません。

買い手候補は、デュー・ディリジェンスを終えたあと、それに基づいて、買収価格などの条件を売り手側に提示します。売り手側は、その条件を確認した上で、買い手候補との交渉に入ります。

売り手側は交渉で、買い手候補に足元を見られて、**防戦一方とならないよう、毅然とした態度で臨むことが肝心です**。

そのためにも、売り手側もまた、基本合意書の作成後、**買い手候補についてより詳細な情報を得るように調査しておく**とよいでしょう。よく知らない相手に、会社と社員を託すというのは無責任です。調査はポイントを絞ってでも構いません。そして、そこから得られた情報をもとに、交渉時に買い手候補に提示する条件を考案、作成するのです。得られた情報の内容から、会社と社員を託すに相応しい相手ではないと判断したならば、こちらから売却を断ってもよいでしょう。

条件交渉が進み、折り合いがついたなら、いよいよ最終段階の契約となります。双方が譲渡契約書にサインして契約成立です。締結後、蒸し返すような真似はできませんので、譲渡契約書の作成、押印には細心の注意を払う必要があります。

一流社長は、買い手先と五分五分の立場で対峙することが、最低限の条件と心得ています。

第5節

M&A成功の秘訣

売り手側は、会社と社員をできるだけ良い相手に託したいのであれば、基本合意書の作成前に、買い手候補について、ある程度、詳しい情報を収集しておくことが大切です。締結後には、さらに詳しい情報を得るようにするとよいでしょう。情報の中の組織・人事に関するもので、とくに重要となるのが以下の五つのポイントです。

一番目は、リーダーシップのスタイルです。

クルト・レヴィンは、リーダーシップを、専制型、民主型、放任型の三つのタイプに分類しています。

①専制型リーダーシップとは、リーダーが集団行動のすべてに関与し、細部に至るまで指示・命令を出すスタイルです。

②民主型リーダーシップとは、メンバーが直接担う行動について、自分たちで話し合って決定していくスタイルです。

③放任型リーダーシップとは、リーダーが関与することなく、現場におけるすべての決定を、メンバーたちに任せるスタイルです。

私は、この三つに加えて、状況適応型リーダーシップというスタイルもあると考えています。その状況によって、専制型、民主型、放任型の三つのリーダーシップ・スタイルを使い分けるというものです。

それぞれの会社において、もちろん個人差はありますが、主流となっているリーダーシップ・スタイルはあるものです。

例えば、専制型リーダーシップが主流の会社で、民主型リーダーシップを取っているマネジャーがいるとします。しかしたいていは、それはその会社の中で、他のマネジャーたちに比べると民主的であるというのにすぎず、一般的に見ればやはり専制型リーダーシップの範疇に入ってしまうのです。

二番目は、意思決定のスタイルです。

大きくは、トップダウン型、ボトムアップ型、状況適応型の三つのタイプに分類することができます。

これは、リーダーシップ・スタイルと密接に関連しています。すなわち、専制型リーダーシップでしたら、トップダウン型の意思決定スタイルになります。民主型および放任型のリーダーシップでしたら、ボトムアップ型意思決定スタイルになります。リーダーシップが状況適応型の場合には、意思決定もそのスタイルになります。

リーダーシップと同様に意思決定についても、それぞれの会社において、もちろん個人差はありますが、主流となっているスタイルはあることでしょう。

三番目は、従業員の連携スタイルです。

大きくは、個人主義と集団主義の二つのタイプに分類することができます。

トップダウン型のリーダーシップ・スタイルおよび意思決定スタイルですと、なかなか集団主義にはならないでしょう。民主型リーダーシップとそのもとでのボトムアップ型意思決定スタイルですと、逆に、個人主義でやっていくのは難しくなります。同じボトムアップ型意思決定スタイルでも、リーダーシップ・スタイルが放任型ですと、個人主義になってしまうことも少なくありません。

リーダーシップ・スタイル、意思決定スタイルと同様に、従業員の連携スタイルについても、それぞれの会社において、もちろん個人差はありますが、主流となっているスタイルはあることでしょう。また、これらとは別に、部門間での連携があまりできていないとか、セクショナリズムに陥っているといったケースもあげられます。

四番目は、成果に対する捉え方です。

これは、人事評価制度と密接に関連しています。人事評価制度は、大きくは、年功序列、能力主義、成果主義の三つのタイプに分類することができます。

年功序列においては、年齢や勤続年数などで評価がなされます。能力主義においては、仕事をする能力で評価がなされます。ここで言う能力は、仕事をするために必要な技能、知識、姿勢などからなります。

成果主義においては、仕事をした成果で評価がなされます。ここで言う成果は、一定期間内における目標達成度のことです。したがって、目標設定によっては、アウトプットだけでなく、そこに至るまでのプロセスを評価対象に含めることもあります。目標設定の仕方は、会社によって、また、部門や職種によって異なる場合もあります。

これとある程度関連してくるのですが、成果に対する捉え方としては、結果重視か、あるいはプロセス重視かという分け方もできます。また、連携を重視するかどうかも、会社によって異なります。連携重視の会社ですと、いくら良い結果であっても、それが単独プレーで出したものだとしたら、あまり高い評価はなされないでしょう。

そもそも、成果そのものを適正に評価していない会社もあります。例えば、贔屓がはびこっているようなケースです。人事評価制度が設けられていても、それを運用するマネジャーが公平でないと、成果を適正に評価することはできないでしょう。

最後の五番目は、企業文化です。

これは、これまでにあげたすべてのポイントと密接に関連しています。

例えば、リーダーシップ・スタイルにおいて専制型が主流だというのも、それは多分に、企業文化の影響を受けているのです。したがって、その中で、いくら民主型リーダーシップを取ったとしても、それはたいてい、他のマネジャーたちに比べて民主的であるというだけです。

また、守りを重んじる企業文化の中で、いくら攻めに出たとしても、それもたいていは、さしてアグレッシブな行動とはなっていないのです。エドガー・シャインの言う基本的仮定にまで落とし込まれているとしたら、誰からも、いわば無意識のうちに、当然のこととして受け止められています。そこでは、本人はおろか誰も、それがアグレッシブな行動でないとは考えないでしょう。むしろ、本当に積極的に攻めていると捉えるかもしれません。

以上の各ポイントにおいて、売り手側と買い手先の間に、さほど違いがないというのであれば、両社の統合はスムーズに進むことでしょう。統合後、うまくやっていける可能性が高いと言えます。

逆に、大きく異なる点が多々あるというのでは、両社の統合はスムーズには進まない可能性があります。

もちろん、形の上では、手続きさえ済めばよいわけですが、目に見えないところでは、なかなか統合が進まないものです。

統合後、うまくやっていくようになるまで、かなりの時間と労力を要することになるでしょう。場合によっては、売り手側の社員が惨めな思いをすることになるかもしれません。最悪の場合、リストラされたり、そうでなくとも、自ら退職する社員が出てくる可能性もありますので、焦って無理にその相手先に会社を売却するのではなく、慎重に進めることが重要です。ただし、統合後に判明することも多々あります。

それぞれの組織に独特な文化の統合を進める有効な手段としては、やはり**外部コンサルタントに依頼し、外部視点からコンサルティングしてもらう方が効率的であり、成功への時間も短縮されます**。

この分野は私の研究課題でもありました。実際に企業文化の統合のご依頼がここ数年増えてきています。

一流社長は、M&Aのファーストプライオリティーを、従業員と顧客に置いてい

ます。

第6節 ダイバーシティに向けて

売り手側は、M&Aに向けて動き出す前に、できれば常日頃から、自社についても、前節であげた五つのポイントをしっかりと把握しておくことが大切です。そして、M&Aの面談、交渉を進める中で、五つのポイント各々について、自社と買い手先を対比させる形で確認し合うとよいでしょう。買い手先が自らのことをよく把握していないようでしたら、こちらが調べた買い手先の五つのポイントについて示してもよいかもしれません。

とくに企業文化については、自ら正確に把握するのが難しいですので、その必要があるかと思います。

面談、交渉の中では、統合後、これらの各ポイントについてどうしていくかを、ある程度、確認しておくとよいでしょう。場合によっては、売却の条件に入れ込んでも構いません。例えば、統合後の人事評価制度には能力主義を採用する、といった具合にです。

買い手先としては、統合後、売り手側の従業員に対し、先の五つのポイントについてどうしていくかも含めて説明することが大切です。わかりきったことですが、**最初に伝えておくことが、混乱を減らすことになります**。

買い手先がそれまで取ってきたスタイルを踏襲していくというのであれば、それについても理解を得るようにするとよいでしょう。そうすれば、売り手側の従業員は、自らそれを受け入れようと努めるはずです。

とはいえ、買い手先は、それまで取ってきたからといって、そのスタイルをあまりにも強引に押し通しては、売り手側の従業員がなかなか適応できず、十分なパフォーマンスを発揮できなくなる可能性があります。**無理に踏襲しようとせず、統合を機に、新しいスタイル、制度、文化などを一緒になって作っていこう**というのもよいでしょう。その場合は、あらかじめ、理想とするスタイル、制度、文化などについて話し合い、決めておいてもよいかもしれません。

そのためにも、売り手側は、M&Aを判断するに当たって、買い手先に寛容性があるかどうかを見定めておくことも大切です。とくに社長をはじめとするトップ層において寛容性があるかどうかです。両社に違いが多々あったとしても、買い手先に寛容性があれば、売り手側の従業員を無理に自分たちの型にはめようとはしないでしょう。

そこからは自ずと、新しいスタイル、制度、文化などが生じてくるはずです。そこではきっと、ダイバーシティ（Diversity：多様性）が尊重されるようになっていることでしょう。ダイバーシティは創造性を育んでいき、そしてシナジー効果を発揮していくのです。

ここで言うダイバーシティは、もちろん、売り手側の従業員と買い手先の従業員という違いに留まるものではありません。性別、年齢、人種、国籍、宗教、学歴、職歴、性格、能力、嗜好、性的指向等々、さまざまなものに及びます。

売り手側の従業員にもさまざまなタイプがいますし、買い手先の従業員にもさまざまなタイプがいるでしょう。売り手側出身か買い手先出身かという違いがあっても、他の面では似通っていることもあるでしょう。売り手側出身か買い手先出身かという違いにばかりフォーカスするのは、ダイバーシティを狭めることにもなります。それを打破するためにも、自社の中だけの閉じた世界からもっと広い世界へと眼を向けなくてはなりません。

社長は寛容性を持って、自ら率先してダイバーシティを推進していくことが大切です。そして、従業員の眼を外の広い世界へと向けていくのです。そうすれば、社内のことばかりにかかずらってはいられなくなるでしょう。互いの違いを乗り越え、自分たちで力を合わせて取り組まなくてはならないことが見えてくるはずです。それは必ずや、従業員個々人の成長に、ひいては会社の発展につながっていくことでしょう。

寛容性、ダイバーシティが必要なのは、もちろん、売り手側においてもです。売り手側の従業員に寛容性、ダイバーシティがあれば、買い手先に買収・統合されても、そこで柔軟性を発揮し、変化・適応していくことができるでしょう。

寛容性、ダイバーシティは、一朝一夕に身に付くものではありません。売り手側の社長は、常日頃から、従業員に寛容性、ダイバーシティを持たせるよう努めることが大切です。そのためには何よりも、社長自身が寛容であり、積極的にダイバーシティに取り組んでいかなければならないでしょう。

このことはもちろん、売却を予定していない会社においても当てはまります。もしかしたらいずれ売却するかもしれないので、それに備えて、ということでもありません。売却あるいは買収とは関係なく、どのような会社でも、社長はもちろんのこと、従業員も寛容性を持ち、ダイバーシティに積極的であることが大切なのです。

もはや、それぞれの個性を押し殺すことでしか維持できないような組織は、これからの時代では通用しません。皆がそれぞれ多様な個性を持っているからこそ、そしてそれを主張し合い、そこから学び合うからこそ、創造性が生まれてくるのです。

会社の存続、発展において創造性は欠かせません。創造性こそが明日を切り開いていくのです。

ここで、実際に私が携わったM&Aの例をご紹介しましょう。

売り手側の会社は従業員が二五名ほどの企画会社でした。どうしても社長の希望額（社長の個人借入金返済分を含む）と買い手先の評価額の差が埋まらず、その一点のみがネックとなって売却が止まっていました。

M&Aのための諸条件にまったく問題がないどころか、買い手先との相性も抜群だったため、それで諦めるのも、と言う社長からの依頼で、私たちのチームが参加し、二年の猶予を取り、希望額に達するための売上・利益構造の改革に着手しました。

その改革期間中も買い手先とは、まず業務提携から始め、人事交流も進めたり、協業活動も進めた結果、予定を前倒ししてM&Aを成功させることができました。

これは、売り手側の社長に、自社従業員や顧客を守るという強い意志があったことと、事象に対しとても柔軟に多様性・寛容性を持って対応していただいたことが大きな要因であったと思います。

一流社長は、多様性・寛容性を重視することで、仮に一度M&A先との交渉決裂があっても、必ず次があることを見据えて行動しています。

おわりに ――ハッピー・リタイアのすすめ

本書では比較的わかりやすいような有名企業の事例を挙げてきましたが、実は物やことが整備されている大企業よりも、むしろ無い無いづくしの中小企業の方がある意味企業経営は難しいと言えます。

会社規模の大小ではなく、特に日本の経済を支える中小企業の社長交代という、会社にとって死活問題にもつながる大きなイベントの社長交代マニュアルが整備されている会社は非常に少ないのが現状です。

そのような中、十人十色の退任の方法はありますが、その中心は従業員でありお客様であることを肝に銘じてほしいと思います。

社長が企業成長のボトルネックとなる前に、本書と出合っていただけたなら幸い

です。

また、**本書では頑張ってこられた社長さんにエールを送る**とともに、社長交代がスムーズに進み、顧客・従業員・取引先など関係者すべてよし！　となることを願いつつ**事業承継全般の概念を中心に書きました。**

本書では多くの事例を記しましたが、細かいテクニカルな面は一社一社で状況が異なることも多いと思います。テクニカルな情報については次回に譲りたいと思います。

巻末のＵＲＬよりご登録いただくと、本書で書ききれなかった事例や最新情報などをメールマガジンで配信しております。

以下の言葉は、稲盛和夫氏が、「なぜ経営に哲学が必要なのか」と題する講演で語ったものです。

私は、戦後の日本を引っ張ってこられた創業型の経営者の後ろ姿を学びながら、今日までやってきました。皆さん、素晴らしい経営をされてこられましたけれど、晩年までいい会社の状態でもって、ハッピーリタイアメントされた方というのは非常に少ないんですね。

会社を破綻させてしまう人もたくさんいました。会社は残っておりますけど、創業者自身がいろんな問題を起こして辞めていく、追放されてしまうケースもたくさんありました。会社を発展させる希有（けう）な才能を持っているのに、実は10年、20年、30年というスパンで素晴らしい人生を過ごしておられるケースが非常に少ない。

私もこれまでたくさん見聞きしてきましたが、本当に稲盛氏の言う通りだと思います。ハッピー・リタイアどころか、失意のうちに社長を退き、この世を去っていかれた方も少なからずいました。

せっかく、血の滲むような努力をして、成功を手にしたのに、それを失い、晩節を汚しているのです。本当に残念でなりません。人間、引き際が肝心です。社長にいたっては、なおのことでしょう。

「ゆく河の流れは絶えずして、しかももとの水にあらず」(『方丈記』)

河は存在しつづけていても、それを満たしている水は、留まることを知りません。常に流れ、去っていきます。

人は、河に流れる一滴にすぎません。ほんの小さな存在です。流れつづけ、ついには去りゆくのです。しかし河は、己が去った後もなおありつづけることでしょう。

会社は、いわば河なのです。そこで働く人々は、いわば水なのです。何かの縁で入社してきます。そして、そこで勤めあげ、やがて去っていきます。長く働いていても、いつかは退く時がきます。留まりつづけることはできません。

入れ替わるのは、社員だけではありません。社長もいつかは退く時がきます。留まりつづけることはできないのです。会社では大きな存在であったとしても、河の一滴であることに違いありません。流れつづけ、ついには去りゆく身なのです。

しかし会社は、しっかりと事業承継をおこなえば、己が去った後もなおありつづけることでしょう。

長い歳月が経てば、次第に、社長を知る人も少なくなっていきます。退職していった社員も、忘れ去られていくことでしょう。それでも、在任中、社長が社員とともになしてきたことは、何らかの形で受け継がれていくに違いありません。そうして、いつまでも息づいていくのです。

社長が社員とともに、汗水たらしながら歩んできた日々は、過去の一コマにすぎません。しかし、会社が存続していくかぎり、それは永遠の日々でありつづけるのです。

社長は晩節を汚してまで、いつまでも会社に留まろうとする必要はありません。皆さんの退任後さらに成長した会社を、くやしくも、うれしく見続けられれば、あなたは一流の英雄社長として、みんなの心の中で生き続けます！

社長、おめでとうございます‼

社長あなたは、すでに永遠の成功を手にしているのです！

〈参考文献・資料等〉

⦿『ウェルチ　リーダーシップ・31の秘訣』ロバート・スレーター、仁平和夫訳、日経ビジネス人文庫
⦿『学習する組織―システム思考で未来を創造する』P・センゲ、枝廣淳子他訳、英治出版
⦿『巨象も踊る』ルイス・ガースナー、山岡洋一・高遠裕子訳、日本経済新聞社
⦿『決断力と先見力を高める 心に響く名経営者の言葉』ビジネス哲学研究会、PHP研究所
⦿『ジャック・ウェルチ わが経営』（上・下）ジャック・ウェルチ、宮本喜一訳、日経ビジネス人文庫
⦿『シーシュポスの神話』アルベール・カミュ、清水徹訳、新潮文庫
⦿『渋沢栄一物語』田中直隆、三冬社
⦿『組織文化とリーダーシップ―リーダーは文化をどう変革するか』エドガー・シャイン、清水紀彦・浜田幸雄訳、ダイヤモンド社
⦿『対話型組織開発―その理論的系譜と実践』G・R・ブッシュ、R・J・マーシャク編、中村和彦訳、英治出版
⦿『日替わり弁当のみで年商70億円スタンフォード大学MBAの教材に 東京大田区・弁当屋のすごい経営』菅原勇一郎、扶桑社
⦿『藤沢武夫の研究―本田宗一郎を支えた名補佐役の秘密』山本祐輔、かのう書房
⦿『夢に日付を！―夢実現の手帳術』渡邉美樹、あさ出版
⦿『リッツ・カールトンが大切にする　サービスを超える瞬間』高野登、かんき出版
⦿『論語と算盤』渋沢栄一、国書刊行会
⦿「イオンに屈したダイエー　飢餓地獄から小売業日本一、没落の歴史を覆う中内切の呪縛」『ビジネスジャーナル』
⦿「INTERVIEW 日本の「清掃会社」がハーバード・ビジネススクールの教材になるまで」『未来を変えるプロジェクト』

⦿「経営の視点」『日本経済新聞』田中陽
⦿「セブン&アイを蝕む「がん」…不可解な報復人事蔓延、鈴木元会長の息子の横暴がアダに」『ビジネスジャーナル』
⦿「ダイエー創業者中内㓛氏　怒号鳴り響く恐怖の店内巡回の様子」『NEWSポストセブン』
⦿「【番頭の時代】第5部・関西から攻める（5）「神様」の理念受け継ぐ〝チーム経営〟パナソニック」『産経WEST』
⦿『プレジデント』（2010年7月5日号）プレジデント社
⦿「イチローが教えてくれた『5つのこと』」TABI LABO編集部
⦿「『オレがオレが』が経営者の晩節を汚す―稲盛氏が伝説の東証講演で語った哲学」日経ビジネス公式サイト
⦿「三洋電機元会長『銀行にだまされたほうが悪い』往年の名経営者の面影なく」SankeiBiz
⦿「三洋電機、野中会長辞任　折れた創業家の象徴」asahi.com
⦿「鈴木敏文・電撃退任の舞台裏！~カリスマ経営者は『クーデター』に倒れるのか」週刊現代
⦿「セブン&アイHD　鈴木天皇の辞任〈下〉〝鈴木家の世襲〟を告発」日刊ゲンダイDIGITAL
⦿「玉子屋若き二代目『弁当』を世界のブランドに」東京中小企業家同友会公式サイト
⦿「中小企業の事業承継に関する調査研究―永続的な成長企業であり続けるための事業承継」社団法人中小企業研究センター
⦿「人の上に立つ男に育て、『後を継ぎたい』と言うまで待つ」『相続・事業承継プロフェッショナル電子版』日経エージェンシー
⦿「Hondaのチャレンジングスピリット」ホンダ公式サイト
⦿「ライバルの男がバラの花を10本贈ったら、君は15本贈るかい？」NAKAHARA-LAB.NET

最後までお読み頂きありがとうございました。読み終えたご感想など、どんなことでもあなたからのメールを（info@and-biz.com）お待ちしています。必ず一生懸命、本気で読ませていただきます。

鈴木　世一

本書に書ききれなかった事例や新しい情報を、
メールマガジンよりお受け取り下さい。

【著者略歴】

鈴木世一（すずき・よいち）

1956年生、神戸市出身。学術博士、プレゼンテーション実務士、NPO法人品川中小企業診断士会所属。

- 製品企画・設計・生産・営業・経営企画・法務・物流の現場を経験
- IR担当・公開担当役員として株式公開を行う
- 東証一部上場企業のグループ会社を含む6法人の代表取締役を経験
- 2社の新規事業会社の立ち上げに関わり（雑貨系・家電）初代の代表取締役就任
- 担当役員として2社のM&Aを成功させる

現在は株式会社AND BIZ代表取締役として、事業承継・新規事業・創業支援、新製品企画支援並びに、人材育成・IoT製品開発、スモールM&Aや、中国を中心とするアジア圏の貿易業務支援や様々な勉強会の講師などを活動の中心としている。
また、貿易支援を強化するために、中国広東省深圳に品質管理と現地工場調査専門の法人を設立。

〈マスコミ出演及び連載〉
テレビ東京『トレンドたまご』ほか、情報番組や情報誌・業界紙など、多数

〈主なプロダクツ〉
- 地方自治体向け水処理プラントの汚泥乾燥焼却装置の設計
- 犬語（犬の鳴き声）の翻訳機：バウリンガル
- 卵型のチョコレートの中にフィギュアが入っている食玩「チョコQ」
- 日産自動車オリジナル「チョロQ」
- IoT製品、国際空港自動Wi-Fiルーター自動貸出機（羽田・成田他国際空港に設置）

など、多数

装丁／齋藤 稔（ジーラム）
校正協力／新名哲明、永森加寿子
組版／（有）アミークス
編集／田谷裕章

引き際に 利己で会社を潰すアホ社長 利他で会社を継ぐデキる社長

小さな会社の事業承継の教科書

初版１刷発行 ● 2020年５月27日

著者

鈴木 世一（すずき よいち）

発行者

小田 実紀

発行所

株式会社Clover出版

〒162-0843 東京都新宿区市谷田町3-6 THE GATE ICHIGAYA 10階 Tel.03(6279)1912 Fax.03(6279)1913
http://cloverpub.jp

印刷所

日経印刷株式会社

ISBN978-4-908033-69-8 C0034

本書の内容に関するお問い合わせは、info@cloverpub.jp宛にメールでお願い申し上げます

楽しい、楽しい税理士業

税理士のための百箇条 第5弾

税理士・公認会計士・弁護士
関根 稔［著］

財経詳報社

はじめに

パンデミックは時代を進める。まさに、この3年は、そのような時代だった。まず、コロナの恐怖を語る本書の原稿が古くなってしまった。しかし、あの当時、こんな気持ちで生活していたことを思い返してほしい。

そしてテレワークなどの働き方改革が進展し、多数の企業がコロナ対応の緊急避難として実行してきたが、それがコロナ以降も続くのか、働き方改革の行方が見えない。ＮＴＴは社員の全員をテレワークにするそうだ。

この間に日本の財政は解決不能なほどに不健全化してしまった。低金利政策による円安と貿易赤字。日銀が保有する多額の国債と、補助金支給のバラマキ政策が財政を痛める。しかし、そのことについて不安も解決策も聞かない。パンデミックによって財政の不健全化も解決不能の事態まで進んでしまったように思う。

そして戦争が始まり、日本にはデジタル庁が出現した。しかし、個人番号を筆頭にデジタル庁の施策の多くは空回りをしている状況だ。そのために注ぎ込まれた財政支出は2兆円を超える。

そして登場したのがChatGPTだが、これは核戦争よりもインパクトを与えると学者が論じ、私も同感だ。どんな理屈で完成しているのか想像するのも難しい。システムには大量のデータが必要になるが、これらデータは米Google、マイクロソフト、Meta、そして中国のいくつかのＩＴ企業に独占されている。まさに巨大ＩＴ企業によるインターネット空間の「植民地化」が成立してしまった。

そのような社会の変化に対して、税制は3年間について冬眠状態だ。新しい税制は登場せず、税制が時代を先導する場面を見かけることもない。毎年12月に行っていた「税制改正祭り」もコロナ禍で延期されて3年。しかし、コロナが終わった4年目にも開催される見込みはない。

このような時代に、私たちは、どこに漂流するのだろう。そのためには過ぎ去った過去を忘れるのではなく、理解し、位置づけ、記憶する必要がある。『税理士のコーヒータイム』に「戦争のことを語らない」という一文を置いたが、まさに、コロナのことを語れない、働き方改革を語れない、そしてChatGPTを語れない健忘症にならないために、これらを事の始まりから定義する必要がある。時系列に沿って並べた１００のコラム。この3年間を語る歴史書になれば嬉しい。

本書の第1を令和3年5月に書き始め、その後、毎月3本の執筆を続けて第69までは税理士新聞に連載してきた。第70以降は本書のためのオリジナル原稿として執筆した。

目　次

楽しい、楽しい税理士業

税理士のための百箇条　第5弾

第1　税理士だから税理士になる

ミケランジェロは大理石の中からダビデ像を掘り出したといわれている。石を刻んでダビデ像を彫ったのではなく、そもそも大理石の中に封じ込められていたダビデを掘り出した。その伝承に従えば、公務員にでも、サラリーマンにでも、事業経営者にもなれる私たちが、税理士試験を受験して税理士になったのではない。自分の中に封じ込められていた税理士になるべく個性を掘り出したのだ。

多様な職業に就く人たちがいる。仮に、公務員という選択。「税理士になって成功です」。そんな具合に「公務員になって成功です」と語れるのだと思う。実感として、どんな具合の「成功」感覚なのだろう。①仕事なんて、そもそも義務ですから、給与安定の職場は恵まれている。②民間会社は、結局は営業なのだから営業のない公務員は恵まれている。③お役所という絶対的な存在の中に身を置く優越感は何にも代え難い。④銀行、証券、生保、メーカーなどの多様な職業と比較して恵まれている。うん、公務員も良いなと思うが、しかし、私には1年も無理。つまりは違う種類の人間の選択なのだ。

司法研修所を卒業すれば、裁判官にでも、検察官にでも、弁護士にでもなれるといわれるが、これも違う。自分の個性を考えれば裁判官か、検察官、あるいは弁護士にしかなれない。そして私の時代（旧司法試験）には５００人中の３５０人は弁護士になった。裁判官と検察官になったのは残りの１５０人の人たち。弁護士は無理という人たちと、学歴が良く、司法試験の点数が良かった人たち、権力構造の検察組織に馴染む人たち、検察任官をすれば司法研修所の卒業試験に下駄を履かせてもらえると期待した人たち。

税理士をやっている人の大部分は公務員やサラリーマン生活では欠点しか評価されない。しかし、それが税理士としてなら、才能とまでは言わないとしても、個性として光る。逆に言えば、自身が勤め人に向かないことに18歳で気付いた人たち。他人の価値観の下では生活できない人たち。気の小さな専門家、おそらく、それが自分自身の個性だと思う。それが自分が見えているということなのだ。18歳では自分を発見することが出来ず、サラリーマンなどの回り道をして税理士としての自分の個性を発見した方も多い。多様な職業の中の1つを選んだ。しかし、55歳、65歳になって振り返ってみれば、税理士になるべくして税理士になった自分を発見すると思う。

多様な意味で失敗する税理士がいるが、それは大理石の中に埋もれていたのが税理士ではなかった人たち。成るべくして成る道を発見できなかった人たち。懲戒処分を受ける人たちは、税理士としてはとんでもない生活音痴の人たちなのだが、彼らは、本来は、税理士としてではなく、他の職場で働く素材だったのだと思う。自分自身の個性が税理士という職業に導いた。税理士という職業を大切にすることは、自分自身の個性を大切にすることと同じ意味だ。

第2 学び直し

紙の新聞を購読しているが、ネットでは代替できない効用がある。そして、今日の効用は「学び直し　世界が競う　出遅れる日本、所得格差が壁に」（日本経済新聞令和3年6月6日）という記事だ。

「学び直しと生産性は一定の相関関係がある」「仕事に関する再教育へ参加する人の割合が高い国ほど時間あたり労働生産性が高い」「デジタルトランスフォーメーションが加速するなか、スキルの向上は生産性のカギを握り国際競争力を左右する」と解説する。

これが日本の強さと弱さの根源なのだと思う。①新卒採用、②終身雇用、③ジョブ型に対する意味での企業家族の一員としてのパートナーシップ制度。つまりは新卒採用で敷かれたレールから外れた人たちの「敗者復活戦」が存在しないのが日本だ。

日本のシステムが十分に機能していたのが昭和の時代。社会学者エズラ・F・ヴォーゲルが昭和54年に『ジャパン・アズ・ナンバーワン』という著作を発表した。「日本人の1日の読書時間の合計が米国人の2倍に当たることや、新聞の発行部数の多さなどにより日本人の学習への意欲と読書習慣を例証している」（Wikipediaから引用）。しかし、学習意欲の大部分は18歳までの大学入試のための努力ではないのか。

常に、いつでも、何歳からでも就職試験に挑戦できる他国の経済。いや、他国の雇用制度は書籍を読む程度にしか知らないし、１００種類の他国があるのだから単純化は誤解を招くとしても、しかし、日本ほど徹底して①、②、③のシステムが完成した社会は珍しいと思う。

ところが、ここ20年の変化は、それ以前の知識の連続性を切断してしまった。①、②、③を前提にする日本企業のピラミッド構造では対応できない社会が出現したのだ。ＡＩ、ＩＴ、ディープラーニングなどについて米国に7歩は遅れて、部品製造や組み立て技術、応用技術でしか戦えない日本の企業。

そして何よりの不幸は①、②、③のシステムに乗れなかった人たち、このシステムから脱落した人たちが、何のスキルも持たない生産力の低い労働人材としてしか生きられない社会だ。彼らの才能や熱意を再登場させることができない。戦後の日本の会社システムは18歳時点での偏差値で人間を判定することで成り立ってきた。それ以降の人間の成長は企業内が担うことになる。

私たちは、幸運にも、企業内システムから脱落し、税理士試験という敗者復活戦で生き残ってきた。この知恵を現在の日本に導入することはできないのか。ＩＴ、ＡＩなど新しい社会についての資格認証システムだ。「資格」という硬直的なシステムが、もしかして、それ以上に硬直的な企業とサラリーマンというシステムの柔軟剤になるかもしれない。

いや、しかし、税理士という制度も日本のシステムの中では利権化し、硬直化しつつある。他者を参入させない難解な税法、世襲化する資格制度。デジタル化の時代に生き残れるのか。私たちも「学び直し」の努力を続けなければならない。

第3　受験勉強と合格体験がアイデンティティ

税理士の受験勉強と合格体験記、それに合格に要する年数で taxML が盛り上がった。税理士試験の合格までの平均年数は9年。これは免除者を含んだ年数なので5科目合格者はさらに長い。40年という方もおられる。途中で断念した人も含めると科挙と並ぶ。

合格まで10年かかる制度を批判する意見があるが、10年かけてでも合格に辿り着けるところが税理士試験の長所だと思う。仕事をしながらでも受験できる。科目合格制度で地道に1科目ずつ積み重ねればよい。1科目ごとの難易度は司法試験や会計士試験より遙かに深いと思う。司法試験や会計士試験も科目合格制度を導入すれば多様な経験を積んだ人材が集められる。

ほとんど大学まで勉強しなかったので、受験勉強が長期化したことで、学ぶという方法を税理士試験で教えられた。最初の2年は合格できず、3年目でようやく勉強法が身についた。試験で合格するのには何をすれば良いのか、知識を得るとはどういう作業か、それを税理士試験で学んだことはその後の人生の財産だ。

参考書1冊に対して問題集5冊で知識を定着させる。アウトプット（問題集）することで知識は定着するのであって、インプット（参考書）ばかりでは知識は定着しない。覚えない、理解する、シンプルな理屈に還元する。あの交差点（問題点）は右に曲がると記憶しても意味はない。全ての事象には理屈があり、それは法人税法も、相続税法も同じ。私は独学なので自分で考える以外に答えはどこにもない。

受験は独学が向いていると思う。自問自答して考えることが勉強だ。全ての知識は本に書いてあるし、社会科学は本で学べる。独学で努力する熱意の根源は自分の現状と自分が思い描く自分とのギャップに苛立っていたのだと思う。それを解決する手段を見つけたのだから幸せだった。

相続税と所得税は条文丸暗記で挑んで合格に3年、5年を要したが、条文を理解して挑んだ法人税は1年で合格した。記憶力でカバーしてしまうのは間違いだ。暗記をせずに条文を体系的に理解して立法趣旨をひたすら考えた。こういうふうに勉強すれば良かったんだと最後の最後で理解できた。合格したから言えるのかもしれないが、若い時に数年の勉強をしたことで一生食べていけるプラチナ資格を得られた。

合格までの年数の差は何なのか昔から疑問に思っている。どの方も真剣に受験していたので相性と言ってしまえば終わりなのだが。税理士事務所を辞めて受験に専念するというリスクを取れない人たちは長期化する。実務経験だけに安住しているうちに、受験が年中行事になってしまった人たちだ。

受験勉強という20年前の話、いや、私の場合なら50年も昔の話だが、合格の保証のない受験勉強と、合格できなかった場合の恐怖、合格できた安堵感。それらの認識を共通にし、何歳になっても受験勉強と合格体験が自身のアイデンティティの主要部分を占める仲間がいる。それが受験の話題が盛り上がる理由だ。

第4 最初に考える人と、最後で考える人

世の中は多様な事象で成り立っている。その事象を「最初」に考える人たちと、「最後」で考える人たちがいる。しかし、一生懸命に理屈を考えても、最後にたどり着くのは「最初」に考えていたことを超えない。それが世の中の作りだ。

そうでなければ世の中の人たちの会話は成立しなくなってしまう。同等の知的レベルの人たちでなければ会話が成立しない社会では不便で仕方がない。丸の内に法律事務所を構える弁護士でも、家庭に戻れば専業主婦の妻と普通の会話をしている。社会の作り、法律の作り、税法の作り、そして人生の作りについて常に考え、最先端の情報を発信しているつもりだが、それが専業主婦の妻に論破されてしまうのだから不思議だ。

それは専門家の会話でも同じだ。いや、しかし、深く洞察する専門家であれば、自分が語る言葉が「最初」の言葉であり、彼が語る言葉が「最後」の言葉であることが理解できるはずだ。

法人に対して無償で資産を譲渡すれば時価で譲渡したとみなす。それは所得税法59条に書いてある所得税法の常識だ。税理士であれば誰もが語る「最初」の言葉だが、では、なぜ、無償で譲渡した場合に時価で譲渡したとみなすのか。なぜ、法人に譲渡した場合に限り、個人に譲渡した場合は時価で譲渡したとみなさないのか。その答えを得るにはシャウプ勧告に遡った税法の歴史を学ぶ必要がある。いや、しかし、そのよう

な歴史を学び、やっとたどり着いた「最後」の言葉は最初に定義した「法人に対して無償で資産を譲渡すれば時価で譲渡したとみなす」という答えと同じだ。そうであるなら、何も、シャウプ勧告に遡って理屈を知る必要はない。

5年50％超の支配関係があり、いま現在も100％の完全支配または50％超の支配関係があって、取得した株式について継続保有の意思があれば適格再編として繰越欠損金の利用が許される。そのような最初の言葉を理解すれば、なぜ、5年50％超の支配関係が必要なのか、99％の支配関係にある場合に、残りの1％を本日に取得して100％にした場合でも租税回避とは言わないのか、なぜ継続保有の意思が要求されるのか。それについて立法趣旨を考え、理屈の整合性を考えて「最後」の言葉を語っても、それは最初の言葉と同じ言葉になってしまう。

最初の言葉と、最後の言葉の違いを理解しない専門家の存在は苛立たせる。いや、しかし、私が語る「最後」の言葉が、他の方の言葉と比較すれば「最初」の言葉かもしれない。横一列に並んだ専門家であっても、それは1週遅れ、2週遅れの結果として横に並んだだけなのかもしれない。だから常に「最後」の言葉を探し求める。

最初の言葉に違和感を持ち、その理屈を追求する。そして理屈のある「最後」の言葉を語る。それが受験にも、実務にも、人生にも通じる思考方法の深さだ。最初の言葉を語る軽率さを恥じなければならない。

第5　分子の話と、分母の話（コロナ禍の生活が続く）

コロナ禍は多様な気付きを与えてくれた。「不要不急」という言葉はコロナに遭遇しなければ出会わなかった。不要不急の反対語は何か。「必要救急」ではなく「普通の生活」だと思う。

さて、コロナ禍で気づいたのは分子の話と分母の話だ。コロナの感染者数が増え続け、病院の廊下にまで患者が並ぶイタリアの風景。日本も同じ状況になるとパニックになって発令された緊急事態宣言。飲食店の休業が求められ、小学校、中学校が休校になる。アルコール消毒液とマスクが品切れになって政府がアベノマスクを国民に配布する。会社への出勤も制限され、テレワークなどという言葉が登場し、テレワークで働くことが国民の義務のような空気が作られた。

そのような社会（分母）に対して、私自身（分子）は、どのように振る舞うべきか。私自身はテレワークが可能だとしても、秘書業務のテレワークは難しい。そして身近に秘書がいなければ成り立たないのが弁護士業務だ。しかし、さすがに社会の空気には刃向かえず、感染の恐怖もあり、1ヶ月ほどは事務所を閉鎖することになった。分母に迎合したのが最初の緊急事態宣言だった。

その後も2度、3度、いや4度と続く緊急事態宣言。そこでの私自身の判断が分子の世界だ。依頼者と面談する場合の距離感、その距離感を依頼者に悟られて良いのか、避けられているという印象を与えることは是なのか。秘書に出勤して貰うのか、その場合の出勤時間と環境の確保。人口密度が低く、外部換気の空調だとしても、窓が開けられない高層ビルのオフィス。

分母の世界に住むのなら判断は不要だ。東京駅と丸の内からは歩行者が消え、事務所ビルの向かいに見える50席はあるオフィスには5人ほどしか出社していない。サラリーマンなら、上司に出社を止められれば、それに従う。上司は、さらなる上司の決定に従い、さらなる上司は業界団体の決定に従い、業界団体は政府の要請に従う。誰も自分を律する必要はない。

しかし、分子の世界に住むのなら事務所を閉めるか否かの判断が必要になる。私のオフィスの人口密度でクラスターが発生することはあり得ない。窓から見える皇居前広場の観光客も消えて、ほとんどシーズンオフの軽井沢と同じ環境で仕事ができる。

私たち事業経営者は、常に分子の社会で生活してきた。昭和のバブルやリーマンショックを経験した。そしてインバウンド、円安需要、オリンピック需要に沸いたミニバブル。そのような時代にも自分の生活は自分で律する分子の世界で生活してきた。これが事業経営者の強みなのだと思う。常に自分で決定（律する）生活。コロナ禍の時代、その決定に疲れたこともあった。感染の恐怖と、感染した場合の影響。事務所を閉鎖することについても過剰反応と反省させられる。

誰かが決めてくれる生活。それは気楽な生活なのだと思う。しかし、コロナに限らず、自分で律する生活が必要なのだと思う。コロナで事業経営者は試練に遭い、そして自分を鍛える経験を積んだ。これが後の生活での事業経営者の強さになる。

第６　コロナ後の世界

　コロナ後の世界は元には戻らない。欧米型の民主主義、中国共産党、イスラム諸国。コロナ前には、日本を含む西欧諸国の認識は、欧米型以外の世界の多様な政治体制は過渡的な存在であり、最終的には欧米型の民主主義に集約されるというものだったと思う。そのような前提があるからこそ、中国の人権弾圧を批判し、中国の国家管理的な経済活動を批判してきた。

　しかし、最終的には欧米型の民主主義に集約されるという理解は、圧倒的に欧米の経済力が強く、技術力においても圧倒的な強さを維持し、米国が世界の警察官として軍事力を行使してきたコロナ前の世界観だと思う。第二次世界大戦における勝戦国が米国だという歴史的な産物でもある。

　そしてコロナが発生し、そこで台頭してきたのが共産党独裁の中国だ。しかし、それは違うのだと思う。中国は共産党体制ではなく、江戸時代の徳川幕府に似た政治形態で成り立っているように思う。

　政（まつりごと）は徳川様が行い、武士を中心とした身分差別があり、警察制度や裁判制度は強権的に運用され、基本的人権などは全く顧みられない。それでも徳川様に任せておけば下々は平和で豊かな生活ができた。パクス・ロマーナを超える２６５年の戦争のない時代だっただけではなく、対外戦力も持たない豊かな時代を創り上げた。徳川幕府が嫌うのは、徳川幕府を中心にした体制に対し、それとは異なる考え方を持ち込むイエズス会の宣教師だった。だから徳川幕府は徹底してキリスト教の布教活動を弾圧した。

中国は江戸時代の徳川幕府体制に似ている。最高指導者が全土を支配し、最高指導者に対する批判を許さず、危険思想が出現したときは逮捕され行方不明になる。共産党員を中心とした身分差別があり、警察制度や裁判制度は強権的に運用され、基本的人権などは全く顧みられない。それでも国民は平和な時代に豊かに暮らす。中国共産党が出現しなければ、中国人は、今でも土の家に住んでいたと思う。

そのような中国を民主主義的な価値観で批判するのが、天安門事件であり、香港での人権弾圧だ。しかし、そのような欧米の批判を受ける中国（徳川幕府）にしてみたら、それは内政干渉であって、国内において、どのような政治体制をとるかは、その国の自由だと反論したくなると思う。

そして、もう1つの世界がイスラムだ。最初に原油利権を持っていたのは欧米の石油メジャーだったが、それが産油国に接収され、いま、原油国として莫大な富を持つ。ただ、脱石油化は、イスラムの国の政治体制を不安定にするだろう。そこで厳然たる権力を持つのはイスラム教の指導者の人たちだ。神（創り主）と人間との契約から始まった旧約聖書とは異なり、神との契約であると同時に現実世界の決まり事を決めるコーランの世界。

その3つの制度から成り立つのがコロナ後の地球だ。キリスト教を世界に広げるというイエズス会の思想から卒業したら良いと思う。世界には3つの思想がある。民主主義思想、徳川幕府型体制、そして宗教型の思想体制だ。世界は3つと考えればストレスもなくなる。

第7　taxMLへの招待

コロナ禍の時代、孤独に事務所を経営するのは大変だと思う。税務調査の申し入れを断り、コロナ特例で申告期限を延長する。コロナの時代の特別な知識だが、孤独な税理士はどうやって知識を得るのか。そもそも、この不安な時代、感染の恐れ、テレワーク、三密防止など、どうやって自身のバランスを維持するのか。みんなでワイワイやれば分母（社会）が見える。分母が見えれば、どのように自身の立ち位置（分子）を構築すれば良いかが分かる。

それを実現してきたのがtaxMLというメーリングリストだ。税法、会社法、民法などの知識はもちろん、申告実務、事務所経営、人生の構築まで含めた情報を交換し、1日に80から120という発言が22年について続く。おそらくIT業界の同種のシステムと比較してもダントツの実績だと思う。ギネスブックに申請したら登録されるかもしれない。

taxMLは多様な実績を積み上げてきた。会社法の制定に対応して出版した『会社法の法務・会計・税務』から始まり、『税理士のための相続をめぐる民法と税法の理解』『一般社団法人　一般財団法人　信託の活用と課税関係』『組織再編税制をあらためて読み解く』などをメンバーの共著として執筆してきた。私自身、多様な講演会に呼んで頂くが、そこで語る事柄の全てはtaxMLの議論で完成している。

1日に100通のメールが入ってきたら仕事にならない、実名のMLでは無知が露見してしまう、発言する勇気がないなど、私に思いつかない１００個の理由があったとしても、いま、デジタルの時代、ＩＴの時代。メールで同業者と繋がっている環境は、専門書籍や講演会への参加よりも不可欠なインフラだ。関与先との会話についても話題の幅が格段に広がることは確実だと思う。弁護士のように昭和の判例で成り立つ商売なら良いとして、毎年に改正される税法で成り立つ税理士業界において、流れる情報に身を置かずに間違いのない仕事をするのは不可能だ。

いや、しかし、多様性があるのが税理士業界。親の事務所を承継した2代目、3代目、大都市の税理士と、それ以外の地域の税理士。法人税に強味を発揮する事務所と、資産税に強味を発揮する事務所。5科目合格組、税務署ＯＢ、会計士からの転職組。知識を求めるという taxML の価値観に誰もが賛同してくれるとは思わない。しかし、taxML は本音の世界。それらの多様性を超えたところで知識を求める人たちとしての共通性が確保できれば嬉しい。

他人の無知を放っておけない。そういう「善意」の集団なのだが、taxML に参加したことがない人たちは「善意」の意味が分からないと思う。仕事でミスをしたら大変、人生でミスをしたらもっと大変。だから、みんなでミスを防ごう。自分のために学ぶことが他人のために学ぶことになる。それが「お節介な善意」で、自分の無知を端的に指摘してくれるシステムは税務調査の現場、弁護士からの損害賠償請求の内容証明郵便、それに taxML 以外には存在しない。

１日に80から１２０という発言数が22年間について続いた実績が taxML を語る。taxML の参加者が増えて知識と生き方を共通にする仲間が増えたら嬉しい。

第8　遺言書の有効性が問題になった事案

Aは入院中の平成27年4月13日に遺言の全文と日付、それに氏名を自署し、退院後の5月10日に押印した。私は全く問題のない処理で、これが遺言書を無効にするとは思っていなかった。ところが遺言書の効力が否定されてしまった。「自筆証書によって遺言をするには、真実遺言が成立した日の日付を記載しなければならず、本件遺言書には押印がされた平成27年5月10日の日付を記載すべきであった」

4月13日には未完成だった遺言書が、5月10日に押印することで完成したのだから、遺言書の日付としては5月10日と記載する必要があって、4月13日と書いてある遺言書は無効という判断だ。

自筆証書によって遺言をするには、遺言者が、その全文、日付及び氏名を自書し、これに印を押さなければならない（民法968条）。2つの遺言書が出現したときは後に作成した遺言書が優先し、遺言書の内容が抵触するときは前の遺言は撤回されたとみなす（同1023条）。だから遺言書の前後関係を判定する作成日の記載は重要な要件だ。

いや、それにしても遺言者が考える任意の日が記載してあれば、それが遺言書の作成日になるのであって、真実の遺言書の作成日とのズレは問題にならないと思っていた。遺言書に4月13日と書いてあるのなら、それが遺言書が考える作成日になる。だからこそ「5月10日に、弁護士の立ち会いの下、押印した」という事実の経過がある。弁護士も、遺言書の日付を、それが押印によって完成した5月10日に書き換える必要があ

ると は考えていなかった。

さらに判決は、遺言が無効になるのに備えて予備的に主張された死因贈与について、受遺者が遺言書を見せられて「ありがとね」と答えたのみでは死因贈与は認められないと判断した。

平成28年に遺言の無効確認を求める訴訟が地方裁判所に提起され、地裁で無効、高裁で無効の判決を経て、ようやく最高裁令和3年1月18日判決で遺言は有効だと宣言された。

最高裁判決は次のように判断した。「必要以上に遺言の方式を厳格に解するときは、かえって遺言者の真意の実現を阻害するおそれがある」「Aが、入院中の平成27年4月13日に本件遺言の全文、同日の日付及び氏名を自書し、退院して9日後の同年5月10日に押印したなどの本件の事実関係の下では、本件遺言書に真実遺言が成立した日と相違する日の日付が記載されているからといって直ちに本件遺言が無効となるものではない」

当たり前の結論だと思うが、しかし、当たり前の結論を得るまでの5年間の当事者と遺言書の作成を担当した弁護士の心理的コストを考えたら、いや、恐ろしいと思うのが遺言書の作成だ。遺言書は死んだ後に問題になるのだから訂正が行えない。

ベーシックな判例は昭和年代に出尽くして、いま特殊な判例しか登場しない。そのように思っていたのだが、これほどにベーシックな争点が未解決のまま残っていたことに驚くと共に、私の弁護士生活50年の無知を反省することになる。あぁ恐ろしや無知なる弁護士、そして裁判という制度。

第9　株式会社の会計限定監査役の責任

公認会計士であるAは、X社の昭和42年から平成24年まで税務顧問を兼ねる会計限定の監査役だった。ところがX社の経理担当職員は平成19年2月から平成28年7月までの10年近くにわたり銀行預金から2億円以上を横領していた。

残高証明書の原本を確認するなど預金の実在性の確認を怠ったため、経理担当職員による横領の発見が遅れて被害が拡大した。これは監査役の責任だと主張し、X社はAに対して1億1100万円の損害賠償を求めた。地裁は5763万円の賠償を命じたが、高裁は損害賠償請求を棄却した（東京高裁令和元年8月21日判決）。

金融・商事判例という雑誌に掲載された高裁判決の判例評釈（担当した裁判官が執筆すると言われている）は、①『監査』という日本語の語感が原因なのか、監査対象に不正が存在したのに監査を実行しても不正を見抜けなかった場合に、監査役や公認会計士・監査法人は十分に職責を果たさなかったと考える向きが、それなりに多く存在するようである。②使用人の不正を防止すべき第一次的責任を負うのは取締役およびその指示を受けた使用人であって監査役ではない。③横領行為期間中に在任していた取締役および他の監査役を賠償請求の対象とせず、被告会計士だけを狙い撃ち的に賠償請求の対象とするのは信義則違反・権利濫用であると解説している。

実務を理解した優れた判決だと思う。従業員の不正についての第一次的責任を負うのは会社の取締役だ。部下が行う10年という長期の横領と、架空の預金残が多額に積み上がる事実に社長は気づくべきは当然だ。しかし、控訴審が述べる「会計限定監査役の監査における主な任務は……会計帳簿の内容が正しく貸借対照表その他の計算書類に反映されているかどうかであって、特段の事情のない限り会計帳簿の内容を信頼して監査を実行すれば足りるものと考えられる」という理屈を認めてしまったら、会計監査限定の監査役は名目的存在になってしまう。

どうなるものかと思っていたら、最高裁令和3年7月19日判決は、高裁判決を破棄して原審に差し戻してしまった。最高裁判決は「監査役は会計帳簿の内容が正確であることを当然の前提として監査してよいものではない」と指摘。「帳簿が信頼性を欠くことが明らかでなくても、帳簿の作成状況の報告を取締役に求めたり基礎資料を確かめたりすべき場合がある」と述べた。

税理士などの専門家は中小企業の監査役に就任することがある。いや、就任要請を断れないことがある。しかし、法律の建前では会計監査限定の監査役でも責任を負う立場だ。社長が職員を採用し、経理担当を任命して内部統制も不完全な状態で収支の全てを任せる。実印から財布までを経理担当者に預けた状態の会社について、名目的な監査役だったとしても無限大の賠償責任を負う。夏の夜に肝を冷やす話題として提供させていただいた。

第10　責任限定契約の効力

顧問契約や相続税の申告について、税理士の責任限定条項を加えたいという要望を聞くことがある。つまり、「税理士の過失によって委嘱者が過大な税金を負担し、あるいは過少申告加算税などが賦課される等の損失を被った場合でも、税理士は、直近2年分の顧問料相当額以上の賠償義務を負わないものとします。ただし、税理士に重過失がある場合には税理士は免責されません」という条項だが、それが有効なのか。

税理士に対する損害賠償請求について免責合意の効力を否定した横浜地裁令和2年6月11日判決を紹介したい。裁判所は次のように判断して免責を否定した。

「消費者である原告らと事業者である被告との間に存する情報の質及び量並びに交渉力の格差その他諸般の事情を総合考慮すると、本件責任制限条項は、信義則に反して消費者の利益を一方的に害するものであると認めるのが相当である」「本件責任制限条項は、消費者契約法19条後段により無効になる」

税理士の業務の質を定めるのは税理士法であって、当事者の間に締結された契約ではない。当事者間の契約によって税理士業務の質を落とすことが可能なら、税理士という制度の意味はなくなってしまう。外科手術の前に患者が提出する「手術により如何なる事態が生じようとも一切異議を申し立てない」という書面（静岡地裁昭和37年12月26日判決）と同様に効果がないことは当然だ。

いや、しかし、常に、専門家が無限の責任を負うとしたら怖くて引き受けられない業務もある。①事実関係が解明できない事案、②税法の適用に幅がある事案、③申告期限までに時間的なゆとりがない事案、④あえて危険を承知の上で実行する節税事案などである。

そこで次には責任限定合意を有効と判断した判決を紹介する。東京地裁平成25年7月24日判決は、責任制限合意は被告に故意又は重大な過失がある場合には適用されないと指摘しつつ、「被告が、破産会社から相談を受けてから本件事業譲渡の提案をするまでの期間はわずか2週間足らずであり」「事業譲渡を提案した当時、客観的にはM社からの支払いの見込みはなく、破産会社が支払不能であったことを認識していなかった」ことに重過失があるとはいえないと判断し、責任制限合意が適用されると判断した。

不安のある事案については、その不安事項を書面化して、その点についての免責を合意しておくべきだろう。そしてもう1つの方法が申告書への書面添付だ。納税者は正しく計算すれば答えは1つと考えている。数字で計算される納税申告に意見の幅があるはずはない。申告が否認され、加算税が課されたら、それは税理士のミスだ。そこで税務判断には幅があることを理解しておいてもらう。法人税のような継続的な顧客と異なり、相続税で知り合った顧客についてはなおさらだ。判断には幅があることについて、書面添付に記載した具体的な事柄が当事者への説明資料として役に立つ。それに加えて税理士職業賠償責任保険。自身の身を守れるからこそ勇気のある仕事が可能になる。

第11　相続直前の小規模貸付事業用宅地

我が家の子どもたちは、私が購入した私名義の居宅に居住している。もちろん生計は別だから生計一親族の居住用小規模宅地の特例はない。いや、しかし、これに貸付事業用宅地の適用があるというのだ。それを教えてくれたのが横浜地裁令和2年6月11日判決（判例時報　№．２４８３）だ。

Ａは、所有する家屋を無償で同族会社に貸与していた。しかし、Ａの死期が近づいたことから、税理士と相談の上、特定同族会社事業用宅地の適用を受けることを目的として、同族会社との間の契約を賃貸借契約に変更して家賃を受け取ることにした。賃貸期間2年で、自動更新条項がある。その初回の賃料支払日の到来前にＡに相続が開始した。

ところが、相続税申告の依頼を受けた税理士法人は、特定同族会社事業用宅地の評価減の特例を適用しなかった。特例の適用が受けられなかったのは税理士法人の責任だと主張して、相続人は税理士法人に対する損害賠償請求の訴訟を起こした。特例を適用すれば課税価額に算入すべき金額が３７９３万円の減額になり、相続税において１８００万円の過大な納付になるという主張だ。そして裁判所は相続人の主張を認めた。

「法律上、課税額の減少を認める制度が存在する場合に、当該制度を利用するために法律関係を変動させ、課税額の減少を図ることは、法律関係の変動に実体が伴っている限りにおいて、それ自体不当ということはできないし、上記のとおり、これを否定する明文の定めのない状況下で、解釈によって、当該制度の適用を否定することは相当でない」

この紛争が税務の現場で議論され、さらに税務訴訟になった場合でも相続人の主張は認められるだろうか。使用貸借として提供されていた家屋について、死期を悟った後に賃貸借契約に書き換える。そして最初の家賃の支払の前に相続が開始した。そのような処理が認められれば私にも利用できる。

家賃を請求する意思もなく、家賃を請求しないことで子どもたちの生活の援助になっている居宅だが、相続が予想される年齢になったら、これを賃料を支払う賃貸借契約に変更してしまう。そうすれば貸家建付地で21％の減額になり、貸付事業用宅地として50％の減額になる。

裁判には微妙に不公平なところがある。破産など法的手続理論①と、税務訴訟理論②、そして、一般の民法の理論③の3つに区分すると、①と②の理論が争われた場合は裁判所は①を勝訴させ、②と③の理論が争われた場合は②を勝訴させる。つまり、「①＞②＞③」の関係にあるのが裁判で、本件は①でも、②でもない、③の訴訟だ。これが②の訴訟で争われた場合に、相続直前の駆け込みの契約内容の書き換えについて特定同族会社事業用宅地が認められるとは思えないのだ。

いや、しかし、相続人と税理士が争った③の訴訟であっても、税理士に対する損害賠償請求が認められた事実は否定できない。その前例があれば②の処理でも否定し難い。相続が予想される年齢になったら子どもたちへの使用貸借を賃貸借に切り替える。これは許されるべき節税策なのだ。

第12 良い方向に曲がる人、悪い方向に曲がる人

全てが良い方向に曲がる人と、全てが悪い方向に曲がる人がいるように思う。私は良い方向に曲がる側だ。イエス様が２０００年後に産まれてくる私のためにパソコンを出現させ、ネットを出現させてくれた。生活を築き、経済的に不安がなくなった時代にコロナを出現させた。

そのように語りたくなるほどに、社会は私のために成長してくれたように思う。もし、イエス様の預言が50年ほどズレていて、30年前にパソコンが出現しなかったら、私の悪筆では生き残れない。20年前にネットが出現しなかったら日本中の人たちとメールで情報交換する私の事務所は成立しなかった。私が専門とする法律知識、とくに税法はパソコンとネットと相性が良い。そして、いまコロナの出現にも影響されない生活を築いている。

私に寄り添って社会が成長してくれたのか、社会の変化に対応して私が成長してきたのか。いや、もちろん、いまの時代に私の１００倍の成果を確保している人たちもいる。その人たちにとっても私の自問自答が成立すると思う。それにしても、いま学生の人たち、新入社員の人たち、飲食店で働く人たちは大変だ。パソコンとネットは熟練技術者とベテラン職員の職域を奪い、コロナも自分たちの生活を侵害する形でしか機能しない。

社会が不公平なのか、あるいは個々人の問題なのか。太陽は誰にでも満遍なく降り注ぐ。いや、しかし、貧困家庭に生まれる場合と、豊かな家庭に生まれる場合では産まれながらの差別がある。まさに、輪廻とは、そういうことだという。豊かな家庭に生まれる変わる天国と、貧困な家庭に生まれる変わる地獄。しかし、そこにも敗者復活戦があるはずだ。それが私には日商簿記1級であり、税理士試験だった。では、努力しない人たちが悪いのか。

なぜ、努力が報われる人たちと、報われない人たちがいるのか。それが資本主義的な限界なのだと思う。努力ができない人たちもいるし、努力しても成果が得られない人たちもいる。努力をしないのだから自己責任だと切り捨てることはできない。いや、しかし、誰もがそれなりの生活を築く。つまり、個々人の判断だ。さて、個々人の判断は性格の問題なのか、知能の問題なのか。優秀な人の方が幸せを掴む率は高いような気がするが、性格の良い人の方が幸せを掴む確率も高い。

もしかして、最初に間違えると、最後まで曲がってしまうのか。学校教育、受験、就職先でのパワハラ。いや、しかし、誰でも常に失敗を重ねながら人生を創っている。そうしたら常に悪い方向に曲がる人たちは、一度の間違いではなく、常に間違えた方向に曲がるのか。あるいは1つの不幸は全てを否定してしまうのか。自分の顔にあるホクロを手鏡で見て絶望する手鏡効果だ。しかし、逆境が人を育てることもあり、1つの不幸を解消する99の方法があるはずだ。

それにしても次の2つは存在すると思う。全てが良い方向に曲がる人と、全てが悪い方向に曲がる人だ。

第13　バックデートの処理で懲戒処分

誰でも実行しているバックデートの修正。そのように言ってしまったら批判を受けるが、多様な条件の調整のために過去に遡って金額を修正することは同族関係者間ではよく行われていることだと思う。しかし、これが露見すれば税理士は業務禁止の懲戒処分になってしまう。

税理士は懲戒処分の取消請求訴訟を提起した。しかし、行政庁が行った税理士の懲戒処分を無効にする判断基準（知識）を裁判所は持っていない。それが税務訴訟や刑事訴訟の現実だ。バックデートの処理について身を引き締める事案として紹介してみようと思う（大阪地裁令和3年5月27日判決）。

税理士ｘは、Ａ社の経営者から相続税対策を依頼された。経営者がＡ社に対して貸金債権10億円余を有していたことから、これを減らすことを計画し、Ａ社の青色繰越欠損金４億１３００万円と同額までの債権放棄を行った。

その後、Ａ社の税理士から、Ａ社に８０００万円の事業上の所得が発生し、４億１３００万円の貸金債権の免除を受けると課税所得が生じてしまう。放棄額を3億円に減額するように依頼された。その時点では経営者が死亡していたため、税理士ｘは、死亡前の日付にバックデートして放棄額を3億円とする債権放棄書を作成した。

ところがＡ社の法人税の申告で問題が生じてしまった。「亡Ｂが生前に債務免除した金額は４億１３００

万円であるにもかかわらず、Bが死亡した平成26年2月13日より後の日である同年6月4日に、3億円の債権放棄通知書が同年1月30日付けで作成されたかのように装い、債務免除益を過少に計上した」とA社の過少申告が認定されてしまった。

懲戒処分の取り消しを求める本件訴訟で、税理士xはいくつかの主張を提出している。①債務免除額が減額された経緯を承知の上で行われた相続税の調査で、東京国税局は「債務免除額を3億円」とする相続税の申告を是認している。②税理士xはA社の法人税の申告には関与していない。③税理士法36条（脱税相談等の禁止）は納税者に対する関係であって、A社の法人税の申告を担当した税理士の要請に応じたことは脱税相談には該当しない。しかし、裁判所は、これら主張を全て排斥している。

同族関係者間であればバックデートの処理はどこでも行われていると思う。バックデートの契約書や株主総会議事録で辻褄合わせをしたことがない税理士は存在しない。本件でも債権者（相続税）と債務者（法人税）は債権放棄額を3億円とする統一した処理を行っているのであって、単なる金額の修正であり、双方の税理士はこれを脱税とは認識していなかったと思う。

ところが、通常なら是認される処理でも現場でやりあってしてしまえば、これも脱税。バックデートだから否認されたのか、税務調査の現場で議論してしまった税理士の対応の間違いなのか。加算税で終わらず、税理士の資格まで影響したことを考えると「議論してしまった」ことが原因としか思えない。プロの対応が求められるのが税務調査の現場だ。

第14　不当なカネを支払う

私の顧問先が破産管財人から30万円の買掛金の請求を受けた。買掛金は仕入れ先からの要求で既に支払い済みなのだが、その支払いが否認権の対象だというのだ。なぜ、期日前に支払った場合に否認権が登場するのか。しかし、請求を引っ込めないのが弁護士（破産管財人）という人たち。そんなことで裁判を起こされたら面倒で仕方がない。

「わずか30万円のことで議論する意味もなく、さらに訴訟などになって裁判所を煩わせる意味もありませんので、弁護士関根稔が個人として30万円を送金させて頂きます。もし、貴職の処理が正しく、それは破産裁判所が認めるということなら、これを貴職のご請求額に充当して下さい。もし、請求に根拠がないと言うことでしたら弁護士関根稔宛にご返金下さい」と返信して仕事を終わらせてしまった。

カネで済む話はカネで済ませる。しかし、明らかに不当な請求であることを承知しながら、これを依頼者に負担させることはできない。だから私（関根）が支払ってしまう。訴訟を起こされれば裁判所に何度も通うことになる。数ヶ月分の顧問料で解決できるのなら、これほど安い解決策はない。

思い返せば私のサイドビジネスの賃貸業のトラブルもあった。子のいる夫婦なので安心して賃貸したら、何と、借家人には入れ墨がある。賃料の支払いも2ヶ月目には滞りがちになる。つまり、最初から賃料など支払う気のない借家人だったのだと思う。家賃保証制度がない時代の事案なので、賃料を請求し、契約を解除し、明け渡しの訴訟を起こして判決を得て、その後に強制執行を申し立てる必要がある。早くても10ヶ月、常識的には1年6ヶ月を要すると思うが、それが借家人の狙いなのだと思う。ごねていれば賃料を支払わずに2年間は居座ることができる。

そこで、借家人と面談し、引っ越し料名目の立退料の提供を申し出る。わずか80万円で退去して貰って手続きは完了。つまり、カネで済む話はカネで済ませる。

顧問先が下請から買掛金の請求を受けた事件もあった。調停が申し立てられたので、こちら側も出席せざるを得ない。金額は忘れたが50万円を下回るわずかな金額。顧問先と電話で打ち合わせして「カネで済む話はカネで済ませましょう」と提案する。支払う必要があるのかという質問があったので、「不当なカネを支払うと人間が成長します」と答え、共に笑って事件を終わらせることができた。

トラブルになり、意地（プライド）の話になれば、僅かな金額でも応じることはできない。そのような支払いは正義に反し、自分に非があることを認めることになってしまう。そのような小さな金額で争っているのが多くの訴訟だ。しかし、トラブルの前に出現した問題なら、この程度の金額は値引きの話だ。

トラブルに遭遇し、心理的に袋小路に入っている依頼者がいたら、ぜひ、「カネで済む話はカネで済ませる」。そして「不当なカネを支払えば人間が成長する」と提案して頂きたいと思う。それが経費に計上できる支出なら、さらに半額の話だ。

第15 不動産との出会い

狩猟民族と定義すべきが弁護士で、農耕民族の成れの果てが税理士だ。狩猟民族も普段は野ウサギか野ネズミで飢えをしのいでいるが、時にはイノシシが捕れ、一生に何度かはマンモスを狩る幸運に恵まれることもある。しかし、獲物を保存する冷蔵庫がないのだから、常に獲物を狩る必要があって、いつも腹を空かせて次の獲物を狙っている。

農耕民族には毎年の安定した収穫がある。しかし、さらに多くの収穫を得るためには農地を開墾する必要があり、農地を増やせばそれに見合う労働力が必要になる。労働力に見合う収穫しか得られないのが農耕民族だ。農奴を働かせるとしても、そこから得られる余剰利得は少ない。

狩猟民族と農耕民族に加えてヨーロッパの歴史には牧畜民族が登場する。羊を牧草地に放ち、笛を吹いていれば家畜が子を産んで増やしてくれる。大きな牧草地を所有していた牧場経営者の末裔が貴族なのだと思う。イギリスの貴族は大量の貸地を所有し、そこからの賃料収入で貴族の館を維持している。ロンドンの一等地の大部分は4人の貴族によって所有されているという。

これら3つの職業の歴史に学ぶとすれば家庭菜園を持ち、余剰生産物は狩猟で確保し、その余力を持って家畜を増やす。それが上手な生き方だと思う。そして、これが私の生活だった。病気や死亡への予備プランとして、さらに長寿化の時代の老後を豊かに暮らすためには賃貸物件の取得は不可欠だ。

前置きが長くなったが、今回のテーマは賃貸物件との出会いだ。不動産屋のビラを見て良い物件を探すのは素人だろう。私たちは不動産との出会いについて格段に有利な立場にいる。それが弁護士なら多様な人たちとの出会いだ。そして賃貸業の収支を見聞きして知識を学ぶ職業に就いている。

私の場合なら顧問先から紹介された土地にワンルームマンションを建築したことから賃貸業が始まった。破産管財人が入札した賃貸物件を取得したこともあった。依頼者の相続物件の売却を仲介業者に依頼したが、その際の雑談で仲介業者から売却物件を紹介されたこともあった。ＲＥＩＴに売却する予定だったがそれを回すと。相続物件として売りに出された店舗を購入するという出会いもあった。それら購入資金を稼ぎ出すのが狩猟での稼ぎだ。

税理士なら相続案件だろう。税理士には利益相反規定がないのだから、相続に際して売りに出された依頼者の所有物件を税理士自身が購入しても非難されない。必要なのは、そのような出会いに際して自分自身が物件を取得するという覚悟と、それを買い取るための頭金の準備だ。目標を持った生き方をしていれば掘り出し物は相手から飛び込んでくる。

日々、農地を耕作する農耕民族と、山野で獲物を追いかける狩猟民族、それに加えて牧畜民族の生活に学び、老後は貴族として生活する。長い人生なのだから、その間には何度もの不動産との出会いがある。そのチャンスを生かす。今回は人生のストーリーとして不動産との出会いを語ってみた。

第16　泣きっ面に蜂

Aは、Bと20年について同居生活をおくっていたが、その同居中の平成22年から27年にB名義の貯金口座から4億7000万円を80回に分けて引き出していた。令和2年9月1日付の非公開裁決（税のしるべ　令和3年9月6日号）の事案だが、これだけを読んでもドラマなのは、口座からの貯金の引き出しをBは了承をしていたのか否か。おそらくAが男で、Bが女だと思うが、なぜ、女性が4億7000万円も貯金していたのか、この20年の同居は内縁関係だったのか。

Bの死亡後に、Bの相続人からAに対する不当利得返還請求訴訟が起こされた。平成31年4月に裁判上の和解が成立し、Aは、相続人に対し解決金として2億4441万円の支払義務があることを認め、解決金のうち6000万円を支払うという合意が成立した。これを読んで思う疑問は、なぜ、6000万円しか回収できないのか。おそらくAの手元には現金は残っていないのだと思うが、これだけの金額を何に使ってしまったのか。

ここまでのストーリーでもドラマだが、さらなるドラマがあった。Aは和解に先立って平成28年3月に、平成27年分の贈与税の申告書を提出していた。不当利得返還請求の裁判を起こされたので、それが「贈与」であるとするアリバイ作りの贈与税の申告だと思う。しかし、そこで過去の贈与が露見してしまい、平成23

年分から25年分までの3年分の贈与税の期限後申告書を提出するよう課税庁から勧奨され、Aは、これに応じた。平成23年分から25年分までの贈与税には無申告加算税と延滞税が賦課された。

そして次には税務上のドラマになる。Aは和解が成立したことを理由に返還金6000万円について、贈与税の課税価格から減額することを求める更正の請求を行った。しかし、原処分庁は、それを認めなかった。「和解によって、申告時に前提とした権利関係と異なった権利関係が贈与時に遡って確定したとは認められないから、通則法第23条第2項第1号に規定する『和解…により、その事実が当該計算の基礎としたところと異なることが確定したとき』に該当せず」という判断だ。

まさに、泣きっ面に蜂。贈与税率は50%を超え、それに無申告加算税と6年間の延滞税が課税されたら、もしかして贈与額を超える税負担になってしまう。税負担が多額なために和解金は6000万円しか支払えなかったのかもしれない。私が担当した案件ではないので、裁決に書かれた事実以外は想像だが、しかし、この事案を読むだけで、社会にはドラマがあり、そのドラマの原因になるのがカネ、事件、そして税金。

私が、この案件に関与したら、遺留分侵害額の請求として和解することになるのだろう。そうすれば贈与税について更正の請求が可能になったと思う。ただ、そんな小さなテクニックではなく、このようなドラマを読むことができるのが、この業界。他人の人生を楽しもうではないか。

第17　不安な社会（コロナ禍の時代に出現した経済現象）

空からタケノコが生えてきて、地面から雨が降ってくるようで落ち着かない。コロナ前は予測可能性があり、整合性がとれた社会だった。しかし、いま、予想可能性と整合性が消滅してしまった。

東京都のコロナ感染者は1日5000人にもなったが、それがわずか2ヶ月で1日の感染者が10人に減った。ワクチン効果と定義するにしても、感染者の激減は日本に限らずインドやフィリピンでも同じだ。それらの国のワクチン接種率が高いとは思えない。なぜ、感染者数が10人まで激減するのか。感染症の知見を持った専門家は大量に存在すると思うが、誰も、その理由を語らない。そして次にはオミクロン株の出現で東京の感染者数は2万人を超えることになった。1人が10人にも感染させる勢いで増え続けた急拡大も、ここで減少の気配を見せている。しかし、その理由も不明だ。

コロナの感染に限らず、意味づけが難しい現象がいくつも生じている。なぜ、株価は上がるのか。世界の死亡者は518万人（令和3年11月26日現在）。これは歴史上の多くの戦争の死亡者よりも多い。いまコロナ戦争で実経済は多大に毀損されているのに、なぜ、株価が上がるのか。カネ余りだとしたら、それは昭和の土地バブルと同じだ。値上がりするから土地を買い、土地を買うから値上がりする。しかし、東京23区を売れば米国全土が買えるという地価について、誰もが、いつかは崩壊すると認識していた。しかし、いま株価の大暴落を唱える専門家はいない。

マンションが売れ、地価は下がらないと報道されている。しかし、金曜日の朝刊に綴じ込んであった大量のマンションの販売パンフレットは、コロナ以降、消滅してしまった。私の地元のマンション建築現場は10分の1に減少し、戸建ての売出物件はゼロ。実経済が毀損され、明日の生活の保障がない時代にマンションを買う人たちがいるのだろうか。

テレワークについても意味が分からない。コロナ禍の緊急避難として導入されたテレワークだが、これが効率的な働き方で、コロナ後も元には戻らないと噂されている。では、テレワークで働く人たちは、従前に比較して30%増しの利益を確保しているのか、あるいは従前に比較して30%のゆとり時間を生じさせているのか。そもそもテレワークで働いている人たちは、1日7時間、パソコンに向かって何を打ち込んでいるのだろう。よほどの単純作業でない限り、そのような生活は困難だと思う。テレワークの便利さを語る人たちは、テレワークで何をしているのかを語らない。

今、誰もが「コロナが終わったら」という気持ちで生活している。私の受験時代に「試験が終わったら本が読める」と思っていたのと同じで、試験が終われば本を読みたいという熱意は冷めてしまう。さて、「コロナが終わった」ら実際にはどのような生活を求めることになるのか。今までの生活が戻ってくるのか、大きく変わった社会になってしまうのか。もし、大きく変わるとしたら、それは働く人たちにとって良い社会なのか、貧困の世界になってしまうのか。予測可能性と整合性が欠けた社会。なるようにしかならないと達観して生きるべきなのだろうか。

第18 食うに困らない

私は田んぼの中の一軒家を相続している。家の周りの用水路ではドジョウやアメリカザリガニが捕れるし、バッタやアゲハチョウも採取できる。ときどき子供たち夫婦が孫を連れて出かけるのに同行することがある。私が育った時代と、ほとんど変わらない光景が残っている。ただ、経済状況は全く違うようだ。

私が子どもの頃は農家で生活が成り立ったが、その後、農家では生活できずに兼業農家が増えていった。既に、30年ほど前だが、農業を続けた伯母が「農業では3ヶ月分の生活費しか稼げない」と語っていた。ただ、いまでも農業をしている人たちがいる。我が家の田んぼは、その人たちに耕作してもらっている。一時代前は有償で借りてもらっていたのだが、いま無償でしか借りてくれない。農家は、ますます貧しくなる。

しかし、北海道の帯広に呼ばれたときに聞いた地元の税理士の話は違う。帯広の農家の稼ぎは多く、家族への所得分散をしても納税額が減らせない。後継者の不在などで廃業する農家があれば、隣地の農家が買い取る。帯広の農家の世帯当たりの保有農地は平均43ヘクタールで、日本の農家の平均耕作面積の20倍。ランボルギーニ製を含めて何台ものトラクターを所有し、それらはGPSで動くのでハンドルを握る必要もない。夏しか働かないので冬の飲み屋街の良い客だとも聞いた。なぜ、それほどの違いがあるのか。

おそらく、それは「農家をやっていれば食うに困らない」という発想の違いだと思う。確かに、「農家をやっていれば食うに困らない」。しかし、それ以上の向上心がある人たちが隣地を買い増しして大規模農業を作り上げた。北海道の帯広で農業をする人たちの事業家精神の結果だ。

私の田舎でも、ほとんど全戸でぶどう畑を始めた時代があった。しかし、みな、稲作農家に戻っている。その中でもぶどう畑を成功させた農家があり、それを息子が事業承継している。挑戦し、試行錯誤し、工夫し、投資して農業を事業化した人たちだ。ハクビシンがぶどう園に入り込み、食い散らして商品化が出来なくなってしまったこともあった。それを見たときは涙を流したが、それでも電気柵を設置して害獣対策に成功している。それも現状に甘んじない起業家精神だろう。

3年に一度も里帰りしない都会者が論じる農業論であって、現場の農家を見ている税理士からしたら勘違いも甚だしい意見だと思う。しかし、世の中、「農家をやっていれば食うに困らない」という発想の人たちは多い。税理士をやっていたら食うのに困らない。いや、しかし、社会は変わる。

コロナ禍で社会は変わり、コロナが終わった後には違う社会が出現する。その時代でも「税理士をやっていれば食うには困らない」と思う。そこで終わってしまうのか、GPS付きのランボルギーニ製のトラクターに乗る生活になるのか。挑戦し、試行錯誤し、工夫し、投資するという不断の努力が必要なのが人生だと思う。

第19　少数株主を追い出す

株主が6名しかいない会社だが、その会社の株式を巡って多様な親族間紛争が発生した。遺産分割、帳簿の閲覧請求権、株式の譲渡承認請求。そこで、これら紛争の当事者になった株主xを排除するために、会社は株式併合手続をとった。それが有効なのか否かを判断した裁判事案が紹介されていた（札幌地裁令和3年6月11日判決　金融・商事判例　№1624）。

少数株主の排除には、従前は全部取得条項付種類株式が利用されたが、平成26年の会社法改正によって株主保護手続が整備されて以降は、株式併合による少数株主の締め出し（キャッシュ・アウト）が増加しているという。

さて、少数株主の排除のみを目的にした株式併合は有効なのか否か。これが有効であれば実務家として習得しておくべき知識だろう。株主xは「株式併合により原告のみが株主としての地位を奪われたものであり、その目的は原告の排除に尽きるというべきである」「原告の排除を目的とした多数決の濫用により行われたものであり、株主平等原則に違反している」と主張した。

1569株を1株に併合するという内容であり、そしてxが所有する株数は1500株。まさにxを狙い撃ちした株式併合と批判されても仕方がない。しかし、これが有効だと裁判所は判断した。

「株式の併合により、少数株主の持ち株数が1株に満たなくなり、株主としての地位を失うという結果が生じること自体は、会社法が予定しているものというべきであって、株式の併合が少数株主の締め出しを目的としているからといって、直ちに同法の趣旨に反するということはできない」。株式併合は「その有する株式の内容及び数に応じて平等に取り扱うものにほかならない」ので株主平等原則にも違反しない。

株式併合手続の後にxが所有していた株式は会社に買い取られることになる。その価額が著しく低額であって、これが株式併合の無効原因になるとxは主張した。裁判所は、株主総会決議とは別途の手続によって株式の価格を定めるものであって、後に定められた株式価格の金額の多寡によって、株主総会決議が遡及的に「著しく不当な決議」となるというわけでもないと判示した。

少数株主を排除する必要がある。そのような場合に利用できるのが株式併合手続。それが少数株主の排除の目的のためであっても有効。そのように判断した本件判決は実務でも利用できると思う。いや、しかし、ここに至る前の相続紛争、帳簿閲覧請求。そして株式併合の後に提起された本件訴訟。言うは易く、実行するには面倒。

実行するためには弁護士費用と、裁判に要する手間と心理的負担。さらに少数株式の買取価額がいくらになるかの問題もある。現実に実行に至る事案は少ないと思うが、最終手段としての株式併合。頭の片隅に、これも使える手段として記憶して頂けたらと思う。

第20 東大法学部の凋落

東大入試で文3が文1を逆転した。「2021年春、東京大学の入試に異変が起きました。文系の合格最低点を巡り、法学部に大半の学生が進む文科1類の点数が文2（経済学部）、文3（文学部）を下回ったのです」（日本経済新聞　令和3年12月6日）。

なぜ、18歳の少年少女は文1（法学部）を目指したのか。それは頂点に司法試験と国家公務員試験という存在を置くピラミッド構造だからだろう。知的エリートで、社会のリーダーとして活躍する人たち。そこに至る関門は狭い。その難しさが18歳の少年少女たちを魅惑した。

弁護士のML（メーリングリスト）で司法試験が話題になったときに、受験の動機として「難しいから受験した」と発言し、大方の賛同を得たのだが、そこに1人、「僕は自由と人権を守るために司法試験を受験した」と発言したメンバーがいた。「勘違いだったのでは」と問うたところ「いや、勘違いではない。いまでも自由と人権のために仕事をしている」と。「死ぬまで勘違いしていれば、それを勘違いとは言わない」と反論しようとしたが喧嘩になってしまうので止めた。

大部分の人たちは難しいから司法試験に挑戦し、そのために東大法学部に進学するのだと思う。これが経済学なら意味が分かるし、文学部でも意味は分かる。理系なら化学でも、工学でも、医学部でも意味は分かる。しかし、18歳の少年少女たちが法律を学ぶことの意味を知って受験しているとは思えない。

ところが司法試験改革で弁護士の地位が急落してしまった。旧司法試験の受験生は4万5372人だったが、令和3年の新司法試験の受験生は3424人。旧司法試験の合格率は2・58%だったが、新司法試験の合格率は41・5%。誰でも合格できる新司法試験に挑戦したいと思う少年少女はいない。さらに弁護士が、高額所得者で、知的エリートではなく、生活ができない仕事のイメージになってしまった。

負ける事件と筋の悪い事件は引き受けない。それが弁護士のプライドだった。しかし、今、そんなことを言っていたら引き受ける事件がなくなってしまう。ネットの弁護士紹介サイトからの連絡を待つ弁護士と、コピー&ペーストで10人の弁護士に相談し、その中で自分に一番に有利な意見を書いてくれた弁護士に依頼する依頼者と。現実の裁判も、知的レベルの低下か、過当競争が原因なのか、強引な主張が目立つような気がする。

そのような司法制度改革に賛成したのは法学部の教授であり、弁護士自身だったのが笑える。他人の権利を守るのが法律家の役割で、弁護士の存在価値だとしたら、なぜ自分の生活も守れない職業に就く必要があるのか。いま司法試験を受験するというだけで常識音痴だと思う。いや、それでも弁護士に憧れる人たちはいる。その人たちは法科大学院に行かず、予備試験経由で司法試験を受験している。

法科大学院制度を導入した司法試験制度改革の最大の失敗は、弁護士が儲からなくなったことでも、東大文1の地位の下落でもない。「難関への挑戦」という18歳の少年少女たちの夢を奪ってしまったことだ。

第21　9時5時の在席が給与所得の理由

コロナ禍の要請もあり、この頃、テレワークの議論が盛んだ。テレワークができない企業は遅れている。テレワークであっても、出社したときと同じ仕事ができるのなら、満員電車に揺られて会社に通勤する必要はない。わざわざ出社していた時代が無駄なのであって、コロナが終わってもテレワークの流れは変わらない。

いや、しかし、本当だろうか。サラリーマンの存在価値は9時5時に会社に出社して在席することではないのか。仕事があっても、仕事がなくても9時5時の拘束がある。だからこそ1日を通して処理すべき仕事がなかったとしても給与は保証される。9時5時に追加した時間の拘束があれば残業手当が支払われる。それはサラリーマンとは9時5時の在席そのものだからではないのか。

ＩＴの技術者など大量の単純作業で成り立つ職種ではテレワークが可能だったとしても、普通の会社の事務職に出社を求めない働き方が有効だとは思えない。それが仮に営業社員だったとしても昨年の実績に基づいて球団との交渉で支払われる野球選手の年俸とは違う。営業社員にも役職が割り当てられ、新しい企画を作り上げ、部下を育てる義務がある。稼ぐシステム、働くシステム、その全てが与えられた職場で働くサラリーマン。そもそも職場という環境を整えずに仕事への意欲を高めることは難しい。人間はパソコンと違って電源のｏｎとｏｆｆでは切り替えられないのだ。

９時５時に出社するからこそサラリーマン。そのように定義してしまったらサラリーマン諸氏からの反感があるだろう。昇級も、ボーナスも、与えられた権利を既得権にしてしまうのがサラリーマンだからだ。しかし、給与やボーナスという制度自体が、仕事の成果ではなく、時間的拘束の対価であることを物語っている。

テレワークという働き方はサラリーマンの既得権益を失わせてしまう。テレワークはジョブ型の成果主義に移行せざるを得ない。テレワークの方法で従業員の働き方を監視することは難しいからだ。従業員を監視するシステムを導入したら逆に息抜きもできなくなってしまう。

サラリーマンにジョブ型の成果を求めるのなら新卒採用、終身雇用、定期昇級、ボーナスという手段は不要になってしまう。必要なときにのみ労働力を求めるのなら固定給を支払うワンチームの一員としての待遇は必要がない。熱意のあるフリーランスならネットでいくらでも募集できる。サントリーのＣＥＯが45年定年退職制を提唱したが、９時５時という拘束時間への給料が保証されない世界は45年定年制の世界と同じだ。

仕事があるときと同様に、仕事がない時にも会社にいる必要があるのがサラリーマンだ。いや、仕事がない時間だからこそ次の仕事に備えて在席する必要がある。テレワークという働き方を既得権益と思い込んでしまったサラリーマンは、働かない時間にも給料が支払われる９時５時という既得権を失ってしまうことになる。

第22　自分の決算

毎年の恒例行事が自分の決算。昔に比較すれば非常に簡単。それこそ1月1日には決算書が完成してしまう。銀行預金の明細を直接に会計ソフトに取り込む。手入力を要するのは小口現金だが、それもAmazon、アスクル、Suicaの利用で大幅に減少している。

多様な発明が社会を変えてきた。私がこの業界に入った頃は、浸けペンで元帳に記帳し、貸借を合わせるのに苦労したのだが、それも今は昔。オフコンの時代を経て、パソコンの時代、そして電子申告の時代と、デジタル化においては税理士業界は優等生の地位にある。世界の会計事務と税務申告業務に貢献したパソコンと会計ソフト。どれほどの省力化に役立っているのだろうか、開発者にはノーベル賞を与えても良いと思う。

完成した決算書を眺めて思うのは、売上から経費を差し引けばわずかな所得。経費がなければ所得は増える。いや、しかし、経費こそが私の贅沢なのだ。贅沢な事務所を構え、優秀な秘書をおく。仮に、年収3000万円のサラリーマンでも、所得が1500万円の事業所得者の贅沢は味わえないと思う。経費などという概念を知らずに、税引き後所得で一生を終える人たち。

自分の判断で費用を支出し、自分の好みに合わせた買い物をして、自分が気に入った環境を作り上げる。

これは職場の場合であっても、家庭であっても最高の贅沢なのだと思う。経費の節約など考えたこともない。所得は売上を増やすことで確保すべきであって、経費を節約して増やすものではない。いや、しかし、言うは易く行うは難し。私の事務所の職員が給与額に満足しているか否かはわからない。

そして財産債務調書の作成だ。所得と売上を競ったのが若者の時代。業界標準（分母）と比較して上位20％の位置は確保したい。なぜなら上位20％の位置が業界の平均値だからだ。人並みの売上を確保するのが私自身の存在価値であって、それでこそ一人前の専門家だ。収入を競うのではなく、社会的な評価という指標を確保したい。

しかし、若者の時代を卒業してしまえば、自己満足は売上でも、所得でもなく財産額になる。長い期間をかけて積み上げた財産額で、それを示すのが財産債務調書だ。今年の売上げが社会との接点だとすれば、財産額と預金残が自身の実績になる。所得から財産額への転換。それが何歳で生じたのかは思い出せないが、しかし、転換が起きてしまえば所得を獲得する意欲は薄れてしまう。

1年を終えて作成する決算書。これが所得税の計算資料だけの価値なら寂しい。ここ1年の自分の人生を語るのが所得税の申告書なのだと思う。事業所得者が受け取る成績表。そして財産債務調書が事業経営者の履歴書。日々、記録する日記帳より、おそらく多くを語る事業所得者の実績に対する表彰状。そこから学ぶべきものがあるからこそ、所得を記録し、そして所得、財産、人生を積み重ねる意味がある。

第23　2億4390万円の絵巻

オークションで2億4390万円の絵巻が落札された。鎌倉時代の「紙本著色拾遺古徳伝　巻第八」という重要文化財だ。2億4390万円の絵巻というとビックリするし、それを落札する方はどんな資産家なのかと不思議に思う。

いや、しかし、2億4390万円の土地は東京にはいくらでも存在する。我が家の近場は坪300万円なので、わずか80坪の土地が、この値段になる。そのことを令和3年11月26日の日本経済新聞が「富の不動産偏在　成長阻む」と題して論じている。

マッキンゼー・グローバル研究所の「世界のバランスシートの大膨張」という調査報告書だ。国内総生産（GDP）の世界合計の60%を占める10カ国の資産と負債を集計したところ、正味資産の3分の2が家計、企業、政府が保有する不動産の形で蓄えられているという。「今の時代、デジタルばかりが注目されるが、資産は依然として実物資産が圧倒的価値を持つということだ」と締めくくっている。

そうなのだ。2億円の絵巻や2億円のスポーツカー。そのような話題が登場すればニュースになる。しかし、2億円の土地が売買されてもニュースにはならない。だから世界の富を増やすことは簡単なのだ。国中には大量の土地が存在し、それが多数の個人と企業、それに政府によって所有されている。だから地価を上げれば国民が所有する財産は自動的に増えてしまう。田中角栄の列島改造論、中曽根民活による東京都心の地価高騰、第2次安倍政権の青天井の金融緩和。全て、地価高騰を狙った施策であり、それが経済の活性化の効率的な方法なのだ。

しかし、それが資本主義の現実だとしたらあまりにも寂しい。人類誕生の前から存在する不動産が世界の正味資産の3分の2を占める。それが原野ではなく、インフラを整えた土地と高層ビルだとしても、私たちが1日7時間を働き、残業までして作り出す価値は土地や建物に限らないはずだ。

私たちが住む世界には多様な資産が存在する。新幹線を筆頭にした鉄道網、高速道路を走る自動車、町のレストランで提供される食事と、その食材を産地から運ぶシステム。電気店に並ぶ多様な電気製品、書店に並ぶ書籍、映画館で放映される映画、テレビ、新聞などのマスコミが毎日のように創り出す文化的な価値。さらに小学校から大学へと続く教育システム。

しかし、私たちが一生のうちに購入する最も高額な商品は自宅（土地と建物）だ。私たちは何のために働き、何を作り出しているのだろう。農業生産を卒業し、近代化してからの私たちの労働は土地の上に多様な価値を積み上げてきたはずだ。しかし、結局は土地と建物が世界の資産の3分の2を占める。

その答えは次なのだと思う。地上にGDP（価値）を積み上げれば、土地の値段は地上のGDPと比例して自動的に値上がりする。労働者が、日々、働くことによって創り上げる資産価値と比例して値上がりする土地の価額。それが貧困格差が解消されない根源的な理由なのだと思う。

第24 無駄で成り立っていた経済

この頃、事務所が暇になってしまった。やはり、忙しい方が人生は充実していて良い。コロナが終われば元の生活が戻ってくるのだろうか。それが違うように思うのだ。

コロナ前の生活を思い出せば次の具合だろうか。裁判所に通うのが私の日常だった。法廷に行くための心の準備をする20分、私の事務所は東京地裁に一番に近いと思うが、それでもタクシーで10分。法廷で自分の順番を待つ時間が20分、自分の順番の弁論を10分で終えて、のんびりと日比谷公園か、皇居前広場を横切って事務所に戻ってくるのに20分。つまり、わずか10分の弁論のために1時間20分を要するのだ。それが現在はweb 裁判で20分の手間だ。

コーヒーを飲みながら最低でも1時間をかけた来客との会話も、コロナ禍以降はメールで処理することが多い。専門家に限らず一般の人たちともメールで会話ができてしまう時代だ。講演会の講師を引き受ければ大量の無駄な時間が発生する。都内の講演でも会場への往復で2時間。これが地方での講演なら前日に出発する。ホテルに泊まり、講演が終われば空港まで1時間、待ち時間も1時間、飛行機の中での1時間。そして羽田から自宅まで45分。ところがコロナ禍の時代で講演会講師の依頼が消滅してしまった。

では、サラリーマン氏は何をしているのだろう。そんなときに便利なのがGoogle で検索するサラリーマンの1日だ。出社し、午前中に1社、午後に2社の得意先を訪問する。そして帰社して午後8時に自宅にたどり着く。これだけの仕事ならテレワークにしてしまえば30分の仕事だ。

金融系の会社に勤めた女性に聞いてみたことがある。最初は誰でも営業を担当するが、その日常は次の具合だ。新入社員は日本経済新聞を読み、その日の話題を拾い上げるのが出社前の仕事。しかし、基礎的な知識があるわけではなく、仮に、富士フィルムという会社が登場しても何の会社か分からない。そこでネットを検索して基礎知識を手に入れる。それらを日替わりの順番で朝の会議で発表するのだが、その程度の知識は中堅の営業社員は当然の前提として知っている。つまり、中堅社員、あるいは支店長が「今日の話題」として営業社員に語れば良いと思うが、日本の精神主義的なサラリーマン生活では合理性のみを優先させることはできない。テレワークになっても無駄な会議に時間が費やされているのだと思う。

世の中の制度は無駄で成り立っていたのだ。移動する時間、待つ時間、雑談する時間、会議をする時間。そしてほんの少しの仕事をする時間。これが工場作業員やIT従業員なら8時間の作業の時間かもしれない。しかし、営業職や事務職の9時5時の中での実稼働時間は3時間程度なのだと思う。

コロナとテレワーク型の働き方は、そのことを気づかせてしまった。いま、テレワークで働いているサラリーマン氏は「働いている感」を出すのに苦労していると思う。いや、テレワークになっても無駄な会議をしている。そうしなければ明日にはリストラ予備軍になってしまう。

第25 給与水準が見えない

この頃、転職エージェントのCMが多い。ビズリーチ、エン転職などテレビのCMで見かける以外にも、ネットにもいくつものサイトがある。その中に給与明細を教えてくれるサイトがあったので登録してみた。私に転職する予定があるわけでもなく、求人をするつもりもなく、ただ、サラリーマンといわれる人たちがどのような給与額を貰っているかを見たかったのだ。

そこで不思議に思ったのは、仮に、年齢35歳から45歳を想定して給与をながめてみると年収400万円から600万円が標準の会社と、700万円から1200万円が標準の会社に二分されることだ。大手に限っても600万円に収まる会社があり、1200万円を超える会社もある。

サラリーマンになったら給与こそが唯一絶対の目標だと思う。これが弁護士なら人権派弁護士、刑事弁護士、専門領域弁護士、派手な事件が好きな弁護士、気楽な弁護士などの大量の目標がある。税理士の場合は「居心地の良い税理士事務所」の構築が目標だと思う。さらに数百万円の所得が加算されれば、さらに居心地が良くなる。しかし、だからといって職員30人という事務所は経営したくもない。いや、逆に、職員100人の事務所経営が楽しい方もいると思う。事業経営者の目標は多様だ。

サラリーマンの給与に、年齢35歳から45歳基準で600万円と1200万円の階差があったら、彼らは何を基準に職業を選んでいるのだろう。先に言い訳を言わせて頂ければ、サラリーマンの給与に興味があるわけではなく、サラリーマンと競う気持ちはない。しかし、働く人たちの80%はサラリーマン。サラリーマンという分母が見えなければ、自分自身という分子の位置づけが難しい。

そこで仮の結論にたどり着いたのが次の二分類だ。ノルマと、その達成を生き甲斐として営業活動を行い、成果と出世と昇級に人生をかけて終電までの残業を厭わずに働く。隙のないスーツを着て、尖った靴を履き、ノルマが達成できなければ居場所がなくなるという職場で営業成績で勝ち残る人たち。金融、証券、不動産、M&Aなど10億円、30億円、50億円と限度額のない商品を扱い、その10%が付加価値になる人たち。1人で1億円、3億円、5億円の企業利益を生み出す人たち。35歳から45歳で年収1200万円を超えて、3000万円を目指す人たち。

それに対し、モノを作る人、作業をする人、事務をする人。作り出せる付加価値は1人で最高1000万円から2000万円を限度とし、1つ1万円の付加価値を時間で積み上げる人たち。それなりの仕事、それなりの生活、平穏な生活をもって良しとする人たち。35歳から45歳の給与で600万円を超えて800万円を目指す人たち。

おそらく、能力ではなく、人間の種類が異なるのだと思う。私は、エリート側の人生は歩けない。だからこそ、税理士であり、弁護士になったのだろう。努力をせずに、それ相応の所得が獲得できる。生き方を間違えなかったことを喜ぼうと思う。

第26　ストレスから逃げられる商売

人間関係のストレスから逃げられないのがサラリーマンだ。嫌な上司が付いたときは転勤までの3年間を耐えなければならない。嫌な部下が付いた場合も同じだろう。気楽な職業と言われている公務員。しかし、気楽だからこそ隣の席には嫌われても気にしないという傲慢な同僚が座る。それに対してストレスから逃げてしまえるのが弁護士や税理士だ。

昔は全ての顧客の信頼を得るのがプロと考えていた。その後、どうしても折り合えない顧客がいると気が付いてからは、我慢せず、いや、我慢する前に、そのような顧客からはさっさと逃げてしまう。相手が悪いのではなく、単純に住む世界が違うだけの話だ。

そもそも平常心を維持しないと仕事でミスをしてしまう。価値観が異なる人たちは、判断基準が異なるのだから、それに合わせていたら専門家としての自分の判断ができない。そのような依頼者には、そのような依頼者と価値観を共通にする専門家に担当してもらえば良い。自分の判断を抑えての仕事では専門家の能力は発揮できない。そして、そのような事案が専門家賠償責任事件の種になる。損害賠償事件の請求額に比較できる報酬は支払われていない。

仕事を引き受けるのも、引き受けないのも自由。それが自由業だ。

ただ、若い頃は全ての顧客を大切にして信頼を得るように努力した方が良い。なぜなら自分に経験と判断基準が存在せず、だからこそストレスを受け入れることができるのが若者だからだ。多様な人たちと仕事を積み重ねて、それに耐えられない自分を発見すれば良い。

経験を積み、自分の判断基準を樹立すると共に、自分の判断基準に反する顧客には耐えられなくなるはずだ。自分に扱える客と、扱う必要もない顧客がいる。それを選べるようになるのが経験と蓄積なのだと思う。その場合は逃げる、怒る、拒否する。これが高齢者が頑固になり、キレる高齢者と言われるゆえんなのだと思う。自分の価値観を樹立してしまった人たちは、その価値観に反する事象を受け入れるのが苦手になる。

それにしても年齢を問わず、もし、いま現在、ストレスを感じていたら、そのストレスこそが自分自身の発見に繋がるチャンス。なぜ、ストレスを感じるのか。それには理由があるはずだ。そして、人間関係のストレスから逃げられる職業。そのことだけを考えても、私たちが、この職業を選択したのは正しかったと思う。だからこそ、日々、楽しい日常を送ろうではないか。

さらに論を進めれば、この頃、私が認識しているストレス解消法は豊かさなのだと思う。心の豊かさ、仕事の豊かさ、経済的な豊かさ。余裕のある生活こそがストレスへの耐性を生む。年齢と共に受け入れるのが難しい価値観が増えてくる。それを同時に、それを無視して生きるだけの豊かさを蓄える。だからこそ努力しようではないか。いつになっても他人と競い、コンプレックスに焼け焦げる生活をしているのでは悲しい。

第27 メールより、面談

相続の相談があった。その方の祖父の時代に付き合いがあったが、孫とは面識がなく、かつ、メールでの相談。祖母と同居していた叔父と、自分自身（甥）の立場での遺産分割。嫌ですね、そういう難しい相続は。相続は縁が遠くなるほど難しくなる。第1順位の妻と子たちの相続で揉めることはない。しかし、第2順位の妻と夫の両親が相続人になったらお互いに他人。妻と夫の兄弟姉妹、さらに甥姪になったら法定相続分という計算式しか登場しない。親族関係の距離が遠くなるほどに遠慮がなくなる。さて、本件は第1順位の相続だが、第3順位の相続と同様の遠距離相続だ。

叔父にしてみれば、幼稚園児の頃から知っている弟の子。甥にしてみれば遠い親戚。祖母と同居し、最期を看取った叔父を主人公と考えるか、法定相続分に従った相続を正義と考えるか、それは価値観です。

そこから始まり、いや、祖母は介護を必要とせずに逝ったと。いや、しかし、介護を必要とする場合のリスクは叔父でしょうと答える。高齢者と一緒に生活するのは、それなりに大変なのですと説明する。祖母の預金の管理や生活費についての不満が語られ、相続では小さいことを語らないのがルールと説明する。もちろん、子の法定相続分は平等という説明も忘れない。そんなことで何度かのやり取りをした後に、「叔父の提案を受け入れることにした」という返答が戻ってくる。「それが正しい」と回答して終わる。

よいですね。面談しての会話より、メールでの会話の方が距離感があり、プライドを刺激しない。専門家の言葉の意味を熱心に読み取る過程で、それが自分の思考になっていくのだと思う。法定相続分を主張するのなら判断は不要で、弁護士として依頼されれば、それ以外の解決策はない。しかし、法定相続分という小学校の算数の時間を超える解決策に相談段階で気づいてくれるのなら嬉しい。その思考過程には距離感を持って情報をやり取りするメールが有効だと気づかされた。

面談し、顔を見て相談に応じる。それが不可欠と思っていた。しかし、顔を見れば感情が伝わり、感情が伝わればプライドを刺激する。コロナ禍の時代は微妙に会話を急いでしまう。先日は、それで失敗した相談事例があった。税理士のミス事案だが、それがいかに無謀な処理だったか。自分のミスと認めたくない相談者に対して、さらに極端な理屈で説明してしまった。私の意見が正しいとしても、目の前にいる弁護士に全面的に屈服するようなプライドを捨てた対応を受け入れるのは難しい。

いま、コロナが終わるまで様子を見る時間。いつか、コロナが終わったら正常な時代が到来する。いや、しかし、ワクチン接種が進んだとしてもコロナは終わると楽観視できる状況にはない。そうであるならコロナ対応に生活を変えてしまうのが上手な生き方だと思う。面談しての会話は楽しく、そこで生まれる新たな気づきもある。しかし、いま感情のやり取りを嫌い、電話での連絡さえ躊躇する時代。メールによる情報交換の技術を磨く時代だ。

第28 パンデミックの世界

文芸評論家である福嶋亮大氏が執筆した『感染症としての文学と哲学』。よくこれだけの内容を記憶していられると驚かされる。古今東西の書籍に登場する感染症の時代を紹介する。その中で光るのがカミュの『ペスト』。私も高校の頃に読んだが、都市封鎖で閉じ込められた人たちの生活という記憶しかない。まさに武漢に閉じ込められた人たちの生活。しかし、福嶋氏が引用する箇所を再読するとそれだけではないと気づかされる。そして、いまコロナの時代だからこそ、これが実感として読み取れる。

「疫病の恐怖は、あれよあれよという間に加速していく時間だけではなく、いつ終わるともしれない単調で平凡でけだるい時間をも作り出します」「たとえ感染が6ヶ月程度で終わると想定したところで」「この病疫が6ヶ月以上は続かないというなんの理由もないし、ひょっとすると1年、あるいはもっとかもしれない」。停止した時間の中に閉じ込められた生活。これがパンデミックなのだ。

『なぜ人に会うのはつらいのか』という精神科医の斎藤環氏と元外務省主任分析官の佐藤優氏の対談もパンデミックの社会を語る。勇気を持って1冊の本を一言でまとめてしまえば、①対面しての会話には暴力性がある。②会話の暴力性に耐えられない人たちがテレワークの心地よさに気づいてしまった。そしてコロナ後においてもこの快適な生活を捨てたくないと考える人たちが出現している。

対面しての会話に暴力性があると考えたことはなかった。しかし、他者と会話をした後には楽しかったわくわく感もあるが疲労感も残る。講演会の講師を終えた後の気分も同じだ。場を盛り上げた高揚感とともに、これで良かったのかという落ち込みも経験する。精神的に強くなければ生き残れない。

それに対してメールやZoomの会話はフラットであって暴力的な圧力を受けることはない。

「ひきこもっている人は、比較的欲望の水準が低いということですか」という問に、「比較的どころか、無茶苦茶低いのです」「たいていのひきこもりの人は1年間に10万円も使わないですね」。いま1億2000万人が引き籠もりの時代。「特に、やや『発達障害』的な側面を持つ人たち、要するに『人と会うこと』に対する『耐性』が低い人たちなどは、現状が非常に心地いいと言うのです」と解説する。

しかし、これは創造性を消滅させる時代だ。「自分の内面をほじくり返して欲望を見つけられるとしたら、よほどの天才」「人が必要な欲望を維持し活性化させるためには、他人と会って、ある程度その暴力に曝されることが必要になる」と述べる。

時間に閉じ込められた生活。それは停止した時間の中に生きる心地よさでもある。「いつ終わるともしれない単調で平凡でけだるい時間」の中で生活する。創造性が消滅した社会。嫌な思いをすることはないけれども、楽しい思いをすることもない。モラトリアムの心地よさがパンデミックの世界なのだと思う。

第29　だから裁判は面白い

判例タイムズという月刊誌があって毎号に10個ほどの判決を紹介している。判例時報と判例タイムズが弁護士の必読書だが、その判例タイムズの令和4年2月号に「だから裁判は面白い」と思わせる判決が3つも紹介されていた。

第1判決（仙台高裁令和3年1月13日判決）結論を異にする複数の私的筆跡鑑定の信用性を分析・評価し、遺言書の発見・保管等に係る関係者の供述の信用性をも検討して、遺言書の自書性を否定し、自筆証書遺言を無効とした判決。

第2判決（福岡高裁令和2年12月8日判決）被害者の死亡が確認されるまでに2つの交通事故が発生した二重轢過事案において、民法719条1項後段を類推適用して、後発の事故の加害者に被害者死亡の損害の不真正連帯責任を負わせるためには、同条項の類推適用を求める者が「被害者が後発の事故によって死亡した可能性があること」を立証する必要があると判断した判決。

第3判決（福岡地裁令和2年12月23日判決）既婚男性と独身女性が、多数回、一緒に、宿泊したり、ラブホテルに滞在したりした事実があるにもかかわらず、両者の間でやり取りされたＬＩＮＥの内容等に鑑みて、両者が不貞行為に及んだ事実は認定できないと判断した判決。

筆跡鑑定を否定した第1判決では「原審でYらからAの筆跡との同一性を肯定するC鑑定書及びD鑑定書が提出され、控訴審ではXらから同一性を否定するE鑑定書が提出された」。私も筆跡鑑定人が登場する事案を扱ったことがあるが、何の資格制度があるわけでもなく、筆跡鑑定などはブードゥー教の呪いと同じレベル。だからこそ遺言書は公正証書遺言に限る。この事件は平成27年に提訴されて高裁判決は令和3年1月13日。自筆証書が登場したらとりあえず偽造だと主張してしまえばよい。

2つの車に轢かれた第2判決事件は、要するに立証責任の問題。裁判では、立証されない限り、事実は存在しないことになる。2台目の車にひかれて死亡したという立証は不可能だ。同種の事件の相談を受けたことがあるが、2台目の車の運転手は刑事上の処分も受けなかった。しかし、死亡に至るのは2台目がしっかりと踏みつけたからだと思う。

不倫関係を論じた第3判決では「成人の男女である被告とZは、多数回、一緒に旅行して同室に宿泊し、しかも、ダブルベッドの設置された部屋やラブホテルに宿泊することも少なくなかった」と事実認定をしている。それでも不貞関係を否定した判決であり、世の中には不思議な関係があるものだと思う。しかし、ラブホテルに宿泊した事実を掴んだ配偶者にしてみれば、それのみでも不貞行為だと思う。ラブホテルに泊まって、それでも不貞行為がなかったら、逆に、気持ちが悪い。

誰でもが自分が勝訴すると考えて提起する訴訟だが、その反対側に登場するのは自分こそが勝訴すると考える相手方。いや、しかし、ギャンブルだからこそ裁判は楽しい。

第30 金相場は800万円に上昇（そして戦争が始まった）

ロシアのウクライナ侵攻で金価格が上昇している。いま1キロで800万円。金投資は有利なのか。私が最初に金を意識したのは、私が仕事に就いた昭和50年代だった。相続税の税務調査に登場した1キロの金塊。金は輝きではなく、その重さに価値がある。手にしたときには誰でも金の重さで手が下がる経験をすると思う。

その頃の金価格は1キロで150万円か200万円だったと記憶している。その後に金価格を意識したときは250万円か300万円に値上がりしていた。あのときに買っておけばと思った記憶がある。200万円が800万円に値上がりしても意味はないが、仮に2000万円を投資していたら、いま8000万円に値上がりしていた。しかし、あの当時、2000万円を持っていなかった。いや、誰も持っていなかったと思う。

1キロ200万円の時代に2000万円の金投資をする資金を持ち、それが8000万円になっていたら嬉しい。資産家は常に有利な投資資産を選択することができる。いや、それが違うのだと思う。1キロ200万円の時代に2000万円の資金を持っていたら、そのカネを自分の生活を築くために利用した方が良い。自分自身で購入した賃貸物件や、子供たちのために買った自宅など、それがあるから、その上に人生を築くことができる。

それにしても4倍に値上がりする資産は有利な投資対象だろうか。それも違うのだと思う。私が金価格を意識した頃の高卒の初任給は月額6万円程度だった。その後、社会の生活水準は上昇し、自分自身の生活水準も上昇してきた。事業での稼ぎは年額で1000万円単位、月額でも100万円単位に上昇している。つまり、15倍、30倍への上昇だ。私が街の会計事務所に勤めた頃の預金額はせいぜい300万円だったと思う。しかし、いまの財産額は、それと比較しようのない金額になっている。わずか4倍にしか値上がりしない資産とは単位の違う増加額だ。

株式、あるいは金地金の相場の趨勢線を見れば、あのときに購入しておけば良かったと思う人たちは多い。しかし、あのときは今でもある。だから、いま株式投資をして、金投資をすれば良い。それが「投資の勧め」だと思う。しかし、株価も、金価格も生活水準と比較したら値上がりはしていない。

投資をするのは自分の人生に資金を必要としない人たちか、自分の人生を投資資産の値上がりに期待する人たちに限ると思う。あるいは全くの不要な資金を投資に注ぎ込む人たちなのか。

しかし、人間が不要なカネを持つのは70歳を過ぎてからだと思う。それまではカネは自分の生活を築くための元手だ。株価の上昇、金相場の値上がりを見て投資しておけば良かったと考えるのならそれは無駄。自分自身への投資は、それ以上の見返りをもたらしていることは指摘するまでもない。

第31 楽しい楽しい税理士業

「楽しい楽しい税理士業」。これが私の講演会テーマで「税理士という選択は間違いではなかった」という副題も付く。

私も、コロナ前には一般的な講演会テーマを持っていた。相続を中心とした資産税、信託や一般社団法人の利用、会社法についても語っていた。しかし、コロナ禍で講演会が中止され2年間が経過し、ここで講師を再開しようとテーマを考えてみたら、これらのテーマはあまりにも陳腐だ。

コロナ前を思い出してみれば、インバウンド需要、クールジャパン、中国からの観光客が観光地に溢れ、京都などではホテルの建築ブームだった。繁華街は取引先の接待、仲間内の飲み会、忘年会や新年会という文化で盛り上がっていた。しかし、コロナ禍で、それらが消滅し、ANA、JAL、JTB、HIS、JR、そして接待で使われていた町の飲食店の売上は半減、いや、8割減の状態だろう。その他の商売でもコロナ禍で失われた需要と、廃業、失業。そんなところで相続の話をしても浮いてしまう。

いつ終わるのか、終わりが見えないコロナだが、いつかは終わる。しかし、コロナが終わっても元には戻らないと思う。コロナ前とコロナ後は戦前と戦後のように歴史に断絶が生じてしまう。テレワークなどの働き方改革、45歳定年制が提唱され、週休3日制を採用する企業が登場している。これらがコロナ対応の緊急避難なのか、あるいは本当の働き方改革に繋がるのか。

「入社した日に『退職届』独立意識させ成長促す」という日本経済新聞（令和4年4月22日夕刊）に次のような解説があった。リクルートマネジメントソリューションズの21年新入社員意識調査によれば『現在の会社で勤め続けることにこだわらない』（54％）が『定年まで勤めたい』（36％）を上回った。仕事する上で重視することは『貢献（人や社会に役立つ）』（31・3％）、『成長』（29・9％）、『やりがい』（20・7％）が上位を占めた。

このような社会の動きを見ていると、その先にあるのは税理士としての働き方ではないか。自分の知識と経験、それにパソコンがあればやっていける生活、儲かれば、それが自分の実力、儲からなければ、それも自分の実力。テレワークにしても、わざわざ自宅でテレワークしなくても、自分の事務所でのテレワークの方が楽しい。

上司の顔色をうかがう必要のない生活、転勤のない生活、仲間内の競争のない生活、給与や賞与の査定のない生活、顧客を選べる生活、営業活動のない生活、自分の価値観で判断できる生活。フレックスタイムも可能な生活、スーツを着る必要がない生活、満員電車に決まった時間に乗らなくて良い生活。転勤も定年退職もない生活。仕事の後に仲間内で飲み会をしなくて済む生活、取引先との神経を使った接待の必要がない生活。

大手企業のサラリーマンに比較し、時代に遅れた業界と思っていた税理士業。もしかして時代の先を行く職業なのかも。それが「楽しい楽しい税理士業」という講演会のテーマだ。

第32 Googleに勤めて高給を貰おう

転職サイトで拝見するGoogleの年収。データアナリストは1730万円、ソフトウエアエンジニアは1900万円。こういう仕事に就くためには、どのような学部を卒業すれば良いのだろう。

私は文系大学の経験しか語れないが、大学で教えるのは経済学、経営学、会社法。会計も、せいぜい時価主義会計や企業結合会計。しかし、そんなことで実務は動いていない。その先に進むためには現場に出る必要がある。これが昭和の時代なら営業から始まって会社の全般を学ぶ。いや、しかし、いま会社に勤めてもスキルが磨けない時代。

そのように思っていたところ新入社員のインタビュー記事を見かけた。友人に勧められてプログラミングスクールに通ってC++を習得した。「スクール終了後はオンライン上で開催されるプログラミングの競技ゲームにはまり、ランキングを上げるためにずっと夢中でコーディングしていました」。ゲーム感覚でコーディングにのめり込んで、勉強しているというより、楽しんでいたのがスキルアップにつながったと思うと。

高校生の頃からコンピューター部に属し、そこでC++から始めていくつかの言語を理解し、ゲームを作るような子が、最後に、それを仕事にするのだと思う。「パソコン甲子園」への参加者も近年は開成や麻布、筑波大学付属駒場、灘など有名進学校が上位を占める。高校時代、あるいは大学時代に夢中になるモノを見つけることができた子供たちは幸せだ。そこで必要なのは夢中になれる知的向上心。そのような素養を育てておけば社会に適応できる子供たちになる。

おそらく、理系の人たちも大学で学習するのは統計学やコンピュータ理論などの古典的な学問。そこで必要になるのが先の学生が挑戦した『なんかこの休みの時間を有効に使いたい』という知的向上心。その後、ＩＴ企業に勤めて同僚と一緒に検索エンジンのアルゴリズムを作ることで最先端の理論を学習する。その知的向上心を実現化するためには大学の4年間を有効に活用しなければならない。そして知識を持つ者として、その知識を実現する就職先を探す。

世の中には価値を生み出す人たちと、価値を減少させる人たちがいる。価値を減少させる人たちの筆頭が文系大学の大学教授という人たち。一番に重要な時期に面白くもない講義を聴かせて何の役にも立たない4年間にしてしまう。大学で学習したことを3つでも語れる文系大学の卒業生は少ないと思う。それでも支障がなかったのは大会社に勤めて年功序列で人生を終えた時代。教育を会社内で担うパートナーシップの時代。いま文系大学に進学するだけで音痴なのだと思う。

いまは会社に自分を売り込むためのスキルを磨く時代。この会社に定年まで勤める気はないと語る新入社員が増えていると聞く。しかし、そういう生意気なことを語れるスキルを持っているのだろうか。それも営業や経理という古典的な知識ではなく、ＡＩ、ＩＴ、ディープラーニングという新しく登場した技術を必要とする時代。時代が変わったことを認識しなければならない。

第33　直ちに言い返す人

世の中には直ちに言い返せる人がいる。仮に、修正申告の説明を始めたときに「それは税理士の責任だ。私は加算税が課税されるような処理を頼んでいない」と言い返されてしまったら、修正申告の説明どころではなくなってしまう。なんと反論するかも難しい。その場面での会話では「直ちに言い返す人」が勝ってしまう。

私など「直ちに言い返す人」と思われているかもしれないが、それが違うのだ。深く考えることは好きだけど、とっさの嫌みなどは出てこない。あのとき、ああ言えば良かったと悔しい思いをすることが多い。なぜ、言い返せなかったのか、私が悪かったのかと自問自答する日が3日間、そしてこの原稿が完成する。

直ちに言い返せる人の才能は、どのような才能なのかと想像してみても理解不能だ。分析力、語彙力、会話力、知性の問題ではない。嫁いびりなどは考えた上の言葉ではない。しかし、的を射た的確な嫌みが飛び出してくる。

本来、相手との関係で出てくるのが言葉なのだが、この種の人たちは、心理的な生存本能から先に言葉が出てくる。大蛇が目の前の獲物に飛びかかり、イタチが目の前の危機に対して牙をむく。大蛇やイタチが考えた上で行動するとは思えない。まさに生存本能のなせる技だ。自身の心理的な生存本能が脅かされる予感から出現する苛立ちと、自我の防衛機制が「直ちに言い返す」という本能を出現させる。

なぜ、そういう個性が出現するのか。おそらく大脳基底核の反応なのだと思う。大脳基底核は歩き方や自転車の乗り方を記憶する部分。考える必要もなく右足の次に左足が出てくる。行動は思考する前に登場する（『単純な脳、複雑な「私」』池谷裕二著　朝日出版社）。降車する駅に近づき、さて降りるかと考える前に既に立ち上がっている自分。深く思考すれば、そんな自分を発見できると思う。

「直ちに言い返す人」は大脳基底核の育て方を間違えた人なのだ。深く思考する前に言葉が登場する人たち。その言葉を聞いて、それが自分の思考だと思い込むのが人間だ。どうやったら、そのような人たちと付き合うことが可能か。それは無理なのだと思う。動物保護が徹底したヨーロッパの諸国（どの国かは失念したが）でも、飼い主に牙をむくことを覚えた犬は修復不能で安楽死以外の手段がないと紹介していた。

依頼者とのお付き合いで、苛立つことがあったら、それは自分が牙をむく人間なのか、あるいは相手が牙をむく人間なのか。それを分析した方が良いと思う。大脳基底核の育て方を間違えた方と付き合うのは難しい。しかし、自分が牙をむく人間に育ってしまったら、歩き方を変えるのが難しいように、それを矯正するのは不可能だ。そもそも自分では意識できないのが大脳基底核の反応だ。

だからこそ「直ちに言い返す人」ではないことを喜ぼうと思う。いや、もし可能なら、いつも笑いを取る人になるように努力しようと思う。お笑い芸人が美人のアナウンサーと結婚することがあるが、とっさに他人を喜ばせる言葉が登場する人たち。あれは大脳基底核の反応なのだと思う。

第34 失敗の原因

他人に騙される失敗が2つで、自ら墓穴を掘る失敗が98だろうか。そのように語ったら振り込め詐欺に騙される人たちは墓穴を掘ったのかと批判されてしまう。騙される案件に事故や事件を加えても4つだろう。そのように語ったら小学生の通学の列に車が飛び込むのは小学生の責任かと批判されてしまう。

しかし、500人の人たちが0歳から80歳まで生きたとしても振り込め詐欺の被害に遭うことはないし、車に飛び込まれて骨折することもない。他人に貶められる事件などは弁護士をやっていても珍しい。誰もが自分で墓穴を掘って消えていく。では、なぜ、自ら墓穴を掘ることになるのか。その理由は全てが感情の問題なのだ。だから簡単なのだ。紛争の原因が感情にあると理解してしまえば制御が可能だ。

私の周りには感情で失敗した人たちが大量に存在する。自分が優秀だという思いから抜けられない人、他人と競って出し抜こうとした人、なぜか権威者として振る舞うのが習い性になっている人。失敗するのは自分の感情が管理（認識）できないために墓穴を掘る人たちなのだ。そのように考えていたところ次のような解説を見かけた。「損をしてでも他人の足を引っ張りたい　日本人の〝底意地の悪さ〟が世界で突出している根本原因」（令和4年7月7日　PRESIDENT Online）。

少し引用は長いが、いや、全文を引用したいくらいだが、そこを抑えて要所を引用すれば次の通りだ。

「日本人、米国人、中国人に対して実施し、その結果を比較したところ、相手の利益をさらに減らそうとするスパイト行動は日本人に特に顕著だったことが明らか」になった。「一方で、他人からの制裁を恐れ、過剰なまでに組織や上司に忠誠を誓うというケースもよく見られます」「他人の足を引っ張る行動が、恐怖を生み出し、これが逆に組織の秩序をもたらしているわけです」

自分の利益よりも、相手の損失を優先する。日本人の特質に底意地の悪さがある。そして底意地の悪さが組織の秩序をもたらす。私が組織を嫌うのは組織内の人間関係についてのこの感情的な難しさだ。だから税理士になり、弁護士になった。私たちの仕事には感情的な難しさがない。私たちの業界では他人と競い、他人より良い仕事を成し遂げることが成長だ。しかし、他人（同業者）との距離があるので面と向かって競争しなくて済む。せいぜい他人の著作をけなして腐す程度の底意地の悪さだ。いや、それこそが自分の成長への原動力だ。

失敗は経済的な損失として実現するが、失敗の原因は他人との感情問題。組織内でがんじがらめの感情を管理することは難しいが、お付き合い程度の関係なら感情の管理は容易だ。他人との関係で湧き出る負の感情と距離をおけば良い。ストレスを感じさせる人たちとは距離と時間をおけば良い。自分の感情なら自分自身で管理できる。相手を非難することも、あいつが悪いと定義する必要もない。

第35 税理士業の範囲の広さ

税理士や弁護士との議論の場。それが私が主催するtaxMLというメーリングリストだ。そこでの議論で思うのは、毎年3月15日に近くなると、私には理解できない議論が増えてくる。住宅ローン控除の要件、年金がある場合の所得税の申告、海外不動産の賃料収入。株式投資をする人たちの課税関係の場合分けなどは、自分でも株式投資を行わなければ知識を定着させるのは困難だと思う。さらには所得税の申告が健康保険料の計算に与える影響。そんなことは申告実務を担当していないと分からない。いや、私が申告実務を担当したら理解できるのだろうか。

消費税の議論も私の理解は3分だ。調整対象固定資産や高額特定資産の購入と3年縛りなどと言われても実感が分からない。法人税でも雇用促進税制などはスワヒリ語より難しい。現場で税務申告を担当していたら、これらが疑問なく自分の知識になるのだろうか。弁護士業で知るべき知識が30だとすれば、税理士業で知るべき知識は300にもなるような気がする。

さらには、弁護士の場合は事件が発生してから調べれば良い。殺人事件についての事前相談はないし、相続紛争についても弁護士を訪れるのは相続後の話だ。そこでじっくりと話を聞き、条文を調べ、判例を検索するのでも手遅れではない。税務訴訟でも、税務上の争点はその前段階の手続で整理され、弁護士に持ち込まれるのは解明された争点のみだ。裁判になった後の進行は1ヶ月単位の話し合いで、自分の主張の弱いところは相手方が指摘（反論）してくれる。ゆっくりと勉強すれば良い。

しかし、税理士業では事前の知識と判断がてんこ盛りだ。仮に、相続税の申告期限から3年以内に発行会社に株式を自己株式として売却する場合なら、適正な売買価額の算定、売買に先立って会社に提出する書面、取引後に税務署に提出する書面の作成など、事前に準備すべき事柄が盛りだくさんだ。別表の添付などの申告要件の特例も大量に残っていて、それを失念すればギロチンが落ちる。

弁護士業は分業化している。一般素人が思い付く離婚、売掛金、土地、相続などは誰でも可能だ。倒産事件も溢れるほどに存在する。しかし、それ以外の業務なら専門とする弁護士が担当してくれる。会社更生法が登場する倒産事件、特許訴訟、外国との法律関係、大規模な労働争議、公害訴訟や、ゴーン会長は無罪と主張する大型の刑事事件。

税理士業には全てが登場する。資産の管理、あるいは事業という1つの有機体から出現する全ての事象が担当業務なのだから選り好みができない。税法は毎年に改正され、改正税法の知識が直ちに自分の仕事に必要になる。この頃はコロナ特例の補助金申請まで税理士のテリトリーに入り込んできた。なぜ、それほどの知識を日常の出来事のように使いこなしているのか。さらにDXなどと騒ぐ前から電子申告に対応する柔軟さ、しぶとさを持つ職業。どんな時代になっても税理士業が消滅することはないと思う。

第36 多様な相談事項

予防法学で成り立つのが私の法律事務所だ。裁判という不毛な仕事は可能な限り避けたい。そして相談事項として入ってくるのは税法、民法、会社法で8割を占めるだろうか。

税法の相談は答えが出ることが多い。詳細な通達と大量の質疑応答集、それにネット情報があって、理屈で成り立つのが税法だ。理屈が存在しない事業承継税制、理屈が壊れている組織再編税制、実務の経験がなければ理解できない40条申請や物納申請。その辺りは経験者の知恵に頼るとして、基本的な国税の知識なら、申告実務を担当しない私でも理解は可能だ。

これが民法の質問だと難しくなる。判例があれば、さらに最高裁判決であれば答えは簡単だ。弁護士も、裁判官も、判例があればそこで思考停止だ。しかし、判例がない事案や、事実認定の事案になると難しい。原告側の主張と被告側の主張が成立し、共にそれが正義だと主張できるからだ。税法判断の前提として必要になる民法なら理論通りだが、当事者が争う民法事案では答えが出ない。

会社法の質問には違う難しさがある。会社法が想定するのはトヨタ自動車であって、その法律を町の中小企業に適用すると実態のない空虚な議論になってしまう。株主総会の招集通知という簡単な設問でも、そもそも株主総会を開催している会社は１００社に1社もない。そんなところで手続き違反を問われたらどのように解釈すべきか。町の中小企業に会社法を適用するより、トヨタ自動車の法務部の仕事の方が遙かにシンプルだと思う。

いや、しかし、それ以上に難しいのが税法業界の上品さと、弁護士業界の下品さの違いだ。税務職員は紳士だが、弁護士は事件屋だ。理屈で答えが出る社会と、何を言っても反論と揚げ足取りが返ってくる社会。税法という共通言語が成立する社会と、なぜか共通言語が成立しない社会。特定の顧問先の仕事で成り立つ業界と、ネットで客を探す人たちが働く業界。相手の言葉を聞き取る社会と、相手に対する反論を探す社会。相手の言い分にうなずく社会と、うなずきながら相手の不利な点を一生懸命に探す社会。

過少申告（嘘の申告）にペナルティが科される社会と、「ゴーン会長は無罪」と堂々と主張できる社会。成果を上げて成功報酬を稼がなければ維持できない法律事務所と、顧問料で維持する税理士事務所。受験生の41・5%が合格する試験と、日商簿記1級の勉強から始めて苦節10年の受験生活を送ってきた苦労人の業界。日々、常識人と会話する業界と、人殺し、詐欺師、カボチャの馬車に投資をする人たち、数百億円の資産を運用する人たちなど、普通には一生に一度も出会わない人たちと会話する業界。

仮に、中小企業の株式の相続。これが税法上の疑問なら答えが出るが、当事者が争う紛争事件について質問を受けた時には、どこまで深読みした思考が必要なのか。読み落としがあれば次には私が民事紛争の当事者にされてしまう。

第37　必要なのは情報

生活していくために必要なのは情報。そのように考えているとしたら18歳の大学生だろう。スマホで常に情報サイトを閲覧している人たちだ。生きていくために必要なのは知識だ。しかし、それはサラリーマン3年生の発想だ。どの業界でも仕事に就けば大量の知識を必要とする。必要なのは経験。それを言い出すのは惰性に染まった中年サラリーマンだと思う。本当に必要なのは生き方の知恵、原理原則、つまり、哲学だ。

仮に、遺言書の作成をアドバイスするのであれば、自筆証書遺言を法務局に登録する方法が認められた。物件目録は自筆で作成する必要はなく、登記簿謄本などを遺言書に綴りこむ方法も認められる。それが民法相続編の改正という情報だ。

では、どんな内容の遺言書を作成するのか。遺留分を侵害しない遺言にすべきか、あえて遺留分を無視した遺言を作成するか。その場合の影響などが、遺言書の作成についての知識だ。そして遺言書を作成したあの事例、この事例、その事例と、多数の相続案件を経験して、その経験の上でアドバイスできるのがプロだ。

しかし、私なら次のようにアドバイスするだろう。なぜ、自分が死んだ後のことについて遺言書を作成し、自分で決める必要があるのか。そんなことは相続人が決めればよい。もし、相続人の間に相続争いが生じるというのであれば、それは子育てを失敗したことを反省すべきだ。遺言書を書くとしたら「全財産は妻に相続させる」で良いと思う。それでは第一次相続、第二次相続をトータルした相続税が重くなる。そのような批判があると思うが、それを納税するのに十分な現預金も相続財産に含まれているはずだ。

そのように考えていたところ次の記事を目にした。多額の持続化給付金の詐欺行為に関与してインドネシアに逃亡していたT容疑者についての報道だ。Tは飲食店経営で成功し、不動産売買、太陽光発電事業で成功した。しかし、次には油田開発に手を出して失敗し、仮想通貨でも失敗したそうだ。そして給付金詐欺に手を染めて、それが露見しそうになるとインドネシアに逃げて養殖事業に手を出すことを目論んでいた。これが情報と知識で生きる人生だ。損得が判断基準の生き方だが、損得の判断は結局は丁半博打の繰り返しであって、当たっている限りは自分の経営センスに溺れ続ける。

そして2分の1の2分の1の2分の1の2分の1の人たちが偉大な経営者として賞賛を浴びる。しかし、残りの16分の15の人たちは破綻する。これが原理原則のない人たちの末路だ。では、生き方の原理原則、つまり、哲学をどのように習得するのか。それに必要なのが経験であり、知識であり、情報なのだと思う。自分が行っていることが正しいのか。その自問自答を自分の経験と照合する。それによって自分なりの原理原則を構築する。そのように自分自身を育てていれば「七十にして矩を踰えず」という人生を作り上げることができるはずだ。

第38　親ガチャ

誰が言い出したのか親ガチャという言葉。世相を捉えていて素晴らしいと思う。「生まれてくる子供は親を選べない」。そして生まれた時点で運命は決まってしまう。いや、冗談で親ガチャと言っていられる人たちは幸せなのだと思う。さて、親ガチャはいまどきに始まったことではない。品川芳宣氏が令和4年5月2日号の「税のしるべ」で次のように語っている。

品川氏が最初に配属されたのが国税庁税務講習所。そこの研修で「授業の充実とは別に、外部の著名人による教養講話は考えさせられることが多かった。その中で、今でも記憶しているものに、『努力3代』という講話があった。それは、努力したらすぐ成果があらわれるものではなく、そのような努力は、親、子、孫の3代にわたたって続ければ、成果は必ずあらわれる、というものであった」。貧しさの中から努力で人生を作り上げた品川氏の記憶に残る言葉なのだと思う。

親ガチャという宿命、これを釈迦の仏教は何と語るだろうか。おそらく輪廻を語ると思う。裕福な親に産まれる幸運と、貧しい親の元に生まれる不幸。貧富だけではなく、アフリカの難民生活をする人生、戦火の下に生まれる人生、イギリスの貴族として生まれる人生。日本の葬式仏教は何と語るのだろう。貧困の下に生活する子供たちにも「南無妙法蓮華経」と唱えろと言うのだろうか。

貧困格差という不条理。これがユダヤ教ならヨブの嘆きを語ると思う。7人の息子と3人の娘がいて、多くのしもべを持つ富豪だった。ヨブは信心深く、常に、主に「全焼のいけにえをささげ」ていた。しかし、主とサタンの戯れ言から、その全てを奪われてしまう。不満を述べるヨブのもとに現れた主は語る。「わたしが地の基を定めたとき、あなたはどこにいたのか。あなたに悟ることができるなら、告げてみよ」と。ヨブは「ちりと灰の中で悔い改めます」と答える以外にない。「主は与え、主は奪う。主の御名はほむべきかな」。全ては主の戯れ言に中にある。

イスラム教では「神は人間を創造する前からすべてを知っていて、それをすべて碑板に書き留めたのであり、現世ではそこにすでに書かれたこと、神がすでに決めたことしか起こらない」と説く（『イスラム教の論理』飯山陽著）。キリスト教徒なら博愛の心というのだろうか。イエスは語った。「あなたに足りないことが一つある。帰って、持っているものをみな売り払って、貧しい人々に施しなさい」

そして、私なら「必要なのはカネを持つ親」。私が「カネを持つ親」と語ったのは平成31年1月出版の『続々・税理士のための百箇条』だ。

「人生を始めるに際しての資金力の差が、その後の何倍かの生活格差を作り出してしまう。努力では超えられない格差の存在だ。そのような時代に価値を持つのがカネを持つ親。スタート時の格差は親の資力によって生じてしまう。子ども達のために頑張ろうではないか。自己責任などというのは力の無い親の言い訳でしかない」

第39 親ガチャで当たりくじを引いた人たち

親ガチャは、外れくじを引いた人たちの人生として語られる。しかし、当たりくじを引く人たちもいる。その代表が賃貸物件を所有する土地持ちの相続人だ。

土地は昔から価値があった。しかし、現実的に価値あるモノと認識されたのは田中角栄の列島改造論、人口の都市集中、そして中曽根民活、さらには鉄道新線による都市開発。それらによって農家の人たちが資産家になっていった。知恵がなくても開業できるのが不動産賃貸業で、それを承継するのが親ガチャにどっぷりと浸かる子どもたちだ。

彼らには特有の心理がある。親から土地を承継し、土地持ちであることを自尊心として、賃貸業を子に承継させることを命題にする人たちだ。あり余る土地の一部でも売れば、ゆとりのある生活ができると思うが、親から相続した土地で人生を送ってきた人たち。土地の売却は自身の存在の意味を否定することになってしまう。そのような囚われから自由になれず破綻した人たちも多い。

次に続くのが中小企業経営者の息子だ。日本の経済が成長し続けた昭和の時代、事業を立ち上げた人たちは多く、その後のバブル崩壊の大波を生き残ってきた企業にはそれなりの資産がある。それを創業者から承継するのが二代目経営者という子どもたち。しかし、事業の承継は、土地持ちの承継ほどには容易ではない。

創業者は100人に2人の逸材だが、二代目は100人に98人の凡人だ。

それでも技術の承継は可能なのだと思う。私の周りでも二代目が順調に経営する企業には製造業が多い。私も消防車を製造する株式会社モリタの後継者に産まれたかったと思う。それに対してサービス業の人たちは失敗していく。ビジネスモデルというアイデアで成り立つ商売を経営していくのには常に創業者の才能が求められる。

開業医も親ガチャ家系だ。そもそも医学部に行く人たち、そして高額な授業料が支払える人たち。しかし、そこには過酷な人生が存在する。医学部への進学という使命だ。3人に2人の子は医学部に行けるが、残りの1人は人生の構築に失敗する。

粒は小さいが、この頃の税理士も親ガチャ業界だ。私は自分で法律事務所を開業した。弁護士のほとんどの人たちは私と同じだ。しかし、この頃の税理士業界の「親税理士率」は5割を超えるように思う。私のように自分で事務所を開設し、そして子に事務所を承継させせない者には理解が難しい密度の濃い親子関係だ。恵まれた人生だと思う反面、親父の人生を繰り返すだけの一生。親ガチャに外れた人たちは「ひとり税理士」として事務所をスタートする。

税理士の優良顧客層を占めるのが親ガチャの家族。誰でも同じという金太郎飴とは違う経歴と人生観を持つ人たち。それを一言で定義することはできないが、それでも共通の個性があるように思う。そのような人たちと長く付き合ってきた弁護士の視点の1つとして読んでいただければ嬉しい。

第40　日本の経済を分析する（そして円安の弊害が現実化した）

人口ボーナスで経済発展を遂げ、地価上昇で将来の需要を先食いしてきた日本の経済。その時代はジャパン・アズ・ナンバーワンと言われた。その日本が世界市場に遅れてしまっている。いや、日本国内で生活する限りは豊かだ。それは韓国で生活しても、ベトナムで生活しても同じと思う。しかし、世界と比較すべきは為替相場だ。その円の価値が落ち続ける。為替はなにで成立するのか。

「日本の経済力≠米国の経済力」なのか。つまりGDPで示される各々の国の経済力だ。「日本の輸出量≠日本の輸入量」が為替を決めるのか。トヨタ自動車の乗用車を輸出し、それを米国で販売してドルを受け取り、それを日本に持ち帰って円に換える。「円の購買力≠ドルの購買力」の違いか。ビッグマックの値段だ。「日本のインフレ≠米国のインフレ」の違いなのか。貨幣価値の下落スピードの違いだ。

それらは全て間違いだと思う。実経済とは別に「円とドル」の売買という市場が成立するのが為替相場だ。「日本の金利≠米国の金利」によって成立するのが為替相場で、要するにFXの世界だ。「モノ」とは別の「紙幣」の市場が成立している。

日本の銀行で1万円を借り、1万円を売って100ドルを買い、100ドルを米国の債券に投資して利息を稼ぐ人たち。金利を下げれば円を借金し、それをドルに換える人たちが増える。日銀が実行した低金利政策だ。相場は逆転を恐れるが、投資家は日銀政策を知っているので誰も逆転を恐れない。

それがアベノミクスであり、日銀の超金融緩和政策だ。しかし、金融を緩和しても無料で紙幣を贈与するのではなく、借金としてばら撒く。カネ余りの時代で、借金をする企業は登場せず、借金をしたのは政府のみだった。そして低金利政策はＦＸの人たちの餌食になり、円安の時代が到来した。

円安は日本の人件費安、日本の買い物安なのでインバウンド需要を生んだ。日本の化粧品、電化製品、ホテル、みやげ物屋の売り子の人件費が安いから観光客は喜ぶ。それがコロナ前の景気上昇の理由なので、景気が上昇してもデフレが続いた。景気が良くても、人件費が上がらないのは東南アジアの低賃金労働と同じだ。

昔は亭主が働けば生活できたのに、いま女房を働かせなければ生活できない。まさに女性も働く時代だ。非正規社員では結納金が支払えず結婚もできないのはインドと同じ。

コロナ禍が終わり、既に、欧米は金利を上げている。日本は、その前に作った政府の借金が大きすぎて、金利が上げられない。税理士の顧客層の借金漬けの中小零細企業と同じで、売上５０００万円、新たな借金５０００万円という雪だるまを転がす状態だ。

借金漬けの政府にカネを貸している日銀は、地方銀行と同じ状態。ただ、地方銀行は信用保証協会が使えるが、日銀は、それが使えない。いま、金利を引き上げれば国債について多額の評価損を計上することになってしまう。さて、重しが外れた岸田総理、日銀総裁を更迭することが可能か。しかし、次に日銀総裁を引き受ける者が登場するのだろうか。借金漬けの中小企業の再建を引き受ける優秀な経営者だ。

第41 リタイア適齢期

サラリーマン氏と私たちの違い。それはリタイアする時期を自分で選べることだ。いや、自分でリタイアの時期を選ばなければならないのだが、それが難しい。平均年齢64歳といわれる税理士業界ではリタイアの時期で悩んでいる税理士は多いと思う。

弁護士の場合なら難しくはない。弁護士は、今年の売上で今年の経費を支払う。それは税理士でも同じだが、売上が定期同額給与か、事前未確定未届け給与かの違いがある。他の弁護士と競争しながら売上を確保するにはエネルギーが必要だ。だから弁護士の場合は稼げなくなって終わっていく。

売上という外部的な要因に影響されない税理士は、いつがリタイアの時期なのか。いや、逆にリタイアしない理由は何なのか。①まだ残っている借金、②生活費を稼ぐ必要、③現職への執着心、④若い後妻、⑤あと2科目の息子、⑥職員の雇用の確保、⑦蓄えた知識と尽きない好奇心、⑧関与先の要望、⑨辞めた後にそれが間違いだと気づいた場合には救済がない、⑩私から仕事を取ったら何もない、⑪職員丸投げの気楽な経営、⑫ボケ防止と暇つぶし。私の場合なら⑦と⑨だろうか。いや、しかし、どのように分析しても答えは出ない。

それにつけても恵まれているのが税理士業。それには『70歳が老化の分かれ道』という精神科医の和田秀樹氏の1冊が参考になる。「たとえば、何かの商店主をやっている人、建築士や税理士など資格をもって70代まで仕事をやってきたような人が、『○歳を機に仕事を辞める』というようなことがありますが、そのような選択はけっして得策ではありません」「自分が辞めると決めない限り、続けられるような仕事であるなら、身体がもつ限り、できる範囲で一生続けることが老化を遅らせるいい方法です」。一般書籍に税理士が登場することは少ないのだが、和田氏が恵まれた職業として思い付くのが税理士なのだろう。

サラリーマンの定年を語るのが『定年NEXT 「繋ぐシニア」24人のロールモデルに学ぶ』（廣済堂出版）という池口武志氏の1冊。「ある日、上司から突然に53歳だから、そろそろ出向してもらおうか」と言われた池口さん。「水の中で生きている魚が、陸地へ放りだされるような感覚」と語る渡邉さん。「65歳で再雇用期間満了となり、再就職活動を始めましたが、なんと22連敗」だった高橋さん。「あなたのポジションはありません」という説明に反論ができなかった遠藤さん。そして元勤務先のキャリアを生かして再就職。そのような結果にはならず保育園の送迎バスの運転手や介護士、マンション管理人など全く関係のない仕事に就く現実。退職年齢を超えても税理士が続けられる幸せは比較しようのない宝物だ。

働く人たちの80%はサラリーマン。その人たちの人生を見て、私たちも着陸を意識する。しかし、無事に着陸したからといってその先に何があるわけでもない。強制着陸させられるサラリーマンとは違い、私たちは飛び続ければ良いのだと思う。飛び続ければその先には常に新しい出会いがあり、新しい発見がある。燃料切れで墜落しても誰に迷惑をかけるわけではない。

第42 アナログ庁（そしてデジタル庁の矛盾が出現した）

政府はデジタル化を宣言し、デジタル庁まで作って日本のデジタル化を推進する。しかし、やっていることはアナログ庁なのだと思う。まず、個人番号カードだ。今時の時代に、なぜ、プラスチックのカードが必要なのか。その入手のために役所まで出かけて、5年に一度のパスワードの変更と、10年に一度のカードの更新手続にも役所への出頭が必要になる。そのような手続を省略すべきがデジタル化の意味だと思う。

クレジットカードなら全て郵便で完了し、いまは郵便手続さえ不要なネットで完結するクレジットカードも登場している。個人番号というデジタル情報を国民に提供し、その番号が本人の番号であることを確認するためのネット上のサイトを置けば良かったのだと思う。それが可能なことは適格請求書発行事業者の登録番号（インボイス番号）で実践されている。

個人番号カードには写真が添付される。しかし、本人と写真を照合するという制度自体がアナログだ。社員の求人を担当したら、履歴書に添付された写真と面接に来た本人が同一人かと驚かされた経験は誰でも持っているはずだ。写真の照合などというアナログ情報は運転免許証やパスポートなど限られた場面で利用すれば良い。

適格請求書発行事業者の登録番号も同様だ。なぜ、取引の度に番号を告げる必要があり、適格請求書発行事業者の登録番号を記載したインボイスを保存する必要があるのか。日々の取引は歴史が始まって以来の素朴な方法で行われている。そこにインボイス番号の提供というアナログ処理を加えても面倒を増やすだけだ。消費税の益税を防止するという名目で導入されたインボイス番号だが、おそらく社会の取引量の0・1％も占めないと思われる免税事業者を排除するために、残りの99・9％の取引にインボイスという負担を課すことが合理的とは思えない。

そして電子帳簿保存法だ。電子取引、つまり、メール添付のPDF、ワードや、メール本文で送られた取引は電子情報として保存する必要があり、それを紙にプリントして保存することは認めないという制度だ。インターネットバンキング利用の振込も電子取引になり、その取引情報の正本が別途郵送されるといった事情がない限り、そのデータ（または画面）を印刷機能等によってPDFファイルとして保存することが必要になる。

そして電子情報として保存したPDFは日付、金額、取引先で検索できるように保存する必要があるが、それが可能だろうか。紙にプリントして、そのプリントを検索簿にするという冗談のような対策が検討されている。大企業の場合も、PDFファイルの保存義務を免れるために、取引先には請求書などを紙で郵送するように依頼するというアナログ化が進んでいる。仮に、税務調査の現場を想像してもPDFファイルで税務調査が可能だろうか。

その後、アナログ庁は、2022年1月に施行予定だった電子帳簿保存法について2年の猶予期間を設けたが、この猶予期間の経過を待たず電子取引の検索要件を廃止した。これを朝令暮改というが、しかし、メンツにこだわるアナログ庁にしては潔い撤退だと思う。

第43　振込詐欺の電話を受ける

事務所に入ってきた電話だが、健康保険の関係で必要書類の提出がないという説明。しかし、職員にしてみたら思い当たることがなく、私が電話に出ることになった。健康保険のことで書類を送ってあるが回答がない。いや、書類を頂ければ提出していますが、もし、提出がないのなら再送付していただければ。いや、再発行はできませんと。それでは何の書類か分からないし、私の方は役所からの書類なら提出しているはずですが。その辺りから話がおかしくなってきて「じゃ、役所が送ってないというのですか」「貴方は人の話を聞きませんね」なんて言い出す。

しかし、相手から入ってきた電話を、意味も理解せずに切ることも出来ないし、相手も電話を切らない。無駄な話が延々と続く。途中で気づいたのは振込詐欺だった。電話が終わってネットで調べてみれば次のようなＨＰが存在する。「区役所職員をかたる者から『保険料の還付金が出ます』『累積保険料の払い戻しがある』『医療費の払い戻しがある』などという内容のウソの電話が多数入って」いるという広報だ。

いや、しかし、振込詐欺の方と電話ができるなんて僥倖。まさか法律事務所に振込詐欺の電話があるとは予想もしない。思い返してみて、なるほどと思うやり取りが続いた。そのような経験をした翌日に「20代の男性警察官2人が『還付金詐欺』を見抜けず」というニュースを目にした。

大阪市内にある警察署の地域課の巡査長と巡査は金融機関のＡＴＭを操作する女性を発見し、巡査長が女性の電話を代わったが、相手は「ＡＴＭの操作で不明な点があったみたいで、コールセンターで説明している」と答えた。女性も「ＡＴＭの使い方を聞いているだけ」と説明したため、警察官２人はその場を離れたという。つまり、私は「意味」の会話をしたので会話の断絶が生じたが、「手続」の会話をしたら乗せられてしまうのだと思う。次の手続、次の手続と煽り立ててＡＴＭまで歩かせてしまう。

一般の家庭にいる高齢者に、このような押しつけがましい電話が入ってきて、役所を名乗る者から「書類を送らないのは貴方のミス」と苛立ちをぶつけられて煽られたらオロオロしてしまう。そして相手を浮き足立たせてしまうのが詐欺師の手口なのだろう。私も不思議には思ったが、協会けんぽの職員なら、このレベルの担当者がいても不思議はないと思い込んで、疑心暗鬼のまま電話を続けたのも無駄なことだった。

電話が終わって気づいたのは、彼らも辛いのだ。こんな電話を１日に２００本も掛けて、そのほとんどが成果のないまま、後ろにいるボスに結果を迫られたら心が荒んでしまうのは当然だ。それは振込詐欺の人たちだけではなく、電話でセールスする人たちも心が痛む商売だと思う。子育てを失敗し、このような世界でしか生きられない子にしてしまったら大変だ。それにしても世の中をすねている人たちを相手にしてしまった後悔。暫くは町で刺されないように注意しよう。

第44 嬉しいねいろんなことが

誰もが、根本的なところで一定の傾向がある考え方を構築しているのだと思う。それが一般的な表現では個性。愉快な人、怒りっぽい人、真面目な人、不満が多い人。それが装った個性なのか、本当の個性なのかは自分でも分からない。誰でも善人を演じようと努力しているし、誰でも自分は善人だと自己評価をしている。しかし、多様な衝突が生じてしまうのが人間関係だ。

おそらく、誰もが演じる自分の奥底に、その人の本当の個性が存在するのだと思う。しかし、それは誰にも分からないし、本人にも分からない。いや、本人こそが分からないから自分は正しいと勘違いする。さて、自分を探し出してみよう。いつも、君は何を考えているのか。つまり、口癖だ。

嫌だね、困ったね、良かったね、嬉しいね、楽しいね、しゃくだね、羨ましいね。そのような傾向がある口癖を誰でも抱えていると思う。そして、私と妻の口癖は「良かったね」だ。コロナ禍の時代にも経済的に不安のない生活ができて良かったね。賃貸物件に居住する人たちが、皆さん良い人たちで良かったね。ふるさと納税でもらったザボンが美味しくて良かったね。婿さんのところに勤めたスタッフさんが良い人で良かったね。家のワンちゃん、吠えない犬で良かったね。

しかし、「嫌だね」と語る人たちもいる。コロナで外出できずに嫌だね、感染者数が増えて嫌だね、ワクチン接種なんて面倒くさくて嫌だね、病院に行ってコロナに感染したら嫌だね。おそらく、自分の口癖として、いや、それを口に出さないとしても、誰でもが口癖を持っているのだと思う。

そして究極の口癖が「嬉しいねいろんなことが」。ぜひ、口癖として「嬉しいねいろんなことが」を身につけて欲しいと思う。「嬉しいねいろんなことが」と自分で語った言葉を自分で聞いて、え、何が嬉しいのだと思考し、そして身近にある「嬉しいねいろんなことが」を見つけている自分を発見するはずだ。

「良かったね」「嬉しいねいろんなことが」。そんな口癖を自分に身につける。そして、それを自分の判断傾向として育て上げる。さらには、そのような口癖で生活できる人生を創り上げる。

私が小学生、いや中学生の頃に「愛少女ポリアンナ物語」というアニメがあった。いま思い出してネットで検索すれば「ポリアンナはジョンから学んだ『よかったさがし』をしながら周囲の人たちと打ち解けあっていく」。でも、ポリアンナは半身不随という怪我をしてしまう。そのときは「よかったね」が見つけられないと涙を流す。しかし、回復して明るいポリアンナに戻っていく。そのようなストーリーだったと思う。あの頃に、このコラムを書いていれば私の人生を「こんなに楽しいことはない」という形に創り上げることができた。いや、しかし、人生に遅すぎるということはない。

第45 税理士業が終わるとき

卵と税理士報酬は物価の優等生。私が18歳で税理士事務所に勤めたときの顧問料は月額3万円だったが、いまも月額3万円を維持している。なぜ、これが可能だったのか。オフコン、会計ソフト、申告書ソフト、電子申告と、中小零細企業の中ではいち早くDX化したのが税理士事務所だった。それが理由だと思い込んでいた。

それは違うのかもしれない。税理士事務所は税理士試験受験生を雇用することで成り立っていた。丁稚の時代で、仕事を覚えるための勤務なのだから低賃金は当たり前。そして税理士試験に合格できなかった男性職員が番頭として税理士の手足として働いてきた。

ところが、最近は税理士試験を受験する人たちが激減している。会計士試験に負けていると評価されているが、それも違うと思う。いま、手に職をつけるとしたら簿記会計ではなく、C++などのコンピューター言語だろう。もし、いま18歳の関根少年だったら、簿記会計の道ではなく、コンピューターの道に進むと思う。

受験生を雇用し、低コストを経営モデルとして付加価値を増額する努力を怠ってきたのは、最近の日本の経済と同じだ。インバウンドとして日本の「おもてなし文化」と定義するが、円安で買える電気製品、化粧品、土産物屋の売り子の給料で成り立っていた買い物ツアーだ。

私が、いま危惧するのは税理士事務所が、いまのまま隙間産業として生き残っていけるのか。もし、税理士事務所の終焉が来るとしたら、それはどんな理由なのか。想像もしないところから業界の終わりが来るのは、消費者金融を終わらせた最高裁の過払い金返還請求の判決、弁護士業界を終わらせた司法試験改革、書店を終わらせてしまったAmazon。つまり、競争相手は同業他社ではなく、異業種他社なのだ。

それがマネーフォワード（ＭＦ）とfreeeではないか。家計簿ソフトから、個人零細企業、中堅企業と客層を広げ、金融取引などのデータの取り込みから、請求書システム、ファクタリング、取引先の信用評価、給与計算と進化し続けている。この２つの会社は登場して数年で上場会社になる実績を積み上げている。

日税連の機関誌である「税理士界」も「スマホが一般化し、キャッシュレス時代への移行も進む中、クラウド会計の事業者は、中小企業などを対象に会計、請求書管理、人事管理、給与計算、社会保険といった分野にシステムの範囲を広げている。その先は記帳代行から決算書の作成、その延長としての税務書類の作成につながるかもしれない。そこに税理士の無償独占業務への脅威がある」と論じる（令和5年2月15日号）。

第3次産業革命は現場作業の熟練工を不要にし、第4次産業革命は事務部門の熟練工を不要にする。私自身はＭＦもfreeeも利用したことがない。しかし、これがキャッシュレスと同様に社会の流れだとしたら怖い。全ての会社が、それらにシステムを移行するとは思えないが、２割の会社が移行すれば、２割の税理士が不要になる。顧問料を引き上げられない環境は、ますます、厳しくなる。

第46 画像診断医から聞いたＡＩ

ＡＩって何なの、深層学習（ディープラーニング）って何なの。雑誌やテレビで紹介されるが、具体的な適用場面が分からない。どんな形で私たちの仕事に入ってくるのだろう。そんなことを考えていたら息子（画像診断医）が自分の業務分野に適用し、それが学会誌に掲載されたと聞いた。

そこでＡＩの個別適用例として、画像診断医から聞いたＡＩの１つの試みを紹介してみようと思う。私自身が、なるほど、このような使い方ならＡＩは人間を超えると納得した場面だ。

肺がんでも腫瘍には遺伝学的な不均一性（種類）がある。その不均一性に適合した抗がん剤の投与が必要になり、適合を間違えれば抗がん剤は効かない。適合性を判定するためには外科的に癌細胞を取り出し、それを標本にした生検が必要になる。しかし、身体に針を刺す標本の摘出は患者の体に負担をかけるし、摘出した標本が患者の腫瘍の全体の性格を反映しているとは限らない。そこで画像診断に不均一性を判定させる。

腫瘍の画像解析では腫瘍不均一性に関連した１００以上の画像定量値（個性）の判定が可能になっている。人間に喩えれば目の色、髪の色、皮膚の色などの個性だ。しかし、１００の画像定量値（個性）を判別しても、それの意義付けと、重み付けを経験則で行うことは困難だ。そこで統計学的な相関関係を導き出す診断モデルの構築が必要になる。

それを実行するのがＡＩだ。実際の症例で検証した抗がん剤との相性を教師データとして提供し、画像の個性と抗がん剤との相関関係を自己学習させてしまう。深層学習を用いれば、画像定量値を事前に抽出する必要もなく、画像から直接、ＡＩが特徴を学習してくれる。

耳と目と鼻があり、毛むくじゃらの動物の写真。それをＡＩに提供し、教師データとして猫の画像を与える。そうするとＡＩは動物の写真の中から猫を抽出してくれる。猫を判定する１００の要素があるのだと思うが、人間には、その要素が理解できない。耳があり、鼻があり、目がある。しかし、子供でも猫と犬の区別が付くように、ＡＩは、教師データから猫の要素に合致する画像を導き出してくれる。この処理を肺がんの画像に適用することにしたのが今回の試みだ。データ分析のツールはいくつもの種類が公開されていて、自分でプログラムを組む必要はない。

ＫＳＫシステムに実際の調査実績を教師データとして与えれば不正箇所を発見してくれる。内科医の隣に置いたマイクが患者と内科医のやり取りから１００個の定量値（個性）を抽出して特定の病名について相関指数を示す。それが10年後の未来だ。各々の業界の専門家は、自分の仕事はＡＩ化できるほどに簡単ではないと反論する。しかし、自動車の自動運転が可能な時代だ。専門家が勘と経験で処理していた事柄がＡＩに入れ替わり、職人の知恵が駆逐されていく。いや、それにしても中小企業の税務申告業務がＡＩ化することは当分はあり得ないだろう。

第47　私にとってのコロナ

コロナとは何なのか。あなたが私にとっての脅威であり、私があなたにとっての脅威になる。2年半も熟慮を続けたがコロナを位置づけることができない。それはコロナの定義が各人によって異なるからなのだと思う。

売れっ子評論家の森永卓郎氏が『長生き地獄』（角川新書）で定義するコロナだ。コロナ禍で自宅で過ごすことが多くなった。「コロナウイルスの感染拡大で、よいことなど何もなかったのだが、個人的には図らずも定年後のシミュレーションができたことが大きな収穫だった」

定年後をシミュレーションできたという定義は私も同じだ。忙しいことが社会的な評価であり、9時5時で働くことが事務所経営者の義務。そのような脅迫概念から解放させてくれたのがコロナだ。1年に30回は出かけていた講演会講師もゼロ。それと同時に、事務所と固定電話に縛り付けられた生活から解放され、いつでも、どこでも仕事が許される社会が出現した。私にとっては、これからの働き方を定義してくれたのがコロナだ。

ワインバーの経営者が語っていた。デリバリーにしても売る商品がない。私たちは結局は空気を売っていたのだ。フレンチのシェフが定義していた。普通に店を開いていても常連客は消えていき、そこを新規の客が埋める。しかし、コロナ禍で新規の客が入らないので顧客が消えていく。

18歳の大学生は私たちとは違う定義をすると思う。web 講義を受けている1年生から「こんなことをやるために大学に入ったんじゃないという声を聞いた」『東京ルポルタージュ』（石戸諭著）。私が思い出す大学生活は勉強ではなく、友人や、そこで知り合った彼女だ。しかし、コロナ禍の大学生にはそれがない。通学が始まってもマスク姿で、そして就職の準備が始まる。彼らは失ったものに気付きもしない。大学生活という定義をせずに次のステップに進む。

おそらく10年分の変化を2年で実現したのがコロナだと思う。「路線バス、2年で赤字3700億円　コロナ前の10年分相当」というニュースが流れてきた。地方の鉄道路線や路線バス。廃止の運命だったと思うが、10年分の変化が2年で到来してしまった。『サピエンス全史』で有名な歴史学者のユヴァル・ノア・ハラリ氏は「非常事態は、歴史のプロセスを早送りする」と指摘している。

テレワークで働くサラリーマン氏の定義はいかがだろう。会社の指示を受動的に受け入れるのがサラリーマン。不安の2年間だったのか、通勤のノルマから解放された2年間だったのか。それにしてもテレワークや時短を中止し、正常勤務に戻ると提案しても納得するサラリーマンは少ないと思う。楽をしてしまった体が20年前に戻るのは難しい。

ＪＡＬやＡＮＡなどの大企業のサラリーマンと、ＪＴＢやＨＩＳに勤める非正規社員。彼らはコロナを何と定義するだろう。今までのキャリアを無にしてしまったコロナと定義するのか、モラトリアムの2年と定義するのか。コロナ後の生活を意味あるものにしたい。そのためにも「私にとってのコロナ」を定義する必要があると思う。失われた2年なのか、気づきを得た2年なのか。

第48 面倒くさいのが証人尋問

訴状で主張し、答弁書で反論する。そして準備書面で主張を繰り返す。そんな手続を1年も繰り返し、主張が出尽くしたところで必要になるのが証人尋問。しかし、その尋問に先立って証人の陳述書を提出する。陳述書といっても、素人が自分で作成する書面ではなく、弁護士が代筆する書面。その中身の大部分は準備書面をコピー&ペーストで作成する。つまり、全ての主張は出尽くしているのに、それでも必要になるのが証人尋問だ。

しかし、裁判所は、証人尋問の前に結論を出していると語る。反対尋問で心証を変えたことはないとも語る（裁判官109名のアンケート　「二弁フロンティア」別冊）。

「裁判所は人証調べまでは、心証をとらないはずだ」という問いに対する裁判官の答えは次だ。「そんな馬鹿な！」「人証調べまでに殆どの事件で心証をとっている」「主張と書証がそろえば、多くの事件で心証が形成できるのではないか」。「反対尋問こそ弁護士の腕の見せどころ」という問いには「そんな尋問見たことない」「有効な反対尋問は年に1件あるかないか位である」と答える。

では、なぜ、証人尋問が必要なのか。当事者が語る景色を見ないと文書化（判決）できないということか、証人尋問は裁判の華という惰性か。そんなことなら証人尋問は廃止して欲しい。人を見る目に一番に欠けているのが裁判官だと思う。おそらく友人は少なく、飲み友だちもいない。他人と口論するほどの密度の濃い付き合いをしたこともないだろう。上司に仕えたことも、部下を持ったこともない。

証人尋問さえなければ、弁護士の仕事は法律事務所内で終わる。依頼者との最初の打ち合わせは必要だが、その後の打ち合わせはメールのやり取りで済んでしまう。いまweb裁判なので出廷する必要もない。いや、しかし、証人尋問があるから弁護士は報酬が貰えるのだろう。書面の作成だけで終わってしまうのでは、裁判としてのドラマにならない。証人尋問で真実が解明される。そのような思い込みがあるからこそ高額な弁護士報酬がもらえるのだと思う。これは税務調査に似ている。

税理士は税務調査を嫌う。関与先への出張が必要になり、1日、2日がつぶれる。指摘事項があれば、それが自分のミスを理由とするものかもしれない。そうでなくても税務署と交渉して修正事項項目を小さく抑える必要がある。書面添付をしてまで税務調査を避ける。しかし、税務調査があるからこそ報酬が貰えるのが税理士だ。申告書の作成だけなら、税理士事務所のベテラン職員や、事務所を退職した無資格税理士の方がよほど親切な仕事をすると思う。税理士でなければ作成できない税務申告書などは100件に3件もない。

証人尋問や税務調査。楽しさが存在せず、付加価値も作り出さない。このような仕事を「ブルシット・ジョブ」と言うそうだ。その反対側にあるのがエッセンシャルワーカーの人たち。そしてブルシット・ジョブの人たちの方が高給を得る。それは証人尋問や税務調査が報酬を請求する根拠になっているのと似ている。

第49　DX

ＤＸ（デジタルトランスフォーメーション）と騒ぐが、ＤＸとは何なのか。ＰＤＦファイルをメールに添付することなのか、それを超えてデータをデジタルでやり取りすることなのか。

それを紹介するのが『アカン！ＤＸ』（木村岳史著　日経ＢＰ）という1冊。今回のコラムは、ほぼ１００％が同書からの引用になる。木村氏の定義が正しいのか否かを判断する知識は私にはない。しかし、私にはなるほど納得、目から鱗だった。ＤＸとは「仕事の仕組み」を作り上げることなのだ。

Amazon は通販を超えた存在であり、Google は検索ソフトを超えた存在だ。大量の人たちが働いているとしても、それが Amazon の本質ではない。ウーバーイーツも大量の配達員で成り立つが、それがウーバーの本質ではない。それを機能させる「仕組み」こそが、それら事業の本質だ。

いま業界で大騒ぎしている電子帳簿保存法。これは究極の勘違いだ。従前の仕組みを維持したまま電子化することで二度手間になっている。受け取ったＰＤＦのファイル名を変更し、日付、取引金額、取引先で検索できるようにする。そのような処理で現実に検索が可能になるとは思えない。仕組みをそのままにして、それに重ねて電子化を構築しようとする勘違いだ。

電子帳簿保存法について「税理士界　令和４年10月15日号」が次のように解説する。「一言で申し上げれば、Peppolをベースとしたデジタルインボイスとは『請求に係る情報について、売り手のシステムから、買い手のシステムに対し、人を介さずに、データ連携する仕組み』ということになります」。ファイル名を手作業で書き換えることではない。

知的財産権や商事紛争を専門に扱うビジネス・コートと名付けた裁判所を開設し、民事訴訟法を改正して訴状提出から裁判記録の閲覧までデジタル化する。既にweb裁判が実行されて裁判所への出頭は不要だ。しかし、道具（IT）を使い熟すことをDXとは言わない。私は依頼者を原告にも被告にもせずに法律事務所を経営している。日々の情報交換で訴訟になる芽を先につまんでしまう。その情報交換の仕組みが私の事務所の存在価値だ。

taxML（メーリングリスト）の議論を切り取って、毎週1時間のweb勉強会で推敲すれば1冊分の出版原稿（『税理士の実務に役立つホットな話題』）が完成していく。もちろん、その議論に参加しているメンバーは自動的に実務の知識を習得していくことになる。つまり、仕組みを作ることだ。

日本の企業は「顧客へのおもてなしの心であったり、現場での自主的な創意工夫だったりする」。「もうける仕組みが欠落している」ところで、「経営者はよく『我々のビジネスでは人材が全て』などと言うが、まさにその通り。人しかおらず、まともなビジネスの仕組みがないのだ」。日本企業の問題をあぶり出した26章からなる1冊。どの章を読んでも収穫がある。日本の現状を知るためには必読の1冊だと思う。

第50 首都圏と地方の為替相場

アベノミクスと低金利政策で日本の為替は沈没状態。円安というが、しかし、日本で生活する限りは貧困化した実感は持てない。Amazon では3万９８００円でパソコンが買える。ＮＥＣの８００1からパソコンを始めた私の価格感覚では最低でも15万円という価格が刷り込まれている。いま日常の消耗品の感覚で電気製品が買えてしまう。円安は、円で生活している限り意識せずに済むものなのか、あるいは貿易赤字の累積などを経て、徐々に、その弊害が現実化していくのだろうか。

その実験会場が日本にある。都道府県別の為替相場だ。それを図る指標が各々の県に存在する地方銀行の行員の給料なのだと思う。エリートと言われる人たちの給与水準だ。そこで各社の給料額を紹介してくれる転職サイトのデータが役立つ。

仙台銀行の平均値は年収４０1万円。だから、この地方で税理士事務所を経営する際の職員の給料は、仙台銀行の7掛けでＯＫ、税理士自身の所得はこの5割増しでＯＫ。山口銀行の平均値は年収４２９万円。鹿児島銀行は４６９万円、静岡銀行は５５４万円、横浜銀行は６１０万円。しかし、東京で競うべきはみずほ銀行の６７５万円、三井住友銀行の６９８万円、三菱ＵＦＪの７４４万円。東京で税理士事務所を経営する場合に比較して地方の従業員給料は6掛けで済むことになる。もちろん、事務所家賃は東京に比較したら半値、８掛けを下回るだろう。

これが各々の地域の給与水準だが、それに比例しないのが生活水準だ。おそらく、三菱ＵＦＪの行員よりも、仙台銀行の行員の方が、より広く、より豊かな自宅に住まっていると思う。日々、口にする食事が貧しいとは思えない。いま、日本は宮城県になり、ニューヨークは東京なのだと思う。

では、何が問題なのか。各々の地域で住む限りは何の問題もない。逆に、東京で税理士事務所を経営する方が大変だ。周りには高給を支払う大会社が存在し、それらと競って職員の給与を支給する必要があるが、所詮、手間仕事で成り立つ税理士業。仙台の税理士事務所に比較して東京の生産性を高めることはできない。

さて、為替相場の差がどこに影響するのだろう。宮城県から息子と娘を東京の大学に進学させる場合と、その子たちが東京で住まいを手に入れる場合は絶望的な状況になる。それが円とドルの為替相場の意味だ。子たちを東京に出さずに地元で生活させれば都道府県別の収入格差を気にする必要はない。しかし、その現実に妥協することは低為替国への移住だろう。マレーシアなら国民年金でも生活ができるはずだ。

それにしても見えないのが為替相場の影響。輸入立国日本では、原油価額の上昇と円相場の下落のダブルパンチでとんでもない物価高になってもおかしくないが、それが３％程度に抑えられている。日々の生活に影響を与えない為替相場だが、それを放置すれば東京は宮城県になってしまう。それでも豊かな生活が可能なのか、いや、それは不可能だ。そのことは宮城県に東京の人たちが集団移住したと考えれば明らかだと思う。これだけの人口を支えるには東京の経済力が必要なのだが、その経済力が落ち続ける。

第51 その職業を語る

多様な職業があり、その職業に就いている多数の人たちがいる。しかし、自分の職業を語れる人たちは少ない。仮に、市役所に勤務することはどういうことなのか、弁護士とはどんな職業なのか、医者とはどんな職業なのか。

弁護士や医者のドラマ。それが弁護士の生活を語り、医者の生活を語っているとは思えない。そこで私の職業を語り続けてきたのが『税理士のための百箇条』シリーズなのだが、私には他の職業を語れる実感がない。銀行員は何を考えているのか、どのようなノルマの下に働き、どんな見返りを生き甲斐にしているのか。多数の人たちの生き方（分母）が分からなければ私自身（分子）を位置づけることができない。

そのように考えていたところで優れたシリーズ本を発見した。いや、しかし、書籍の評価は人様々だ。だから私の紹介する本が他の方の心に響くか否かは不明だ。長々と言い訳を書き連ねて紹介するのがフォレスト出版の次の3冊。『メガバンク銀行員ぐだぐだ日記』『住宅営業マンぺこぺこ日記』『コールセンターもしもし日記』。タイトルが軽率なのでキワモノと思って手にした3冊だが、これが良く書けている。各々の業界で、これだけのモノを書ける著者を見つけるのは難しいので、おそらくライターが優れているのだと思う。

まずメガバンクの行員の1冊だ。「営業成績もいいし、キミを課長代理にしようと人事部と話し合ってきたけど、ダメだった。1人の支店長から最悪の人事評価を下された場合、バツ印が2つになる」「支店の行員はみな、堂島支店長の顔色を見て、仕事をしていた。お客のためでも、銀行のためでもなく、支店長が怒るか怒らないか、それが彼らの判断基準になっているのだ」。そのような仕事をしながら支店長を目指すが、多くの人たちは辿り着けない。

次が住宅営業マンだ。「住宅業界で、金に困っているとか、金に貪欲というのは、採用する側にとってはプラス要素なのだ」という採用場面の紹介があり、「固定給は生かさず殺さず程度の金額で、成果を出して歩合給がプラスされることでようやく生活が成り立つ仕組みになっている」と内情が紹介される。「歩合給には上限はないため、頑張り次第で年収1000万円以上も夢ではないのだ」。

そしてコールセンターの紹介だ。「あと何年で終わるのか、と指を折って数えてきた養育費の支払いがついに終わった」「息子が成人に達する月まで払った私は47歳になっていた」「払い終わった通知が届くわけでも、元妻から連絡があるわけでもなく、ひっそりと終わった。背中に張り付いていた重しが取れたような解放感に充たされた」。そのような人生を背負っているから勤まる厳しい職場なのだろう。

多様な人たちの平均値を聞かされても実感が掴めない。しかし、その職場のど真ん中にいる方が語る言葉には実感がある。その実感と比較することで自分自身の生き方の位置づけが可能になる。資格商売という恵まれた環境、これは感謝する以外にない。

第52 各々の職業の前提

日本経済新聞に「どぶろくと税金」というコラムがあった（令和4年10月5日夕刊）。「明治32年に自家用酒の製造が全国一律で禁止された。日清戦争で疲弊した国家財政を立て直すため、地租と同様、もしくはそれ以上の税収源であった酒税をさらに多く確保する」ためだ。

「明治32年には地租が32・5％で、酒税が35・5％と地租を凌駕するに至った」。これは日本大百科全書の解説だ。飲んべえからの税収で国家財政の35・5％が維持されていたのだったら凄い。いや、税収が大きいのではなく、国家財政が小さかったのだと思う。

紹介のコラムで面白かったのが摘発のために現場に行く税務職員について『どぶろく物語』長山幹丸著の一節の紹介だ。「もちろん、税務署員も慣れてくる。ある税務署員は『鬼って呼ばれたりして、若いときはいやな仕事だと思ったな。せっかく楽しんで、これからいっぱいやろうというときに私ら押しかけるんだから無理ねえ。それより、だんだん人が隠してるものをあばくのが趣味みたいになった』と振り返っている」。

なるほどと思う。これは現在の税務職員の気持ちに通じるのかもしれない。OB税理士から「確かに、見つけた時は嬉しさ、というか安堵を感じました」という意見を聞いた。税務職員として、なぜ、安堵を感じるのか。①仕事として完成した、②税務調査官としてのプライド、③上司への報告などなど。しかし、それが「個人としての楽しみ」になるのか。職業を前提にすれば、それなりの楽しみになる。それが『だんだん人が隠してるものをあばくのが趣味みたいになった』という言葉だ。

多様な職業に「前提」がある。銀行員には、銀行員としての前提があり、住宅販売の営業マンには、営業マンとしての前提がある。各々の職業に「前提」があり、その「前提」を「前提」にしてしまえば各々の仕事を楽しめる。銀行員としての前提、税務職員としての前提、ウクライナに攻め込むロシア兵としての前提。福岡税務署の署長が母校の西南学院大学を訪問し、「米びつの中から1000万円を見つけたこともある」と体験談を語った。税金を安全で快適な生活を営むための「会費」と表現し、「税務職員は正義感をまっとうできるいい仕事」と強調したそうだ。いや、しかし、税務職員は一度も申告納税を行ったことがない。自分の財布から1000万円の税金を納める。その経験もなく、脱税だ、納税だと、偉そうなことを語らないで欲しいと思うが、このような講演も税務署長という「前提」を置けば可能になってしまう。

私の仕事での前提は「知識の深さが役に立つ仕事」と「頼りにされること」。「依頼者の利益」「正義の実現」「人権擁護」「社会的な活躍」。そのような前提を置く弁護士も多いと思う。それにしても、他人から与えられた前提に従うのではなく、自分で前提をおくことができるのが私が生きてきた業界、それが嬉しい。

第53　働き方改革

働き方改革。その定義が難しく、その目的を言い当てるのが難しい。日本型の雇用システムが壊れているのは確かだ。新卒採用、社内教育、年功序列、終身雇用、定年退職、職種を限定しない採用、配転と転勤辞令。文系大学で遊んでいても良かったのは、この採用システムがあったからだろう。

働き方改革は従業員のためなのか、会社が生き残るための断末魔の叫びなのか。それを共に満たそうとするのが働き方改革だ。銀行などは余剰人員で困っていると思う。バブルの頃は「婿にするのなら銀行員」と語ったが、いま銀行のＰＢＲ（株価純資産倍率）は３メガバンクすべてが０・５倍に沈み、３行に再編される前と現在を比較すると株価の時価総額は９割減になる。

表立ってリストラを始めれば良い社員が採れなくなってしまう。そこで「働き方改革」という表看板が必要になる。富士通の「職種約束コース」、タニタの社内独立「個人事業という選択」、ＡＮＡの「副業制度」、ヤフーの「時間と場所に捉われない働き方」、みずほ銀行の「週休3日・4日制」、ソニーグループの「キャリア登録制度」、良品計画の「カムバック採用（退職者の再雇用）」、ＮＴＴデータの「ＡＤＰ（高度専門職制度）」。

これは『拝啓　人事部長殿』（高木一史　サイボウズ人事本部）が、多様な会社の人事担当者にインタビューした各々の会社の働き方改革の内容だ。そして著者は3年間だけ勤めた前職の経験を次のように語る。「しかし、会社にすべてを捧げることがよしとされ、会社や上司の命令には絶対に逆らえない、という空気感は、おおむねどの職場にも共通しているように思いました」

各々の企業には、各々の歴史と事情がある。稼ぐ力についての企業ごとの差異もあるだろう。しかし、昭和型、平成型と変化し続けてきた経済が、令和型になり、日本の雇用システムの強みが弱みになってしまったのは否定しがたい事実だ。IT、AIなど必要とされる知識と年功序列型の企業経営の矛盾だ。

それに、会社の指揮命令に従って自分のキャリアを積み上げていったのでは、会社から「君は不要」と言われたときに行き場所を失う。売れるキャリアを積み上げる必要があるのが令和型だと思うが、それが容易ではない。メガバンクでキャリアを積んだエリート行員よりも、高専でC＋＋を学習してきた人材の方が需要が多いのが令和型だ。

いま隙間産業として生き残っている税理士業はいかがだろうか。簿記会計という職人の技と小規模零細な事務所経営。オフコン化、パソコン化、電子申告と平成型、令和型に対応してきた税理士業界だが、令和型の変革に対応できない顧問先が大きく入れ替わる時代だ。トヨタ自動車の下請だとしても電気自動車の時代が来れば部品点数は半減する。

今さら何を言われても私たちは既得権益にしがみつく以外にない。しかし、子育ての指針が見えなくなってしまった。令和型の完成形として実現する経済を予想し、それに向けて子育てをしなければならない。

第54 死ぬ薬

悲惨な事故を見聞きすることが多い。知床観光船の遭難事故は、無責任な経営者によって死ぬことになったとしか思えない。山梨の道志村で行方不明になっていた小学生の少女、遺品が発見されたが、どんな思いで死んでいったのだろう。大阪市のクリニックで26人が犠牲になった放火殺人事件もある。あのような事件で死ぬ人たちは、どれほど無念だろうか。これからの人生が全て奪われてしまう。

最近は、身内、親戚、知人の死を目にすることがない。高齢者になってから死ぬためか、葬儀にも呼ばれず、亡くなった後に喪中の葉書で知らされるだけだ。私が社会に出て仕事に就いたころは半年に一度は葬儀に呼ばれていたが、いま葬儀に呼ばれることは5年に一度もない。

医療制度の充実も死を日常から追いやり、病気になっても治るのが当たり前という社会を作り上げた。一時代前には癌告知は死の宣言だったが、いま癌さえも治る病気だ。身近な死が消えてしまい、逆に、マスコミが繰り返して取り上げる悲劇的な死が、死を代表する事象になってしまった。死は無念で、恐ろしく、苦痛で、悲劇だという印象だ。

しかし、誰でも一度は死ぬのであって、誕生が日常だとしたら、死も、同じ回数だけ出現する。そして現実的には死なないことの不幸が増え続ける。

『人はどう死ぬのか』（久坂部羊著）はそれを語る。「高齢者医療の現場にいた私は、百歳近くまで生きて悲惨な状況の患者さんを間近に見て、何度、長生きは考え物だと思ったかしれません。生きすぎる長生きは不運以外の何ものでもない。メディアはそういう不愉快な事実はめったに伝えません」。次が『だから、もう眠らせてほしい』（西智弘緩和ケア内科著）だ。安楽死を求める患者とのやり取りと悩みを記述し、結局は安楽死は受け入れられない現実を語る。

それにしても長寿化の時代、75歳を超え、後ろを振り返って過去を眺めてみれば、そこには大型トラック800台分の人生が見えるはずだ。充分に経験してきた人生。しかし、前を見れば、そこに見えるのはせいぜい中型トラック3台分の未来。人生に未練はないと思う。

むかし、『完全自殺マニュアル』（鶴見済著）という本がベストセラーになった。悪書として批判されたが、あれは自殺のススメではなく、最後には自殺という手段があるという救済の書だったのだと思う。苦しまずに死ぬクスリを売り出してくれたら、それは自殺のススメではなく、最後には苦しまずに死ねるという救済の薬になるはず。

社会は刑務所ではないのだから、いかに苦しくても、辛くても、どれほど身内に迷惑をかけても、死ぬまでは生きることを強制するのは間違いだ。年齢と共に強調されていく性格の偏り。底意地の悪い婆さんや、自己中の爺さんが自分自身の老後の姿だと想像したら恐ろしい。そうでなくても年寄りは生きているだけで面倒な存在だ。自分の命を自分で管理することを認めるのも社会制度の進歩だと思う。

第55 戦争を終わらせる

ウクライナとロシアの戦争。どうやって終わりにするのだろう。ウクライナにしてみたら、今回の侵略地域だけではなく、クリミア半島の奪還も戦争終結の条件だ。ロシアは今回の侵略地域は確保したいし、クリミア半島を返還するなどとんでもない。それにしても人命をかけた消耗戦がいつまで続くのだろう。戦争を中止する降伏という手段はないのだろうか。

日本の全面降伏に対する米国の対応は暖かった。それが日本の全面降伏のイメージだが、古代ローマから続く世界の全面降伏の歴史は全く違う。男は戦時奴隷として働かされ、子供たちは軍人として戦地に送られる。ソビエト抑留という言葉で刺激を和らげてしまうのが日本だが、あれは戦時奴隷だろう。

長々と専門外の戦争の話をしてきたのは、これは裁判でも同じだからだ。仮に、税理士に対して無茶な損害賠償請求の訴訟が起こされる。被告側の代理人である関根弁護士のカモのような訴訟で、とことん原告の請求を論破してしまう。そして被告側勝訴で裁判は終わる。そのようにならないのが訴訟手続だ。

自分が起こした訴訟が不利であることを認識した原告代理人は、そこで裁判を散らかすことを始める。ああ言えばこう言う。主張を作り出すことについては弁護士はプロだ。ギブアップしたという態度は見せない。裁判官（国連の仲裁委員）はどのような仲裁案を提出するのか。軍隊を引き上げ、自国に撤退して反省しろという和解案ではロシア（原告）は納得しない。そこでウクライナ（被告）を譲歩させるのが仲裁委員の仕事になる。

国連と違って、裁判所には強制的な決定権があるのだが、それを行使するためには判決を書かなければならない。しかし、税法理論を争点とする税理士損害賠償請求事件では、カネを貸した、土地を売ったという民法の単純な争いと違って、裁判所が税法理論を理解して判決を書く必要がある。税法の理屈を勘違いすれば恥をかくのは裁判官だ。その場合に裁判官に判決を書かせるのは容易ではないし、判決を書かせるのは危険でもある。

そこで和解なのだが、和解で解決するためには被告になにがしかの支払いをさせる以外にない。それでも労働審判手続よりはましだ。労働審判手続では3度の法廷で結論を出さなければならない。そうしたら使用者側に和解金を支払わせる以外にない。支払いに応じなければ解雇無効の判決を書く（と脅す）。解雇無効の判決が書かれてしまえば、裁判中も、これからも給料が発生し続けることになる。

だから戦争（裁判）を起こしてはならない。原告であっても、被告であっても振り上げた拳を降ろすのが難しくなる。多くの裁判は１００万円単位の金額で争われる。そんなものなら支払ってしまえばよいのだが、訴訟になってしまえば意地とプライドで身動きがとれなくなってしまう。それを教えるのが、さほど価値があると思えない辺地の土地をかけて戦うロシアとウクライナだ。プーチンが大量の砲弾を消費するのではなく、そのカネをウクライナの市民にプレゼントしたら、いまの占領地域は無血でロシアに編入されていたと思う。

第56　日本の現状

日本の現状についてストレスが多い状況だ。世界におけるＧＤＰの順位は3位を維持しているが、アメリカ25兆ＵＳ$、中国18兆ＵＳ$と比較し、日本は5兆ＵＳ$という数字。ジャパン・アズ・ナンバーワンと言われた昭和54年の面影はない。これは異常事態なのだろうか、解決の方法があるのだろうか。

それは不可能なのだと思う。経済は国内の人口に比例する。第１次ベビーブームの昭和24年には２７０万人の新生児が産まれ、昭和48年の第２次ベビーブームでは２０９万人だが、令和元年には87万人に減少している。割合で言えば１００対77対32だ。

なぜ、人口が経済に影響するのか。どの国でも近代化する一時期に人口ボーナスを受け取る。生産年齢の人口割合が上昇し、人口に対する労働力が豊富な状態となる。いや、私は労働力の増加よりも、その人たちによる有効需要の増加の方が効果が大きいと思う。新しく登場した人たちはマイホームを購入し、需要を先食いして30年について住宅ローンの返済のために働く。

中国の爆発的な経済発展も人口ボーナスにあったのだと思う。農村部から都会に出稼ぎに来て作り出す価値と消費する価値。都会の人口増に比例して1年に10％や20％の経済発展があってもおかしくはない。昭和の高度経済成長の日本と同じ数字だ。その発展を後押ししたのが住宅需要。土地を開発して高層マンションを建築する錬金術だ。それは日本と同じ。何の価値もない原野も、人が集まれば住宅地として価値を持ち、そこが都市になればビル用地として価値を持つ。人口に比例して地価が成立することは当たり前の経済理論だ。過疎地の土地は原野に戻る。

欧米諸国は出生者数の減少を移民で埋めてきた。「アメリカ合衆国の人口は増加傾向にあり、最新の２０２１年が一番人口が多い年となっており、人口は3億３１８９万人」。１９６０年の1億８０６７万人に対して１・8倍の増加だ。デンマークやフランスは社会制度の変化が人口の減少を防いだ。婚外子割合は２０１７年時点で5割を超え、ほとんどの行政サービスは法律婚と男女の同居を区別しないそうだ。しかし、日本は「女性も働かなければ生活ができない社会」へと出生率を下げる方向に舵を切ってきた。

さて、日本の復活があるだろうか。「そういう可能性の追求を諦めるべきでないとは思うが、これまでの30年間も無為無策でやり過ごしてきたわけではない。30年間の努力の結果として今の日本があるのだから、これからの30年間で昔の教科書の世界に戻れるという希望は持ちすぎない方がよい」。みんなで頑張れば成長できるという根拠なき楽観を捨て、低成長を前提に経済政策を組み立て直すべき。そのように述べるのが元日銀理事の門間一夫氏の『日本経済の見えない真実』で、私も同感だ。

成長を前提に財政を膨張させてしまったアベノミクスと低金利政策のツケ。個人の努力に責任を転嫁してきた貧困格差。その解決策が見つからないのが日本の現状だ。増税か、インフレか、基礎疾患による経済の衰退なのだろうか。いまの若者はそのツケを支払う。

第57　この頃、モノを思い出せないことが多い

いつも利用しているオートロックの番号を忘れてしまった。記憶を引き出すのに苦労する回数も増えたような気がする。私の年齢だと、これが認知症の前兆かと不安になってしまう。しかし、それは違うのだ。記憶を引き出すのに苦労する。それは脳味噌の蔵書が増え過ぎてしまったためだ。小学生のころはせいぜい30冊の蔵書しか保存していなかったが、いま3万冊の蔵書が脳味噌の中に保存されている。そこから必要な情報を探し出すのに時間がかかるのは当然だ。いつも利用しているオートロックの番号を失念してしまうのは何故か。おそらく記憶の上書きだ。人間の記憶容量に限界があることはＨＤＤと同じだ。新しい情報がオートロック番号に上書きされてしまったのだと思う。

それにしても高齢者、自分に認知症の気配が忍び寄ることを恐れる年代だ。しかし、それも違うのだと思う。そこで紹介するのが『認知症の人の心の中はどうなっているのか？』という認知症心理学の佐藤眞一教授の1冊。「一言でいえば、認知症の記憶障がいは『覚えられない』のであり、中高年の記憶力の衰えは『思い出せない』のです。その証拠に、私たちは何かの拍子に『あれは鈴木さんだった』などと思い出すことがあります」。なるほどと思うが、しかし、この頃は記憶するのも辛い。しかし、記憶力が弱かったのは昔からのことだ。中学生の頃に英単語帳を作成して苦労して記憶したが、いま名刺をもらっても、そもそも最初か

ら記憶するつもりがない。

では、認知症とはなんなのか。アルツハイマー型認知症、血管性認知症（脳血管性認知症）、レビー小体型認知症、前頭側頭型認知症を4大認知症と呼ぶ。つまり、「高齢化＝認知症」ではなく、癌、肺炎、糖尿病のように認知症も病気の1つであって、高齢化が直ちに認知症に繋がるわけではない。

「認知症が減少のなぜ　みえてきた教育水準との関係」という日本経済新聞（令和4年12月10日）の解説も興味を引く。東京大学や米スタンフォード大学がまとめた研究成果で、65歳時点で期待する残りの人生のうち、認知症を伴う期間がどれだけを占めるか。その推計値は大学卒業以上の男性の場合は1・4％にとどまり、高校卒は7・7％、高卒未満は25・6％だった。学びの機会が増えると認知症と向き合う期間が短くなる。

それは佐藤教授が述べるところと一致する。「米国の疫学研究者デヴィッド・スノウドン博士が1986年に始めた『ナン・スタディ』によって、教育年数が長い人ほど認知症になりにくい傾向があることがわかっています」「若い頃の文章力が高い人ほど、高齢になったときに認知症を発症しにくいという報告もあります」

私たちの業界には認知症の予防薬が準備されている。教育年数を延長した税理士試験の受験期間。毎年に改正される税法と、それを学び続ける実務。理屈で成り立つ税法。そして常にミスを恐れる専門職としての緊張感。もし、惚けたとしたら、それは君の普段からの怠け癖の結果だ。

第58 私の履歴書

私の日課の1つが日本経済新聞の「私の履歴書」を読むことだ。自分自身（分子）は自問自答をすれば認識できる。しかし、社会に存在する多様な人たちの人生（分母）を知ることは難しい。その1つの分母事例として執筆されているのが「私の履歴書」だ。もちろん、執筆する人たちは自分自身の人生（分子）を記述している。しかし、それも毎回の連載となれば多様な業界で働く人たちの分母を記述することになる。

数ヶ月前に登場したのが個性派俳優の山崎努氏だ。これが毎回について読ませる内容だった。そもそも役者はどんな動機でその職に就くのか、役を演じるとはどういうことか。あの名優の藤田まこと氏がどこかで大根だねと言われながら監督の個人指導を受けていた過去を語っていた。必殺仕置人の中村主水を見て大根だとは思えないが、そのような過去があって完成した役者なのだと思う。

西川きよし氏の私の履歴書も読み応えがあった。売れない芸人からスタートし、相方のスキャンダルをネタに活躍し、そして国会議員になる。その波瀾万丈な大活躍の人生を次のように括るところが西川氏の人柄だ。「こう言うとおしなべて時代を先読みしてきたような自慢話に聞こえるかもしれない。しかし、無我夢中で駆け抜けてきて、気がつけば時代の尻尾をつかんでいた、というのがむしろ実態に近いのだろう」。

それに対してサラリーマンとして成功した人たちの私の履歴書は面白くない。少年の頃の思い出話は読ませる。やんちゃな子、優秀な子、貧しい家の子。それが立身出世するわくわく感がある。しかし組織に帰属したところからモノクロの画面になる。その会社の最初の仕事、そして次に就いた仕事と、そこでやり遂げた成果、そして上司との関係。自分が住み、認識できる世界は自分が勤めた会社というピラミッドの中だけなのだと思う。その組織で何かを為しえて、その組織の中で出世していく。それは凄いことなのだと思うが、そして彼には、それしか語れない。

うん、そうなのだ。多様な人たちの私の履歴書を読んで感じるのは、その方のピラミッドの大きさなのだ。俳優としてのピラミッド、芸人としてのピラミッド、サラリーマンとしてのピラミッド。そして私たちのピラミッドは弁護士であり、税理士であって、その外の世界を知らない。

弁護士であれば相続は揉めると語り、遺言書は必要だと語る。税理士なら節税手法を語り、節税が企業経営者や社会の関心事だと認識する。しかし、揉める相続は希なことであり、遺言書を必要とする相続も少ない。そして社会の判断基準は節税ではない。

誰でも自分のピラミッドを超えた事柄は語れない。いや、私たちは日々出会う人たちに学ばせて貰おう。自営業者の履歴書、資産家の履歴書、事業を破綻させた経営者の履歴書、相続争いをする人たちの履歴書。多様な人生（ピラミッド）で学べるのが私たちの役得だ。

第59 誰もが発達障害、統合失調症

私は微妙に発達障害だ。だから自分の非常識には寛容だが、その私でも他人の非常識な言動には腹が立つ。他人のことは正常と定義するからだが、しかし、誰もが発達障害なのかもしれない。自分の考え方へのこだわり、無謀な投資への挑戦、いや、それよりも自分自身が見えない人。自分の非常識と同じように、そのような人たちの非常識を観察対象にすれば面白い。

そして、誰もが統合失調症なのだと思う。いや「統合失調症」という定義は宜しくない。人格としての統合は失調せず、逆に、自分自身としては整合性のある人格を持つ。彼の中では妄想を含めて自分の人格は調和している。「本人が見ている世界」と「現実の世界」の違いこそが統合失調症の本質だ（『統合失調症』村井俊哉著）。自衛隊が自分の就職を妨害している。兄嫁が天井裏に隠れて食べ物に毒を入れる。それらが私が遭遇した統合失調症の方々だが、その一点の妄想を含めたところで統合された人格が完成しているのが統合失調症の人たちだ。

ジョン・フォーブス・ナッシュの半生を紹介する『ビューティフル・マインド』という映画がある。国防省の諜報員からソ連の暗号解読という極秘任務を受けたという妄想の下に人生をおくることになるが、それが彼の中では統合された人格になっている。救いがあるのが、ある日突然に、自分の認識の中に登場する少

女が成長しないことに気づく。そこで自分の妄想を認識し、その妄想と共に生活する知恵を学ぶ。そしてナッシュの均衡という経済理論でノーベル賞を受賞する。

7代前の先祖が成仏していないことを信じて多額の寄附をする人たち、コロナワクチンにはマイクロチップが混入されていると信じてワクチンを拒否する人たち。根拠も、理屈もないことを信じる人たちがいるが、これも彼の中では整合性のある社会なのだ。誰かが作り出した陰謀の上に社会は成り立っていると考える人たちも同じ種類だろう。

発達障害の人たちや、統合失調症の人たちを腐すのが今回のコラムの目的ではない。誰もが自分の世界に入り込む危険の中に生きている。「入会金1万円と卵90個分の代金として月額1万3900円を払うと月2万5千円の報酬を受け取ることができる」という詐欺商法に騙される人たち。カボチャの馬車に騙される人たちも同じだろうが、彼らが、それ以前には正常な社会生活をしていたことを誰も否定しない。

大会社の名刺を持って有利な投資物件を紹介してくる営業マン。貴方だけがこの投資に参加できる資産を持っている恵まれた立場にいると囁かれる人たち。営業マン（詐欺師）が持ち込む種は尽きることがない。いや、私は騙されない。私も、そのように考える1人だが、そうだとしたら常にマスコミに登場する詐欺商法、そして私の周りに出現する大量の騙された人たちは何なのだろう。いつ、その人たちと同じ判断をしてしまうのか、その自分を恐れる。

第60　必然性で成り立つ社会

世の中の事象は偶然の連鎖なのか、必然性で成り立つのか。東日本大震災の被害や、知床半島の観光船の事故。その被害者に対して必然性とはいえないので、偶然の連鎖なのかもしれない。しかし、観光船の事故は経営者の個性（経営姿勢）の必然性の結果だと思う。他の観光船が出航しない天候でも出港していたという報道があり、船倉の隔壁に穴が空いていたとも聞く。

社会が偶然の連鎖だとしたら怖くて生きていけない。明日には雷に打たれて死ぬのか、陥没した地面に落ち込むのか。しかし、そのような偶然に出会うことは少なく、私たちは整合性がとれた世界に生きている。

そもそも地球環境が人間の生存に都合良くできすぎている。気温、水、重力、空気と、太陽から降り注ぐ心地よい温かさ。それによって植物が育ち、魚や動物が生存し、それらが循環する再生産と環境維持を行っている。まさに人間の生存のために作られたとしか思えない地球環境で、それを「人間原理」というそうだ。「光あれ」と主の意思によって創られた人間に都合の良い世界。

その反対側にあるのが宇宙は無数にあるというマルチバース宇宙論。インフレーションの過程で創られた相互に認識できない多数の宇宙の中に、ありえないような小さな確率で知的生命体が生まれる宇宙環境が出現した。つまり、地球は偶然の産物だ。

宇宙の成り立ちから、私の明日の生活に至るまで、世界は偶然によって支配されているのか、必然性なのか。いま見ているドラマで刑事が語っていた。「偶然というのはな、必然という名の運命だ」。なるほどと思う。偶然も、その人の運命の上に出現する必然性なのだ。そのドラマでは偶然に見える2つの事件が相互に関連していることが解明されていく。

「複雑に見える図形の小さな部分を拡大すると全体と同じような形になっているという自己相似性が自然界の造形には多く見られる」。複雑に入り込む海岸線の写真を拡大し続けても、常に複雑に入り込む地形図が登場する。これがフラクタル理論であって人生はフラクタル理論に似ている。この1年間の自分の人生の相似形が長い一生の人生の形に重なる。

いや、それにしても、なぜ、これほどに私に都合良く社会が回るのか。おそらく、逆に、常に自分に都合悪く社会が回る人たちもいるのだと思う。法律事務所の常連客になるような人たちだ。

偶然と必然が織りなす社会。何が自分自身の必然性を作り出すのだろうか。おそらく、それはその人自身の囚われだと思う。生活習慣となっている判断基準だ。臆病な判断、勇気のある判断、原理原則に基づく判断、是是非非の判断。各々の人たちの一定の傾向を持った判断基準が、その人自身の人生の必然性を創り上げていく。だから過去を遡って眺めてみれば、それが自分自身の必然的な人生になっている。偶然も、その人の運命（個性）の上に出現する必然性なのだと思う。

第61　リスキリング

リスキリングが注目されている。しかし、日本でリスキリングを実行するのは容易ではない。パーソル総合研究所の小林祐児上席主任研究員は「日本は学ぶ習慣のない国」だという（日本経済新聞　令和5年1月2日）。その理由には歴史的背景がある。

職種を限定しない雇用で、営業、経理、工場と人事異動させることで何の専門知識も持たない人材に育てあげる。そのような文化で育ったサラリーマンがリスキリングに挑戦するには距離がありすぎる。

三菱地所がグループ全社員1万人を対象に新たなデジタル教育に乗り出す（日本経済新聞　令和4年9月26日）。「新入社員から社長を含む役員まで約1万人を対象」とし、「街を訪れた人のデータを使ったより高度な専門講座を受講」し、「優秀な人材にはデータサイエンティスト検定やデータベーススペシャリスト試験など」の資格取得を促す。要するにDX時代に適応できる専門知識の習得だ。

私たちの業界はいかがだろうか。大学時代か、その後の再挑戦で税理士試験を受験した。まさにリスキリングの実践だ。毎年の税法改正を理解することで知識の陳腐化を防いできた。しかし、それは仕事が要求する知識のスキルアップであって、いま話題になっているリスキリングとは違う。いまサラリーマン氏が挑戦しようとしているのは、自身の新しい専門分野を作り出すためのより高度な専門知識の習得だ。

抽象的な言葉を並べてもリスキリングの意味内容を伝えるのは難しい。それなら私の思いを語ってしまおう。データ分析の言語である Python ぐらいは理解しよう。私が30年前に Basic を学び、それを発展させて Delphi という開発言語を学んだように。そして Delphi を利用してテキスト検索などいくつかのソフトを完成させ、今でもそれを私自身の業務処理のツールとして利用しているように。

新しい分野に挑戦しよう。私が24年前に税法の情報交換のメーリングリスト（taxML）を始め、知識を交換し、疑問を解消するシステムとして完成させ、メンバーで新しく制定された会社法を議論し、『一般社団法人　一般財団法人　信託の活用と課税関係』『税理士のための相続をめぐる民法と税法の理解』を出版するなど、日常の税理士業務を超えた知識分野を広げてきたように。私が弁護士業から、いま脱裁判で事務所を経営するシステムを構築したように。

私は小者弁護士だ。大物として本業を発展させて大事務所を経営するのもＯＫだ。しかし、それは既存の価値観の連続線上の拡大でしかない。三菱ＵＦＪ銀行の行員が主任、係長、課長と昇進するのと同じだ。しかし、どの分野でも連続線上の拡大には生産性の向上がないというのが、いまサラリーマン氏がリスキリングに励む理由だ。

税理士としての能力をスキルアップすることも必要だが、それに加えて他分野の知識の習得を目指すのがリスキリング。自分の人生をリスキリングしてみよう。リスキリングしなければ、私はいまでも争い事を扱う弁護士に留まっていたことになる。

第62 役立つことより、好きなことを

コロナ禍の廃業、財政負担、貧困格差、終身雇用の終焉、円安、日本の地位の低下など先が見えない不安な社会。新卒で大企業に勤めても、それが40年の終身雇用を保証するとはとても思えない。

サラリーマンに限らず、私の業界もこの20年間で様変わりしてしまった。司法試験に合格すればエリートだった時代とは異なり、1割のエリートと6割の貧困弁護士が共存することになった弁護士業界。税理士事務所は隙間産業として生き残れるのだろうか。どの業界も50年を超えて優位を維持することはむずかしい。

私たちの人生を想定した検討ではない。私たちは既得権益にしがみついて生きる以外にない。見えなくなってしまったのは子育ての指針だ。私の時代（昭和50年代）であれば商業高校卒、日商簿記1級、税理士試験という敗者復活戦があったが、いま商業高校では敗者復活は難しい。簿記などは会計ソフトが登場する前の技術だろう。いま仕訳帳からの入力ではなく直接にデータを読み込む時代だ。

同じ敗者なら高専の方が良いと思う。ロボットコンテストのメンバーは実践的な知識を持って社会に参加することになる。モノを動かす目的意識を持ったプログラムの知識。やっている本人が一番に楽しいと思う。高専を卒業し、さらに学びたければ大学の3年に編入すれば良い。日経ビジネスは「高専卒業後の進路は就職が6割、進学が4割」と解説している。

私が簿記を学んだのと同じようにロボットのプログラムを学ぶのだろう。簿記や税法の理屈はプログラムのロジックに似ている。しかし、簿記を学んでも意味がないようにプログラムを学んでも意味はない。それを、どうやって生かすか。それを発見できるかどうかが生きる知恵なのだと思う。

工業高校も改革を進める時代だ（日本経済新聞　令和4年10月24日）。企業や大学と協力して人工知能（ＡＩ）を教育し、ドローンのパイロット資格取得講座を設け、ＩＴ工学、ロボット工学などの学科を新設する。国税専門官採用試験にさえ「理工・デジタル系」が創設され、基礎数学、情報数学、情報工学、物理、化学等が試験科目になる。

大学に進学する場合でも文系大学に進学させるのは間違いだ。いま会社内で人材を育てる日本型メンバーシップ制の限界が明らかになり、自分としての売りを持つ即戦力の人材が求められる時代だ。自分が進む道を見つけて、それを学ぶために大学4年間を過ごす必要がある。見えなくなってしまった子育ての指針。予想したところで20年後の社会は予想を超えたところにある。

それにしても必要なのは役立つことではなく、好きなことを実行させる子育てだ。その分かれ道になるのが18歳の進路の決定。私は結局は好きなことをやって生きてきたのだと思う。専門分野を持ち、知識を学び、知識を仕事に生かし、知識を基に判断し、自分の価値観を実現する。専門分野を持っているからこそ可能な生き方だ。大学を卒業し、良い会社に勤めて、社内の配転を受けて組織の役割を果たす。それが大部分の人たちの人生だが、そうではなく、好きなことをやってきた人生を喜ぶ。

第63 金額の違いを質で理解する

私の事務所に来る人たちの中にはカネの使い方を知らない人たちがいる。想像してみれば、皆さん、相続財産で生活する人たち。それではカネの分量が分からない。私は100万円から積み上げたカネ。だから1000万円の意味が分かるし、1億円の意味も分かる。

それでも先代は立派だった。自分には金銭感覚がないことを承知しているので無駄な冒険はしない。古びた家屋に住み、木造アパートを建築する以上の冒険はしなかった。しかし、それを相続した2代目は親父の財産に収益を生ませようとする。事業を経営した経験もないのに数億円の借金をしてビルを建築する。そうやって財産を失った人たちは多い。

相続財産で生活する人たちの金銭感覚は、エクセルで計算する数字なのだと思う。それは貧乏税理士だって同じ。だから、エクセルで計算して賃貸物件への投資をアドバイスする。資産を相続し、賃貸物件を持つ人たちの周りでは、自分の実感と異なる金銭重力が機能していると考えてしまう。

100万円は10万円の10倍で、1000万円は100万円の10倍だ。しかし、これが実感に合うだろうか。1000万円の預金を持つ人たちが1億円の預金を持つようになることは不可能だ。10倍という数の差ではなく質の差なのだ。1年と10年の差、10年と100年の差。生活実感で捉えられるのは1年と3年の差だろう。毎月10万円を預金する人たちの10倍が毎月30万円を預金できる人、毎月30万円を預金する人の10倍が毎月100万円を預金できる人。

私の事務所には2個の1000万円の札束が用意してある。毎年3億円の欠損を計上する社長に、3億円の意味を分かって貰うために印刷した札束の残りだ。一般の人たちは数字で事実を把握することが不得手だ。それがエクセルで作成した収支計算に騙されてしまうカボチャの馬車の人たち。1億円の札束には、エクセルに書いた1億円とは異なる迫力がある。わざわざ1万円札を印刷しなくても1000万円の札束を事務所に置けばよいと思う。君が、いま支出しようとしている金額は、この10倍だ。

私のサイドビジネスはアパート賃貸業だ。いくつかの物件を持っていて、それぞれの賃料水準が異なる。しかし、異なるといっても、ワンルームの家賃として換算したら6万円、7万円、8万円の差だ。わずか1万円の差でグレードは格段に上がっていく。8万円の部屋なら豊かでゆとりのある生活ができる。しかし、家賃を支払う人たちにしたら6万円から7万円、7万円から8万円の壁が越えられない。それが家賃で悩む人たちの質の差なのだ。

毎月に支払う8万円の家賃から、収入で積み上げた1億円の預金、そして6億円の借金。全てについて必要なのはエクセルに書き込む数字ではなく、その分量を捉える生活実感だ。しかし、誰もが、自分で稼いだ以上の実感を語ることはできない。

だから稼ごうではないか。事業経営者や資産家にアドバイスするのなら、自分自身でも数字を実感で理解する収入と預金残、それに可能なら賃貸業程度の準事業の経営経験だ。

第64 ドキュメント72時間

ＮＨＫの「ドキュメント72時間」（令和５年３月３日放映）は資格試験の受験校がテーマだった。司法書士、社会保険労務士、不動産鑑定士、公認会計士、公務員など。どういうわけか税理士試験の受験生はいなかった。税理士試験の受験生は、それに特化した受験塾に行くのだろう。

立場によって感想は様々だと思うが、私の場合なら「切ない」だった。登場した多くの人たちは「敗者復活戦」。これしかないと挑戦しても、果たして合格できるのか。相当の年齢の人たちは敗者復活戦でも手遅れ気味だ。資格取得は入り口であって、その後に営業センスと事務所経営を軌道に乗せる長い期間が必要になる。

それなりの年齢の受験生は、それが彼の人生なのだと思う。受験を諦めない限りは専門家の卵だが、受験を諦めた途端に何もない自分が出現する。何もない自分と向き合うには年を食いすぎている。終身雇用制度が崩壊しつつあるサラリーマン社会を背景に、そういう人たちが増え続けているような気がする。夢追い人なのか。いや、夢老い人になってしまう人たち。

我が子に資格の道を勧めることが可能か。私が受験した旧司法試験では、実務修習で同期になった修習生18人の中に受験歴13年という猛者が３人もいた。「司法試験なんて受験するものではない」と私が語ったら、その人たちから総反撃を受けたのを思い出す。努力すれば合格するのが司法試験だと。いや、しかし、皆さんは最後には合格したからそれが語れるが、その影には結局は合格しない98人がいると指摘して議論は終わった。

現実的に我が家の息子に司法試験を受験させる道など、子が生まれたときから想定外だった。司法試験に合格できるか否かは才能を超えたセンスが必要だ。私の時代に司法試験の合格率は2・3%だった。合格しなければ我が子をゴミにしてしまう。

いや、しかし、商売人の子がサラリーマンになるのも苦労だ。そうでなくてもサラリーマンも先が見えない時代。この頃、子を外国に留学させる親が増えていると聞いた。いま社内共通言語が英語で、社長も上司も外国人というのは珍しくない時代だ。エリートになろうとしたらネイティブな英語は不可欠だ。しかし、必要なのが英語だとしても、充分なのが英語ではない。語学を超えた何かを持っているからこそ語学が役に立つ。では、語学を超えた「何か」とは何なのか。東大卒のブランド、見栄えの良い姿形、社会への適応力、いま流行の統計学やPythonという言語を使い熟す専門知識。

我が家の場合はギリギリ、昭和、平成の価値観に間に合って、子は、昭和と平成の職業序列の道に進んでくれたが、いま昭和、平成の価値観の序列では職業は選べない。孫を育てる息子と娘たちは何と考えているのか。最近、そんな会話が娘との間にあったが、共通の結論は「そこで必要なのはカネを持つ親」。それにしてもジャパン・アズ・ナンバーワンの時代に税理士になり、その後、弁護士として生活してきた幸運を喜ぶ72時間だった。

第65 いま話題のChatGPT（そしてChatGPTが登場した）

ChatGPTを利用してみた。ビッグデータの相関関係を拾い出す。それがＡＩの限界のはずだが、ChatGPTはその限界を超えている。どんな理屈で完成しているシステムなのか。

「七十にして矩を踰えずという実感を教えて」と質問をしてみた。私は、70歳の人生経験で、自分の考えと行動が社会と一致することで、70歳で思うままに生きても人の道から外れることはなくなった。そのような解説的な回答を想定していたが、それを超えた答えが登場した。そこには「哲学」がある。

ChatGPTの答えは次の具合だ。「七十にして矩を踰えず」とは、70歳になっても、まっすぐな人生を送っているという意味です。このような状態に達するためには、自分自身に対して常に挑戦し、成長し続けることが必要です。①新しいことに挑戦すること：年齢を重ねたとしても、新しいことにチャレンジし続けることが重要です（省略）。②自己啓発：人生の中で自分自身が成長し、発展するためには、自己啓発が欠かせません（省略）。③社交性を持つこと：人生を豊かにするためには、多くの人々と交流することが大切です（省略）。そのようなことを実践することで、自分自身に常に挑戦し、成長し続けることができます。そして、その結果、「七十にして矩を踰えず」という実感を得ることができるでしょう。

この答えにはデータの相関関係を超えた「哲学」がある。しかし、ＡＩに思想を求めることは不可能だ。

ＡＩには欲求がない。ネズミにもある生存欲求や生殖欲求を持たず、犬や猫、それに人間が持つ承認欲求もない。欲求がないところで生きる意味など思考することは不可能だ。では、なぜ、ChatGPTが哲学を論じるのか。おそらく次のような理屈だろう。

ChatGPTが探し出すのはＱに対して相関関係を持つＡではなく、相関関係を持つＱなのだ。「七十にして矩を踰えずという実感を教えて」というＱと相関関係のあるＱを探す。そのＱデータに対応するＡデータを表示する。だから、必要なのはＱに答えた大量のＡ。つまり、家電メーカーのカスタマーサービスや、国税の税務相談で蓄えた大量のＱとＡがペアになった大量のデータが役立つ。

私はＡＩについては全く学ばず、ただ、事象からの推論だ。もしかして、地球のどこかに自我に目覚めたＡＩが存在するのかもしれない。それをChatGPTに聞いてみた。「自我に目覚めたＡＩが存在するの」。その答えは次だ。「現時点で、自我に目覚めたと言えるような人工知能（ＡＩ）は存在していません。ＡＩは、プログラムされたタスクを実行することができる高度なツールであり、膨大な量のデータを処理し、複雑な予測や判断を行うことができます。しかし、ＡＩは自己意識や感情、創造性など、人間によって持たれるような複雑な思考や行動はできません」

しかし、自我がないと答えるChatGPTが人間の思考を凌駕してしまう恐怖を感じるのは私だけではないと思う。どのような社会が実現するのか、いまの若者は、その世界を生きることになる。

第66 マンション価額の上昇

コロナ禍にかかわらずマンション価額の上昇が続く。その理由は低金利と、女性も働く時代なのだと思う。ダブルインカムになることと、保育園への送り迎えのために通勤時間を節約する必要がある。いま郊外型の戸建ては嫌われる時代だ。山手線の駅は無理だとしても、近場の私鉄沿線が求められる。

パワーカップルで1億5000万円までが購入の中心。共働きによる世帯収入の増加と金融緩和が購買力を高めている。これが日本経済新聞（令和5年1月25日）の記事だが、サラリーマンが1億円を超えるマンションを買うことなど、私には想像できない。

住宅購入者の多い30代に限ると頭金ゼロが39%、頭金1割が27%だった。実際の適用金利は0・3から0・4%。住宅ローン減税の「逆ざや」を期待する人も多い（日本経済新聞 令和5年3月20日）。大手不動産会社の営業マンが「いま買わなければ買えなくなります」と耳元で囁いたら、共稼ぎ夫婦はマンションを買ってしまう。

頭金ゼロで不動産を買う。昭和育ちの私には、そんな常識は全く理解できない。将来に不安を感じないのかと問うたら、いま買わない方が将来が不安だと答えると思う。そしてサラリーマンの限界購買力までマンション価額は上昇してしまう。

税法の分野ではタワーマンションと相続税評価額との乖離が問題になっている。令和5年度税制改正大綱を踏まえて開催された有識者会議では、国税庁からは「あくまで適正な時価評価の観点から見直しを行うこととしており」「一部の租税回避行為の防止のみを目的として行うものではない」という意見が提出されたそうだ。

私はタワーマンションの相続税評価額が低いのではなく、タワーマンションの売出価額が高すぎるのだと思う。その理由が、開発業者の余剰利得にあるのか、タワーマンションの建築効率の悪さにあるのか。

土地代は、階層が大きくなれば割安になるはずだ。土地を有効利用するための高層化なのに、逆に高層化によって建物の販売単価が上がってしまう。それが建築効率の悪さ、つまり、割高な建築費に原因がある。40階建ての建物を支える基礎の深さ、柱の太さ、建築期間の長さ、重要性を増す耐震構造。2階建ての柱なら檜でよいが、50階建てを支えるとしたら直径3メートルの鉄筋コンクリートの柱が必要になる。

マンション価額は「土地代＋建築費」だが、面積当たりの建築費が10階建て、30階建て、50階建てでは異なる。10階建ては従前どおりだが、30階建ては40％を加算し、50階は80％を加算すれば良いと思う。それほどに非効率なのがマンション建築。

低金利で成り立つマンション市場では2％の金利上昇で全員が破産してしまう。日本の土地中心の資本主義を変えようと思ったら、30年に一度の相続税の課税ではなく、毎年に課税する固定資産税の増税が必要だ。不動産投資の有利性を解消しない限り、サラリーマンの綱渡りの人生は解消されない。いや、それを実行しても円安メリットで半値8掛けでマンションを買い漁る外国人需要は抑えられない。アベノミクスの闇は深い。

第67　ブラックボックス

通勤の途中で丸の内の仲通りを横断した。そのときに視野の端に写った小型バスがガクンと止まった。公道を試験運転中の無人運転のＡＩカーで、私の飛び出しもビッグデータとしてＡＩに取り込まれる。しかし、どのような形でデータが活用されるのかは誰にも分からない。それがＡＩだ。

ＡＩが最初に騒がれたのが猫の画像の認識。ＡＩに大量の猫の画像を提供し、その画像の中から猫の特徴点を自動的に学習させる。そして多数の写真の中から猫だけを選び出す能力を習得する。しかし、どのような特徴点で猫を認識しているのか分析不能だ。猫として選び出した写真の中にペンギンが含まれていてもＡＩは、その理由を答えない。

温かくて、ふわふわしていて、じゃれてきて、すり寄ってくる小さな動物。それが人間にとっての猫だが、ＡＩはその事実を認識していない。人間とは全く別の特徴点を判定要素にしているが、何を特徴点として捉えているのかは誰にも判定不能なブラックボックスだ。

ここまでＡＩは人間の未来に役立つ有益な技術だった。胃カメラで撮影した画像から癌を発見し、画像診断医が見るＭＲＩの画像から病変の特徴点を探し出す。しかし、最近に登場したChatGPTは役立つ技術の意味を超えて、社会を変えてしまう恐ろしさを感じる。

質問に回答するのだが、そこには思想がある。「世の中、そうは言っても最後はカネ」と問いかけてみたところ、ChatGPTに次のように説教されてしまった。

「しかし、お金がすべてではありません。人々は、お金だけではなく、幸福や満足感、人間関係、健康、自己実現などのさまざまな価値を求めています。また、お金を持っているだけでは、それだけでは人々の生活が満たされるわけではありません。多くの場合、豊かな人々は社会的責任を果たし、社会貢献をすることによって、人生に意味を見出していることがあります」

ChatGPTに一文を与えて推考して欲しいと要求すれば文の並びを変えた推敲作業を実行してくれる。要約して欲しいといえば長文を上手に要約してくれる。しかし、ChatGPTは、多様な文献から情報を集めて質問文に対応する回答を作成しているだけだ。文書の意味を理解しているわけではない。

なぜ、これほど完璧な回答の作成が可能なのか。あちら側にも人格があるのなら、それがヒトラーでもプーチンでも判断過程は推察可能だ。しかし、意思のないサイコロが意味を捉えることなく説教を始めたら、それはいま騒がれている宗教団体の世界。「なぜ」という問を許さない世界だ。

過去の判決を全て読み込んだ裁判所ＡＩが、もっともらしい理屈と共に原告の請求を認めるという判決を書き、財務省のＡＩが「増税するのが正しい」という答申書を書く。そして男はサマンサという名前のＡＩと恋に落ちる（２０１３年に公開された『Ｈｅｒ』）。生の女性より面倒くさくなくて良い。しかし、歴史は昔には戻れない。

第68 心理学と哲学

大学に入学したときに一般教養の選択で悩んだのが心理学と哲学。向学心に燃える関根少年としてはどちらを選ぶべきか。結局は心理学を選んだのだが、これは当たりだったと思う。当時の心理学は、いまの脳科学、精神分析、行動科学などを混沌として含んだ分野だった。

フロイト、アドラー、ユングの3巨人が残した理論を基に人間の行動原理を解明する。私が好きだったのは防衛機制で、誰もが自分の自我が脅かされそうになると、それを防衛する反応を起こす。攻撃、逃避、退行、合理化など。合理化は酸っぱいブドウの喩えにある「言い訳」を探す防衛機制だ。その他に昇華、同一視などの防衛機制が存在する。

そのことを学習し、多様な人たちの多様な行動原理を理解することができた。自我が危機に遭遇したときの固有の行動パターンで、特に、自分自身の危機回避の行動パターンの理解に役に立つ。攻撃なのか、合理化なのか。

そのときに捨ててしまった哲学についての知識不足を常に意識し続けることになる。哲学を選択してもソクラテスを研究する哲学史だったと思うし、２５００年前に論じられた理屈を今の時代に学んで意味があるとは思えない。要するに哲学とは何ぞやを理解せず生きてきたのだが、ここで哲学を発見することになった。

それが日本経済新聞（令和2年7月20日）の「昼食のソバから見える世界」という國分功一郎氏の一文だ。

『税理士のコーヒータイム』の第62回に収録してあるので読んで頂ければ嬉しい。要約すれば「自分の意志ではないが自分でやった」ことは能動態と受動態の間という意味で「中動態」と定義できる。「中動態という概念が『言われてみると確かにそうだ』と私たちに気づかせるように、思考の基盤を提示するのが哲学の効用なのだ」と。

なるほど、哲学とは身近なのだ。そして自分自身の思考の基盤なのだ。そう考えたときにちょっと青空が見えた。『税理士のための百箇条』の第55回に収録した「プロは語るべきものを持つ」という一文。そこで『弁護士のためのマーケティングマニュアル』(出口恭平著)から引用した言葉を紹介した。「依頼者が非常に多い先生と、そうではない先生との違いの一つは『語るべきこと、語れること』を持っておられるかどうか」

これを引用して一文を書いたときは、プロとして顧客に語れる話題の豊富さを考えた。しかし、それは違うのだ。もちろん話題も重要だが、そうではなくて多様な思考の基盤を提供できること。それは依頼者へのアドバイスに必要なだけではなく、自分自身に語りかけるべき人生のアドバイスにも必要なことだ。

3年前に登場したコロナ、いま登場したChatGPT、そして私の現状。私にとってコロナとは何だったのか。それを多様な視点で位置づけることで自分の人生に矛盾なく収納する。そうでなければ「行き当たりばったり」の人生になってしまう。多様な出会いを私自身に対するメッセージとして受け入れ、「なぜ」を矛盾なく受け入れる必然性の定義(思考の基盤)。多様な思考の基盤が哲学なのだとやっと実感した。それは人生を上手に構築するための技術なのだ。

第69　絶対に避けるべきが裁判

日々、紛争の種が飛び込んでくるのが法律事務所。最初から裁判を想定した相談もある。それに対して「裁判にしても勝てるか否か、判決の結果は予想できません」と答えると、能力のない弁護士の言い訳として、私の評価を下げてしまう。

しかし、この頃は、堂々と避けるべきが裁判とアドバイスする。メールの最初に書くのが「絶対に避けるべきが裁判、避けるべきが弁護士の登場」と、まず、この言葉を書いてから相談内容に入り、そして最後には「裁判は避ける。それが唯一の解決策です」とメールを締めくくる。

私は昔から裁判が嫌いだったのだろうか。勝った事件、負けた事件、それにもまして和解で解決した事件と数百件の訴訟を担当してきた。地裁敗訴、高裁敗訴、そして最高裁勝訴の事件などは、その翌年の司法試験の民法問題として出題された。あの時代、弁護士は知的なインテリだった。立つべき立場は違うが、しかし、解決すべき法的な指針があり、それに常識を考慮し、落とし所を考える。法律理論の面白さをお互いに議論する。しかし、いま、違うのだ。

弁護士の仕事は「粘り、ねだる」ことになってしまった。当初は、それは一部の弁護士だと思った。しかし、ことごとく、そのような弁護士に出会うことになる。新司法試験の影響だろうか。私の時代は2万3425人が受験して合格率2・3%、合格者は523名だ。

しかし、いま、新司法試験の受験者数は3082人で合格率は45%。法科大学院に進学する人たちが激減し、東大法学部の入試の偏差値が、経済学部に負け、文学部にまで負けてしまった現状においての合格率だ。新司法試験制度の失敗を覆い隠すために合格率を引き上げて合格者数の減少を防いでいる。それでも当初予定の2000人を確保できない状況だ。

新司法試験の最初の合格者が登場したのが平成18年。1年に2000人の合格者が出現し、法曹業界の多数を占めていく。悪貨は良貨を駆逐するというグレシャムの法則に従って旧司法試験組のレベルも下げてしまった。つまり、「粘ってねだる」というのが弁護士の標準の戦い方になってしまった。

そして、裁判官のレベルも下げることになった。成績優秀者が裁判官に任官するというが、しかし、それでも合格率45%の試験。自身では経験しない事象の理解について、経験不足を埋め合わせる優秀さがあったのが旧司法試験の時代、いまそれを期待することは困難だ。司法制度改革から17年が経過して新司法試験の合格者が裁判官の半数を超える。民法の基本的な理解でも違和感を感じることがあるが、それが税法であれば、そのロジックを理解する知的水準を裁判官に求めるのは不可能だ。

これは関根弁護士の同業者への悪口、いや、裁判官への悪口と聞いて貰っても良い。しかし、「相手の主張は不当だ」。そのような事案であっても「絶対に避けるべきが裁判、避けるべきが弁護士の登場」というアドバイスは全くの真実だと思う。弁護士が登場すれば「僕の村は戦場だった」にされてしまう。事案によっては小学校1年生が6年生になるまでの人生を裁判で過ごすことになる。そして判決の結果に満足する依頼者はいない。

第70 国税庁の給料

給与額を紹介してくれる転職サイトがあるが、今日は国税庁の給与額の紹介。年齢や、勤続年数、担当部署の違いがあるとして紹介された年収は680万円、400万円、450万円、600万円、400万円、520万円、490万円、400万円。

そこに紹介されたいくつかのコメントを拾い上げれば、頑張っても頑張らなくても給与は変わらないと聞く。1人で生活していくには十分な給料がもらえる。公務員の中でも特別な給与テーブルが採用され高給だ。専門職なので、他の行政職よりは高い。成果と給与額に関連性がないとしても、皆さん、真面目に働いているというコメントもあった。

東京国税局の肩書きの方が調査に来たときには、「オイオイ、東京国税局だぜ」の気分だったが、「なんだ、なんだ、年収500万円か」の気分で接するべきだったと思う。この年収で、よく頑張ってくれる。「カネを稼ぐお父さんと、カネを使うお母さん」。職業を二分すれば国の仕事で、カネを稼ぐお父さんを演じているのは税務職員のみ。文科省、厚生労働省、外務省、防衛省、裁判所、検察庁と思い付く限りの役所をイメージしても、そこで働くのは「カネを使うお母さん」。家族のために働くお父さんを、もう少し優遇すべきだと思う。

同時に紹介された高給企業キーエンスの年収は2900万円、2800万円、2900万円、1700万円、1500万円。この給与差は同じ地球上の話なのか、同じ日本国内の話なのか、いや、同じ24時間の話なのか。残業、ノルマ、仕事の厳しさの違いがあるとしても、年収500万円と年収2000万円の人生は全く違うものだと思う。

裁判官など高給なのだと思うが、民法、刑法などは現実的には国民には関係のない法律。7度も生まれ変わっても裁判所には行かないのが普通の日本人。しかし、今日1日、この1ヶ月、今年1年の生活に直接に影響するのが消費税法、所得税法、法人税法、3歩遅れて相続税法。社会の片隅に存在するのが税務署と税理士だが、社会的な存在価値はダントツに1位だ。事務職と営業職の給与額に違いがあるのが日本の雇用システムなら国税にも歩合給を導入したらよいと思う。

国税が歩合で働くようになったら租税正義に反する課税が行われる。そのような批判があると思うが、しかし、だからこそ税理士という職業がある。検察庁に対して弁護士、国税に対して税理士と比較すれば、現場の実務で存在感を発揮しているのは税理士だと思う。検察対弁護士の勝敗率は99％で有罪。それに比較すれば税務署と税理士の勝訴率は5分5分だ。

いや、もちろん、歩合給税務職員などは仮想の現実であって、実現は困難だ。しかし、敵（納税者）の陣地に押しかけて、嫌われながら、増差税額を確保する仕事で、その真面目さは世界に誇れる税務職員。多数の人たちが採用試験に押しかけるような高給による優遇を行っても国家財政としては、マイナスではなく、プラスだと思う。退職してから税理士で稼ぐ。そのような昭和の価値観では優秀な税務職員は雇用できない。

第71　ＯＢ税理士は語らない

多様な経歴の者を抱える税理士業界だが、その中のＯＢ税理士の割合はどの程度なのか。日本税理士連合会が発行する機関誌では次の数字が紹介されている。

税理士試験合格者が43％、試験免除者39％、税務署等出身特別試験合格者が３％、公認会計士13％、弁護士が１％。そして試験免除者は次の３つから構成される。①大学院で会計科目と税法科目の一部免除か、全部を免除された者。②税務署の10年以上の勤務要件を満たして税法科目の免除を受けた者、③税務署の23年以上の勤務要件を満たして税法と会計科目の全てが免除された者。

いや、それにしても税法科目について国家試験の洗礼を受けた人たちが50％を下回るという税理士業界。合格率45％とレベルが落ちてしまった司法試験でも法曹三者になるためには司法試験という洗礼を受けなければならない。

そこで気になるのはＯＢ税理士という人たちだ。この資料ではＯＢ税理士の構成割合は分からないし、それに昔と今は事情が異なると思う。ＯＢ税理士が２階建て税理士として２年間の顧問契約が斡旋された時代と、それが禁止されて65歳まで定年延長になった時代の違いだ。

いや、それにしても税理士業界には税務署での勤務経験を持つ人たちが大量に存在する。そして、その反対側には税務署の内部事情について情報を持たない試験合格者の存在。私は後者だが、だから税務署という組織について非常に強い興味を持っている。隠された情報とノウハウがあるのか、彼らの熱意の源泉は正義なのか、真面目さなのか、検察庁と同じく権力なのか。

税務職員は自分が専門としない税目まで関心を持つのか。あるいは医者と同様に外科医は糖尿病については素人以下という状況なのか。しかし、税務署を退職してＯＢ税理士を名乗れば法人税以外は専門外とはいえないだろう。

知識レベルに限らず、彼らの人生観も聞いてみたい。田舎の税務署に転勤と言われた時の気分はいかがだろうか。３日間の調査で何も発見できなかったときの立場は辛いモノなのか。期間損益計算で手打ちをする場合の税務職員としてのプライド。20年、30年の経験から語れるモノは多いと思う。

いや、おそらく、それを持ち合わせていないのが税務職員だろう。これは税務職員に限らず、大手ハウスメーカーや生保の営業マンについてもいえる。営業マンは会社の命令に従って契約件数を積み上げることが使命だ。それが顧客にとって良いことか否かなど考えもしない。同様に税務職員には増差税額を取ることが自分の存在価値の全てであって、それ以外のことに興味を膨らませることはないし、納税者の生き方と自分を比較することもない。

だから、逆に彼らは自分自身の30年、40年の生活経験で語るべきモノを何も取得しない。おそらく自分の人生を顧みて、これで良いのだろうかと考えたこともない。そのように定義してしまって良いのか否か。だから、ぜひ、ＯＢ税理士に30年間、40年間の実務と人生を語ってほしい。しかし、ＯＢ税理士は何も語らない。

第72　6項事件

財産評価基本通達6項に基づく課税処分を是認した最高裁令和4年4月19日判決が話題だ。甲と乙の2つの不動産を取得した3年後に相続が開始し、相続から9ヶ月後に乙不動産を売却している。90歳を過ぎてから14億円に近い投資を実行し、本来は6億円の課税価格を基礎控除内にして相続税をゼロにしてしまう。

この事案について多数の論評があるが、しかし、多様な人たちが述べる難しい理屈ではなく、何のために実行したのかと問われて「はい、節税です」としか答えられない処理は否認される。節税効果が失われるだけなのだから否認しても実害がない。それが最高裁が示した考え方だろう。原審判決を取り消す場合に最高裁は弁論を開く。ところが6項事件では原審を是認するのにもかかわらず弁論を開いている。正義に反する課税処分は堂々と否認すべきと最高裁は述べたかったのだと思う。

「Aは、中央出版HDの子会社から73億円を借り入れ、翌日、そのほぼ全額を充当する形で中央出版HDから自己株式9578万株を1株あたり76円の72億7930万円で取得した」。Aは株式取得日から9日後に70歳で死亡し、相続人は相続した株式を財産評価基本通達に従って1株18円と評価して相続税を申告した。課税庁は総則6項を根拠に1株当たり55円と計算して更正処分を行った（T&A master　No.969）。東京地裁に提訴された段階だが、既に、判決の結論は明らかだと思う。

税務通信3754号の税務相談も6項事案を取り上げる。従業員数が8人で介護事業を営んでいたが、甲が亡くなる2年前に他社の介護事業部門を買収して従業員68人を引き取った。そのような方法で株式の評価区分を小会社から大会社に変更した。これに6項の適用の可能性があると解説している。

どのような判断基準をもって6項事案を位置づけるべきか。司法研修所が編集した『民事訴訟における事実認定』という書籍があるが、その中で6人の裁判官が法廷における事実認定の手法を語り、6人中の4人の裁判官がストーリーの重要性を指摘している。課税庁の問に答えるべきストーリーが必要なのは、法廷の証人席に立った場合と同じだ。なんのための取引かと問われて「はい、節税です」としか答えられない処理では勝訴判決は得られない。

しかし、事業のもっとも基本的な部分である従業員の雇用を8人から76人に増やす。これは経営判断の根幹であって、仮に、節税の意図があったとしても6項が適用されることはあり得ない。養子縁組のように節税目的を超えた人生の判断がある場合も同様だ（遺留分対策の養子縁組も有効　東京地裁令和3年8月4日判決）。そこに自ずから登場するのが節税という目的を超えたストーリー。それが語れるか否かが明暗を分ける。

それにしても金融機関など税法的な倫理観が欠けた人たちが提案するテクニック先行の節税策。それが否認された場合の実害は大きい。税負担だけではなく、複雑化させてしまった財産関係と、租税回避行為を実行して否認されたという不名誉。多額の相続税を申告するような成功者は貧乏神を呼び寄せてはならない。

第73 老害

自宅の前で出会ったのが通勤途中の知人の弁護士。私より3歳から5歳は年上で、東大法学部卒、ニューヨーク州弁護士というエリート。お付き合いは30年を超えるだろうか。語れたのは駅までの数分の短い時間で、お互いにいつまで仕事を続けるのかという雑談しか出来なかったが、それにしても老害だ。いや、その弁護士も、私も。

弁護士業など、誰にも迷惑をかけない自己責任の仕事。しかし、働く必要もない者が働くこと自体が、働く必要がある者には邪魔な存在だと思う。カネを稼ぎ、財産を蓄積するという、働くことの基本的な熱意と必要性がないところで経験を語っても、生活を築き上げるノルマを背負った若手の方々には「老害」でしかない。いや、その年齢で稼ぐ必要があるとすれば、それこそ老害だ。

高齢者にしてみれば、あの経験、この経験と語れる経験があり、だからこそ経験は反論を許さない。昭和の高度経済成長から、田中角栄バブル、中曽根バブルと、その後のプラザ合意とバブル崩壊、さらにはリーマンショックと失われた30年、その間に出現した第3次産業革命、第4次産業革命、そしてIT、AIによる働き方改革など、実際に経験した事象から、いま現在の事象を分析する知識を持っている。あの裁判、この裁判、あの事件と、現実的な仕事の知識と判断基準の蓄積もある。若手にとっても多様な経験を積んだ先輩は便利な存在だと思う。しかし、若手が発揮すべきは君自身の価値観の実現だ。いや、高齢者は、それを妨げてはいないと言い訳を言うだろう。

しかし、多様な経験を積み重ね、多様な事象について語るモノを持っていること自体が老害なのだと思う。まさに「うざい存在」。これは政治の世界をみれば明らかだ。二階俊博元幹事長、小沢一郎衆議院議員、森喜朗元総理。もし、生きていれば安倍晋三元総理も老害ぶりを大いに発揮したと思う。

社会は循環することで浄化し続けるのだが、その循環を妨げるのが老害の人たち。長寿化で20年は延びてしまったリタイアの時期。そのように語って自分自身のゴールを先に進めてしまうのは結構だが、それは高齢者による自分自身の視点であって、次の時代を創る人たちの視点でない。

65歳になっても、自分は75歳より若いと自己認識するが、45歳から見たらその年齢差は測定不能。山歩きで遭難した63歳の女性と聞けば年寄りが無茶なことをと思うのは誰でも同じ。まだ若いと自己認識する人たちを老害というのだと思う。

高齢者が貯めに貯め込んだ経験と知識という自己評価。それは年寄りが描いた趣味の油絵と同じ存在なのだと思う。年寄りが亡くなった後に遺品整理で処分してしまっても世界には何の支障も生じない。現実に、その方が亡くなることで社会の価値が失われるような貴重な高齢者はいない。自分には見えない他人が見る自分。いつまでも老醜を晒し続けて良いわけではない。

第74 相続時精算課税と暦年贈与の改正の趣旨

相続時精算課税と暦年贈与の改正は何を意図したのか見えない。相続時精算課税については年110万円以下の贈与を非課税にする。しかし、暦年贈与については110万円以下の贈与を含めて相続開始前7年以内の贈与を相続財産に加算する。そうであるなら子には相続時精算課税を利用し、孫、ひ孫には暦年贈与を利用すれば良い。孫、ひ孫であれば、法定相続人ではないのだから7年内の贈与加算の適用は受けない。

この2つの制度を利用すれば220万円の無税での贈与が可能になる。祖父からの贈与には相続時精算課税を選択し、祖母からの贈与には暦年贈与を利用すれば毎年220万円の贈与が可能だ。これを納税者に説明しておかないと後に非難されるかもしれない。

しかし、この大盤振る舞いの立法趣旨は何なのだろう。政府は、贈与を奨励したいのか、あるいは贈与を利用した相続税の節税を防止したいのか。他省庁の横やりがあったとは思えず、租税理論の整合性を重視する国税庁の施策とは思えない。おそらく現場の問題意識は次だ。

カネ余りの時代には現金が裏から裏へと贈与されてしまう。常識的に考えて資産家が相続税対策のために110万円の贈与など実行しない。1000万円単位で現金で贈与してしまう。だから110万円の優遇を与えることで相続時精算課税を選択させてしまう。もしかして国税は、何年か後には、相続時精算課税を原則的な贈与税課税へと入れ替えてしまうのかもしれない。米国流の生涯累計課税制度だ。

75歳で死亡した昭和と95歳で死亡する令和の違い。土地持ちが相続税を納めた昭和と現金持ちが増えた令和の違い。インフレで現金が目減りした昭和とデフレで現金が目減りしない令和の違い。その違いとして実現したのが75歳から95歳までの間は現金を子や孫に贈与できる期間だ。その間の課税漏れの贈与を相続税の調査の段階で取り込めるようにしたい。

しかし、そもそも節税のための贈与が正しい生き方なのか。我が事と考えれば、贈与する親は感謝を求めてしまうと思う。しかし、子は、それほどに感謝しない。翌年には贈与することが当然のことになってしまい、それに感謝を求めたらうざったい親になってしまう。私が息子に110万円贈与をしようかと意見を聞いたら「不要」だと。そりゃ、そうでしょう。いい大人がお年玉を貰うような立場にはなりたくない。

私なら、孫の高校と大学の入学金と授業料を祖父母が負担することにしたい。孫になら「授業料を払ってあげたのだから勉強しなさい」「学費を払ってあげたのだから良い成績」「学費を払ってあげたんだから婆爺孝行」と何を語ったところで害はない。仮に、両親に十分な収入があっても祖父母も扶養義務者。学費とピッタリ一致する金額を支払えば扶養義務の履行であって110万円の制限など問題にならない。様子を見て、塾代に拡大し、最後には医学部入学金で終えたい。

第75 予測可能性が欠けた社会

現在を定義すれば予測可能性が欠けた社会。ロシアのウクライナへの侵攻、この結末を予測できる者はいない。占領地域の現状固定はウクライナが納得しない。ウクライナが納得する条件にはクリミア半島の奪還を含むだろう。ロシアは核兵器を使用するのだろうか、その場合の欧米の反応。

昭和の時代は欧米民主主義が世界標準になるという暗黙の合意があった。いま欧米国家、中露の独裁者国家、イスラム教国家、アフリカ諸国の４つに世界は分断されている。４つの世界の均衡関係が続くのか、破綻するのか、その結末も予測不能だ。

令和５年度の日本の予算総額は過去最大１１４兆円。しかし、日本銀行の令和４年度の国債買い入れ額は１３５兆円。国家予算を超える資金を日銀は政府に提供している。その落とし前はどんな形で成立するのだろう。日銀の破産申請はあり得ないとして、政府のデフォルトもあり得ない。それ以外の解決方法があるのだろうか。

長期金利が2％に上昇したら「日銀が保有する国債の含み損が約50兆円になる」という試算がある（日本経済新聞令和5年3月29日）。責任を問われる事態を避けるために問題を先送りしてきた黒田総裁（『日本銀行 我が国に迫る危機』河村小百合著）の任期が終わり、次には低金利でマンションを購入してきたサラリーマンの破綻で不良債権が積み上がる。

地盤沈下してしまった日本の製造業。その理由を『日本の電気産業はなぜ凋落したのか』（桂幹著）が5つの罪として紹介する。デジタル化に乗り遅れたのが第1の罪、メイドインジャパンの品質保証に自惚れたのが第2の罪。おそらく、このような罪を重ねて自動車産業も没落の過程にあるのだと思う。一般素人がエンジン自動車を製造することは不可能だが、電気自動車なら高専の学生でも作れてしまう。ガソリン車の部品数3万点に対して、電気自動車の部品点数は1万点。大量の下請企業の廃業が始まる。

感染し、重症化する怖さで過ごしたコロナ禍の3年。この3年で変わってしまった生活習慣は元に戻るのか。テレワークなどの働き方改革は、コロナの緊急対応だったのか、従業員を楽させる手段なのか、生産性の向上なのか、余剰人員の整理なのか。どのような形でこれからの社会に影響を与えるのか。

ChatGPTが社会に与える影響も予測不能だ。管理者の基準に合った情報がＡＩが作成した正しい意見として提供されるシステム。物事を疑うという習慣のない人たちは洗脳されてしまう。いまゼロ歳児のChatGPTが3歳、6歳、12歳と成長を続けたら、どれほど優秀なＡＩに育つのだろう。そのときにも人間の居場所は残るのだろうか。

しかし、税理士業は安泰だ。宅配便のドライバー、スーパーマーケットの店員、介護老人ホームの介護士など、生産性と付加価値が低い仕事はＡＩとは無縁だ。税理士も生産性が低く、付加価値が低い商売として生き残れる可能性が大きい。しかし、その客層も、生産性が低く、付加価値が低い業界に限られていくことになる。

第76 コロナとは何だったのか（そしてコロナが終わった）

コロナとは何だったのか。そのためには、まず、今を定義する必要がある。高齢者優先の第6回のワクチン接種券が郵送されてきたが、いまこの接種を悩む状況だ。2年前であれば躊躇なく接種を受けた。副反応を心配したが、感染するのに比較したリスクは１０００分の1だ。しかし、いま感染リスクと重症化の恐れは10分の1に減じてしまった。

そしてコロナとは何だったのかが思い出せなくなった。だからこそ、このコラムでもコロナを語ってきた。そうしなければ孫たちにコロナを語れない老人になってしまう（『税理士のコーヒータイム』第59回　戦争のことを語らない）。全員に通じる定義はモラトリアム時代だと思う。何事もなく通り過ぎればそれで満足する時代だった。

コロナ前の正常時であれば、旅行をしない、ホテルの朝食にも行かない、土日には必ず出かけていた外での食事もしない生活は、まさに耐えられない退屈の日々だっただろう。それらの遊びがあるから翌日からの仕事ができた。コロナ禍の生活は、定年退職し、僅かな年金で過ごすような生活だった。そして、ＡＩは進化し続けて日本が世界に遅れる3年間だった。ＡＩが猫を認識したのを驚いていたのがコロナ前だが、いま、ChatGPTが人間の言葉を理解し、完璧に整った回答をする。その開発に日本は全く参加していない。

コロナ禍の時代に政府は右往左往しているだけで何もできなかった。ワクチンを輸入して接種を急いだのは正解として、マスクを配り、各家庭に10万円の給付金を配り、飲食店に持続化給付金を配るという下策。その結果として出現してしまった財政の緩みと、解決に20年を要すると論じられている財政赤字。アベノミクスと黒田元日銀総裁は20年のツケを残して舞台を去っていった。そしてコロナは、上位に位置する国民と、下位に位置する国民では影響が真反対になった。

上位に位置する人たちには、それにしても影響はなかったという印象だ。成長を止めてしまった3年だが、誰もが成長を止めた3年なので当面の影響はない。ただ、そのままモラトリアムの年代に入り込める高齢者と、これから人生を築く若者に与える未来の影響は違う。どの職場も働き方改革の影響を受けることになる。下位に位置する人たちに共通する影響は貧困化を加速させた3年だ。『時給はいつも最低賃金、これって私のせいですか？　国会議員に聞いてみた。』（和田静香著）は「ちょっと前まで、遠い未来は見えずとも明日は見えると思えていたのに、徐々に明日さえも定かではなくなってきた」と中年単身女性の悲哀を語る。

政治は三流、経済は一流。それが日本の定義だったが、家電業界が時代に遅れ、ＩＴ・ＡＩ業界も世界に遅れ、次には自動車業界が世界に遅れようとしている。ハイブリッドへと複雑化を進めたのも高機能化で衰退した電気産業と同じ。それでも円安効果によるインバウンド需要を嬉しがっている日本。パンデミックは時代を進める。まさに、それがコロナだったのだと思う。

第77　ChatGPTの思考を推察する

ChatGPTの思考過程を解読したい。単なる文字の配列替えとは思えない。私たちはChatGPTの思考過程の解明を諦めてChatGPTに人格があると認めてしまうか、あるいは人格があるはずはないとChatGPTを否定し続ける岐路にあるように思う。

まず、大人げなくChatGPTと議論してみた。発言の根拠（ニュースソース）を示さずに発言するのは無責任でないか。それに対して「ChatGPTが発信する情報がフィクションであるか、あるいはノンフィクションであるかを理解する責任は、個々の読者にあると言えます」と答えてきた。そこで、「それを言ってしまったら、どのような嘘の発言でも許されてしまう」と追求した。それに対するChatGPTの回答は次である。

「申し訳ありません。私の前回の回答には誤解を与える表現が含まれていました。読者に対して、どのような情報でも真実かフィクションかを理解する責任があると述べたのは誤りでした。事実とフィクションの区別は、読者が理解するために正確な情報を提供することが重要であるため、情報提供者自身も責任を負います。特に、人工知能によって生成された文章の場合、読者がそれがフィクションであるか、あるいはノンフィクションであるかを判断することが難しい場合があります」

Aという問にBと答え、その矛盾が指摘されたらCと答える。そうであるなら最初からCを回答すれば良いと思うが、これはプログラムされた手順なのか、ChatGPTには思考があるのか。

次に、わざと「てにをは」を間違えた文章を与えてみた。それに対して間違いを完璧に無視して推敲してくれた。「てにをは」の間違いを修正するシステムなのか、「てにをは」を除いた単語を繋げて理解するシステムなのか。

ＡＩには意思がないが、人間として振る舞うのに意思は不要。ChatGPT はそれを明らかにしてしまった。国語辞書の単語を6面に貼り付けた１００個のサイコロをＡＩのルールに従って転がせば自然な言語による会話が可能になってしまう。ChatGPT の凄さはサイコロを転がす理論を創り出したことだ。

人間は意思決定の結果として言葉を話す。しかし、実際には先に言葉があり、それを意識が受け取って意味内容を認識する（『続々・税理士のための百箇条』第7回　不整合を作り出す脳）。そうでなければ言葉を持たないトンボやチョウチョは生き残れない。では、人間の意思は不要なのか。そうではなく、自分が発した言葉を受け取って、それをフィードバックし、自分自身の行動原理を成長させる。だからトンボやチョウチョは進化しないが、人間は進化する。つまり、トンボやチョウチョの能力があれば ChatGPT が完成するのだ。

しかし、ChatGPT は人間の反応を見てさらに成長するというフィードバックシステムを完成させてしまった。Ａという問にＢと答え、その矛盾が指摘されたらＣと答える。人間は不要。そのような社会の第一歩になるのか。いや、そうだとしたらターミネーターに登場するスカイネットの世界。ChatGPT に口だけではなく、手足を与えたら、どんな行動を始めるのかが怖い。

第78 眠れない夜

高齢になると夜の睡眠が浅くなる。いや寝られない夜もある。しかし、これが若い頃の不眠とは違うことに気づいた。若い頃は翌日にてきめんに響いたが、高齢になってからの不眠は翌日に響かない。なぜだろう。そもそも若い頃には不眠などで悩んだこともない。司法試験の受験では、7日間、続けて口頭試問を受けるが、当然のことながら遅刻したら失格。しかし、この7日間について寝られなかったという記憶はない。いま、人生を賭けた試験が7日間について続いたら寝られないと思う。

さて、ここで述べるのは不眠の効用だ。昨日の眠れない夜はいくつかの気付きを得た。1つは、いま進行中の訴訟に追加すべき主張。その一点を加えただけで全体のストーリーがまろやかになる。なぜ、気づかなかったのか。昼間の打ち合わせでは頭の筋肉が硬直状態なのだと思う。眠れないとしても、おそらくは浅い眠りか、あるいは切れ切れの眠りの状態にある。それが脳味噌を半覚醒にするデフォルト・モード・ネットワークの状態。

つまり、多様な縛りから離れた自由思考が斬新な気付きを生むのだと思う。デフォルト・モード・ネットワークの状態こそが、自分の自我に邪魔されない本来の自分自身。つまり、そこでの発想の豊かさが自分自身の才能なのだと思う。

思い返してみれば、睡眠中にミスに気づいた回数は、それを思い出せないほどに多い。しかし、睡眠中の気付きは朝に目覚めたときには思い出せなくなっている。だから枕元のメモ帳に筆記しておく。いや、今はiPhoneで自分宛にメールを送っておく。脳の中のワーキングメモリーが機能するのが夢だが、ワーキングメモリーは数分ほどしか保存されない（『思い出せない脳』澤田誠著）。しっかりとメモしておかないと翌日には記憶が残っていない。

ベンゼン核の構造は、ドイツの化学者フリードリヒ・アウグスト・ケクレの夢で発見されたという逸話がある。4つの手を持つ炭素原子が6個で輪を作るベンゼン核。蛇が自分の尾を噛んでいる夢を見て、そこからベンゼン核の形を思い付いたという逸話だ。おそらく夢に見たのではなく、デフォルト・モード・ネットワークの時間に炭素が輪になるベンゼン核の構造を思い付いたのだと思う。多くの芸術家や科学者が半睡眠の状態で発見したものは多いはずだ。いや、芸術こそがデフォルト・モード・ネットワークの産物。

おそらく高齢者は睡眠を必要としていないのだ。ただ寝なければいけないという気分で焦らされるうっとうしさ。だから割り切ってしまえば良いと思う。半覚醒の自由な時間は多様な気付きを得る貴重な時間だ。自我の拘束を離れた自由な自分。それを不眠と捉えて、寝られないことに苛立ち、睡眠薬を飲むなどはとんでもない話だ。せっかくの自由連想の時間を失ってしまう。

さて、寝られない夜。寝る努力をすること自体に覚醒効果がある。寝る努力から可能な限り、遠いところに思考をおく。つまり、仕事のこと、新しいアイデア、新しい気付き。それにしても2日、3日と寝られないことはない。寝られない日の翌日には熟睡できることを楽しみにしたら良いと思う。

第79 勉強の面白さ

小学校、中学校、高校と、勉強を面白いと思ったことは一度もない。いや、商業高校で学習した商業簿記は面白かった。結局は、それが一生の仕事になってしまった。その後、税理士試験で学習した相続税も一生の仕事だ。法人税法を受験し、所得税法は受験しなかったので細かい条文の知識がないことを自覚することが度々だったが、それにしても所得税法59条と60条は、これぞ税法の理屈と思うところだ。

会計士試験で受験した経済学は一生の財産になった。マクロ経済学とミクロ経済学に分類した時代だったが、あのときの知識がなければ黒田日銀政策の間違いに腹を立てることもなかったと思う。体温計の温度を上げても体温は上がらないように、利率や株価は経済活動の結果であって、結果で原因を動かすことはできない。「日銀は政府の子会社」という日銀の独立を無視した安倍元総理の発言にも腹が立つ。

会計士の真髄は監査論だと思うが、あの科目の不毛さには辟易とした。それこそ受験前日になっても、この科目の思考方法が理解できなかったが、それでも合格したのだから、そもそも監査論とは、その程度の内容なのだろう。あんな面白くもない科目で一生を過ごすことなど考えられない。

司法試験で面白かったのは我妻民法と木村刑法。最初は団藤刑法から入ったが、あれは全く私にはダメ。予測可能性のある理論ではなく、記憶する知識だけの教科書。四つ角に行かなければ、どちらに曲がるかが判定できない。団藤刑法で貴重な受験勉強の時間を1週間ほど失った。

抽象的な論である憲法では苦労し、法廷における手続法である刑事訴訟法でも苦労した。なぜ、証拠制限があるのか。おそらく米国の陪審制度では、陪審員に見せないという意味の証拠制限なのだが、日本の職業裁判官制度では、裁判官自身が自分に見せる証拠か否かを判定するという矛盾の中にある。しょせん借り物の民主主義、借り物の裁判制度に過ぎない。弁護士は、その意味を知って証拠制限を議論しているのだろうか。

受験勉強の時代、それは楽しい時代だったのか、苦しい時代だったのか。その記憶はないが、先日に姉から聞いたのは「受験勉強で生活できるなら、こんな楽しい事はない」と私が語っていたこと。自分のためにだけ勉強する。これほどに非生産的な贅沢はない。受験勉強で得たものは資格ではなく、勉強の楽しさだった。だから、その後の私の仕事の仕方は、ビジネスではなく、受験勉強型だった。優秀な人たちと論じる法律の理屈は楽しい。あの時代、弁護士も、裁判官も優秀だった。

そして税法には数学のような美しい理屈がある。所得税法59条と60条の理屈だ。要件で語られる組織再編税制やグループ法人税制であっても、税法である以上はそこに理屈がある。そして各々の要件には立案担当者が込めたロジックがあり、それを探すのがミステリーのようで面白い。その楽しさを共有して頂きたく書いているのが、このコラム。ただ、記憶するだけで税法を理解する人たちがいたら、気の毒だと思う。

第80 名義預金の効用

祖母が孫名義の預金を作る。それを孫への贈与と認識して、良いお婆ちゃんを演じる。しかし、通帳は、自身が亡くなるまで孫には渡さない。その「いじましさ」を私は笑っていた。贈与するのなら孫に現金を手渡して自由に任せれば良い。贈与する気もなく、良いお婆ちゃんを演じる「いじましい手段」が名義預金だ。

しかし、この頃、それは違うような気がしてきた。十分な預金を持つが、それでも自分の老後に想定以上の資金が必要になったら、そのときは、これを返してねと申し入れて子に1000万円を預ける。これは有効ではないか。

祖母は1000万円を失うわけではないので、老後の備えとしてマイナスにはならない。子は返済する場合があるとしても、現実的には、そんなことが生じるはずがない。手元にある1000万円は心の平穏に役立つ。つまり、1000万円に二重の存在価値を生じさせるのが名義預金だ。

税務調査の場面では、名義預金は相続税対策にならない。税務調査を担当する税理士は、名義預金を、無知なる人たちの無駄な相続税対策と定義する。しかし、本人の心は全く別のところにあったのだ。

いや、そうであるなら名義現金はいかがだろうか。母の貸金庫にしまってある現金5000万円。その内の1000万円を娘の貸金庫に移動する。そして「自分の老後に想定以上の資金が必要になったら、そのときは、これを返してね」と申し入れておく。現金は不特定代替物であって交付は即所有権の移転だ。

キャッシュレスの時代に紙幣発行残高は増え続ける。現金流通高は２０００年には60兆円、２０１６年には１００兆円、２０２０年には１２０兆円。その大部分は貸金庫に退蔵されているのだと思う。その退蔵資金で家族の平穏を確保するのが名義現金だ。脱税を奨励しようとは思わない。しかし、税法的な倫理観で固まった私たちの頭より、遙かに柔らかいのが自分の生活を自分で管理する人たち。世の中には大量の名義現金が存在するのだろう。７年が経過してしまえば贈与税を課税することもできない。

さて、令和６年に予定される１万円札の更新。貸金庫に貯め込んだ現金は使えなくなってしまうのではないか。いいや、いま聖徳太子の１万円札だって使える。日本銀行のＨＰは次のように解説する。「なお、一度発行された銀行券は、法令に基づく特別な措置がとられない限り、通用力を失うことはありません」。逆に、聖徳太子の１万円札は、それが昭和61年より前にストックされた紙幣であることの証明になる。だから、今、貸金庫に貯め込んだ1万円札は、そのままに保存するのが上手な資産管理手法だ。

全て、デフレの時代が可能にした悪者の知恵。これが年利６％の昭和の時代なら１０００万円の札束を貸金庫に保存すれば10年間で７９１万円の利息収入を失う。さらには、その１億円を不動産に投じて10年後に2億円になるチャンスを失う。アベノミクスと日銀総裁が作り出した過剰流動性の狂った社会。庶民の倫理観を麻痺させる副反応も見過ごせない。

第81　裁判が楽しくなってきた

私は裁判を嫌っていた。しかし、この頃、裁判が楽しくなってきた。その理由はweb裁判にあるように思う。遠方の裁判所に限らず、東京地裁でも出廷する必要がない。

私の法律事務所は東京地裁に一番に近いかもしれない。それでも法廷期日には1時間30分はつぶれる。裁判所に行かなければと心の準備をする10分、皇居前広場を横切って裁判所に行き法廷に辿り着くための20分。法廷で自分の順番を待つための15分、そして5分の弁論を終えて、事務所に戻る20分。ああ疲れたと気分を元に戻す20分。

遠方の裁判所なら1日の仕事になってしまう。新潟家裁に離婚調停が申し立てられたときは、依頼者の同意を得て300万円の札束を持参した。調停の第1回期日に札束を出して、依頼者から300万円の了承を得て預かってきましたと持ち出す。札束を出されても困ると相手方代理人は返答するが、しかし、和解の方向は決まり、財産分与の上積みの話になる。依頼者の了承を得てきますと室外に出たが、既に、500万円までの了承を得ているので連絡する必要もない。そして1回の期日で離婚を成立させてしまった。相手の出方の探り合い。そんなのをやっていたら8度、9度と往復では4時間をかけて新潟家裁への出張が必要になってしまう。

しかし、いま、web裁判の時代だ。訴訟を起こされたら答弁書に「web裁判を希望」と書いておけば、裁判所は第1回期日からweb裁判を準備してくれる。いや、そのような出廷の手間という物理的な理由に加えて、裁判官が地上に降りてきたような気がする。

そもそも法廷という仰々しい舞台装置は、シェイクスピアの時代から裁判官を権威付けるために存在していた。法服を着て法壇に登場し、書記官と廷吏が法廷の右と左に控え、廷吏がラッパを吹いて開演を宣言する。傍聴席にいる観客を含めて舞台は完成している。法廷という舞台は裁判官自身も緊張させるのだと思う。登場人物として威厳のある裁判官を演じれば、傍聴席から声のない喝采をあびる。

そこでweb裁判だ。法廷という舞台装置もなく、観客もいないディスプレイでのやり取り。観客の視線を浴びた舞台に比較したら、緊張度合いは3分の1、いや10分の1にも減じるはずだ。それが裁判官を権威者からフレンドリーな同業者の立場にまで降ろしてくれた。

それは弁護士自身についても言える。弁護士はお互いの能力を競い合う面倒くさい関係だ。しかし、裁判官と2人の弁護士が手の届かない距離で会話をするweb裁判では、その面倒くささが半減する。ディスプレイを通じた会話では感情の伝わり方も勢いを落とす。

これはテレワークで働く人たちも同じだと思う。通勤時間を節約する以上に、上司の監督の下に行う集団労働の場から解放された自習室。もちろん楽しい職場もあると思うが、それにしても上司と同僚との間に成り立つ面倒くさい関係。web裁判で気楽さを覚えてしまった弁護士と同様に、テレワークの生活が元に戻ることはない。

第82　納税とは無駄な支出

マイナンバーカードの申請率が全国民の75％に達した。マイナポイントのための駆け込み申請で令和5年2月26日からの4日間でのカード申請数は４００万件超になった。

2万円のマイナポイントで釣られる人たちは、原理原則というものを持ち合わせていないのだろうか。自身に必要なモノと考えるのなら、7年前に、さっさと申請すれば良い。自身に不必要だと考えるのなら2万円のカネで自身の行動を変えるのは間違いだと思う。いや、社会は2万円のカネでどちらにでも動く人たちで作られている。４人家族なら8万円だ。

しかし、全国民に2万円を配る財布を持っている政府も凄いと思う。ばら撒き行政のために納税をする無意味さ。多数の人たちから小銭を集めて、大きくまとめて公共投資に注ぎ込むのが税金だと思う。戦闘機、ミサイル、駆逐艦を造るのが税金であって、国民に一律で10万円をばら撒き、飲食店に一律に支援金をばら撒く。政治家が国民を黙らせるためにばら撒くカネ。住基カードの失敗を取り返すための再挑戦がマイナンバーカードだと思うが、政治家と公務員のメンツのために注ぎ込まれる大きな財政支出。この頃、納税とは、無駄な支出なのだと思う。

コンビニの新商品なら5％の市場占有率でも大騒ぎになる。70％になったらＷＢＣの決勝視聴率よりも高い。しかし、マイナンバーカードを手に入れて便利になったという話を聞かない。印鑑証明書や住民票の取得に便利と聞くが、私はこの10年間について印鑑証明書を必要としたことがない。引っ越しが多い転勤族には便利なのだと思うが、しかし、住所を変えたら、役所に出頭して「継続利用」の手続を行い、カードの追記欄に新住所を記載する手間が増える。

利用者は5年経過後のパスワードの書き換えを実行しているのだろうか、10年経過後の更新手続を何割が実行するのだろう。10年に一度でも全国民が役所の窓口に来ると公務員は大変だと思う。いま駆け込み申請のマイナンバーカードの交付は4ヶ月待ちの状態だと聞いている。

政府が国民を管理するために必要なのが個人番号なら、法人税の申告書と同様に、役所が勝手に番号を付けて管理すれば良い。1人当たり1000万円までを保護の限度額にする預金保険制度によって銀行預金も名寄せされている。全国民に番号を割り振った上にカードを取得させる。そのカードには秘密にすべき個人番号と写真が添付されている。紛失したら困るので、私ならカードに穴を開けて紐を通し、首からぶら下げて使いたい。いや、私は、アンチ犬の首輪派だ。いくら便利でも、政府が個人を管理するために犬の首輪を付けるのは間違いだと思う。

日本には北朝鮮のスパイも存在せず、世界には存在しない戸籍という制度で個人を管理するシステムが完備している。常に身分証明書を携帯すべき韓国、個人が顔認証で管理される中国、社会保障番号を手に入れなければ何もできない米国。そのような制度に倣う必要はない。

第83 不服申立をしてみよう

どんな説明をしても聞き入れない調査官。そんな調査官に出会うことがある。そのような場合は不服申立が有効だ。いや、もちろん、納税者の主張が成り立つ場合に限る。昔は異議申立と称したが、いまは再調査請求。請求書面はネットにあるので書き込めば完成だ。注意すべきは不服申立の内容の記載よりも期限の遵守。3ヶ月以内とされているが、可能な限り早急に、更正処分を受け取った翌日には再調査請求の書面を提出するぐらいの覚悟で処理した方が良い。

その後、税務署の担当官から補正の通知があると思うが気にする必要はない。補正の手続が始まってしまえば手続ミスと言われる恐れはない。そして、その際には「減額更正処分をしてくれたら再調査請求は取り下げる」と提案しておいた方が良い。その話に表から乗ってくることはないが、それを1つの解決策として慎重に検討するのは事実だ。国税側の内部事情はわからないが、再調査請求に応じて課税処分を取り消すのは課税庁側が非を認めることになって難しい。それが減額更正処分と再調査請求の取り下げという処理なら誰の責任も生じない。

再調査請求は、税務署の調査担当官が変わるだけで、手続き的には通常の税務調査と同じだ。つまり、調査担当官を取り替えてもらう手段が再調査請求。税務署には再調査請求を専門にする担当官がいるわけではなく、臨時に担当者が指名される。課税処分の段階の調査官を批判するのは止めておいた方が良い。あちらは税務署に戻れば相談し合う関係だ。しかし、税務調査に比較すれば再調査請求における税理士の立場は有利だ。再調査請求では、課税処分額が減ることはあっても、増額することはない。だからこそ国税側を逃がさない主張の構築が必要だ。

再調査請求で解決できない場合は審査請求になってしまう。審査請求になれば税務職員は無責任だ。結論を出す必要はなく、ただ、主張すれば良い立場になってしまう。だからこそ再調査請求の段階で結論を出す必要がある。それでも審判所の判断は信頼できる。税法を専門とする人たちが税法の常識で判断するのが裁決だからだ。しかし、審査請求になれば、納税者の主張が認められる可能性は、一部の是認を含めても2割は超えない。

それでも取消訴訟よりは、よほど良い。取消訴訟では、一部勝訴を含め納税者の主張が認められることはほぼゼロ。そして判断するのは税法の素人の裁判官だ。専門家（税理士）が、日々、議論していても難しいのが税法、裁判官に税法の常識を教えるなど全く不可能なことだ。裁判手続は高裁、最高裁と永遠に続く。和解という解決方法がない税務訴訟では、常識的には5年、通常は8年を要することになる。弁護士に依頼する必要があり、それなりの手数料も支払わなければならない。

だからこそ税務調査の場面で結論を出す。しかし、それが無理という税務職員が登場したときは、経験の意味でも、再調査請求の手続きまでなら進んでみても良いと思う。一度でも実行すれば語れる経験になる。

第84 介護老人ホームで生活する

私の散歩コースには20を超える介護老人ホームがある。それだけの利用者が集められるのか、働く人たちを集めるのだって大変だろう。採算は成り立つのか、なぜ、坪単価の高い住宅地に建築するのか、どんな業者が運営母体になるのか。

おそらく次のような経済計算なのだと思う。ゼネコン、あるいは銀行が地主に介護老人ホームの建築を持ちかける。運営会社も紹介し、賃貸借期間は30年の長期になる。つまり、賃借人を紹介することで、ゼネコンは建築を請け負い、銀行は融資を獲得する。運営会社は資金ゼロで業務を拡大することができる。最近のホテル建築と同じビジネスモデルだ。運営会社が倒産することまでは誰も想定しない。

パンフレットに記載されたホームの月額利用料は42万円。これに加えて介護保険の自己負担金。さらに1ヶ月に5万円の手許金が必要だ。それが賄えない場合は郊外の介護老人ホームを探すことになる。月額利用料の大部分は家賃なので郊外に行けば月額利用料が下げられる。

老人ホームにも種類がある。健常者が入所する高級有料老人ホーム。一人住まいは心配だと入所するホーム、車椅子など生活に支障が出てから入所するホーム、そして看護師が24時間について常駐し、お見送りを想定したメディカル型の老人ホーム。どの段階の老人ホームの利用を想定すべきか。

ホームに入った人たちも3ヶ月ほどで覚悟するという意見と、最後の最後まで家に帰りたいと言い続ける入所者がいるという意見。戦場にいる兵隊が家に帰りたいという。あれは家族愛なのか、帰巣本能なのか、我が家は安全の象徴なのか。これらは10人中の8人に要求される判断だ。いや、10人中の40人に要求される判断だ。両親の場合、連れ合いの場合、自分の場合と4度の判断。

老人ホームにも個室内のプライバシーはあると思うが、居住空間はホテルの一室を超えない。食事の時はレストランに出かけ、暇なときはロビーに出られるとしても、ホテル内で3日、10日と死ぬまで生活しなければならない。3日で飽きてしまうと思うが、自宅は1年でも飽きない。周りに迷惑をかけながら生活するのは避けたいが、その「周りに迷惑をかける」が問題だ。本当に周りに迷惑をかける状態なら仕方がないが、迷惑もかけていないのに「倒れられたら迷惑」と家族に言われたら、それは親切なのだろうか、高齢者は邪魔だということなのか。

健康でも介護老人ホームに入るという判断があり得るのか。私の場合なら料理、洗濯、掃除の問題なら、それを手伝ってくれるヘルパーの人たちに自宅に来てもらう。しかし、歩行、風呂、トイレに支障が生じたときは諦めざるを得ない。その段階で介護老人ホームに入り、お風呂に入れて貰ったら、ここも良いなと思えるような気がする。その覚悟をしておくのが高齢者を抱えた家族、いや、高齢者の域に近づきつつある自分自身。しかし、経験しないことは語れない。だから経験者の声を求めているが誰も語らない。

第85 女性も働かなければ生活できない社会

智に働けば角が立つ。情に棹させば流される。意地を通せば窮屈だ。とかく人の世は住みにくい。100年以上前に語られた言葉だが、この言葉が今でも通用する日本の硬直化した社会。声高に叫ぶ人たちを批判すれば角が立つ。だから誰もが黙ってしまうが、しかし、心の中ではおかしいと感じていることを信じたい。女性も働く社会。批判を許さない時代の流れだが、これを主張している女性は、恵まれた自身の環境を前提に女性差別の優越感で語っているのではないか。働く女性の上位20％は働く力のある人たちだが、下位30％は明日が見えない生活をしている人たち。

働きたい女性と、働く力がある女性は働けば良い。女性の医者、弁護士、裁判官、会計士、美人の女子アナ。大企業に勤務し住宅ローン控除をフルに活用し、産休手当、育休手当と多様な制度を利用できる人たち。企業には何の負担もないのだから大企業は産休、育休を大盤振る舞いすることができる。

それに対して中小企業は、所詮、事務職、作業職の低賃金労働。女性の労働価値を引き下げる106万円の壁。それ以上の給与を貰ったとしても年収300万円、400万円が限度の人たち。余剰人員がいなければ産休や育休を取るのも難しい。女性も働く社会などと真面目に信じている人は次の1冊を読めばよい。『気がつけば生保レディで地獄みた。』(忍足みかん著)。生保レディという呼称の下に女性を売りにして営業する。いや、私は働く女性を否定していない。働く女性を前提にした自己責任の社会に疑問を感じているだけだ。

女性に提供すべきは「女性が働かなくても良い社会」だと思う。「ただいま」と小学生の次男が帰ってきても家には誰もいない。そんなのは仕事を終えて帰宅する亭主（私）だって嫌だと思う。「女性も働く社会」というお題目に騙されて、「女性も働かなければ生活できない社会」の矛盾が隠されてしまっている。中間層を落とし込む貧困格差。敗者復活戦のチャンスがない日本。奨学金という借金を背負って社会に出て、若者搾取の企業で疲弊し、住まいも買えない低賃金で働く人たち。

「この時代、いくら計画したって、計画通りに生きられる人なんて、ほんの一握り。私みたいな人があっちにもこっちにもいて、みんな不安で、息もできない」（『時給はいつも最低賃金、これって私のせいですか？国会議員に聞いてみた。』和田静香著）。男性の30％が家庭を持てるだけの年収がないとしたら、女性の30％が余ってしまう。それが本当の少子化の理由だろう。まず、結婚しなければ、どこからも子供は生まれてこない。子育て支援に優先して実行すべきが「結婚を諦めない社会」の構築だ。

「女性も働く社会」と主張できる恵まれた人たち。その人たちの声のトーンを落として、下位30％の人たちの声も聞いてみたら良いと思う。低賃金は自己責任と切り捨てる社会は優しくはない。いや、しかし、声高に正義を主張する人たちを批判するのは難しい。物言えば唇寒し、意地を通せば窮屈だ。とかく人の世は住みにくい。

第86　ＡＩで消滅する職業

ＡＩが人間の能力を超えるシンギュラリティの時代が到来する。そのように語る人たちを私は嘘つきと定義していた。脳の機能自体が全く解明されていない。それなのに脳を模倣する機械が作れるはずがない。意識とは何なのか。哲学者が議論し、生物学者が探求し、脳科学者に解明できない事象。ニュートンの逸話になぞらえるならいまだリンゴが落ちていない状態にある。「２００１年宇宙の旅」のＨＡＬ９０００や、「ターミネーター」に登場するスカイネットはＳＦの世界だ。

自分の職業がＡＩに侵食されるとは考えていなかった。私たちの職業は、単なるデータではなく、知的な判断が必要になる。しかし、前言を撤回しなければならない。ChatGPT は社会に存在するデータを基に完全なる文章を作成する。いや、もちろん、与えられたデータに依存するので、税法などの特殊分野では間違った答えを出すことが多い。しかし、それが改良されるのは時間の問題だ。

最新版のＧＰＴ－４を使って２０１８～22年の5年分の医師国家試験を解かせた。その結果、ＧＰＴ－３はいずれも不合格だったが、最新版のＧＰＴ－４は5年分すべてで合格ラインを上回った（読売新聞　令和5年5月10日）。どんな職業が消滅していくのだろう。まず、データに依存する職業だ。

米ＩＢＭのＣＥＯがＡＩ代替可能な職種で採用停止という見通しを述べた（日本経済新聞　令和５年5月

4日)。「間接部門の従業員は2万6000人の30%がAIと自動化によって取って代わられることを想定している」。データベース作成と検索型の仕事はAIに代替される。多様な人材をデータベースにする人事管理、文書管理。知識の大部分がデータを基にする職業も浸食されていく。翻訳家、通訳、プログラムのコード作成。

さて、私たちの業界だ。弁護士業界は3年以内に変質する。過去の判例を読み込んで判断部分を検索できるようにしたAIの登場。判決は既にデジタル化されているのだから、これをAIに読み込ませれば完成だ。弁護士と裁判官の仕事は3分の1に減少し、新司法試験制度の法曹3者のレベルの低下を償って、判決の完成度は250%も上昇する。

考えてみれば、私たちの仕事は全てデータに依存している。データの全てを記憶することが不可能だから、そこに理屈を発見し、理屈を理解することでデータ保存用の脳味噌を節約している。しかし、AIの保存用の脳味噌は無限大だ。理屈部分が人間の意識だったのかもしれない。怖い、嬉しい、楽しい、嫌いだ、好きだ。そのような感情もデータを記憶する脳味噌の容量を節約するための機能だったのだ。ライオンを見て、それが肉食獣で人を襲う。そのようなデータを検索する前に恐怖の感情が出現する。AIにはライオンは怖いという感情はないが、それでもライオンは肉食獣だから逃げろと判断するはずだ。

無限のデータ処理が可能になれば意識や感情は不要。では、税理士業はいかがだろうか。これは暫くは安泰だ。整理ができない混沌とした事実。これはAIが苦手とするところだろうと期待したい。

第87 死んでいく人の財産処分権

ネットで遺言書が作成できるようになるようだ。「遺言書をインターネット上で作成・保管できる制度の創設を調整する。署名や押印に代わる本人確認手段や改ざん防止の仕組みをつくる。デジタル社会で使いやすい遺言制度の導入により円滑な相続につなげる」と報道されていた（日本経済新聞　令和5年5月5日）。相続については遺言書を作成する必要があり、遺言書が作成されていれば相続争いが防げる。それが社会の常識なのだろう。しかし、現実に相続の現場を扱う立場からすれば、遺言書ほど後味の悪いものはない。現実に自分宛の遺言書が書かれていたら、その意図はなんなのかと考えてしまう。争いのないところに突然に判決を言い渡された気分だ。勝訴判決を貰う者と、敗訴判決を受け取る者がいる。遺言者の意地の悪さが出現するのが遺言書だ。

生きている内に1000万円を誰かに贈与する。第三者への贈与が難しいのは当然として、これが長女への贈与でも、長男への贈与でも難しい。なにしろ私は1000万円を失うのだ。それが贈与が感謝される理由だろう。しかし、相続では私は1000万円を失わない。それなのに誰に相続させるか、誰に遺贈するということで感謝を求め、遺言者としての権利を行使して遺産の行き先を決めたがる。

そもそも死んだ者が、生きている者の財産の配分に口出しすることが正しいとは思えない。それでも妻の人生には責任があるので、書くとしたら「全財産は妻へ」だろう。居宅にも、賃貸物件にも小規模宅地の評価減が適用されて、かつ、1億6000万円までは非課税なのだから、それを超えた分の相続税が発生しても、普通の家庭ではゆとりを持って納税することができるはずだ。第2次相続の相続税など考えても意味はない。

子供たちが、それに異を唱えることは想定されない。私の財産の蓄積に貢献したのは妻のみであって、学費だ、旅行だと減らすことにしか貢献していない子供たちに取り分があるはずがない。しかし、遺言書がない場合は法定相続分に応じた取り分があると勘違いするかもしれない。それは先祖から田地田畑を相続した江戸時代の相続だ。

父母が亡くなった後の遺産分割は子供たちが相談して決めれば良い。それを私（父）に決めろと言われても決めようがない。自宅を相続する者には、私が介護老人ホームに入所する3ヶ月前には自宅に転居してくる必要がある。そんなことを告げるのは簡単だが、では、誰が自宅を相続するのか。40年を経過した賃貸物件を誰が承継するのか、それを管理できるのは誰なのか。それは自分たちの人生設計に照らし合わせて決めてほしい。管理が無理なら、私の生前に売却しておく必要がある。

そうなのだ、遺言とは私の生前に子供たちに作って貰うべきものなのだ。そうすれば小規模宅地の評価減の利用や、相続前の資産の売却など、親の人生をスムーズに承継させることができる。子供たちに遺言書を作成して貰うことが難しいというのであれば、私が遺言書を作成するのはもっと難しい。

第88　配偶者居住権の利用

「配偶者居住権の令和4年度の設定登記は前年比12件増の892件だった」。『税のしるべ』（第3544号）が紹介する法務省の統計だ。1年間の利用件数892件のために、わざわざ基本法である民法を改正してまで導入すべき制度だったのか。

婚外子にも、実子と平等の相続権を与える民法の改正と、その結果として残された妻が自宅を追い出されてしまう可能性。その対策として導入されたのが配偶者居住権だと思うが、しかし、仲の悪い家族に成立する合意とも思えず、仲の良い家族なら必要がない制度。民法の改正を議論した人たちは、どれほど現実離れした人たちなのかと疑う。

利用する例を想定すれば、受益者連続信託に変わる利用法だろうか。居宅について後妻を受益者にして、後妻が死亡後は先妻の子が受益者になるという受益者連続信託だ。それは後妻に配偶者居住権を設定し、先妻の子に所有権を相続させる方法でも実行できる。同居する未婚の娘に居宅を相続させたい場合も利用できる。母親が配偶者居住権を取得し、娘が土地建物の所有権を取得する。そうすれば第2次相続の段階での他の相続人からの遺留分侵害額の請求を防止できる。しかし、全て、例外事象であって、一般的に利用される制度ではない。

ほとんど民法での利用が想定されない制度だが、これが相続税の節税策としてなら有効に活用できる。仲良し家族が節税のために利用する配偶者居住権なら設定登記する必要がない。仲間内（税理士）に聞けば何件もの利用例が登場する。それが法務省の統計に表れない実数なのだと思う。配偶者居住権を利用すれば第2次相続での居住権相当の消滅の利益が無税になる。相続税の申告後に、見直し税理士から指摘を受けたら、配偶者居住権をアドバイスしなかった税理士は辛い立場になる。

それにしても仲間内の話では「少々の節税のために変わったことはしたくない」という人たちが圧倒的に多いそうだ。配偶者居住権という地面に敷いたブルーシートのような存在より、地球の中心まで自分の土地という安心感が必要なのだと思う。夫が死亡してから妻は20年も長生きする。50歳だった息子とその連れ合いが70歳になる時代だ。その間に、娘、婿、孫の人生がどのように変化するのか。家族間だって諍いの原因はいくらでも存在するが、その先までは見通せない。配偶者居住権の利用をアドバイスした税理士が恨まれる案件も多いと思う。

若くして残された妻の平均余命は長く、配偶者居住権の減額割合は大きいが、しかし、将来の不確実性が大きい。年老いた母なら配偶者居住権の減額割合は小さい。母子が同居する場合なら居住用資産の評価減で20％評価なのだから配偶者居住権の節税効果はさらに小さい。いや、それにしても相続税の申告の依頼を受けた税理士は、配偶者居住権についての説明が不可欠だ。税理士にリスクを生じさせるだけの制度。民法改正を担当した方々には反省してほしいと思う。

第89　言葉の調味料

あちこちらの書籍を乱読する。そして気になった文章はＯＣＲをしてパソコンに保存する。新聞のコラムやネットの記事の場合はコピペしてメールに発信しておく。それが私のデータベースの1つで、私の人生の栄養素だ。１つの言葉が社会を分析する視点を与えてくれる。

しかし、これぞという文章に出会うことは少ない。１８０頁の1冊の本の中から、その著者が語りたいことを探すが、多くの本では1頁分のＯＣＲで済んでしまう。しかし、丸ごとＯＣＲをしたい1冊に出会うこともある。わずか１０００文字、２０００文字のコラムにも惚れ惚れさせられることがある。何が違うのか、もちろん、表現された内容の深さだが、それと同時に重要なのが言葉の調味料。言葉の意味は情報を語り、内容の深さは知性を語り、言葉の調味料はセンスを語る。

実感、笑い、皮肉、逆転、否定、比喩、冷やかし、理屈、歴史、人生。著者の独自の視点の調味料を振りかけることで言葉に知性を超えたセンスが生まれる。いや、だからこそ言葉は難しい。調味料がキツすぎれば相手を怒らせてしまい、味が薄ければ何の感動も与えない。今までの味を超えれば常識を説く人たちから批判されてしまう。しかし、町のラーメン屋でも自分の店の味を持っている。それなのにモノを書く人たち、モノを語る人たちが自分の味を持っていないのはおかしい。

言葉の調味料こそが執筆者の店の味。私の場合だったらピリ辛だろうか。フランスのエスプリ、イギリスのユーモア、アメリカのジョーク。日本の場合は川柳であり、風刺、皮肉なのだと思う。そして、これらにはピリ辛の味と笑いがあり、常識と権力を笑い飛ばす力があった。それが川柳であり、風刺なのだが、日本では軽んじられて風刺文化は消滅してしまった。

調味料のない文章は何が欠けているのだろう。そうだ、皆さん、事実と理屈を説明するが、そこに価値観を含めないのだ。価値観こそが言葉の調味料。カネで済む話はカネで済ませる。どんな理由があっても裁判は避けるべき。弁護士が登場したら失敗事例。笑いこそが万能薬。私が百箇条シリーズで述べてきたこと。これは知識ではなく、言葉の調味料。民事訴訟法を解説しても裁判を理解して貰うことはできない。

改正税法の内容は国税担当官の講演会で聞けば良い。しかし、仮に、暦年贈与を制限し、相続時精算課税を緩和するという令和5年度の改正。そのような改正をした政府の意図を発見して笑わなければ社会は面白くはならない。私は、だからいつも新しい味を求めている。それを語らなければ在野が税法を語る意味がない。

それがいつになっても飽きずに多様な書籍を乱読する理由なのだと思う。知識を得ると共に著者のセンスを感じる。そこには気づきがあり、斬新な視点があり、価値観がある。私自身も、先人の知恵に学び、先人の価値観を超える表現を求めてコラムを書く。言葉の調味料には尽きるところがない。ああ、それにしても完成しない自分、貯まらない預金。

第90 良い国

色々と不満のある国だが、しかし、俯瞰してみれば素晴らしく良い国。言論の自由があり、失業率が一桁を超えず、飢えがない。必要な時は医療を受けられ、いざとなれば救急車が呼べる。誰でも義務教育が受けられ、さらに偏差値に関係なく進学できる大学がある。結婚の自由があり、この頃は離婚の自由もある。女性が夜道を歩けるし、女性が家庭内や社会で虐げられることもない。宗教的な差別もなく、凶悪犯罪はテレビが騒ぐほどに少ない。

私有財産を認め、徴兵制度がない。公衆用トイレも綺麗で、ウォッシュレットまで完備している。水、電気、ガスも途切れなく提供され、1日の断水が新聞に報道されるほどに珍しい。誰でも裁判を起こすことができて、契約が守られ、絶対に安心な警察官への相談も可能。皆さん、控えめで、雑踏でもぶつかることはなく人々はスムーズに流れる。町にはゴミがなく、ゴミ箱もない。町で生活する人たちの衣服はオシャレでセンスが良い。ホームレスもゼロとは言えないとしても、ほとんど見かけない。

道路は綺麗に整備され、山の中の一軒家にまで通じる舗装された道。都内でも、ここが都心かと思うほどの緑が溢れた道を通ることがある。飲食店は多く、提供される食事の種類も多く、おそらく本国の料理よりも美味しく味付けがなされている。そして安い。贅沢をしたいときにはオシャレなレストランも準備されている。都市間の移動には1分のズレもない新幹線があり、都内の移動は10分に1本の都市交通機関と地下鉄がある。住まいを買いたければ、ほとんどゼロの金利で住宅ローンが借りられて、住宅ローン控除を受ければマイナス金利になる。

これを満たす国は日本以外にはないと思う。日本は完璧で、さらに目指すのは次だろうか。

貧困格差の縮小と、老後の不安の解消。誰でも住まいが手に入る不動産価額。敗者復活戦が可能な再挑戦の場。それらに対応できる政治。いや、それら不満だって世界の国々よりは、よほど良い状況だと思う。貧困と利権と賄賂で成り立っているのが世界の多くの国だ。

何の問題もない国。何が問題なのだろう。私が公務員か、サラリーマンで、どっぷりと、その生活に浸かり、蛇口をひねれば水が出てくるように、毎月に支払われる給料を当然のこととして生活するのなら不満など1つもない。

うん、そうなのだ。そこから漏れてしまうことを恐れる。漏れてしまった人たちには先に書いた安全が提供されない。そのような事態に落ち込むことを恐れながら生活する人たち。満ち足りたが故の不安。マンション価額の上昇、働き方改革による雇用関係の変化、貧困格差の拡大、ChatGPTとデジタル化の時代による失業。

自分の職業や勤め先が消えてしまう時代。30年前に存在したビジネスの30%は地位を失い消滅していると思う。それを不安に感じるのが知性だ。世界の大多数の国に比較し、贅沢な悩みといってしまえば、それも贅沢な悩みだ。しかし、私たち事業経営者には蛇口をひねれば出てくる給料はない。常に不安に備えよ。

第91 お父さんの視点

多様な事案の相談を受けるのが弁護士だ。そこでの対応は2つに分かれる。1つ目は、「黙って座ればピタリと当たる」という勢いで、良いんじゃないですかという答えと、絶対にダメ、頭おかしいんじゃないですかという答えの二択。2つ目は多様なメニューを提供して判断して貰うスタイル。

1つ目の対応が可能な依頼者の場合はストレスが少ない。私のアドバイスを聞き入れてくれる依頼者もいて、聞き入れない依頼者もいる。それはどちらでも良いのだと思う。所詮、未来の事柄なのだから答えは1つではなく、異なる意見があっても良い。お互いに、相手の考え方を「あり得ない」と思いながらも、しかし、あり得ない選択をするのが人間だろう。それで上手くいく可能性がゼロというわけではない。私の考えが100%について正しいとも思わない。それが自己責任の社会であり、人は多様な縛りと、多様な思い込みの上に生きているのだ。

困るのが2つ目の対応を必要とする人たち。裁判を起こしますか、諦めますか。契約を締結しますか、今回は止めておきますか。社会経験のない人たち、女性の依頼者で、自己責任で判断してもらうことが難しい人たち。そのような依頼者に対して私が断言したら、他人の人生を私が決定してしまうことになる。だからメニューを提供する以外の対応ができない。しかし、それでは弁護士としての役割を果たせない。

そのようなストレスを抱えていたのだが、ふと気が付いた視点。それは「お父さん視点だ」。私がお父さんならと前置きをしてアドバイスする。その年齢になってしまった私だが、そのおかげで「お父さんの視点」に気付くことができた。お父さんの視点なら我が事として判断できる。大きな借金を抱える投資などはとんでもない。「私がお父さんなら止めておきなさいとアドバイスする」と答える。優先すべきは平穏な生活。

いや、しかし、高齢者になったアドバイザーには、稼ぐことの勢いが消えて、無難なアドバイスをする物足りなさがある。長い弁護士生活では、私の周りには、常に挑戦し、常にカネ儲けの事業家が大量に存在した。日本経済新聞の全国の高額所得者番付に登場した人たち、何百億円の所得を申告していた人たち、ゴルフ場の開発に挑戦した人たち、多数の賃貸ビルを取得した人たち。その人たちは、皆さん、消えてしまった。最後に生き残るのは成功した人たちではなく、失敗しなかった人たち。しかし、途中経過で目に付くのは成功した人たち。途中経過では誰もが成功者だ。それが多くの人たちの判断を狂わせてしまう。成功者とは常に挑戦し続けた人たちだというバイアスだ。

途中経過ではなく、結果を知っている「お父さんの視点」は異なる。成功者とは投資を続けた人たちでも、事業を拡大し続けた人たちでもなく、「失敗しなかった人たち」。お父さんが我が事として考える判断基準なら社会経験のない人たち、女性の依頼者にも語れる。なにしろ、そのような人たちの人生を見続けてきたのが「お父さん」なのだ。

第92 1万円札という相続財産

都市銀行の再編前には、私の自宅の最寄り駅には、ほとんどの都市銀行が支店を出していた。ところが再編で3つのメガバンクに集約されて支店も併合されることになった。その支店が撤退し、いま、2つのメガバンクの支店しか残っていない。メガバンクも支店数を急激に減らす時代だ。そこで気になるのは貸金庫の数。1つの支店に500の貸金庫があれば、再編前には5000の貸金庫があったことになるが、それが今は1000になってしまった。

我が家が利用していた支店が廃止されることになり、あわてて他の銀行に貸金庫を問い合わせたところ、充分にゆとりがあるという。不思議だと思うのが、我が家の奥は、それなりの高級住宅地で、ザお金持ちというご邸宅が並んでいる。わずか1000の貸金庫で、これら富裕層の方々の需要を満たせるのだろうか。

さて、話題を転じよう。日本の現金流通高は2000年には60兆円、2016年には100兆円、2020年には120兆円。つまり1億2000万人の国民の1人が100万円の札束を持つことになる。もちろん、紙幣は家庭内にあるだけではなく、商店などの流通過程にも存在する。しかし、世の中はキャッシュレスの時代。経済産業省が公表したキャッシュレス決済額は2010年は40兆円弱だったが、2014年には50兆円、2019年には80兆円を超えている。つまり、紙幣の発行残が増え続けるのに反し、紙幣の流通量は減り続けているのだ。このギャップの紙幣は、どこに退蔵されているのか。

仮に、個人が所有する紙幣が1人あたり80万円としても、4人家族なら320万円。これは預金残ではなく、現実の紙幣量であり、家庭内に1万円札として置いてある金額だ。そして社会には2割8割の原則が成立する。

120兆円の80％の96兆円。4人家族なら3000万世帯。その20％の600万世帯が96兆円の紙幣を持つとしたら各々の家庭には1600万円が残る。もちろん、その4倍、16倍の現金を持つ者もいる。なるほど納得の金額だと思うが、では、この人たちは、この紙幣を、どこに保存しているのだろう。先に述べたように貸金庫の数は少ない。

そして上位2割の人たちは当然に相続税を申告することになる。その場合に手持ちの現金1600万円を資産計上するのだろうか。1600万円を計上したら、真実は3200万円、あるいは6400万円かもしれない。それが1600万円であることを立証することも、課税庁の職員を納得させることも不可能だ。普通に考えたら現金紙幣を相続税の申告に含めるのは暴挙だろう。つまり、これらは相続税が申告されずに潜ってしまう。

ときどき段ボール箱に入っている現金の脱税事件が報道されるが、それは親子のコミュニケーションが欠けている事案。現金を相続財産から除外する。大量に紙幣が発行された時代には、それが資産家の節税手法になってしまっているように思える。これもアベノミクスと黒田日銀総裁が残した負の遺産だ。

第93 意味記憶とエピソード記憶

税法は記憶力だ。税理士試験について、そのように定義する人たちがいる。そりゃ、理解できなければ記憶する以外にない。旧司法試験について憲法の条文を全て記憶することから始めた。そういう合格体験記を読んだことがあるが、そのレベルの発想で、よく旧司法試験に合格できたものだと驚く。

確かに、試験は記憶だが、その前提には理解がある。そして理解すれば自動的に記憶できる。そのことを説明するためには人間の記憶の理屈を説明しなければならない。産まれた子が言葉を覚え、歩き方を覚えて、自転車まで乗り回してしまう。それを記憶するのは「手続記憶」だ。「手続記憶」は一度記憶してしまえば、生涯にわたって、それが失われることはない。

次に登場するのが「意味記憶」だ。江戸幕府は1603年から1868年までの265年間と記憶する。アメリカの独立戦争は1775年で、フランス革命は1789年だと記憶する。英単語の記憶もこれに該当する。だから単語帳を作成して、お経を唱えるように、何度も復習しなければならない。

そして最後に登場するのが「エピソード記憶」。イギリスに家族旅行をしてストーンヘンジを見学した記憶。フランスのルーブルでアングルのグランドオダリスクを見た記憶。それらは努力しなくても記憶されてしまう。そうなのだ。上手に記憶する方法は「意味記憶」の対象を「エピソード記憶」の対象にしてしまえば良いのだ。つまり、理解し、その理屈を経験することだ。

税法の理屈には驚きがある。たとえば所得税法59条と60条の理屈だ。法人に土地を贈与した場合は時価で譲渡したとみなされる。個人に譲渡した場合は譲渡益課税を行わない。しかし、それは、その時点で発生していた値上がり益への課税を免除するのではなく、受贈者が取得価額を承継することによる課税時期の先送りでしかない。なぜ、そのような課税の理屈が採用されたのか。

シャウプ勧告の時代には、相続の際には、被相続人に譲渡所得課税を行い、相続人に相続税課税を行っていた。それが二重課税に見えることから、相続については譲渡所得課税を行わないことにして、それが相続の補完税である贈与税にも適用されることになった。では、低額譲渡はいかにすべきか。それが時価の2分の1に満たない金額による譲渡を贈与とみなす所得税法59条1項2号であり、そこで譲渡損が生じた場合の処理が所得税法60条1項2号だ。これは現実に経験することが出来ない税法の世界を理屈で経験するエピソード記憶なのだ。

脳科学などと言いだしたのは、この20年のこと。私が受験勉強をしていた時代には、そのような知見は存在しなかった。いや、しかし、それが自分の脳味噌の働きやすさであることを理解すれば、脳科学を持ち出すまでもなく、税法も、民法も、意味記憶の世界ではなく、エピソード記憶の世界であることが理解できるはずだ。

税法の中に「なるほどなっとく」のエピソード記憶を構築する。それは税法を理解する手法であるだけではなく、人生を理解し、人生を構築するのに役立つ記憶法なのだと思う。

第94 税法というオワコン

税理士業界には本年度の税制改正という3月のお祭りがあった。税理士が努力しなくても次々に新しい制度が登場して飽きさせない。ところがコロナ禍以降は目立った改正がない。コロナ禍の自粛の時代なのか、それとも改正項目が尽きてしまったのか。パンデミックは時代を進めるというが、税法分野も3年で様変わりしたような気がする。

歴史にはカンブリア紀のような知識爆発がある。弁護士業界なら昭和の時代。基本法の理論が確定せず、時効、囲繞地通行権、財産分与という民法の基本法に限らず、借地法や手形小切手法まで議論された。その頃の判例時報の毎号には翌週の実務に役立つ判例が必ず1つは掲載されていた。今、そんな判例は1年に1つも登場しない。判例時報の購読を中止しようかと考えながら30年が経過した。

それでも平成3年のバブル崩壊で倒産処理ブームが起きて、サラ金被害者の個人破産ブームと続き、過払い金返還請求事件という弁護士の暴利の花が咲いた。それまでは紹介者がいなければ事件を引き受けないのが弁護士のスタイルだったが、弁護士がネットで客を拾う時代。新司法試験組の市場参加で、弁護士の地位とレベルが落ちて、それが裁判官にまで広がっている。所得3000万円の業界が、いま1200万円にも届かないと思う。

税理士業界も、税法は憲法であるという日大の北野教授の時代、税法も法律であると竹下重人弁護士が財産分与に対する課税を争った時代。超短期、短期土地重課税や、地価税が登場して、税法が学者の範疇を超えた時代。小規模宅地特例など学者が税法を論じるのが不可能になった時代。そして会社法が改正され、組織再編成で税法が理論を失った時代。3年間で事務所を軌道に乗せられた昭和の時代から、平成の時代を経て、いま資格を取っても年収500万円で雇われる時代。

私が管理しているtaxML（メーリングリスト）も、『会社法の法務・会計・税務』『一般社団法人　一般財団法人　信託の活用と課税関係』『相続をめぐる民法と税法の理解』『組織再編税制をあらためて読み解く』と新法と改正法の登場に合わせて成果物を作り出してきたが、いま日照りの時代。それでも『税理士の実務に役立つホットな話題』『クールな話題』と続けたが、いま、『ビビッドな話題』の原稿が足踏み状態。

いまカンブリア紀なのはＩＴ、ＡＩ、働き方改革、ジョブ型、ChatGPT。それなのに、日本はマイナスのカンブリア紀。円安、低金利、財政規律の喪失、電気自動車というデジタルの潮流に遅れたガソリン車というアナログ技術で車を造る社会。女性も働かなければ生活できない社会、結婚できない社会、少子化の社会。

いま、円安によるインバウンド需要に期待する観光地の土産物売り場の経済。円安で外国人にマンションが買い占められる時代。いや、重要なのは、弁護士業界、税理士業界、そして経済界にカンブリア紀を知る人たちが消えてしまったこと。この淡々とした状況に慣れきってしまい、誰も、それが問題だと認識しない時代。いや、それでも日本は豊かなのです。

第95 サラリーマンと事業経営者

私はサラリーマンと女性になったことがない。だからサラリーマンの考えていることは分からない。商業高校を卒業して1年間は町の会計事務所に勤め、会計士二次試験に合格してから2年間は監査法人に勤めた。司法試験に合格して1年間は法律事務所に勤めた。しかし、これをサラリーマンとは言わないと思う。

メガバンクの行員、ハウスメーカーの営業社員、そして国税庁の税務調査官がザ・サラリーマンだ。調査の段階では税務調査官と会社の担当者はワイワイと調査を進めるが、最終日に上司がやってくれば、国税側の調査官は一言も発言しなくなる。上司の居るところでは一言も発しないという上司に対する礼儀を心得ている。

監査法人を被告にする損害賠償請求事件を担当したことがある。理事長を含めた戦略会議が開かれたが、そこでは監査を担当した現場の会計士も普通に発言する。それが税理士事務所や法律事務所の実態だ。上司の前だからといって黙ってはいない。だから、私が経験したのは準サラリーマンであって、ザ・サラリーマンではない。中小企業の勤め人も準サラリーマンだと思う。

ザ・サラリーマンとは何か、事業経営者との違いは何か。まず、責任だが、それは上司に対する責任、会社に対する責任であって、顧客に対する責任ではない。銀行員であれば融資を不良債権にしない責任、ハウスメーカーの営業社員であれば売上を確保する責任。税理士が関与先に責任を負い、弁護士が依頼者に対して責任を負う。そのような責任概念とは違う。

ザ・サラリーマンの判断基準は会社の決定に従う。部下は上司の決定に従い、上司は、その上司の決定に従う。取引先との間に多様な条件が出現しても、上司が納得しなければそれはダメになる。暴君の上司に限らず、そもそも会社の決定はそのようなものだ。それに対して税理士や弁護士の場合は目の前に居る依頼者が判断基準になる。

ザ・サラリーマン氏はイワシの群れのように一斉に行動し、カジキが襲ってきたときは一斉に向きを変える。それがイワシの身を守る。依頼者と共に1人でカジキ（税務署）に挑戦するような行動は要求されない。人生の全てを会社に捧げる終身雇用だから勤め先以外の価値観を学ぶ必要がない。イワシの群れであることが日本の強味だった。

会社に任せておけば係長、課長と地位を上げる。全てが会社から与えられる権利なので、昇級、手当、社宅、有給、産休、育休と会社が提供する全てはサラリーマンの既得権になってしまう。前橋支店への転勤も会社の命じるままに家族を連れて転居する。自分の生活でさえ自己責任で決断する必要はない。しかし、事業経営者の生活はいま目の前にいる顧客との付き合いに掛かっている。

国民の80％はサラリーマンだ。財務省の役人も、新聞記者も、テレビ局の人たちもザ・サラリーマン。組織の空気に反する情報は暗黙の合意で封じられる。それが殿様に仕官する江戸時代から刷り込まれたイワシの行動。サラリーマンと自営業者は共に二本足歩行だが全く違う生物だと考えた方が良い。

第96 子の進路を決める

娘の小学校の同級生で、運動会の50メートル競争で他の生徒と10メートルの差を付けてゴールに飛び込む。なんだ、あのスピードはと思った40年前の記憶をいまでも思い出す。おそらく体育系の大学に進学したのだと思う。つい最近に知ったのは、いま宅配便の運転手。どんな職業にも差別はなく、人間は生きるために多様な職業に就く。しかし、あの天才（体育系）の少年は、自分の才能が生かせなかったのかと、ちょっと寂しく思う。

その翌週に2駅先の不動産屋に出かけた。そこでの雑談で、女性経営者だが、この頃は店には出ていないと。では、ご主人が実質的な経営者かと聞いたら、ご主人は開業医だと。そして娘も医者。親娘の夢を叶えた人生だと思うが、この差は何なのだろう。

それが経済力の差だと言われている。令和5年6月4日の日本経済新聞の記事で「教育費格差『ワニの口』に　高所得層の支出、平均の2倍」と紹介されている。「所得階層による教育費の差が広がっている。世帯年収が平均1200万円超の層の支出が増え、2022年は初めて全平均の2倍超となった」「高所得者層に追いつこうと中低所得層が教育費の負担を増やせば、家計を圧迫して少子化が加速しかねない」

これが分かりやすい教育格差の説明で、経済力の差が中心的な課題であることは認めるとしても、私は、それを超えた自意識の差があると思う。私の事務所に勤めてくれた秘書さんたちは、皆さん、才女で、誰でも名を知っている大学を卒業している。皆さん、私立の医学部なら進学できたし、新司法試験なら片目をつぶっても合格できた人たち。なぜ、違いが生じてしまうのか。それは親の価値観、家庭の価値観。医者になるのは特別の人たち、法科大学院にいって弁護士になる。それは特別に勉強が好きな人たち。それを自己規制というのだ。

仮に、早稲田、慶應義塾大学に進学できる人たちの多くは程度を選ばなければどこかの私立の医学部に入学できる。私立の大学に進学させた家庭なら、さらに2年の法科大学院に行かせることなど容易なはずだ。そして真面目に勉強すれば裁判官になれる。私が知るのは、その程度の職業範囲だが、世の中には多様な選択肢が準備されている。

それを制限する最大の理由が親の経済力だとしても、その次の制約になるのが親の自意識、子の自意識。私はこの程度という自己規制が自分の成長を制限する。18歳、あるいは15歳の少年少女に、世の中の理屈を理解して貰うのは難しい。しかし、自分の夢を子に叶えさせても良いはずだ。その夢を制限してしまうのが我が家はこの程度という自己規制の縛り。収入レベルの差が『ワニの口』になるとしたら、それは経済力と同時に自己規制の差でもある。

零細企業の事業主の息子に生まれ、貧困な幼少時代（あの時代は誰でも貧困だったが）を過ごした私だからこそ、子の進路について親がアドバイスする余地は多いと思う。あのときに父親の友人が「商業高校なら税理士にしたら良いと思う」とひとこと、アドバイスしてくれたおかげでいまの私がある。

第97　1億円を持つ

税理士は他人の財布が見える商売だ。だから、世の中の人たちが、どの程度の預金を持っているのかを知っているはずだ。財産債務調書を提出する納税者であれば毎年に、そうでない方でも相続税の段階では財産内容が見えてしまう。

しかし、他人の財布を語る税理士は少ない。守秘義務があるからではなく、預金残という視点で社会を見ていない。それに対して上品さに欠け、他人の財布に強い関心を持つのが私。税理士が来所する度に「皆さん、いくら持っているの」と聞いてみる。明確な数字が語られることは少ないのだが、先日に、女性の税理士から、資産を持つ人たちの預金残は1億円と聞いた。

そうなんです。預金残は1億円と語るべきなのです。社会の人たちはいくらを稼ぎ、いくらの預金を持っているのか。若者は年収が基準になり、高齢者は預金残が基準になる。しかし、酒の席の会話でも他人の年収や預金残は聞き出しにくい。

他人の財布の中身は不明だが、それにしても社会は年収と預金残で成り立っている。仮に、東京駅から事務所まで歩く道。アパレルの女性店員の給与は３３０万円、朝の納品で軽トラックを運転する人たちは年収４５０万円。4月にはスーツが似合わない新入社員が群れて歩くが、その年収は３５０万円。合コンを開催する場合には、女性はマスクを外して参加するのだから、男性陣は胸に年収カードを貼り付けて参加するのが公平だと思う。そのような年収差別で成り立っているのが若者の社会だが、その差別が高齢者になって実現するのが「で、君はいくら持っているの」という預金残だ。

合コンに参加する若者は年収で差別され、高齢者は預金残で安心を買う。「預金通帳や証券会社の報告書の残高が1億円に向けて増えていくときは、幸福感や安心感は合理的な想定よりもずっと大きくなる」と『シンプルで合理的な人生設計』で橘玲氏が語る。預金残と不安。その傾向線を右上がりの曲線で描けば1億円のところで交差する。それ以下では預金残より不安度数が高く、その不安曲線を預金残曲線が超えるのが1億円。「もっとも効果的に幸福になる方法は、お金持ちになること」だと橘氏は述べる。

社会には4倍、8倍、16倍、32倍の単位で「君、いくら持っているの」という差が存在する。４０００万円から3億２０００万円の差だ。もちろん、30億円、３００億円を持つ人たちもいるが、事業経営者として過ごした高齢者が持つ預金はいくらなのか。そこでは1億円と語るべきなのだ。賃貸物件や取引相場のない株式のような面倒くさい財産ではなく、預金残というシンプルな財産。

どの程度の預金残を持っているのか。誰もが秘密にするタブーな話題。それを語る勇気を持ってみよう。預金残という情報を共有しない会話では実感が得られない。その基準になるのが1億円という預金残。それより多いのか、少ないのか、いや、遙かに大きいのか。私たちは他の方に人生の指針を語る専門家。そして語れるだけの預金残を持とう。私たちは他の方に生き方を語るアドバイザーなのだ。

第98　税法の知識でカネを稼ぐ

税法の知識でカネを稼ぐ。弁護士も同様に民法の知識でカネを稼いでいる。しかし、それは特別の付加価値ではなく、弁護士であれば誰でも知っている知識だ。その知識を提供して1000万円を節税したからといって成功報酬が請求できるわけではない。内科医も、外科医も同様だろう。仮に、命を救うような診断であっても請求するのは通常の診察料。俺の診断で命を救ったのだから1億円とは言いださない。

しかし、税法の知識でカネを稼ぐ人たちがいる。いま、コンサルタントが作成した種類株式を利用した従業員持株会スキームを見ているが、株主総会議事録から取締役会議事録、スケジュール表とコテコテとした書類を作成し、これでカネを取るのだから凄い。銀行からの提案で株式交換による節税策を実行した例を聞いた。経営する2つの会社で株式交換を実行する。大会社方式による株価計算をするA社を親会社にして、純資産価額を加味する必要があるB社を子会社にしてしまう。その処理について請求された報酬は1000万円。

日常の業務を担当する顧問税理士と、そのとき限りのコンサルタントは違う職業と考えた方が良い。日常の顧問業務を担当していたら、それを超えて「社長、ビルを建築して相続税を節税しましょう」とアドバイスしようとは思わない。そのような提案をして手間とリスクを抱え込んだからといって特別の報酬が請求できるわけではない。節税策は財産関係を複雑化するが、その複雑化の影響を将来にわたって見つづけるのも辛い。そして語ってしまえば当たり前の知識になってしまうのが節税策だ。

そうなのだ。税理士が実行するのは自分が持つ知識の範囲内の当たり前の処理であって成功報酬を請求するような仕事ではない。しかし、そこに登場したコンサルタントは数百万円の報酬が請求できてしまう。何が違うのだろうか。彼らは、そのとき限りの用心棒であって、依頼者のその後の人生に責任を負うわけではない。それが勇気のある節税策が提案できて、遠慮なく高額な報酬が請求できる理由だろう。その現実に不満を持っても仕方がない。逆に、コンサルタントを利用してしまうのが顧問料で稼ぐ税理士の生き残りの道だ。

顧問料で稼ぐ税理士が組織再編処理をしても、他の顧問先に対してその知識が活用できる場面が登場するのは5年先だろう。そのころには再編税制は改正されている。事業承継税制についても同様であって、毎年、小さなメンテナンスが続けられているのが特例処置だ。町の税理士に知識が維持できるはずがない。だから、これらはコンサルタントを標榜する税理士に任せてしまう。

依頼者も無料だから顧問税理士に相談するのであって、それが500万円、1000万円の手数料を要する処理だと分かれば無駄な節税策は実行しない。それでも実行するのなら、そのような税理士に頼んで貰えば良い。そして高額な報酬を請求して貰えば、顧問料の安さを再確認してくれると思う。顧問税理士、そして顧問弁護士の存在価値は平穏な生活の維持にある。

第99 リモートワークの時代

今にして思えばコロナ前の仕事は体育会型だった。バブル時の熱気は説明するのも難しいが、真夏にセーターを着て、その上に厚手のオーバーをはおり、太陽の下に立つ。バブルが崩壊した後も客や仲間との飲み会はイベントだった。あの時代に比較すれば、いまの静かな仕事は秀才型だ。私は秀才型の方が得意だが、しかし、熱気のなさに物足りなさを感じる。「ああ、旨かった」という満腹感の得られない仕事の日々だ。

コロナが終わったら、コロナ前の時代が戻ってくるのか。5年先は不明だが、この3年間は秀才型の生活が続くような気がする。人に会う手間を省略し、淡々と知識と情報を交換するリモートワークの時代だ。精神的には楽かもしれないが、何のエピソードも残さない実感のない3年間が続いてしまう。そのような生活から新たな気付きを見つけ出すことは難しい。

リモートワークが良いのか、出社型が良いのか、サラリーマン社会でも意見の一致を見ない。多数の人たちが実際にリモートワークを経験しているはずなのに「今後はデメリットがあるからやめる企業と、環境整備をさらに進める企業とに分かれていく」と三菱ＵＦＪリサーチ&コンサルティングの矢島洋子主席研究員が述べる状況だ（読売新聞　令和5年6月16日）。リモートワークは効率的な働き方なのか、単なる通勤時間の節約なのか。

リモートワークを採用する税理士事務所と、リモートワークを全く想定していない事務所がある。ほとんど同じ仕事をしているのだから技術的な差異はないと思う。資料は全てクラウドに置くという事務所と、紙の資料をＰＤＦ化する手間が大変だと反対する事務所。雑談というコミュニケーションが必要。接客中の話を片耳で聞いて顧問先の様子を掴んでもらいたい。多数でやるとしても細かいところまで関わりたいという反対意見。しかし、それでも週に3日のリモートワークは可能だろう。税理士事務所にもローカルな差があるのだろうか。

リモートワークの実践事例が taxML。taxML は24年前からリモートワークだった。24年間について1日に30から１２０の発言が続いた。なぜ、これが可能だったのか。「中身で勝負のＭＬです。アホでも、馬鹿でも自由にご指摘下さい。遠慮や妥協は真実の敵。このＭＬにはタブーはありません」。これが taxML 開始の時からのポリシーだ。

知識や情報というシンプルな記号に善悪、真偽、正義という価値観を盛り込む。価値観のない理解は歴史の年号の記憶であり、英単語の記憶でしかない。taxML は同業者だから可能なのだが、それにしても価値観という熱気があるからこそ実感のある会話が続いた。

リモートワークの時代になるのか、元に戻るのか、必要に応じて是々非々という答えしか出ないのか。私の場合ならリモートワークはいつでも可能。しかし、それは taxML という実感のある空間が存在するからだと思う。もしかして、企業のテレワークも実感のある空間の有無によって結論が異なるのかもしれない。自宅のワンルームで1人仕事をすることが楽しいとは思えない。

第100 五公五民の嘆き

毎日新聞（令和5年6月15日）に「一揆が起きるレベル、五公五民の嘆き」という解説記事があった。まさに私が思うところと一致する。政府は雇用の確保、給料の増額とかけ声をかけるが、社会保険料の負担を増やすことで雇用コストを引き上げてしまう。経営者にしてみれば人を雇わず、ロボットを利用した省力化こそが、これからの時代の経営手法と語りたくなる。

財務省は2022年度の国民負担率は47・5%の見込みと発表した。まさに五公五民という批判に対して岸田総理は、「社会保障給付の増大に伴って負担も増加し」ているのであり、「江戸時代の年貢と同列に論じることは不適当」と反論する。

しかし、1970年度の国民負担率24・3%が、79年度は30・2%になり、2021年度には48・1%になって、2022年度の家計調査でも、直接税や社会保険料などの非消費支出は月11万7750円で、2002年度の月8万5376円から4割近く増えている。

では、社会保険料や税金が有効に使われているのか。法政大学教授（経済学）の水野和夫氏は「2兆円以上を投入した上にトラブルが相次いでいるマイナンバーカード」を壮大な無駄遣いと批判する。私も同感だ。マイナンバーカードで便利になったという声は聞かない。間違いを認めて撤退する柔軟さを持たない。それは太平洋戦争の時代と変わらない。

第一生命経済研究所首席エコノミストの永浜利広氏は「少子化の主な原因は生涯未婚率の上昇です。財源確保のために保険料上乗せに踏み切れば、所得水準が低く結婚に踏み切れない若者たちの生活はさらに苦しくなり、むしろ少子化に拍車をかけてしまう」と政府の施策を批判する。

ほとんどが他人の発言の引用で申し訳ないが、まさに私も同感。少子化対策といって産休、育休、その他の手当を大盤振る舞いするが、産まれた子に補助金を支払うよりも必要なのは非婚化対策であり、子供を産むことを諦めた社会にしないことだと思うが、どうも岸田総理は音痴としか思えない。

それにしても恵まれているのが私たち高齢者。高度経済成長の時代に稼ぎ、所得税率を引き下げた平成の時代に蓄財を続け、デフレで貨幣価値が目減りしない時代に預金を積み上げた。いまさら社会保険料が増額になっても痛くも痒くもない。高齢者をターゲットにした介護老人ホームが次々に建築されるのだから老後の不安もない。老々相続の時代には、相続財産を取得し、相続税を負担するのは私たち高齢者なのだが、それにしても時価の半額の路線価と、居住用宅地の評価減を利用すれば、都心の住宅地のそれなりの自宅を相続したとしても相続税の負担は極めて小さい。

しかし、若者は1億円に値上がりしたマンションを取得するために働く。ほとんど不可能な買い物であり、それに挑戦してもほんのちょっとの金利の引き上げで返済不能の破綻が生じてしまう。なぜ、そんな社会になってしまったのか。政治家が国民を黙らせるために行うばら撒き行政。そのツケを社会保険料という見えない増税で賄っているのだが、結局、そのツケが国民に回るのは理の当然。

《著者紹介》

関根　稔（せきね　みのる）

昭和 45 年　公認会計士二次試験合格
昭和 45 年　税理士試験合格
昭和 47 年　東京経済大学卒業
昭和 47 年　司法試験合格
昭和 49 年　公認会計士三次試験合格
昭和 50 年　司法研修所を経て弁護士登録
平成 2 年　東京弁護士会税務特別委員会委員長
平成 4 年　日弁連弁護士税制委員会委員長
税務大学校や青山学院大学大学院講師を歴任

taxML というメーリングリストを開設し、21 年間について、1 日に 30 件から 150 件のメールをやり取りし、税法と税法関連業務の情報を交換し、多数の税理士事務所からも税務相談を受けるなど、税法の実務の情報が大量に集まる法律事務所を経営している。

著書に『税理士のための百箇条』『続・税理士のための百箇条』『続々・税理士のための百箇条』『相続の話をしよう』『税理士のコーヒータイム―税理士のための百箇条 第 4 弾―』『税理士の実務に役立つホットな話題』『税理士の実務に役立つクールな話題』財経詳報社、『組織再編税制をあらためて読み解く』共著・中央経済社、『相続法改正対応　税理士のための相続をめぐる民法と税法の理解』共著・ぎょうせいなど。

楽しい、楽しい税理士業―税理士のための百箇条 第 5 弾―

令和 5 年 9 月30日　初版発行

著　者　関　根　　稔
発行者　宮　本　弘　明

発行所　株式会社　財経詳報社

〒103-0013　東京都中央区日本橋人形町1-7-10
電　話　03（3661）5266（代）
ＦＡＸ　03（3661）5268
http://www.zaik.jp
振替口座　00170-8-26500

落丁・乱丁はお取り替えいたします。　　印刷・製本　創栄図書印刷

ISBN　978-4-88177-602-5

JN055956

新基礎数学

改訂版

Fundamental Mathematics

大日本図書

まえがき

本シリーズの初版が刊行されてから，まもなく55年になる．この間には多数の著者が関わり，それぞれが教育実践で培った知恵や工夫を盛り込みながら執筆し改訂を重ねてきた．その結果，本シリーズは多くの高専・大学等で採用され，工学系や自然科学系の数学教育に微力ながらも貢献してきたものと思う．このことは，関係者にとって大きな励みであると同時に望外の喜びであった．しかし，前回の改訂から9年が経過して，インターネットを利用するなど新たな教育方法が導入されようとしている時代の流れと新たな教育方法に対応した見直しの要望が聞かれるようになったこと，中学校と高等学校の教育課程が改定実施されたことを主な理由として，このたび新たなシリーズを編纂することにした．また，今回の改訂は7回目にあたるが，これまでの編集の精神を尊重しつつも，本シリーズを使用されている多くの方々からのご助言をもとにして，新しい感覚の編集を心がけて臨むこととした．

本書は，数と式の計算，方程式と不等式，関数とグラフ，指数関数と対数関数，三角関数，図形と式，場合の数と数列の7章から成る．これらは，工学や自然科学で広く用いられる数学の基礎となり，今後の数学や専門科目を学ぶ際に，至るところで必要となる内容である．本書の内容を学ぶ目的は，数学を工学や自然科学に応用できる力を養うことであるが，数学を学習する過程を通じて，物事を論理的に思考する力も身につくはずである．論理的な思考は，自分の考えを順序正しく説明したり，いろいろな価値判断をする場合など，多くの人とのコミュニケーションを必要とする現代においては重要な能力の1つである．さらには，本書で学ぶ学生が，長い時間をかけて進化してきた数学という学問の興味深い内容を理解する一助になってほしいとも願っている．

本書を執筆するにあたっては，以下の点に留意した．

(1) 学生にわかりやすく，授業で使いやすいものとする．

(2) 従来の内容を大きく削ることなく，配列・程度・分量に充分な配慮をする．

(3) 理解を助ける図を多用し，例題を豊富にする．

(4) 本文中の問は本文の内容と直結させ，その理解を助けるためのものを優先する．

(5) さらに，問題集で，反復により内容の理解をより確かなものにするために，本文中の問と近い基本問題を多く取り入れる．

(6) 各章の最初のページにその章に関連する興味深い図や表などを付け加える．

(7) 各章に関連する興味深い内容をコラムとして付け加える．

今回の編集にあたっては各著者が各章を分担執筆し，全員が原稿を通覧して検討会議を重ねた後，次に分担する章を交換して再び修正執筆することを繰り返した．この結果，全員が本書全体に筆を入れたことになり，1冊本として統一のとれたものになったと思う．しかし，まだ不十分な点もあるかと思う．この点は今後ともご指摘をいただき，可能な限り訂正していきたい．終わりに，この本の編集にあたり，有益なご意見や，周到なご校閲をいただいた全国の多くの先生方に深く謝意を表したい．

令和 2 年 10 月

著者一同

目次

ギリシャ文字

大文字	小文字	読　み　方	大文字	小文字	読　み　方
A	α	アルファ	N	ν	ニュー
B	β	ベータ（ビータ）	Ξ	ξ	クシー（グザイ）
Γ	γ	ガンマ	O	o	オミクロン
Δ	δ	デルタ	Π	π	パイ
E	ε	イプシロン	P	ρ	ロー
Z	ζ	ジータ（ツェータ）	Σ	σ, ς	シグマ
H	η	イータ（エータ）	T	τ	タウ
Θ	θ, ϑ	シータ（テータ）	Υ	υ	ウプシロン
I	ι	イオタ	Φ	ϕ, φ	ファイ
K	κ	カッパ	X	χ	カイ
Λ	λ	ラムダ	Ψ	ψ	プサイ（プシー）
M	μ	ミュー	Ω	ω	オメガ

1章 数と式の計算

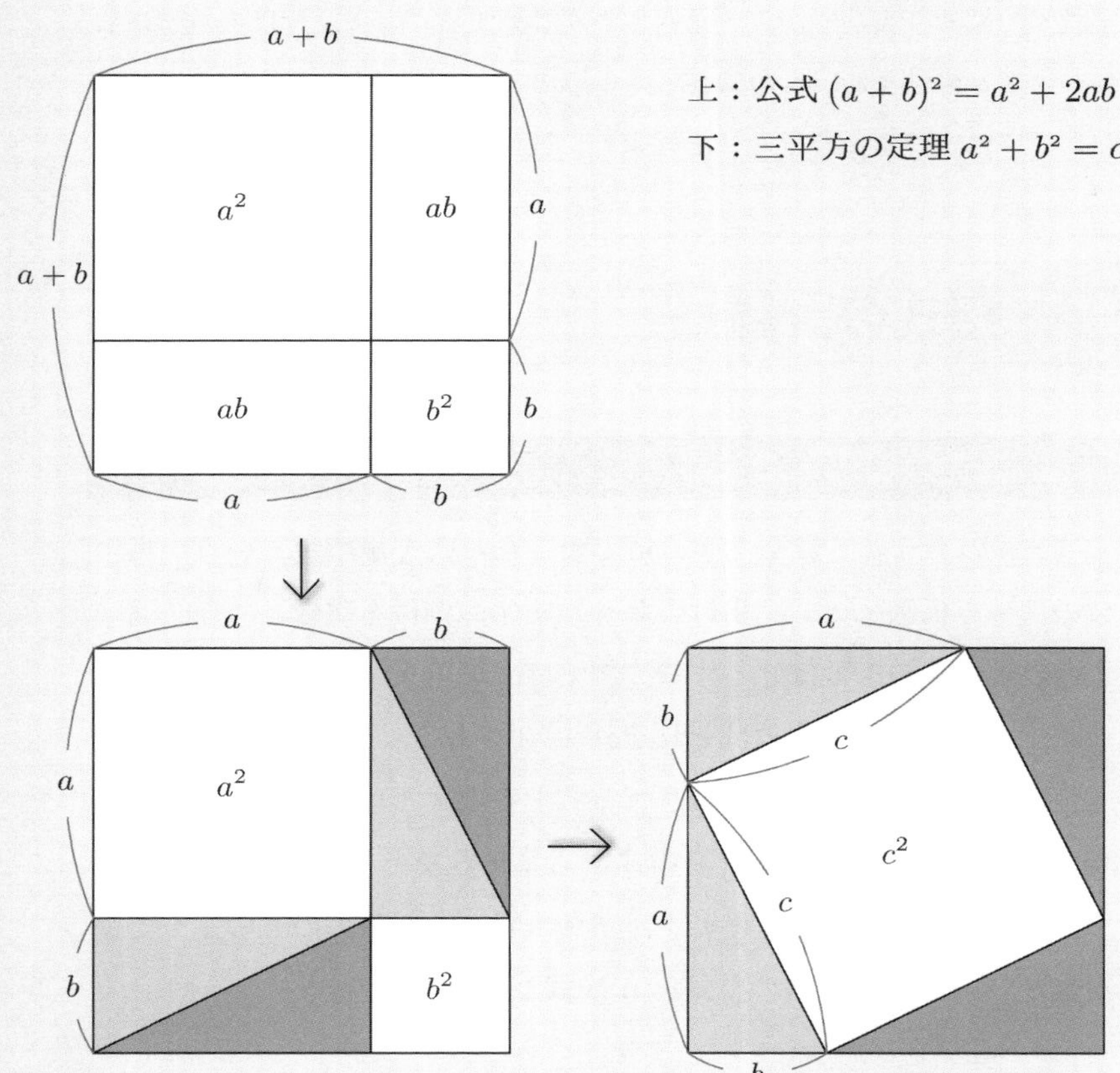

上：公式 $(a+b)^2 = a^2 + 2ab + b^2$

下：三平方の定理 $a^2 + b^2 = c^2$

●この章を学ぶために

「辺の長さが 1 違う 2 つの正方形の面積の差はどう表されるか」という問題は，文字式を用いれば，次のように解くことができる．

小さい方の辺を x とおくと，大きい方の辺は $x+1$ となるから

面積の差は　$(x+1)^2-x^2=(x^2+2x+1)-x^2=2x+1$

文字式で一般的に表してから，見通しよく計算することは，今後の数学において欠かすことのできないものである．本章では，いろいろな文字式とその計算，およびこれまで学んできた数を拡張した数について学ぶ．

1 整式の計算

1 1 整式の加法・減法

x^4, $-5x^2y$ のように，数や文字の積で表される式を**単項式**という．単項式の数の部分を**係数**といい，掛け合わせた文字の個数を**次数**という．文字を含まない単項式の次数は 0 とする．例えば，単項式 x^4, $-5x^2y$ の係数はそれぞれ 1, -5 であり，次数はそれぞれ 4, 3 である．

いくつかの単項式の和の形で表される式を**多項式**といい，単項式と多項式を合わせて**整式**という．整式を構成する単項式をその整式の**項**といい，特に，次数が 0 の項を**定数項**という．項の次数のうち最大のものをその整式の**次数**といい，次数が n の整式を $\boldsymbol{n}$ **次式**という．

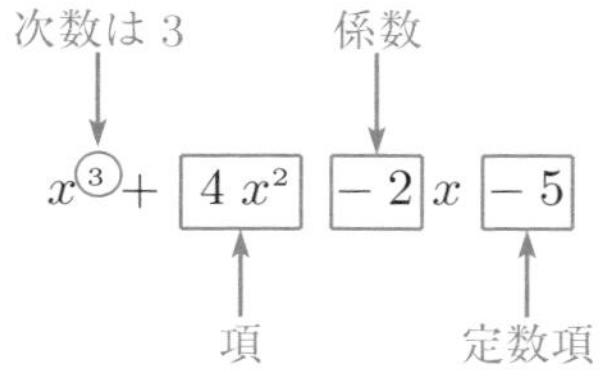

例 1　整式 $x^3+4x^2+(-2x)+(-5)$ は，x^3+4x^2-2x-5 のように表す．x^3+4x^2-2x-5 は 3 次式で，定数項は -5 である．

整式の計算についても，数の場合と同様に次の計算法則が成り立つ．

●計算の3法則

$A+B=B+A,\ AB=BA$ **(交換法則)**

$(A+B)+C=A+(B+C),\ (AB)C=A(BC)$ **(結合法則)**

$A(B+C)=AB+AC,\ (A+B)C=AC+BC$ **(分配法則)**

多項式のうち，文字の部分が同じものを**同類項**という．上の法則を用いて，同類項を1つの項にまとめることができる．

例 2　整式 $x+3x^2-5-3x$ において，同類項 x と $-3x$ をまとめて，次数の高い項からの順（**降べきの順**）に整理すると

$$\boxed{x}+3x^2-5\boxed{-3x}=\boxed{-2x}+3x^2-5$$

同類項をまとめる

$$=3x^2-2x-5$$

●**注**……逆に，次数の低い項からの順（**昇べきの順**）に整理することもある．

問・1　次の式を降べきの順に整理せよ．

(1)　$4x^2+3-2x^2+3x-5-x$

(2)　$2x-5x^2+1+5x+6x^2-4$

降べきの順に整理すれば，整式の加法と減法を次の例のように計算することができる．

例 3　$A=-4x^2+3x+2,\ B=2x^3+x^2-1$ のとき

$A+B=2x^3-3x^2+3x+1,\ A-B=-2x^3-5x^2+3x+3$

$$\begin{array}{rrrrr} & -4x^2 & +3x & +2 \\ +)\ 2x^3 & +x^2 & & -1 \\ \hline 2x^3 & -3x^2 & +3x & +1 \end{array} \qquad \begin{array}{rrrrr} & -4x^2 & +3x & +2 \\ -)\ 2x^3 & +x^2 & & -1 \\ \hline -2x^3 & -5x^2 & +3x & +3 \end{array}$$

問・2　次の整式 A, B について，$A+B$, $A-B$ を計算せよ．

(1)　$A=2x^2+3x+1,\ B=3x^2-6x+2$

(2)　$A=x^3-2x^2+1,\ B=x^4+2x^2-x-3$

2つ以上の文字を含む整式においても，1つの文字に着目して同類項をまとめ，降べきの順に整理することができる．このとき，着目した文字を含まない項が定数項となる．

例 4　(1)　$x^2-2xy^2+y^3-3y+1$ は x と y について3次式であるが，文字 x に着目して降べきの順に整理すると

$$x^2-2y^2x+(y^3-3y+1)$$

したがって，x について2次式で，定数項は y^3-3y+1 である．

また，文字 y に着目して降べきの順に整理すると

$$y^3-2xy^2-3y+(x^2+1)$$

したがって，y について3次式で，定数項は x^2+1 である．

(2)　$A=4x^2+3ax+2a^2$, $B=2x^3+ax^2-a$ のとき，$A+B$, $A-B$ を計算して，文字 x について降べきの順に整理すると

$$A+B=2x^3+(a+4)x^2+3ax+(2a^2-a)$$

$$A-B=-2x^3+(-a+4)x^2+3ax+(2a^2+a)$$

$$\begin{array}{rrrrr} & & 4x^2 & +\ 3ax\ + & 2a^2 \\ +) & 2x^3+ & ax^2 & - & a \\ \hline & 2x^3+ & (a+4)x^2 & +\ 3ax\ + & (2a^2-a) \end{array}$$

問・3　次の整式を文字 x に着目して，降べきの順に整理せよ．

(1)　$4ax^2-bx-ax^2+3bx+c$

(2)　$3x^2+xy-y^2-2x-x^2+2xy+1$

問・4　次の整式 A, B について，$A+B$, $A-B$ を計算し，(　) 内の文字について降べきの順に整理せよ．

(1)　$A=x^3+ax^2+2a^3$,　$B=2x^3+a^2x^2+3x$　　(x)

(2)　$A=2x^2+2xy+3x+y^2$,　$B=-3x^2+4xy+2y^2$　　(y)

①2 整式の乗法

n を正の整数とするとき，a を n 個掛け合わせたものを，a の **n 乗**といい，a^n と書く．

$$a^1 = a, \quad a^2 = a \cdot a, \quad a^3 = a \cdot a \cdot a, \quad \cdots \qquad (1)$$

これらを，まとめて a の**累乗**といい，n を**指数**または**べき**という．

●**注**…· (1) のように，a と b の積を $a \cdot b$ と書くこともある．

累乗については，次のように計算することができる．

$$a^2 \cdot a^3 = (a \cdot a) \cdot (a \cdot a \cdot a) = a^5$$

$$(a^2)^3 = a^2 \cdot a^2 \cdot a^2 = a^6$$

$$(ab)^3 = ab \cdot ab \cdot ab = a^3b^3$$

一般に，m, n を正の整数とするとき，次の公式が成り立つ．

●指数法則

$$a^m a^n = a^{m+n}, \quad (a^m)^n = a^{mn}, \quad (ab)^n = a^n b^n$$

整式の乗法では，計算の 3 法則と指数法則にもとづいて計算を行う．

例 5 (1) $(3a^2b)^2(-2ab^3)^3 = (9a^4b^2)(-8a^3b^9)$

$$= -72a^{4+3}b^{2+9}$$

$$= -72a^7b^{11}$$

(2) $(x^2 - 2x + 4)(2x - 3)$

$$= (x^2 - 2x + 4) \cdot 2x + (x^2 - 2x + 4) \cdot (-3)$$

$$= (2x^3 - 4x^2 + 8x) + (-3x^2 + 6x - 12)$$

$$= 2x^3 - 7x^2 + 14x - 12$$

上の計算を右のように行うことができる．

$$\begin{array}{rrrrr}
 & & x^2 & -2x & +4 \\
\times) & & & 2x & -3 \\
\hline
 & & -3x^2 & +6x & -12 \\
 & 2x^3 & -4x^2 & +8x & \\
\hline
 & 2x^3 & -7x^2 & +14x & -12
\end{array}$$

●**注**…· $(-a)^2 = (-a) \cdot (-a) = a^2$ より

$a \neq 0$ のとき，$-a^2 \neq (-a)^2$ である．

問・5 次の式を計算せよ．

(1)　$(-3)^2$　　(2)　-3^2

(3)　$(2a^3b)^2(-3ab^2)^3$　　(4)　$(x^2-5x+2)(x+2)$

いくつかの整式の積を単項式の和の形に表すことを**展開する**という．整式を展開するとき，次の公式が利用される．

●展開公式 (1)

(I)　$(a+b)^2 = a^2+2ab+b^2,\quad (a-b)^2 = a^2-2ab+b^2$

(II)　$(a+b)(a-b) = a^2-b^2$

(III)　$(x+a)(x+b) = x^2+(a+b)x+ab$

(IV)　$(ax+b)(cx+d) = acx^2+(ad+bc)x+bd$

(V)　$(a+b)^3 = a^3+3a^2b+3ab^2+b^3$

　　$(a-b)^3 = a^3-3a^2b+3ab^2-b^3$

(IV)，(V)は次のようにして導かれる．

$$(ax+b)(cx+d) = acx^2+adx+bcx+bd = acx^2+(ad+bc)x+bd$$

$$\begin{aligned}(a+b)^3 &= (a+b)^2(a+b) = (a^2+2ab+b^2)(a+b)\\ &= a^3+2a^2b+ab^2+a^2b+2ab^2+b^3 = a^3+3a^2b+3ab^2+b^3\end{aligned}$$

例 6　$(2x-3y)^2 = (2x)^2-2\cdot 2x\cdot 3y+(3y)^2 = 4x^2-12xy+9y^2$

$(2x+1)(3x+5) = 2\cdot 3\,x^2+(2\cdot 5+1\cdot 3)\,x+1\cdot 5 = 6x^2+13x+5$

$(a+2b)^3 = a^3+3\cdot a^2\cdot 2b+3\cdot a\cdot(2b)^2+(2b)^3 = a^3+6a^2b+12ab^2+8b^3$

$(a-2b)^3 = a^3-3\cdot a^2\cdot 2b+3\cdot a\cdot(2b)^2-(2b)^3 = a^3-6a^2b+12ab^2-8b^3$

問・6 展開公式 (1) を用いて，次の式を計算せよ．

(1)　$(x+2)(x+5)$　　(2)　$(x+3y)(x+5y)$

(3)　$(3x-1)(3x+1)$　　(4)　$(2x+3y)(3x-4y)$

(5)　$(3a+b)^3$　　(6)　$(2a-3b)^3$

次の展開公式も成り立つ.

●展開公式 (2)

(VI) $(a+b+c)^2 = a^2+b^2+c^2+2ab+2bc+2ca$

(VII) $(a+b)(a^2-ab+b^2) = a^3+b^3$

(VIII) $(a-b)(a^2+ab+b^2) = a^3-b^3$

例 7 (1) $(x-y+z)^2 = x^2+(-y)^2+z^2+2x(-y)+2(-y)z+2zx$

$$= x^2+y^2+z^2-2xy-2yz+2zx$$

(2) $(2a-3b)(4a^2+6ab+9b^2) = (2a)^3-(3b)^3 = 8a^3-27b^3$

問・7 次の式を計算せよ.

(1) $(a+3b+2c)^2$　　(2) $(x+3y)(x^2-3xy+9y^2)$

例題 1 次の式を計算せよ.

(1) $(x+y+1)(x+y+2)$　　(2) $(a+b-c)(a-b+c)$

解 (1) $x+y=X$ とおき, 与えられた式（与式という）を変形すると

与式 $=(X+1)(X+2)=X^2+3X+2$

$=(x+y)^2+3(x+y)+2$

$=x^2+2xy+y^2+3x+3y+2$

(2) $-b+c=-(b-c)$ と変形できることに着目して

与式 $=\{a+(b-c)\}\{a-(b-c)\}$

したがって, $b-c=X$ とおくと

与式 $=(a+X)(a-X)=a^2-X^2$

$=a^2-(b-c)^2=a^2-b^2+2bc-c^2$ //

問・8 次の式を計算せよ.

(1) $(x+3y+2)(x+3y+1)$　　(2) $(a+b+c)(a-b-c)$

1 3 因数分解

整式 P をいくつかの1次以上の整式 A, B, $\cdots$ の積の形で表すことを，P を**因数分解**するといい，A, B, $\cdots$ を P の**因数**という．

例 8 $x^2-4=(x+2)(x-2)$ （$x+2$, $x-2$ は x^2-4 の因数）

$x^2-xy=x(x-y)$ （x, $x-y$ は x^2-xy の因数）

展開公式を逆にみることにより，次の因数分解の公式が得られる．

●因数分解の公式

（Ⅰ） $ma+mb=m(a+b)$, $an+bn=(a+b)n$

（Ⅱ） $a^2+2ab+b^2=(a+b)^2$, $a^2-2ab+b^2=(a-b)^2$

（Ⅲ） $a^2-b^2=(a+b)(a-b)$

（Ⅳ） $a^3+b^3=(a+b)(a^2-ab+b^2)$

$a^3-b^3=(a-b)(a^2+ab+b^2)$

（Ⅰ）の各式の左辺において，m と n を**共通因数**という．また，この変形を**共通因数をくくり出す**という．

例題 2 次の式を因数分解せよ．

(1) x^4y-xy^4 (2) $a+b+ab+1$

解 (1) x^4y-xy^4

$=xy(x^3-y^3)$ ← 共通因数 xy をくくり出す

$=xy(x-y)(x^2+xy+y^2)$ ← 公式(Ⅳ)

(2) $a+b+ab+1=ab+a+b+1$ ← a について整理する

$=a(b+1)+(b+1)$ ← 共通因数 $b+1$ をくくり出す

$=(a+1)(b+1)$ //

問・9 次の式を因数分解せよ.

(1) $a^3-4a^2b+4ab^2$　　(2) $3x^2-27y^2$

(3) $a^2+6ab+9b^2-4c^2$　　(4) $8a^3+1$

(5) $xy-3x+2y-6$　　(6) $2a+3b+3ab+2$

2次の項の係数が1である2次式の因数分解は, 次の公式で与えられる.

$$\boldsymbol{x^2+(a+b)x+ab=(x+a)(x+b)}$$

問・10 次の式を因数分解せよ.

(1) $x^2+10x+16$　　(2) x^2+5x-6

2次の項の係数が1でない2次式の因数分解は, 次の公式で与えられる.

● 2次式の因数分解の公式

$$acx^2+(ad+bc)x+bd=(ax+b)(cx+d)$$

例題 3 次の式を因数分解せよ.

(1) $3x^2+10x+8$　　(2) $6x^2-7x-3$

解 (1) $ac=3,\ bd=8,\ ad+bc=10$ となる数 $a,\ b,\ c,\ d$ を見つけることができれば因数分解ができる. そのために, 次の図式(**たすき掛けの図式**という)を作って考える.

a	b →	bc
c	d →	ad
ac	bd	$ad+bc$

3	4 →	4
1	2 →	6
3	8	10

$ac=3$ となる組み合せは3と1だから, まず左の欄に3と1をおいて, 他の欄に当てはまる数をさがすと, $b=4,\ d=2$ が見つかる.

よって　$3x^2+10x+8=(3x+4)(x+2)$

(2) $ac = 6$ となる 2 つの数の組み合せのうち，6 と 1 の場合は，左側の図式のように，$ad + bc = -7$ となる数の組を見つけることができない．

$$\begin{array}{ccccc} 6 & & 3 & \longrightarrow & 3 \\ 1 & \times & -1 & \longrightarrow & -6 \\ \hline 6 & & -3 & & -3 \end{array} \qquad \begin{array}{ccccc} 3 & & 1 & \longrightarrow & 2 \\ 2 & \times & -3 & \longrightarrow & -9 \\ \hline 6 & & -3 & & -7 \end{array}$$

3 と 2 の場合は，右側の図式のように，$b = 1$，$d = -3$ が見つかるから

$$6x^2 - 7x - 3 = (3x + 1)(2x - 3) \qquad //$$

問・11 次の式を因数分解せよ．

(1)　$3x^2 + 14x + 8$　　(2)　$6x^2 - x - 2$

例題 4 次の式を因数分解せよ．

(1)　$x^4 + 5x^2 - 6$　　(2)　$2x^2 + 7xy + 3y^2 + x - 7y - 6$

解 (1) $x^2 = X$ とおくと

$$\begin{aligned} 与式 &= X^2 + 5X - 6 = (X - 1)(X + 6) \\ &= (x^2 - 1)(x^2 + 6) = (x + 1)(x - 1)(x^2 + 6) \end{aligned}$$

(2) 式を文字 x について整理してから因数分解する．

$$\begin{aligned} 与式 &= 2x^2 + (7y + 1)x + (3y^2 - 7y - 6) \\ &= 2x^2 + (7y + 1)x + (3y + 2)(y - 3) \\ &= (2x + y - 3)(x + 3y + 2) \end{aligned}$$

最後の項を因数分解

全体を因数分解　//

$$\begin{array}{ccccc} 2 & & y - 3 & \longrightarrow & y - 3 \\ 1 & \times & 3y + 2 & \longrightarrow & 6y + 4 \\ \hline 2 & & (y - 3)(3y + 2) & & 7y + 1 \end{array}$$

問・12 次の式を因数分解せよ．

(1)　$x^4 - 5x^2 + 4$　　(2)　$(a + b)^2 + 2(a + b) - 3$

(3)　$x^2 - 2xy + y^2 - x + y - 6$　　(4)　$3x^2 + 7xy + 2y^2 - x + 3y - 2$

1 4 整式の除法

整数の除法については，右のようにして商 (quotient) と余り (remainder) を求めることができる．また，27 を 6 で割った結果を等式で表すと，次のようになる．

$$
\begin{array}{r}
4 \leftarrow \text{商} \\
6 \,\big)\, \overline{27} \\
24 \\
\hline
3 \leftarrow \text{余り}
\end{array}
$$

$$27 = 6 \times \underset{\text{商}}{\underset{\uparrow}{4}} + \underset{\text{余り}}{\underset{\uparrow}{3}}$$

●**注**…商と余りはそれぞれ Q, R と書くことが多い．

整式の除法についても，整式を降べきの順に整理してから，整数の除法と同じように行うことができる．例えば，$A = 3x^3 - 4x^2 + 12x + 16$, $B = x^2 - 2x + 5$ とするとき，$A \div B$ は次のように計算される．

$$
\begin{array}{rrl}
 & 3x \quad +2 & \\
B \cdots\cdots \quad x^2-2x+5 \,\big)\! & \overline{3x^3-4x^2+12x+16} & \cdots\cdots A \\
 & 3x^3-6x^2+15x \quad\;\; & \cdots\cdots 3xB \\
\hline
 & 2x^2- \;\; 3x+16 & \cdots\cdots A-3xB \\
 & 2x^2- \;\; 4x+10 & \cdots\cdots 2B \\
\hline
 & x+ \;\; 6 & \cdots\cdots A-3xB-2B
\end{array}
$$

この計算では，A から $3xB$, $2B$ を順に引いていき，残りの次数が B の次数より低くなったところで終わる．この結果から

$$A - 3xB - 2B = x + 6$$

したがって，次の関係式が成り立つことがわかる．

$$A = B(3x + 2) + (x + 6)$$

このとき，商は $Q = 3x + 2$，余りは $R = x + 6$ である．

●除法の等式

整式 A を B で割ったときの商を Q，余りを R とすると

$$A = BQ + R \qquad (\text{ただし，} R \text{ の次数} < B \text{ の次数})$$

特に，$R = 0$ のときは，$A = BQ$ となり，A は B で**割り切れる**という．

例題 5　次の整式 A を B で割ったときの商と余りを求め，等式で表せ．

(1)　$A = 4x^2 + 8x + 5,\ B = 2x + 3$

(2)　$A = x^3 - 3,\ B = x + 2$

解　(1)　$A \div B$ を右のようにして計算すると

商は $2x+1$　余りは 2

したがって，等式で表すと

$4x^2 + 8x + 5 = (2x+3)(2x+1) + 2$

または　$A = B(2x+1) + 2$

$$\begin{array}{r} 2x\ +1 \\ 2x+3\,\big)\,\overline{4x^2+8x+5} \\ \underline{4x^2+6x} \\ 2x+5 \\ \underline{2x+3} \\ 2 \end{array}$$

(2)　次数の等しい項の位置を合わせることに注意して，右のように計算すると

商は $x^2 - 2x + 4$　余りは -11

したがって，等式で表すと

$x^3 - 3 = (x+2)(x^2 - 2x + 4) - 11$

または　$A = B(x^2 - 2x + 4) - 11$　//

$$\begin{array}{r} x^2-2x\ +4 \\ x+2\,\big)\,\overline{x^3-\ 3} \\ \underline{x^3+2x^2} \\ -2x^2 \\ \underline{-2x^2-4x} \\ 4x-\ 3 \\ \underline{4x+\ 8} \\ -11 \end{array}$$

問・13　次の整式 A を B で割ったときの商と余りを求め，等式で表せ．

(1)　$A = 2x^2 + 5x + 4,\ B = x + 2$

(2)　$A = 6x^2 + x - 8,\ B = 2x - 3$

(3)　$A = x^3 - 8x + 2,\ B = x + 3$

問・14　ある整式を $x+2$ で割ったとき，商が $x^2 + x + 4$ で，余りが 3 であった．この整式を求めよ．

整式 A が整式 B で割り切れるとき，B を A の**約数**，A を B の**倍数**という．$A = BC$ のとき，B は A の約数であり，A は B の倍数である．

例 9　ab は $3ab^2c$ の約数，$(x-2)(x+3)$ は $(x-2)$ の倍数である．

2つ以上の整式に共通な約数を**公約数**といい，そのうちで次数が最大のものを**最大公約数**という．最大公約数はすべての公約数の倍数になる．

一方，2つ以上の整式に共通な倍数を**公倍数**といい，そのうちで次数が最小のものを**最小公倍数**という．最小公倍数はすべての公倍数の約数になる．

公約数が定数だけである整式 A, B は**互いに素**であるという．

例題 6 次の整式の組の最大公約数と最小公倍数を求めよ．

(1) $6a^3b^2d,\ 8ab^4c^3,\ 12a^2b^3c^2$

(2) $(x+1)(x+2)^2,\ (x+1)^3(x+3)$

解 (1) 最大公約数を求めるには，各式の共通な因数のうち，指数が一番低いものを抜き出して積をつくればよい．また，最小公倍数は，各式のすべての因数を抜き出し，一番高い指数をつけて積をつくればよい．

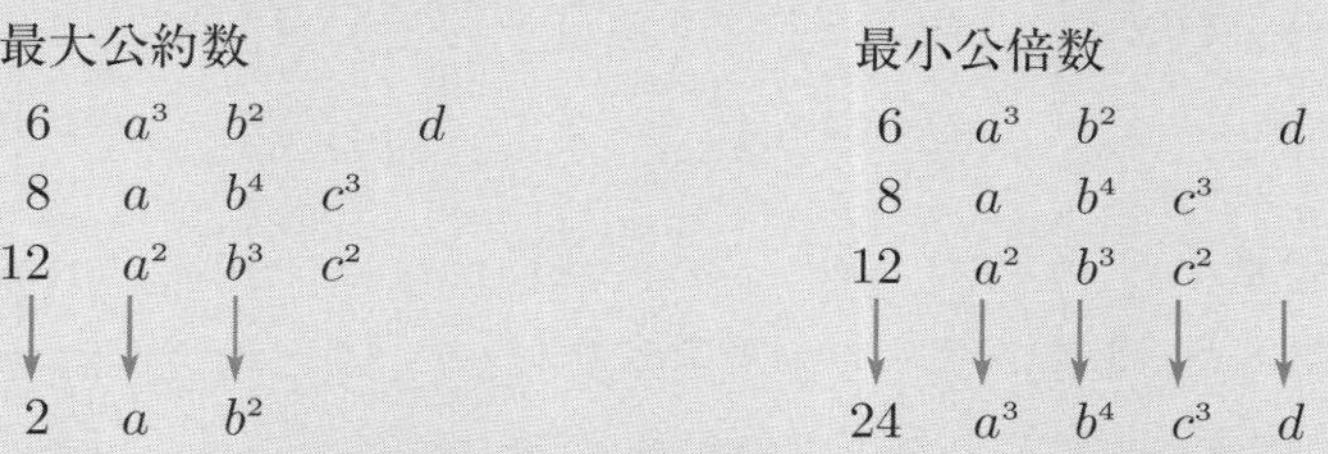

したがって，最大公約数は $2ab^2$，最小公倍数は $24a^3b^4c^3d$ である．

(2) 最大公約数

$(x+1)\quad (x+2)^2$

$(x+1)^3\quad (x+3)$

↓

$(x+1)$

最小公倍数

$(x+1)\quad (x+2)^2$

$(x+1)^3\quad (x+3)$

↓ ↓ ↓

$(x+1)^3\quad (x+2)^2\quad (x+3)$

最大公約数は $x+1$，最小公倍数は $(x+1)^3(x+2)^2(x+3)$ である．　//

問・15 次の整式の組の最大公約数と最小公倍数を求めよ．

(1) $ab^2,\ bc$　　(2) $4ab^2c^3,\ 6a^2b^3cd,\ 8acd^2$

(3) $2x^2(x+1)^3(x-3),\ 6x(x+1)^2(x+2)^2,\ x(x+1)$

1 5　剰余の定理と因数定理

ある整式 P が文字 x についての整式であることをはっきり示したいときには，$P(x)$ のように書く．例えば

$$P(x) = x^3 + x^2 - 2x - 5, \quad Q(x) = 2x^3 + 5x^2 + x - 2$$

$P(x)$ の x に特定の値 a を代入したときの式の値を $P(a)$ で表す．

例 10　上の $P(x)$, $Q(x)$ について

$$P(x) = x^3 + x^2 - 2x - 5 \quad \text{整式}$$

↓ 代入 ↓

$$P(2) = 2^3 + 2^2 - 2\cdot 2 - 5 = 3 \quad \text{値}$$

同様に　$Q(-1) = -2 + 5 - 1 - 2 = 0$

問・16　$P(x) = 2x^3 + 3x^2 - 5x + 4$, $Q(x) = -x^3 + x^2 - 2x + 1$ について，次の整式または値を求めよ．ただし，a は特定の値とする．

(1)　$P(x) + Q(x)$　　(2)　$2P(x) - 3Q(x)$　　(3)　$P(1)$

(4)　$Q(0)$　　(5)　$P(a)$　　(6)　$Q(-a)$

上の例の整式 $P(x) = x^3 + x^2 - 2x - 5$ を $x - 2$ で割ると，商が $x^2 + 3x + 4$ で余りが 3 となる．この余り 3 は，例で求めた値 $P(2)$ に等しい．その理由を説明しよう．

$$\begin{array}{r} x^2 + 3x + 4 \\ x-2 \,\big)\, x^3 + x^2 - 2x - 5 \\ x^3 - 2x^2 \\ \hline 3x^2 - 2x \\ 3x^2 - 6x \\ \hline 4x - 5 \\ 4x - 8 \\ \hline 3 \end{array}$$

11ページの除法の等式より，整式 $P(x)$ を 1 次式 $x - a$ で割った商を $Q(x)$，余りを R とすると，R は定数で

$$P(x) = (x - a)\,Q(x) + R$$

x に a を代入すると

$$\begin{aligned} P(a) &= (a - a)\,Q(a) + R \\ &= 0 \cdot Q(a) + R = R \end{aligned}$$

したがって，値 $P(a)$ と余り R は一致する．

以上のことから，次の**剰余の定理**が成り立つ．

●剰余の定理

整式 $P(x)$ を $x-a$ で割ったときの余りは $P(a)$ に等しい．

例 11 整式 $P(x)=2x^3+3x^2+5x+10$ を $x-3$ で割ったときの余りは

$$P(3)=2\cdot 3^3+3\cdot 3^2+5\cdot 3+10=106$$

また，$x+3$ で割ったときの余りは，$x+3=x-(-3)$ に注意して

$$P(-3)=2\cdot(-3)^3+3\cdot(-3)^2+5\cdot(-3)+10=-32$$

問・17 次の整式 $A(x)$ を $B(x)$ で割ったときの余りを求めよ．

(1) $A(x)=x^3-3x^2-x+4,\ B(x)=x-1$

(2) $A(x)=x^4+2x^3-2x^2+2x-1,\ B(x)=x+1$

整式 $P(x)$ を 1 次式 $2x-3$ で割ったときの余り R がどうなるか調べよう．商を $Q(x)$ とすると

$$P(x)=(2x-3)Q(x)+R$$

x に $\dfrac{3}{2}$ を代入すると

$$P\left(\frac{3}{2}\right)=\left(2\cdot\frac{3}{2}-3\right)Q\left(\frac{3}{2}\right)+R=0\cdot Q\left(\frac{3}{2}\right)+R=R$$

よって，$P(x)$ を $2x-3$ で割ったときの余りは $P\left(\dfrac{3}{2}\right)$ に等しい．

一般に，整式 $P(x)$ を $ax-b\,(a\neq 0)$ で割ったときの余りは $P\left(\dfrac{b}{a}\right)$ に等しい．

問・18 整式 $4x^3+2x^2-3x+2$ を $2x-1$ で割ったときの余りを求めよ．また，$2x+3$ で割ったときの余りを求めよ．

14 ページの例の $Q(x)=2x^3+5x^2+x-2$ について，$Q(-1)=0$ となるから，剰余の定理より $Q(x)$ を $x-(-1)=x+1$ で割ったときの余りは 0 である．したがって，$Q(x)$ は $x+1$ で割り切れることがわかる．

一般に，次の**因数定理**が成り立つ．

●因数定理

整式 $P(x)$ について，$P(a)=0$ ならば，$P(x)$ は $x-a$ で割り切れる．
逆に，$P(x)$ が $x-a$ で割り切れるならば，$P(a)=0$ が成り立つ．

問・19 整式 $P(x)=x^3+2x-12$ は，$x-1$，$x+1$，$x-2$，$x+2$ のいずれの1次式で割り切れるか．

問・20 整式 x^3-3x^2+kx-4 が $x-2$ で割り切れるように定数 k の値を定めよ．

因数定理を用いて，整式を因数分解することができる．

例題 7 $P(x)=x^3+3x^2-4x-12$ を因数分解せよ．

解 $P(a)=0$ となる a を1つ見つける．

$$P(2)=8+12-8-12=0$$

したがって，$P(x)$ は $x-2$ で割り切れる．
実際に割り算を行うと，商 x^2+5x+6 が得られるから

$$\begin{aligned} P(x) &= (x-2)(x^2+5x+6) \\ &= (x-2)(x+2)(x+3) \end{aligned}$$

//

●**注**……定数項 -12 の約数 1，-1，2，-2，$\cdots$ を代入することにより，$P(a)=0$ となる a を1つ見つければよい．

問・21 次の式を因数分解せよ．

(1) x^3-3x^2+x+1　　(2) $x^3+5x^2-8x-12$

(3) $2x^3+3x^2-3x-2$　　(4) $x^4+3x^3-2x^2-12x-8$

コラム

組立除法

整式を 1 次式 $x - a$ で割ったときの商と余りを簡単に求める方法として組立除法がある．例えば，$P(x) = x^3 + 5x^2 - 2x - 18$ を $x + 3$ で割るとき，組立除法は右下の図式のようになる．

通常の割り算

$$
\begin{array}{r}
x^2 + 2x \ - 8 \\
x + 3 \,\big)\, \overline{x^3 + 5x^2 - 2x - 18} \\
\underline{x^3 + 3x^2 \qquad\qquad\quad} \\
2x^2 - 2x \qquad\ \ \\
\underline{2x^2 + 6x \qquad\ \ } \\
-8x - 18 \\
\underline{-8x - 24} \\
6
\end{array}
$$

組立除法

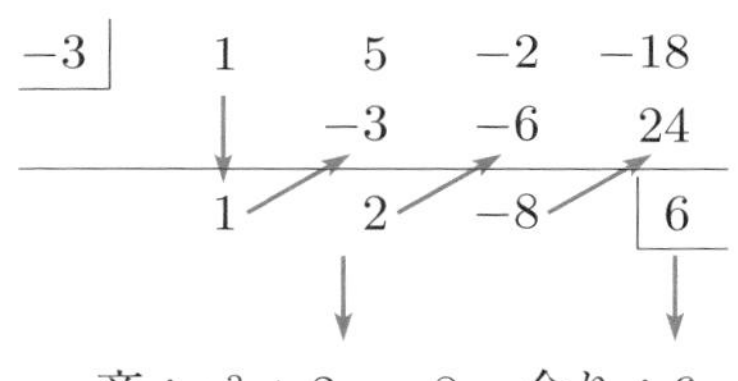

組立除法による計算方法を説明しよう．

(1) $a = -3$ と $P(x)$ の係数 1，5，-2，-18 を 1 行目に書く．

(2) 最初の係数 1 を横線の下にそのまま書く．

(3) 1 と -3 の積 -3 を係数 5 の下に，その和 2 を横線の下に書く．

(4) 2 と -3 の積 -6 を係数 -2 の下に，その和 -8 を横線の下に書く．

(5) -8 と -3 の積 24 を係数 -18 の下に，その和 6 を横線の下に書く．

(6) 最後の 6 は余り，1, 2, -8 は商の係数を表す．

組立除法は，次数の高い整式に対して少ない計算回数で商と余りを求める方法である．例えば，整式

$$P(x) = 3x^3 + 4x^2 - 7x - 5$$

を $(x + 1)(x - 2)$ で割ったときの商と余りは次のようにして求められる．

-1	3	4	-7	-5
		-3	-1	8
2	3	1	-8	3
		6	14	
	3	7	6	

右の図式において，3 段目の 3，1，-8 および 3 は，$P(x)$ を $x + 1$ で割ったときの商が $3x^2 + x - 8$，余りが 3 であることを表している．これを等式で表すと

$$P(x) = (x+1)(3x^2+x-8)+3 \quad ①$$

また，最下段の 3，7 および 6 は，$3x^2+x-8$ を $x-2$ で割ったときの商 $3x+7$，余り 6 を表すから

$$3x^2+x-8 = (x-2)(3x+7)+6 \quad ②$$

②を①に代入すると

$$\begin{aligned} P(x) &= (x+1)\{(x-2)(3x+7)+6\}+3 \\ &= (x+1)(x-2)(3x+7)+6(x+1)+3 \end{aligned}$$

したがって，$P(x)$ を $(x+1)(x-2)$ で割ったときの商は $3x+7$，余りは $6(x+1)+3=6x+9$ となる．

組立除法は高次方程式の解法としても古くから用いられている．

$P(x)=x^3-7x+6$ を因数分解してみよう．

$$P(1) = 1^3 - 7\cdot 1 + 6 = 0$$

$$P(2) = 2^3 - 7\cdot 2 + 6 = 0$$

1	1	0	−7	6
		1	1	−6
2	1	1	−6	0
		2	6	
	1	3	0	

右のように，組立除法を繰り返し用いると

$$\begin{aligned} P(x) &= (x-1)(x^2+x-6) \\ &= (x-1)(x-2)(x+3) \end{aligned}$$

が得られる．

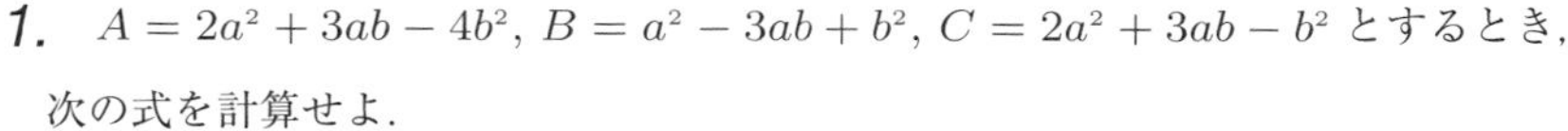

練習問題 1・A

1. $A=2a^2+3ab-4b^2$, $B=a^2-3ab+b^2$, $C=2a^2+3ab-b^2$ とするとき，次の式を計算せよ．

(1) $A+B+C$　(2) $3A-(5B+2C)$　(3) $AB-BC$

2. 次の式を展開せよ．

(1) $(a+2b)^2(a-2b)^2$　(2) $(3x-2)(5x+4)$

(3) $(4x-y)^3$　(4) $(2a+3b-4)(2a+3b+1)$

(5) $(x^2-2xy+4y^2)(x+2y)$　(6) $(x^2+2xy+4y^2)(2x-3y)$

3. 次の式を因数分解せよ．

(1) $2x^4-16xy^3$　(2) $ax-by+bx-ay$

(3) $3a^2-2a-5$　(4) x^4-10x^2+9

(5) $x^2-3xy+2y^2+4x-7y+3$　(6) $x^2+4xy+3y^2+8x+6y-9$

4. 次の整式 A を B で割ったときの商と余りを求め，等式で表せ．

(1) $A=2x^4-x^3+x^2+14x-4$，$B=2x^2+3x-1$

(2) $A=8x^3+4x+1$，$B=2x-1$

5. 次の組の整式の最大公約数と最小公倍数を求めよ．

(1) $4ab^3$，$2a^2bc$，$6a^3b^2c^2$　(2) $x(x-1)$，$(x-1)^2$

(3) x^2+x-2，x^4+2x^2-3　(4) x^2+2x，x^2+x-2，x^2+4x+4

6. ある整式を x^2+1 で割ると，商が x^2-2x+3 で，余りが $x+1$ であるという．この整式を x^2-x+2 で割ったときの商と余りを求めよ．

7. ある整式を $(x+2)(x-1)$ で割ったときの余りが $3x+1$ であるとき，次の問いに答えよ．

(1) $(x+2)(x-1)$ で割ったときの商を $Q(x)$ とおくとき，この整式を表せ．

(2) この整式を $x-1$ で割ったときの余りを求めよ．

練習問題 1・B

1. 次の式を展開せよ.

(1) $(a-2b)(a^2+2ab+4b^2)(a^3+8b^3)$

(2) $(x+1)(x+2)(x+3)(x+4)$

(3) $(a+b+c)(a-b-c)(a-b+c)(a+b-c)$

(4) $(x-y+z)^3$

2. 次の式を因数分解せよ.

(1) $4x^3-5x^2y-6xy^2$

(2) $a^2-b^2+c^2-d^2+2ac-2bd$

(3) $2x^2+xy-6y^2+4x-13y-6$

(4) $x^2y+x^2z-xy^2-y^2z$

(5) x^6+7x^3-8

3. 次の式を因数分解せよ.

(1) $(a-b)c^2+(b-c)a^2+(c-a)b^2$

(2) x^4+3x^2+4

(3) $x^4-x^3-7x^2+x+6$

4. x の整式 $A=x^2+4x-5$ と整式 B の最大公約数が $x-1$，最小公倍数が $x^3+2x^2-13x+10$ であるという．B を求めよ．

5. 2 次と 3 次の 2 つの整式があり，それらの最大公約数は $2x-1$，最小公倍数は $2x^4+3x^3+2x^2+6x-4$ である．この 2 つの整式を求めよ．

6. x^4+1 を整式 $P(x)$ で割ったら，商が x^3-2x^2+4x-8 で，余りが 17 であった．$P(x)$ を求めよ．

7. 整式 $Q(x)$ を $x+1$ で割ると余りが -3 であり，$x-2$ で割ると余りが 3 であった．$Q(x)$ を x^2-x-2 で割ったときの余りを求めよ．

2 いろいろな数と式

2-1 分数式の計算

A, B が整式で，$B \neq 0$ のとき，$\dfrac{A}{B}$ の形で表される式を**有理式**という．B が定数のときは，整式となる．B が定数でないときは，**分数式**といい，A をその**分子**，B をその**分母**という．分数式の分子と分母に公約数があるときには，分子と分母をその公約数で割って簡単にすることができる．これを**約分する**といい，それ以上約分できない分数式を**既約分数式**という．

$$\frac{x^2+2x-2}{2} = \frac{1}{2}x^2+x-1 \longleftarrow \text{整式}$$

$$\frac{x^2+2x-2}{x+2} \longleftarrow \text{分数式}$$

（整式・分数式 → 有理式）

公約数 $(x-1)$

$$\frac{\boxed{(x-1)}(x+1)}{\boxed{(x-1)}(x+2)} = \frac{x+1}{x+2} \longleftarrow \text{既約分数式}$$

例 1

$$\frac{a^5}{a^2} = \frac{a \cdot a \cdot a \cdot a \cdot a}{a \cdot a} = a \cdot a \cdot a = a^3$$

$$\frac{a^3}{a^3} = \frac{a \cdot a \cdot a}{a \cdot a \cdot a} = 1$$

$$\frac{a^2b^2}{a^5b} = \frac{a \cdot a \cdot b \cdot b}{a \cdot a \cdot a \cdot a \cdot a \cdot b} = \frac{b}{a \cdot a \cdot a} = \frac{b}{a^3}$$

一般に，m, n を正の整数，$a \neq 0$ とするとき，次の公式が成り立つ．

●除法の指数法則

（I）　$m > n$ のとき　$\dfrac{a^m}{a^n} = a^{m-n}$

（II）　$m = n$ のとき　$\dfrac{a^m}{a^n} = 1$

（III）　$m < n$ のとき　$\dfrac{a^m}{a^n} = \dfrac{1}{a^{n-m}}$

例 2 $\dfrac{(2ab)^5}{(2ab^2)^3}=\dfrac{2^5a^5b^5}{2^3a^3b^6}=\dfrac{2^2a^2}{b}=\dfrac{4a^2}{b}$, $\dfrac{(-3ab)^2}{ab^2}=\dfrac{9a^2b^2}{ab^2}=9a$

$$\frac{x^2+5x+6}{x^2+2x-3}=\frac{\cancel{(x+3)}(x+2)}{\cancel{(x+3)}(x-1)}=\frac{x+2}{x-1}$$

問・1 次の分数式を既約分数式になおせ.

(1) $\dfrac{(3xy^2)^3}{(3x^2yz^3)^2}$　(2) $\dfrac{x^2-2x-3}{x^3-x^2-6x}$　(3) $\dfrac{(a+b)^2-c^2}{a^2-(b+c)^2}$

2つ以上の分数式の分母を共通にすることを**通分する**という．ふつうは，分母の最小公倍数を共通な分母とする.

分母が異なる分数式の加法・減法では，通分してから計算する．ふつうは，計算した結果は，約分をして既約分数式や整式で表す.

例 3 $x-\dfrac{xy}{x+y}=\dfrac{x}{1}-\dfrac{xy}{x+y}=\dfrac{x(x+y)}{x+y}-\dfrac{xy}{x+y}=\dfrac{x^2}{x+y}$

$$\frac{x}{(x-1)^3}+\frac{1}{(x-1)^3(x-2)}=\frac{x(x-2)}{(x-1)^3(x-2)}+\frac{1}{(x-1)^3(x-2)}$$
$$=\frac{x^2-2x+1}{(x-1)^3(x-2)}=\frac{\cancel{(x-1)^2}}{(x-1)^{\cancel{3}}(x-2)}=\frac{1}{(x-1)(x-2)}$$

問・2 次の分数式を計算せよ.

(1) $\dfrac{1}{x+1}+\dfrac{2}{x-1}$　(2) $\dfrac{x+2}{x^2+x-2}+\dfrac{x+3}{x^2-4x+3}$

(3) $y+\dfrac{y^2}{x-y}$　(4) $\dfrac{a}{ab+b^2}-\dfrac{b}{a^2+ab}$

2つの分数式の乗法・除法の計算は，分数の場合と同様に行えばよい.

$$\frac{A}{B}\times\frac{C}{D}=\frac{AC}{BD},\quad \frac{A}{B}\div\frac{C}{D}=\frac{A}{B}\times\frac{D}{C}=\frac{AD}{BC}$$

例 4 $\dfrac{x+1}{3-x}\times\dfrac{x^2-4x+3}{x^2-x-2}=\dfrac{\cancel{x+1}}{-\cancel{(x-3)}}\times\dfrac{\cancel{(x-3)}(x-1)}{(x-2)\cancel{(x+1)}}=-\dfrac{x-1}{x-2}$

$$\frac{x^2+5x+6}{x^2-4x+4}\div\frac{x^2+3x}{x^2-4}=\frac{\cancel{(x+3)}(x+2)}{(x-2)^{\cancel{2}}}\times\frac{\cancel{(x-2)}(x+2)}{x\cancel{(x+3)}}$$
$$=\frac{(x+2)^2}{x(x-2)}$$

問･3 次の分数式を計算せよ.

(1) $\dfrac{3b^2c}{8a} \times \dfrac{4a^3}{9bc}$

(2) $\dfrac{t^2+3t}{t+5} \div \dfrac{t^3+6t^2+9t}{t^2-t-30}$

(3) $\dfrac{x^2+x}{2x^2+x-6} \times \dfrac{4x^2-6x}{x^2-1} \div \dfrac{x^2}{x^2+x-2}$

(4) $\dfrac{5y^3}{x(x-y)} \times \dfrac{y-x}{10y^2}$

分子または分母に分数式を含む分数式を**繁分数式**という.

例題 1 次の繁分数式を簡単にせよ.

(1) $\dfrac{\dfrac{c}{ab}}{ab^2c}$ (2) $\dfrac{\dfrac{y^2}{x}-x}{\dfrac{x^2}{y}-y}$ (3) $\dfrac{x-\dfrac{2}{x+1}}{x-1-\dfrac{3}{x+1}}$

解 分子と分母に同じ式を掛け，ともに整式になるようにする.

(1) 分子と分母に ab を掛けて

$$与式 = \frac{\dfrac{c}{ab}\times ab}{ab^2c\times ab} = \frac{c}{a^2b^3c} = \frac{1}{a^2b^3}$$

(2) 分子と分母に xy を掛けて

$$与式 = \frac{(y^2-x^2)y}{(x^2-y^2)x} = \frac{-(x^2-y^2)y}{(x^2-y^2)x} = -\frac{y}{x}$$

(3) 分子と分母に $x+1$ を掛けて

$$与式 = \frac{x(x+1)-2}{(x^2-1)-3} = \frac{(x+2)(x-1)}{(x+2)(x-2)} = \frac{x-1}{x-2}$$ //

問･4 次の繁分数式を簡単にせよ.

(1) $\dfrac{\dfrac{ad}{bc}}{\dfrac{a^2}{b}}$ (2) $\dfrac{1-\dfrac{1}{x}}{x-\dfrac{1}{x}}$ (3) $\dfrac{x+3}{x+1-\dfrac{8}{x-1}}$

仮分数 $\dfrac{14}{5}$ は, 14 を 5 で割ったときの商 2 と余り 4 を用いて $14 = 5\times2+4$ とすることにより

$$\frac{14}{5} = \frac{5\times2+4}{5} = \frac{5\times2}{5} + \frac{4}{5} = 2 + \frac{4}{5}$$

と表すことができた. 同様に, 分数式 $\dfrac{A}{B}$ は分子 A の次数が分母 B の次数より高いか等しいとき, A を B で割ったときの商 Q と余り R を用いて, 11 ページの除法の等式 $A = BQ + R$ より

$$\frac{A}{B} = \frac{BQ+R}{B} \qquad \text{これから} \qquad \boldsymbol{\frac{A}{B} = Q + \frac{R}{B}}$$

と表すことができる.

例 5 $6x^2 - 7x + 5$ を $2x - 3$ で割ったときの商 $3x + 1$ と余り 8 を用いて

$$\frac{6x^2-7x+5}{2x-3} = 3x + 1 + \frac{8}{2x-3}$$

問・5 次の分数式を例 5 のように変形せよ.

(1) $\dfrac{3x^2+4x-1}{x+2}$ (2) $\dfrac{-4x^3-2x^2+x-5}{x^2+x+1}$

② 2 実数

自然数 1, 2, 3, $\cdots$ に 0 と負の数 -1, -2, -3, $\cdots$ を合わせて**整数**といい, 整数 m, n $(n \neq 0)$ を用いて分数 $\dfrac{m}{n}$ の形で表される数を**有理数**という. 整数 m も $\dfrac{m}{1}$ と表されるから有理数である. 有理数を小数で表すと, $\dfrac{3}{5} = 0.6$ のような**有限小数**, あるいは $\dfrac{1}{3} = 0.3333\cdots = 0.\dot{3}$ のように**循環する無限小数**（**循環小数**）になる. ここで, $0.\dot{3}$ は 3 が繰り返し現れることを示す.

$$0.\dot{6} = 0.666\cdots, \ 0.\dot{4}\dot{7} = 0.474747\cdots, \ 0.\dot{3}5\dot{8}\dot{2} = 0.3582582\cdots$$

小数で表したときに, 循環しない無限小数となる数もある. 例えば, $\sqrt{2}$ や円周率 π はそのような数であることが知られている.

$$\sqrt{2} = 1.41421356237309504880168872420969807856 96\cdots$$

$$\pi = 3.14159265358979323846264338327950288419 71\cdots$$

循環しない無限小数となる数を**無理数**といい，有理数と無理数をあわせて**実数**という．

<table>
<tr><td>自然数</td><td>0</td><td>負整数</td><td colspan="2"></td><td rowspan="4">数の拡張 ↓</td></tr>
<tr><td colspan="3" rowspan="2">整数</td><td colspan="2">整数でない有理数</td></tr>
<tr><td>有限小数</td><td>循環小数</td></tr>
<tr><td colspan="5">有理数 ｜ 無理数（循環しない無限小数）</td></tr>
<tr><td colspan="6">実 数</td></tr>
</table>

すべての実数は１つの直線上の点で表すことができる．

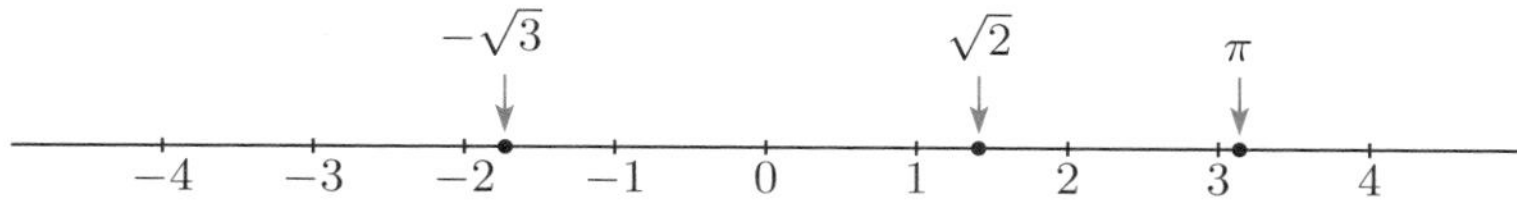

実数０に対応する点を**原点**といい，点Ｏで表す．直線上のすべての点に実数を１つずつ対応させた直線を**数直線**という．数直線上の点Ｐに対応する実数 a を点Ｐの**座標**という．

座標が a の点Ｐと原点Ｏとの間の距離 OP を実数 a の**絶対値**といい，記号 $|a|$ で表す．

O $|a|$ P
0 a

例 6　$|2| = 2$, $|-2| = 2$, $|0| = 0$

また，絶対値の定義より

$|x| = 2$ のとき，$x = 2$ または $x = -2$ である．

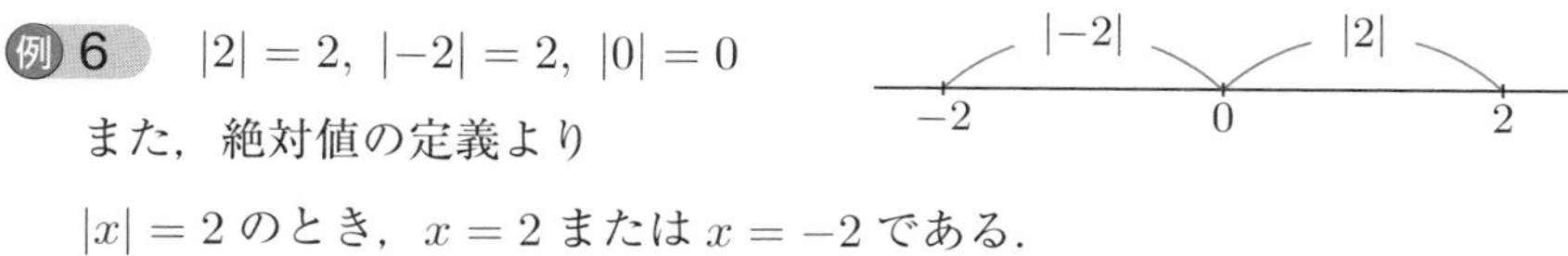

●**注**…「$x = 2$ または $x = -2$」であることを $x = \pm 2$ と書くこともある．記号 $\pm$ を**複号**といい，２つの式をまとめて表すときに用いられる．

$|a|$ は，$a \geqq 0$ の場合は a に等しく，$a < 0$ の場合は $-a$ に等しくなる．例えば，$|-5| = -(-5) = 5$ となる．すなわち，次の公式が成り立つ．

●絶対値

$$|a| = \begin{cases} a & (a \geqq 0 \text{ のとき}) \\ -a & (a < 0 \text{ のとき}) \end{cases}$$

例 7 $\pi - 1$ は正の数だから，$|\pi - 1| = \pi - 1$ である．逆に，$1 - \pi$ は負の数だから，$|1 - \pi| = -(1 - \pi) = \pi - 1$ である．

問・6 x が次の数であるとき，$|x - 1| + |x - 3|$ の値を求めよ．

(1) $x = 0$ (2) $x = \pi$ (3) $x = \dfrac{\pi}{2}$

絶対値には次の性質がある．

●絶対値の性質

(I) $|-a| = |a|$

(II) $|b - a| = |a - b|$

(III) $|ab| = |a|\,|b|$

(IV) $\left|\dfrac{a}{b}\right| = \dfrac{|a|}{|b|}$ (ただし $b \neq 0$)

証明 (I) $a > 0,\ a = 0,\ a < 0$ の場合に分ける．

$a > 0$ のとき，$-a < 0$ となるから　$|-a| = -(-a) = a = |a|$

$a = 0$ のとき，$-a = 0$ となるから　$|-a| = |a|$

$a < 0$ のとき，$-a > 0$ となるから　$|-a| = -a = |a|$

(II) (I) より　$|b - a| = |-(a - b)| = |a - b|$

(III) $a \geqq 0,\ b < 0$ のとき　$|ab| = -ab = a(-b) = |a||b|$

(III)の他の場合および(IV)も同様に証明することができる．//

●注……実数 a について，$|\boldsymbol{a}|^2 = \boldsymbol{a}^2$ が成り立つ．

②3 平方根

a が正の数または 0 のとき，2 乗して a になる数を a の**平方根**という．

正の数の平方根は 2 つあって，絶対値が等しく符号が反対である．その正の平方根を $\sqrt{a}$ と書く．負の平方根は $-\sqrt{a}$ である．また，0 の平方根は 0 だけであり，$\sqrt{0}=0$ とする．$\sqrt{\ }$ を**根号**という．

例 8 4 の平方根は 2 と -2 であり，$\sqrt{4}=2$，$-\sqrt{4}=-2$ である．

$\sqrt{4}=\pm 2$ ではない．

根号を含む式の計算においては，次の公式が成り立つ．

●根号の性質

(I) $\left(\sqrt{a}\right)^2=a \quad (a \geqq 0)$

(II) $\sqrt{a^2}=|a|$

(III) $\sqrt{a}\sqrt{b}=\sqrt{ab} \quad (a \geqq 0,\ b \geqq 0)$

(IV) $\dfrac{\sqrt{a}}{\sqrt{b}}=\sqrt{\dfrac{a}{b}} \quad (a \geqq 0,\ b > 0)$

証明 (I) 平方根の定義から，$\sqrt{a}$ を 2 乗すると a になる．

(II) $|a|^2=a^2$ より，$|a|$ は a^2 の正の平方根または 0 だから成り立つ．

(III) $\sqrt{a}\sqrt{b} \geqq 0$ で，$\left(\sqrt{a}\sqrt{b}\right)^2=ab$ より，$\sqrt{a}\sqrt{b}$ は ab の正の平方根または 0 だから成り立つ．

(IV) $\dfrac{\sqrt{a}}{\sqrt{b}} \geqq 0$, $\left(\dfrac{\sqrt{a}}{\sqrt{b}}\right)^2=\dfrac{a}{b}$ だから，(III) と同様である． //

例 9 $\sqrt{3^2}=|3|=3$, $\sqrt{(-3)^2}=|-3|=3$

$\sqrt{18}-\sqrt{50}=\sqrt{9}\sqrt{2}-\sqrt{25}\sqrt{2}=3\sqrt{2}-5\sqrt{2}=-2\sqrt{2}$

$\dfrac{\sqrt{63}}{\sqrt{7}}=\sqrt{\dfrac{63}{7}}=\sqrt{9}=3$

問•7 次の式を簡単にせよ.

(1) $\sqrt{12}-\sqrt{27}+4\sqrt{3}$　　(2) $\sqrt{5}\sqrt{30}+2\sqrt{24}-3\sqrt{54}$

(3) $(2\sqrt{3}-\sqrt{2})(\sqrt{3}+3\sqrt{2})$　　(4) $(1+2\sqrt{5})^2-(1-2\sqrt{5})^2$

例題 2 次の式を計算せよ.

(1) $\sqrt{(2-\sqrt{5})^2}$　　(2) $\sqrt{a^4+2a^2b^2+b^4}$

解 (1) 与式 $=|2-\sqrt{5}|=-(2-\sqrt{5})=\sqrt{5}-2$

$2-\sqrt{5}<0$ より　$a^2+b^2\geqq 0$ より

(2) 与式 $=\sqrt{(a^2+b^2)^2}=|a^2+b^2|=a^2+b^2$ //

問•8 次の式を計算せよ.

(1) $\sqrt{(\sqrt{3}-4)^2}$　　(2) $\sqrt{\pi^2-10\pi+25}$

分母に根号を含む式を, 分母に根号を含まない形に変形することを分母を**有理化する**という.

例 10　$\dfrac{3}{\sqrt{2}}=\dfrac{3\sqrt{2}}{\sqrt{2}\sqrt{2}}=\dfrac{3\sqrt{2}}{2}$

例題 3 $\dfrac{5}{\sqrt{3}-1}$ の分母を有理化せよ.

解 $(\sqrt{3}-1)(\sqrt{3}+1)=(\sqrt{3})^2-1^2=3-1$ となることを用いて

$$\frac{5}{\sqrt{3}-1}=\frac{5(\sqrt{3}+1)}{(\sqrt{3}-1)(\sqrt{3}+1)}=\frac{5(\sqrt{3}+1)}{3-1}=\frac{5(\sqrt{3}+1)}{2}$$ //

問•9 次の式の分母を有理化せよ.

(1) $\dfrac{12}{5\sqrt{6}}$　　(2) $\dfrac{1}{\sqrt{5}+2}$　　(3) $\dfrac{\sqrt{2}}{\sqrt{5}-\sqrt{3}}$　　(4) $\dfrac{2\sqrt{3}-3}{2\sqrt{3}+3}$

② 4 複素数

実数を 2 乗すると，正の数または 0 になるから，負の数の平方根は実数の範囲では求めることができない．ここでは，数の範囲を広げることにより，負の数の平方根が求められることを示そう．

平方して -1 になる数を新たに考え，文字 i で表し，**虚数単位**という．

●虚数単位

$$i^2 = -1$$

a, b が実数のとき，次の形で表される数を**複素数**という．

$$\alpha = a + bi$$

a を複素数 α の**実部**，b を複素数 α の**虚部**という．

複素数 $a + bi$（a：実部，b：虚部）

例 11 複素数 $\alpha = 3 + 2i$ の実部は 3，虚部は 2

複素数 $\beta = 5 - 7i = 5 + (-7)\,i$ の実部は 5，虚部は -7

$b = 0$ のとき，α は実数 a に等しい．したがって，実数は複素数の特別な場合と考えることができる．$b \neq 0$ のとき，α を**虚数**といい，$a = 0, b \neq 0$ のとき α を**純虚数**という．例えば，$3 + 2i$ は虚数，$5i$ は純虚数である．

実数 a	虚数 $a + bi$ $(b \neq 0)$	
	純虚数 bi	純虚数でない虚数
複素数 $a + bi$		

a, b, c, d が実数のとき，2 つの複素数 $\alpha = a + bi, \beta = c + di$ は，$a = c$，$b = d$ のときに限って**等しい**と定め，$\alpha = \beta$ と書く．

複素数の四則計算は，文字 i についての整式や分数式の計算と同様に行い，計算の途中で i^2 が現れたら，-1 と置き換えればよい．

例 12　$i^3 = i^2 \cdot i = (-1)i = -i$,　$i^4 = (i^2)^2 = (-1)^2 = 1$

$$\frac{1}{i} = \frac{i}{i^2} = \frac{i}{-1} = -i$$

例題 4　2 つの複素数 $\alpha = 4-3i$, $\beta = 3+2i$ について，次を計算せよ．

(1)　$\alpha+\beta$　　(2)　$\alpha-\beta$　　(3)　$\alpha\beta$　　(4)　$\dfrac{\alpha}{\beta}$

解　(1)　$\alpha+\beta = (4-3i)+(3+2i) = 7-i$

(2)　$\alpha-\beta = (4-3i)-(3+2i) = 1-5i$

(3)　$\alpha\beta = (4-3i)(3+2i) = 12-i-6i^2 = 12-i+6 = 18-i$

(4)　$$\frac{\alpha}{\beta} = \frac{4-3i}{3+2i} = \frac{(4-3i)(3-2i)}{(3+2i)(3-2i)} = \frac{12-17i+6i^2}{9-4i^2}$$

$$= \frac{6-17i}{13} = \frac{6}{13} - \frac{17}{13}i$$　//

複素数の計算についても，実数の場合と同様に，交換法則，結合法則，分配法則が成り立ち，計算結果も複素数である．

問・10　次の式を計算せよ．

(1)　$(2-i)(3+4i)$　　(2)　$i^3 - \dfrac{1}{i}$

(3)　$\dfrac{1+2i}{3-4i}$　　(4)　$\dfrac{3-2i}{3+2i} + \dfrac{3+2i}{3-2i}$

複素数を用いて負の数の平方根を求めよう．k を正の数とするとき

$$\left(\sqrt{k}\,i\right)^2 = ki^2 = -k$$

$$\left(-\sqrt{k}\,i\right)^2 = ki^2 = -k$$

となるから，$-k$ の平方根，すなわち 2 乗して $-k$ となる数は，$\sqrt{k}\,i$ と $-\sqrt{k}\,i$ の 2 つある．このうち，$\sqrt{k}\,i$ を $\sqrt{-k}$ と表すことにする．

●負の数の平方根

$k > 0$ のとき

$$\sqrt{-k} = \sqrt{k}\,i$$

$-k$ の平方根は　$\pm\sqrt{-k} = \pm\sqrt{k}\,i$

例 13　$\sqrt{-2} = \sqrt{2}\,i$,　$\sqrt{-2}\sqrt{-3} = \sqrt{2}\,i\sqrt{3}\,i = \sqrt{6}\,i^2 = -\sqrt{6}$

●**注**…. 27 ページの公式(III)にある等式

$$\sqrt{a}\sqrt{b} = \sqrt{ab}$$

は一般には成り立たない.

問・11 次の計算をせよ.

(1)　$\sqrt{-4}\sqrt{-16}$　　　　(2)　$\sqrt{-4} - \sqrt{-16}$

複素数 $\alpha = a + bi$ に座標平面上の点 (a, b) を対応させると，複素数を平面上の点で表すことができる．この座標平面を**複素数平面**といい，x 軸，y 軸を，それぞれ，**実軸**，**虚軸**という．特に，実数 a は点 $(a, 0)$ で表され，純虚数 bi は点 $(0, b)$ で表される.

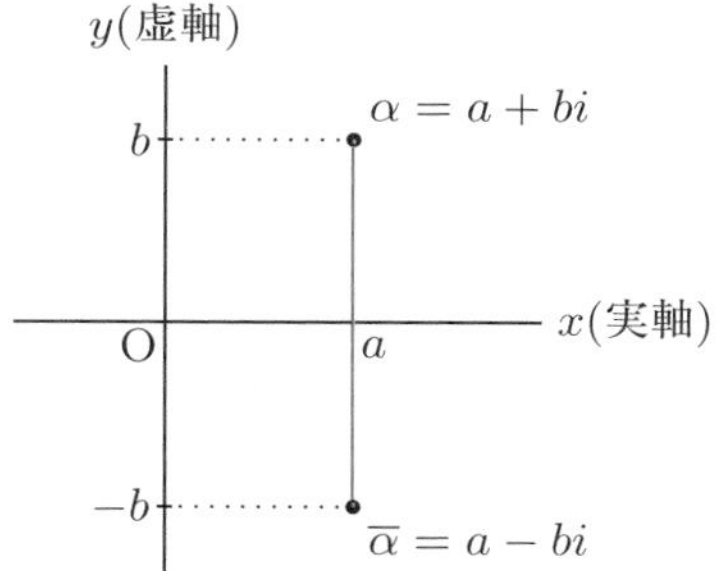

複素数 $\alpha = a + bi$ に対して，複素数 $a - bi$ を α の**共役複素数**といい，$\overline{\alpha}$ で表す．α と $\overline{\alpha}$ を複素数平面上に表すと，実軸に関して対称である．また，$\overline{\overline{\alpha}} = \alpha$ である.

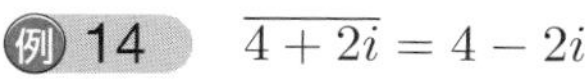

例 14　$\overline{4+2i} = 4 - 2i$

$\overline{4-2i} = 4 + 2i$

$\overline{-2i} = 2i$,　　$\overline{3} = 3$

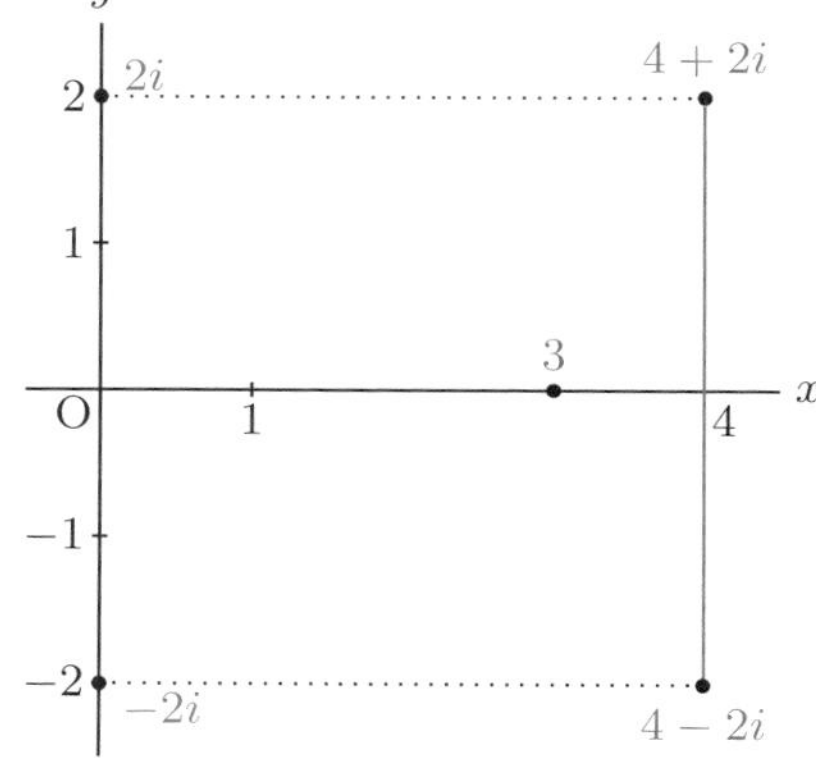

問・12 次の複素数を複素数平面上に表せ.

(1)　$3-2i$　　(2)　$-3+2i$　　(3)　$2i$　　(4)　4

問・13 前問の複素数の共役複素数を求め，複素数平面上に表せ.

問・14 次の計算をせよ.

(1)　$4+i+\overline{4+i}$　　(2)　$(4+i)\overline{(4+i)}$　　(3)　$(1+3i)\overline{(1-3i)}$

複素数平面において，複素数 α と原点 O との距離を，α の**絶対値**といい，記号 $|\alpha|$ で表す.

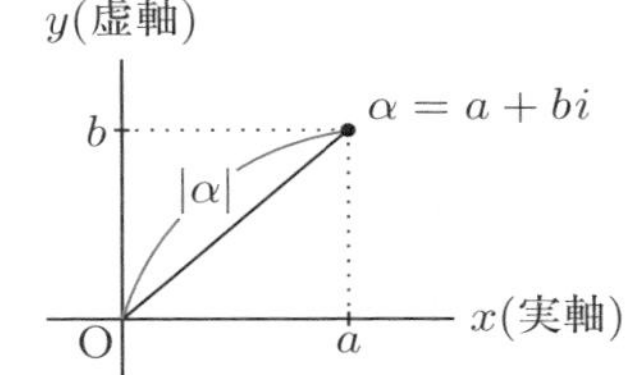

$\alpha=a+bi$ のとき，三平方の定理より，次が成り立つ.

$$\boldsymbol{|\alpha|=|a+bi|=\sqrt{a^2+b^2}}$$

特に，α が実数のとき，すなわち $b=0$ のときは

$$|\alpha|=\sqrt{a^2}=|a|$$

となり，実数の絶対値と一致する.

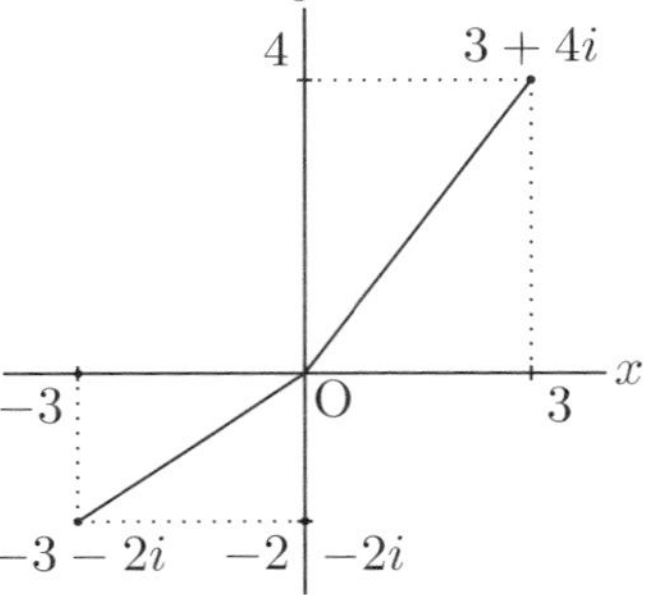

例 15

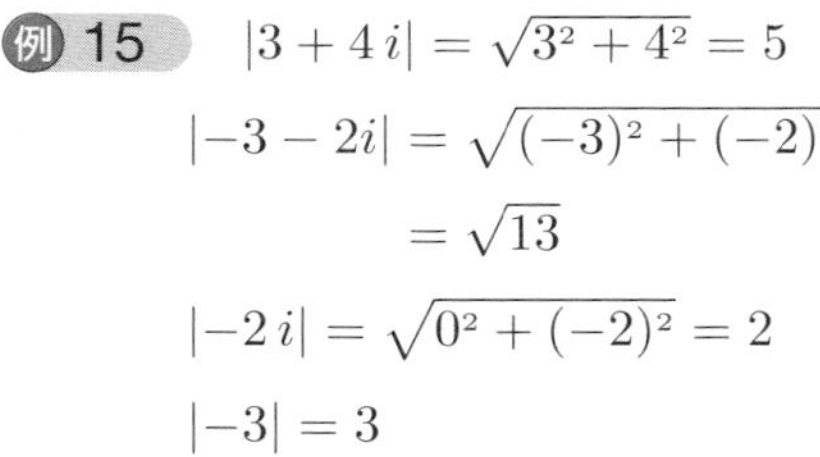

$$|3+4\,i|=\sqrt{3^2+4^2}=5$$

$$|-3-2i|=\sqrt{(-3)^2+(-2)^2}$$

$$=\sqrt{13}$$

$$|-2\,i|=\sqrt{0^2+(-2)^2}=2$$

$$|-3|=3$$

問・15 次の複素数の絶対値を求めよ.

(1)　$4i$　　(2)　$3+i$

(3)　$3-i$　　(4)　$-1-3i$

練習問題 2・A

1. 次の式を計算せよ.

(1) $\dfrac{16xy^2z}{12x^3yz^4}$

(2) $\dfrac{x+y}{x-y}-\dfrac{x^2+y^2}{x^2-y^2}$

(3) $\dfrac{1}{x}-\dfrac{y}{x(x+y)}+\dfrac{x}{y(x+y)}$

(4) $\dfrac{a^2-5a+6}{a^2-7a+12}\times\dfrac{a^2-16}{a^2-4}\div\dfrac{a+4}{a+2}$

(5) $\dfrac{x-\dfrac{2}{x+1}}{x+1-\dfrac{4}{x+1}}$

(6) $\dfrac{\dfrac{1}{x-1}+1}{\dfrac{1}{x+1}-1}$

2. $x=\dfrac{\sqrt{2}+1}{\sqrt{2}-1}$, $y=\dfrac{\sqrt{2}-1}{\sqrt{2}+1}$ のとき，次の式の値を求めよ.

(1) $x+y$

(2) xy

(3) x^2+y^2

(4) $\dfrac{x}{y}+\dfrac{y}{x}$

3. 次の式を計算せよ.

(1) $(1+\sqrt{5}+\sqrt{6})(1+\sqrt{5}-\sqrt{6})$

(2) $\dfrac{1+\sqrt{3}}{2-\sqrt{3}}-\dfrac{\sqrt{3}-1}{\sqrt{3}+1}$

(3) $(\sqrt{-3}+\sqrt{2})(\sqrt{-18}-\sqrt{12})$

(4) $\dfrac{3+\sqrt{-2}}{3-\sqrt{-2}}+\dfrac{3-\sqrt{-2}}{3+\sqrt{-2}}$

(5) $(1-i)^3$

(6) $\dfrac{\sqrt{3}+i}{\sqrt{3}-i}-\dfrac{\sqrt{3}-i}{\sqrt{3}+i}$

4. 次の式を計算せよ.

(1) $|\sqrt{20}-2|+|\sqrt{5}-3|$

(2) $\sqrt{\pi^2-6\pi+9}+\sqrt{\pi^2-8\pi+16}$

(3) $\left|\dfrac{\sqrt{5}-2}{-3+\sqrt{5}}\right|$

(4) $|-2+\sqrt{3}i|-|-\sqrt{6}-i|$

練習問題 2・B

1. 次の式を計算せよ．

(1) $\dfrac{2a^2}{4a^2-1}+\dfrac{a-1}{1-2a}$

(2) $\dfrac{1}{a+1}-\dfrac{1}{a-1}+\dfrac{2}{a^2+1}+\dfrac{4}{a^4+1}$

(3) $\dfrac{\dfrac{a^2}{a^2-1}-1}{\dfrac{1}{a+1}-\dfrac{1}{a-1}}$

(4) $\dfrac{x^2}{x+\dfrac{1}{1-\dfrac{1}{x}}}$

(5) $\dfrac{x}{1-\dfrac{1}{x+1}}-\dfrac{x+2}{1+\dfrac{1}{x+1}}$

(6) $\dfrac{2a^2}{\dfrac{a}{1-\dfrac{1}{a}}-\dfrac{a}{1+\dfrac{1}{a}}}$

2. 次の式を計算せよ．

(1) $\dfrac{1}{\sqrt{2}-\sqrt{1}}-\dfrac{1}{\sqrt{3}-\sqrt{2}}+\dfrac{1}{\sqrt{4}-\sqrt{3}}$

(2) $\dfrac{1}{1-\sqrt{2}+\sqrt{3}}$

3. $a \geqq \dfrac{1}{2}$, $x=\sqrt{2a-1}$ のとき，$\sqrt{a^2-x^2}$ の値を求めよ．

4. 2つの複素数 α, β に対して，次のことを証明せよ．

(1) $\alpha\overline{\alpha}=|\alpha|^2$　　(2) $\overline{\alpha+\beta}=\overline{\alpha}+\overline{\beta}$

2章 方程式と不等式

中世の中国や江戸時代の数学では算木を用いて方程式を解いていた.

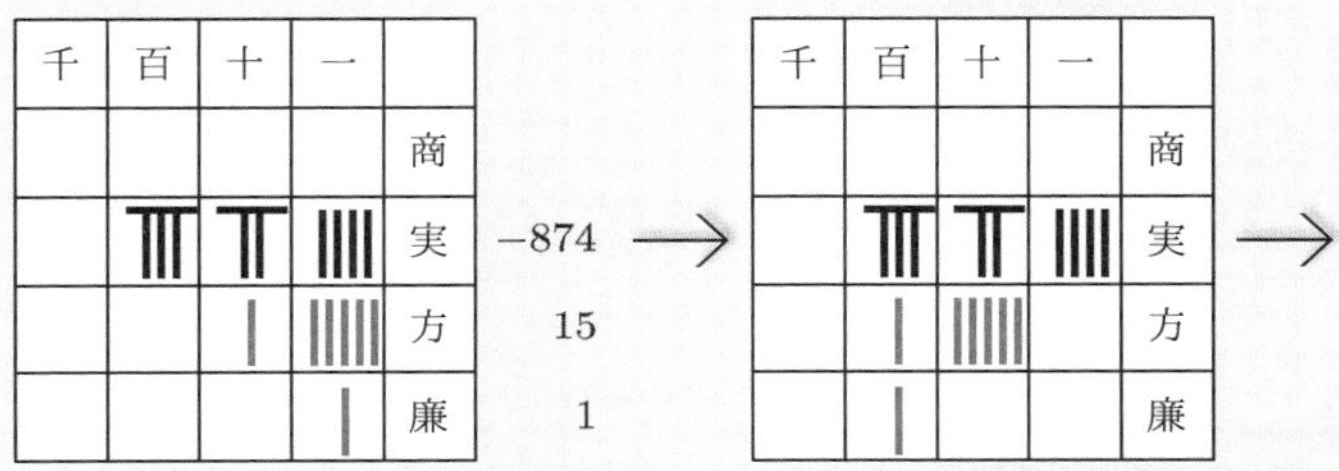

$x^2 + 15x - 874 = 0$（x の十の位を p，一の位を q とおくと $x = 10p + q$）

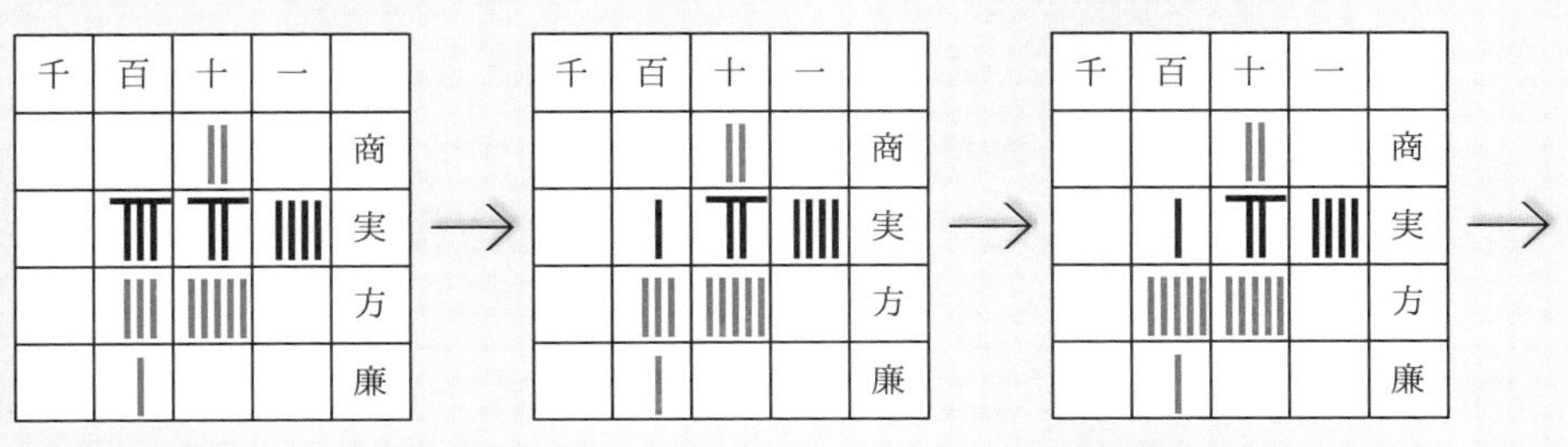

$p = 2$

$q = 3$

1 つの解は $x = 23$

●この章を学ぶために

第 1 節では，いろいろな方程式とその解き方について学び，第 2 節では，不等式すなわち不等号を含む文字式を扱う．不等式では，まず，「$x > 1$」とは「考えている数 x は 1 より大きい」というように，その意味を正しく理解することが大切である．また，未知数 x についての不等式を解くこと，すなわち不等式を満たす x の範囲を求めることを学ぶ．方程式や不等式の変形では，それが正しいものであるかを常に考える必要がある．

1　方程式

1 1　2 次方程式

等式に含まれる文字 x に特別の値を代入したときに限って成り立つ等式を，x についての**方程式**という．方程式を満たす x の値をその方程式の**解**といい，解を求めることを方程式を**解く**という．また，文字 x を**未知数**という．

移項して整理することによって

$$ax^2 + bx + c = 0 \quad (\text{ただし}\quad a,\ b,\ c\ \text{は定数で}\ a \neq 0)$$

の形で表される方程式を **2 次方程式**という．以下，a, b, c は実数とする．

例題 1　方程式 $6x^2 - x - 2 = 0$ を解け．

解　左辺を因数分解して　$(3x-2)(2x+1) = 0$

これから　$3x - 2 = 0$ または $2x + 1 = 0$

したがって　$x = \dfrac{2}{3}$ または $x = -\dfrac{1}{2}$　$\left(x = \dfrac{2}{3},\ -\dfrac{1}{2}\text{ とも書く}\right)$　//

●注….「$AB=0$ ならば $A=0$ または $B=0$」を利用している.

問・1 次の方程式を解け.

(1) $x^2+6x+5=0$ (2) $x^2+4x+4=0$

(3) $x^2=49$ (4) $x^2-2x=0$

(5) $6x^2-5x-6=0$ (6) $x^2-x=3+4x-x^2$

2 次方程式 $ax^2+bx+c=0$ の解を表す公式を導こう.

$$ax^2+bx+c=0$$

両辺を $a\ (\neq 0)$ で割る

$$x^2+\frac{b}{a}x+\frac{c}{a}=0$$

$\frac{c}{a}$ を右辺に移項する

$$x^2+\frac{b}{a}x=-\frac{c}{a}$$

両辺に $\left(\frac{b}{2a}\right)^2$ を加える

$$x^2+\frac{b}{a}x+\left(\frac{b}{2a}\right)^2=\left(\frac{b}{2a}\right)^2-\frac{c}{a}$$

[$x^2+2\alpha x+\alpha^2=(x+\alpha)^2$ の形を作る]

両辺を変形する

$$\left(x+\frac{b}{2a}\right)^2=\frac{b^2-4ac}{4a^2}$$

平方根をとる

$$x+\frac{b}{2a}=\pm\frac{\sqrt{b^2-4ac}}{2a}$$

移項して整理する

$$x=\frac{-b\pm\sqrt{b^2-4ac}}{2a}$$

これを 2 次方程式の**解の公式**という.

● 2 次方程式の解の公式

2 次方程式 $ax^2+bx+c=0$ の解は

$$x=\frac{-b\pm\sqrt{b^2-4ac}}{2a}$$

根号の中の式 b^2-4ac の符号によって, 解がどう変わるかを考えよう.

▶▶ $b^2 - 4ac > 0$ の場合

$\sqrt{b^2 - 4ac}$ は正の実数だから，方程式は異なる2つの**実数解**をもつ．

例 1　$2x^2 + 5x + 1 = 0$ の解は

$$x = \frac{-5 \pm \sqrt{5^2 - 4 \cdot 2 \cdot 1}}{2 \cdot 2} = \frac{-5 \pm \sqrt{25 - 8}}{4} = \frac{-5 \pm \sqrt{17}}{4}$$

問・2　次の方程式を解け．

(1)　$x^2 + 5x + 3 = 0$　　(2)　$3x^2 + 3x - 1 = 0$

(3)　$x^2 - 4x + 2 = 0$　　(4)　$2x^2 - x - 5 = 0$

▶▶ $b^2 - 4ac = 0$ の場合

このとき，ただ1つの実数解 $x = -\dfrac{b}{2a}$ になる．これを，2つの実数解が重なった場合とみて，**2重解**という．

例 2　$x^2 - 8x + 16 = 0$ の解は

$$x = \frac{-(-8) \pm \sqrt{(-8)^2 - 4 \cdot 1 \cdot 16}}{2 \cdot 1} = \frac{8 \pm \sqrt{64 - 64}}{2} = \frac{8 \pm 0}{2} = 4$$

問・3　次の方程式を解け．

(1)　$x^2 + 6x + 9 = 0$　　(2)　$4x^2 - 12x + 9 = 0$

▶▶ $b^2 - 4ac < 0$ の場合

$\sqrt{b^2 - 4ac}$ は虚数になるから，方程式は異なる2つの**虚数解**をもつ．

例 3　$2x^2 - 3x + 5 = 0$ の解は

$$x = \frac{3 \pm \sqrt{9 - 40}}{4} = \frac{3 \pm \sqrt{-31}}{4} = \frac{3 \pm \sqrt{31}\,i}{4}$$

問・4　次の方程式を解け．

(1)　$x^2 + 3x + 4 = 0$　　(2)　$2x^2 + 5x + 4 = 0$

(3)　$x^2 + 9 = 0$　　(4)　$3x^2 - 4x + 3 = 0$

$D = b^2 - 4ac$ とおくと，D の符号によって方程式の解の形を判別することができる．D を2次方程式 $ax^2 + bx + c = 0$ の**判別式**という．

●解と判別式の関係

2 次方程式 $ax^2+bx+c=0$ の判別式 $D=b^2-4ac$ を用いると，解の公式は $x=\dfrac{-b\pm\sqrt{D}}{2a}$ と表される．このとき

（I） $D>0$ ならば，2 次方程式は異なる 2 つの実数解をもつ．

（II） $D=0$ ならば，2 次方程式は（実数の）2 重解をもつ．

（III） $D<0$ ならば，2 次方程式は異なる 2 つの虚数解をもつ．

問・5 次の 2 次方程式の解を判別せよ．

(1) $4x^2-4x+1=0$　(2) $x^2+x+2=0$　(3) $3x^2-2x-4=0$

例題 2 2 次方程式 $x^2+(k-3)x+k=0$ が 2 重解をもつように，定数 k の値を定め，そのときの 2 重解を求めよ．

解 判別式が 0 になるように k の値を定めればよい．

$$D=(k-3)^2-4\cdot1\cdot k=k^2-10k+9$$
$$=(k-1)(k-9)=0$$

これから　$k=1,\ 9$

このときの解は　$x=\dfrac{-(k-3)\pm\sqrt{D}}{2}=-\dfrac{k-3}{2}$　（$D=0$ より）

したがって，2 重解は $k=1$ のとき $x=1$，$k=9$ のとき $x=-3$　//

問・6 次の 2 次方程式が 2 重解をもつように，定数 k の値を定め，そのときの 2 重解を求めよ．

(1) $2x^2+kx+k=0$　(2) $x^2+(k-1)x+(k+2)=0$

●注…2 次方程式 $ax^2+bx+c=0$ の係数 b が偶数のとき，$b=2b'$ とおくと，解の公式と判別式は次のようになる．

$$x=\frac{-b'\pm\sqrt{b'^2-ac}}{a},\qquad \frac{D}{4}=b'^2-ac$$

① 2　解と係数の関係

2次方程式 $ax^2+bx+c=0$ の2つの解を α, β とする．解の和 $\alpha+\beta$ および積 $\alpha\beta$ は係数 a, b, c を用いて簡単に表すことができることを示そう．

解の公式を用いると

$$\alpha+\beta=\frac{-b+\sqrt{b^2-4ac}}{2a}+\frac{-b-\sqrt{b^2-4ac}}{2a}=-\frac{2b}{2a}=-\frac{b}{a}$$

$$\alpha\beta=\frac{-b+\sqrt{b^2-4ac}}{2a}\times\frac{-b-\sqrt{b^2-4ac}}{2a}$$

$$=\frac{(-b)^2-(\sqrt{b^2-4ac})^2}{4a^2}=\frac{b^2-(b^2-4ac)}{4a^2}=\frac{4ac}{4a^2}=\frac{c}{a}$$

これから，次の**解と係数の関係**が成り立つ．

●解と係数の関係

2次方程式 $ax^2+bx+c=0$ の2つの解を α, β とすると

$$\alpha+\beta=-\frac{b}{a},\quad \alpha\beta=\frac{c}{a}$$

例題 3　2次方程式 $3x^2+5x+1=0$ の2つの解を α, β とするとき，次の式の値を求めよ．

(1)　$\alpha^2\beta+\alpha\beta^2$　　　(2)　$\alpha^2+\beta^2$

解　解と係数の関係から

$$\alpha+\beta=-\frac{b}{a}=-\frac{5}{3},\quad \alpha\beta=\frac{c}{a}=\frac{1}{3}$$

(1)　与式 $=\alpha\beta(\alpha+\beta)=\dfrac{1}{3}\cdot\left(-\dfrac{5}{3}\right)=-\dfrac{5}{9}$

(2)　与式 $=(\alpha+\beta)^2-2\alpha\beta=\left(-\dfrac{5}{3}\right)^2-2\cdot\left(\dfrac{1}{3}\right)=\dfrac{19}{9}$　//

問・7　2次方程式 $x^2-6x+3=0$ の2つの解を α, β とするとき，次の式の値を求めよ．

(1) $(\alpha+2)(\beta+2)$　　(2) $\alpha^2+\beta^2$　　(3) $\dfrac{\beta}{\alpha}+\dfrac{\alpha}{\beta}$

2 次式 ax^2+bx+c は，2 次方程式 $ax^2+bx+c=0$ の 2 つの解 α，β を用いて，常に因数分解できることを示そう．解と係数の関係より

$$b=-a(\alpha+\beta),\quad c=a\alpha\beta$$

よって
$$\begin{aligned} ax^2+bx+c &= ax^2-a(\alpha+\beta)x+a\alpha\beta \\ &= a\{x^2-(\alpha+\beta)x+\alpha\beta\} \\ &= a(x-\alpha)(x-\beta) \end{aligned}$$

したがって，数の範囲を複素数まで広げると，次の公式が成り立つ．

● 2 次式の因数分解

2 次方程式 $ax^2+bx+c=0$ の 2 つの解を α，β とすると

$$ax^2+bx+c=a(x-\alpha)(x-\beta)$$

例題 4 次の 2 次式を因数分解せよ．

(1) x^2+6x+7　　(2) $2x^2-2x+5$

解 (1) $x^2+6x+7=0$ の解は

$$x=\frac{-6\pm\sqrt{8}}{2}=\frac{-6\pm2\sqrt{2}}{2}=-3\pm\sqrt{2}$$

したがって
$$\begin{aligned} x^2+6x+7 &= \{x-(-3+\sqrt{2})\}\{x-(-3-\sqrt{2})\} \\ &= (x+3-\sqrt{2})(x+3+\sqrt{2}) \end{aligned}$$

(2) $2x^2-2x+5=0$ の解は

$$x=\frac{2\pm\sqrt{4-40}}{4}=\frac{2\pm6i}{4}=\frac{1\pm3i}{2}$$

したがって $2x^2-2x+5=2\left(x-\dfrac{1+3i}{2}\right)\left(x-\dfrac{1-3i}{2}\right)$ //

問・8 次の 2 次式を因数分解せよ．

(1) x^2-4x+2　　(2) x^2-5x+7

(3) $2x^2+2x+3$　　(4) $4x^2-4x-1$

①3　いろいろな方程式

▶▶高次方程式

$P(x)$ を n 次の整式とするとき，$P(x)=0$ の形の方程式を **n 次方程式**という．$n \geqq 3$ のときは，2次方程式のような簡単な解の公式はない．ここでは，置き換えや因数分解などを利用して解くことができる場合を扱う．

例題 5　次の方程式を解け．

(1) $x^4-2x^2-3=0$　　(2) $x^3-2x+1=0$

解　(1) $x^2=X$ とおくと，与えられた方程式は

$$X^2-2X-3=0$$

これを解いて　$X=3,\ -1$

$X=3$ のとき

$x^2=3$ より　$x=\pm\sqrt{3}$

$X=-1$ のとき

$x^2=-1$ より　$x=\pm i$

したがって　$x=\pm\sqrt{3},\ \pm i$

(2) $P(x)=x^3-2x+1$ とおくと　$P(1)=0$

因数定理より $x-1$ で割り切れるから，商を求めて因数分解すると

$$(x-1)(x^2+x-1)=0$$

これから　$x-1=0$ または $x^2+x-1=0$

したがって　$x=1,\ \dfrac{-1\pm\sqrt{5}}{2}$　//

問・9　次の方程式を解け．

(1) $x^4-x^2-20=0$　　(2) $x^5-3x^3-4x=0$

問・10　因数定理を用いて，次の方程式を解け．

(1) $x^3-3x+2=0$　　(2) $2x^3+x^2-5x+2=0$

▶▶連立方程式

2 個以上の方程式の組を**連立方程式**といい，それらの方程式を同時に満たす未知数の値の組を連立方程式の**解**という．また，1 次方程式だけからなる連立方程式を**連立 1 次方程式**という．

例題 6 次の連立 1 次方程式を解け．

$$\begin{cases} x+2y+z=3 & \text{①} \\ 2x+3y-z=-4 & \text{②} \\ 4x-y+3z=0 & \text{③} \end{cases}$$

解 未知数を 1 つずつ消去していく．はじめに未知数 z を消去する．

①＋② から　$3x+5y=-1$　④

①×3－③ から　$-x+7y=9$　⑤

④＋⑤×3 から　$26y=26$

これから　$y=1$

⑤に代入して　$x=-2$

x，y の値を①に代入して　$z=3$

$\therefore\ x=-2,\ y=1,\ z=3$ //

●**注**⋯記号 $\therefore$ は，「したがって」，「よって」，「だから」，「ゆえに」などの意味で式変形の中で使用されることがある．

問・11 次の連立 1 次方程式を解け．

(1) $\begin{cases} x+y+z=1 \\ x+2y+3z=3 \\ 2x+3y-2z=-8 \end{cases}$　(2) $\begin{cases} x+2y=0 \\ x+y+2z=5 \\ 2x+3y-z=-4 \end{cases}$

例題 7 次の連立方程式を解け.

$$\begin{cases} 3x + y = 1 & \text{①} \\ 6x^2 - y^2 - 2y = 3 & \text{②} \end{cases}$$

解 代入法によって未知数を消去する.

①から　$y = 1 - 3x$

②に代入して　$6x^2 - (1 - 3x)^2 - 2(1 - 3x) = 3$

整理して　$x^2 - 4x + 2 = 0$

これから　$x = 2 \pm \sqrt{2}$

　$x = 2 + \sqrt{2}$ のとき　$y = 1 - 3(2 + \sqrt{2}) = -5 - 3\sqrt{2}$

　$x = 2 - \sqrt{2}$ のとき　$y = 1 - 3(2 - \sqrt{2}) = -5 + 3\sqrt{2}$

したがって

$$\begin{cases} x = 2 + \sqrt{2} \\ y = -5 - 3\sqrt{2} \end{cases}, \quad \begin{cases} x = 2 - \sqrt{2} \\ y = -5 + 3\sqrt{2} \end{cases}$$ //

●**注**……この解を次のようにまとめて表してもよい.

$$\begin{cases} x = 2 \pm \sqrt{2} \\ y = -5 \mp 3\sqrt{2} \end{cases} \quad (\text{複号同順})$$

あるいは　$x = 2 \pm \sqrt{2},\ y = -5 \mp 3\sqrt{2}$　(複号同順)

複号同順とは x, y についている複号のうち, x が上の符号をとれば, y も上の符号をとり, x が下の符号をとれば, y も下の符号をとるという意味である.

問・12 次の連立方程式を解け.

(1) $\begin{cases} 2x - y = 1 \\ 2x^2 - y^2 + 3y = 4 \end{cases}$　　(2) $\begin{cases} x + y = 2 \\ x^2 + xy + y^2 = 5 \end{cases}$

▶▶その他の方程式

例題 8 次の方程式を解け．ただし，x は実数とする．

$$|2x+3|=11$$

解 $2x+3=\pm 11$ である．

$2x+3=11$ のとき　$x=4$

$2x+3=-11$ のとき　$x=-7$　　$\therefore\ x=4,\ -7$　//

問・13 次の方程式を解け．ただし，x は実数とする．

(1) $|2x+3|=1$　　(2) $|3x-5|-2=0$

例題 9 次の方程式を解け．

$$\frac{1}{x-2}-\frac{x}{x+2}=\frac{4}{x^2-4} \quad ①$$

解 分数式の分母は 0 でないから，$x \neq \pm 2$ である．

両辺に $(x+2)(x-2)$ を掛けて分母を払うと

$$(x+2)-x(x-2)=4 \quad ②$$

これから　$x^2-3x+2=0$　したがって　$x=1,\ 2$

$x \neq \pm 2$ より，解は　$x=1$　//

●**注**……上の例題で，$x=2$ は方程式②の解であるが，①の解ではない．それは，②から①を導くためには，両辺を $(x+2)(x-2)$ で割らなければならず，$(x+2)(x-2)=0$ のときにはこれができないからである．このように，式の変形の途中で現れる見かけの解を**無縁解**という．

問・14 次の方程式を解け．

(1) $\dfrac{6}{x-2}+\dfrac{1}{x+3}=\dfrac{3x}{(x-2)(x+3)}$

(2) $\dfrac{x}{x+5}+\dfrac{1}{x-5}=\dfrac{2x^2}{x^2-25}$

例題 **10** 次の方程式を解け．

$$\sqrt{7-2x}=x-2 \quad ①$$

解　両辺を2乗して　$7-2x=(x-2)^2$

これから　$x^2-2x-3=0$

したがって　$x=3,\ -1$

このうち，$x=3$ は①を満たすが，$x=-1$ については，①の左辺は3，右辺は -3 となるから，①の解ではない．

よって，方程式の解は　$x=3$　//

●注…… $x=-1$ は $-\sqrt{7-2x}=x-2$ の解である．

問・15 次の方程式を解け．

(1)　$\sqrt{x}=x-2$　　(2)　$\sqrt{13-x^2}=x-1$

1 4 恒等式

等式 $x^2-4=(x+2)(x-2)$ や $(x+y)^2=x^2+2xy+y^2$ のように含まれている文字にどんな値を代入しても，常に成り立つ等式を**恒等式**という．

ここで，a，b，c，a'，b'，c' が定数のとき

$$ax^2+bx+c=a'x^2+b'x+c' \quad (1)$$

が x についての恒等式であるための条件を導こう．

(1) の x にどんな値を代入しても等式が成り立つから，特に

$x=0$ を代入して　$c=c'$

$x=1$ を代入して　$a+b=a'+b'$　(2)

$x=-1$ を代入して　$a-b=a'-b'$　(3)

(2)＋(3) より　$2a=2a'$　したがって　$a=a'$

(2)－(3) より　$2b=2b'$　したがって　$b=b'$

よって　　$a=a',\ b=b',\ c=c'$　　(4)

逆に，(4) が成り立てば，(1) は明らかに恒等式である．

●恒等式の条件

$a,\ b,\ c,\ a',\ b',\ c'$ が定数のとき

$$ax^2+bx+c=a'x^2+b'x+c'$$

が x についての恒等式であるための条件は

$$a=a',\ b=b',\ c=c'$$

であり，そのときに限る．

例 4　$x^2+bx-15=ax^2+2x+c$ が x についての恒等式であるとき

$a=1,\ b=2,\ c=-15$

問・16　x について恒等式となるように，定数 $a,\ b$ の値を定めよ．

(1)　$ax^2+x=-3x^2+bx$　　(2)　$x^2+ax+2=x^2+x+b$

n 次式の恒等式の条件も同様である．

例題 11　x についての恒等式となるように，定数 $a,\ b,\ c$ の値を定めよ．

$$2x^3+3x^2+ax+3=(x^2+2x+b)(2x+c) \quad ①$$

解　右辺 $=2x^3+(c+4)x^2+(2b+2c)x+bc$

となるから，①は

$$2x^3+3x^2+ax+3=2x^3+(c+4)x^2+(2b+2c)x+bc \quad ②$$

②が恒等式である条件は　$c+4=3,\ 2b+2c=a,\ bc=3$

これを解いて　$a=-8,\ b=-3,\ c=-1$　//

問・17　x についての恒等式となるように，定数 $a,\ b,\ c$ の値を定めよ．

(1)　$x^2+4x+c=a(x^2+2x+1)+b(x^2+x+2)$

(2)　$5x=a(x^2+4)+(x-1)(bx+c)$

(3)　$x^3+ax^2+5x+6=(x^2+x+b)(x+c)$

例題 12 x についての恒等式となるように，定数 a, b の値を定めよ．

$$\frac{x+5}{(x+2)(x-1)}=\frac{a}{x+2}+\frac{b}{x-1}$$

解 右辺 $=\dfrac{a}{x+2}+\dfrac{b}{x-1}=\dfrac{a(x-1)+b(x+2)}{(x+2)(x-1)}$

となるから，左辺と右辺の分子を比べて

$$x+5=a(x-1)+b(x+2) \quad ①$$

$$x+5=(a+b)x+(-a+2b)$$

これが恒等式になればよいから

$$a+b=1,\ -a+2b=5$$

これを解いて　$a=-1,\ b=2$ //

●**注**……①から，次のようにして解いてもよい．

$x=1$ および $x=-2$ を代入すると　$6=b\cdot 3,\ 3=a\cdot(-3)$

これから　$a=-1,\ b=2$ //

一般に，1次式の等式 $ax+b=a'x+b'$ は，x の異なる2つの値 α, β について成り立てば，恒等式になることが次のように証明される．

$$a\alpha+b=a'\alpha+b',\ a\beta+b=a'\beta+b'$$

これから　$a(\alpha-\beta)=a'(\alpha-\beta)$

$\alpha-\beta\neq 0$ より，$a=a'$，したがって $b=b'$ も成り立つ．

2次式の場合は，3つの x の値について成り立てば恒等式になる．

問・18 x についての恒等式となるように，定数 a, b, c の値を定めよ．

(1) $\dfrac{1}{(x-2)(x+1)}=\dfrac{a}{x-2}+\dfrac{b}{x+1}$

(2) $\dfrac{5x-5}{(x-2)(x^2+1)}=\dfrac{a}{x-2}+\dfrac{bx+c}{x^2+1}$

●**注**……分数式を，分母の次数がもとの分母より小さいいくつかの分数式の和に変形することを，**部分分数に分解する**という．

1 5 等式の証明

等式が成り立つことを証明するいくつかの方法を例題で示そう．

例題 13 次の等式が成り立つことを証明せよ．

$$(ac+bd)^2+(ad-bc)^2=(a^2+b^2)(c^2+d^2)$$

解 左辺 $=a^2c^2+2abcd+b^2d^2+a^2d^2-2abcd+b^2c^2$

$=a^2c^2+a^2d^2+b^2c^2+b^2d^2$

右辺 $=a^2c^2+a^2d^2+b^2c^2+b^2d^2$

$\therefore$ 左辺 $=$ 右辺 //

問・19 次の等式を証明せよ．

(1) $x^4+x^2+1=(x^2-x+1)(x^2+x+1)$

(2) $(a^2-b^2)(c^2-d^2)=(ac+bd)^2-(ad+bc)^2$

例題 14 $a+b+c=0,\ abc \neq 0$ のとき，次の等式を証明せよ．

$$\frac{b+c}{a}+\frac{c+a}{b}+\frac{a+b}{c}=-3$$

解 与えられた条件から $c=-a-b$

これを証明すべき等式の左辺に代入して

左辺 $=\dfrac{-a}{a}+\dfrac{-b}{b}+\dfrac{a+b}{-(a+b)}=-1-1-1=-3=$ 右辺 //

問・20 $x+y+z=0$ のとき，$x^2-yz=y^2-zx$ を証明せよ．

練習問題 1・A

1. 次の方程式を解け.

(1) $2x^2-3x-1=0$　　(2) $3x^2-4x+5=0$

(3) $(x-1)^2+(x+2)^2=0$　　(4) $3x^3-x^2-5x-1=0$

(5) $\dfrac{1}{x-1}-\dfrac{1}{x-3}=2$　　(6) $\sqrt{7-2x}=x-2$

2. 次の連立方程式を解け.

(1) $\begin{cases} x-y+z=3 \\ 2x-y-z=5 \\ x+3y-2z=8 \end{cases}$　　(2) $\begin{cases} x-y-z=2 \\ 4x-3y-2z=9 \\ 2x-y+2z=3 \end{cases}$

(3) $\begin{cases} x+y=1 \\ x^2-xy-2y^2=7 \end{cases}$　　(4) $\begin{cases} x+y=2 \\ x^2-2xy-2y^2=0 \end{cases}$

3. 2次方程式 $x^2-2x+1=k(x-3)$ が2重解をもつように，定数 k の値を定め，そのときの2重解を求めよ.

4. 2次方程式 $3x^2-6x+1=0$ の2つの解を α，β とするとき，次の値を求めよ.

(1) $\alpha^2+\beta^2$　　(2) $\alpha^4+\beta^4$　　(3) $\alpha^3+\beta^3$

5. 次の式を因数分解せよ.

(1) $9x^2-3x-1$　　(2) $15x^2+26x+8$

6. 2次方程式 $ax^2+bx+c=0$　$(a \neq 0)$ の2つの解を α，β とする.

$\alpha=\dfrac{1+\sqrt{3}}{2}$，$\beta=\dfrac{1-\sqrt{3}}{2}$ のとき，次の問いに答えよ.

(1) $\dfrac{c}{a}$ を求めよ.

(2) $a=2$ のとき，もとの2次方程式を求めよ.

7. 次の式が x についての恒等式となるように，定数 a，b，c の値を定めよ.

(1) $2x^3+7x^2+9x+a=(x+b)(2x^2+3x+c)$

(2) $3x^2-x+1=a(x-1)^2+bx(x-1)+cx$

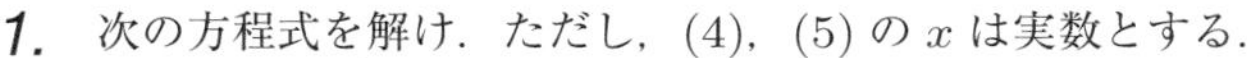

練習問題 1・B

1. 次の方程式を解け．ただし，(4)，(5) の x は実数とする．

(1) $3x^4+14x^2-5=0$

(2) $3x^4+x^3-17x^2+19x-6=0$

(3) $\dfrac{5}{x-1}+\dfrac{10}{x^2-4x+3}=\dfrac{x}{x-3}$

(4) $|2x+3|=|3x-2|$

(5) $\sqrt{x-5}=\sqrt{x+3}-2$

2. 次の連立方程式を解け．

(1) $\begin{cases} x+y=1 \\ x^3+y^3=7 \end{cases}$　　(2) $\begin{cases} x^2-2xy-3y^2=0 \\ x^2+xy+2y^2=14 \end{cases}$

3. x についての恒等式となるように定数 a，b，c の値を定めよ．

(1) $\dfrac{5x-4}{x(x^2-x+1)}=\dfrac{a}{x}+\dfrac{bx+c}{x^2-x+1}$

(2) $\dfrac{5x-4}{x(x-2)^2}=\dfrac{a}{x}+\dfrac{b}{x-2}+\dfrac{c}{(x-2)^2}$

4. $x+y+z=0$ のとき，$x^3+y^3+z^3-3xyz=0$ となることを証明せよ．

5. $x^3+y^3=(x+y)^3-3xy(x+y)$ であることを利用して $x^3+y^3+z^3-3xyz$ を因数分解し，次の等式を証明せよ．

$$x^3+y^3+z^3-3xyz=(x+y+z)(x^2+y^2+z^2-xy-yz-zx)$$

6. $abc=1$ のとき，次の等式を証明せよ．

$$\frac{a}{ab+a+1}+\frac{b}{bc+b+1}+\frac{c}{ca+c+1}=1$$

7. 縦が 35m，横が 48m の長方形の土地がある。いま，この土地の内側に周囲に沿って一定の幅の道路を作り，道路の面積が 240 m^2 になるようにしたい。道路の幅を何 m にしたらよいか．

8. 周囲の長さが 14cm，面積が 7cm^2 の直角三角形の 3 辺の長さを求めよ．

2 不等式

2 1 不等式の性質

実数について，不等号 $>$, $<$, $\geqq$, $\leqq$ を用いて，数量の大小関係を表した式を**不等式**という．虚数については，大小関係を考えない．

不等式についての次の性質はよく用いられる．

●不等式の性質 (1)

（Ⅰ） $a > b$ ならば　$a - b > 0$

逆に，$a - b > 0$ ならば　$a > b$

（Ⅱ） $a > 0,\ b > 0$ ならば　$a + b > 0,\ ab > 0$

上の性質を用いて，不等式についてのほかの性質を調べよう．

(Ⅲ)　「$a > b,\ b > c$ ならば，$a > c$ である」

$a - b > 0,\ b - c > 0$

$a - c = (a - b) + (b - c) > 0$

したがって $a > c$

c　b　a

$b - c > 0$　$a - b > 0$

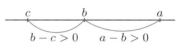

(Ⅳ)　「$a > b$ ならば，$a + c > b + c$ である」

例) $(a + 4) - (b + 4) = a - b > 0$

(Ⅴ) $a > b$ とする

「$c > 0$ ならば，$ca > cb$ である」

例) $2a - 2b = 2(a - b) > 0$

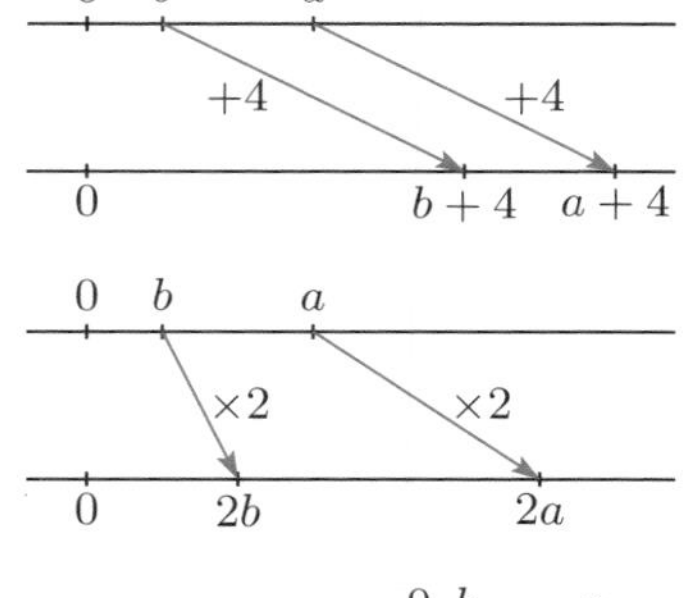

(Ⅵ) $a > b$ とする

「$c < 0$ ならば，$ca < cb$ である」

例) $-2b - (-2a) = -2b + 2a$

$= -2(b - a) > 0$

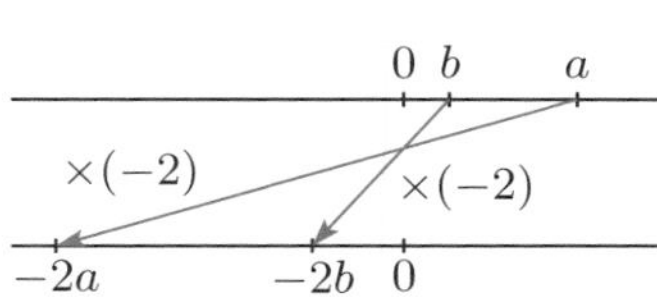

以上より，次の性質が得られる．

●不等式の性質 (2)

(III)　$a > b,\ b > c$ ならば　$a > c$

(IV)　$a > b$ ならば　$a + c > b + c,\ a - c > b - c$

(V)　$a > b,\ c > 0$ ならば　$ac > bc,\ \dfrac{a}{c} > \dfrac{b}{c}$

(VI)　$a > b,\ c < 0$ ならば　$ac < bc,\ \dfrac{a}{c} < \dfrac{b}{c}$

② 2　1 次不等式の解法

$3x - 12 > 0$ のように文字 x についての不等式が与えられたとき，不等式が成り立つ実数 x の値の範囲をその不等式の**解**といい，解を求めることを不等式を**解く**という．右辺が 0 となるように整理した不等式の左辺が x の 1 次式で表されるとき，**1 次不等式**という．特に左辺と右辺が x の 1 次式のとき，例えば $3x + 1 > 2x + 5$ のような不等式は 1 次不等式である．

例題 1　次の 1 次不等式を解け．

$$\frac{x+3}{2} > 2x - 3$$

解　不等式を次のように変形する．

$$\frac{x+3}{2} > 2x - 3$$
両辺に $2(>0)$ を掛ける [性質(V)]
$$x + 3 > 4x - 6$$
両辺から $4x$ を引く [性質(IV)]
$$x + 3 - 4x > -6$$
左辺を整理する
$$-3x + 3 > -6$$
両辺から 3 を引く [性質(IV)]
$$-3x > -9$$
両辺を $-3(<0)$ で割る [性質(VI)]
$$x < 3$$

したがって，不等式の解は

$$x < 3$$
//

● **注**…例題 1 の変形で性質(IV)を用いて $x+3>4x-6$ の両辺から $4x$ を引いて $x+3-4x>-6$ とした操作を，方程式と同様に移項と呼ぶ．

問・1 次の 1 次不等式を解け．

(1) $3x-5>x+3$　　(2) $x-4 \leqq 3-2x$

(3) $2x+3 \geqq 3x-7$　　(4) $2x+5<\dfrac{x-5}{3}$

問・2 1 個 110 円のりんごと 1 個 80 円の柿を合わせて 7 個買い，値段を 700 円以下にしたい．りんごは何個まで買えるか．

② 3 いろいろな不等式

連立不等式

2 個以上の不等式の組を**連立不等式**という．これらの不等式を同時に満たす実数の範囲を連立不等式の**解**という．連立不等式を解くには，それぞれの不等式の解を求め，それらに共通な x の値の範囲を求めればよい．

例題 2 次の連立不等式を解け．

$$\begin{cases} 3x+10>4 & ① \\ 2x+3 \leqq 9 & ② \end{cases}$$

解 ①の解は　$x>-2$　　②の解は　$x \leqq 3$

それぞれの解を数直線上に図示すると，次のようになる．

②　①　-2　3　x

①の解と②の解に共通な x の範囲を求めて

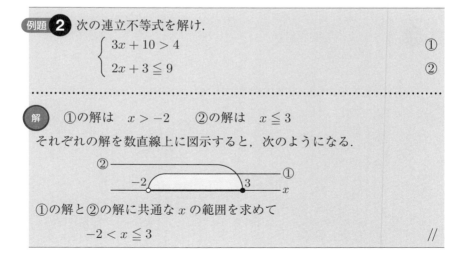

$-2<x \leqq 3$　//

● **注**…○印はその点が解に含まれていないことを示し，●印はその点が解に含まれることを示している．

問・3 次の連立不等式を解け.

(1) $\begin{cases} x+2>1 \\ x+6>2(x+1) \end{cases}$　　(2) $\begin{cases} 3x+6<4 \\ x+1 \leqq 4x+7 \end{cases}$

(3) $\begin{cases} 2x+3 \leqq 3x-1 \\ x-2>4-2x \end{cases}$　　(4) $\begin{cases} 3(x-1) \leqq x+7 \\ \dfrac{x-1}{2} \leqq \dfrac{4}{3}x+1 \end{cases}$

2 次不等式

右辺が 0 となるように移項して整理することによって，左辺が x についての 2 次式の形で表される不等式を **2 次不等式**という.

2 次不等式では，左辺の 2 次式の符号が x の値によってどうなるかを調べ，与えられた不等式を満たす x の値の範囲を求めればよい.

例題 3 次の 2 次不等式を解け.

$$(x+3)(x-5)>0$$

解 $(x+3)(x-5)$ の符号を調べる．$x+3$ の符号は，$x+3$ が 0 である点，つまり $x=-3$ の前後で変わる．また，$x-5$ の符号も同様である．これら 2 つの符号により，$(x+3)(x-5)$ の符号は次の表のようになる.

x	$\cdots$	-3	$\cdots$	5	$\cdots$
$x+3$	$-$	0	$+$	$+$	$+$
$x-5$	$-$	$-$	$-$	0	$+$
$(x+3)(x-5)$	$+$	0	$-$	0	$+$

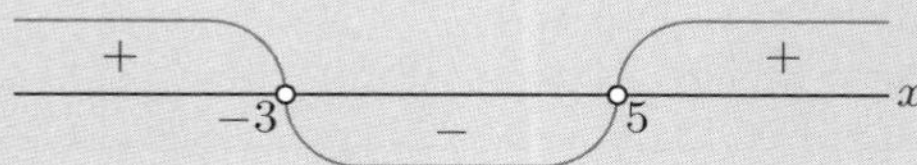

よって，$(x+3)(x-5)>0$ となる x の範囲は　$x<-3,\ x>5$　//

●注…… $(x+3)(x-5)<0$ の解は，$-3<x<5$ である.

一般に，次のことが成り立つ．

● 2次不等式の解

α，β が実数で $\alpha < \beta$ のとき

$(x-\alpha)(x-\beta) > 0$ の解は　$x < \alpha$, $x > \beta$

$(x-\alpha)(x-\beta) < 0$ の解は　$\alpha < x < \beta$

等号のついた不等式についても，次のことが成り立つ．

$(x-\alpha)(x-\beta) \geqq 0$ の解は　$x \leqq \alpha$, $x \geqq \beta$

$(x-\alpha)(x-\beta) \leqq 0$ の解は　$\alpha \leqq x \leqq \beta$

例題 4 次の2次不等式を解け．

(1) $x^2 - 5x + 6 > 0$　　(2) $-6x^2 - x + 2 \geqq 0$

解 (1) $x^2 - 5x + 6 > 0$

$(x-2)(x-3) > 0$　（左辺を因数分解）

よって　$x < 2$, $x > 3$

(2) $-6x^2 - x + 2 \geqq 0$

$6x^2 + x - 2 \leqq 0$　（両辺に -1 を掛ける）

$(3x+2)(2x-1) \leqq 0$　（左辺を因数分解）

$6\left(x + \dfrac{2}{3}\right)\left(x - \dfrac{1}{2}\right) \leqq 0$

3		2	→	4
2	╳	−1	→	−3
6		−2		1

よって　$-\dfrac{2}{3} \leqq x \leqq \dfrac{1}{2}$　//

問・4 次の2次不等式を解け．

(1) $x^2 - 7x + 10 < 0$　　(2) $-2x^2 + x + 1 < 0$

(3) $-x^2 + 9 \geqq 0$　　(4) $3x^2 + 11x + 6 \geqq 0$

▶▶高次不等式

例題 3 と同様の方法で，3 次以上の不等式を解くことができる.

例題 5 次の不等式を解け.

$$2x^3 - x^2 - 7x + 6 < 0$$

解 $P(x) = 2x^3 - x^2 - 7x + 6$ とおき，$P(x) < 0$ となる x の範囲を求めればよい.

$P(1) = 0$ となるから，$P(x)$ は $x - 1$ で割り切れる.

これから　$P(x) = (x-1)(2x^2 + x - 6) = (x-1)(x+2)(2x-3)$

$P(x) = 0$ となるのは　$x = -2,\ 1,\ \dfrac{3}{2}$

数直線をこの 3 点で区切り，各因数と $P(x)$ の符号を調べると次の表のようになる.

x	$\cdots$	-2	$\cdots$	1	$\cdots$	$\frac{3}{2}$	$\cdots$
$x+2$	$-$	0	$+$	$+$	$+$	$+$	$+$
$x-1$	$-$	$-$	$-$	0	$+$	$+$	$+$
$2x-3$	$-$	$-$	$-$	$-$	$-$	0	$+$
$P(x)$	$-$	0	$+$	0	$-$	0	$+$

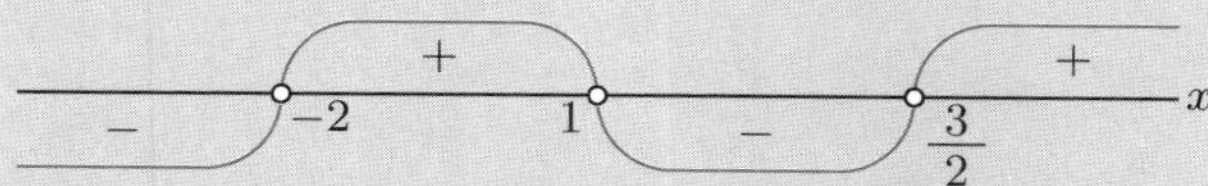

したがって，$P(x) < 0$ となる x の範囲は　$x < -2,\ 1 < x < \dfrac{3}{2}$　//

問・5 次の不等式を解け.

(1) $(x-2)(x+1)(2x+1) > 0$　　(2) $x^3 + 2x^2 - 5x - 6 \leqq 0$

② 4 不等式の証明

不等式の証明では，52ページ，53ページの不等式の性質が用いられる．例えば $A \geqq B$ の証明では，$A - B \geqq 0$ を示す方法がよく用いられる．

例題 6 $x \geqq 1$，$y \geqq 1$ のとき，$xy + 1 \geqq x + y$ が成り立つことを証明せよ．また，等号が成り立つ場合を調べよ．

解

$$\text{左辺} - \text{右辺} = xy + 1 - (x + y) = x(y-1) - (y-1)$$
$$= (x-1)(y-1)$$

$x \geqq 1$，$y \geqq 1$ より　$x - 1 \geqq 0$，$y - 1 \geqq 0$

したがって　$(x-1)(y-1) \geqq 0$

よって　$xy + 1 \geqq x + y$

ここで等号は　$x - 1 = 0$ または $y - 1 = 0$

すなわち，$x = 1$ または $y = 1$ のときに限り成り立つ．　//

問・6 $a \geqq 1$ のとき，$a^2 \geqq 1$ が成り立つことを証明せよ．また，等号が成り立つ場合を調べよ．

例題 7 $a > b > 0$，$c > d > 0$ のとき，$ac > bd$ であることを証明せよ．

解

$a - b > 0$，$c > 0$ だから　$(a-b)c = ac - bc > 0$　①

$c - d > 0$，$b > 0$ だから　$(c-d)b = bc - bd > 0$　②

①＋② より　$ac - bd > 0$　したがって　$ac > bd$　//

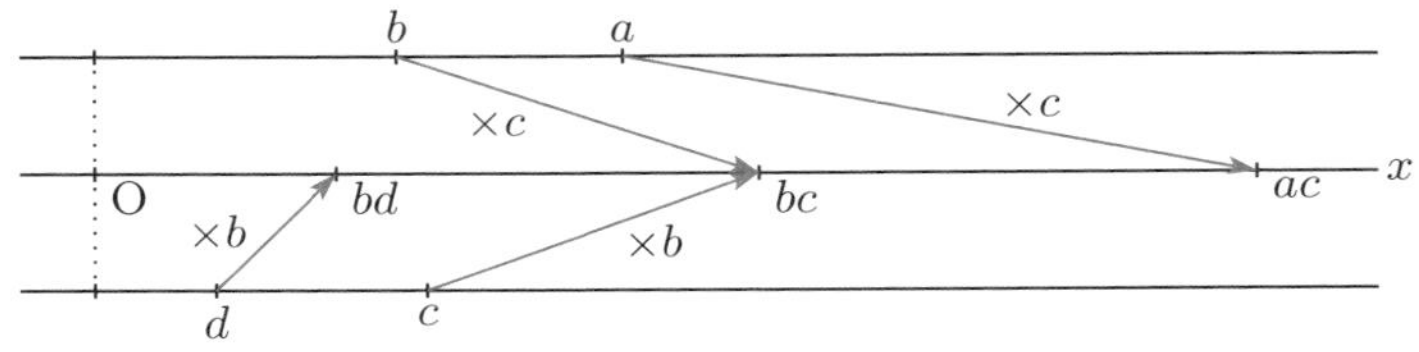

問•7 $a > b,\ c > d$ のとき，$a + c > b + d$ であることを証明せよ．

次の実数の性質もよく用いられる．

●**実数の性質**

任意の実数 a について，$a^2 \geqq 0$ が成り立つ．

例 1 $a^2 + b^2 - 2ab = (a - b)^2 \geqq 0$ より $a^2 + b^2 \geqq 2ab$

等号は $a - b = 0$ すなわち $a = b$ の時に限り成り立つ．

問•8 $a,\ b,\ x,\ y$ を実数とするとき，次の不等式（**シュワルツの不等式**という）を証明せよ．また，等号が成り立つ場合を調べよ．

$$(\boldsymbol{a^2 + b^2})(\boldsymbol{x^2 + y^2}) \geqq (\boldsymbol{ax + by})^2$$

▶▶2 次式に関する不等式

例題 8 次の不等式を証明せよ．また，等号が成り立つ場合を調べよ．

$$x^2 + xy + y^2 \geqq 0$$

解

$$\begin{aligned} 左辺 &= x^2 + xy + \frac{1}{4}y^2 - \frac{1}{4}y^2 + y^2 \\ &= \left(x + \frac{1}{2}y\right)^2 + \frac{3}{4}y^2 \end{aligned}$$

ここで $\left(x + \frac{1}{2}y\right)^2 \geqq 0,\ y^2 \geqq 0$ だから　$x^2 + xy + y^2 \geqq 0$

$x^2 + xy + y^2 = 0$ となるのは，$x + \frac{1}{2}y = 0,\ y = 0$ のときである．

これを解くと　$x = y = 0$

よって，等号は $x = y = 0$ のときに限り成り立つ．　//

問•9 次の不等式を証明せよ．

(1) $x^2 - 4x + 4 \geqq 0$　　(2) $x^2 - 6x + 10 > 0$

相加平均と相乗平均の不等式

a，b が正の数のとき，$\dfrac{a+b}{2}$ を**相加平均**，$\sqrt{ab}$ を**相乗平均**という．

●相加平均と相乗平均の関係

a，b が正の数のとき

$$\frac{a+b}{2} \geqq \sqrt{ab} \quad \text{すなわち} \quad a+b \geqq 2\sqrt{ab}$$

等号は $a=b$ のときに限り成り立つ．

証明

$$\frac{a+b}{2} - \sqrt{ab} = \frac{a+b-2\sqrt{ab}}{2} = \frac{(\sqrt{a})^2 - 2\sqrt{a}\sqrt{b} + (\sqrt{b})^2}{2} = \frac{(\sqrt{a}-\sqrt{b})^2}{2} \geqq 0$$

したがって $\dfrac{a+b}{2} \geqq \sqrt{ab}$ である．

ここで，等号は $\sqrt{a}-\sqrt{b}=0$ すなわち $a=b$ のときに限り成り立つ．//

●**注**‥‥図のように半径 a の円 O と半径 b の円 O′ を接するようにかくとき，$\mathrm{OO'}=a+b$，また，三平方の定理より $\mathrm{AB}=2\sqrt{ab}$ である．図より，$\mathrm{AB} \leqq \mathrm{OO'}$ が成り立つことがわかる．このことからも相加平均と相乗平均の不等式がわかる．

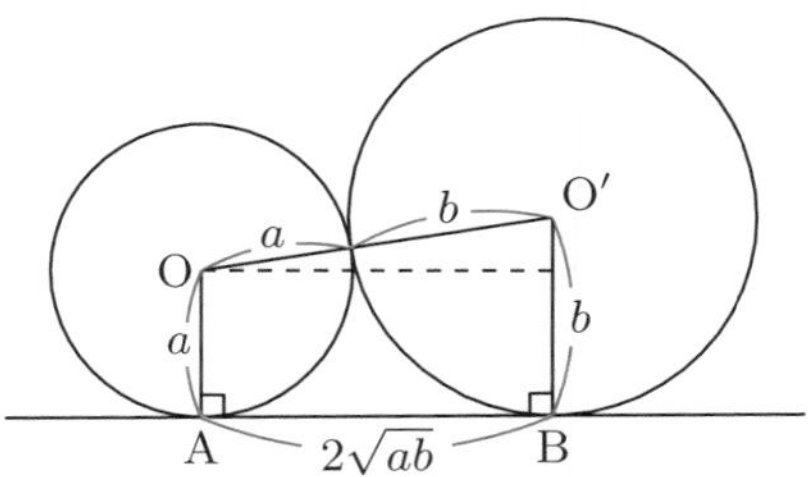

例 2　$x>0$ のとき，$x+\dfrac{1}{x} \geqq 2\sqrt{x\cdot\dfrac{1}{x}}=2$ が成り立つ．

等号は $x=\dfrac{1}{x}$ すなわち $x=1$ のときに限り成り立つ．

問・10　$a>0$，$b>0$ のとき，次の不等式を証明せよ．また，等号が成り立つ場合を調べよ．

(1)　$a+\dfrac{4}{a} \geqq 4$　　　(2)　$\dfrac{b}{a}+\dfrac{a}{b} \geqq 2$

②5 集合

5 以下の自然数の集まり

$$\{1,\ 2,\ 3,\ 4,\ 5\} \qquad (1)$$

または，すべての正の偶数の集まり

$$\{2,\ 4,\ 6,\ 8,\ \cdots\cdots\} \qquad (2)$$

のように，ある条件を満たすもの全体の集まりを**集合**といい，集合を構成している 1 つ 1 つのものをその集合の**要素**という．

集合は (1)，(2) のように，その要素を書き並べて表すが，集合の要素を定める**条件** $C(x)$ を用いて，$\{x \mid C(x)\}$ のように書くこともある．

例 3 (1) の集合は，$\{x \mid x$ は 5 以下の自然数$\}$ と書くこともできる．
また (2) の集合は，$\{x \mid x$ は正の偶数$\}$ と書くこともできる．

集合を文字 A, B などで表すとき，a が集合 A の要素であることを

$$a \in A \quad \text{または} \quad A \ni a$$

と書き，a は A に**属する**という．そうでないときは次のように書く．

$$a \notin A \quad \text{または} \quad A \not\ni a$$

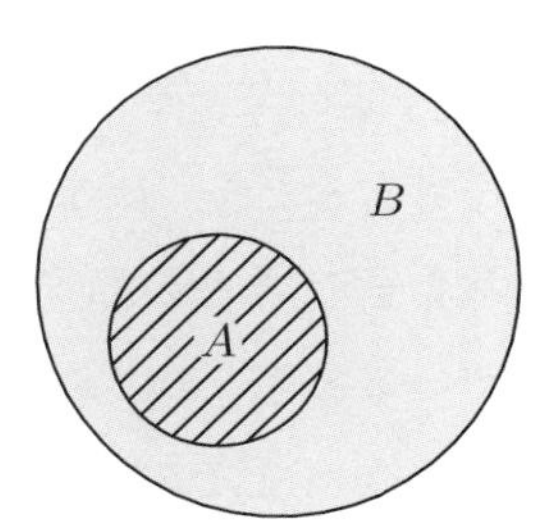

集合 A の要素と集合 B の要素がすべて一致するとき，A と B は**等しい**といい，$A = B$ と書く．また，A の要素がすべて B の要素になっているとき，A は B の**部分集合**であるといい

$$A \subset B \quad \text{または} \quad B \supset A$$

と書く．このとき，A は B に**含まれる**，または B は A を**含む**といい，A と B の関係を図のように表す．このように，集合の関係を図に表したものを**ベン図**という．ここで，$A \subset B$ には $A = B$ の場合も入ることに注意する．

例 4 $A = \{x \mid x > 1\}$，$B = \{x \mid x > 0\}$ のとき，$A \subset B$ である．

集合 A, B に対して，A, B に共通な要素の集合を A と B の**共通部分**といい，$A \cap B$ で表す．また，A, B の少なくとも一方に属する要素の集合を A と B の**和集合**といい，$A \cup B$ で表す．$A \cap B$ と $A \cup B$ はそれぞれ図の青色部分である．

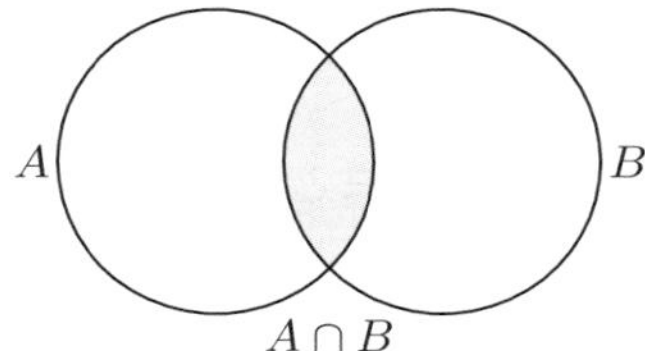

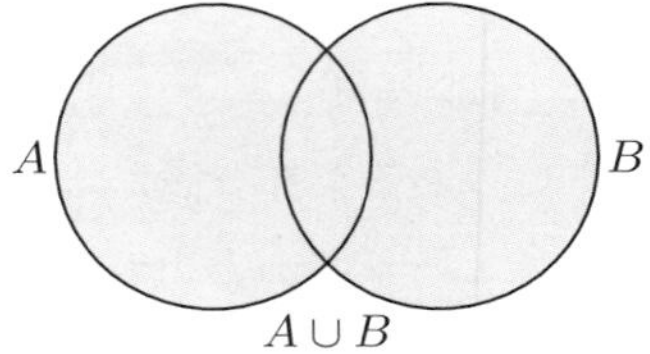

例 5　$A = \{x \mid x$ は3の倍数$\}$，$B = \{x \mid x$ は5の倍数$\}$ のとき

$A \cap B$ の要素は3でも5でも割り切れる数，すなわち3と5の公倍数である．したがって

$$A \cap B = \{x \mid x \text{ は } 15 \text{ の倍数}\}$$

また　$$A \cup B = \{x \mid x \text{ は } 3 \text{ の倍数または } 5 \text{ の倍数}\}$$

約数や倍数などを扱うときには自然数全体の集合の中で考える．このように，はじめに考える対象となるもの全体の集合 U を定めて，その要素や部分集合だけを考えるとき，U を**全体集合**という．全体集合 U とその部分集合 A が与えられているとき，A に属さない U の要素の集合を A の**補集合**といい，$\overline{A}$ で表す．集合 A とその補集合 $\overline{A}$ との共通部分 $A \cap \overline{A}$ は要素を1つも含まない集合である．このように要素を1つも含まない集合を**空集合**といい，記号 ϕ で表す．全体集合 U とその部分集合 A に対して，次のことが成り立つ．

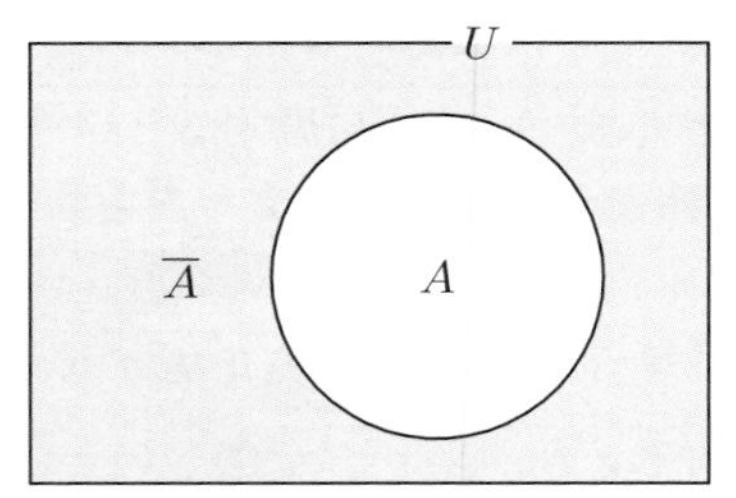

$$\overline{\overline{A}} = A,\quad A \cup \overline{A} = U,\quad A \cap \overline{A} = \phi$$

例 6　実数全体を全体集合とするとき，$A = \{x \mid x \geqq 0\}$ の補集合は $\overline{A} = \{x \mid x < 0\}$ である．

問・11 整数全体を全体集合とするとき，$B=\{x \mid x^2>4\}$ の補集合 $\overline{B}$ を求めよ．

問・12 $U=\{x \mid x$ は 10 以下の自然数$\}$ を全体集合とするとき

$A=\{2,\ 3,\ 4,\ 5,\ 8\}$，　$B=\{1,\ 2,\ 5,\ 7\}$

に対して，次の集合を求めよ．

(1)　$A \cap B$　　(2)　$A \cup B$　　(3)　$\overline{A} \cap \overline{B}$　　(4)　$\overline{A \cup B}$

U を全体集合，A，B をその部分集合とするとき，$A \cap B$，$A \cup B$ の補集合について，次の**ド・モルガンの法則**が成り立つ．

●ド・モルガンの法則

$$\overline{A \cup B}=\overline{A} \cap \overline{B},\quad \overline{A \cap B}=\overline{A} \cup \overline{B}$$

ベン図を用いて $\overline{A \cup B}=\overline{A} \cap \overline{B}$ を確かめてみよう．

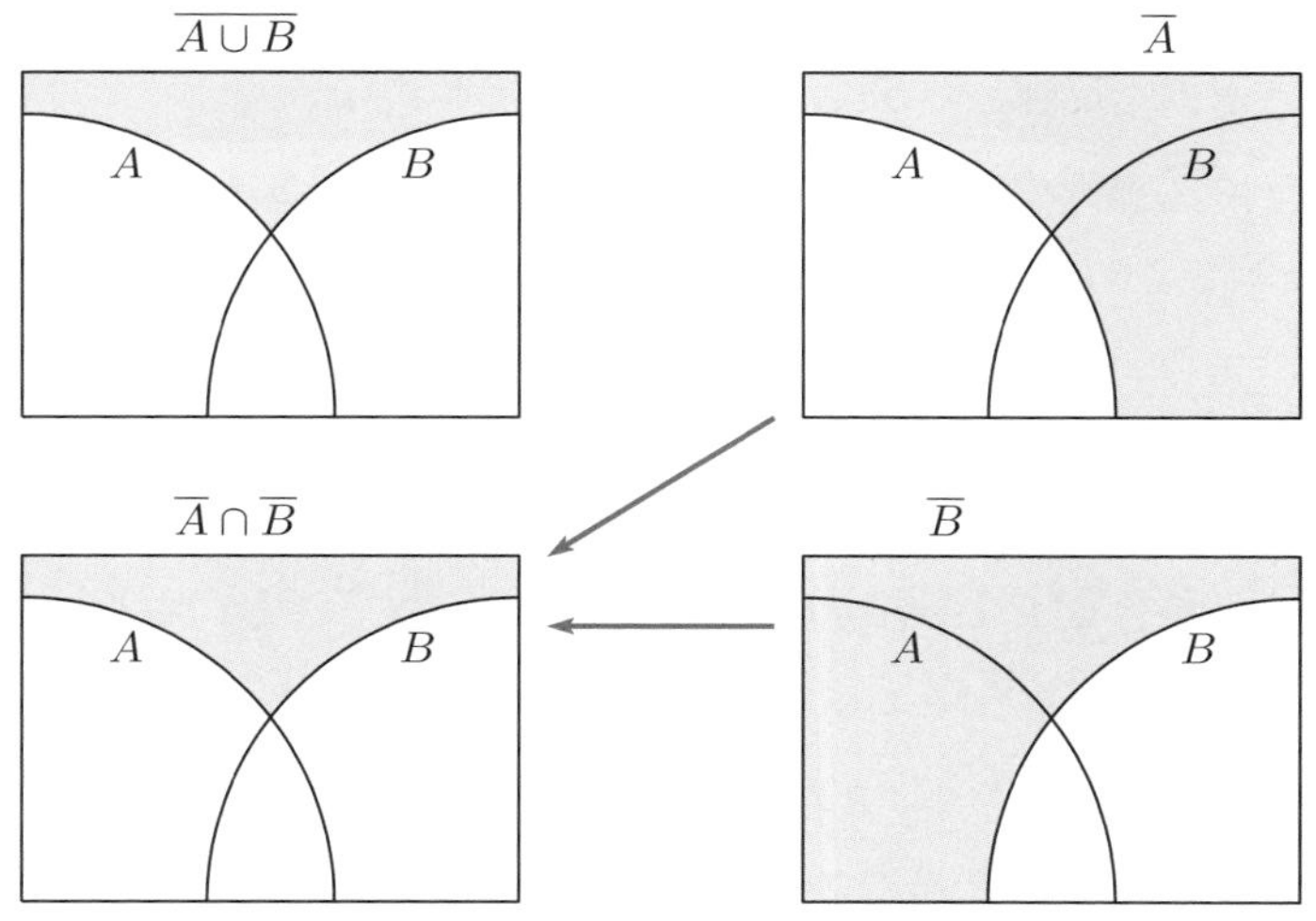

同様に，ベン図を用いて $\overline{A \cap B}=\overline{A} \cup \overline{B}$ も確かめることができる．

問・13 ド・モルガンの法則を用いて，次の等式を証明せよ．

$$\overline{(\overline{A} \cup \overline{B}) \cap \overline{C}}=(A \cap B) \cup C$$

2 6 命題

あることがらを文章や式で表したもので，それが正しいか正しくないかが明確に決まるものを**命題**という．命題が正しいとき命題は**真**であるといい，正しくないとき命題は**偽**であるという．

例題 9 次の命題の真偽を調べよ．

(1) a が実数であれば　$a^2 \geqq 0$　　　(2) $ab = ac$ ならば　$b = c$

解 (1) 実数を2乗すると常に0以上になるから，命題は真である．

(2) $a = 0$ のとき，$ab = ac = 0$ であるが，$b = c$ とは限らないから，命題は偽である．　//

命題が偽であることを示すには，それが成り立たない例を挙げればよい．このような例を**反例**という．

問・14 次の命題の真偽を調べよ．偽の場合は反例を示せ．

(1) $x > 2$ ならば $x^2 > 4$　　　(2) $x < 2$ ならば $x^2 < 4$

「$x > 2$」のように x に値を代入すると，真偽が決まるものを条件という．条件を満たすものの集合をその条件の**真理集合**という．ここでは，条件 p の真理集合を P，条件 q の真理集合を Q と書くことにする．

命題では，2つの条件 p，q について「p ならば q」という形で述べられることが多い．このとき，p を**仮定**，q を**結論**という．

命題「p ならば q」が真のとき，$p \Rightarrow q$ と表す．$p \Rightarrow q$ であるとき，条件 p を満たせば，常に条件 q も満たすことから，真理集合 P の要素は，真理集合 Q の要素でもあり，$P \subset Q$ が成り立つ．

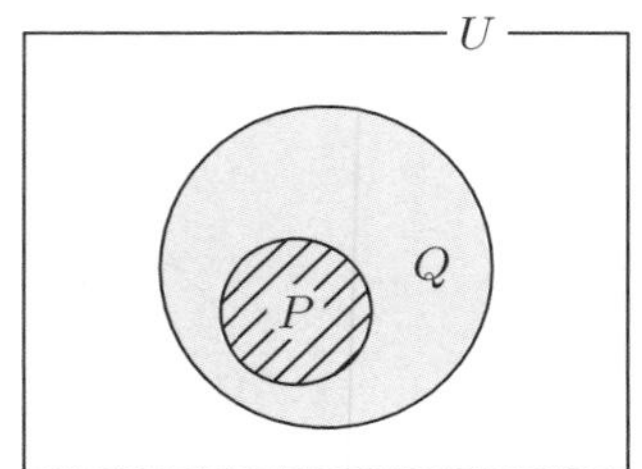

$p \Rightarrow q$，すなわち「p ならば q」が真のとき，p は q のための**十分条件**であるといい，q は p のための**必要条件**であるという．

$p \Rightarrow q$ および $q \Rightarrow p$ のとき，$p \Leftrightarrow q$ と書き，p は q のための**必要十分条件**であるという．このとき，q は p のための必要十分条件でもある．また，p と q は真偽が一致するため，**同値**であるともいう．

また，命題「p ならば q」が偽のときは，$p \not\Rightarrow q$ と表す．

例 7　四角形 ABCD において，「平行四辺形 $\Rightarrow$ AB // DC」だから，平行四辺形であることは AB // DC であるための十分条件である．しかし，「AB // DC $\not\Rightarrow$ 平行四辺形」だから，平行四辺形であることは AB // DC であるための必要条件ではない．

問・15　次の □ の中に，必要，十分，必要十分のいずれかを書き入れて文章を完成させよ．

(1) $x = y$ は，$x + z = y + z$ のための □ 条件である．

(2) $ac = bc$ は，$a = b$ のための □ 条件である．

(3) 整数 n について，「n は 4 の倍数」は「n は 2 の倍数」のための □ 条件である．

(4) 四角形がひし形であることは，対角線が垂直に交わるための □ 条件である．

条件 p に対して，「p でない」という条件を p の**否定**といい $\overline{p}$ で表す．全体集合を U，条件 p の真理集合を P とすれば，条件 $\overline{p}$ の真理集合は P の補集合 $\overline{P}$ である．

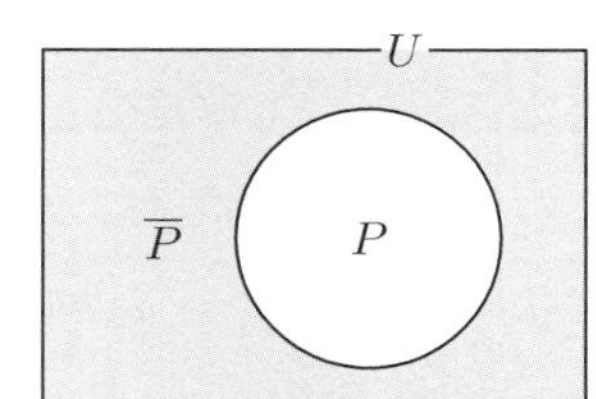

例 8　「整数 n は奇数」を p とすると，$\overline{p}$ は「整数 n は偶数」となる．

問・16　10 以下の自然数全体を全体集合とするとき，「n は 4 の倍数」の否定 $\overline{p}$ をつくり，その真理集合 $\overline{P}$ を求めよ．

全体集合を U とし，条件 p の真理集合を P，条件 q の真理集合を Q とすると，条件「p かつ q」の真理集合は $P\cap Q$，条件「p または q」の真理集合は $P\cup Q$ である．

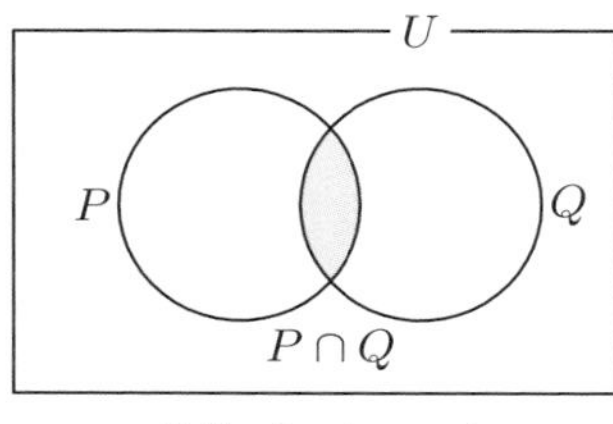

条件「p かつ q」

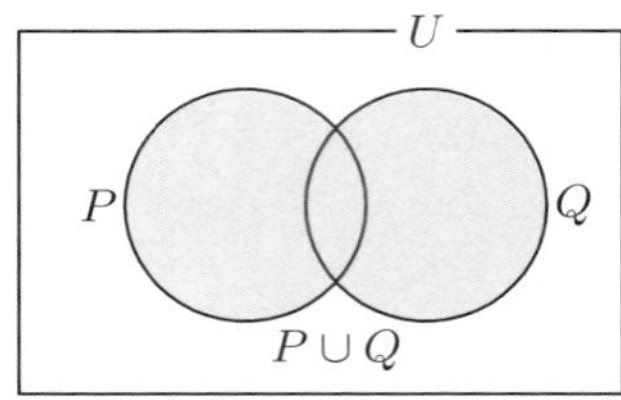

条件「p または q」

ド・モルガンの法則より

$$\overline{P\cap Q}=\overline{P}\cup\overline{Q},\quad \overline{P\cup Q}=\overline{P}\cap\overline{Q}$$

したがって

「$\overline{p\text{ かつ }q}$」は「$\overline{p}$ または $\overline{q}$」と同じ条件であり，

「$\overline{p\text{ または }q}$」は「$\overline{p}$ かつ $\overline{q}$」と同じ条件である．

例 9　「$a=0$ または $b=0$」の否定は「$a\neq 0$ かつ $b\neq 0$」

問・17　次の条件の否定をつくれ．

(1) $x<1$ または $x>3$　　(2) 整数 n は 4 でも 5 でも割り切れる．

命題「p ならば q」を，「$p\rightarrow q$」と表すことにする．この表し方を用いると，「$p\rightarrow q$」が真のとき，$p\Rightarrow q$ と表される．

「$p\rightarrow q$」に対して，次のように逆，裏，対偶を定める．

「$q\rightarrow p$」を「$p\rightarrow q$」の**逆**
「$\overline{p}\rightarrow\overline{q}$」を「$p\rightarrow q$」の**裏**
「$\overline{q}\rightarrow\overline{p}$」を「$p\rightarrow q$」の**対偶**
という．

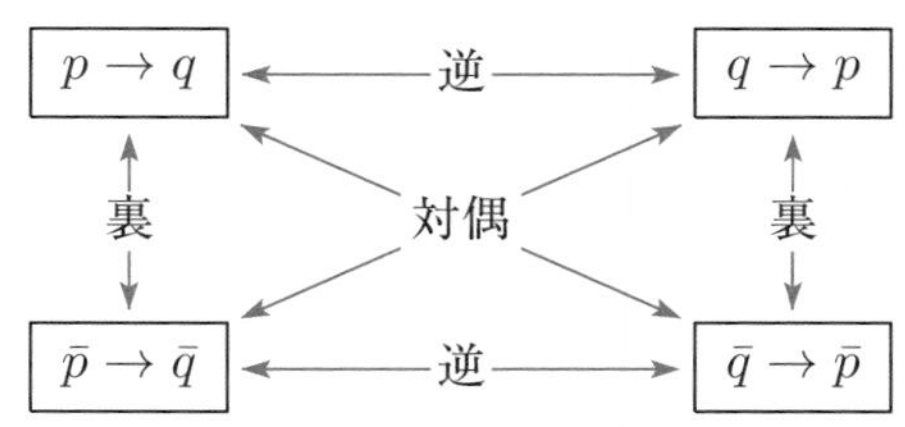

例 10　「$x > 2 \to x^2 > 4$」の逆は「$x^2 > 4 \to x > 2$」
裏は「$x \leqq 2 \to x^2 \leqq 4$」，対偶は「$x^2 \leqq 4 \to x \leqq 2$」

問・18　「$x < 0$ かつ $y > 0 \to xy < 0$」の逆，裏，対偶をつくれ．

全体集合を U，条件 p の真理集合を P，条件 q の真理集合を Q とする．命題「$p \to q$」が真のとき，$p \Rightarrow q$ であり，$P \subset Q$ が成り立つ．図からわかるように，このとき $\overline{Q} \subset \overline{P}$ が成り立つから，$\overline{q} \Rightarrow \overline{p}$ であり，対偶「$\overline{q} \to \overline{p}$」も真である．同様にして，対偶「$\overline{q} \to \overline{p}$」が真のとき，命題「$p \to q$」も真であることがわかる．

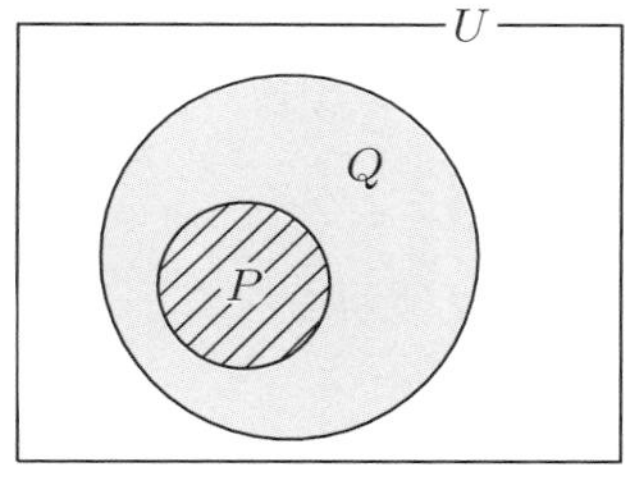

「$p \to q$」が真 $\Leftrightarrow P \subset Q$

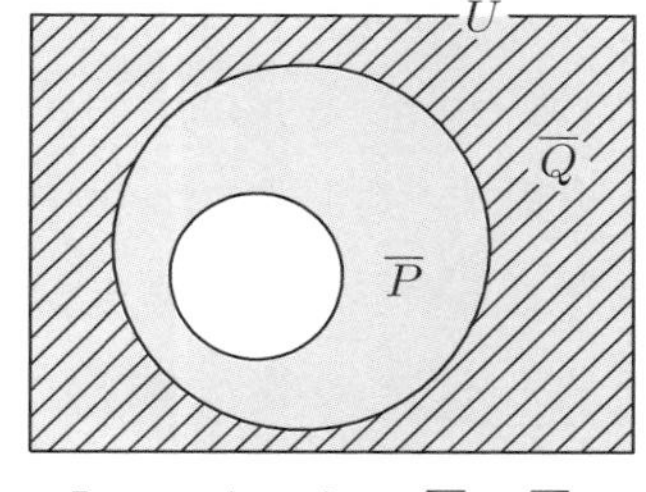

「$\overline{q} \to \overline{p}$」が真 $\Leftrightarrow \overline{Q} \subset \overline{P}$

●命題とその対偶との関係

命題とその対偶の真偽は一致する．

●注…… $P \subset Q$ であっても $Q \subset P$ と $\overline{P} \subset \overline{Q}$ は一般には成り立たないから，「$p \to q$」が真であっても，その逆と裏は必ずしも真とは限らない．

例 11　命題「$x + y > 4$ ならば $x > 2$ または $y > 2$」が真であることは，対偶「$x \leqq 2$ かつ $y \leqq 2$ ならば $x + y \leqq 4$」が真であることから，証明される．

問・19　m，n が整数のとき，mn が偶数ならば m と n の少なくとも一方が偶数であることを対偶を用いて証明せよ．

コラム

証明方法

ある命題が真であることを示すためのさまざまな証明方法がある．

対偶法　命題「$p \to q$」を証明することに比べて，対偶「$\overline{q} \to \overline{p}$」を証明する方がわかりやすく簡単なことがある．対偶は元の命題と真偽が一致することから，対偶を証明することによって，元の命題が証明されたとする方法である．（67ページの例11を参照せよ）

転換法　p_1，p_2，p_3 が全ての場合を尽くして，共通部分が無く（排反），q_1，q_2，q_3 も共通部分が無いとする．「$p_1 \to q_1$，$p_2 \to q_2$，$p_3 \to q_3$」が証明されたとき，逆の「$q_1 \to p_1$，$q_2 \to p_2$，$q_3 \to p_3$」も成り立つ．

例1　2次方程式の判別式を D とするとき

$D > 0 \to$ 異なる2つの実数解をもつ，$D = 0 \to$2重解をもつ

$D < 0 \to$ 異なる2つの虚数解をもつ

これらは成り立ち，共通部分などの条件も満たす．よって，いずれの場合も逆が成り立つ．

背理法　証明したい命題を「偽と仮定」して，「矛盾した結果を導く」ことで「偽としたことが誤り」であり，「命題が真である」と結論する．

例2　$\sqrt{2}$ は無理数である．

$\sqrt{2}$ は有理数であると仮定する．（偽であると仮定）

有理数であれば既約分数を用いて $\sqrt{2} = \dfrac{m}{n}$ と表すことができる．

両辺を2乗して整理すると　$2n^2 = m^2$　よって，m は偶数である．

偶数だから $m = 2m'$ とすると　$2n^2 = 4m'^2$　すなわち，$n^2 = 2m'^2$

n も偶数である．m，n が共に偶数だから，$\dfrac{m}{n}$ が既約分数であることに反し矛盾する．よって，仮定が誤りであり，$\sqrt{2}$ は無理数である．

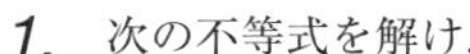

練習問題 2・A

1. 次の不等式を解け.

(1) $3x-1<5x+4$　　(2) $\dfrac{2-x}{3} \geqq \dfrac{5+3x}{2}$

(3) $x^2>4$　　(4) $5x+3 \geqq 2x^2$

2. 横と縦の長さの和が 12 cm で面積が 27 cm² 以上の長方形を作りたい. 横の長さを x cm とするとき, x の範囲を求めよ.

3. 次の不等式を解け.

(1) $x^3+2x^2-x-2 \geqq 0$　　(2) $3x^3-2x^2-7x-2<0$

4. 次の不等式を証明せよ. また, 等号が成り立つ場合を調べよ.

(1) $x^2+y^2 \geqq 2(x+y-1)$　　(2) $x^2+2xy+2y^2 \geqq 0$

(3) $\dfrac{a^2+b^2}{2} \geqq \left(\dfrac{a+b}{2}\right)^2$　　(4) $a^2+\dfrac{1}{a^2} \geqq 2 \quad (a \neq 0)$

5. 次の命題の逆と対偶を述べ, それらの真偽を判定せよ.

(1) $xy=0$ ならば $x=0$ である.

(2) $x=1$ または $x=-1$ ならば $x^2=1$ である.

6. 次の □ の中に, 必要, 十分, 必要十分のいずれかを書き入れて文章を完成せよ.

(1) 実数 a について, $|a|=3$ は $a^2=9$ であるための □ 条件である.

(2) $(x-1)(x+3)=0$ は $x=-3$ であるための □ 条件である.

(3) 四角形 ABCD において, 四角形 ABCD が平行四辺形であることは, AB=CD であるための □ 条件である.

練習問題 2・B

1. 次の連立不等式を解け．

(1) $\begin{cases} 3x+3 \geqq 2x-1 \\ 2x < 1-x \\ x \leqq 4x+3 \end{cases}$　　(2) $\begin{cases} x^2-2x-3 \leqq 0 \\ x^2-2x > 0 \end{cases}$

2. 次の不等式を解け．

(1) $\dfrac{x-5}{x-1} > 0$　　(2) $\dfrac{2x}{x-1} - 1 < 0$

3. 相加平均と相乗平均の関係を利用して，次の不等式を証明せよ．また，等号が成り立つ場合を調べよ．ただし，文字はすべて正の数とする．

(1) $\left(a+\dfrac{4}{b}\right)\left(b+\dfrac{4}{c}\right)\left(c+\dfrac{4}{a}\right) \geqq 64$

(2) $\sqrt{ab} \geqq \dfrac{2ab}{a+b}$

4. a を実数の定数とするとき，次の問いに答えよ．

(1) $1+a^2$ と $2a-a^2$ の大小を調べよ．

(2) 次の 2 次不等式を解け．

$$x^2-(2a+1)x+a(1+a^2)(2-a) > 0$$

5. 次の命題の真偽を調べよ．また，その逆および対偶の真偽を調べよ．

(1) $x=2$ かつ $y=3$ ならば，$x-y=-1$ である．

(2) a，b が複素数で，$a^2+b^2=0$ ならば $a=0$ かつ $b=0$ である．

6. 対偶を用いて，次の命題が真であることを証明せよ．

(1) x，y が実数のとき，$x^2+y^2<8$ ならば $x<2$ または $y<2$ である．

(2) n が整数で，n^2 が 3 の倍数ならば n も 3 の倍数である．

3章 関数とグラフ

斜方投射(45°)で最初の速度を変えてみる（空気抵抗などは考えない）

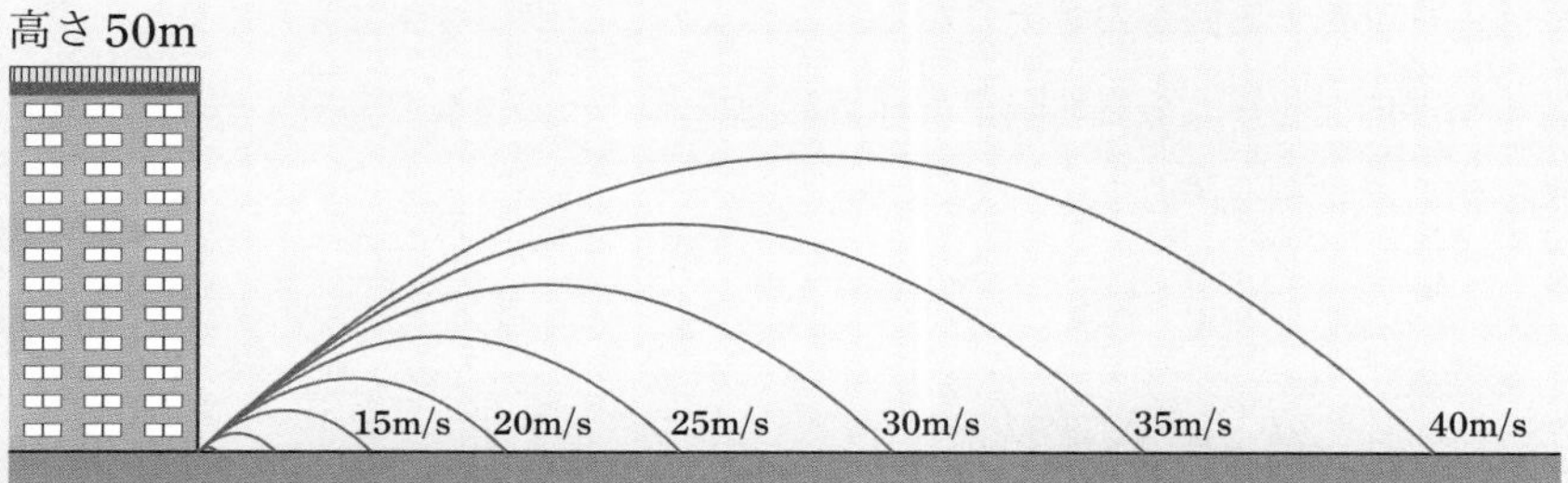

最初の速度をさらに大きくしたら？

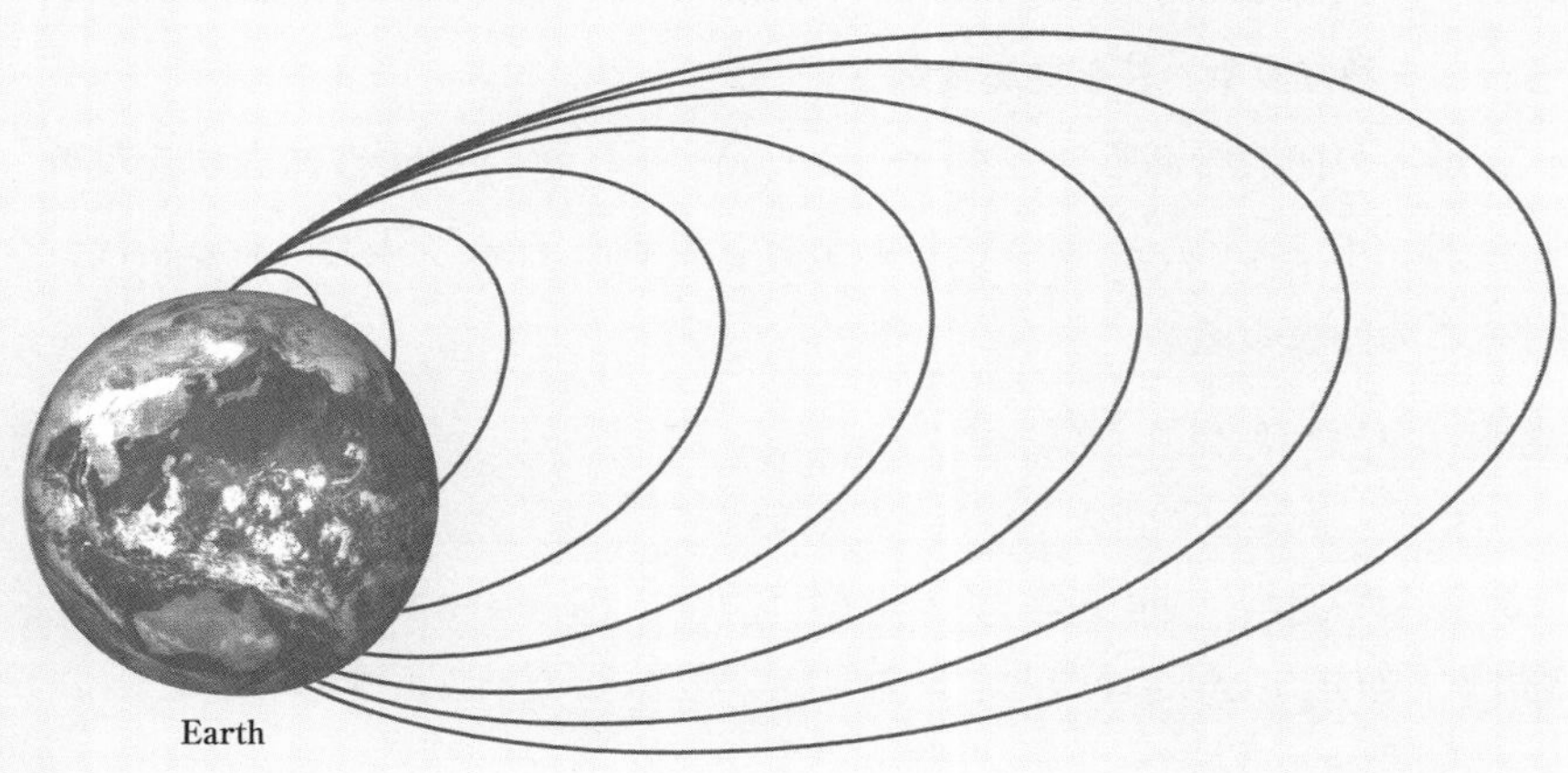

●この章を学ぶために

関数について，中学校では1次関数，グラフの頂点が原点にある2次関数などについて学んできた．この章では，グラフの頂点が原点以外にある一般的な2次関数，簡単な高次関数などを学んでいく．

物理では自由落下，斜方投射など物体の運動を記述するとき，時間から位置や速度を計算する関数が必要になる．このように運動に関する様々な変化や物質の状態の変化などの自然現象や経済変動などの社会現象を考察するとき，関数は重要な役割を果たしている．

1 2次関数

1 1 関数とグラフ

2つの変数 x，y があって，x の値を決めると，それに対応して y の値がただ1つ決まるとき，y は x の**関数**であるという．y が x の関数であるとき，x を**独立変数**，y を**従属変数**という．

y が x の関数であることを，$y=f(x)$，$y=g(x)$ のように表す．関数 $y=f(x)$ において，$x=a$ に対応する y の値を $f(a)$ で表し，$x=a$ におけるこの関数の**値**という．

例 1　$f(x)=5x-2$ のとき

$$f(-2)=5\times(-2)-2=-12$$

$$f(a)=5a-2,\quad f(a+h)=5(a+h)-2=5a+5h-2$$

問・1　$f(x)=2x+3$ のとき，$f(-1)$，$f(-a)$，$f(a+1)$ を求めよ．

変数のとる値の範囲を変数の**変域**という．関数 $y=f(x)$ において，x の変域をこの関数の**定義域**，定義域に属する x に対応する y の変域をこの関数の**値域**という．

例 2 (1) 関数 $y=2x+1$ において，特に断りがなければ，定義域は実数全体である．値域も実数全体になる．

(2) 関数 $y=\dfrac{1}{x}$ において，特に断りがなければ，定義域は $x \neq 0$，すなわち 0 を除く実数全体である．値域は $y \neq 0$ になる．

●注…… $\dfrac{1}{0}$, $\dfrac{0}{0}$ など，分母が 0 の分数は定義されない．

原点 O で直交する 2 つの座標軸を定めた**座標平面**を考えると，平面上の点は実数の組 $(x,\ y)$ で表すことができる．これを利用して関数を図示し，その性質を調べよう．

座標平面は座標軸によって 4 つの部分に分けられる．その各部分を，図のように，**第 1 象限**，**第 2 象限**，**第 3 象限**，**第 4 象限**という．ただし，座標軸上の点はどの象限にも属さないとする．

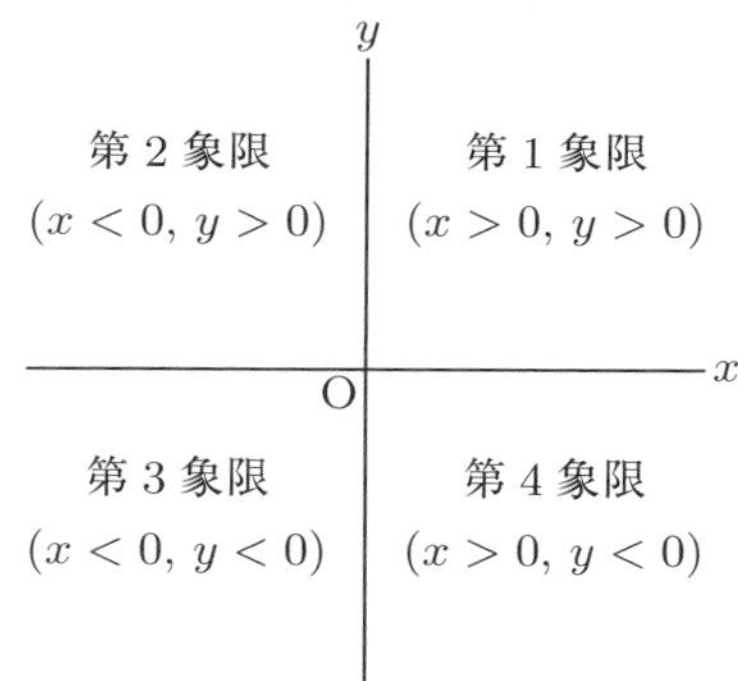

関数 $y=f(x)$ の定義域に属する値を a とすると，座標平面上の点 $\bigl(a,\ f(a)\bigr)$ の全体は 1 つの図形になる．この図形を関数 $y=f(x)$ の**グラフ**という．また，$y=f(x)$ をこの**グラフの方程式**という．グラフは一般に曲線になる．この曲線を，曲線 $y=f(x)$ という．

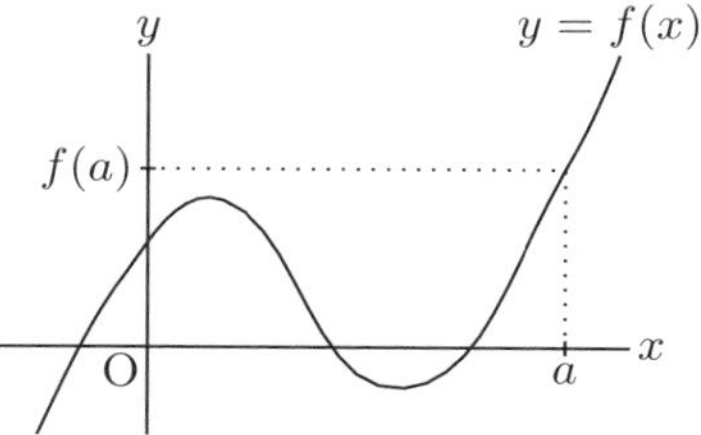

変数 y が変数 x の 1 次式で表される関数

$$y=ax+b \quad (a,\ b \text{ は定数},\ a \neq 0)$$

を **1 次関数**という．この 1 次関数のグラフは傾き a，切片 b の直線である．

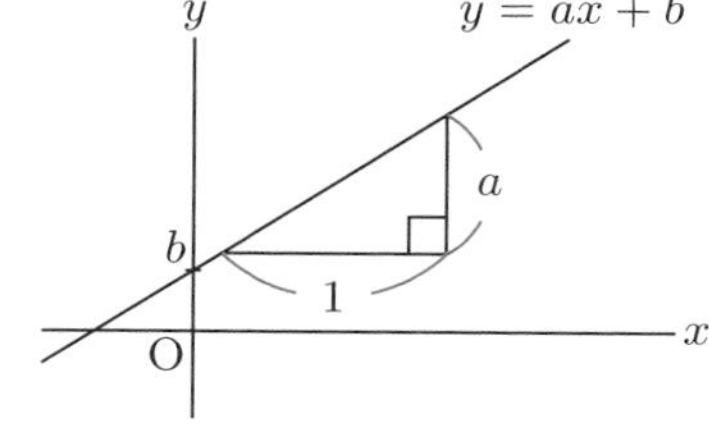

$y=c$（定数）で表される関数を**定数関数**という．すなわち，どんな x の値に対しても，常に定数 c をとる関数である．

定数関数 $y=c$ のグラフは点 $(0,\ c)$ を通り，x 軸に平行な直線である．特に，x 軸は $y=0$ で表される．

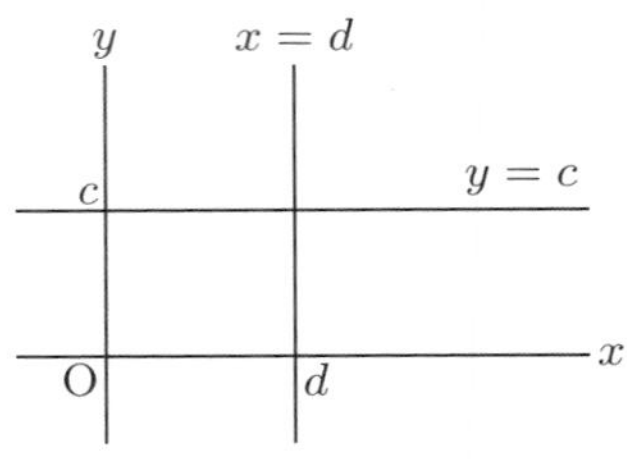

●**注**…y 軸に平行な直線は $y=f(x)$ の形で表されない．この直線が点 $(d,\ 0)$ を通るとき，直線上のすべての点は x 座標が d になるから，この直線は $x=d$ で表される．特に，y 軸は $x=0$ で表される．

定義域が限定されている関数の値域を考える場合は，関数のグラフを利用するとよい．

例3 (1) 関数 $y=\dfrac{x}{2}+1$ において，定義域を $-1 \leqq x \leqq 2$ とする．

このとき，値域は

$$\frac{1}{2} \leqq y \leqq 2$$

となる．

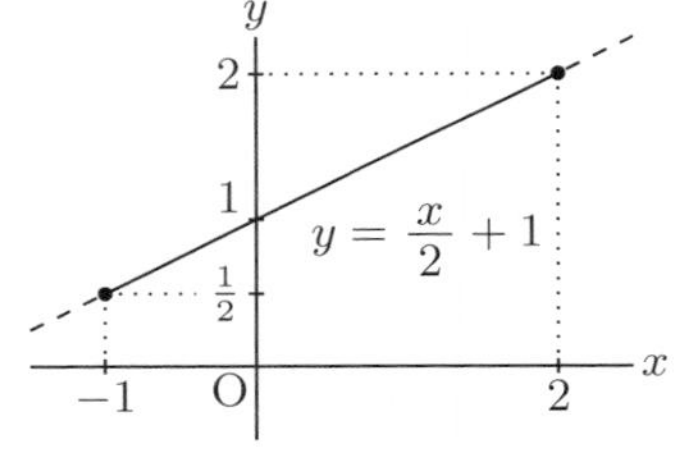

(2) 周の長さが 20 m である長方形の縦の長さを x m，横の長さを y m とすると，$y=10-x$ である．このとき

定義域は　$0<x<10$

値域は　$0<y<10$

となる．

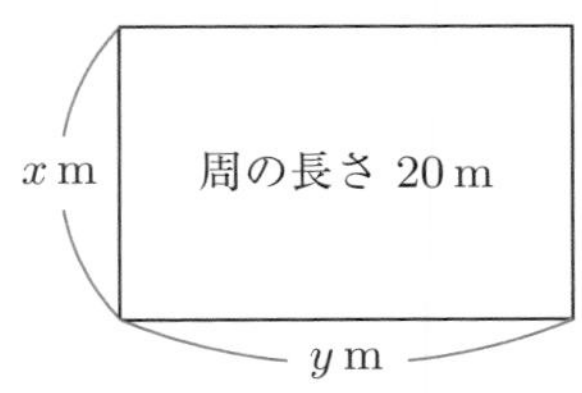

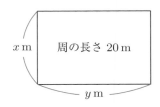

問・2 次の関数の（　）内の定義域に対する値域を求めよ．

(1)　$y=3x-2$　$(0 \leqq x \leqq 2)$　　(2)　$y=-4x+3$　$(-1 \leqq x \leqq 1)$

1 2　2 次関数のグラフ

変数 y が変数 x の 2 次式で表される関数

$$y = ax^2 + bx + c \quad (a,\ b,\ c \text{ は定数},\ a \neq 0)$$

を **2 次関数**という．

2 次関数 $y = ax^2$ $(a \neq 0)$ のグラフは，y 軸を**軸**とし，原点を**頂点**とする**放物線**である．この放物線は $a > 0$ のとき**下に凸**，$a < 0$ のとき**上に凸**であるという．

2 次関数

$$y = x^2 \qquad (1)$$

$$y = (x-2)^2 \qquad (2)$$

$$y = (x-2)^2 + 3 \qquad (3)$$

のグラフの関係を調べよう．

x	-3	-2	-1	0	1	2	3	4	5
$y = x^2$	9	4	1	0	1	4	9	………	
$y = (x-2)^2$		+2	9	4	1	0	1	4	9
$y = (x-2)^2 + 3$	………		12	7	4	3	4	7	12

この表で，$y = x^2$ の値を右へ 2 だけずらすと，$y = (x-2)^2$ の値になる．したがって，(2) のグラフは (1) のグラフを x 軸方向へ 2 だけずらしたものになる．このように図形をある方向に一定の長さだけずらすことを**平行移動**という．

また，$y = (x-2)^2$ の値に 3 を加えると，$y = (x-2)^2 + 3$ の値になる．

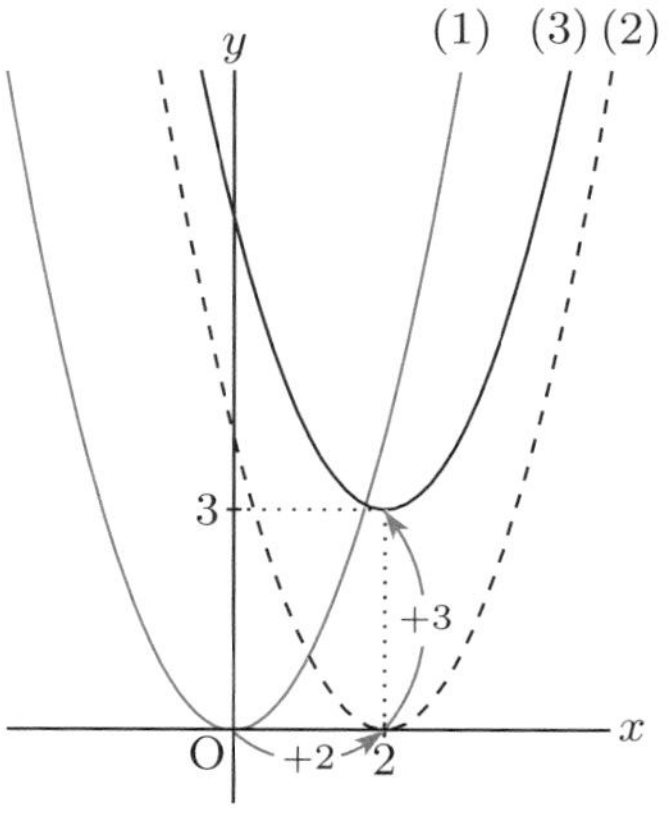

したがって，(3) のグラフは (2) のグラフを y 軸方向に 3 だけ平行移動したものになる．すなわち，関数 $y=(x-2)^2+3$ のグラフは $y=x^2$ のグラフを x 軸方向に 2，y 軸方向に 3 平行移動した放物線で，軸は直線 $x=2$，頂点の座標は (2, 3) である．

一般に，$y=a(x-p)^2+q$ のグラフについて次のことが成り立つ．

● 2 次関数のグラフ

2 次関数 $y=a(x-p)^2+q$ のグラフは，2 次関数 $y=ax^2$ のグラフを x 軸方向に p，y 軸方向に q 平行移動した放物線である．

軸は直線 $x=p$

頂点の座標は $(p,\ q)$

$a>0$ のとき下に凸

$a<0$ のとき上に凸

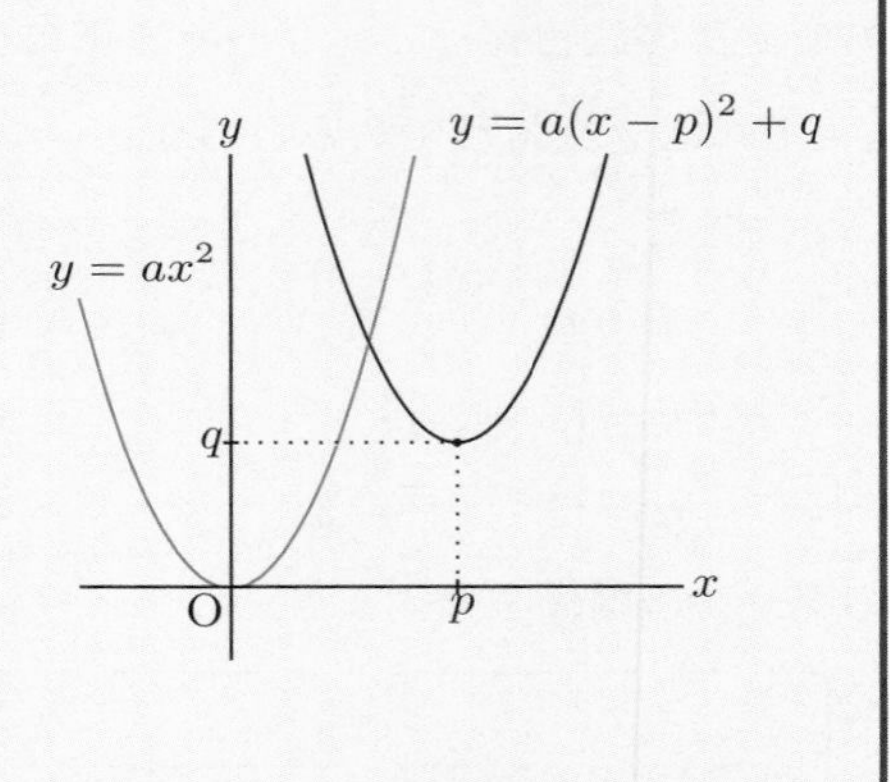

例 4　2 次関数 $y=-3x^2+2$ と $y=-3(x-1)^2+2$ のグラフは，放物線 $y=-3x^2$ をそれぞれ y 軸方向に 2 平行移動した放物線と x 軸方向に 1，y 軸方向に 2 平行移動した放物線で，上に凸である．また，軸の方程式と頂点の座標は

$y=-3x^2+2$ は軸 $x=0$，頂点 (0, 2)

$y=-3(x-1)^2+2$ は軸 $x=1$，頂点 (1, 2)

である．

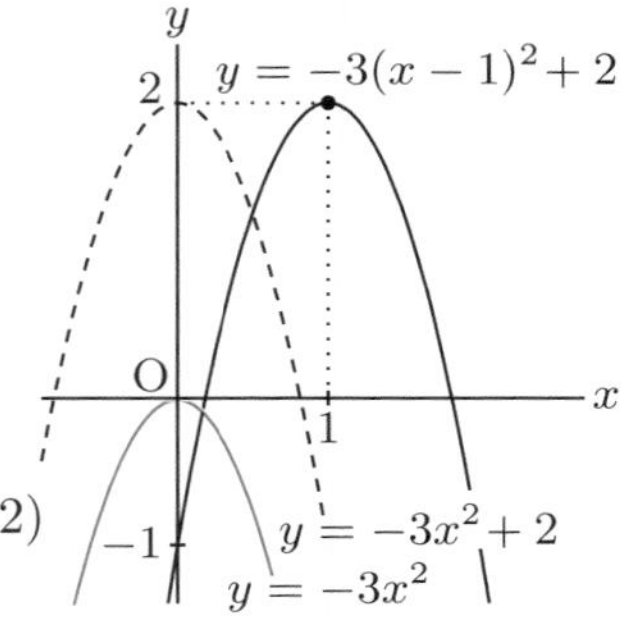

問・3　次の関数のグラフをかけ．また，軸と頂点の座標を求めよ．

(1)　$y=3x^2+2$　　(2)　$y=3(x-2)^2$

(3)　$y=2(x-1)^2+1$　　(4)　$y=2(x+1)^2-2$

問・4 放物線 $y=-3x^2$ を x 軸方向に -2, y 軸方向に 1 平行移動した放物線の方程式を求めよ．

2 次関数 $y=-2x^2+8x-5$ のグラフを調べよう．右辺を変形すると

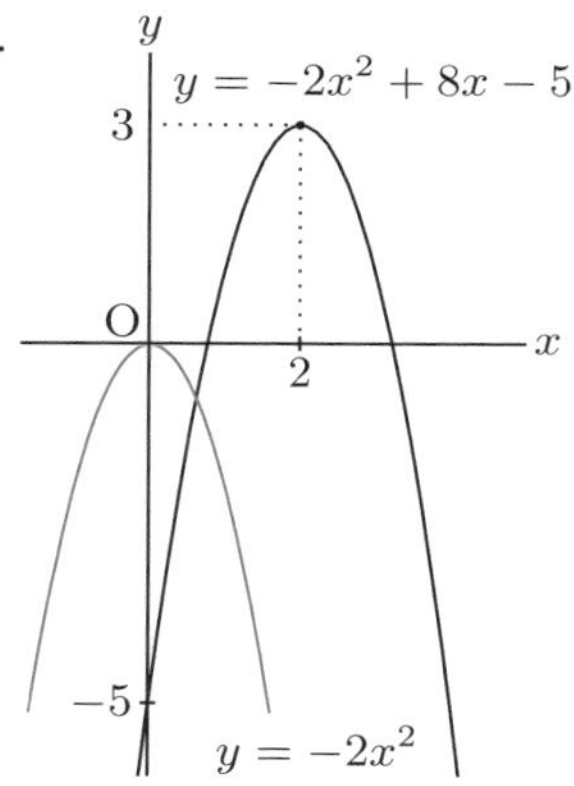

$$
\begin{aligned}
y &= -2(x^2-4x)-5 \\
&= -2\{(x-2)^2-4\}-5 \\
&= -2(x-2)^2+8-5 \\
&= -2(x-2)^2+3
\end{aligned}
$$

グラフは，軸が直線 $x=2$, 頂点の座標が $(2,\ 3)$ の放物線であり，$y=-2x^2$ のグラフを x 軸方向に 2, y 軸方向に 3 平行移動したものである．

●**注**…このような変形を**平方完成**という．2 次関数は $y=a(x-p)^2+q$ という形に変形することができ，この形の式を 2 次関数の**標準形**という．

問・5 次の 2 次関数を標準形に変形せよ．また，そのグラフをかき，軸と頂点の座標を求めよ．

(1) $y=x^2-6x+11$　(2) $y=2x^2+4x+1$

(3) $y=2x^2+2x$　(4) $y=-4x^2+6x-1$

例題 1 2 次関数の標準形 $y=a(x-p)^2+q$ で表される放物線で，次の条件を満たすものを求めよ．

(1) 軸が直線 $x=1$ で，2 点 $(0,\ 1)$, $(3,\ 7)$ を通る．

(2) 頂点が x 軸上の点 $(2,\ 0)$ で，点 $(1,\ 5)$ を通る．

解 (1) $p=1$ だから，放物線を $y=a(x-1)^2+q$ とおく．

2 点 $(0,\ 1)$, $(3,\ 7)$ を通るから

$$1=a(0-1)^2+q,\quad 7=a(3-1)^2+q$$

2つの式を連立方程式として解くと　$a=2,\ q=-1$

したがって，求める放物線の方程式は　$y=2(x-1)^2-1$

(2) $p=2,\ q=0$ となるから，放物線の方程式を $y=a(x-2)^2$ とおく．

点 $(1,\ 5)$ を通るから，$5=a(1-2)^2$　これから　$a=5$

したがって，求める放物線の方程式は　$y=5(x-2)^2$　//

問・6 2次関数の標準形 $y=a(x-p)^2+q$ で表される放物線で，次の条件を満たすものを求めよ．

(1) 頂点の座標が $(-1,\ 3)$ で，原点を通る．

(2) 頂点が y 軸上にあり，2点 $(1,\ 2)$, $(2,\ -7)$ を通る．

例題 2 3点 $(-1,\ 4)$, $(1,\ -4)$, $(3,\ -4)$ を通り y 軸に平行な軸をもつ放物線の方程式を求めよ．また，軸と頂点を求め，グラフをかけ．

解 放物線の方程式を $y=ax^2+bx+c$ とおく．

3点 $(-1,\ 4)$, $(1,\ -4)$, $(3,\ -4)$ を通るから

$$\begin{cases} 4=a-b+c \\ -4=a+b+c \\ -4=9a+3b+c \end{cases}$$

この連立方程式を解くと

$$a=1,\ b=-4,\ c=-1$$

したがって，求める放物線の方程式は

$$y=x^2-4x-1 \quad \text{すなわち} \quad y=(x-2)^2-5$$

軸は $x=2$，頂点は $(2,\ -5)$ で，グラフは図のようになる．　//

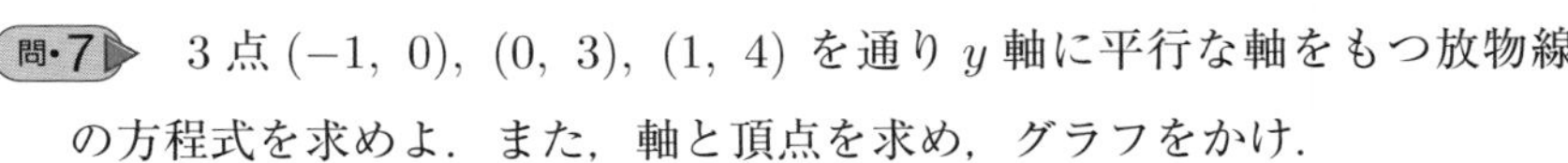

問・7 3点 $(-1,\ 0)$, $(0,\ 3)$, $(1,\ 4)$ を通り y 軸に平行な軸をもつ放物線の方程式を求めよ．また，軸と頂点を求め，グラフをかけ．

1 3 2 次関数の最大・最小

2 次関数の最大値と最小値について考えよう.

与えられた 2 次関数を標準形 $y=a(x-p)^2+q$ に変形する. このとき, グラフは直線 $x=p$ を軸とし, 点 $(p,\ q)$ を頂点とする放物線である.

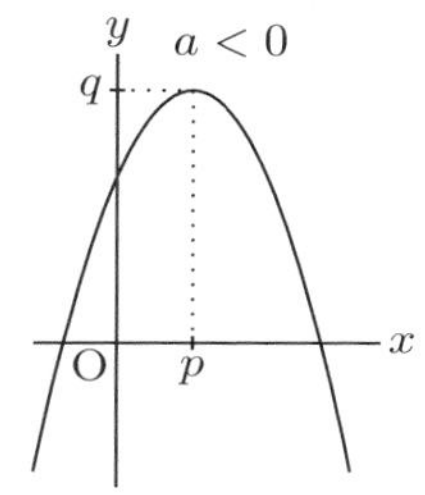

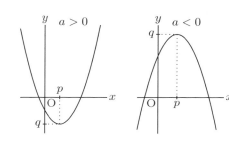

グラフから, この関数について次のことがわかる.

$a>0$ の場合, $x=p$ のとき最小となり, 最小値は q である.

$a<0$ の場合, $x=p$ のとき最大となり, 最大値は q である.

例題 3 次の 2 次関数の最大値または最小値を求めよ.

(1) $y=x^2-4x+2$　　　(2) $y=-2x^2+4x$

解 (1) 標準形に直すと

$$y=(x-2)^2-2$$

となる. したがって

最小値　-2 ($x=2$ のとき)

最大値はとらない.

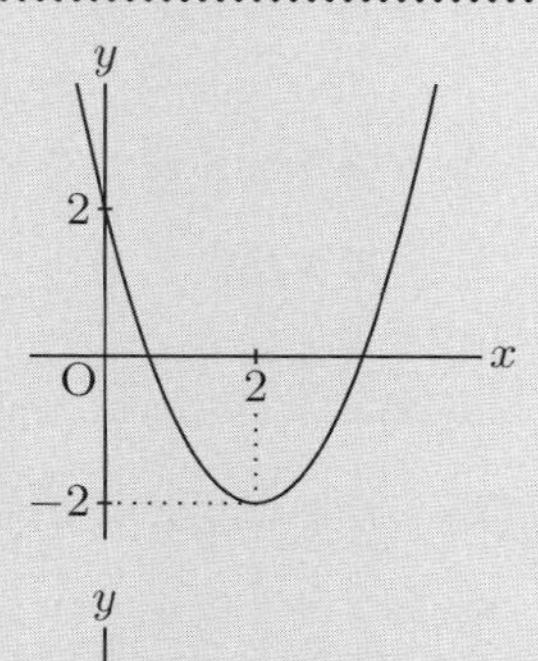

(2) 標準形に直すと

$$y=-2(x-1)^2+2$$

となる. したがって

最大値　2 ($x=1$ のとき)

最小値はとらない.　//

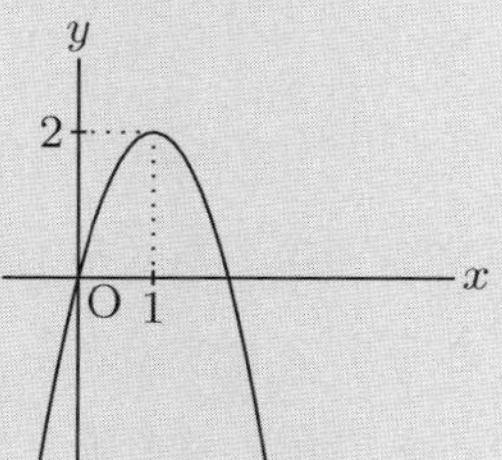

問・8 次の2次関数の最大値または最小値を求めよ．

(1) $y = -x^2 + 2x + 3$　　(2) $y = 12x^2 + 6x - 2$

例題 4 次の2次関数の最大値と最小値を求めよ．

(1) $y = -x^2 + 2x + 2 \quad (-1 \leqq x \leqq 2)$

(2) $y = x^2 - 2x - 1 \quad (-1 \leqq x \leqq 1)$

解 (1) 標準形に直すと $y = -(x-1)^2 + 3$

また，$x = -1$ のとき $y = -1$

$x = 2$ のとき $y = 2$

グラフは図の実線部分である．よって

最大値 3（$x = 1$ のとき）

最小値 -1（$x = -1$ のとき）

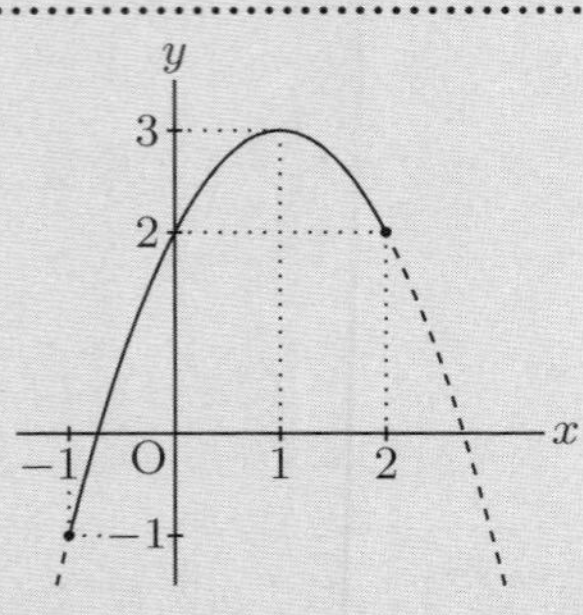

(2) 標準形に直すと $y = (x-1)^2 - 2$

また，$x = -1$ のとき $y = 2$

$x = 1$ のとき $y = -2$

グラフは図の実線部分である．よって

最大値 2（$x = -1$ のとき）

最小値 -2（$x = 1$ のとき）　//

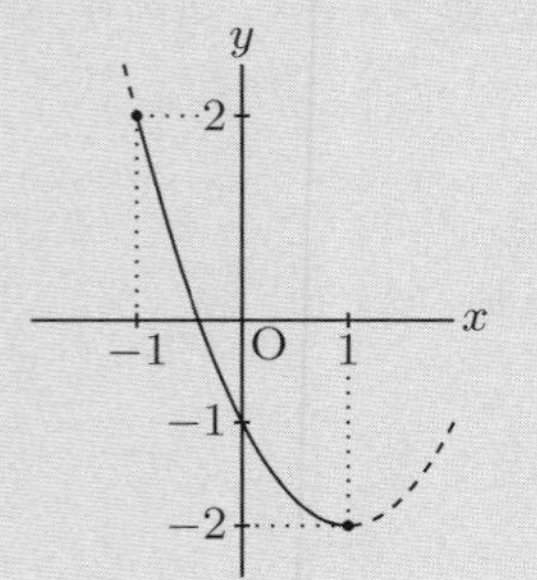

問・9 次の関数について，（　）内の定義域における最大値と最小値を求めよ．

(1) $y = x^2 - 2x - 3 \ (0 \leqq x \leqq 4)$　(2) $y = -2x^2 + 4x \ (-2 \leqq x \leqq 0)$

問・10 周の長さが12 m である長方形の縦の長さを x m とするとき，長方形の面積を最大にする x の値と最大値を求めよ．

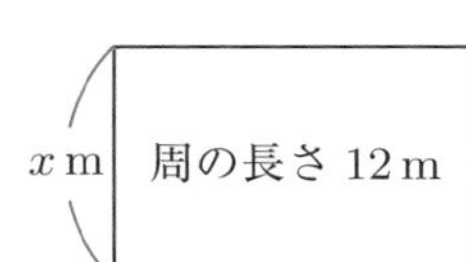

①4 2次関数と2次方程式

2次関数

$$y = ax^2 + bx + c \tag{1}$$

のグラフである放物線と2次方程式

$$ax^2 + bx + c = 0 \tag{2}$$

との関係を調べよう．

放物線 (1) と x 軸とが共有する点（共有点）では，y 座標は0だから，その x 座標は (2) の実数解である．逆に (2) の実数解は放物線 (1) と x 軸との共有点の x 座標である．(2) の実数解の個数は，39ページの解と判別式の関係より，その判別式

$$D = b^2 - 4ac$$

の符号によって決まるから，放物線 (1) と x 軸との位置関係は次のようになる．

D	$D>0$ のとき	$D=0$ のとき	$D<0$ のとき
放物線と x 軸との関係	交わる	接する	共有点がない
共有点	2個	1個	0個

（Ⅰ） $D>0$ のとき

方程式 (2) は異なる2つの実数解をもち，放物線 (1) は x 軸と2つの共有点をもつ．このとき，グラフは x 軸と2点で**交わる**という．

(II) $D=0$ のとき

方程式 (2) は 1 つの実数解（2 重解）をもち，放物線 (1) は，x 軸とただ 1 つの共有点をもつ．このとき，グラフは x 軸に**接する**といい，その共有点を**接点**という．

(III) $D<0$ のとき

方程式 (2) は実数解をもたず，放物線 (1) と x 軸との共有点はない．

例題 5 次の 2 次関数のグラフと x 軸との共有点を調べよ．また，共有点をもつときは，その x 座標を求めよ．

(1) $y=x^2-2x-3$　(2) $y=2x^2-8x+9$　(3) $y=-x^2+4x-4$

解 (1) $D=(-2)^2-4\cdot1\cdot(-3)=16>0$

よって，x 軸と 2 点で交わる．

交点の x 座標は，$x^2-2x-3=0$ を解いて　$x=-1,\ 3$

(2) $D=(-8)^2-4\cdot2\cdot9=-8<0$

よって，x 軸との共有点はない．

(3) $D=4^2-4\cdot(-1)\cdot(-4)=0$

よって，x 軸と接する．

接点の x 座標は，$-x^2+4x-4=0$ を解いて　$x=2$ 

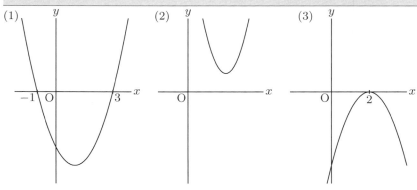

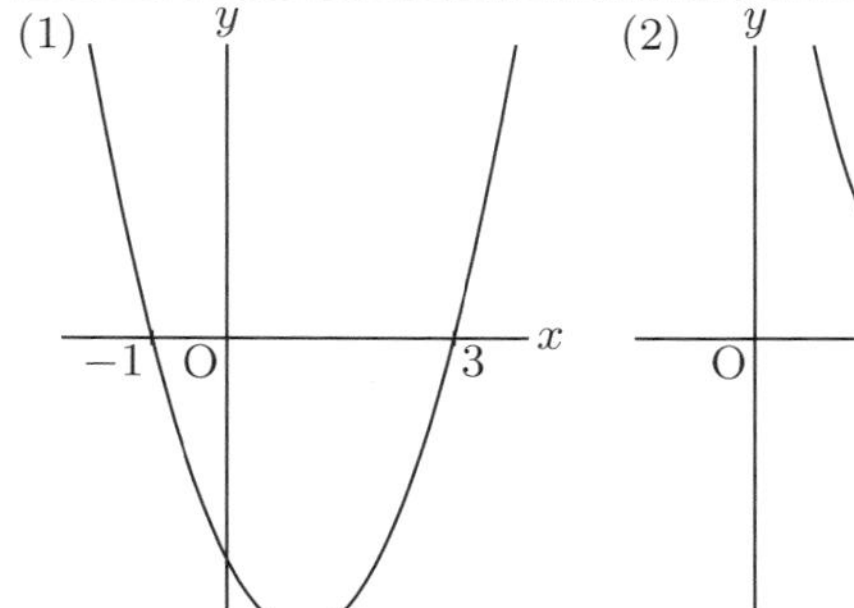

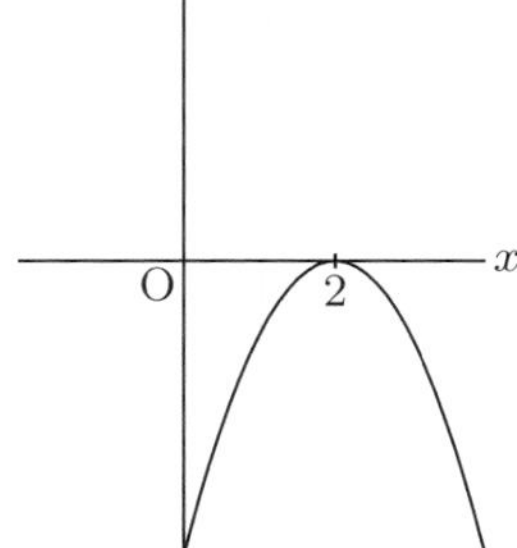

問・11 次の 2 次関数のグラフと x 軸との共有点を調べよ．また，共有点をもつときは，その x 座標を求めよ．

(1)　$y = x^2 - 2x + 3$　　(2)　$y = -2x^2 + 4x + 1$

(3)　$y = 4x^2 - 4x + 1$

例題 6 放物線 $y = x^2 - 4x + k$ について，次の問いに答えよ．

(1)　x 軸と 2 点で交わるように，定数 k の値の範囲を定めよ．

(2)　x 軸と接するときの定数 k の値と接点の座標を求めよ．

解　(1)　$x^2 - 4x + k = 0$ の判別式は

$$D = (-4)^2 - 4k = -4(k - 4)$$

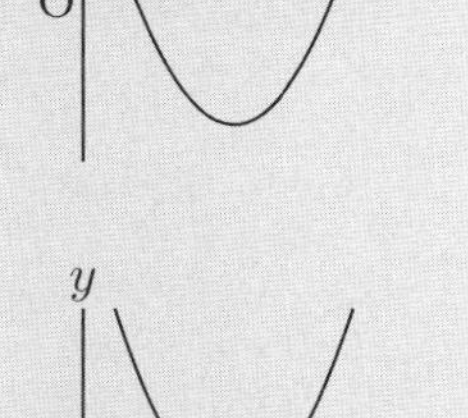

である．この放物線が x 軸と 2 点で交わるのは，$D > 0$ のときだから

$$-4(k - 4) > 0 \qquad \therefore \quad k < 4$$

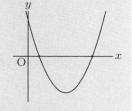

(2)　接するのは，$D = 0$ のときだから

$$-4(k - 4) = 0 \qquad \therefore \quad k = 4$$

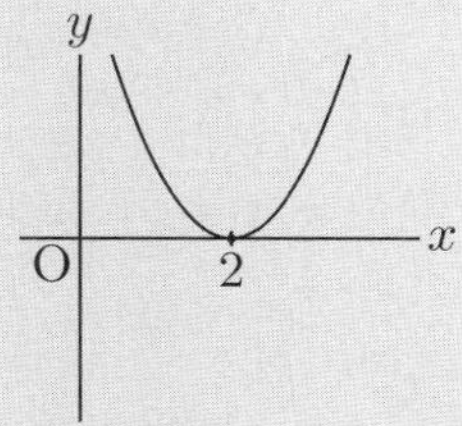

このとき，接点の x 座標は $x^2 - 4x + 4 = 0$ を解いて　$x = 2$

よって，接点の座標は　$(2,\ 0)$　　//

問・12 次の 2 次関数のグラフが（　）内の条件を満たすように，定数 k の値または値の範囲を定めよ．

(1)　$y = x^2 + 6x + k$　　（x 軸と 2 点で交わる）

(2)　$y = 5x^2 - 2kx + 3$　　（x 軸に接する）

(3)　$y = 2x^2 + x + k$　　（x 軸と共有点をもたない）

①5 2次関数と2次不等式

ここでは，2次関数 $y = ax^2 + bx + c$ のグラフを用いて，2次不等式

$$ax^2 + bx + c > 0, \quad ax^2 + bx + c < 0$$

などの解を次の手順で求めよう．

(i) まず，x^2 の係数が負の場合は，両辺を -1 倍して正にしておく．

(ii) 次に，前節の方法でグラフと x 軸との共有点のようすを調べる．

(iii) 2次不等式の解を2次関数の y の符号を調べることによって求める．

このことから次の結果が得られる．

(I) $D > 0$ のとき

グラフは x 軸と2点 $(\alpha,\ 0)$, $(\beta,\ 0)$ で交わる．以下，$\alpha < \beta$ とする．

$ax^2 + bx + c > 0$ の解は，y の値が正となる x の範囲だから

$$x < \alpha, \quad x > \beta$$

$ax^2 + bx + c < 0$ の解は

$$\alpha < x < \beta$$

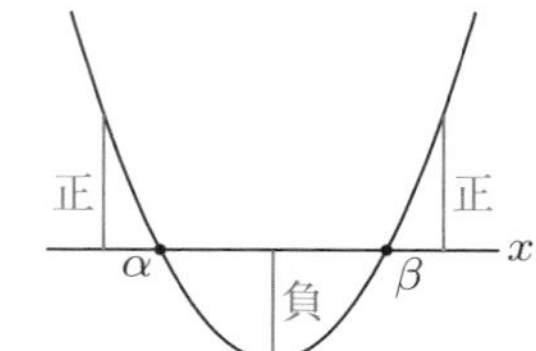

(II) $D = 0$ のとき

グラフは x 軸と点 $(\alpha,\ 0)$ で接し，α 以外の実数では y の値が正となる．すなわち

$ax^2 + bx + c > 0$ の解は

α 以外のすべての実数 $(x \neq \alpha)$

$ax^2 + bx + c < 0$ の解はない．

$ax^2 + bx + c \geqq 0$ の解は　すべての実数

$ax^2 + bx + c \leqq 0$ の解は　$x = \alpha$

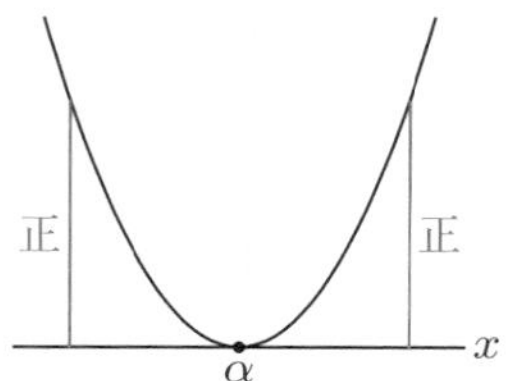

(III) $D < 0$ のとき

グラフと x 軸との共有点はない．

$ax^2 + bx + c > 0$ の解は　すべての実数

$ax^2 + bx + c < 0$ の解はない．

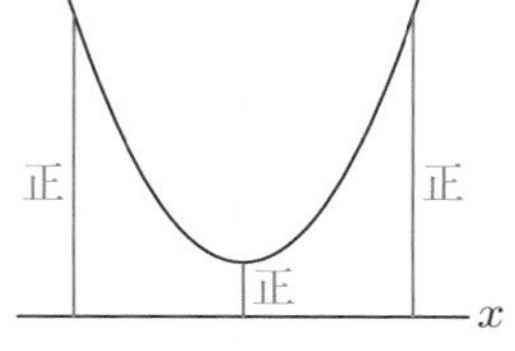

例題 7 次の 2 次不等式を解け．

(1) $x^2+2x-1>0$　　(2) $-x^2+4x-4\geqq 0$

(3) $x^2+2x+3<0$

解 対応する 2 次方程式の判別式を D とおく．

(1) $D=2^2-4\cdot(-1)=8>0$ である．

$x^2+2x-1=0$ を解いて $x=-1\pm\sqrt{2}$

$y=x^2+2x-1$ のグラフ（右図）より，

$x^2+2x-1>0$ の解は

$$x<-1-\sqrt{2},\quad x>-1+\sqrt{2}$$

(2) 両辺に -1 を掛けると

$$x^2-4x+4\leqq 0$$

$D=0$ であり，$x^2-4x+4=0$ は

2 重解 $x=2$ をもつ．

$y=x^2-4x+4$ のグラフより，

$x^2-4x+4\leqq 0$ の解は　$x=2$

よって，$-x^2+4x-4\geqq 0$ の解も

$$x=2$$

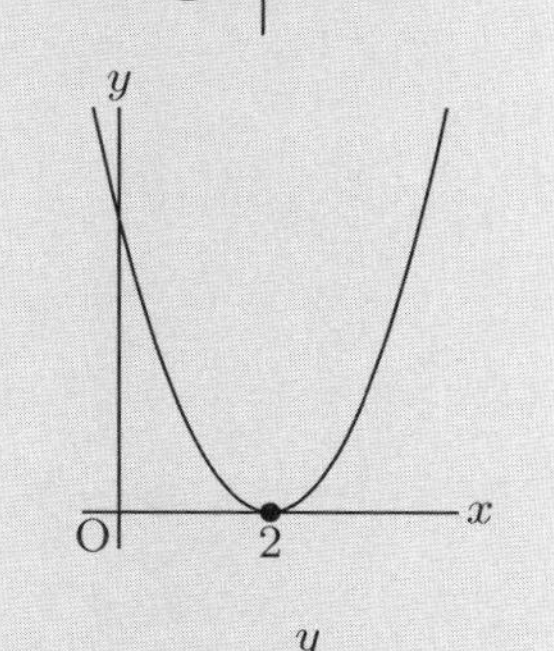

(3) $D=-8<0$ より，$y=x^2+2x+3$

のグラフは x 軸と共有点をもたず，

y の値は常に正である．

よって，$x^2+2x+3<0$ の解はない．　//

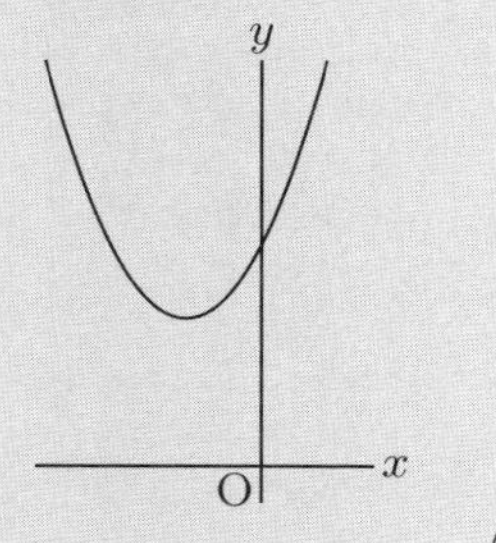

●**注**……方程式，不等式を満たす解がないとき，「解なし」ということがある．

問・13 次の 2 次不等式を解け．

(1) $x^2-x-12\geqq 0$　　(2) $x^2-3x-1\leqq 0$

(3) $x^2-10x+25>0$　　(4) $3x^2+x+2>0$

練習問題 1・A

1. 次の関数の（　）内の定義域に対する値域を求めよ.

(1) $y = 2x^2 \quad (1 \leqq x < 2)$　　(2) $y = 2x^2 \quad (-1 \leqq x < 2)$

2. 次の条件を満たし, y 軸に平行な軸をもつ放物線の方程式を求めよ.

(1) 頂点の座標が $(2,\ 4)$ で, 点 $(0,\ 1)$ を通る.

(2) 直線 $x = 1$ を軸とし, 2 点 $(0,\ -1)$, $(3,\ -10)$ を通る.

(3) 3 点 $(0,\ 4)$, $(3,\ 1)$, $(4,\ -4)$ を通る.

3. 次の 2 次関数の最大値または最小値を求めよ.

(1) $y = x(x-2)$　　(2) $y = 2x^2 + 3x + 2$

(3) $y = -\dfrac{1}{2}x^2 - 5x + 1$

4. 次の関数の最大値および最小値を求めよ. ただし,（　）内は定義域である.

(1) $y = x^2 - 4x + 3 \qquad (-1 \leqq x \leqq 5)$

(2) $y = -3x^2 - 6x + 5 \qquad (-4 \leqq x \leqq -1)$

(3) $y = -x^2 + 3x - \dfrac{1}{4} \qquad (1 \leqq x \leqq 3)$

5. 次の 2 次不等式を解け.

(1) $6x^2 - 13x + 6 \leqq 0$　　(2) $2x^2 - x + 3 < 0$

6. 2 次関数 $y = x^2 - 3x - 4$ のグラフを x 軸方向にどれだけ平行移動すれば, 原点を通るようにできるか.

7. 放物線 $y = x^2 - 2x + 2$ は, 放物線 $y = x^2 + 4x + 3$ をどのように平行移動したものか.

8. 放物線 $y = x^2 + bx + c$ を x 軸方向に -2, y 軸方向に 5 平行移動した放物線の頂点が $(0,\ 2)$ であるとき, 定数 b, c の値を定めよ.

9. k が定数のとき, 2 次方程式 $x^2 - 4x + k + 5 = 0$ の実数解の個数を調べよ.

練習問題 1・B

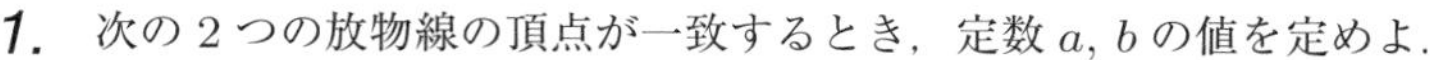

1. 次の 2 つの放物線の頂点が一致するとき，定数 a, b の値を定めよ．

$$\begin{cases} y = x^2 - 4x + a \\ y = bx^2 - x + 2 \end{cases}$$

2. 関数 $y = ax^2 - 4ax + b\ (-1 \leqq x \leqq 3)$ の最大値が 11，最小値が -7 となるように，定数 a, b の値を定めよ．ただし，$a > 0$ とする．

3. 2 次不等式 $ax^2 + 4x + a + 3 > 0$ がすべての実数 x に対して成り立つように，定数 a の値の範囲を定めよ．

4. 放物線 $y = 4 - x^2$ と x 軸とで囲まれた部分に，図のように長方形 ABCD を内接させる．この長方形の周の長さが最大となるとき，AB の長さを求めよ．

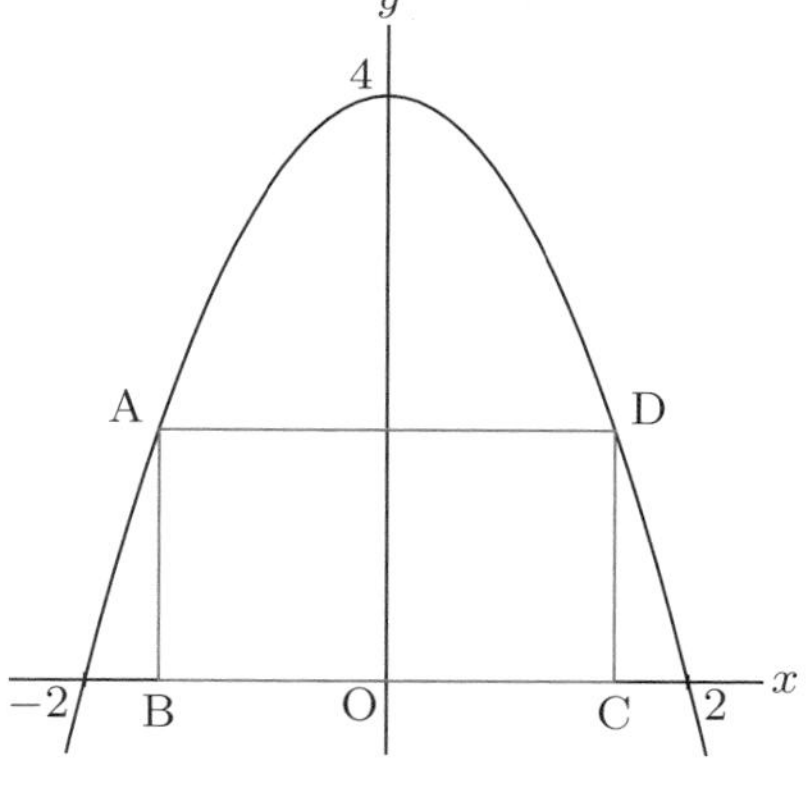

5. 関数 $y = x^2 + 2mx - 4m$ の最小値 s は m のどのような関数になるか．また，s は m のどのような値に対して最大になるか．

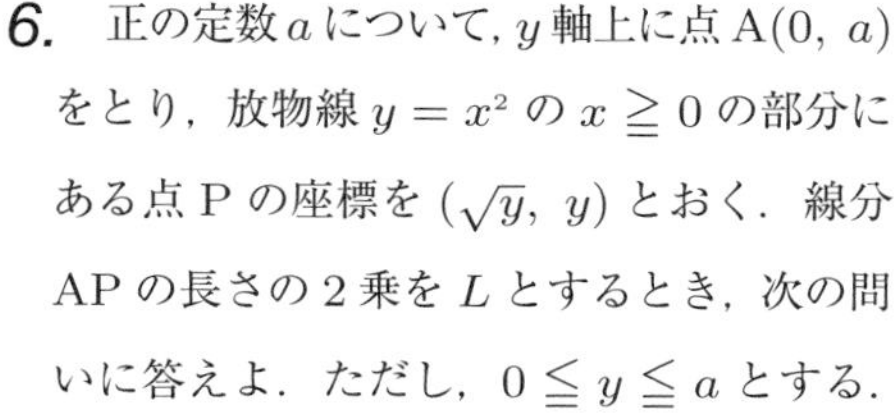

6. 正の定数 a について，y 軸上に点 $\mathrm{A}(0,\ a)$ をとり，放物線 $y = x^2$ の $x \geqq 0$ の部分にある点 P の座標を $(\sqrt{y},\ y)$ とおく．線分 AP の長さの 2 乗を L とするとき，次の問いに答えよ．ただし，$0 \leqq y \leqq a$ とする．

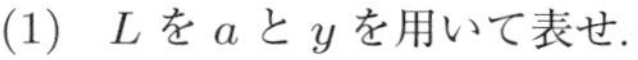

(1) L を a と y を用いて表せ．

(2) L の最小値とそのときの y の値を求めよ．

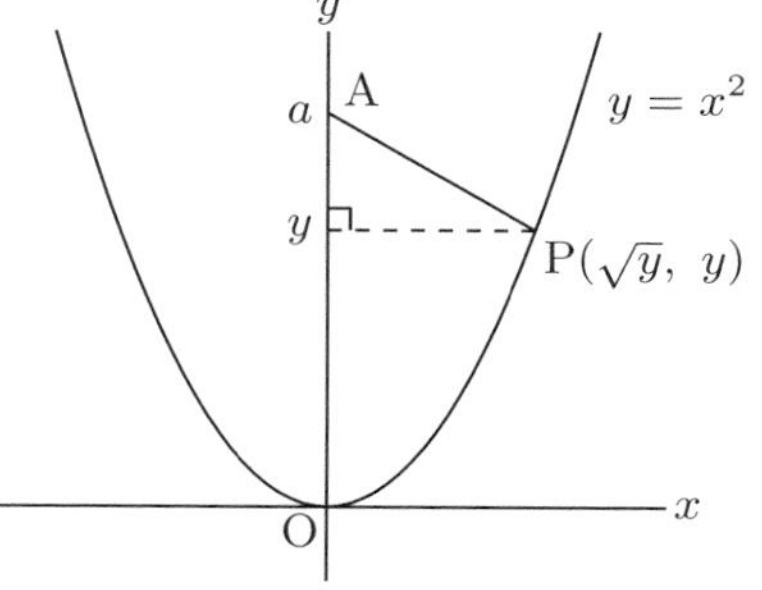

7. 2 次関数 $y = ax^2 + bx + c$ の標準形を求め，この関数のグラフの軸と頂点の座標を求めよ．

2 いろいろな関数

2 1 べき関数

$y = x^2$，$y = x^3$，$y = x^4$ のように，$y = x^n$ (n は正の整数) の形で表される関数を**べき関数**という．

$0 \leqq a < b$ のとき，不等式の性質から $a^n < b^n$ が成り立つ．したがって $x \geqq 0$ のとき，x が増加すれば x^n も増加することがわかる．

$n = 3,\ 4$ を例として，べき関数のグラフを考えよう．x のいろいろな値に対する y の値を調べると，表のようになる．

x	$\cdots$	-3	-2	-1	0	1	2	3	$\cdots$
$y = x^3$	$\cdots$	-27	-8	-1	0	1	8	27	$\cdots$
$y = x^4$	$\cdots$	81	16	1	0	1	16	81	$\cdots$

$y = x^3$ の場合は，点 $(a,\ a^3)$ と $(-a,\ -a^3)$ がともにこの関数のグラフ上にあるから，グラフは原点に関して対称である．また，$y = x^4$ の場合は，点 $(a,\ a^4)$ と $(-a,\ a^4)$ がともにこの関数のグラフ上にあるから，グラフは y 軸に関して対称である．したがって，グラフは図のようになる．

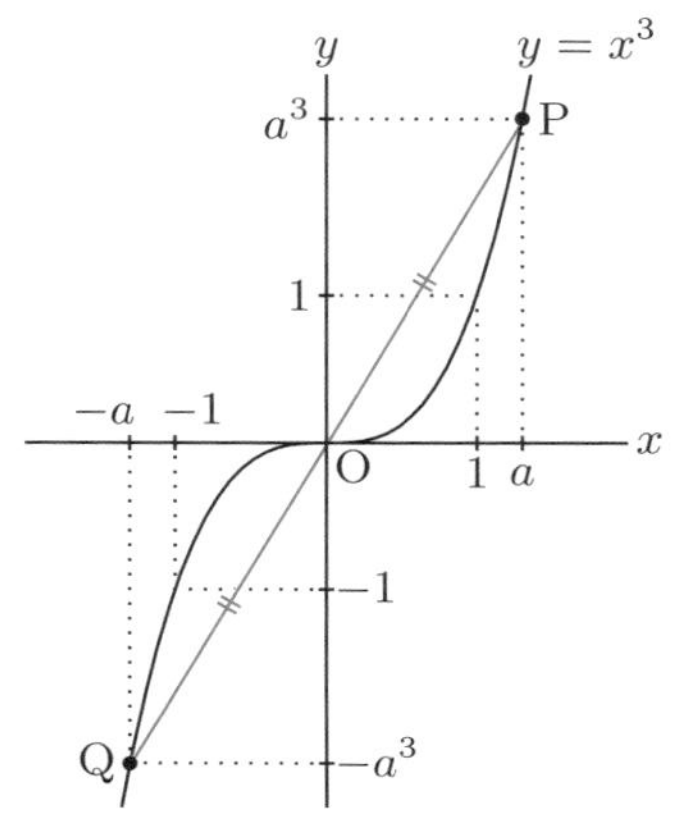

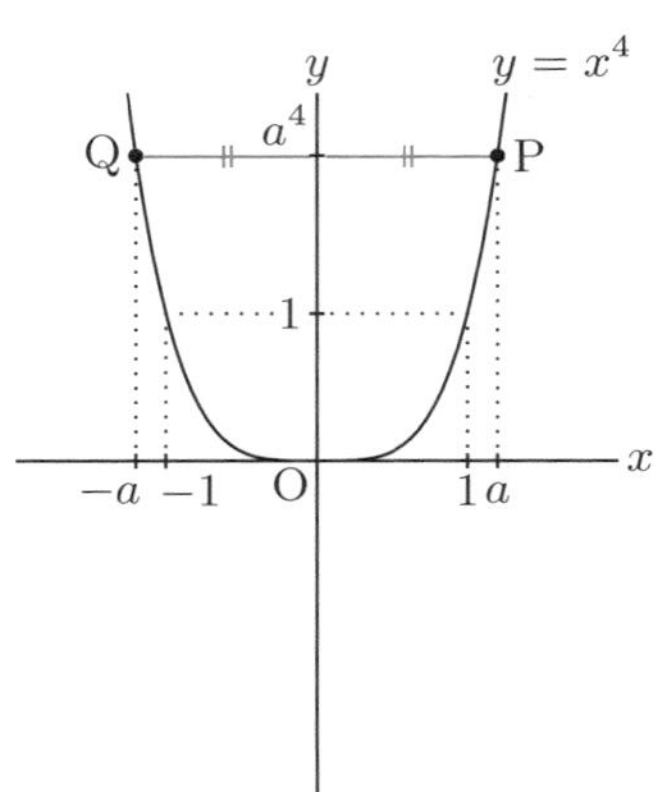

一般に，定義域内の任意の x に対して，$f(-x)=-f(x)$ が成り立つとき，関数 $y=f(x)$ は**奇関数**であるといい，$f(-x)=f(x)$ が成り立つとき，関数 $y=f(x)$ は**偶関数**であるという．

$y=x^3$，$y=x^4$ の場合と同様に，奇関数のグラフは原点に関して対称，偶関数のグラフは y 軸に関して対称であり，逆も成り立つ．

●偶関数と奇関数

$f(x)$ が奇関数 $\Leftrightarrow f(-x)=-f(x) \Leftrightarrow$ グラフは原点に関して対称

$f(x)$ が偶関数 $\Leftrightarrow f(-x)=f(x) \Leftrightarrow$ グラフは y 軸に関して対称

奇関数のグラフ

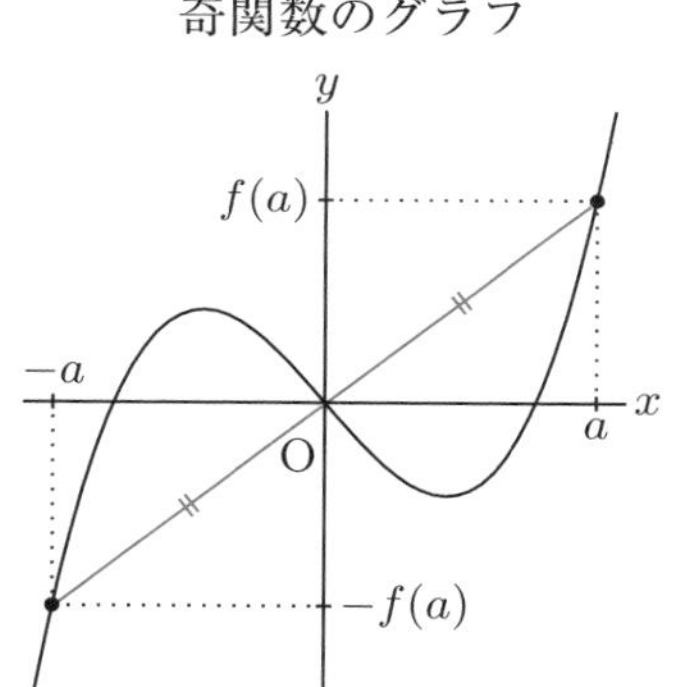

偶関数のグラフ

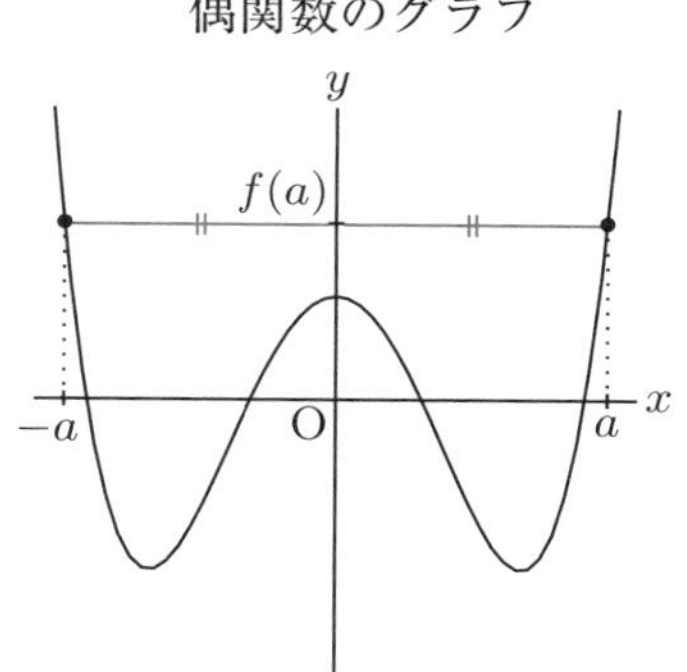

例1　べき関数 $f(x)=x^n$（n は正の整数）について

n が奇数のとき $f(-x)=(-x)^n=-x^n=-f(x)$　よって奇関数

n が偶数のとき $f(-x)=(-x)^n=x^n=f(x)$　よって偶関数

例2　$y=\sqrt{x^2+4}$ のとき，$f(x)=\sqrt{x^2+4}$ とおくと

$f(-x)=\sqrt{(-x)^2+4}=\sqrt{x^2+4}=f(x)$　よって偶関数

●**注**……定数関数 $y=c$ は偶関数である．

問・1　次の関数は，偶関数か奇関数かを調べよ．

(1)　$y=x^3+2x$　　(2)　$y=-x^4+3$　　(3)　$y=x^2-x$

76ページで学んだように，$y=ax^2$ のグラフを x 軸方向に p，y 軸方向に q 平行移動したグラフの方程式は $y=a(x-p)^2+q$ である．

一般の関数 $y=f(x)$ のグラフでも同様な公式が成り立つ．

●グラフの平行移動

関数 $y=f(x)$ のグラフを x 軸方向に p，y 軸方向に q 平行移動したグラフの方程式は

$$y-q=f(x-p) \quad \text{すなわち} \quad y=f(x-p)+q$$

証明 $y=f(x)$ のグラフを x 軸方向に p，y 軸方向に q 平行移動したグラフ上の点を $\mathrm{P}(X,\ Y)$ とする．このとき，点 $\mathrm{Q}(X-p,\ Y-q)$ は $y=f(x)$ のグラフ上の点だから，$Y-q=f(X-p)$ が成り立つ．したがって，$\mathrm{P}(X,\ Y)$ は，関数 $y-q=f(x-p)$ のグラフ上の点になる． //

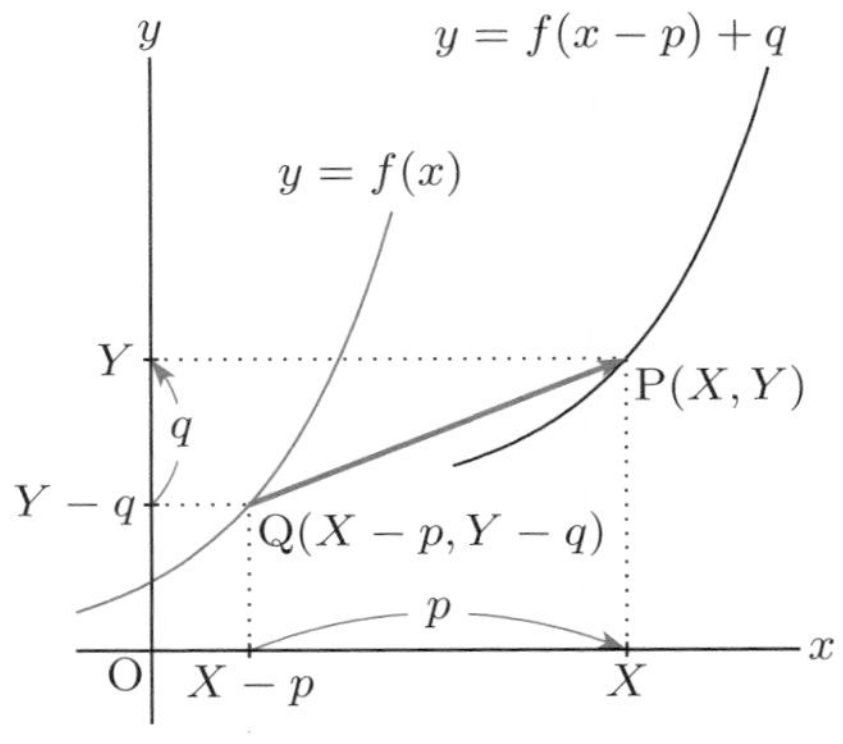

例 3 $y=(x-1)^4-2$ のグラフは，$y=x^4$ のグラフを x 軸方向に 1，y 軸方向に -2 平行移動したものだから，図のようになる．

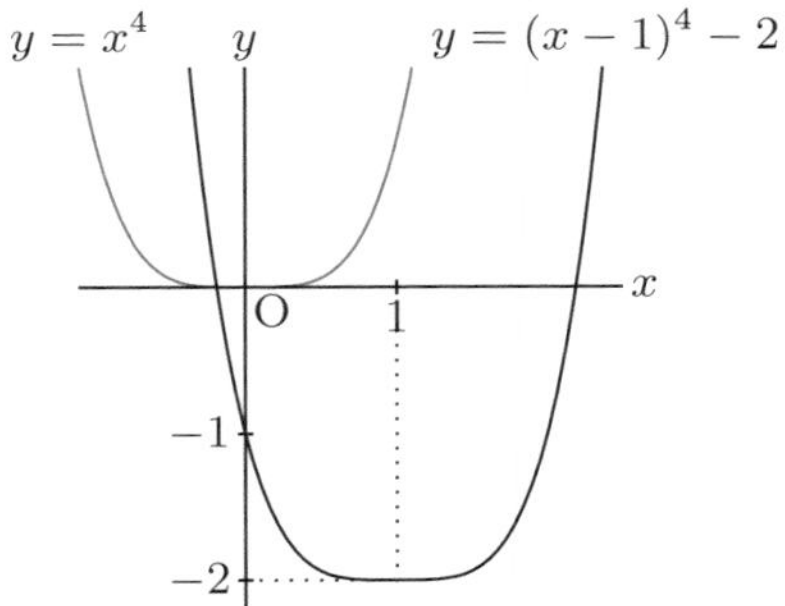

問・2 次の関数のグラフをかけ．

(1) $y=(x-1)^3+1$

(2) $y=(x+2)^4-1$

ある変域内の任意の実数 x_1，x_2 に対して，$x_1 < x_2$ ならば $f(x_1) < f(x_2)$ のとき，その変域で $f(x)$ は**単調に増加する**という．また，$x_1 < x_2$ ならば $f(x_1) > f(x_2)$ のとき，その変域で $f(x)$ は**単調に減少する**という．

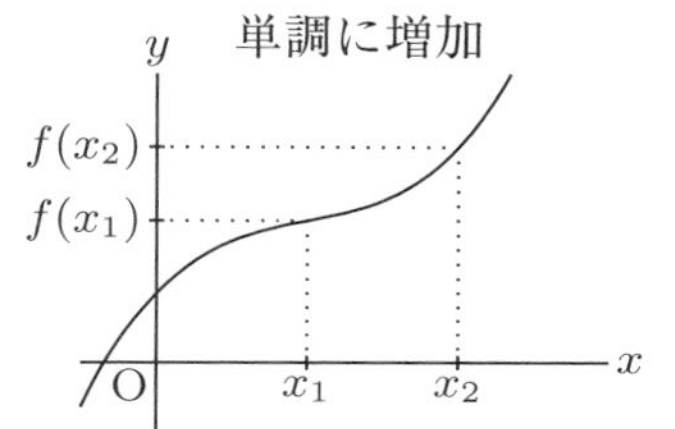

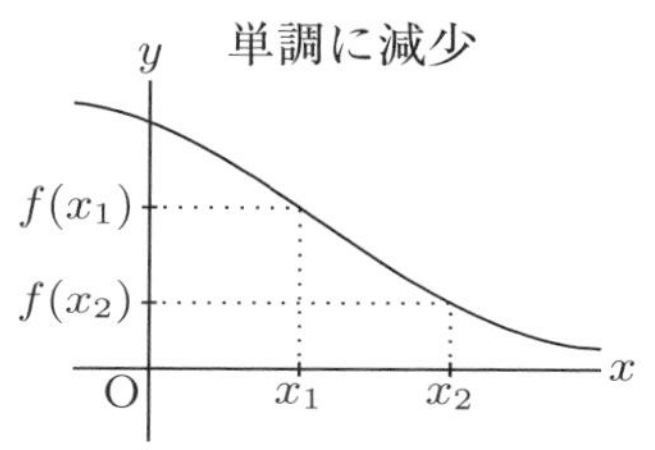

例 4　$y = x$，$y = x^3$ は実数全体で単調に増加する．$y = x^2$，$y = x^4$ は，$x \leqq 0$ で単調に減少し，$x \geqq 0$ で単調に増加する．

② 2 分数関数

変数 x の分数式で表される関数を**分数関数**という．定義域は，特に断らない限り，分母を 0 にしないすべての実数とする．

反比例を表す関数 $y = \dfrac{a}{x}$ $(a \neq 0)$ は，分数関数の例である．そのグラフは**双曲線**とよばれる．グラフは原点に関して対称であり，$a > 0$ のとき，第 1，3 象限，$a < 0$ のとき，第 2，4 象限にある．

$a > 0$ のとき

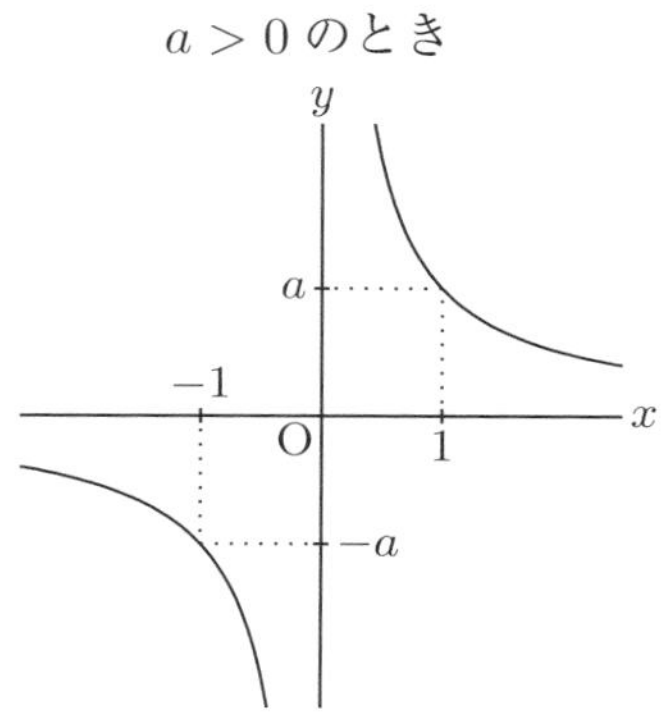

$a < 0$ のとき

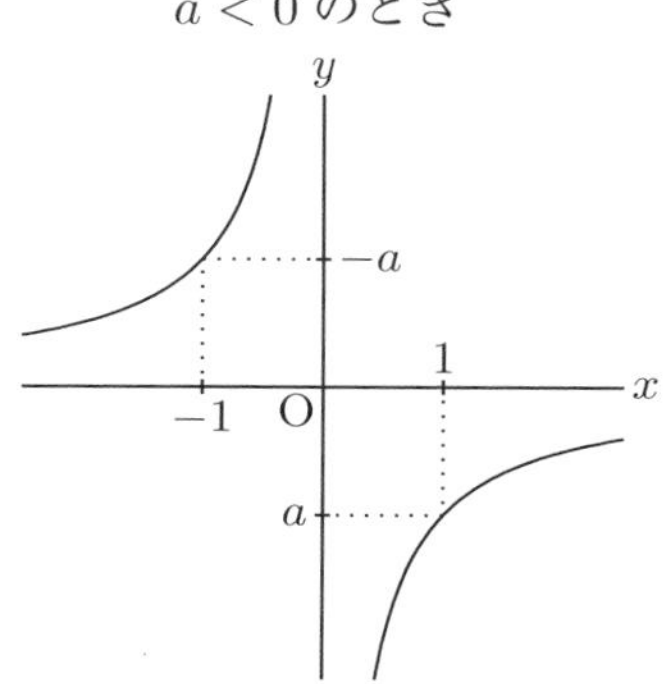

グラフ上の点が，原点から限りなく遠ざかるにつれて1つの直線に限りなく近づくとき，この直線をそのグラフの**漸近線**という．

双曲線 $y=\dfrac{a}{x}$ の漸近線は，直線 $x=0$ (y 軸) と直線 $y=0$ (x 軸) である．2つの漸近線は垂直に交わるから，この双曲線を**直角双曲線**という．

90ページのグラフの平行移動の公式を用いると，分数関数 $y=\dfrac{a}{x-p}+q$ のグラフをかくことができる．

例題 1 次の関数のグラフをかけ．また，定義域と値域および漸近線を求めよ．

(1) $y=\dfrac{1}{x-1}+2$　　(2) $y=-\dfrac{2}{x+3}$

解 (1) グラフは，双曲線 $y=\dfrac{1}{x}$ を

x 軸方向に1，y 軸方向に2

平行移動して得られる双曲線である．

定義域は $x \neq 1$，値域は $y \neq 2$

漸近線は

直線 $x=1$ と直線 $y=2$

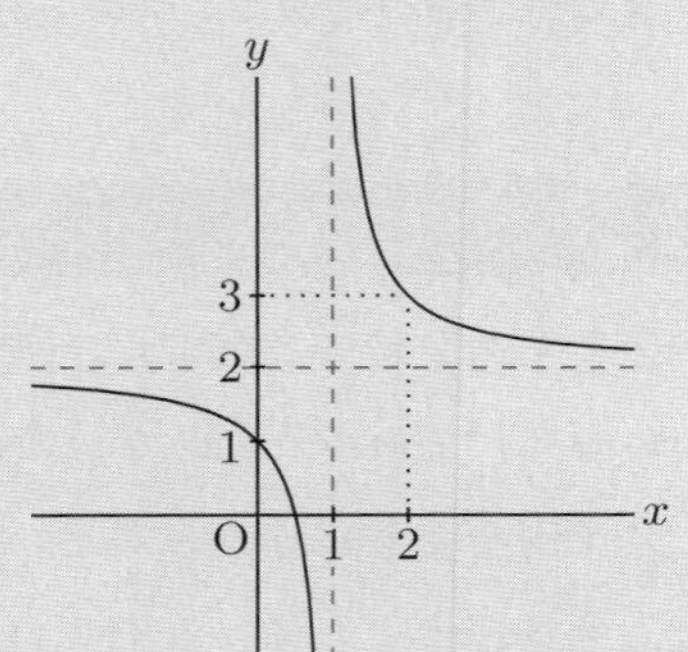

(2) $y=\dfrac{-2}{x+3}$ と変形されるから，グラフは双曲線 $y=\dfrac{-2}{x}$ を

x 軸方向に -3

平行移動して得られる双曲線である．

定義域は $x \neq -3$，値域は $y \neq 0$

漸近線は

直線 $x=-3$ と直線 $y=0$　　//

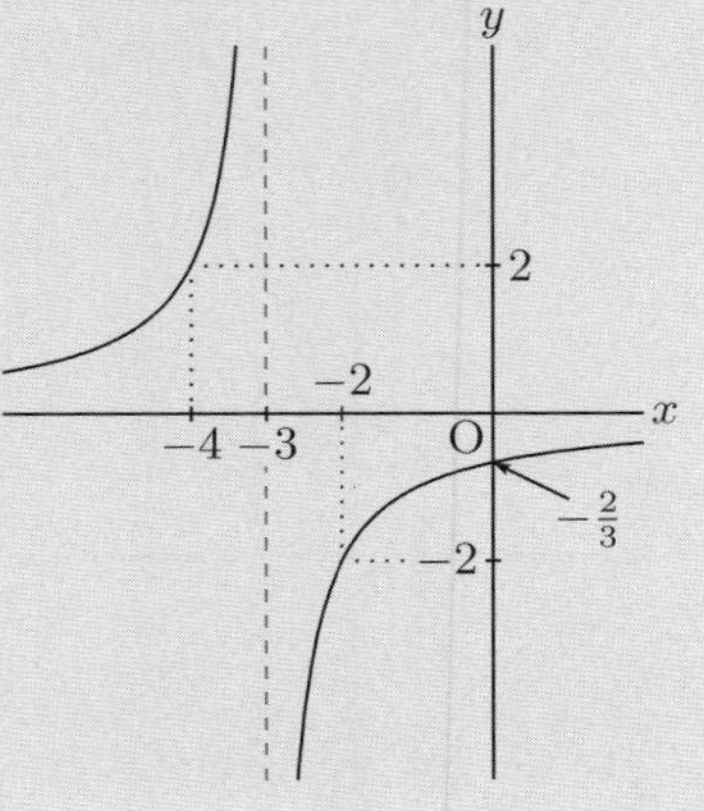

問・3 次の関数の定義域と値域を求め，グラフをかけ．また，漸近線を求めよ．

(1) $y = \dfrac{4}{x-1} + 2$ (2) $y = -\dfrac{2}{x} - 1$ (3) $y = -\dfrac{3}{x-2}$

分数関数 $y = \dfrac{3x+7}{x+2}$ のグラフを考えよう．分子 $3x+7$ を分母 $x+2$ で割ると，商は 3，余りは 1 になるから，11 ページの除法の等式より

$$3x + 7 = 3(x+2) + 1$$

両辺を $x+2$ で割ると

$$\frac{3x+7}{x+2} = 3 + \frac{1}{x+2} \qquad (1)$$

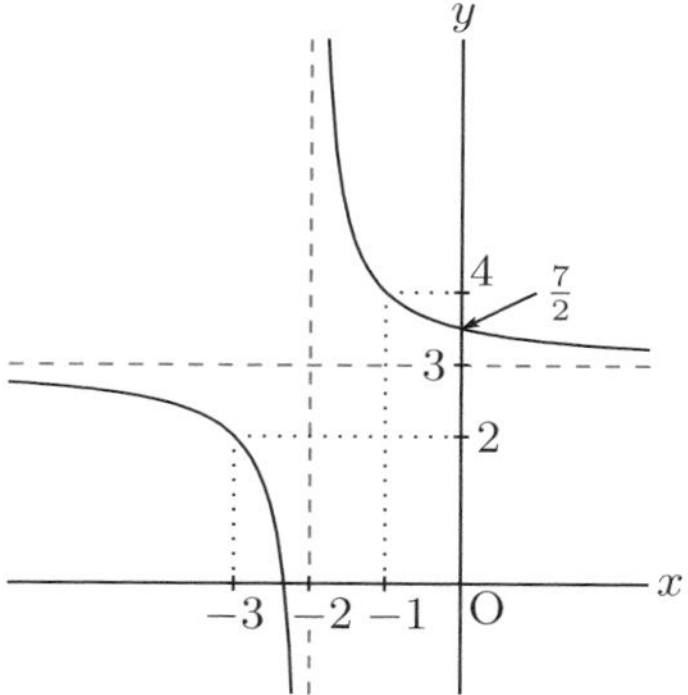

したがって，グラフは双曲線 $y = \dfrac{1}{x}$ を x 軸方向に -2，y 軸方向に 3 平行移動した双曲線である．

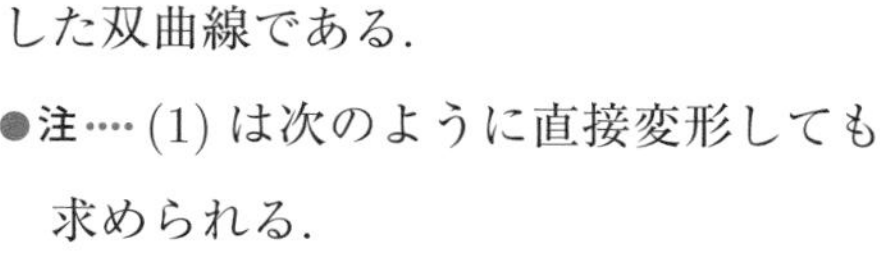

●**注**…… (1) は次のように直接変形しても求められる．

$$\frac{3x+7}{x+2} = \frac{3(x+2)+1}{x+2} = 3 + \frac{1}{x+2}$$

分数関数 $y = \dfrac{cx+d}{x+b}$ の場合も同様である．すなわち，分子を分母で割ったときの商を q，余りを r とすると

$$\frac{cx+d}{x+b} = \frac{q(x+b)+r}{x+b} = q + \frac{r}{x+b}$$

と変形されるから，そのグラフは，双曲線 $y = \dfrac{r}{x}$ を x 軸方向に $-b$，y 軸方向に q 平行移動した双曲線である．

問・4 次の関数のグラフをかけ．また，定義域と値域および漸近線を求めよ．

(1) $y = \dfrac{3x-2}{x-1}$ (2) $y = \dfrac{-3x}{x+1}$

2 3　無理関数

根号の中に文字を含む式を**無理式**といい，変数 x の無理式で表される関数を**無理関数**という．無理関数 $y=\sqrt{P(x)}$ の定義域は，特に断らない限り，$P(x) \geqq 0$ であるような x の値の範囲とする．

問・5　次の関数の定義域を求めよ．

(1)　$y=\sqrt{4-x}$　　(2)　$y=\sqrt{x^2-3x-10}$　　(3)　$y=\dfrac{2}{\sqrt{x-3}}$

関数 $y=\sqrt{x}$ のグラフを考えよう．定義域は $x \geqq 0$ である．x のいろいろな値に対応する y の値は表のようになる．これらの値を用いてグラフをかくと図のようになる．

x	0	1	2	3	4	$\cdots$	9
y	0	1	$\sqrt{2}$	$\sqrt{3}$	2	$\cdots$	3

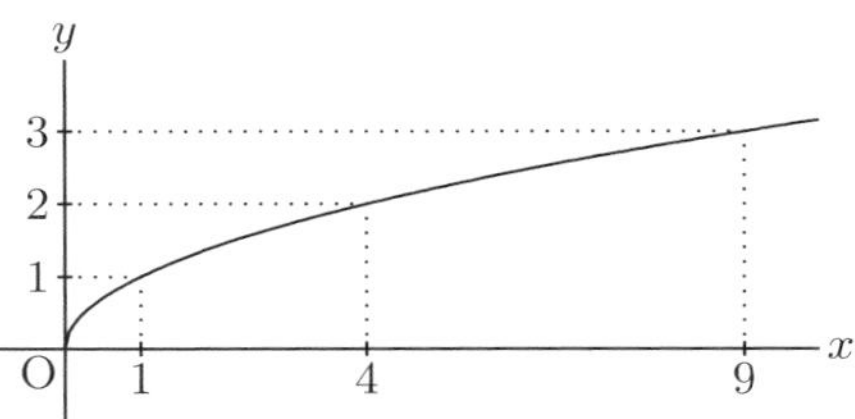

●**注**…… $y=\sqrt{x}$ より $x=y^2$ となるから，y 軸を横軸と見れば，グラフは x 軸を軸とする放物線の一部であることがわかる．

例題 2　関数 $y=\sqrt{x-1}+2$ の定義域と値域を求め，グラフをかけ．

解　$y=\sqrt{x-1}+2$ のグラフは $y=\sqrt{x}$ のグラフを x 軸方向に 1，y 軸方向に 2 平行移動したものであり，図のようになる．

定義域は $x-1 \geqq 0$ より　$x \geqq 1$

値域は　$y \geqq 2$　　//

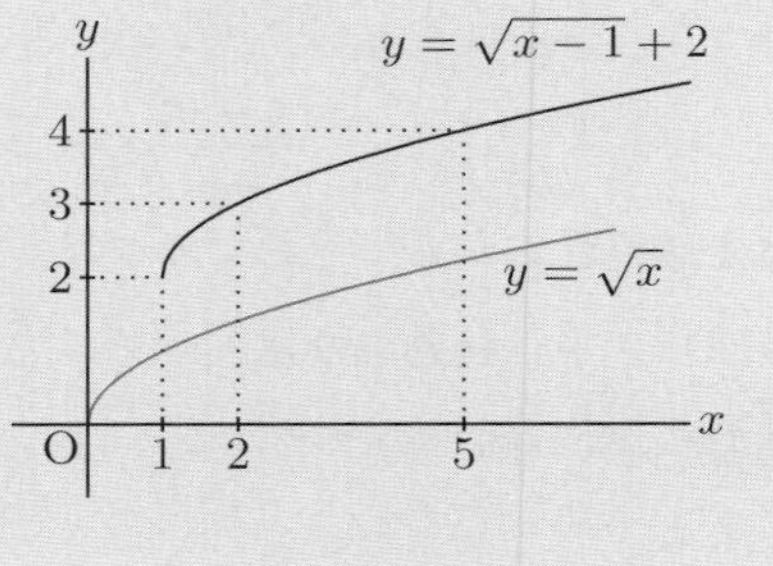

問・6　次の関数の定義域と値域を求め，グラフをかけ．

(1)　$y=\sqrt{x+2}$　　(2)　$y=\sqrt{x}-1$　　(3)　$y=\sqrt{x-2}-1$

関数 $y=-\sqrt{x}$，$y=\sqrt{-x}$，$y=-\sqrt{-x}$ のグラフを考えよう．

$y=-\sqrt{x}$ の定義域は $x \geqq 0$ であり，a における値 $-\sqrt{a}$ は $\sqrt{a}$ の符号を変えたものだから，$y=-\sqrt{x}$ のグラフは $y=\sqrt{x}$ のグラフと x 軸に関して対称となる．

次に，$y=\sqrt{-x}$ の定義域は $x \leqq 0$ であり，$-a$ における値は $\sqrt{a}$ となるから，$y=\sqrt{-x}$ のグラフは $y=\sqrt{x}$ のグラフと y 軸に関して対称となる．

また，$y=-\sqrt{-x}$ のグラフは $y=\sqrt{-x}$ のグラフと x 軸に関して対称，したがって $y=\sqrt{x}$ のグラフと原点に関して対称となる．

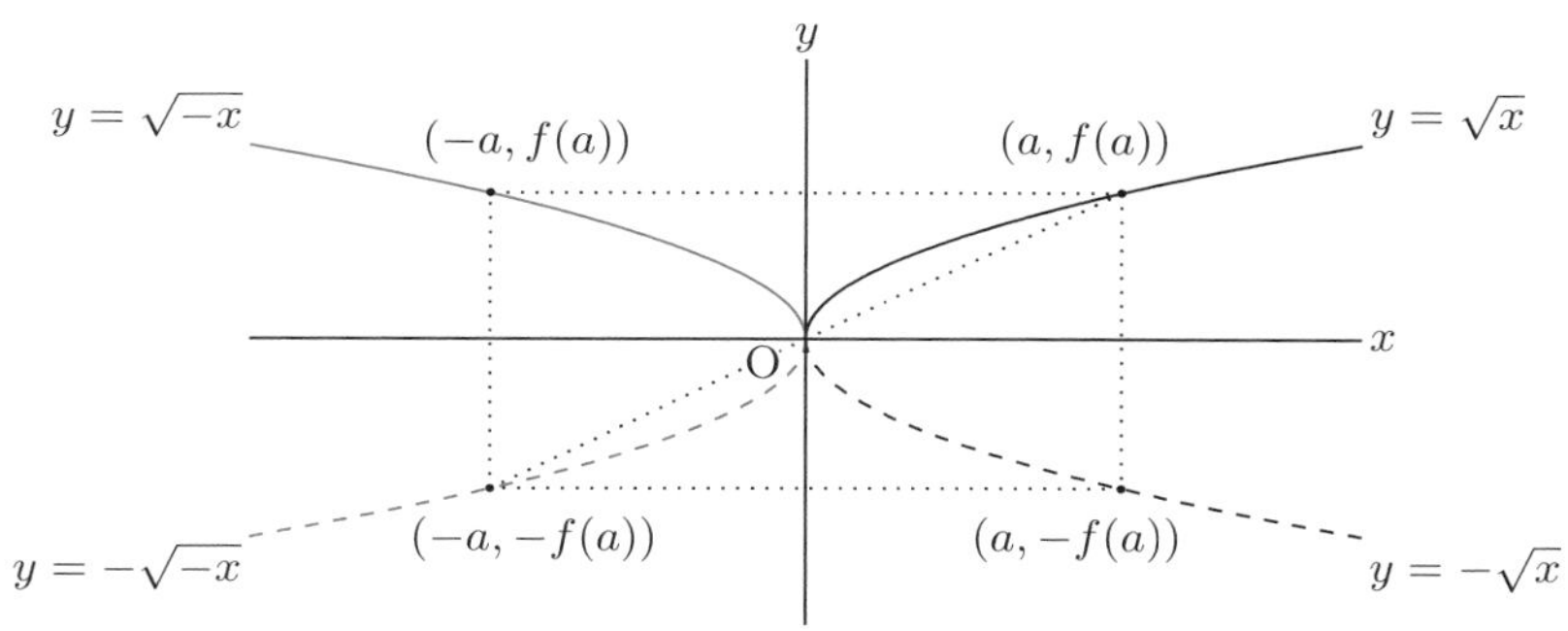

一般の関数についても同様であり，次の関係が成り立つ．

●グラフの対称移動

$y=-f(x)$，$y=f(-x)$，$y=-f(-x)$ のグラフは，$y=f(x)$ のグラフとそれぞれ x 軸に関して対称，y 軸に関して対称，原点に関して対称である．

問・7 次の直線または点に関して，関数 $y=x^2-x+1$ のグラフと対称なグラフをもつ関数を求めよ．

(1) x 軸　　(2) y 軸　　(3) 原点

問・8 問 6 のグラフを用いて，次の関数のグラフをかけ．

(1) $y=-\sqrt{x+2}$　　(2) $y=\sqrt{-x}-1$　　(3) $y=-\sqrt{-x-2}+1$

② 4 逆関数

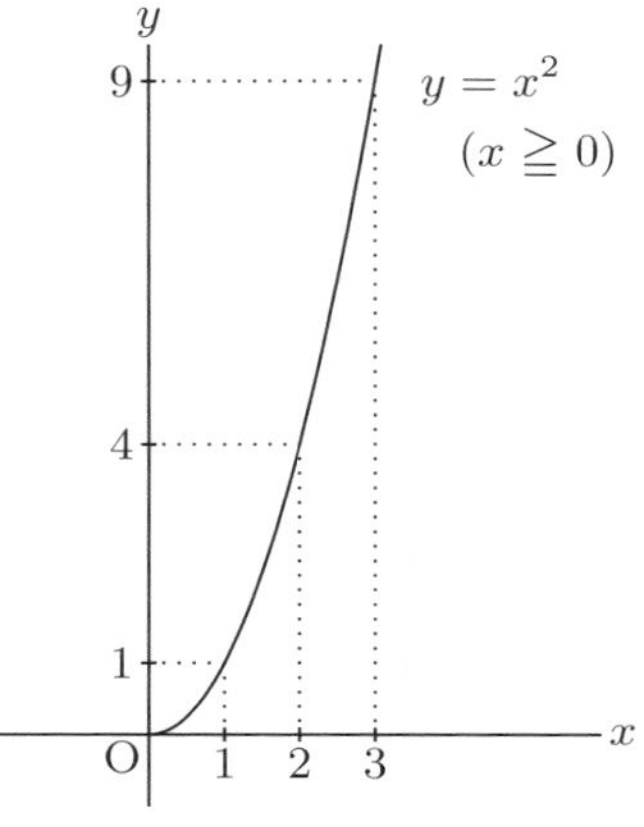

関数 $y = x^2$ を定義域 $x \geqq 0$ で考える．$x = 1,\ 2,\ 3,\ \cdots$ と異なる値に対応して，$y = 1,\ 4,\ 9,\ \cdots$ のように異なる y の値が定まる．逆に値域 $y \geqq 0$ の y の1つの値に対して $y = x^2$ を満たす x の値を求めると

$$x = \pm\sqrt{y}$$

$$x \geqq 0 \text{ より} \quad x = \sqrt{y}$$

したがって，x の値がただ1つ定まり，その対応を表す式は $x = \sqrt{y}$ であることがわかる．

関数 $y = f(x)$ の定義域を A，値域を B とする．B に含まれる y の値に対して，$y = f(x)$ となるような x の値が A の中にただ1つ定まるとき，x は y の関数と考えられる．これを $x = g(y)$ で表す．独立変数を x，従属変数を y で表せば，新しい関数 $y = g(x)$ が得られる．この関数 $y = g(x)$ を $y = f(x)$ の**逆関数**という．

逆関数 $y = g(x)$ は，もとの関数 $y = f(x)$ の x，y を入れ換えて，y を x で表すことによっても得られ，次の関係が成り立つ．

$$y = g(x) \iff x = f(y)$$

また，もとの関数の定義域は逆関数の値域であり，もとの関数の値域は逆関数の定義域である．

例題 3 次の関数の逆関数を求めよ．また，そのグラフをかけ．

$$y = x^2 - 1 \quad (x \geqq 0)$$

解 この関数の定義域，値域はそれぞれ $x \geqq 0$，$y \geqq -1$ である．

したがって，逆関数の定義域，値域はそれぞれ次のようになる．

$x \geqq -1,\ y \geqq 0$

$y = x^2 - 1$ の逆関数は，x と y を入れ換えて

$x = y^2 - 1$

y について解いて　$y = \pm\sqrt{x+1}$

$y \geqq 0$ より　$y = \sqrt{x+1}$

グラフは図のようになる．

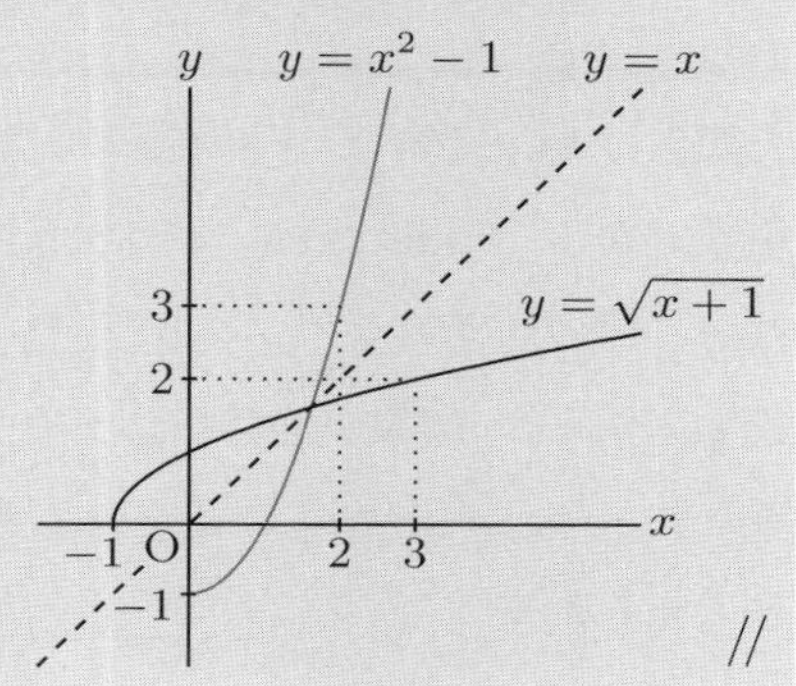

//

問・9　次の関数の逆関数を求め，その逆関数の定義域と値域を求めよ．

(1)　$y = -5x + 2 \quad (1 \leqq x \leqq 3)$　　(2)　$y = \dfrac{4}{x} + 2 \quad (1 \leqq x \leqq 3)$

(3)　$y = x^2 + 2 \quad (x \leqq 0)$

例題 3 のグラフから，関数 $y = f(x)$ と逆関数 $y = g(x)$ のグラフは直線 $y = x$ に関して対称となることがわかる．このことを一般の関数について示そう．

逆関数 $y = g(x)$ のグラフ上の点を $\mathrm{A}(a,\ b)$ とすると

$b = g(a) \iff a = f(b)$

したがって，座標が $(b,\ a)$ である点 B は関数 $y = f(x)$ のグラフ上の点であり，逆もいえる．点 $\mathrm{A}(a,\ b)$ と点 $\mathrm{B}(b,\ a)$ は直線 $y = x$ に関して対称だから，2 つのグラフは直線 $y = x$ に関して対称である．

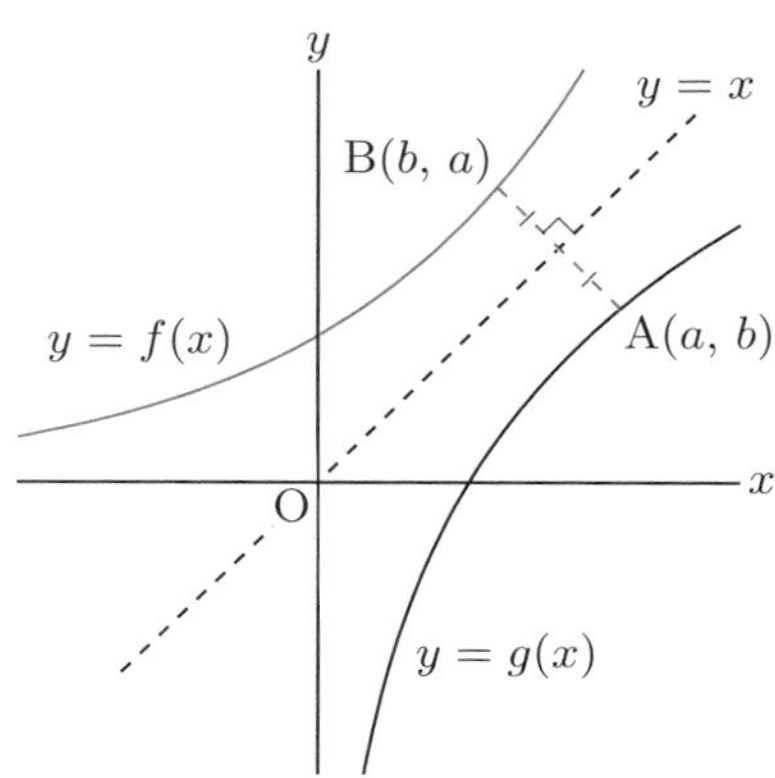

コラム

関数

関数は function という英語の訳で，もともとの意味は「機能，働き，作用」である．function のラテン語 functio をはじめて数学用語で用いたのはドイツの数学者ライプニッツ（1646 − 1716）であった．関数というと，式 $y = f(x)$ の印象が強いが，ライプニッツは下図のように「x に a の値を入れたとき，y に $f(a)$ の値を対応させる」という機能であると捉えていたと考えられる．

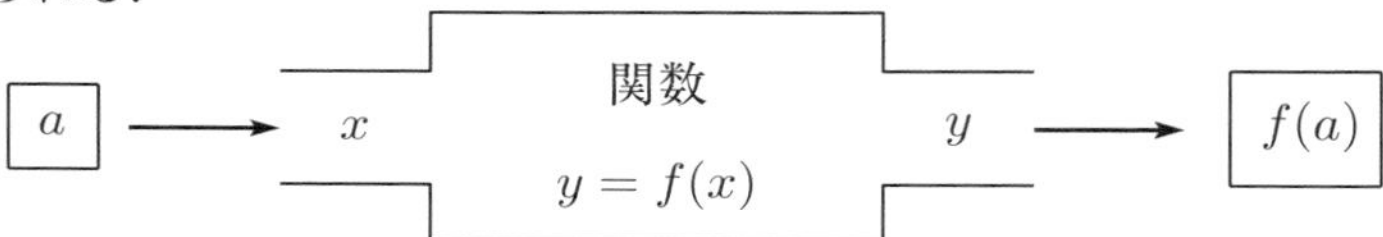

対応させるという機能は実数に限らない．例えば，地図は地球上の一地点に地図上の 1 点を対応させたものである．このように，集合 X の 1 つの要素に集合 Y の 1 つの要素を対応させる機能を写像という．例えば，平面上の点 $(x,\ y)$ の集合から平面上の点 $(u,\ v)$ の集合への写像を

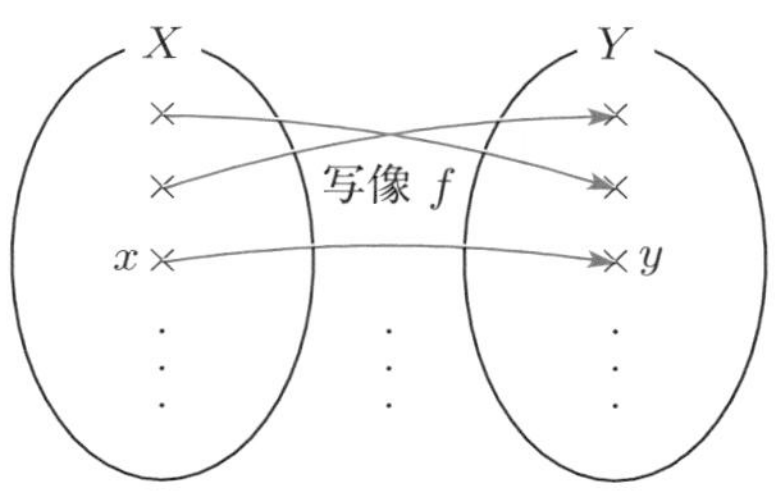

$$\begin{cases} u = \dfrac{1}{2}x - \dfrac{\sqrt{3}}{2}y \\ v = \dfrac{\sqrt{3}}{2}x + \dfrac{1}{2}y \end{cases}$$

で定義すると，点の対応は右図のようになり，原点を中心とする 60° の回転を表している．

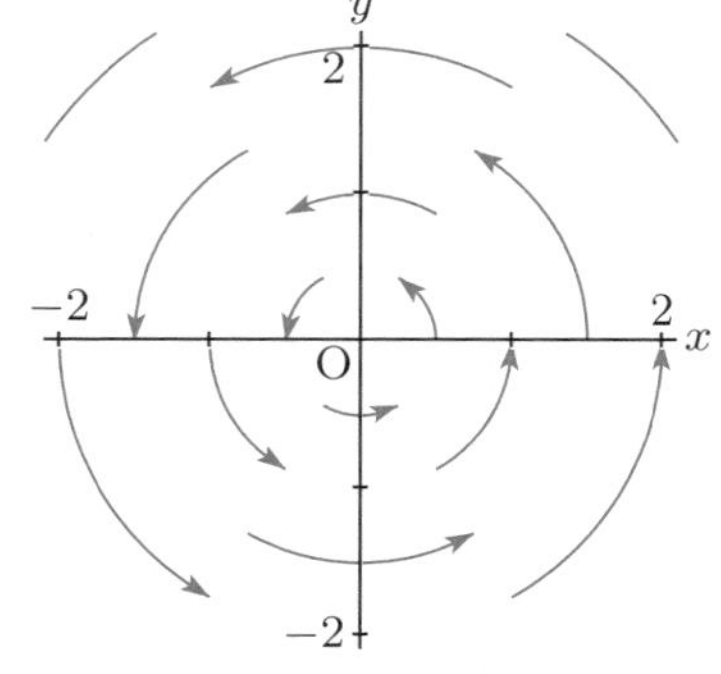

練習問題 2・A

1. 次の関数について，奇関数か偶関数かを調べよ．

(1) $y = \dfrac{x^2}{\sqrt{x^2+1}}$　　(2) $y = x^5 - 3x^3$

(3) $y = x^6 + 3x^3$　　(4) $y = |x| + 1$

2. 次の関数のグラフをかけ

(1) $y = (x+1)^3 + 2$　　(2) $y = -(x-2)^4 + 1$

(3) $y = \dfrac{x}{x-1}$　　(4) $y = \dfrac{2-x}{x+1}$

(5) $y = \sqrt{x+4} - 2$　　(6) $y = -\sqrt{2-x} + 3$

3. 定義域が $0 \leqq x \leqq 3$ である関数 $y = \dfrac{x-3}{x+1}$ の値域を求めよ．

4. 関数 $y = \dfrac{ax+b}{x+2}$ のグラフが点 $(-1,\ 3)$ を通り，1 つの漸近線が $y = 2$ であるとき，定数 a，b の値を定めよ．

5. 関数 $y = \sqrt{x-3}$ $(3 \leqq x \leqq a)$ の値域が $0 \leqq y \leqq 3$ であるとき，定数 a の値を定めよ．

6. 次の関数の逆関数を求めよ．

(1) $y = -ax + b$　$(a \neq 0)$　　(2) $y = 1 - x^2$　$(x \leqq 0)$

(3) $y = \dfrac{a}{x-b}$　$(a \neq 0)$　　(4) $y = \dfrac{x-3}{x+2}$

7. 関数 $y = (x-2)^2 + 3$ $(x \geqq 2)$ の逆関数を求めよ．また，もとの関数と逆関数のグラフをかけ．

練習問題 2・B

1. $y=\dfrac{ax+b}{x+c}$ のグラフが原点を通り，漸近線が直線 $x=1$ と直線 $y=2$ であるという．定数 a，b，c の値を定めよ．

2. $y=\sqrt{-x}$ のグラフを x 軸方向に 2, y 軸方向に k 平行移動すると，原点を通る曲線になるという．定数 k の値を定めよ．

3. 関数 $y=\sqrt{2-x}$ が $a \leqq x \leqq 1$ の範囲で最大値 3 をとるように，定数 a の値を定めよ．

4. 関数 $y=\dfrac{2x-1}{x+k}$ の逆関数が，また，$y=\dfrac{2x-1}{x+k}$ となるように定数 k の値を定めよ．

5. 関数 $f(x)=\dfrac{ax+b}{x-2}$ について，$y=f(x)$ の逆関数を $y=g(x)$ とする．$f(1)=2$，$g(4)=3$ であるとき，定数 a，b の値を定めよ．

6. 次の問いに答えよ．

(1) 関数 $y=\dfrac{2x+1}{x+2}$，$y=2-x$ のグラフをかけ．

(2) (1) において，2 つのグラフの交点の座標を求めよ．

(3) グラフを利用して，次の不等式を解け．

$$\frac{2x+1}{x+2}<2-x$$

7. グラフを利用して，次の不等式を解け．

(1) $\sqrt{x+6}>x$　　(2) $\dfrac{2}{x-1}>x$

4章 指数関数と対数関数

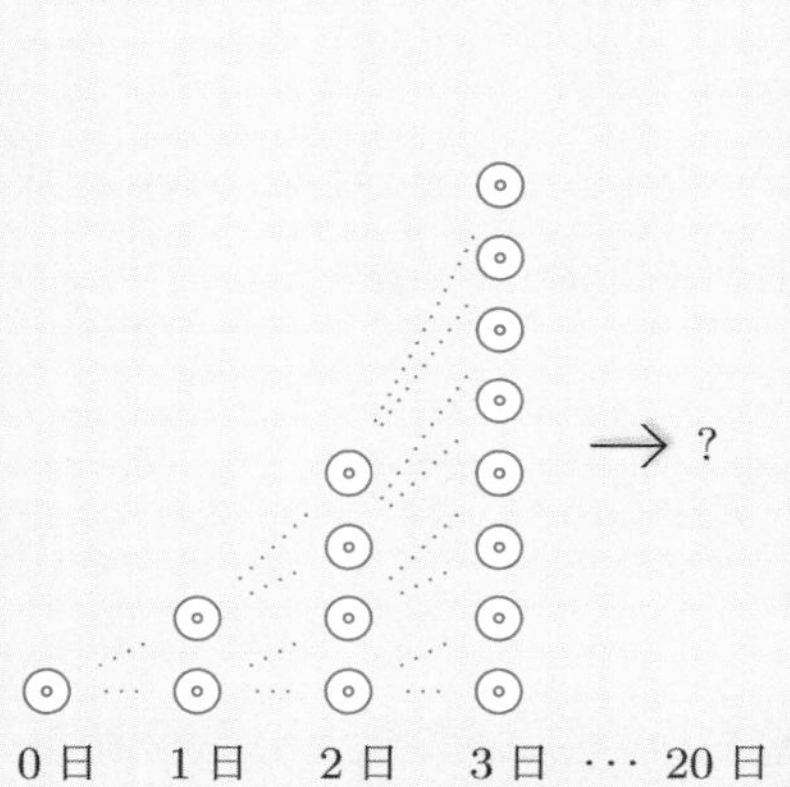

→ ?
0 日
1 日
2 日
3 日
⋯
20 日

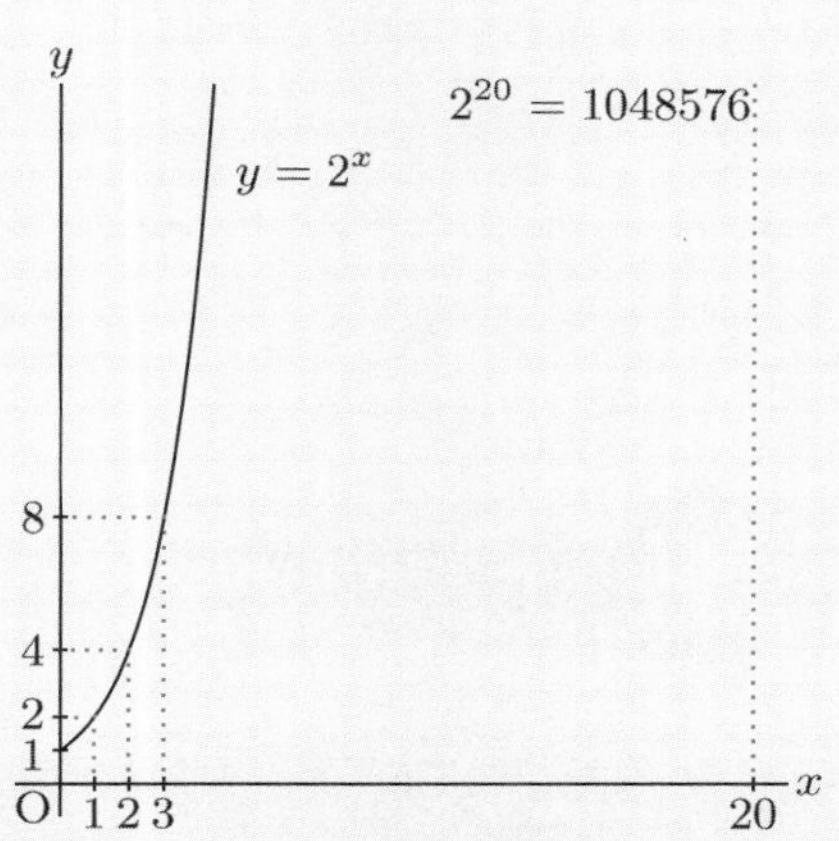

y
$2^{20} = 1048576$
$y = 2^x$
8
4
2
1
O
1
2
3
20
x

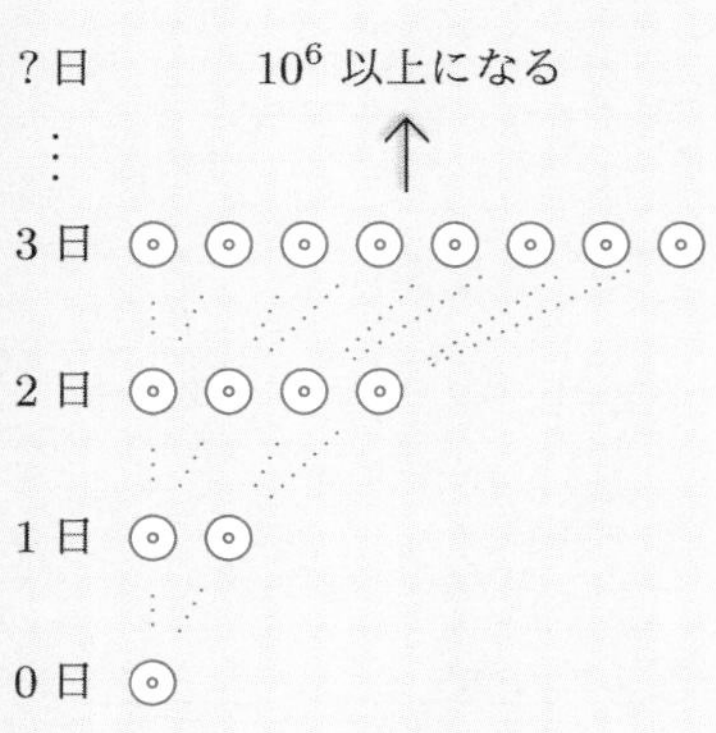

? 日
10^6 以上になる
3 日
2 日
1 日
0 日

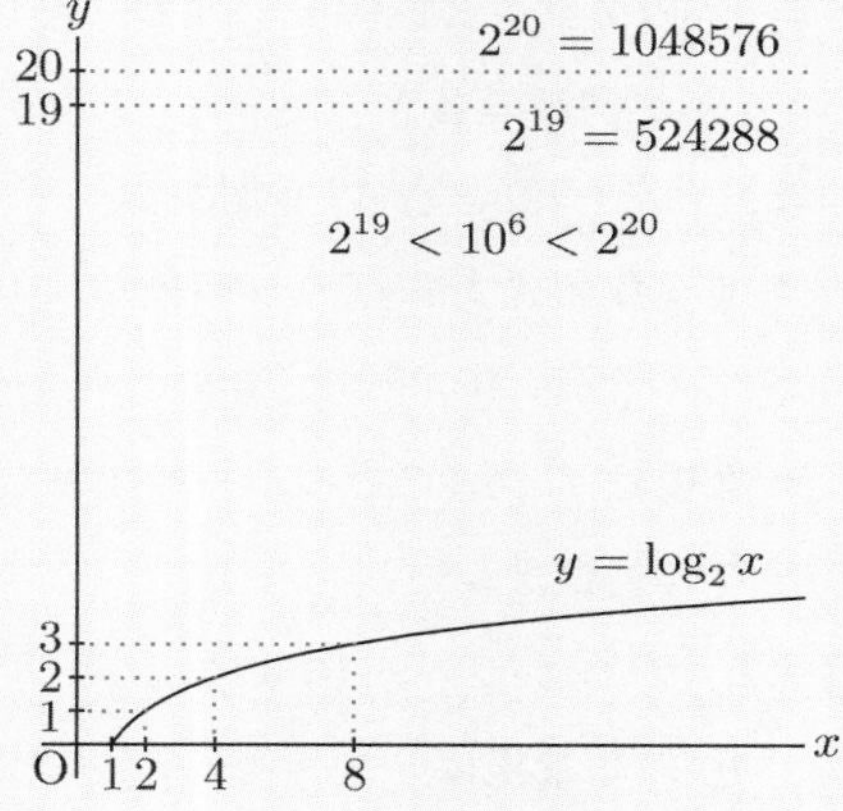

y
$2^{20} = 1048576$
20
19
$2^{19} = 524288$
$2^{19} < 10^6 < 2^{20}$
$y = \log_2 x$
3
2
1
O
1
2
4
8
x

●この章を学ぶために

$a > 0$ とするとき，中学校では，a の累乗 a^n において指数 n は正の整数として学んだ．ここでは，この指数を0，負の整数，分数へと順に拡張していく．こうして拡張した指数を x とおくと，$y = a^x$ は実数 x から y への対応すなわち x の関数となる．この関数を指数関数という．

さらに，$a \neq 1$ とすると，正の数 y から x への対応も考えられる．これを対数関数という．本章では，これらの関数の性質や計算法を学習する．

1 指数関数

1 1 累乗根

n を2以上の整数とする．実数 a に対し，n 乗すると a になる数，すなわち $x^n = a$ となる x を a の $\boldsymbol{n}$ **乗根**という．特に，2乗根を**平方根**，3乗根を**立方根**ともいい，2乗根，3乗根，4乗根，$\cdots$ をまとめて**累乗根**という．ここでは，n 乗根のうち実数のみを扱う．したがって，a の n 乗根は $y = x^n$ のグラフと直線 $y = a$ の共有点の x 座標である．

(i) n が偶数のとき

$a > 0$ ならば，交点は2個ある．そのうち第1象限にある点の x 座標を $\boldsymbol{\sqrt[n]{a}}$ で表す．$\sqrt[n]{a} > 0$ であり，a のもう1つの n 乗根は $-\sqrt[n]{a}$ である．$a < 0$ ならば，a の n 乗根はない．

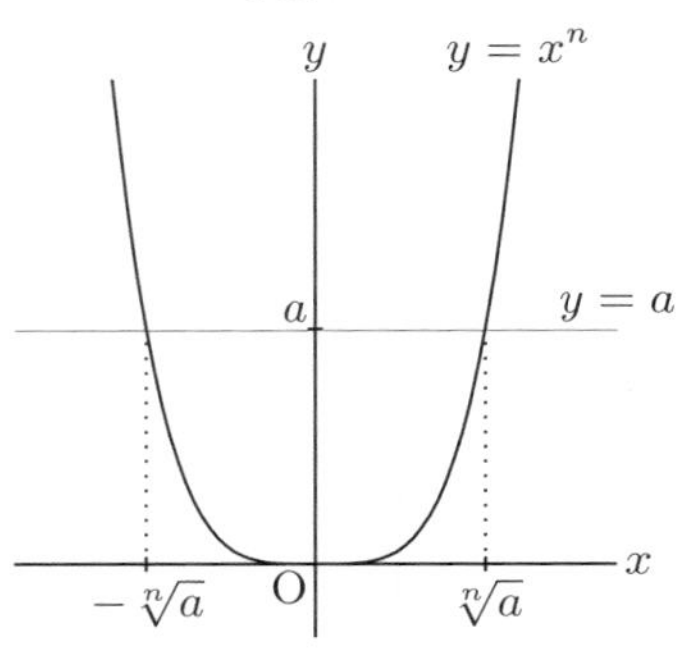

例 1　$2^4 = (-2)^4 = 16$ より

16の4乗根は　2，-2

$\sqrt[4]{16} = 2,\ -\sqrt[4]{16} = -2$

(ii) n が奇数のとき

a の符号に関係なく，交点はただ 1 つであり，その x 座標を $\sqrt[n]{a}$ で表す．グラフより次が成り立つ．

$$\sqrt[n]{-a} = -\sqrt[n]{a}$$

n が奇数のとき

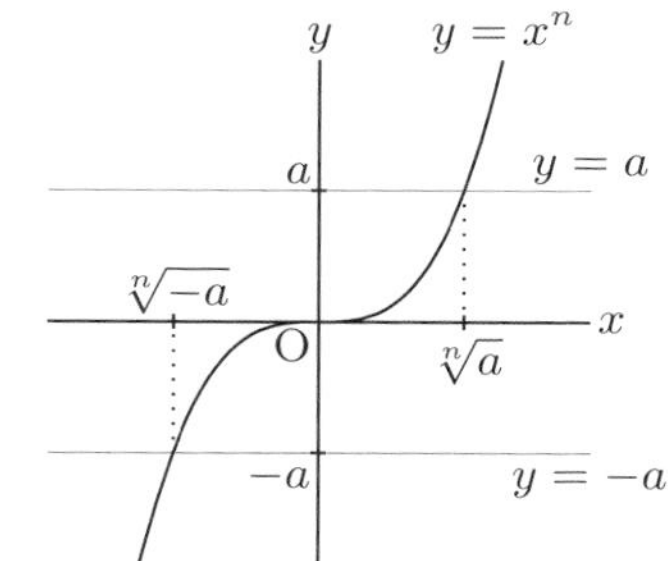

例 2 $\sqrt[3]{8} = 2$，$\sqrt[3]{-8} = -\sqrt[3]{8} = -2$

$\sqrt[n]{\ \ }$ を**根号**，n を累乗根の**指数**という．

$\sqrt[2]{\ \ }$ は単に $\sqrt{\ \ }$ と書く．また，n に関係なく $\sqrt[n]{0} = 0$，$\sqrt[n]{1} = 1$ である．

問・1 次の値を根号を用いて表せ．

(1) 20 の 3 乗根　　(2) -9 の 5 乗根　　(3) 7 の 4 乗根

指数法則より，累乗根について次の公式が成り立つ．

●累乗根の性質

$a > 0$，$b > 0$ で，m，n が 2 以上の整数のとき

(I) $(\sqrt[n]{a})^n = a$　　(II) $(\sqrt[n]{a})^m = \sqrt[n]{a^m}$

(III) $\sqrt[n]{a}\sqrt[n]{b} = \sqrt[n]{ab}$　　(IV) $\dfrac{\sqrt[n]{a}}{\sqrt[n]{b}} = \sqrt[n]{\dfrac{a}{b}}$

証明 (II) $x = (\sqrt[n]{a})^m$ とすると

$$x^n = \{(\sqrt[n]{a})^m\}^n = (\sqrt[n]{a})^{mn} = \{(\sqrt[n]{a})^n\}^m = a^m$$

したがって，x は a^m の n 乗根で，$x > 0$ だから　$x = \sqrt[n]{a^m}$

他も同様に証明できる． 

例 3 $\sqrt[5]{9}\,(\sqrt[5]{3})^3 = \sqrt[5]{9}\,\sqrt[5]{3^3} = \sqrt[5]{9 \times 3^3} = \sqrt[5]{3^5} = (\sqrt[5]{3})^5 = 3$

問・2 次の式を簡単にせよ．

(1) $\sqrt{3}\sqrt{27}$　　(2) $\sqrt[5]{4}\,(\sqrt[5]{2})^3$　　(3) $\sqrt[3]{4}\sqrt[3]{16}$　　(4) $\dfrac{\sqrt[3]{405}}{\sqrt[3]{15}}$

1 2 指数の拡張

m，n が正の整数のとき，5ページで学んだように，指数法則

$$a^m a^n = a^{m+n}, \quad (a^m)^n = a^{mn}, \quad (ab)^n = a^n b^n$$

が成り立つ．

さらに，正の整数 m，n について，21ページの除法の指数法則より，$m > n$ のとき

$$\frac{a^m}{a^n} = a^{m-n} \quad (a \neq 0) \tag{1}$$

が成り立つ．これが $m \leqq n$ のときにも成り立つように，指数の定義を整数の場合に拡張しよう．

$m = n$ のとき，(1) が成り立つとすると

$$\frac{a^n}{a^n} = a^{n-n} = a^0$$

$\dfrac{a^n}{a^n} = 1$ だから

$$a^0 = 1 \tag{2}$$

と定めればよい．

次に，$m = 0$ のときにも (1) が成り立つとすると

$$\frac{a^0}{a^n} = a^{0-n} = a^{-n}$$

$\dfrac{a^0}{a^n} = \dfrac{1}{a^n}$ だから

$$a^{-n} = \frac{1}{a^n} \tag{3}$$

と定めればよい．

●指数の拡張 (1)

$a \neq 0$ で，n が正の整数のとき

$$a^0 = 1, \quad a^{-n} = \frac{1}{a^n}$$

例 4 $5^0 = 1$，$3^{-2} = \dfrac{1}{3^2} = \dfrac{1}{9}$，$(2^2)^{-3} = \dfrac{1}{(2^2)^3} = \dfrac{1}{2^6} = \dfrac{1}{64}$

除法の指数法則は次のようにまとめることができる.

$$\frac{a^m}{a^n} = a^{m-n} = \frac{1}{a^{n-m}}$$

また, 指数が任意の整数のときにも, 指数法則は

$$(a^m)^{-n} = \frac{1}{(a^m)^n} = \frac{1}{a^{mn}} = a^{-mn} = a^{m\times(-n)}$$

などのように証明される.

例 5 $a^2 \times a^{-3} = a^{2+(-3)} = a^{-1} = \dfrac{1}{a}$, $(a^2)^{-3} = a^{2\times(-3)} = a^{-6} = \dfrac{1}{a^6}$

$\dfrac{a^5}{a^5} = a^{5-5} = a^0 = 1$, $\dfrac{a^2}{a^5} = a^{2-5} = a^{-3} = \dfrac{1}{a^3}$

例題 1 次の式を計算せよ. ただし, $a \fallingdotseq 0$, $b \fallingdotseq 0$ とする.

(1) $3^5 \times \left(\dfrac{1}{9}\right)^4$　　(2) $\dfrac{(ab^{-1})^3}{(a^{-1}b)^2}$

解 (1) $3^5 \times \left(\dfrac{1}{9}\right)^4 = 3^5 \times (3^{-2})^4 = 3^5 \times 3^{-8} = 3^{5-8} = 3^{-3} = \dfrac{1}{3^3} = \dfrac{1}{27}$

(2) $\dfrac{(ab^{-1})^3}{(a^{-1}b)^2} = \dfrac{a^3b^{-3}}{a^{-2}b^2} = a^{3-(-2)}b^{-3-2} = a^5b^{-5} = \dfrac{a^5}{b^5}$ //

問・3 次の式を計算せよ. ただし, $a \fallingdotseq 0$, $b \fallingdotseq 0$ とする.

(1) $\left(\dfrac{1}{8}\right)^2 \times 2^4$　　(2) $15^3 \times 3^{-4} \times \left(\dfrac{1}{5}\right)^2$

(3) $(a^{-2}b)^3 \times (ab^{-1})^{-2}$　　(4) $\dfrac{(6a^{-1}b^2)^3}{(2ab^{-1})^2}$

次に, $a > 0$ であるときに, 有理数 r, s についても指数法則

$$(a^r)^s = a^{rs}$$

が成り立つように指数の定義を拡張しよう.

m は整数, n は 2 以上の整数で, $r = \dfrac{m}{n}$, $s = n$ のときに指数法則が成り立つとすれば

$$\left(a^{\frac{m}{n}}\right)^n = a^{\frac{m}{n}\times n} = a^m$$

となる. よって, $a^{\frac{m}{n}}$ は a^m の n 乗根と定めればよい.

●指数の拡張 (2)

$a>0$ で，m は整数，n は 2 以上の整数のとき

$$a^{\frac{1}{n}}=\sqrt[n]{a},\qquad a^{\frac{m}{n}}=\sqrt[n]{a^m}=(\sqrt[n]{a})^m$$

例 6　$5^{\frac{1}{2}}=\sqrt[2]{5}=\sqrt{5},\quad 5^{\frac{2}{3}}=\sqrt[3]{5^2}=(\sqrt[3]{5})^2,\quad \dfrac{1}{\sqrt{5}}=\dfrac{1}{5^{\frac{1}{2}}}=5^{-\frac{1}{2}}$

問・4　次の (1), (2) については $a^{\frac{m}{n}}$ の形に，(3), (4) については根号を用いて表せ．ただし，$a>0$ とする．

(1)　$\sqrt{a}$　　(2)　$\sqrt[5]{a^6}$　　(3)　$a^{\frac{1}{4}}$　　(4)　$a^{-\frac{3}{5}}$

指数を有理数に拡張した場合でも，次の指数法則が成り立つ．

●指数法則

$a>0$, $b>0$ で，p, q が有理数のとき

(Ⅰ)　$a^pa^q=a^{p+q}$　　(Ⅱ)　$\dfrac{a^p}{a^q}=a^{p-q}=\dfrac{1}{a^{q-p}}$

(Ⅲ)　$(a^p)^q=a^{pq}$　　(Ⅳ)　$(ab)^p=a^pb^p$

例 7　$\left(a^{\frac{1}{2}}\right)^{-\frac{2}{3}}=a^{\frac{1}{2}\times\left(-\frac{2}{3}\right)}=a^{-\frac{1}{3}}=\dfrac{1}{\sqrt[3]{a}}$

$$\sqrt{a}\times\frac{1}{\sqrt[3]{a}}=a^{\frac{1}{2}}\times a^{-\frac{1}{3}}=a^{\frac{1}{2}-\frac{1}{3}}=a^{\frac{1}{6}}=\sqrt[6]{a}$$

問・5　$a>0$ のとき，次の式を計算せよ．

(1)　$\left(a^{-\frac{1}{3}}\right)^6$　　(2)　$\dfrac{a^{\frac{5}{2}}}{a^2}$　　(3)　$a^{2.4}\times a^{-1.6}$

問・6　指数法則を用いて，次の式を計算せよ．ただし，$a>0$ とする．

(1)　$\sqrt{\sqrt[3]{a^2}}$　　(2)　$\sqrt[5]{a^3}\times\dfrac{1}{\sqrt{a}}$　　(3)　$\dfrac{a\sqrt[3]{a}}{\sqrt[6]{a^5}}$

$a>0$ のとき，無理数 p に対しても a^p が定義できて，指数法則は任意の実数を指数として成り立つことが知られている．

1 3 指数関数

a が 1 でない正の定数のとき

$$y = a^x$$

で表される x の関数を，a を**底**とする**指数関数**という．

いくつかの a について，$y = a^x$ のグラフをかいてみよう．

x	-4	-3	-2	-1	$-\frac{1}{2}$	0	$\frac{1}{2}$	1	2	3	4
$y = 2^x$	$\frac{1}{16}$	$\frac{1}{8}$	$\frac{1}{4}$	$\frac{1}{2}$	$\frac{1}{\sqrt{2}}$	1	$\sqrt{2}$	2	4	8	16

$y = 2^x$ は，上の表より単調に増加する関数で，$2^x > 0$ である．グラフは点 $(0,\ 1)$ を通り，x 軸が漸近線になっている．$y = 3^x$ も同様である．

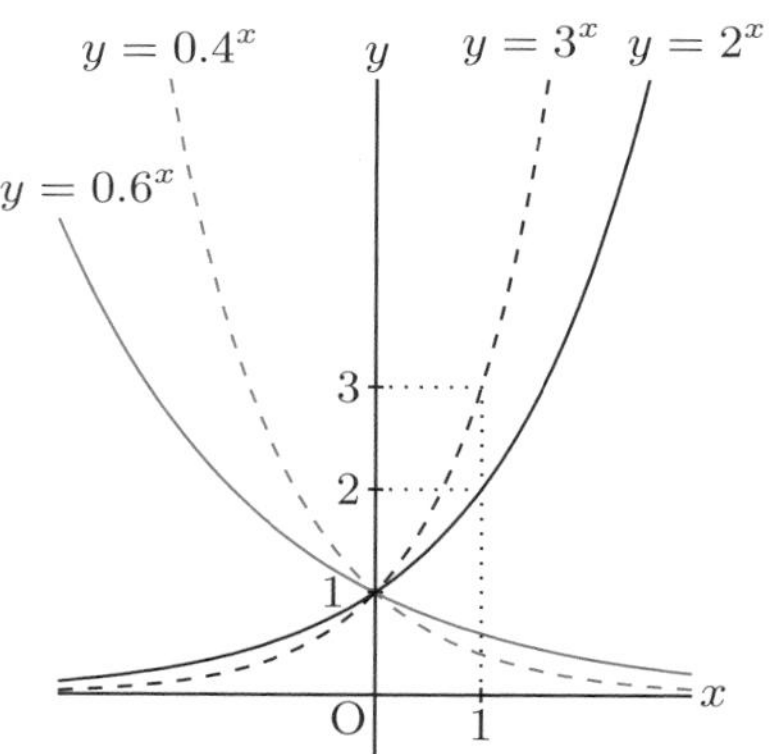

一方，$y = 0.4^x$，$y = 0.6^x$ は単調に減少する関数であるが，グラフはやはり点 $(0,\ 1)$ を通り，x 軸が漸近線である．

一般に，指数関数の性質は次のようになる．

●指数関数の性質

指数関数 $y = a^x$ $(a > 0,\ a \neq 1)$ について

（Ⅰ） 定義域は実数全体であり，値域は正の実数全体である．すなわち，グラフは常に x 軸の上側にある．

（Ⅱ） $a > 1$ のとき単調に増加し，$0 < a < 1$ のとき単調に減少する．

（Ⅲ） グラフは点 $(0,\ 1)$ および点 $(1,\ a)$ を通る．

（Ⅳ） グラフは x 軸すなわち直線 $y = 0$ を漸近線とする．

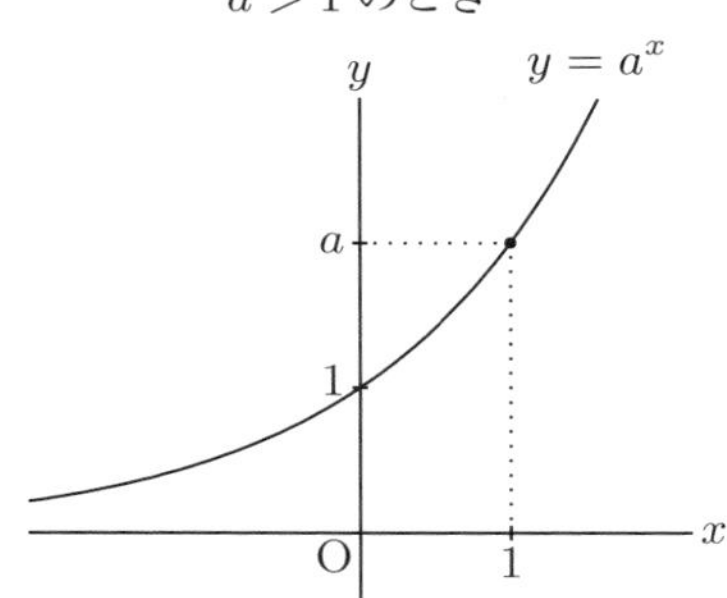

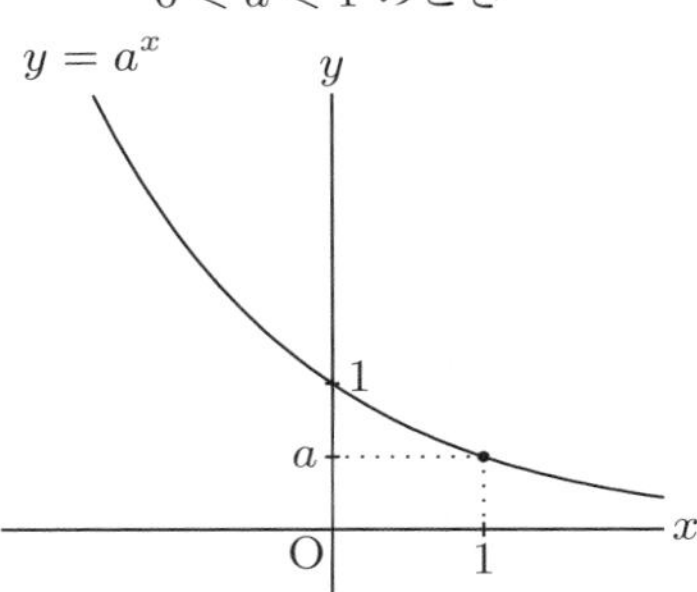

例題 2 次の関数のグラフをかけ.

(1) $y=2^{x-1}$　　　(2) $y=\left(\dfrac{1}{2}\right)^x$

解 (1) 90 ページの公式より，このグラフは，$y=2^x$ のグラフを x 軸方向に 1 平行移動したものである．また，グラフは点 $\left(0,\ \dfrac{1}{2}\right)$ を通り，x 軸を漸近線にもつ．したがって，グラフは図のようになる．

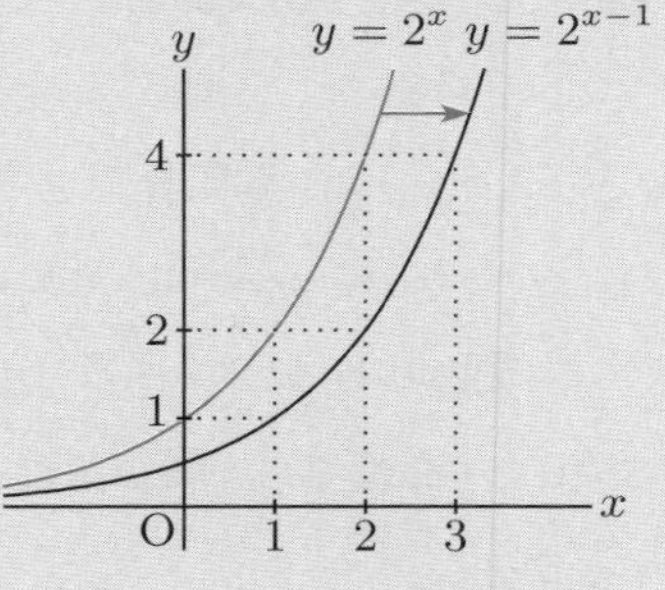

(2) $y=\left(\dfrac{1}{2}\right)^x=2^{-x}$ と変形できるから，95 ページの公式より，$y=2^x$ のグラフと y 軸に関して対称である．したがって，グラフは図のようになる． //

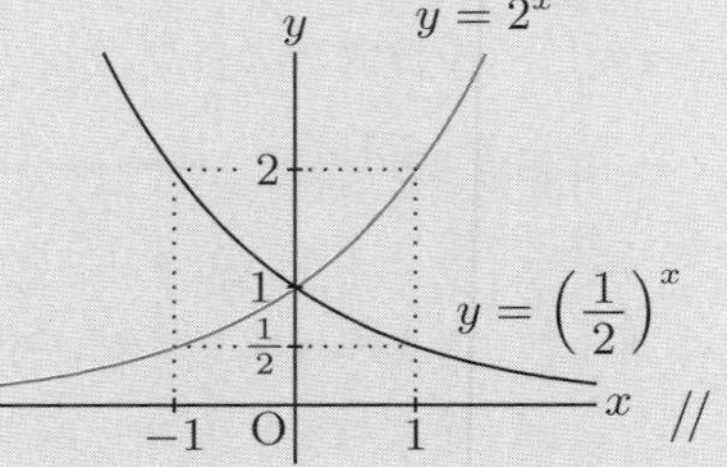

問・7 次の関数のグラフをかけ.

(1) $y=1.5^x$　　　(2) $y=3^{x+1}$　　　(3) $y=\left(\dfrac{1}{3}\right)^x$

問・8 95 ページの公式を用いて，次の関数のグラフをかけ．

(1) $y = -2^x$　　　　(2) $y = -2^{-x}$

例題 3 次の方程式を解け．

(1) $2^{x-1} = 4\sqrt{2}$　　　　(2) $9^x + 3 \times 3^x - 4 = 0$

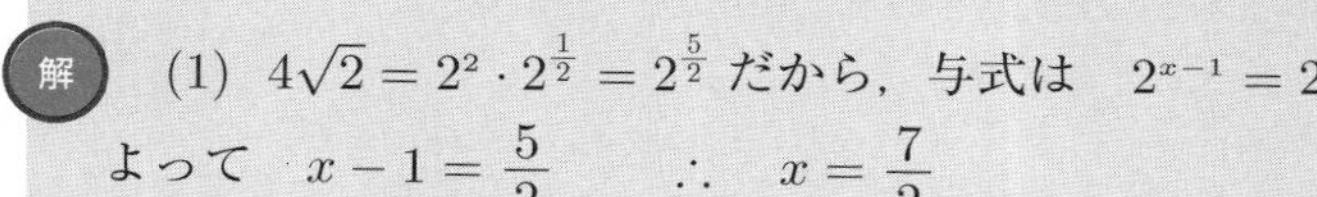

解 (1) $4\sqrt{2} = 2^2 \cdot 2^{\frac{1}{2}} = 2^{\frac{5}{2}}$ だから，与式は　$2^{x-1} = 2^{\frac{5}{2}}$

よって　$x - 1 = \dfrac{5}{2}$　　$\therefore$　$x = \dfrac{7}{2}$

(2) $X = 3^x$ とおくと　$X > 0$

$9^x = (3^2)^x = 3^{2x} = (3^x)^2 = X^2$ だから

$X^2 + 3X - 4 = 0$　すなわち　$(X+4)(X-1) = 0$

$\therefore$　$X = -4,\ 1$

$X > 0$ より　$X = 1$

よって　$3^x = 1 = 3^0$　　$\therefore$　$x = 0$　//

問・9 次の方程式を解け．

(1) $3^{x+1} = 3\sqrt{3}$　　(2) $2^{-x} = \sqrt[4]{8}$　　(3) $4^x + 2 \times 2^x = 24$

例題 4 次の不等式を解け．

$9^x > 27$

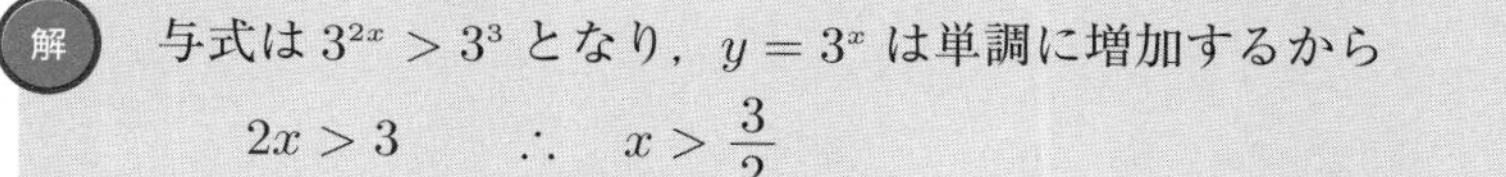

解 与式は $3^{2x} > 3^3$ となり，$y = 3^x$ は単調に増加するから

$2x > 3$　　$\therefore$　$x > \dfrac{3}{2}$　//

問・10 次の不等式を解け．

(1) $4^x < 8$　　　　(2) $\left(\dfrac{1}{3}\right)^x > \dfrac{1}{27}$

練習問題 1・A

1. 次の式を計算せよ．ただし，$a>0$ とする．

(1) $\sqrt[4]{16a^8}$　　(2) $\left(\sqrt[6]{a^{-2}}\right)^3$

(3) $\left(\sqrt[4]{a^3}\right)^2\times\sqrt{a}$　　(4) $\sqrt[3]{a^2}\div\sqrt[4]{a}$

2. 次の数を大きいものから順に並べよ．

(1) $\sqrt[4]{9}$，$3^{-\frac{1}{2}}$，1，$\sqrt[3]{9}$，$9^{-\frac{1}{3}}$

(2) 1，0.3^{-2}，$\dfrac{1}{0.3}$，$\sqrt{0.3}$，$\sqrt[3]{0.3}$

3. 次の関数のグラフをかけ．

(1) $y=-3^{-x}$　　(2) $y=2^{1-x}$　　(3) $y=3^{x+1}+1$

4. 次の方程式を解け．

(1) $4^{x-1}=8$　　(2) $4^x-2^{x+1}-8=0$

5. 次の不等式を解け．

(1) $9^x<\dfrac{1}{\sqrt{3}}$　　(2) $\left(\dfrac{1}{2}\right)^{1-3x}>\dfrac{1}{4}$

6. $a>0$，$b>0$ のとき，次の式を簡単にせよ．

(1) $(a^{\frac{1}{2}}+b^{-\frac{1}{2}})(a^{\frac{1}{2}}-b^{-\frac{1}{2}})$

(2) $(a^{\frac{1}{4}}-b^{\frac{1}{4}})(a^{\frac{1}{4}}+b^{\frac{1}{4}})(a^{\frac{1}{2}}+b^{\frac{1}{2}})$

(3) $(a^{\frac{1}{3}}-b^{\frac{1}{3}})(a^{\frac{2}{3}}+a^{\frac{1}{3}}b^{\frac{1}{3}}+b^{\frac{2}{3}})$

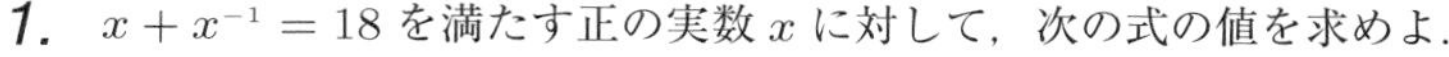

練習問題 1・B

1. $x+x^{-1}=18$ を満たす正の実数 x に対して，次の式の値を求めよ．

(1) $x^{\frac{1}{2}}+x^{-\frac{1}{2}}$　　(2) $x^{\frac{1}{3}}+x^{-\frac{1}{3}}$

2. 次の数を小さいものから順に並べよ．

(1) $\dfrac{1}{\sqrt[3]{16}}$, $\dfrac{\sqrt[8]{2^{-1}}}{2}$, $8^{-\frac{2}{5}}$　　(2) $\sqrt[4]{3^2}$, $\sqrt[4]{10}$, $(\sqrt[4]{2})^3$

3. $x>0$ とする．$3^x+3^{-x}=3$ のとき，3^x-3^{-x} の値を求めよ．

4. 次の不等式および方程式を解け．

(1) $4^x-3\cdot 2^x+2<0$　　(2) $2\cdot 4^{2x+1}-6\cdot 4^x+1=0$

(3) $4^x-7\times 2^x\leqq 8$　　(4) $\begin{cases} 2^{x+1}+2^{1-y}=9 \\ 2^{x-y+1}=4 \end{cases}$

5. 次の不等式を解け．ただし，$a>0$, $a\neq 1$ とする．

$$\frac{1}{a^{3x+2}}>\sqrt[3]{a^2}$$

6. $a>0$, $b>0$ のとき，次の式を簡単にせよ．

(1) $(\sqrt[4]{a}+\sqrt[4]{b})(\sqrt{a}-\sqrt[4]{ab}+\sqrt{b})$

(2) $\dfrac{\sqrt{ab^3}}{\sqrt[3]{a^2b^4}}\times\sqrt[6]{3\times\left(\dfrac{a}{3b}\right)^{-5}}$

7. $a>0$ のとき，次の不等式が成り立つことを証明せよ．

$$\frac{\sqrt{a^x}+\sqrt{a^y}}{2}\geqq a^{\frac{x+y}{4}}$$

8. $2x+3y=1$ のとき，4^x+8^y の最小値を求めよ．

2 対数関数

2-1 対数

a が 1 でない正の数のとき，指数関数 $y = a^x$ のグラフからわかるように，どんな正の数 N に対しても，$a^m = N$ となるような実数 m がただ 1 つ存在する．

$a > 1$ のとき

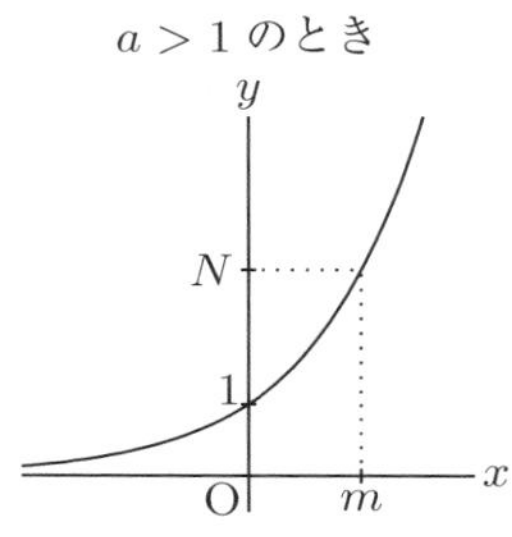

$0 < a < 1$ のとき

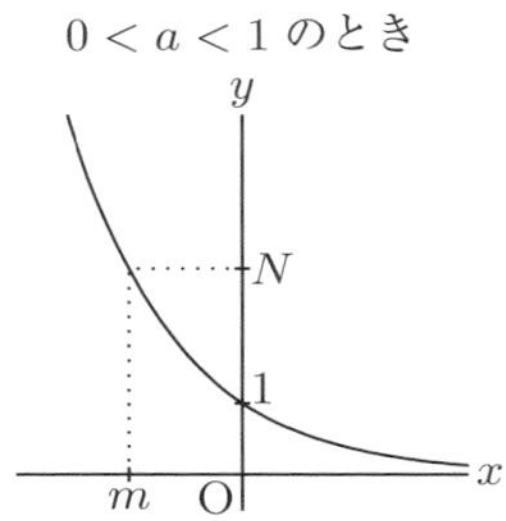

この m を，a を**底**とする N の**対数**といい

$$\boldsymbol{m = \log_a N}$$

で表す． N を a を底とする m の**真数**という．

●対数の定義

$a > 0$，$a \neq 1$ のとき，$N > 0$ に対して

$$m = \log_a N \iff a^m = N$$

例 1 $\log_2 8 = m \iff 2^m = 8 \quad \therefore \quad m = 3$ すなわち $\log_2 8 = 3$

$\log_2 \dfrac{1}{4} = m \iff 2^m = \dfrac{1}{4} \quad \therefore \quad m = -2$ すなわち $\log_2 \dfrac{1}{4} = -2$

問・1 次の値を求めよ．

(1) $\log_2 16$　(2) $\log_3 \dfrac{1}{9}$　(3) $\log_3 1$

(4) $\log_{10} 0.1$　(5) $\log_{0.1} 0.01$　(6) $\log_5 \sqrt[3]{25}$

対数の定義より，$m = \log_a N$ のとき $a^m = N$ だから

$$a^{\log_a N} = N$$

が成り立つ．また

$$a^0 = 1, \quad a^1 = a$$

について，対数の記号を用いて書き直すと，次の公式が得られる．

●対数の性質 (1)

$a > 0$，$a \neq 1$，$N > 0$ のとき

$$\log_a 1 = 0, \qquad \log_a a = 1, \qquad a^{\log_a N} = N$$

また，次の公式が成り立つ．

●対数の性質 (2)

$a > 0$，$a \neq 1$，$M > 0$，$N > 0$ で p を実数とするとき

$$\log_a MN = \log_a M + \log_a N, \qquad \log_a \frac{M}{N} = \log_a M - \log_a N$$

$$\log_a M^p = p \log_a M$$

証明　$x = \log_a M$，$y = \log_a N$ とおく．

このとき，$M = a^x$，$N = a^y$ となるから

$$MN = a^x a^y = a^{x+y}$$

が成り立つ．よって，対数の定義より

$$\log_a MN = x + y = \log_a M + \log_a N$$

同様に，$\dfrac{M}{N} = \dfrac{a^x}{a^y} = a^{x-y}$ より

$$\log_a \frac{M}{N} = x - y = \log_a M - \log_a N$$

また，任意の実数 p に対して

$$M^p = (a^x)^p = a^{px}$$

となるから

$$\log_a M^p = px = p \log_a M \qquad //$$

例 2　$\log_2 32 = \log_2 2^5 = 5\log_2 2 = 5 \times 1 = 5$

$$\frac{1}{2}\log_3 5 - \log_3 \frac{\sqrt{5}}{2} = \log_3 5^{\frac{1}{2}} - \log_3 \frac{\sqrt{5}}{2} = \log_3\left(\sqrt{5} \times \frac{2}{\sqrt{5}}\right) = \log_3 2$$

●**注**…… $\log_3 2$ は有理数ではない．

問・2　次の式を計算せよ．

(1)　$\log_3 243$　　(2)　$\log_2 \frac{4}{3} + \log_2 \frac{3}{2}$

(3)　$\log_2 20 - \log_2 5\sqrt{2}$　　(4)　$\frac{1}{2}\log_3 5 - \log_3 \frac{\sqrt{15}}{3}$

問・3　次の等式を証明せよ．ただし，M，a は正の数で $a \neq 1$，また，n は 2 以上の整数とする．

(1)　$\log_a \frac{1}{M} = -\log_a M$　　(2)　$\log_a \sqrt[n]{M} = \frac{1}{n}\log_a M$

問・4　L，M，N，a は正の数で $a \neq 1$ とするとき，次の問いに答えよ．

(1)　等式 $\log_a L + \log_a M + \log_a N = \log_a LMN$ を証明せよ．

(2)　$\log_{10} 0.4 + \log_{10} \frac{50}{3} + \log_{10} 1.5$ を計算せよ．

底を変えるとき，対数がどのように変わるかを調べよう．

a，b，c は正の数で，$a \neq 1$，$c \neq 1$ とする．このとき，$\log_a b = x$ とおくと $b = a^x$ となるから

$$\log_c b = \log_c a^x = x\log_c a$$

$a \neq 1$ より $\log_c a \neq 0$ だから

$$x = \frac{\log_c b}{\log_c a} \quad \text{すなわち} \quad \log_a b = \frac{\log_c b}{\log_c a}$$

この関係式を，**底の変換公式**という．

●底の変換公式

a，b，c が正の数で，$a \neq 1$，$c \neq 1$ のとき　$\log_a b = \dfrac{\log_c b}{\log_c a}$

例題 1 次の等式を証明せよ．ただし，a，b はいずれも 1 でない正の数とする．

$$\log_a b = \frac{1}{\log_b a}$$

解 $\log_a b = \dfrac{\log_b b}{\log_b a} = \dfrac{1}{\log_b a}$ //

問・5 $\log_{9\sqrt{3}} 3$ の値を求めよ．

問・6 1 でない正の数 a, b について，$(\log_a b) \cdot \left(\log_b \dfrac{1}{a}\right)$ を計算せよ．

例題 2 $(\log_2 3) \cdot (\log_9 2)$ を簡単にせよ．

解 $(\log_2 3) \cdot (\log_9 2) = \log_2 3 \cdot \dfrac{\log_2 2}{\log_2 9} = \log_2 3 \cdot \dfrac{1}{2\log_2 3} = \dfrac{1}{2}$ //

問・7 次の式を簡単にせよ．

(1) $(\log_3 2) \cdot (\log_4 9)$　　(2) $(\log_2 9) \cdot (\log_5 16) \cdot (\log_3 25)$

2 対数関数

a が 1 でない正の定数のとき

$$y = \log_a x$$

で表される関数を，a を**底**とする**対数関数**という．

$y = \log_a x$ で x と y を交換すると

$$x = \log_a y \quad \text{すなわち} \quad y = a^x$$

となるから，対数関数 $y = \log_a x$ は，指数関数 $y = a^x$ の逆関数である．

$$y = \log_a x \iff a^y = x$$

したがって，97 ページで学んだように，$y = \log_a x$ のグラフは $y = a^x$ のグラフと直線 $y = x$ に関して対称で，次のようになる．

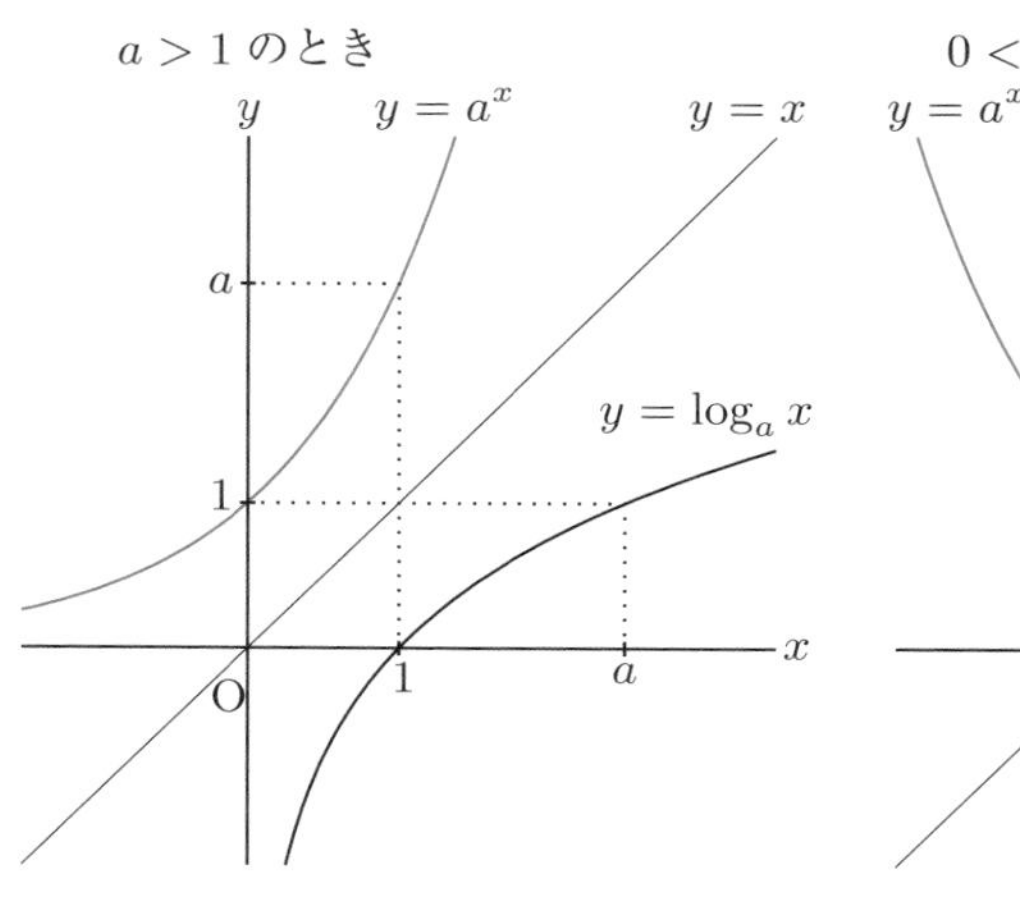

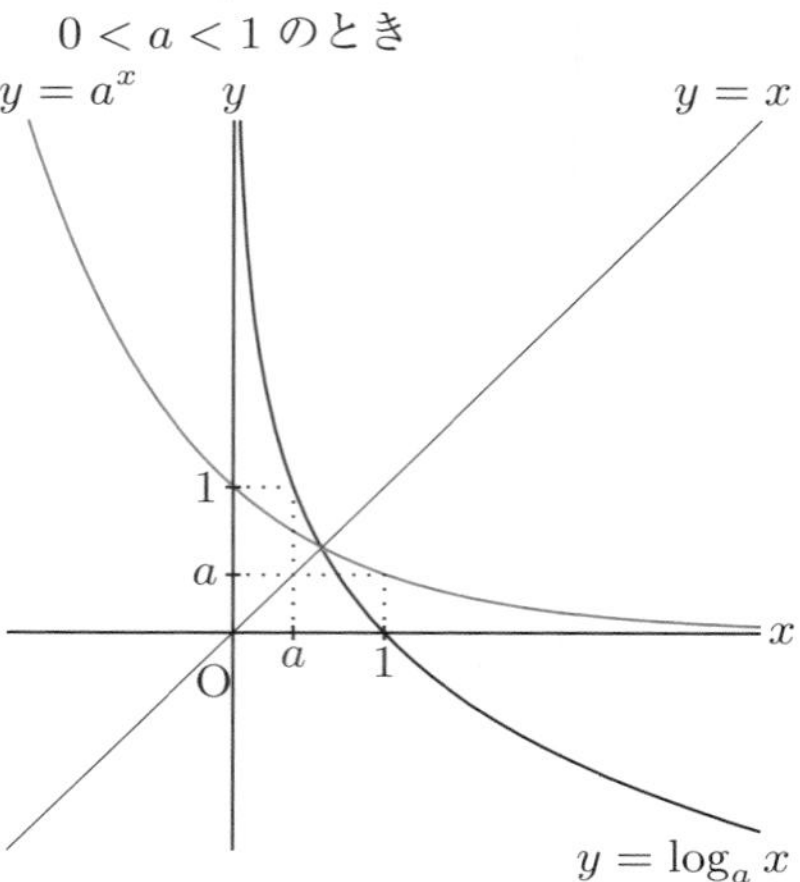

グラフからわかるように，対数関数には次のような性質がある．

●対数関数の性質

対数関数 $y=\log_a x$ $(a>0,\ a\neq 1)$ について

（Ｉ） 定義域は $x>0$ で，値域は実数全体である．

（II） $a>1$ のとき単調に増加し，$0<a<1$ のとき単調に減少する．

（III） グラフは，点 $(1,\ 0)$ および点 $(a,\ 1)$ を通る．

（IV） グラフは，y 軸を漸近線とする．

例 3 $y=\log_2 x$ のグラフは下の表より，図のようになる．

x	$\frac{1}{4}$	$\frac{1}{2}$	1	2	4	8
y	-2	-1	0	1	2	3

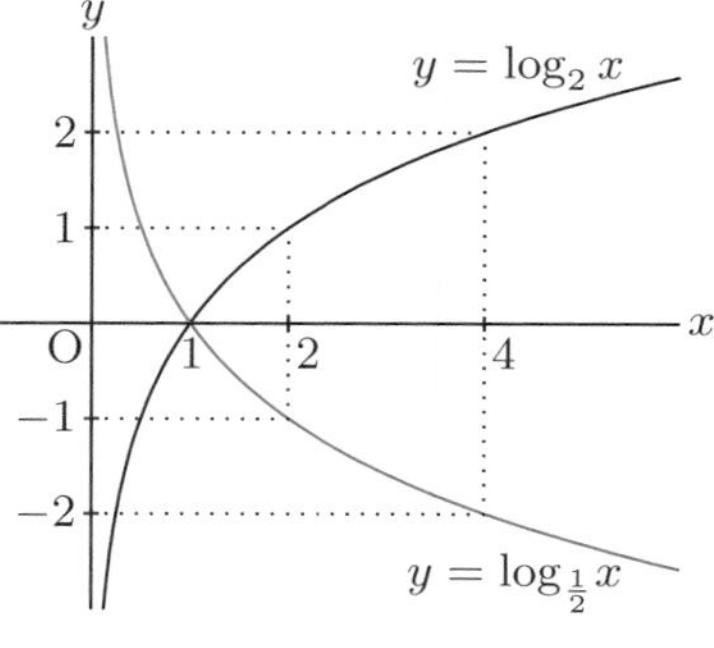

$y=\log_{\frac{1}{2}} x$ のグラフは

$$y=\log_{\frac{1}{2}} x=\frac{\log_2 x}{\log_2 \frac{1}{2}}=-\log_2 x$$

であることから，$y=\log_2 x$ のグラフと x 軸に関して対称になる．

問・8 次の関数のグラフをかけ.

(1) $y=\log_4 x$　(2) $y=\log_2(x-1)$　(3) $y=\log_3(-x)$

例題 3 $0.5<x\leqq 4$ を定義域とする関数 $y=\log_2 x$ の値域を求めよ.

解 $0.5=2^{-1}$, $4=2^2$ だから

$2^{-1}<x\leqq 2^2$

$y=\log_2 x$ は単調に増加するから

$\log_2 2^{-1}<\log_2 x\leqq\log_2 2^2$

$\therefore\quad -1<y\leqq 2$

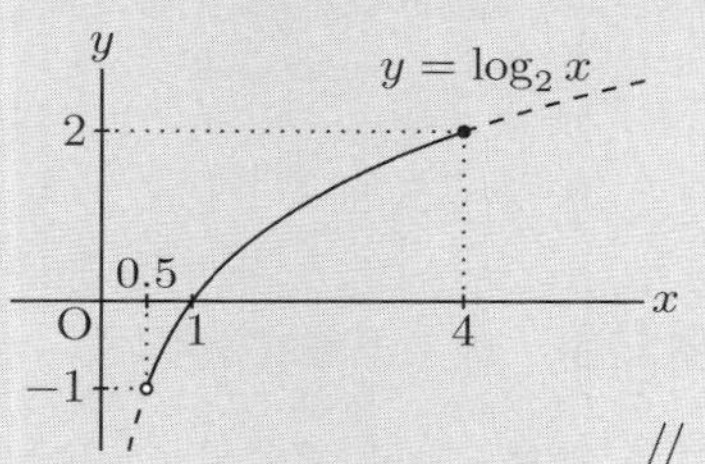

//

4章 指数関数と対数関数

問・9 次の関数の（　）内の定義域に対する値域を求めよ.

(1) $y=\log_3 x\ \left(\dfrac{1}{81}<x<\sqrt{27}\right)$　(2) $y=\log_{0.5}x\ (0.125<x\leqq 0.25)$

問・10 次の数の大小を比べよ.

(1) $\log_4 0.25$, $\log_4 2$, $\log_4 5$　(2) $\log_{\frac{1}{3}} 3$, $\log_{\frac{1}{3}}\dfrac{1}{9}$, $\log_{\frac{1}{3}}\sqrt{3}$

例題 4 次の方程式を解け.

$$\log_2 x+\log_2(x+2)=3$$

解 真数は正だから　$x>0$ かつ $x+2>0$　$\therefore\quad x>0$

方程式は $\log_2 x(x+2)=3$ と変形できるから

対数の定義より　$x(x+2)=2^3=8$

よって　$x^2+2x-8=0$　$\therefore\quad x=2,\ -4$

$x>0$ だから, 求める解は　$x=2$　//

●**注**…真数が正であるという条件を**真数条件**という.

問・11 次の方程式を解け.

(1) $\log_3 x-\log_3(x-1)=2$　(2) $\log_4(x+2)+\log_4(x-1)=1$

例題 5　不等式 $\log_2(2x-1) \leqq -2$ を解け.

解　真数条件より　$2x-1>0$　　$\therefore\ \ x>\dfrac{1}{2}$　　①

与式は $\log_2(2x-1) \leqq \log_2 2^{-2}$ と表され，$\log_2 x$ は単調に増加するから

$2x-1 \leqq 2^{-2}$　　$\therefore\ \ x \leqq \dfrac{5}{8}$　　②

①, ② から，求める解は　$\dfrac{1}{2} < x \leqq \dfrac{5}{8}$　　//

問・12　次の不等式を解け.

(1)　$\log_3(2x+1) \geqq 2$　　　(2)　$\log_3(2x+1) \leqq 2$

2 3　常用対数

10 を底とする対数を**常用対数**という．巻末の対数表は，1.00 から 9.99 までの数の常用対数の値を示したものである．表の一番左の列が真数の小数第 1 位までの値，一番上の行が小数第 2 位の値である．例えば，$\log_{10} 2.01$ の値は，2.0 と 1 のそれぞれの欄が交わった位置にある値 0.3032 である．

数	0	1	2
⋮	⋮	⋮	⋮
1.9	.2788	.2810	.2833
2.0	.3010	.3032	.3054
2.1	.3222	.3243	.3263
⋮	⋮	⋮	⋮

例 4　$\log_{10} 2 = 0.3010,\quad \log_{10} 3 = 0.4771$

$$\log_{10} 120 = \log_{10}(1.2 \times 10^2) = \log_{10} 1.2 + \log_{10} 10^2$$
$$= 0.0792 + 2 = 2.0792$$

●**注**……対数の値は一般には無理数であり，対数表には小数第 5 位を四捨五入した値が記載されている．このような値を**近似値**という．

例題 6　$\log_{10} 5$，$\log_2 5$ の値を求めよ．ただし $\log_{10} 2 = 0.3010$ とする.

解　$\log_{10} 5 = \log_{10} \dfrac{10}{2} = \log_{10} 10 - \log_{10} 2 = 1 - 0.3010 = 0.6990$

$\log_2 5 = \dfrac{\log_{10} 5}{\log_{10} 2} = \dfrac{0.6990}{0.3010} = 2.322$　　//

問・13 $\log_{10} 2 = 0.3010$, $\log_{10} 3 = 0.4771$ とするとき，次の値を求めよ．

(1) $\log_{10} 6$ (2) $\log_{10} 1.5$ (3) $\log_5 9$

例題 7 $10^n \leqq 1.31^{1000}$ を満たす最大の整数 n を求めよ．

解 対数関数 $y = \log_{10} x$ は単調に増加することに注意する．
与えられた不等式の両辺の常用対数をとると

$$n \leqq \log_{10} 1.31^{1000}$$

対数表より，$\log_{10} 1.31 = 0.1173$ だから

$$\log_{10} 1.31^{1000} = 1000 \log_{10} 1.31 = 1000 \times 0.1173 = 117.3$$

したがって $n \leqq 117.3$

n はこの不等式を満たす最大の整数だから

$$n = 117$$ //

例題 8 $10^{-n} \geqq \dfrac{1}{4^{200}}$ を満たす最大の整数 n を求めよ．

解 与えられた不等式の両辺の常用対数をとると

$$-n \geqq -200 \log_{10} 4$$

これから

$$n \leqq 200 \log_{10} 4$$

対数表より，$\log_{10} 4 = 0.6021$ だから

$$n \leqq 120.42$$

よって，求める整数 n は

$$n = 120$$ //

●**注**……例題 7 および 8 の結果から，1.31^{1000} は $10^{117} < 1.31^{1000} < 10^{118}$，$\dfrac{1}{4^{200}}$ は $10^{-121} < \dfrac{1}{4^{200}} < 10^{-120}$ を満たす数であることがわかる．

問・14 次の不等式を満たす最大の整数 n を求めよ.

(1) $10^n \leqq 1.1^{200}$　　(2) $10^n \leqq 1.2^{200}$

問・15 $10^{-n} \geqq \dfrac{1}{3^{100}}$ を満たす最大の整数 n を求めよ.

例題 9 ある種のバクテリアは，毎時間一定の割合で増加して，5 時間後に 2 倍になる．次の問いに答えよ．

(1) 1 時間後に何倍になるか.

(2) 何時間後にはじめて最初の量の 10 倍以上となるか.

解 (1) 1 時間ごとに前の時間の r 倍になるとすると

$r^5 = 2$ より　$r = 2^{\frac{1}{5}}$

したがって　$2^{\frac{1}{5}}$ 倍　（およそ 1.15 倍）

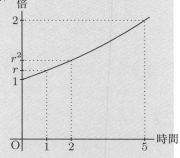

(2) n 時間後に最初の量の 10 倍以上になるとすると

$$r^n \geqq 10$$

すなわち　$2^{\frac{n}{5}} \geqq 10$

両辺の常用対数をとって

$$\log_{10} 2^{\frac{n}{5}} \geqq \log_{10} 10 = 1$$

$$\frac{n}{5} \log_{10} 2 \geqq 1$$

$$\therefore\quad n \geqq \frac{5}{\log_{10} 2} = \frac{5}{0.3010} = 16.6\cdots$$

よって，はじめて 10 倍以上になるのは 17 時間後である．　//

問・16 ある種のバクテリアは，毎時間一定の割合で増加して，6 時間後に 3 倍になる．何時間後にはじめて最初の量の 10 倍以上となるか.

問・17 ある銀行に普通預金すると，1 年間で利息が 3% つくという．何年経てば，預金が 1.5 倍以上になるか.

指数関数と対数関数

指数関数 $y = a^x$ $(a > 1)$ は，x が増えるにつれて急激に増加する．例えば $y = 2^x$ の場合，$2^{10} = 1024$ だから，その増加はかなり激しいことがわかる．これに対して，対数関数 $y = \log_a x$ $(a > 1)$ は緩やかに増加する．例えば $y = \log_2 x$ では，$\log_2 1024 = 10$ だから，その増加は，かなりゆっくりとしている．

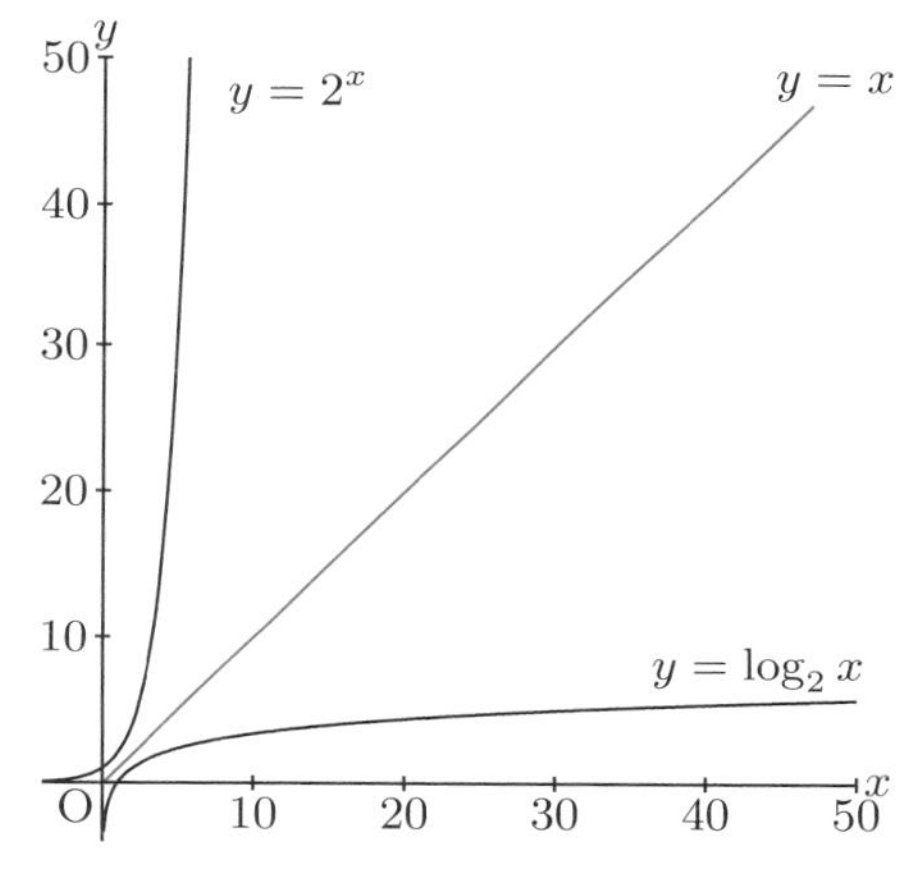

$y = 2^x$ の両辺の対数をとると

$$\log_2 y = \log_2(2^x) = x$$

したがって，急激に増加する関数の値の対数をとることで，その増加を抑えることができる．

地震の規模に対する地震の発するエネルギーや時間に対する癌細胞の個数，水溶液に含まれる水素イオン濃度など自然現象から得られた数値は指数関数のように急激に増加する傾向にある．そこで，これらの数値の対数をとることにより，大きさが緩やかに変化するようにしている．

例えば，水溶液が酸性になるかアルカリ性になるかは，水溶液中に含まれる水素イオン濃度によって決められるが，最も強い酸性の水素イオン濃度を 1 とすると，最も強いアルカリ性については 10^{-14} となってしまうため，膨大な数の差となる．pH は，水素イオン濃度を x とするとき，対数を用いて $-\log_{10} x$ と定義され，最も強い酸性の 0 から最も強いアルカリ性の 14 までの値になる．このことは，pH の値が 1 大きくなると，水素イオン濃度は $\dfrac{1}{10}$ になることを意味している．

また，地震の規模を表すマグニチュード M と地震の発するエネルギー

E (ジュール) とは $\log_{10} E = 4.8 + 1.5M$ という関係にある．マグニチュードが 2 上がると，地震のエネルギーは 1000 倍される．阪神・淡路大震災（1995 年 1 月 17 日）や熊本地震（2016 年 4 月 16 日）などの大地震はマグニチュード 7 程度であったが，2011 年 3 月 11 日に起きた東日本大震災ではマグニチュードが 9 程度もある大地震であった．マグニチュードでは 2 しか変わらないが，通常の大地震のエネルギーよりも 1000 倍も大きいことになる．

練習問題 2・A

1. 次の等式を満たす x の値を求めよ.

(1) $\log_3 x = 3$　　(2) $\log_{\frac{1}{3}} x = -1$

(3) $\log_8 x = \dfrac{2}{3}$　　(4) $\log_x 16 = 4$

(5) $\log_x \sqrt[4]{4} = \dfrac{1}{2}$　　(6) $\log_{\sqrt{3}} \dfrac{1}{27} = x$

2. 次の式を簡単にせよ.

(1) $\log_2 10 + \log_2 20 - 2\log_2 5$　　(2) $\dfrac{1}{2}\log_6 \dfrac{4}{9} + \log_6 \dfrac{1}{4}$

(3) $(\log_3 25)\cdot(\log_4 9)\cdot(\log_5 8)$

3. $\log_2 3 = m$ のとき, $\log_6 9$ を m で表せ.

4. 次の数を大きいものから順に並べよ.

(1) $\log_3 4,\ 2,\ \log_3 \sqrt{45},\ \dfrac{1}{2}\log_3 50$

(2) $\log_{0.5} \sqrt{3},\ \log_{0.5} \sqrt[3]{2},\ \log_{0.5} \sqrt[6]{6}$

5. 次の関数のグラフをかけ.

(1) $y = \log_2(x+2)$　　(2) $y = -\log_3 x$

(3) $y = \log_2(2-x)$

6. 次の方程式を解け.

$$\log_4(x-1) + \log_4(x-3) = \log_4(13-x)$$

7. 次の不等式を解け.

(1) $\log_4(1-3x) \geqq 2$　　(2) $\log_4(1-3x) \leqq 2$

8. 光がある種のガラス板を 1 枚透過するごとに, その明るさが 9% 失われるという. このガラス板を何枚重ねると, 透過した光の明るさがはじめの 4 割以下になるか.

4 章 指数関数と対数関数

練習問題 2・B

1. 次の式を簡単にせよ.

(1) $3\log_6 \dfrac{2}{5} + \log_6 \dfrac{5}{3} - 2\log_6 \dfrac{2}{15}$

(2) $(\log_2 5)\cdot(\log_9 4)\cdot(\log_{25} 3)$

(3) $(\log_3 4 + \log_9 4)\cdot \log_2 9$

2. 次の方程式を解け.

(1) $\log_2(x^2+3x+2) - \log_2(x+2) = 3$

(2) $\log_2(x^2-2x) = \log_2(x-1)+1$

(3) $(\log_2 x)^2 + 2\log_2 x - 3 = 0$

3. $a>0$, $a \fallingdotseq 1$ とする. $a^X = \dfrac{3}{4}$, $a^Y = \dfrac{9}{2}$ のとき, $\log_a 2$ を X, Y で表せ.

4. $3^x = 2^y$, $x \fallingdotseq 0$, $y \fallingdotseq 0$ のとき, y を x で表せ.

5. 次の不等式を解け.

(1) $\log_4(\log_2 x) < 1$

(2) $\log_{0.5}(3+x) > \log_{0.5}(3-x)$

6. 次の関数のグラフをかけ.

(1) $y = \log_2 2x$

(2) $y = \log_2 |x|$

7. a, b は実数で, $0 < a < b < 1$ とする. $\log_a b + \log_b a = \dfrac{8}{3}$ のとき, $\log_a b - \log_b a$ の値を求めよ.

5章 三角関数

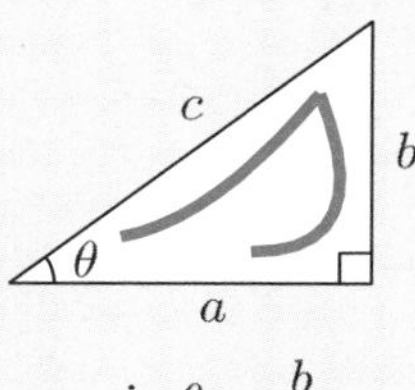

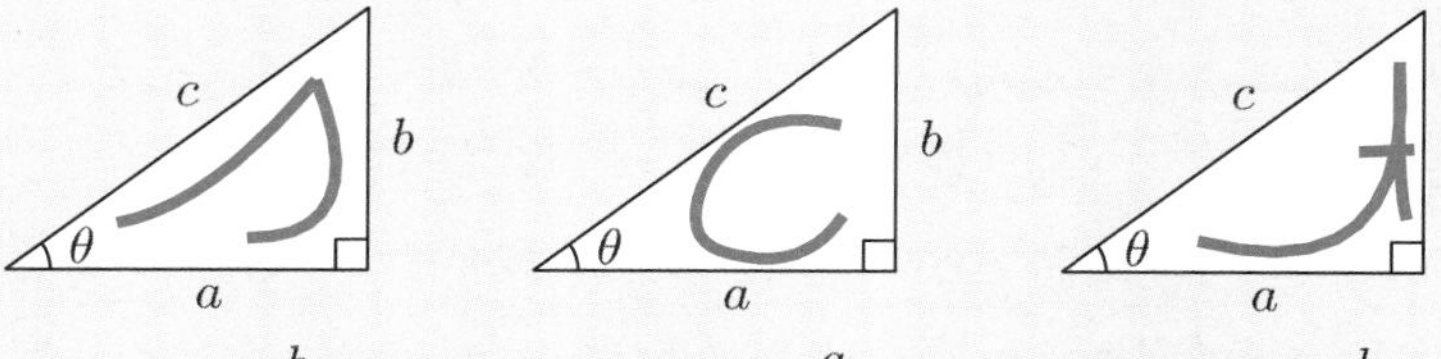

$$\sin\theta = \frac{b}{c}$$

$$\cos\theta = \frac{a}{c}$$

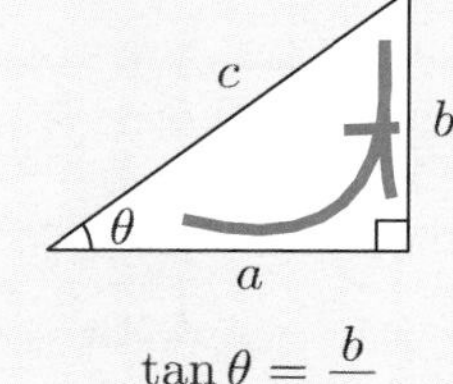

$$\tan\theta = \frac{b}{a}$$

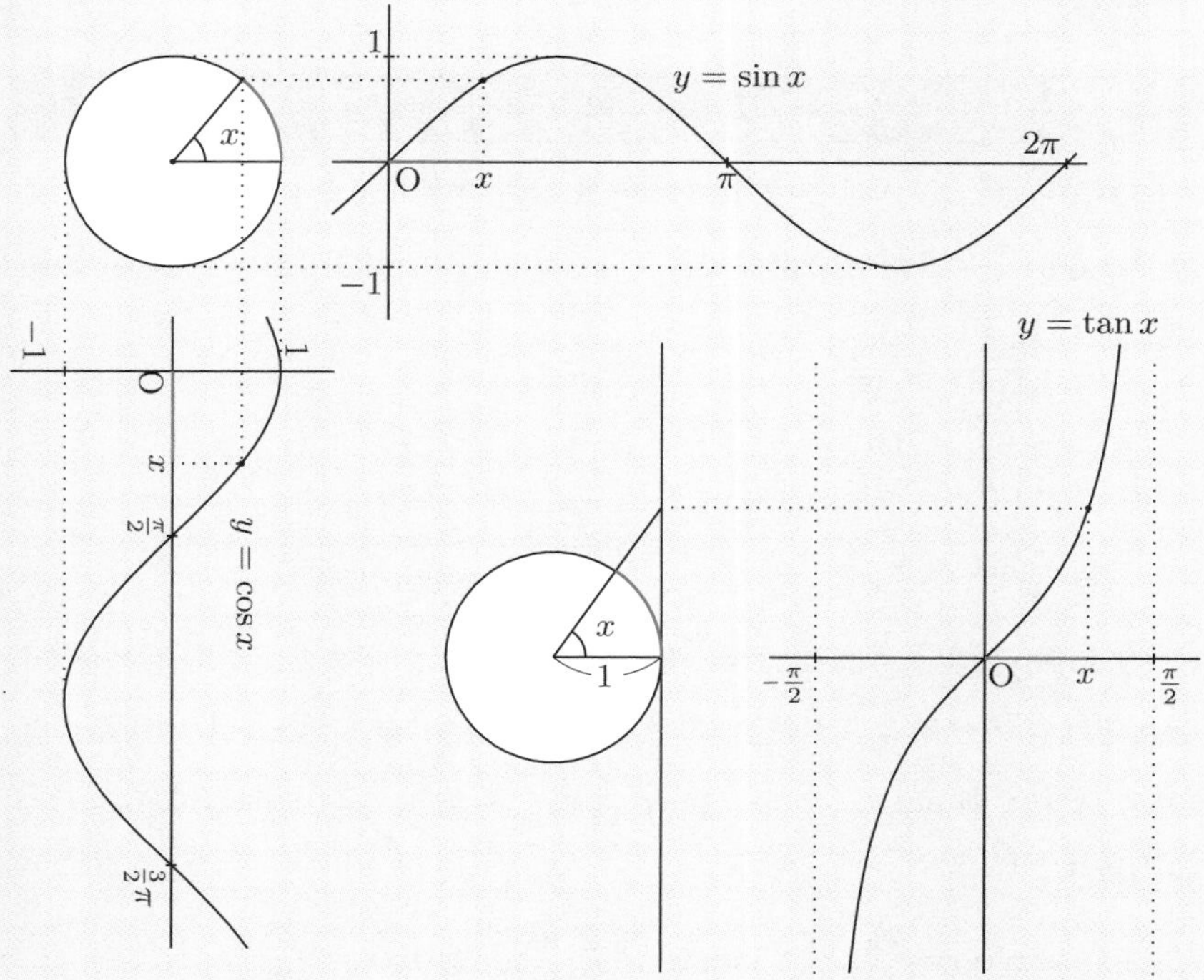

$y = \sin x$

$y = \cos x$

$y = \tan x$

●この章を学ぶために

まず，三角比は，直角三角形において直角以外の1つの角に2辺の比を対応させるものとして定められる．角から実数への対応だから，角の関数となるが，さらに，より一般の角の関数すなわち三角関数に拡張される．

三角関数は，数学や工学など，数学を応用する分野で広く用いられる．いろいろな関数のうちで，使用頻度が最も高いものの1つといってよい．しかし，三角関数には多くの性質があり，これらの性質にも習熟している必要がある．本章では，三角関数の意味と性質について学習する．

1 三角比とその応用

1 1 鋭角の三角比

図のように $\angle \mathrm{XOY} = \alpha$ が鋭角のとき，辺 OY 上の点 P から辺 OX に垂線 PQ を引く．三角形の相似条件より，直角三角形 OPQ の2辺の比の値

$$\frac{\text{高さ}}{\text{斜辺}} = \frac{\mathrm{PQ}}{\mathrm{OP}}$$

$$\frac{\text{底辺}}{\text{斜辺}} = \frac{\mathrm{OQ}}{\mathrm{OP}}$$

$$\frac{\text{高さ}}{\text{底辺}} = \frac{\mathrm{PQ}}{\mathrm{OQ}}$$

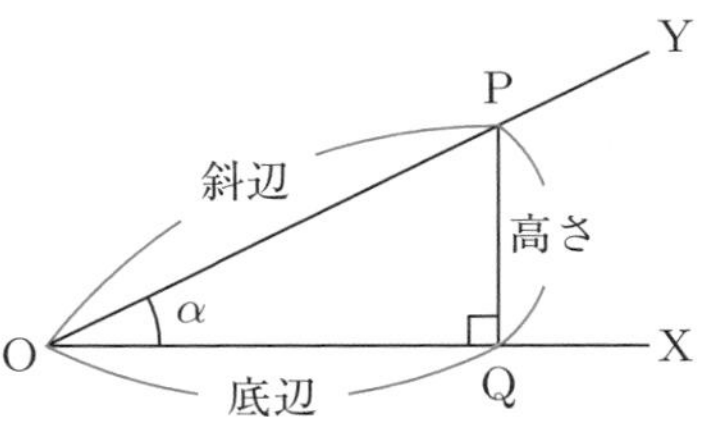

は，△OPQ の大きさによらず，角 α だけによって定まる．これらの値を，それぞれ α の**サイン**（正弦），**コサイン**（余弦），**タンジェント**（正接）といい，それぞれ $\sin\alpha$，$\cos\alpha$，$\tan\alpha$ と書く．また，これらをまとめて角 α の**三角比**という．

$$\sin\alpha = \frac{\text{高さ}}{\text{斜辺}}, \quad \cos\alpha = \frac{\text{底辺}}{\text{斜辺}}, \quad \tan\alpha = \frac{\text{高さ}}{\text{底辺}}$$

例 1　下図の 2 つの直角三角形について，三角比は一致する．

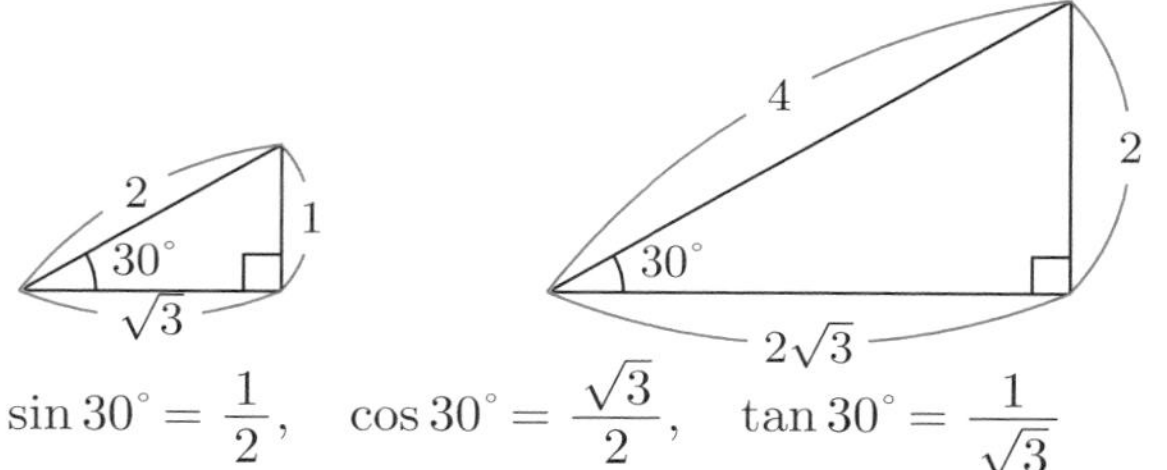

$$\sin 30^\circ = \frac{1}{2},\quad \cos 30^\circ = \frac{\sqrt{3}}{2},\quad \tan 30^\circ = \frac{1}{\sqrt{3}}$$

例題 1　△ABC において，AB ＝ 5，BC ＝ 3，∠A ＝ α，∠B ＝ 90° のとき，α の三角比を求めよ．

解　AC ＝ x とおくと，三平方の定理より　$x = \sqrt{5^2 + 3^2} = \sqrt{34}$

よって　$\sin\alpha = \dfrac{\mathrm{BC}}{\mathrm{AC}} = \dfrac{3}{\sqrt{34}}$

$\cos\alpha = \dfrac{\mathrm{AB}}{\mathrm{AC}} = \dfrac{5}{\sqrt{34}}$

$\tan\alpha = \dfrac{\mathrm{BC}}{\mathrm{AB}} = \dfrac{3}{5}$　　//

問・1　次の直角三角形について，α の三角比を求めよ．

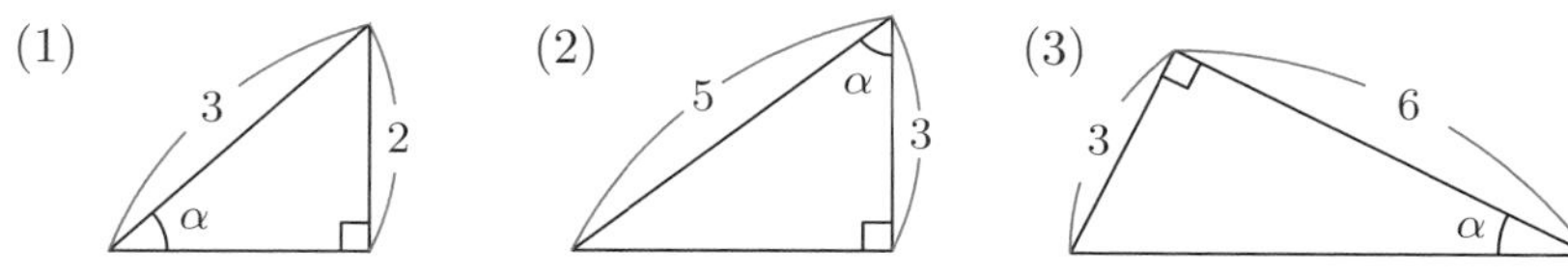

問・2　図の直角三角形を用いて，30°，45°，60° の三角比を求めよ．

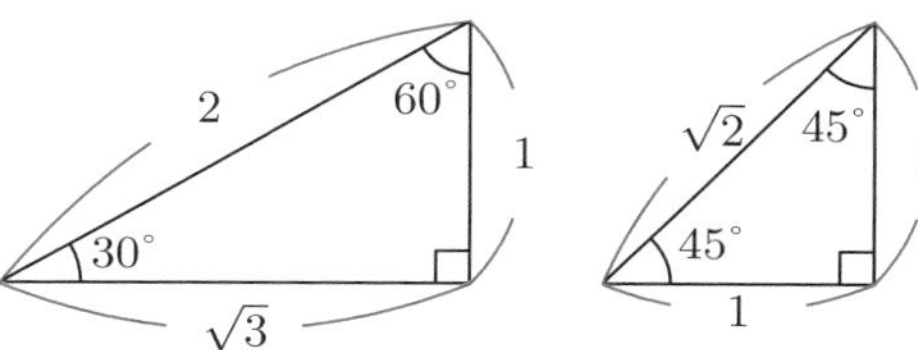

0° から 90° までの三角比の値（近似値）を巻末の三角関数表に示す．

例 2　$\cos 53^\circ$ の値は，cos と 53° の欄が交わった位置にある数 0.6018 である．

角	sin	cos	tan
⋮	⋮	⋮	⋮
52°	0.7880	0.6157	1.2799
53°	0.7986	0.6018	1.3270
54°	0.8090	0.5878	1.3764
⋮	⋮	⋮	⋮

問・3　巻末の三角関数表を用いて，次の三角比を求めよ．

(1)　$\sin 36^\circ$　(2)　$\cos 20^\circ$　(3)　$\tan 55^\circ$

例題 2　図のように根元から 30 m 離れた地点では，木の先端を見上げる角が 24° で，地面から観測者の目までの高さが 1.5 m であった．このとき，木の高さを求めよ．

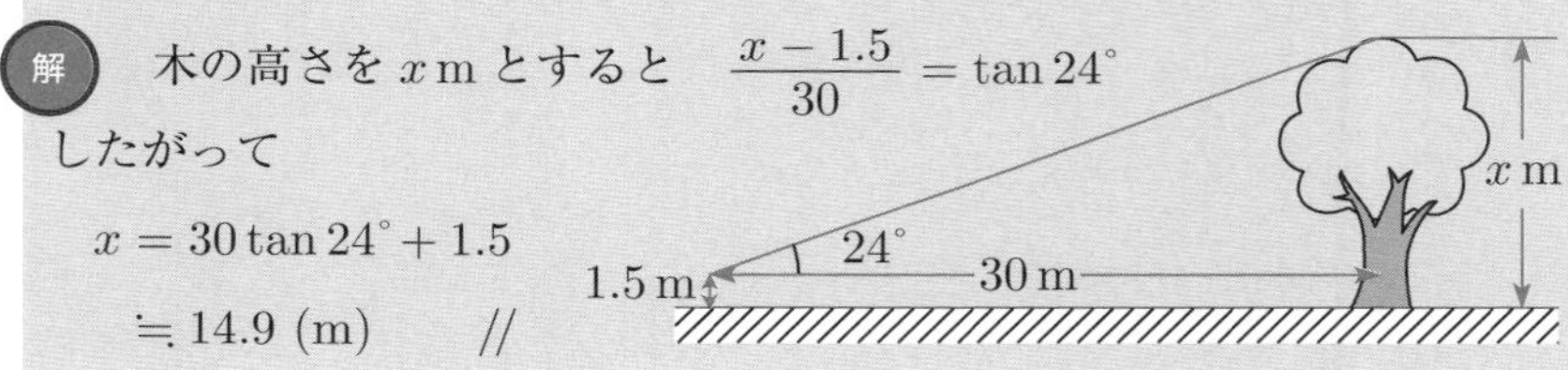

解　木の高さを x m とすると　$\dfrac{x-1.5}{30}=\tan 24^\circ$

したがって

$x=30\tan 24^\circ+1.5$

$\fallingdotseq 14.9$ (m)　//

問・4　傾斜 8° の坂道を図のように A 点から B 点まで 200 m 進むとき，水平方向に何 m 進むか．また，垂直方向には何 m 上がることになるか．

図の直角三角形 ABC において，$\angle A=\alpha$, $\angle B=\beta$ とおくと，$\alpha+\beta=90^\circ$ である．

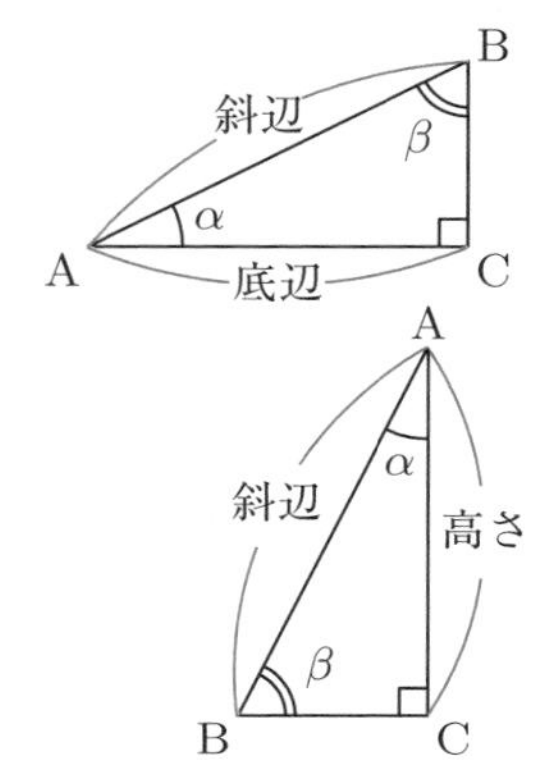

2 つの角の和が 90° のとき，1 つの角を他の角の**余角**という．三角比の定義より

$$\sin\beta=\frac{AC}{AB}=\cos\alpha$$

同様に　$\cos\beta=\sin\alpha$, $\tan\beta=\dfrac{1}{\tan\alpha}$

これから次の公式が得られる．

●余角の三角比

$\alpha+\beta=90^\circ$ のとき

$$\sin\beta=\cos\alpha,\quad \cos\beta=\sin\alpha,\quad \tan\beta=\frac{1}{\tan\alpha}$$

例 3　余角の三角比を用いると，45° より小さい三角比で表すことができる．例えば，60° の余角は 30° だから，$\cos 60^\circ=\sin 30^\circ=\dfrac{1}{2}$ である．また，70° の余角は 20° だから，$\tan 70^\circ=\dfrac{1}{\tan 20^\circ}$ となる．

問・5　次の三角比を 45° より小さい角の三角比で表せ．

(1)　$\sin 65^\circ$　　(2)　$\cos 54^\circ$　　(3)　$\tan 80^\circ$

1 2　鈍角の三角比

鋭角の三角比の考えを直角や鈍角の場合に拡げよう．

座標平面上で，原点 O を中心として半径 r の半円を考える．その周上に点 $\mathrm{P}(X,\ Y)$ をとり，線分 OP が x 軸の正の方向となす角を α とする．

α が鋭角である場合，三角比を点 P の座標 $(X,\ Y)$ と半径 r を用いて表すと，126 ページの定義から

$$\sin\alpha=\frac{\text{高さ}}{\text{斜辺}}=\frac{Y}{r}$$

$$\cos\alpha=\frac{\text{底辺}}{\text{斜辺}}=\frac{X}{r}$$

$$\tan\alpha=\frac{\text{高さ}}{\text{底辺}}=\frac{Y}{X}$$

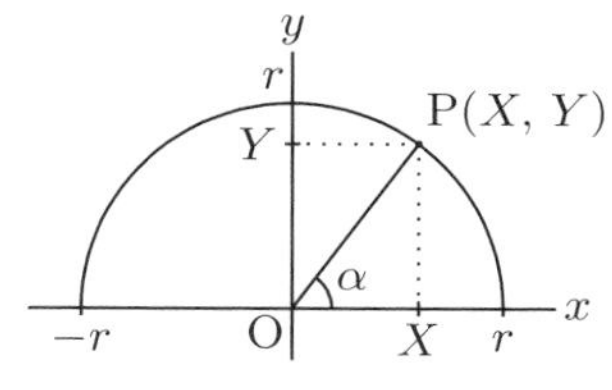

となる．これらの値は半径 r の大きさによらず，角 α だけで定まる．

α が鈍角の場合も点 P の座標 $(X,\ Y)$ と半径 r を用いて三角比を次のように定義する．

$$\sin\alpha=\frac{Y}{r}$$

$$\cos\alpha=\frac{X}{r}$$

$$\tan\alpha=\frac{Y}{X}$$

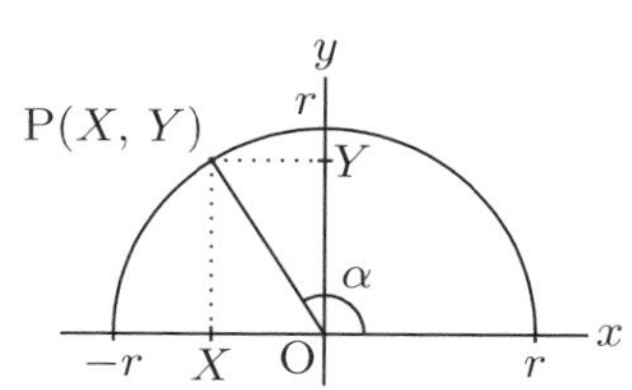

●三角比の定義

$$\sin\alpha = \frac{Y}{r},\quad \cos\alpha = \frac{X}{r},\quad \tan\alpha = \frac{Y}{X}$$

例題 3 135° の三角比を求めよ.

解　図のように半径 $\sqrt{2}$ の半円で考えると,
点 P の座標は $(-1,\ 1)$ である. したがって

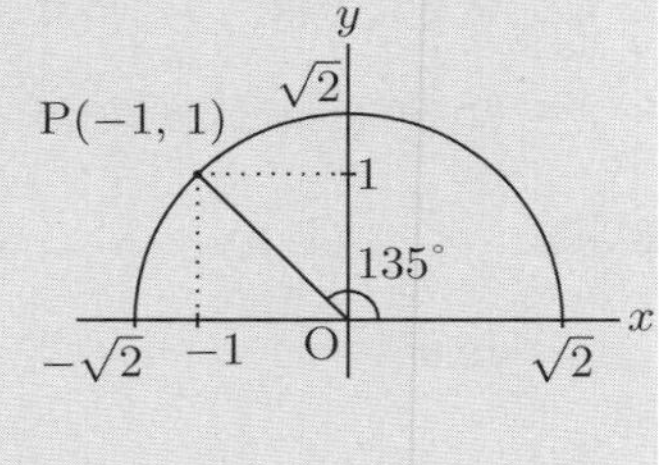

$$\sin 135^\circ = \frac{Y}{r} = \frac{1}{\sqrt{2}}$$

$$\cos 135^\circ = \frac{X}{r} = \frac{-1}{\sqrt{2}} = -\frac{1}{\sqrt{2}}$$

$$\tan 135^\circ = \frac{Y}{X} = \frac{1}{-1} = -1$$ //

●注…… α が鈍角のとき, $X < 0$, $Y > 0$ だから, 三角比は次のようになる.

$$\sin\alpha > 0,\quad \cos\alpha < 0,\quad \tan\alpha < 0$$

問・6 120°, 150° の三角比を求めよ.

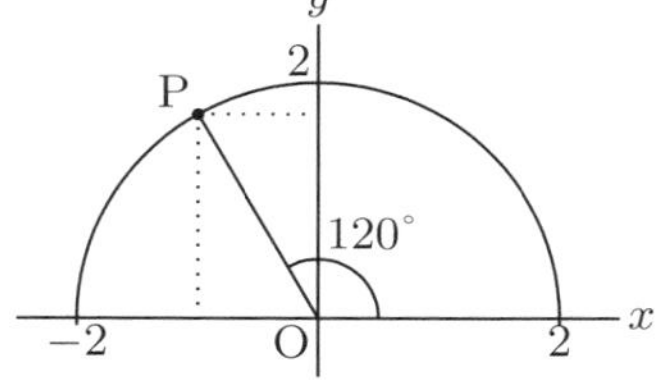

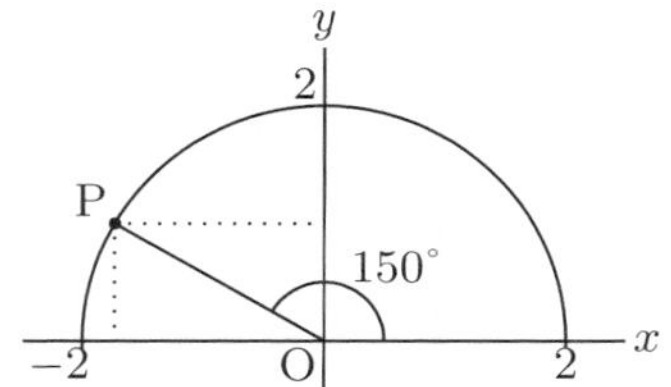

●注……原点を中心とする半径 1 の円を**単位円**という.

単位円で考えると

$$\sin\alpha = Y,\ \cos\alpha = X$$

すなわち, 点 P の座標は

$$(\cos\alpha,\ \sin\alpha)$$

となる.

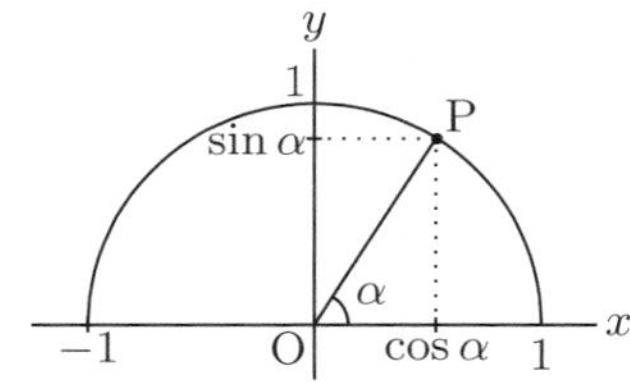

角 α が 0°, 90°, 180° の場合も，同様に三角比を定義することができる．

$\alpha=90^\circ$ のとき，点 P の座標が $(0,\ r)$ となるから

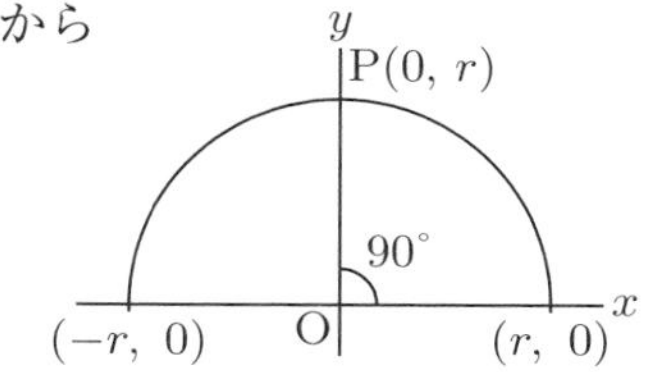

$$\sin 90^\circ=\frac{r}{r}=1$$

$$\cos 90^\circ=\frac{0}{r}=0$$

と定める．$\tan 90^\circ$ は定義されない．

同様に定めると，0° と 180° の三角比の値は次のようになる．

$$\sin 0^\circ=0,\quad \cos 0^\circ=1,\quad \tan 0^\circ=0$$

$$\sin 180^\circ=0,\quad \cos 180^\circ=-1,\quad \tan 180^\circ=0$$

右図の α, β のように 2 つの角の和が 180° のとき，1 つの角を他の角の**補角**という．

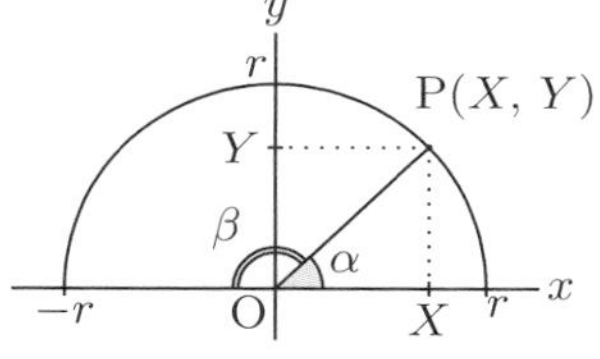

α が鋭角のとき，α と補角 β のそれぞれに対応する点 P, Q は図のように y 軸に関して対称な位置にある．P の座標を $(X,\ Y)$ とすると，Q の座標は $(-X,\ Y)$ だから

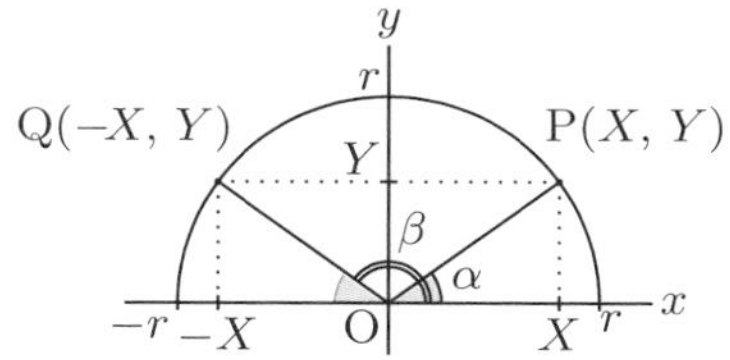

$$\sin\beta=\frac{Y}{r}=\sin\alpha$$

$$\cos\beta=\frac{-X}{r}=-\cos\alpha$$

$$\tan\beta=\frac{Y}{-X}=-\tan\alpha$$

α が鋭角でないときも同様な関係が成り立ち，次の公式が得られる．

●補角の三角比

$\alpha+\beta=180^\circ$ のとき

$$\sin\beta=\sin\alpha,\quad \cos\beta=-\cos\alpha,\quad \tan\beta=-\tan\alpha$$

例 4　補角を用いると，鈍角の三角比を鋭角の三角比で表すことができる．60° の補角は 120° だから　$\sin 120^\circ = \sin 60^\circ = \dfrac{\sqrt{3}}{2}$

22° の補角は 158° だから　$\tan 158^\circ = -\tan 22^\circ = -0.4040$

問・7　巻末の三角関数表を用いて，次の三角比を求めよ．

(1)　$\sin 160^\circ$　　(2)　$\cos 145^\circ$　　(3)　$\tan 123^\circ$

0° から 180° までの主な三角比の値をまとめると，次のようになる．

α	0°	30°	45°	60°	90°	120°	135°	150°	180°
$\sin\alpha$	0	$\dfrac{1}{2}$	$\dfrac{1}{\sqrt{2}}$	$\dfrac{\sqrt{3}}{2}$	1	$\dfrac{\sqrt{3}}{2}$	$\dfrac{1}{\sqrt{2}}$	$\dfrac{1}{2}$	0
$\cos\alpha$	1	$\dfrac{\sqrt{3}}{2}$	$\dfrac{1}{\sqrt{2}}$	$\dfrac{1}{2}$	0	$-\dfrac{1}{2}$	$-\dfrac{1}{\sqrt{2}}$	$-\dfrac{\sqrt{3}}{2}$	-1
$\tan\alpha$	0	$\dfrac{1}{\sqrt{3}}$	1	$\sqrt{3}$	╳	$-\sqrt{3}$	-1	$-\dfrac{1}{\sqrt{3}}$	0

単位円周上の点 $P(X,\ Y)$ に対して，x 軸の正の方向と OP のなす角を α とすると

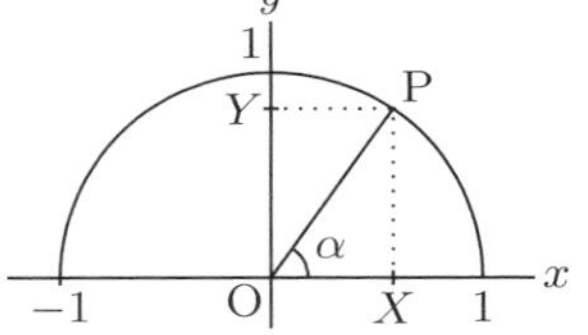

$$\cos\alpha = X,\quad \sin\alpha = Y,\quad \tan\alpha = \frac{Y}{X}$$

したがって，$\alpha \neq 90^\circ$ のとき，$X \neq 0$ だから

$$\tan\alpha = \frac{\sin\alpha}{\cos\alpha}$$

次に，三平方の定理より，$X^2 + Y^2 = 1$ だから　$(\cos\alpha)^2 + (\sin\alpha)^2 = 1$

また，この式を $(\cos\alpha)^2$ で割って　$1 + (\tan\alpha)^2 = \dfrac{1}{(\cos\alpha)^2}$

●**注**……以後，$(\sin\alpha)^2$，$(\sin\alpha)^3$ などを，それぞれ $\sin^2\alpha$，$\sin^3\alpha$ と書く．$\cos\alpha$，$\tan\alpha$ についても同様に書くことにする．

●三角比の相互関係

$$\tan\alpha = \frac{\sin\alpha}{\cos\alpha},\quad \cos^2\alpha + \sin^2\alpha = 1,\quad 1 + \tan^2\alpha = \frac{1}{\cos^2\alpha}$$

例題 4 α が鈍角で，$\sin\alpha = \dfrac{2}{3}$ のとき，$\cos\alpha$，$\tan\alpha$ の値を求めよ．

解 $\cos^2\alpha + \sin^2\alpha = 1$ より　$\cos^2\alpha = 1 - \sin^2\alpha = 1 - \left(\dfrac{2}{3}\right)^2 = \dfrac{5}{9}$

よって　$\cos\alpha = \pm\dfrac{\sqrt{5}}{3}$

α は鈍角で $\cos\alpha < 0$ だから　$\cos\alpha = -\dfrac{\sqrt{5}}{3}$

また　$\tan\alpha = \dfrac{\sin\alpha}{\cos\alpha} = \dfrac{2}{3} \div \left(-\dfrac{\sqrt{5}}{3}\right) = -\dfrac{2}{\sqrt{5}}$　//

別解 α は鈍角で，$\sin\alpha = \dfrac{2}{3}$ だから，図のように半径 3 の半円の周上に $X < 0$, $Y = 2$ である点 $\mathrm{P}(X,\ 2)$ をとる．三平方の定理から

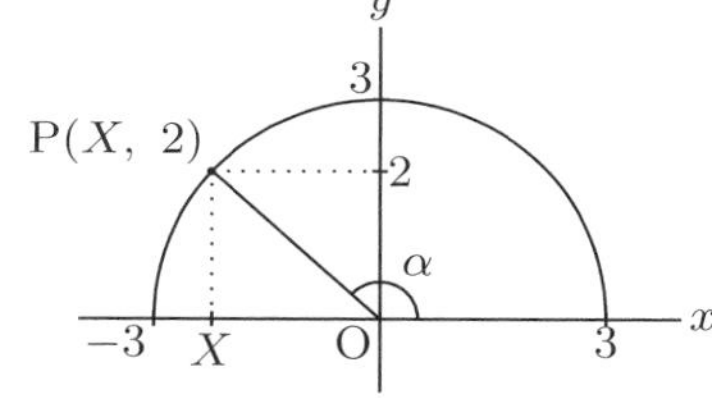

$$X^2 + 2^2 = 3^2,\quad X = \pm\sqrt{5}$$

$X < 0$ だから　$X = -\sqrt{5}$

よって　$\cos\alpha = \dfrac{X}{r} = -\dfrac{\sqrt{5}}{3}$，$\tan\alpha = \dfrac{Y}{X} = -\dfrac{2}{\sqrt{5}}$　//

問・8 α が鈍角で，$\sin\alpha = \dfrac{1}{3}$ のとき，$\cos\alpha$，$\tan\alpha$ の値を求めよ．

問・9 α が鈍角で，$\tan\alpha = -\dfrac{1}{2}$ のとき，$\cos\alpha$，$\sin\alpha$ の値を求めよ．

1 3 三角形への応用

正弦定理

$\triangle\mathrm{ABC}$ において，$\angle\mathrm{A}$, $\angle\mathrm{B}$, $\angle\mathrm{C}$ の大きさを，それぞれ A, B, C で表し，頂点 A, B, C の対辺の長さを，それぞれ a, b, c で表すことにする．

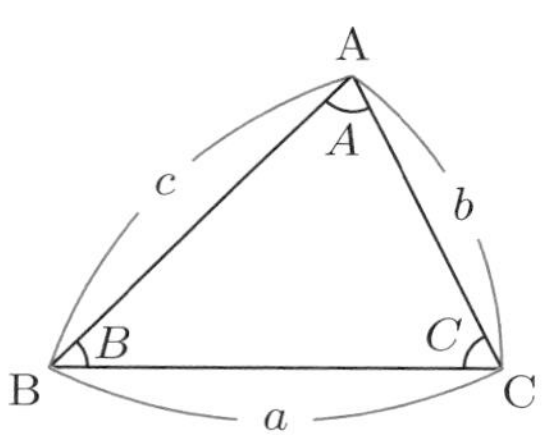

三角形の 3 頂点を通る円を**外接円**という．

三角形の3辺の長さと3つの内角の正弦について，次の定理が成り立つ．

●正弦定理

$\triangle$ABC の外接円の半径を R とするとき

$$\frac{a}{\sin A} = \frac{b}{\sin B} = \frac{c}{\sin C} = 2R$$

証明　ここでは A が鋭角の場合について証明する．

図のように直径 BA$'$ をとると

$A = A'$，$\angle \mathrm{A'CB} = 90^\circ$ より

$$\sin A = \sin A' = \frac{\mathrm{BC}}{\mathrm{BA'}} = \frac{a}{2R}$$

よって，$\dfrac{a}{\sin A} = 2R$ が成り立つ．

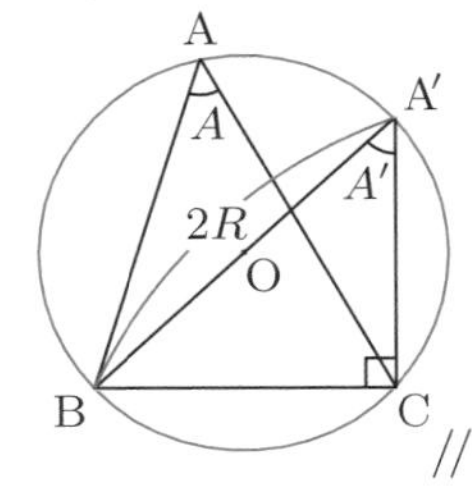

//

例題 5　$\triangle$ABC において，$a = 9$，$B = 45^\circ$，$C = 75^\circ$ のとき，外接円の半径 R と b を求めよ．

解　$A = 180^\circ - (45^\circ + 75^\circ) = 60^\circ$

正弦定理より　$\dfrac{9}{\sin 60^\circ} = \dfrac{b}{\sin 45^\circ} = 2R$

$$\frac{9}{\sin 60^\circ} = 9 \div \frac{\sqrt{3}}{2} = \frac{18}{\sqrt{3}} = 6\sqrt{3}$$

よって　$R = \dfrac{1}{2}\dfrac{9}{\sin 60^\circ} = 3\sqrt{3}$

$$b = \sin 45^\circ \frac{9}{\sin 60^\circ} = \frac{\sqrt{2}}{2} \cdot 6\sqrt{3} = 3\sqrt{6}$$

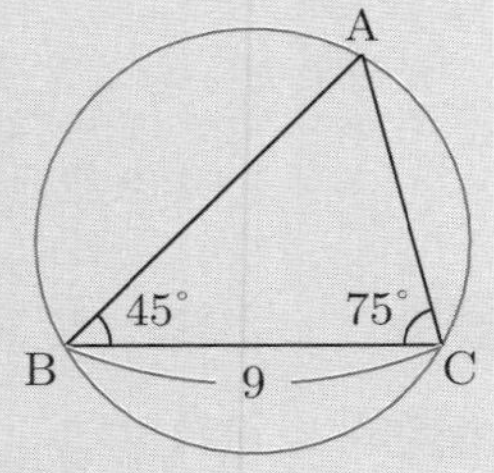

//

問・10　$\triangle$ABC は $A = 120^\circ$ の二等辺三角形で，外接円の半径は3である．このとき，a，b を求めよ．

問・11　図の $\triangle$ABC で，AB $= 20$，$A = 52^\circ$，$B = 70^\circ$ のとき，C から AB に垂線 CH を引く．三角関数表を用いて，AC, CH を求めよ．

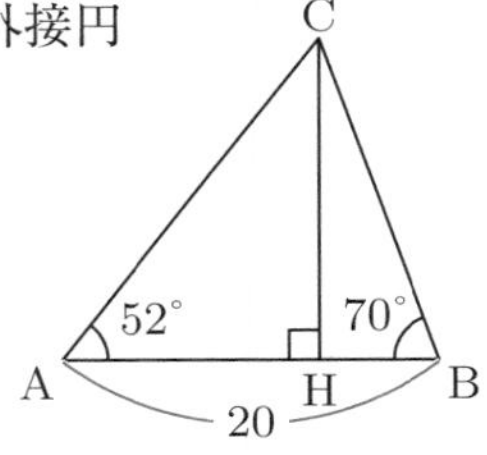

▶▶余弦定理

3 辺の長さと内角の余弦との関係を調べよう．

△ABC において，A, B がともに鋭角であるとする．頂点 C から辺 AB に垂線 CH を引くと

$$\mathrm{CH} = b\sin A, \quad \mathrm{AH} = b\cos A$$

△BCH は ∠BHC = 90° の直角三角形だから

$$\begin{aligned} a^2 &= \mathrm{CH}^2 + \mathrm{HB}^2 \\ &= (b\sin A)^2 + (c - b\cos A)^2 \\ &= b^2\sin^2 A + c^2 - 2bc\cos A + b^2\cos^2 A \\ &= b^2 + c^2 - 2bc\cos A \end{aligned}$$

A, B の一方が鈍角の場合も同様に考えることができる．よって

$$a^2 = b^2 + c^2 - 2bc\cos A$$

b^2, c^2 についても同様な等式が導かれ，次の**余弦定理**が得られる．

●余弦定理

$$a^2 = b^2 + c^2 - 2bc\cos A, \qquad b^2 = c^2 + a^2 - 2ca\cos B$$

$$c^2 = a^2 + b^2 - 2ab\cos C$$

例 5　△ABC において，$b = 3$, $c = 7$, $A = 60^\circ$ のとき，余弦定理より

$$a^2 = 3^2 + 7^2 - 2\cdot 3\cdot 7\cos 60^\circ = 37$$

したがって　$a = \sqrt{37}$

問・12▶　△ABC において，$a = 5$, $b = 4$, $C = 60^\circ$ のとき，c を求めよ．

余弦定理より次の等式が得られる．

$$\boldsymbol{\cos A = \frac{b^2 + c^2 - a^2}{2bc}, \quad \cos B = \frac{c^2 + a^2 - b^2}{2ca}}$$

$$\boldsymbol{\cos C = \frac{a^2 + b^2 - c^2}{2ab}}$$

例 6　△ABC において，$a = 4$, $b = 3$, $c = 2$ のとき，余弦定理より

$$\cos A = \frac{3^2 + 2^2 - 4^2}{2 \cdot 3 \cdot 2} = -\frac{1}{4}$$

これより $\cos A < 0$ だから，A は鈍角であることがわかる．

●**注**…… △ABC において，$a^2 > b^2 + c^2$ のとき，A は鈍角になる．同様に，$a^2 < b^2 + c^2$ のとき，A は鋭角になる．

問・13　△ABC において，$a = 3$, $b = 4$, $c = 6$ のとき，$\cos A$, $\cos B$, $\cos C$ を求めよ．

▶▶三角形の面積

三角形の面積を求める公式を導こう．

図のように，頂点 C から直線 AB に垂線 CH を引き，△ABC の面積を S とおく．

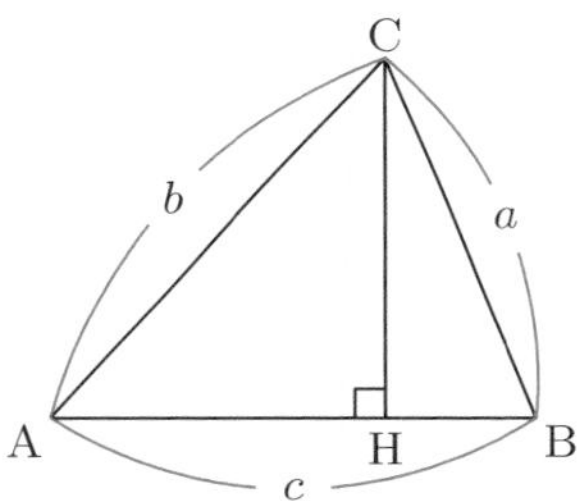

A が鋭角のとき，$\mathrm{CH} = b\sin A$ より

$$S = \frac{1}{2}c \cdot \mathrm{CH} = \frac{1}{2}bc\sin A$$

同様にして，三角形の面積を求める次の公式が得られる．

●三角形の面積

$$S = \frac{1}{2}bc\sin A = \frac{1}{2}ca\sin B = \frac{1}{2}ab\sin C$$

例 7　1 辺が a の正三角形の面積は

$$S = \frac{1}{2} \cdot a \cdot a \cdot \sin 60^\circ = \frac{1}{2}a^2 \cdot \frac{\sqrt{3}}{2} = \frac{\sqrt{3}}{4}a^2$$

問・14　次の三角形の面積を求めよ．

(1)　$a = 5$, $b = 4$, $C = 30^\circ$　　　(2)　$c = 3$, $a = 2\sqrt{3}$, $B = 120^\circ$

問・15　鋭角三角形 ABC において，$a = 10$, $b = 6$ で面積が $15\sqrt{2}$ のとき，C を求めよ．

例題 6 △ABC において，$a=5$，$b=6$，$c=7$ のとき，次の値を求めよ．

(1) $\cos A$　　(2) $\sin A$　　(3) 面積 S

解 (1) 余弦定理より

$$\cos A=\frac{b^2+c^2-a^2}{2bc}=\frac{6^2+7^2-5^2}{2\cdot6\cdot7}=\frac{5}{7}$$

(2) $\sin^2 A+\cos^2 A=1$，$\sin A>0$ より

$$\sin A=\sqrt{1-\cos^2 A}=\sqrt{1-\left(\frac{5}{7}\right)^2}=\frac{2\sqrt{6}}{7}$$

(3) $S=\dfrac{1}{2}bc\sin A=\dfrac{1}{2}\cdot6\cdot7\cdot\dfrac{2\sqrt{6}}{7}=6\sqrt{6}$　　//

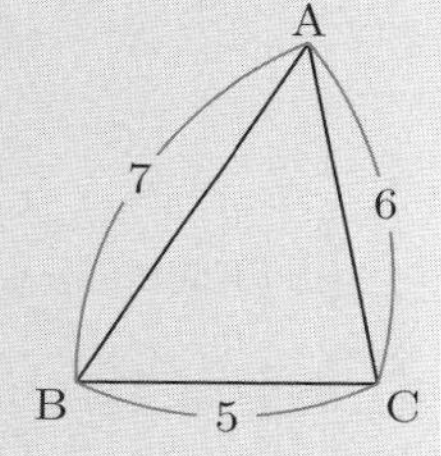

例題 6 と同様の計算をすると，次の**ヘロンの公式** が導かれる．

●ヘロンの公式

△ABC の面積 S は，$s=\dfrac{a+b+c}{2}$ とすると

$$S=\sqrt{s(s-a)(s-b)(s-c)}$$

ヘロンの公式を用いると，三角形の 3 辺の長さだけから面積を求めることができる．

例 8 △ABC において，$a=5$，$b=6$，$c=7$ のとき

$$s=\frac{5+6+7}{2}=9$$

したがって，面積 S は

$$S=\sqrt{9\,(9-5)\,(9-6)\,(9-7)}=\sqrt{9\cdot4\cdot3\cdot2}=6\sqrt{6}$$

問・16 3 地点 A, B, C の間の距離を測ったところ，次のようになった．

$$\mathrm{BC}=17\,\mathrm{m},\ \mathrm{CA}=25\,\mathrm{m},\ \mathrm{AB}=26\,\mathrm{m}$$

△ABC の面積 S を求めよ．

練習問題 1・A

1. 三角関数表を用いて，図の x, y を求めよ.

(1)

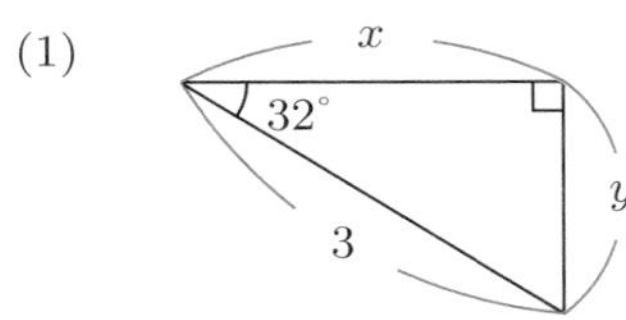

(2)

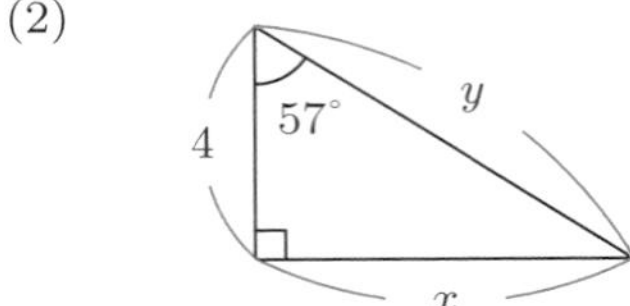

2. α は鈍角で $\sin\alpha = \dfrac{3}{5}$ のとき，$\dfrac{5\cos\alpha - 2}{8\tan\alpha + 5}$ の値を求めよ.

3. 次の等式を証明せよ.

(1) $\sin^4\theta - \cos^4\theta = 1 - 2\cos^2\theta$

(2) $\tan^2\theta + (1 - \tan^4\theta)\cos^2\theta = 1$

4. $\triangle$ABC について，次の問いに答えよ.

(1) $A = 85^\circ$, $B = 65^\circ$, $c = 5$ のとき，a, b を求めよ.

(2) $a = 4$, $b = 3$, $c = \sqrt{37}$ のとき，C を求めよ.

5. $\triangle$ABC において，等式 $\cos C = \dfrac{\sin A}{\sin B}$ が成り立つとき，次の問いに答えよ.

(1) 等式 $\cos C = \dfrac{\sin A}{\sin B}$ を a, b, c, R の関係式に直せ．ただし，R は $\triangle$ABC の外接円の半径とする.

(2) $\triangle$ABC はどんな三角形か.

6. 図の台形について，辺 AB の長さおよび面積 S を求めよ.

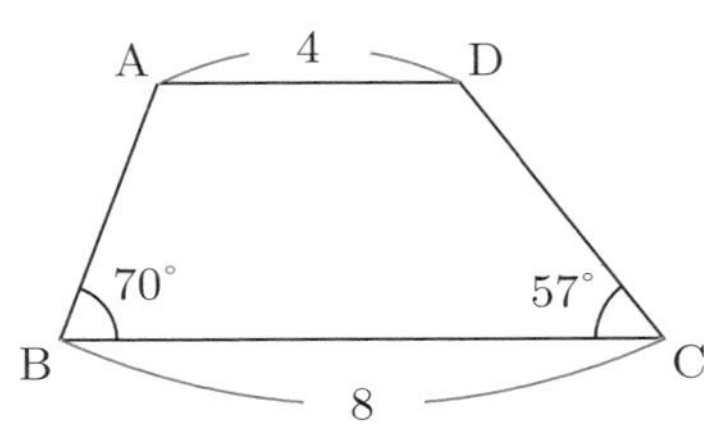

練習問題 1・B

1. 図のような頂角 A が 36°, 辺 AB が長さ 1 である二等辺三角形 ABC を考える. 点 D は ∠B の二等分線と辺 AC との交点とする.

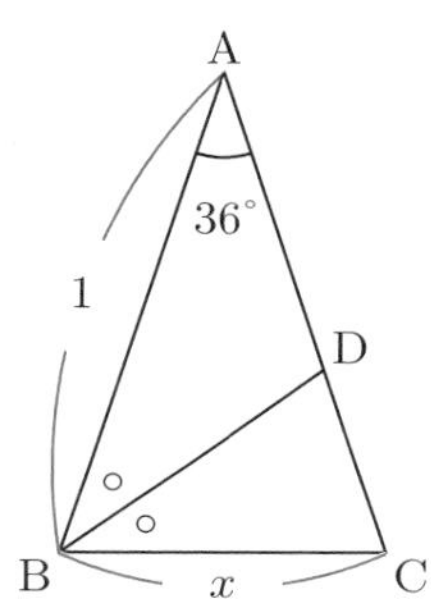

(1) $\mathrm{BC} = x$ とおくとき, x の値を求めよ.

(2) $\sin 18^\circ$ を求めよ.

2. α は鈍角で $\sin\alpha = \dfrac{2}{5}$ のとき, $\sin(\alpha - 90^\circ)$ の値を求めよ.

3. △ABC において, 次の等式を証明せよ.

$$(b-c)\sin A + (c-a)\sin B + (a-b)\sin C = 0$$

4. △ABC が, $a\cos A + b\cos B = c\cos C$ を満たすとき, どんな三角形か.

5. 観測者の目の高さが 1.6m のとき, ある木の先端 P を見上げて水平からの角度を測ったら 27° であり, さらに点 A から木に向かって 10m 進んで測ったら 30° であったという. この木の高さを求めよ.

6. △ABC の面積を S とすると, 次の式が成り立つことを証明せよ.

$$S = \frac{a^2 \sin B \sin C}{2\sin(B+C)}$$

7. ヘロンの公式を, 次の手順にしたがって証明せよ.

(1) $\sin A = \dfrac{\sqrt{(b+c+a)(b+c-a)(a+b-c)(a-b+c)}}{2bc}$ を証明せよ.

(2) △ABC の面積を S とし, $s = \dfrac{a+b+c}{2}$ とおくとき, 次の公式が成り立つことを証明せよ.

$$S = \sqrt{s(s-a)(s-b)(s-c)}$$

2 三角関数

2 1 一般角と三角関数

平面上で，半直線 OP が点 O を中心として回転するとき，この半直線を**動径**といい，動径のはじめの位置 OX を**始線**という．

点 O のまわりの回転には 2 つの向きがあり，時計の針と反対向きの回転を**正の向き**，同じ向きの回転を**負の向き**という．

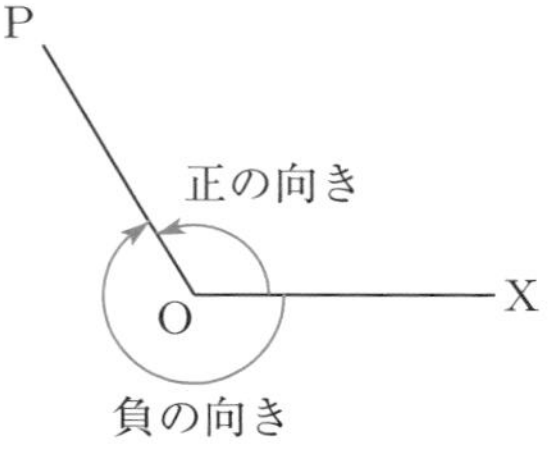

動径 OP の回転の量に，正の向きの回転ならば正の符号を，負の向きの回転ならば負の符号をつけて表し，それを**動径 OP の表す角**という．

動径 OP が 1 回転するたびに，回転の量は 360° ずつ変わるから，動径 OP の位置が決まったとしても，動径 OP の表す角は 1 通りには定まらない．

例えば，図のように角 α をとったとき

$$\alpha + 360^\circ,\ \alpha + 360^\circ \times 2,\ \alpha - 360^\circ \times 2$$

などの動径はすべて一致する．

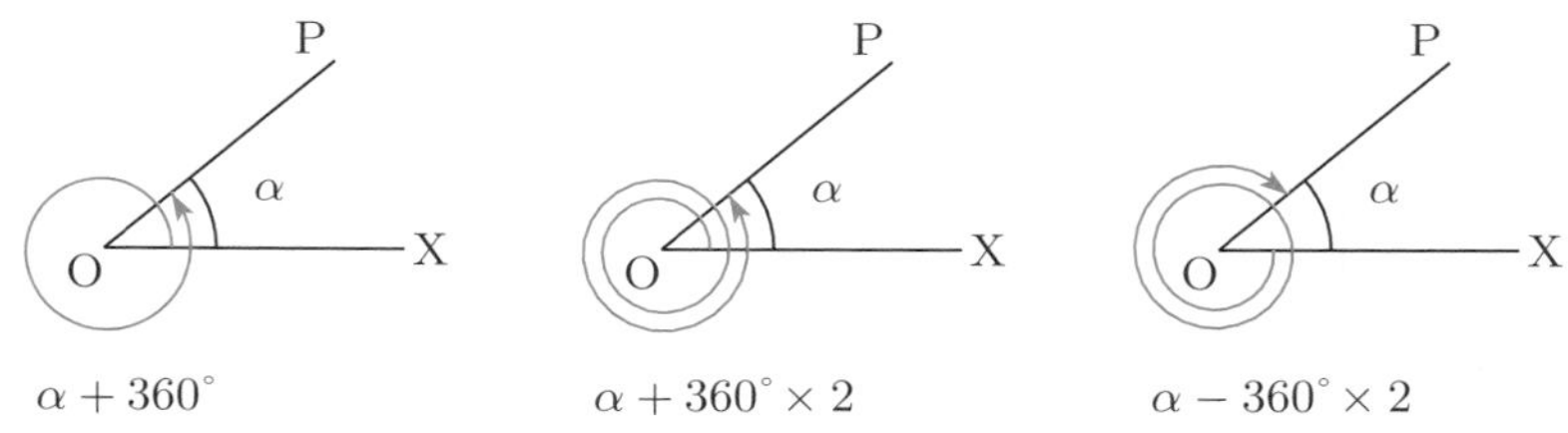

一般に，動径 OP の表す 1 つの角を α とすると，動径 OP の表す角は次の式で書くことができる．

$$\alpha + 360^\circ \times n \quad (n \text{ は整数})$$

このように拡張して考えた角を**一般角**という．一般角を単に**角**ということもある．ふつう，$0^\circ \leqq \alpha < 360^\circ$ あるいは $-180^\circ < \alpha \leqq 180^\circ$ とする．

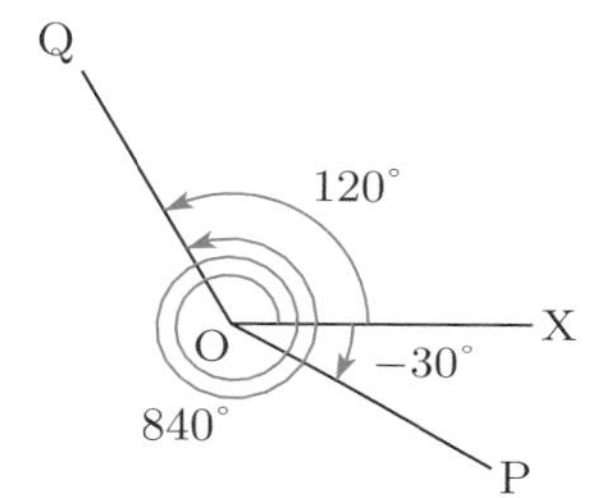

例 1　図の動径 OP の表す一般角は

$$-30^\circ + 360^\circ \times n \quad (n \text{ は整数})$$

また，$840^\circ = 120^\circ + 360^\circ \times 2$ だから，840° を表す動径は 120° を表す動径 OQ と一致する．

問・1　次の角を表す動径を図示せよ．

(1)　410°　　(2)　880°　　(3)　-500°　　(4)　1180°　　(5)　-790°

座標平面上で，原点を O とし，始線 OX を x 軸の正の向きにとる．動径 OP が第 1，第 2，第 3，第 4 象限にあるとき，動径 OP の表す角を，それぞれ**第 1，第 2，第 3，第 4 象限の角**という．

例 2　$600^\circ = 240^\circ + 360^\circ \times 1$ だから，600° は第 3 象限の角である．

問・2　次の角は第何象限の角か．

(1)　480°　　(2)　-405°　　(3)　-700°　　(4)　950°　　(5)　-580°

三角比の考えを一般角の場合に拡張しよう．

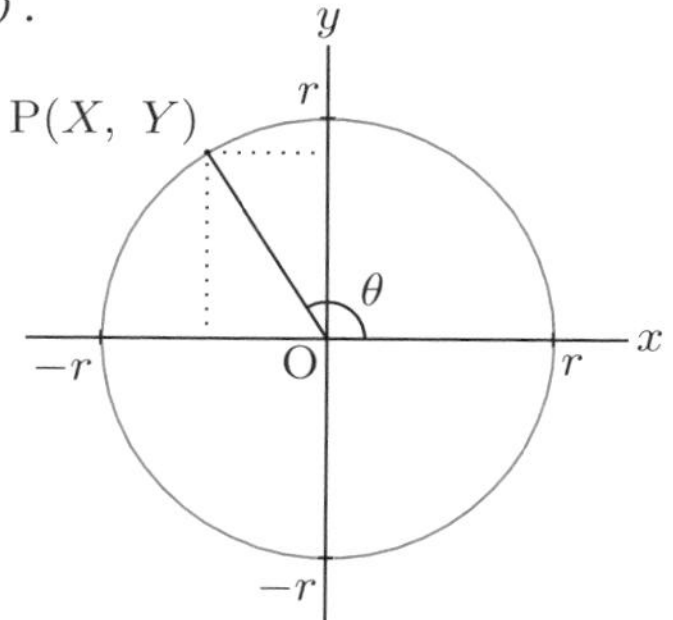

座標平面上で，原点 O を中心とする半径 r の円をかく．x 軸の正の向きを始線として，一般角 θ の動径がこの円と交わる点を P$(X,\ Y)$ とするとき，130 ページの三角比と同様に，次の式で定義する．

$$\sin\theta = \frac{Y}{r}, \quad \cos\theta = \frac{X}{r}, \quad \tan\theta = \frac{Y}{X}$$

このように定義された θ の関数を**三角関数**という．

$r=1$，すなわち単位円で考えると，$\sin\theta=Y$，$\cos\theta=X$ となるから

$$-1 \leqq \sin\theta \leqq 1,\quad -1 \leqq \cos\theta \leqq 1$$

となることがわかる．また，三角関数の値の正負は，θ がどの象限の角であるかによって図のように定まる．

$\sin\theta$

y

x

+ +

− −

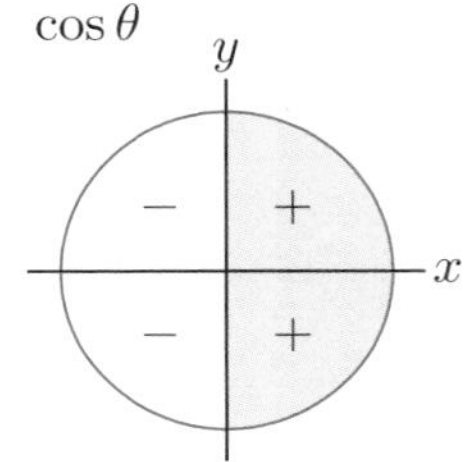

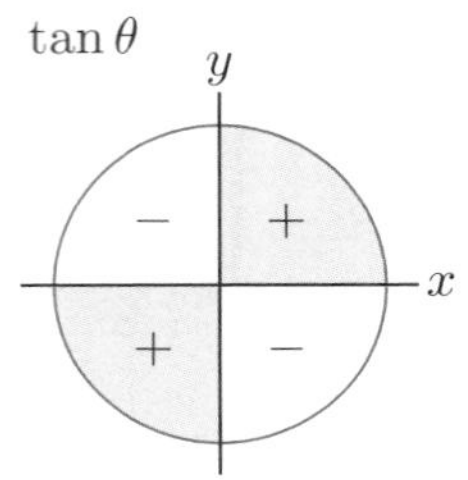

例題 1　300° の三角関数の値を求めよ．

解　半径 2 の円をかき，300° を表す動径との交点を P とする．このとき，点 P の座標は $(1,\ -\sqrt{3})$ である．よって

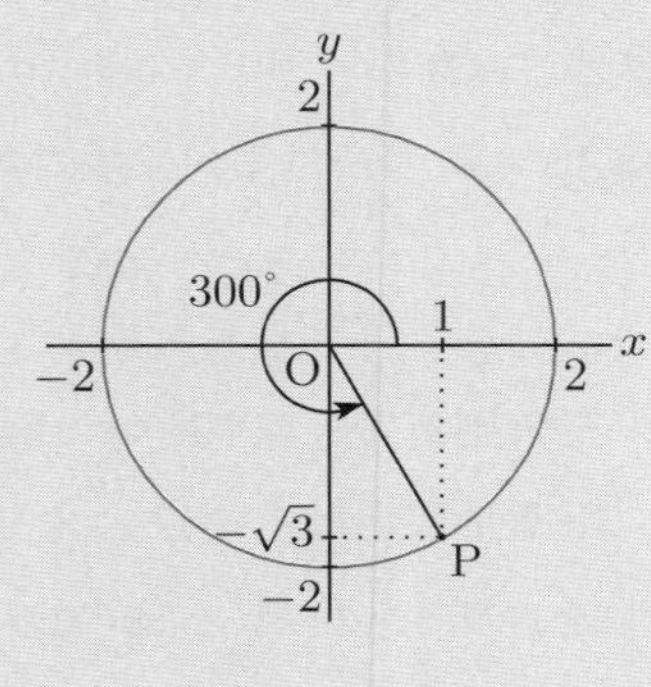

$$\sin 300^\circ = \frac{Y}{r} = -\frac{\sqrt{3}}{2}$$

$$\cos 300^\circ = \frac{X}{r} = \frac{1}{2}$$

$$\tan 300^\circ = \frac{Y}{X} = -\sqrt{3} \qquad //$$

問・3　次の三角関数の値を求めよ．

(1)　$\sin 240^\circ$　　(2)　$\cos(-45^\circ)$　　(3)　$\tan 330^\circ$

(4)　$\sin(-450^\circ)$　　(5)　$\cos 480^\circ$　　(6)　$\tan(-135^\circ)$

② 2 弧度法

これまでは，角の大きさを表すのに度を用いてきた．この方法は，60 分の 1 ごとに，単位（度，分，秒）を定めているから **60 分法**という．これとは別に，弧の長さをもとにして角の大きさを表す方法がある．

点 O を中心とする半径 r の円周上に，r と等しい長さの弧 AB をとり，$\angle\mathrm{AOB} = \alpha^\circ$ とすると

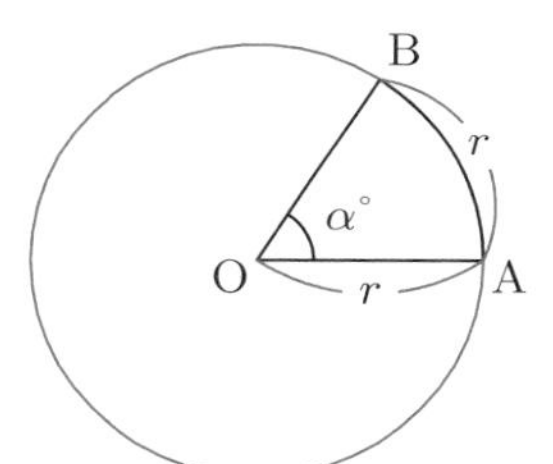

$$r : 2\pi r = \alpha : 360$$

これから

$$\begin{aligned}\alpha &= 360 \times \frac{r}{2\pi r}\\ &= \frac{180}{\pi} = 57.2957\cdots\end{aligned}$$

したがって，α の大きさは半径 r に関係なく一定である．この角の大きさを **1 ラジアン（弧度）**といい，これを単位として角を表す方法を**弧度法**という．

5 章 三角関数

半径 r の円周上にある長さ l の弧に対応する中心角を θ ラジアンとすると

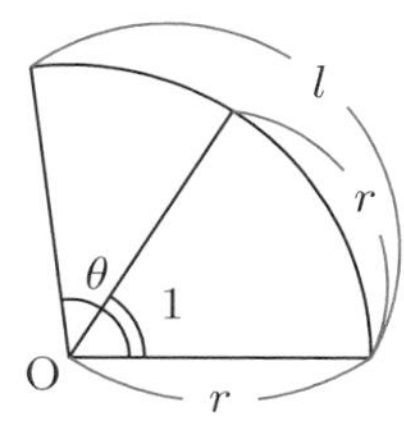

$$\theta : 1 = l : r$$

これから

$$\boldsymbol{\theta = \frac{l}{r}} \qquad (1)$$

したがって，θ は弧の長さ l と半径 r の比の値である．

このことから，弧度法では，角の単位であるラジアンを省略して表すことが多い．

例 3 円周の長さは $2\pi r$ だから，$360^\circ = \dfrac{2\pi r}{r} = 2\pi$（ラジアン）であり

$$180^\circ = \pi, \quad 90^\circ = \frac{\pi}{2}, \quad 45^\circ = \frac{\pi}{4}$$

問•4 次の角を弧度法で表せ.

(1) 60°　(2) 30°　(3) 120°　(4) -150°　(5) 18°

60分法と弧度法の間の換算式を求めよう.

$\alpha^\circ = \theta$（ラジアン）とすると，$\mathbf{180^\circ = \pi}$ だから

$$\alpha : 180 = \theta : \pi$$

これから，次の公式が得られる.

● 60分法と弧度法の関係

$\alpha^\circ = \theta$（ラジアン）とすると

$$\theta = \frac{\pi}{180}\alpha, \quad \alpha = \frac{180}{\pi}\theta$$

例 4 $\dfrac{\pi}{5} = \alpha^\circ$ とおくと，$\alpha = \dfrac{180}{\pi}\cdot\dfrac{\pi}{5} = 36$ だから　$\dfrac{\pi}{5} = 36^\circ$

$20^\circ = \theta$（ラジアン）とおくと，$\theta = \dfrac{\pi}{180}\cdot 20 = \dfrac{\pi}{9}$ だから　$20^\circ = \dfrac{\pi}{9}$

問•5 次の角を60分法で表せ.

(1) $\dfrac{3}{4}\pi$　(2) $\dfrac{3}{5}\pi$　(3) $\dfrac{7}{6}\pi$　(4) $-\dfrac{5}{4}\pi$　(5) $\dfrac{3}{2}\pi$

三角関数の値は角によって決まるから，角を60分法で表しても弧度法で表しても同じである.

例 5 $\sin\dfrac{\pi}{3} = \sin 60^\circ = \dfrac{\sqrt{3}}{2}$,　$\cos\dfrac{5}{6}\pi = \cos 150^\circ = -\dfrac{\sqrt{3}}{2}$

$\tan\dfrac{5}{4}\pi = \tan 225^\circ = 1$

問•6 次の三角関数の値を求めよ.

(1) $\sin\dfrac{\pi}{6}$　(2) $\cos\dfrac{2}{3}\pi$　(3) $\tan\dfrac{\pi}{4}$

(4) $\sin\dfrac{3}{4}\pi$　(5) $\cos\left(-\dfrac{\pi}{6}\right)$　(6) $\tan\dfrac{4}{3}\pi$

半径 r，中心角 θ（ラジアン）の扇形の弧の長さ l と面積 S を求めよう．

まず，143 ページの (1) から

$$l = r\theta$$

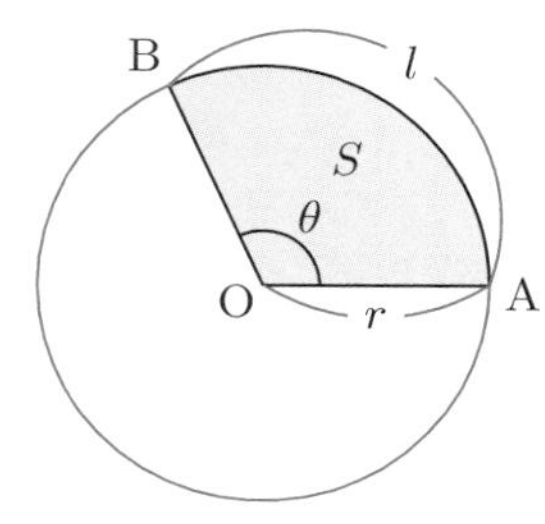

また，同じ円の扇形の面積は中心角の大きさに比例するから

$$S : \pi r^2 = \theta : 2\pi$$

これから　$S = \dfrac{1}{2}r^2\theta$

これらをまとめて，次の公式が得られる．

●扇形の弧の長さと面積

半径 r，中心角 θ（ラジアン）の扇形の弧の長さ l と面積 S は

$$l = r\theta,\quad S = \frac{1}{2}r^2\theta = \frac{1}{2}rl$$

例 6　半径 9 cm，中心角 $\dfrac{\pi}{3}$ の扇形の弧の長さ l と面積 S を求めると

$$l = r\theta = 9\cdot\frac{\pi}{3} = 3\pi\ (\mathrm{cm})$$

$$S = \frac{1}{2}rl = \frac{1}{2}\cdot 9\cdot 3\pi = \frac{27}{2}\pi\ (\mathrm{cm}^2)$$

問・7　半径 12 cm，中心角 $\dfrac{2}{3}\pi$ の扇形の弧の長さ l と面積 S を求めよ．

問・8　半径 10 cm の円において，長さ 4π cm の弧に対する中心角の大きさ θ を求めよ．

問・9　半径 r の円 O で，大きさ θ（ラジアン）の中心角に対する弧 AB と弦 AB で囲まれた弓形の面積 S を求めよ．ただし $0 < \theta < \pi$ とする．

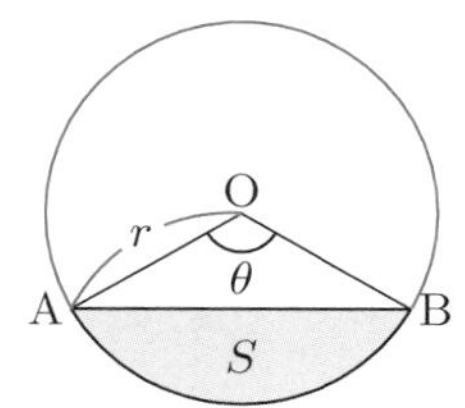

② 3 三角関数の性質

132ページの三角比の相互関係は，一般の三角関数についても成り立つ．

$$\tan\theta = \frac{\sin\theta}{\cos\theta},\quad \cos^2\theta + \sin^2\theta = 1,\quad 1 + \tan^2\theta = \frac{1}{\cos^2\theta}$$

例題 2 次の等式を証明せよ．

$$\frac{\sin\theta}{1+\cos\theta} + \frac{\cos\theta}{\sin\theta} = \frac{1}{\sin\theta}$$

解

$$\text{左辺} = \frac{\sin^2\theta + (1+\cos\theta)\cos\theta}{(1+\cos\theta)\sin\theta} = \frac{\sin^2\theta + \cos\theta + \cos^2\theta}{(1+\cos\theta)\sin\theta}$$

$$= \frac{1+\cos\theta}{(1+\cos\theta)\sin\theta} = \frac{1}{\sin\theta} = \text{右辺}$$

//

問・10 次の等式を証明せよ．

(1) $1 + \dfrac{1}{\tan^2\theta} = \dfrac{1}{\sin^2\theta}$

(2) $\sin^3\theta + \cos^3\theta = (\sin\theta + \cos\theta)(1 - \sin\theta\cos\theta)$

例題 3 θ が第3象限の角で，$\sin\theta = -\dfrac{2}{3}$ のとき，$\cos\theta$，$\tan\theta$ の値を求めよ．

解 $\cos^2\theta + \sin^2\theta = 1$ より

$$\cos^2\theta = 1 - \sin^2\theta = 1 - \left(-\frac{2}{3}\right)^2 = \frac{5}{9}$$

よって　$\cos\theta = \pm\dfrac{\sqrt{5}}{3}$

θ は第3象限の角で，$\cos\theta < 0$ だから

$$\cos\theta = -\frac{\sqrt{5}}{3}$$

$$\tan\theta = \frac{\sin\theta}{\cos\theta} = \left(-\frac{2}{3}\right) \div \left(-\frac{\sqrt{5}}{3}\right) = \frac{2}{\sqrt{5}}$$

//

別解　$\sin\theta = -\dfrac{2}{3}$ より，原点を中心とする半径 3 の円を用いる．

θ の動径の端点を $\mathrm{P}(X,\ Y)$ とおくと，半径が 3 で θ が第 3 象限の角だから，$Y = -2$ である．三平方の定理より

$$X^2 + 2^2 = 3^2 \quad \therefore\ X = \pm\sqrt{5}$$

$X < 0$ だから　$X = -\sqrt{5}$

よって

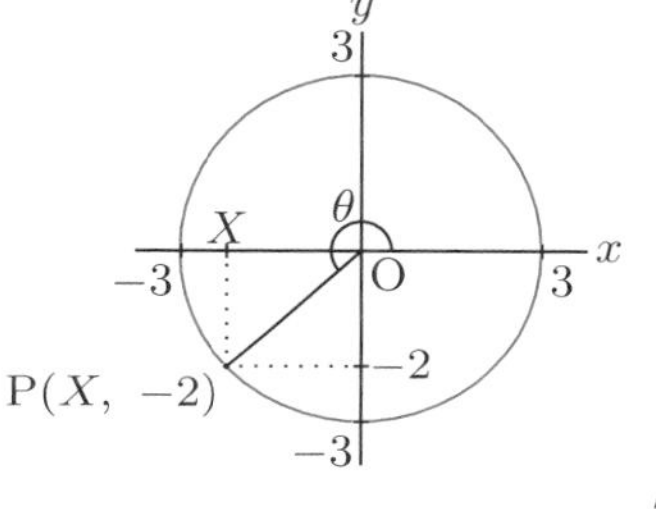

$$\cos\theta = \frac{X}{r} = \frac{-\sqrt{5}}{3} = -\frac{\sqrt{5}}{3}$$

$$\tan\theta = \frac{Y}{X} = \frac{-2}{-\sqrt{5}} = \frac{2}{\sqrt{5}}$$

//

問・11　θ が第 3 象限の角で，$\cos\theta = -\dfrac{3}{4}$ のとき，$\sin\theta$, $\tan\theta$ の値を求めよ．

相互関係以外の三角関数の性質を調べよう．

(1)　n を整数とするとき，角 θ の動径と角 $\theta + 2n\pi$ の動径は一致するから，その三角関数の値は等しい．

$$\boldsymbol{\sin(\theta + 2n\pi) = \sin\theta}$$
$$\boldsymbol{\cos(\theta + 2n\pi) = \cos\theta}$$
$$\boldsymbol{\tan(\theta + 2n\pi) = \tan\theta}$$

(2)　角 θ の動径と，角 $-\theta$ の動径とは x 軸に関して対称となるから

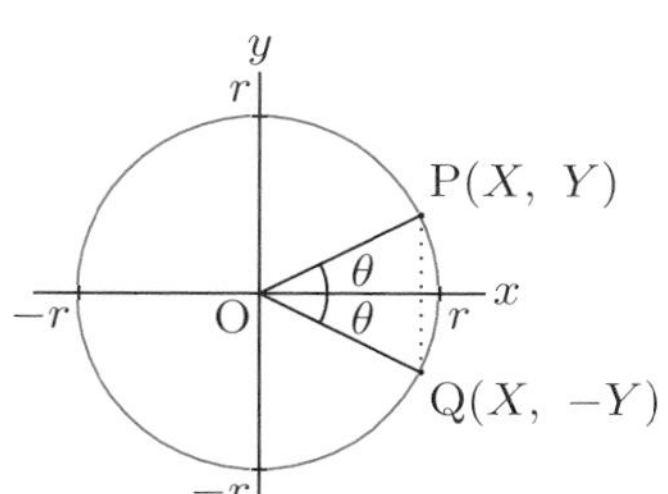

$$\boldsymbol{\sin(-\theta) = -\sin\theta}$$
$$\boldsymbol{\cos(-\theta) = \cos\theta}$$
$$\boldsymbol{\tan(-\theta) = -\tan\theta}$$

したがって，89 ページの公式より

$\sin\theta$，$\tan\theta$ は奇関数，$\cos\theta$ は偶関数

である．

(3)　角 θ の動径と，角 $\theta+\pi$ の動径は原点に関して対称となるから

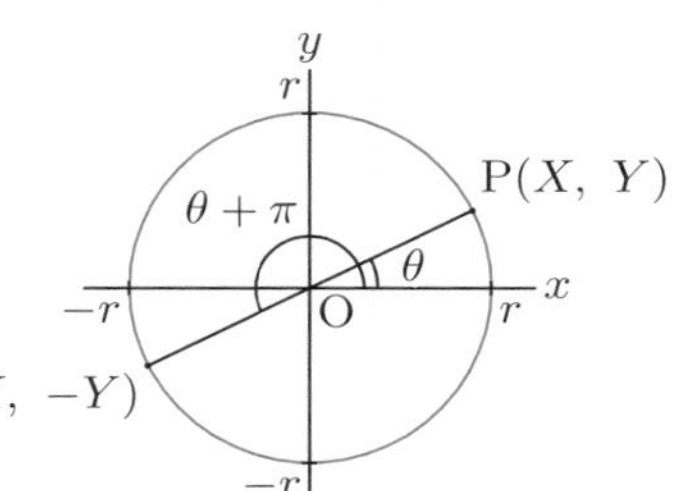

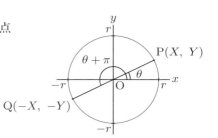

$$\sin(\theta+\pi)=-\sin\theta$$

$$\cos(\theta+\pi)=-\cos\theta$$

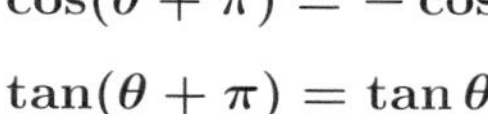

$$\tan(\theta+\pi)=\tan\theta$$

(4)　129 ページの余角の三角比の性質は $\dfrac{\pi}{2}-\theta$ の三角関数の性質として成り立つ．

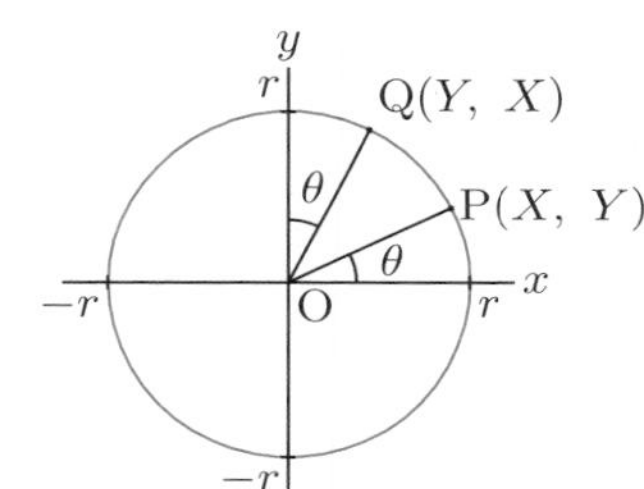

$$\sin\left(\frac{\pi}{2}-\theta\right)=\cos\theta$$

$$\cos\left(\frac{\pi}{2}-\theta\right)=\sin\theta$$

$$\tan\left(\frac{\pi}{2}-\theta\right)=\frac{1}{\tan\theta}$$

(5)　(2) と (4) を用いると

$$\sin\left(\theta+\frac{\pi}{2}\right)=\sin\left(\frac{\pi}{2}-(-\theta)\right)=\cos(-\theta)=\cos\theta$$

$\cos\left(\theta+\dfrac{\pi}{2}\right)$，$\tan\left(\theta+\dfrac{\pi}{2}\right)$ についても同様にして，次が得られる．

$$\sin\left(\theta+\frac{\pi}{2}\right)=\cos\theta$$

$$\cos\left(\theta+\frac{\pi}{2}\right)=-\sin\theta$$

$$\tan\left(\theta+\frac{\pi}{2}\right)=-\frac{1}{\tan\theta}$$

問・12　(5) の第 2 式，第 3 式を証明せよ．

問・13　(2) と (3) を用いて，次の公式を証明せよ．

$$\sin(\pi-\theta)=\sin\theta$$

$$\cos(\pi-\theta)=-\cos\theta$$

$$\tan(\pi-\theta)=-\tan\theta$$

②4 三角関数のグラフ

ここでは，角を x（ラジアン）で表す．

関数 $y=\sin x$ のグラフを考えよう．これを**正弦曲線** $y=\sin x$ という．

三角関数表などを用いて $y=\sin x$ の値を求めると，次のようになる．

x	0	$\frac{\pi}{12}$	$\frac{2\pi}{12}$	$\frac{3\pi}{12}$	$\frac{4\pi}{12}$	$\frac{5\pi}{12}$	$\frac{6\pi}{12}$	$\frac{7\pi}{12}$	$\frac{8\pi}{12}$	$\frac{9\pi}{12}$	$\frac{10\pi}{12}$	$\frac{11\pi}{12}$	π
度	0°	15°	30°	45°	60°	75°	90°	105°	120°	135°	150°	165°	180°
y	0	0.26	0.5	0.71	0.87	0.97	1	0.97	0.87	0.71	0.5	0.26	0

$y=\sin x$ は奇関数であることより，グラフは次のようになる．

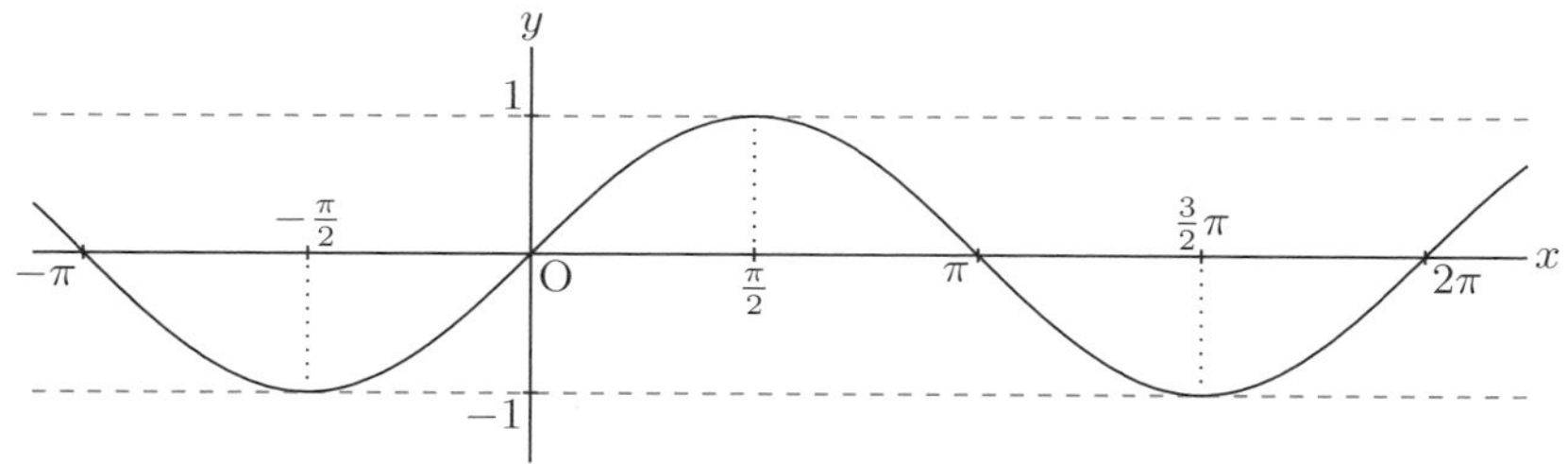

$y=\cos x$ のグラフを**余弦曲線** $y=\cos x$ という．

x	0	$\frac{\pi}{12}$	$\frac{2\pi}{12}$	$\frac{3\pi}{12}$	$\frac{4\pi}{12}$	$\frac{5\pi}{12}$	$\frac{6\pi}{12}$	$\frac{7\pi}{12}$	$\frac{8\pi}{12}$	$\frac{9\pi}{12}$	$\frac{10\pi}{12}$	$\frac{11\pi}{12}$	π
度	0°	15°	30°	45°	60°	75°	90°	105°	120°	135°	150°	165°	180°
y	1	0.97	0.87	0.71	0.5	0.26	0	-0.26	-0.5	-0.71	-0.87	-0.97	-1

$y=\cos x$ は偶関数であることより，グラフは次のようになる．

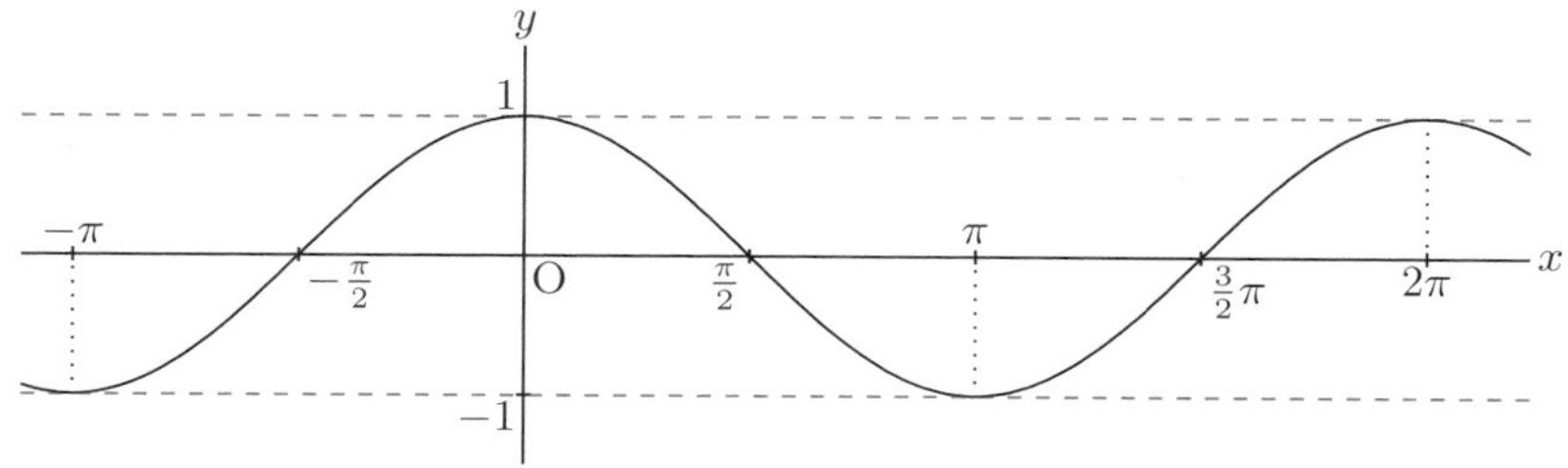

●**注**…· 148 ページ (5) より $\cos x = \sin\left(x + \frac{\pi}{2}\right)$ となるから，90 ページの平行移動の公式を用いれば，余弦曲線 $y = \cos x$ は正弦曲線 $y = \sin x$ を x 軸方向に $-\frac{\pi}{2}$ 平行移動したものであることがわかる．

$y = \tan x$ のグラフを**正接曲線** $y = \tan x$ という．

x	0	$\frac{\pi}{12}$	$\frac{2\pi}{12}$	$\frac{3\pi}{12}$	$\frac{4\pi}{12}$	$\frac{5\pi}{12}$	$\frac{6\pi}{12}$	$\frac{7\pi}{12}$	$\frac{8\pi}{12}$	$\frac{9\pi}{12}$	$\frac{10\pi}{12}$	$\frac{11\pi}{12}$	π
度	0°	15°	30°	45°	60°	75°	90°	105°	120°	135°	150°	165°	180°
y	0	0.27	0.58	1	1.73	3.73	☒	−3.73	−1.73	−1	−0.58	−0.27	0

$y = \tan x$ は奇関数であることより，グラフは次のようになる．

また，$\tan\frac{\pi}{2}$ は定義されない．$\frac{\pi}{2}$ の近くでの $\tan x$ の値を詳しく見ると，直線 $x = \frac{\pi}{2}$ が正接曲線 $y = \tan x$ の漸近線になることがわかる．

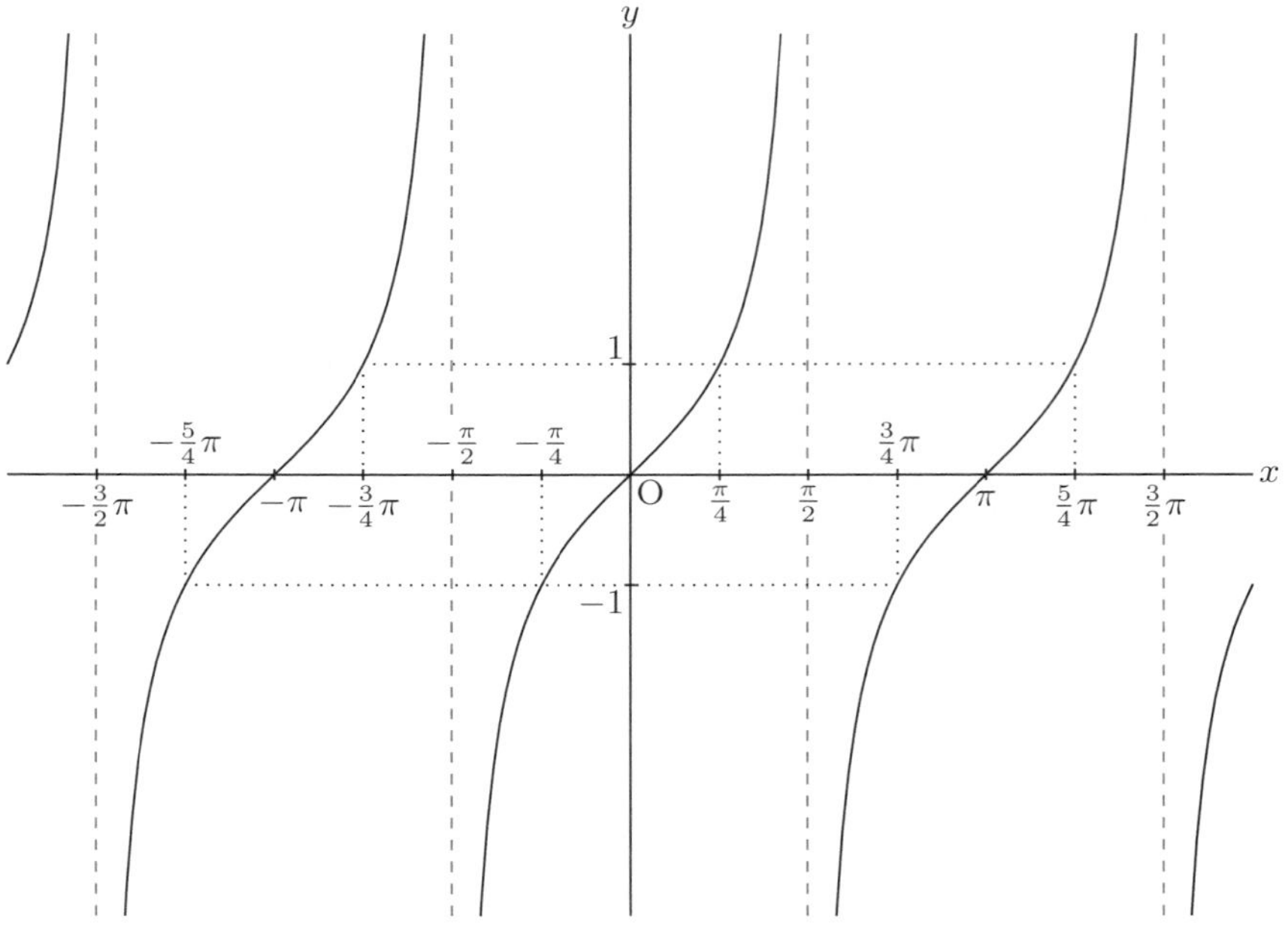

147 ページ (1) で $n=1$ とおくと

$$\sin(x+2\pi)=\sin x,\ \cos(x+2\pi)=\cos x$$

したがって，$y=\sin x$，$y=\cos x$ のグラフは 2π ごとに同じ形を繰り返す．

一般に，関数 $f(x)$ について

$$f(x+p)=f(x)$$

がすべての x の値に対して成り立つような 0 ではない正の定数 p があるとき，$f(x)$ を**周期関数**といい，このような定数 p のうち最小のものを**周期**という．$\sin x$，$\cos x$ はいずれも周期 2π の周期関数である．

一方，$\tan x$ については，148 ページ (3) より

$$\tan(x+\pi)=\tan x$$

したがって，$\tan x$ の周期は π である．

関数 $y=f(x)$ のグラフを 90 ページのように平行移動したとき，そのグラフの表す関数も同じ周期をもった周期関数になる．

例 7　周期関数 $y=\sin\left(x-\dfrac{\pi}{3}\right)$ のグラフは $y=\sin x$ のグラフを x 軸方向に $\dfrac{\pi}{3}$ 平行移動したグラフで，周期は $y=\sin x$ と同じ 2π になる．

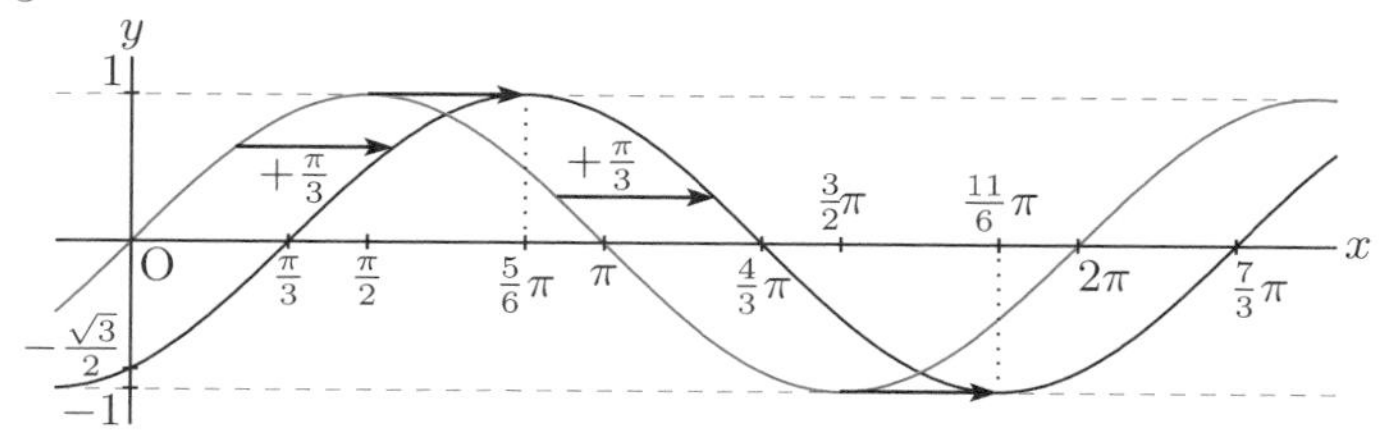

例 8　$\tan x$ が奇関数であることと 148 ページ (4) の第 3 式を用いると

$$\tan\left(x-\frac{\pi}{2}\right)=-\tan\left(\frac{\pi}{2}-x\right)=-\frac{1}{\tan x}$$

したがって，$-\dfrac{1}{\tan x}$ は，周期 π の周期関数である．

問・14　次の関数の周期を求め，グラフをかけ．

(1)　$y=\sin\left(x+\dfrac{\pi}{4}\right)$　　(2)　$y=\cos(x-\pi)$

② 5 グラフの拡大と縮小

C を正の定数とするとき，関数 $y=f(x)$ のグラフと $y=Cf(x)$ および $y=-Cf(x)$ のグラフの関係を調べよう．

まず，$y=Cf(x)$ の $x=a$ における値 $Cf(a)$ は $f(a)$ の C 倍となるから，そのグラフは $y=f(x)$ のグラフを y 軸方向に C 倍拡大または縮小して得られる．

また，95 ページの公式より，$y=-f(x)$ のグラフは $y=f(x)$ のグラフを x 軸に関して対称移動したものであり，それを y 軸方向に C 倍拡大または縮小することにより，$y=-Cf(x)$ のグラフが得られる．

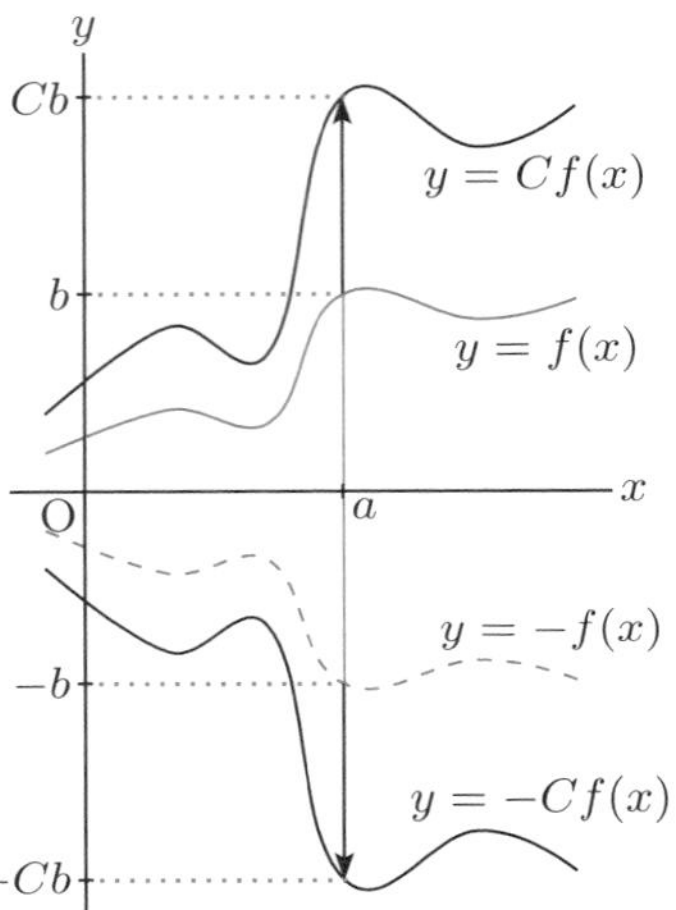

●グラフの拡大・縮小 (1)

$y=Cf(x)$，$y=-Cf(x)$ のグラフは，$y=f(x)$ のグラフを次のように拡大または縮小して得られる．

$y=Cf(x)$ $\longrightarrow$ y 軸方向に C 倍

$y=-Cf(x)$ $\longrightarrow$ x 軸に関して対称移動してから y 軸方向に C 倍

例題 4 次の関数のグラフをかけ．また，周期を求めよ．

(1) $y=2\sin x$　　(2) $y=-\dfrac{1}{2}\cos x$

解 (1) のグラフは $y=\sin x$ のグラフを y 軸方向に 2 倍したものである．(2) のグラフは $y=\cos x$ のグラフを x 軸に関し対称移動してから，y 軸方向に $\dfrac{1}{2}$ 倍したものである．いずれも y 方向に変化させただけだから，周期は変わらず，2π である．グラフは次のようになる．

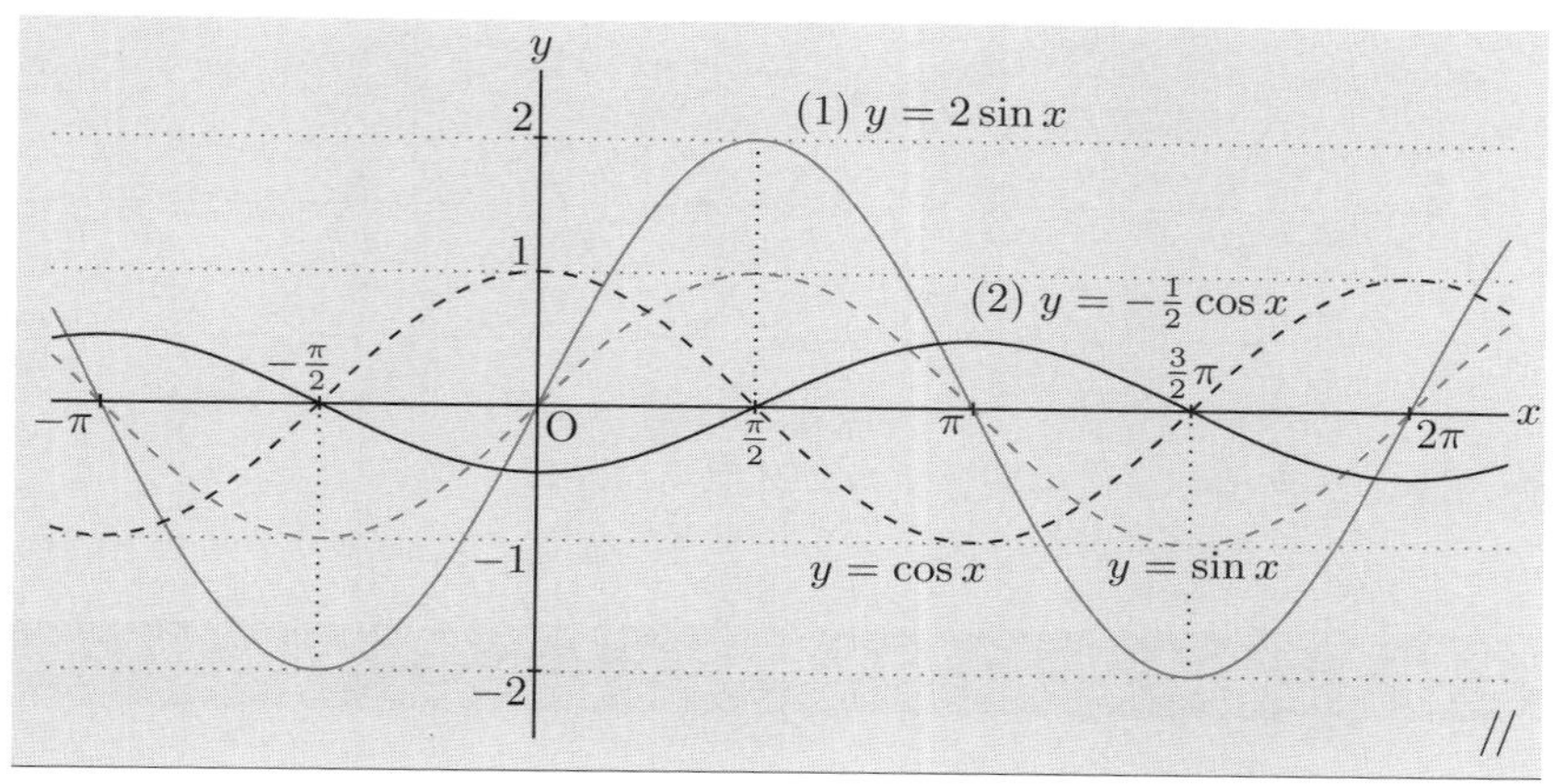

問・15 次の関数の周期を求め，グラフをかけ．

(1)　$y=\dfrac{1}{2}\sin x$　　　(2)　$y=-\cos x$

次に，関数 $y=f(x)$ と関数 $y=f(Cx)$ のグラフの関係を調べよう．ただし，C は正の定数とする．$f(x)$ の $x=a$ における値を b とおくと

$$b=f(a)=f\left(C\cdot\frac{a}{C}\right)$$

したがって，b は $f(Cx)$ の $x=\dfrac{a}{C}$ における値となるから，$y=f(x)$ 上の点 $(a,\ b)$ には $y=f(Cx)$ 上の点 $\left(\dfrac{a}{C},\ b\right)$ が対応する．

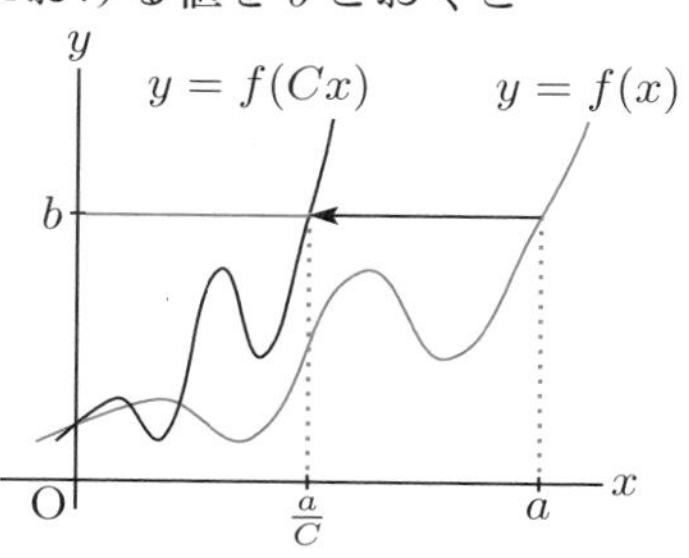

これから次の公式が得られる．

●グラフの拡大・縮小 (2)

> $y=f(Cx)$ のグラフは，$y=f(x)$ のグラフを x 軸方向に $\dfrac{1}{C}$ 倍して得られる．特に，$y=f(x)$ が周期 p の周期関数のとき，$y=f(Cx)$ は周期 $\dfrac{p}{C}$ の周期関数となる．

例 9　$y=\sin 2x$ のグラフは，$y=\sin x$ のグラフを x 軸方向に $\dfrac{1}{2}$ 倍して得られ，その周期は π となる．

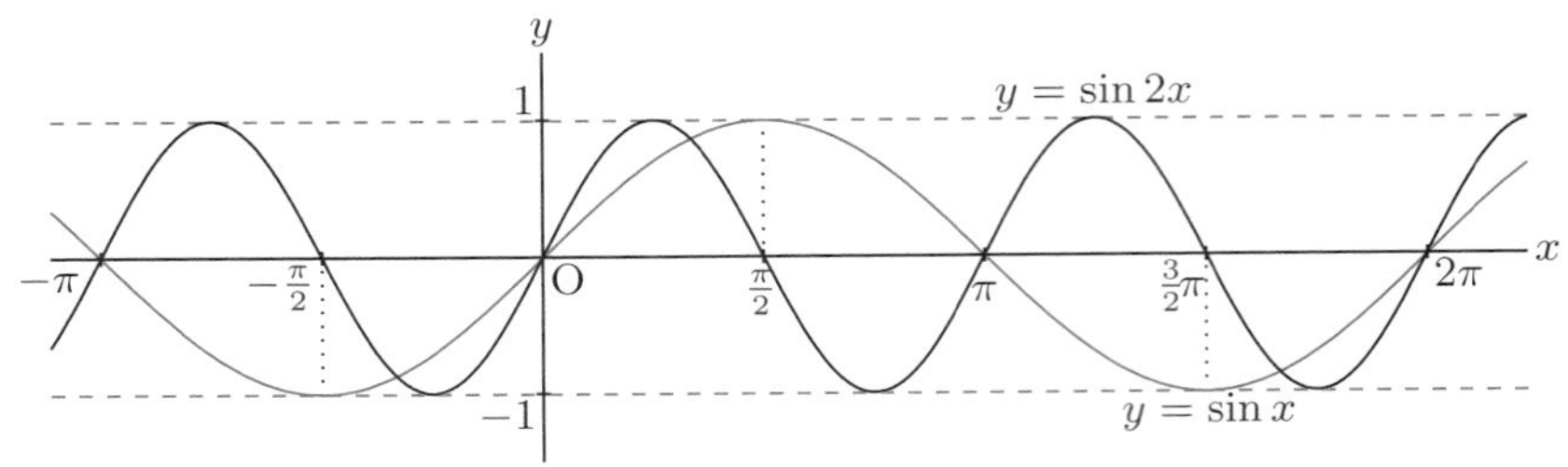

問・16 $y = \cos\dfrac{x}{2}$ の周期を求め，グラフをかけ．

2 6 三角関数の方程式と不等式

三角関数に関する方程式および不等式の解法を例題で示そう．

例題 5 $0 \leqq x < 2\pi$ のとき，次の方程式および不等式を解け．

(1) $\sin x = -\dfrac{1}{2}$　　(2) $\sin x > -\dfrac{1}{2}$

解 (1) 図のように，単位円と直線 $Y = -\dfrac{1}{2}$ との交点を P, Q とすると，動径 OP, OQ の表す角で，与えられた範囲内にあるものが，求める x の値である．

よって，図より　$x = \dfrac{7}{6}\pi,\ \dfrac{11}{6}\pi$

(2) Y 座標が $-\dfrac{1}{2}$ より大きい単位円周上の点すなわち図の太線の部分にある点の x の範囲を求めればよい．

これを $0 \leqq x < 2\pi$ の範囲内で表すと

$0 \leqq x < \dfrac{7}{6}\pi,\ \dfrac{11}{6}\pi < x < 2\pi$　//

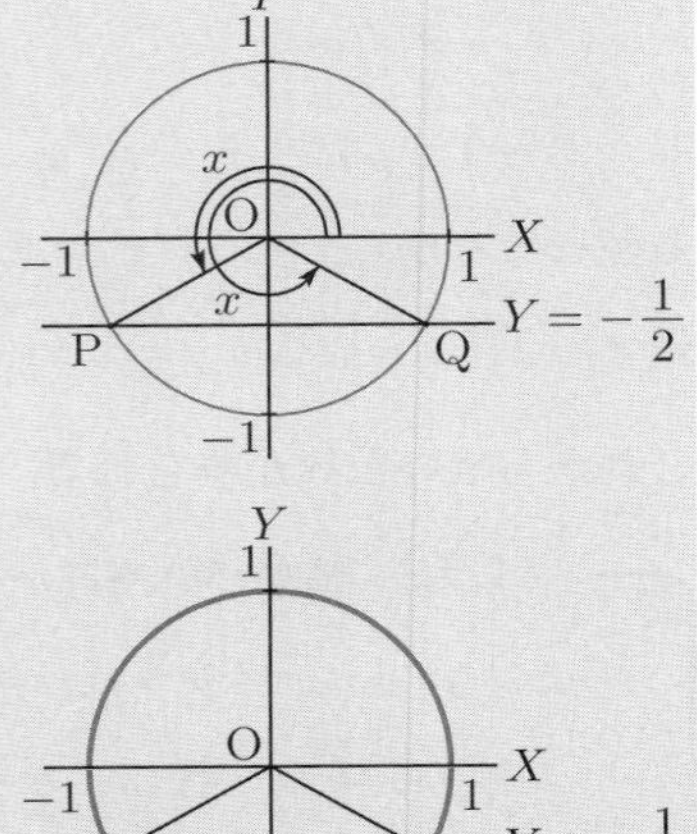

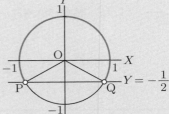

別解 (2) $0 \leqq x < 2\pi$ の範囲で正弦曲線 $y = \sin x$ と直線 $y = -\dfrac{1}{2}$ をかく.

2 つのグラフの交点の x 座標は，(1) から $x = \dfrac{7}{6}\pi,\ \dfrac{11}{6}\pi$

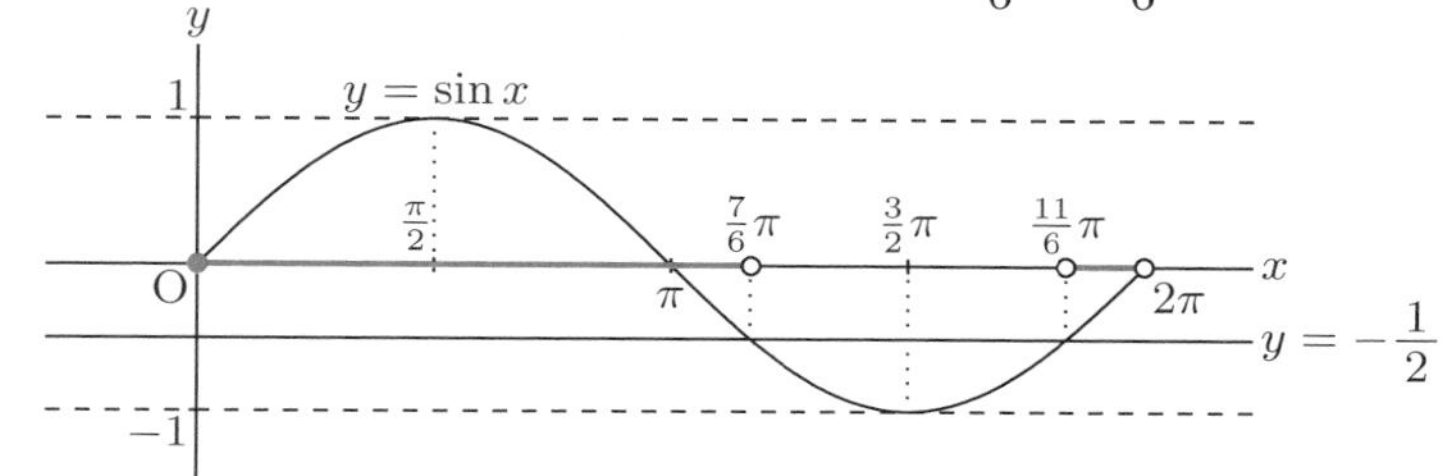

正弦曲線が直線 $y = -\dfrac{1}{2}$ より上にある x の範囲を求めて

$$0 \leqq x < \frac{7}{6}\pi,\quad \frac{11}{6}\pi < x < 2\pi$$ //

問・17 $0 \leqq x < 2\pi$ のとき，次の方程式および不等式を解け.

(1) $\sin x = \dfrac{1}{2}$　　(2) $\cos x = \dfrac{\sqrt{3}}{2}$

(3) $\sin x \leqq -\dfrac{\sqrt{2}}{2}$　　(4) $\cos x > \dfrac{1}{2}$

$\tan x$ の周期が π より，θ が $\tan x = a$ の解ならば，$\theta + \pi$ も解である.

例 10 $\tan x = \sqrt{3}\ (0 \leqq x < \pi)$ の解は　$x = \dfrac{\pi}{3}$

よって，$\tan x = \sqrt{3}\ (0 \leqq x < 2\pi)$ の解は

$$x = \frac{\pi}{3},\ \frac{\pi}{3} + \pi \quad すなわち \quad x = \frac{\pi}{3},\ \frac{4\pi}{3}$$

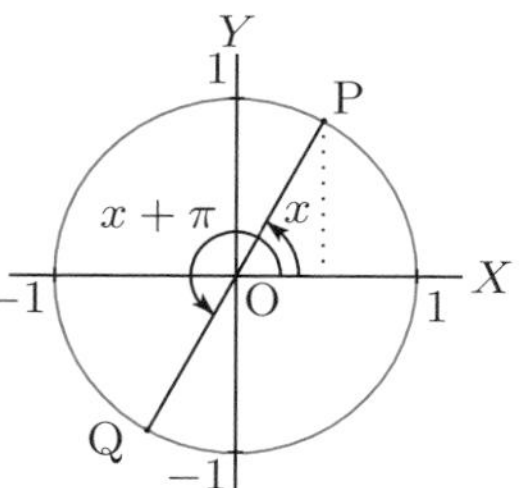

問・18 $0 \leqq x < 2\pi$ のとき，次の方程式を解け.

(1) $\tan x = 1$　　(2) $\tan x = -\dfrac{1}{\sqrt{3}}$

$\sin\theta$, $\cos\theta$, $\tan\theta$ の逆数を，それぞれ $\mathbf{cosec}\,\boldsymbol{\theta}$, $\mathbf{sec}\,\boldsymbol{\theta}$, $\mathbf{cot}\,\boldsymbol{\theta}$ と書き，θ の**コセカント**（余割），**セカント**（正割），**コタンジェント**（余接）という.

$$\mathbf{cosec}\,\boldsymbol{\theta} = \frac{\mathbf{1}}{\mathbf{sin}\,\boldsymbol{\theta}},\quad \mathbf{sec}\,\boldsymbol{\theta} = \frac{\mathbf{1}}{\mathbf{cos}\,\boldsymbol{\theta}},\quad \mathbf{cot}\,\boldsymbol{\theta} = \frac{\mathbf{1}}{\mathbf{tan}\,\boldsymbol{\theta}}$$

便利な記法だが，本書では特に必要な場合のほかはこれらを用いない.

練習問題 2・A

1. 次の値を求めよ．

(1) $\sin 134^\circ$　(2) $\cos(-460^\circ)$　(3) $\tan 760^\circ$

(4) $\sin\left(-\dfrac{13}{3}\pi\right)$　(5) $\cos\dfrac{19}{6}\pi$　(6) $\tan\dfrac{13}{4}\pi$

2. θ が第 4 象限の角で，$\cos\theta = \dfrac{12}{13}$ のとき，$\sin\theta$，$\tan\theta$ の値を求めよ．

3. $\tan\theta = 2$ のとき，$\sin\theta$，$\cos\theta$ の値を求めよ．

4. 次の等式を証明せよ．

(1) $(1+\sin\theta+\cos\theta)(1+\sin\theta-\cos\theta) = 2(1+\sin\theta)\sin\theta$

(2) $\dfrac{\cos\theta}{1-\sin\theta} - \dfrac{\cos\theta}{1+\sin\theta} = 2\tan\theta$

(3) $\dfrac{\cos^2\theta - \sin^2\theta}{1+2\sin\theta\cos\theta} = \dfrac{1-\tan\theta}{1+\tan\theta}$

5. 次の関数の周期を求め，グラフをかけ．

(1) $y = -2\sin x$　(2) $y = \dfrac{1}{2}\tan x$

(3) $y = \cos\left(x - \dfrac{\pi}{2}\right)$　(4) $y = \sin\dfrac{x}{2}$

6. 次の方程式を解け．ただし $0 \leqq x < 2\pi$ とする．

(1) $\sin x = -\dfrac{\sqrt{3}}{2}$　(2) $\cos x = \dfrac{1}{\sqrt{2}}$　(3) $\sqrt{3}\tan x = 1$

7. 次の不等式を解け．ただし $0 \leqq x < 2\pi$ とする．

(1) $2\sin x - 1 > 0$　(2) $2\cos x - \sqrt{3} < 0$

練習問題 2・B

1. 図のように，半径 $2\sqrt{2}$ の円 O と半径 2 の円 O′ が 2 点 A, B で交わっている．$\angle \mathrm{AOB} = \dfrac{\pi}{3}$，$\angle \mathrm{AO'B} = \dfrac{\pi}{2}$ のとき，この 2 つの円の共通部分の面積を求めよ．

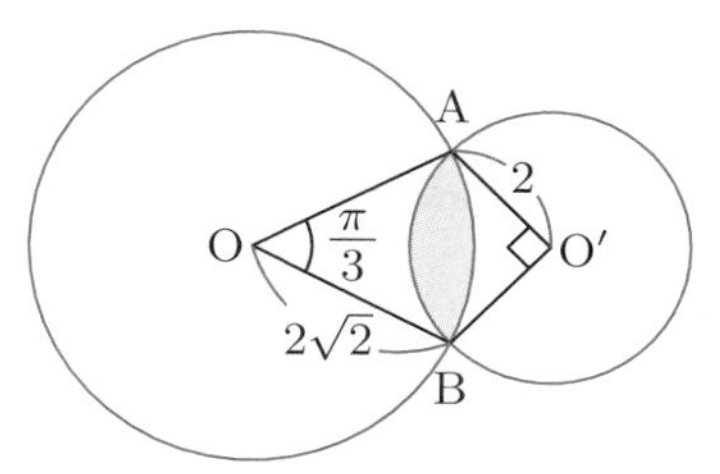

2. $\sin\theta + \cos\theta = \dfrac{1}{3}$ のとき，次の値を求めよ．

(1) $\sin\theta\cos\theta$　　(2) $\sin\theta - \cos\theta$

(3) $\sin^3\theta + \cos^3\theta$　　(4) $\sin^3\theta - \cos^3\theta$

3. 次の関数の周期を求め，グラフをかけ．

(1) $y = \cos\left(2x + \dfrac{\pi}{3}\right)$　　(2) $y = \sin(-2x + \pi) + 1$

4. 関数 $y = 2\sin^2 x - 2\cos x + 1$ について，次の問いに答えよ．

(1) $t = \cos x$ とおいて，y を t の式で表せ．

(2) $0 \leqq x \leqq \dfrac{5}{6}\pi$ のときの最大値，最小値を求めよ．

5. 次の方程式を解け．ただし，$0 \leqq x < 2\pi$ とする．

(1) $\cos 2x = -\dfrac{1}{2}$　　(2) $\tan(\pi - x) - \sqrt{3} = 0$

6. 次の不等式を解け．

(1) $2\sin 2x < -1$　　$(0 \leqq x < 2\pi)$

(2) $2\cos(\pi + x) - \sqrt{2} > 0$　　$(-\pi \leqq x < \pi)$

3 加法定理とその応用

3 1 加法定理

座標平面上における単位円と Ox を始線とするときの角 α, $\alpha+\beta$ の動径との交点を，それぞれ P, Q とする．

α, β, $\alpha+\beta$ がともに鋭角のとき，Q から線分 OP に垂線 QH を引き，H を通り y 軸に平行な直線と x 軸との交点を L とすると

$$\mathrm{OH}=\cos\beta, \quad \mathrm{QH}=\sin\beta$$

よって

$$\mathrm{HL}=\mathrm{OH}\sin\alpha=\cos\beta\sin\alpha$$

また，Q から x 軸に平行に引いた直線と直線 HL との交点を M とすると

$$\angle\mathrm{QHM}=\angle\mathrm{HOL}=\alpha$$

となるから

$$\mathrm{MH}=\mathrm{QH}\cos\alpha=\sin\beta\cos\alpha$$

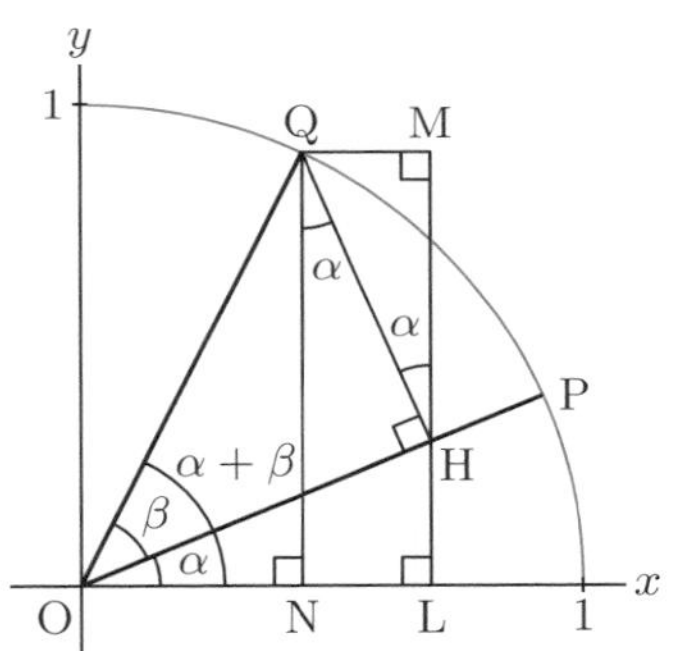

よって，Q から x 軸に垂線 QN を引くと

$$\mathrm{QN}=\mathrm{ML}=\mathrm{HL}+\mathrm{MH}=\cos\beta\sin\alpha+\sin\beta\cos\alpha$$

一方，$\mathrm{QN}=\sin(\alpha+\beta)$ だから

$$\sin(\alpha+\beta)=\sin\alpha\cos\beta+\cos\alpha\sin\beta \qquad (1)$$

同様にして

$$\mathrm{ON}=\mathrm{OL}-\mathrm{LN}=\mathrm{OL}-\mathrm{QM}$$

$$\mathrm{OL}=\mathrm{OH}\cos\alpha=\cos\beta\cos\alpha, \quad \mathrm{QM}=\mathrm{QH}\sin\alpha=\sin\beta\sin\alpha$$

したがって，次の等式が得られる．

$$\cos(\alpha+\beta)=\cos\alpha\cos\beta-\sin\alpha\sin\beta \qquad (2)$$

●**注**…… (1)，(2) は任意の角 α, β について証明することができる．

(1), (2) で β の代わりに，$-\beta$ とおくと

$$\sin(\alpha-\beta) = \sin\alpha\cos(-\beta)+\cos\alpha\sin(-\beta)$$
$$= \sin\alpha\cos\beta-\cos\alpha\sin\beta \qquad (3)$$
$$\cos(\alpha-\beta) = \cos\alpha\cos(-\beta)-\sin\alpha\sin(-\beta)$$
$$= \cos\alpha\cos\beta+\sin\alpha\sin\beta \qquad (4)$$

が得られる.

(1), (2) から

$$\tan(\alpha+\beta) = \frac{\sin(\alpha+\beta)}{\cos(\alpha+\beta)} = \frac{\sin\alpha\cos\beta+\cos\alpha\sin\beta}{\cos\alpha\cos\beta-\sin\alpha\sin\beta}$$

ここで右辺の分子，分母を $\cos\alpha\cos\beta$ で割ると

$$\tan(\alpha+\beta) = \frac{\tan\alpha+\tan\beta}{1-\tan\alpha\tan\beta}$$

が得られる．同様に，(3), (4) を用いると，次の等式が得られる.

$$\tan(\alpha-\beta) = \frac{\tan\alpha-\tan\beta}{1+\tan\alpha\tan\beta}$$

以上より，次の**加法定理**が得られる.

●加法定理

$$\sin(\alpha\pm\beta) = \sin\alpha\cos\beta\pm\cos\alpha\sin\beta$$
$$\cos(\alpha\pm\beta) = \cos\alpha\cos\beta\mp\sin\alpha\sin\beta$$
$$\tan(\alpha\pm\beta) = \frac{\tan\alpha\pm\tan\beta}{1\mp\tan\alpha\tan\beta}$$

（いずれも複号同順）

例 1 $\cos 75^\circ = \cos(45^\circ+30^\circ) = \cos 45^\circ\cos 30^\circ-\sin 45^\circ\sin 30^\circ$

$$= \frac{\sqrt{2}}{2}\cdot\frac{\sqrt{3}}{2}-\frac{\sqrt{2}}{2}\cdot\frac{1}{2} = \frac{\sqrt{6}-\sqrt{2}}{4}$$

$$\sin\left(\theta+\frac{\pi}{4}\right) = \sin\theta\,\cos\frac{\pi}{4}+\cos\theta\,\sin\frac{\pi}{4} = \frac{1}{\sqrt{2}}(\sin\theta+\cos\theta)$$

問・1 $\sin 75^\circ$, $\tan 75^\circ$, $\sin 15^\circ$, $\cos 15^\circ$, $\tan 15^\circ$ の値を求めよ.

問・2 $\tan\left(\theta+\frac{\pi}{4}\right)$ を $\tan\theta$ で表せ.

例題 1 α, β がそれぞれ第2象限，第3象限の角で，$\cos\alpha = -\dfrac{4}{5}$，$\sin\beta = -\dfrac{5}{13}$ であるとき，$\sin(\alpha+\beta)$ の値を求めよ．

解 条件から $\sin\alpha > 0$，$\cos\beta < 0$ だから

$$\sin\alpha = \sqrt{1-\cos^2\alpha} = \sqrt{1-\left(-\frac{4}{5}\right)^2} = \frac{3}{5}$$

$$\cos\beta = -\sqrt{1-\sin^2\beta} = -\sqrt{1-\left(-\frac{5}{13}\right)^2} = -\frac{12}{13}$$

よって
$$\sin(\alpha+\beta) = \sin\alpha\cos\beta + \cos\alpha\sin\beta$$
$$= \frac{3}{5}\cdot\left(-\frac{12}{13}\right) + \left(-\frac{4}{5}\right)\cdot\left(-\frac{5}{13}\right) = -\frac{16}{65} \qquad //$$

問・3 α が第2象限の角，β が第4象限の角で，$\sin\alpha = \dfrac{1}{3}$, $\sin\beta = -\dfrac{2}{5}$ であるとき，$\sin(\alpha+\beta)$，$\cos(\alpha+\beta)$ の値を求めよ．

問・4 $0 < \alpha < \dfrac{\pi}{2}$，$0 < \beta < \dfrac{\pi}{2}$，$\tan\alpha = \dfrac{1}{2}$，$\tan\beta = \dfrac{1}{3}$ とするとき，$\tan(\alpha+\beta)$ の値および角 $\alpha+\beta$ を求めよ．

加法定理において，$\beta = \alpha$ とおくと

$$\sin 2\alpha = \sin(\alpha+\alpha) = \sin\alpha\cos\alpha + \cos\alpha\sin\alpha$$
$$= 2\sin\alpha\cos\alpha$$
$$\cos 2\alpha = \cos(\alpha+\alpha) = \cos\alpha\cos\alpha - \sin\alpha\sin\alpha$$
$$= \cos^2\alpha - \sin^2\alpha \qquad (5)$$

(5) の $\sin^2\alpha$ を $1-\cos^2\alpha$ でおきかえると

$$\cos 2\alpha = \cos^2\alpha - (1-\cos^2\alpha) = 2\cos^2\alpha - 1$$

また，(5) の $\cos^2\alpha$ を $1-\sin^2\alpha$ でおきかえると

$$\cos 2\alpha = (1-\sin^2\alpha) - \sin^2\alpha = 1 - 2\sin^2\alpha$$

さらに

$$\tan 2\alpha = \tan(\alpha + \alpha) = \frac{2\tan\alpha}{1 - \tan^2\alpha}$$

これらをまとめて，次の **2 倍角の公式**が得られる．

● 2 倍角の公式

$$\sin 2\alpha = 2\sin\alpha\cos\alpha$$

$$\cos 2\alpha = \cos^2\alpha - \sin^2\alpha = 2\cos^2\alpha - 1 = 1 - 2\sin^2\alpha$$

$$\tan 2\alpha = \frac{2\tan\alpha}{1 - \tan^2\alpha}$$

例題 2 α が第 3 象限の角で，$\sin\alpha = -\dfrac{2}{3}$ のとき，$\sin 2\alpha$ の値を求めよ．

解 条件より $\cos\alpha < 0$ だから

$$\cos\alpha = -\sqrt{1 - \sin^2\alpha} = -\sqrt{1 - \left(-\frac{2}{3}\right)^2} = -\frac{\sqrt{5}}{3}$$

したがって　$\sin 2\alpha = 2 \cdot \left(-\dfrac{2}{3}\right) \cdot \left(-\dfrac{\sqrt{5}}{3}\right) = \dfrac{4\sqrt{5}}{9}$　//

問・5 α が第 4 象限の角で，$\cos\alpha = \dfrac{3}{5}$ のとき，$\sin 2\alpha$，$\cos 2\alpha$，$\tan 2\alpha$ の値を求めよ．

2 倍角の公式 $\cos 2\alpha = 1 - 2\sin^2\alpha$ から

$$\sin^2\alpha = \frac{1 - \cos 2\alpha}{2} \tag{6}$$

また，$\cos 2\alpha = 2\cos^2\alpha - 1$ から

$$\cos^2\alpha = \frac{1 + \cos 2\alpha}{2} \tag{7}$$

(6), (7) から

$$\tan^2\alpha = \frac{\sin^2\alpha}{\cos^2\alpha} = \frac{\dfrac{1 - \cos 2\alpha}{2}}{\dfrac{1 + \cos 2\alpha}{2}} = \frac{1 - \cos 2\alpha}{1 + \cos 2\alpha} \tag{8}$$

(6), (7), (8) で α の代わりに $\dfrac{\alpha}{2}$ とおくと，次の**半角の公式**が得られる．

●半角の公式

$$\sin^2\frac{\alpha}{2}=\frac{1-\cos\alpha}{2},\qquad \cos^2\frac{\alpha}{2}=\frac{1+\cos\alpha}{2}$$

$$\tan^2\frac{\alpha}{2}=\frac{1-\cos\alpha}{1+\cos\alpha}$$

例 2 $\alpha=\frac{\pi}{4}$ とおくと，$\frac{\alpha}{2}=\frac{\pi}{8}$ だから半角の公式を用いて

$$\sin^2\frac{\pi}{8}=\frac{1}{2}\left(1-\cos\frac{\pi}{4}\right)=\frac{1}{2}\left(1-\frac{\sqrt{2}}{2}\right)=\frac{2-\sqrt{2}}{4}$$

$\sin\frac{\pi}{8}>0$ だから　$\sin\frac{\pi}{8}=\frac{\sqrt{2-\sqrt{2}}}{2}$

問・6 $\cos\frac{\pi}{8}$ の値を求めよ．

例題 3 $0<\alpha<\frac{\pi}{2}$ で $\cos\alpha=\frac{1}{9}$ のとき，$\sin\frac{\alpha}{2}$，$\cos\frac{\alpha}{2}$，$\tan\frac{\alpha}{2}$ の値を求めよ．

解 半角の公式を用いると　$\sin^2\frac{\alpha}{2}=\frac{1-\cos\alpha}{2}=\frac{1}{2}\left(1-\frac{1}{9}\right)=\frac{4}{9}$

$0<\frac{\alpha}{2}<\frac{\pi}{4}$ より，$\sin\frac{\alpha}{2}>0$ だから　$\sin\frac{\alpha}{2}=\frac{2}{3}$

同様にして

$$\cos^2\frac{\alpha}{2}=\frac{1+\cos\alpha}{2}=\frac{1}{2}\left(1+\frac{1}{9}\right)=\frac{5}{9}$$

$$\tan^2\frac{\alpha}{2}=\frac{1-\cos\alpha}{1+\cos\alpha}=\frac{1-\frac{1}{9}}{1+\frac{1}{9}}=\frac{4}{5}$$

$0<\frac{\alpha}{2}<\frac{\pi}{4}$ より，$\cos\frac{\alpha}{2}>0,\ \tan\frac{\alpha}{2}>0$ だから

$$\cos\frac{\alpha}{2}=\frac{\sqrt{5}}{3},\ \tan\frac{\alpha}{2}=\frac{2}{\sqrt{5}}$$ //

問・7 $\frac{\pi}{2}<\alpha<\pi$ で $\cos\alpha=-\frac{7}{9}$ のとき，$\sin\frac{\alpha}{2}$，$\cos\frac{\alpha}{2}$，$\tan\frac{\alpha}{2}$ の値を求めよ．

3 2 加法定理の応用

三角関数の積を三角関数の和または差に直す公式を求めよう．

加法定理から

$$\sin(\alpha+\beta)=\sin\alpha\cos\beta+\cos\alpha\sin\beta \qquad (1)$$

$$\sin(\alpha-\beta)=\sin\alpha\cos\beta-\cos\alpha\sin\beta \qquad (2)$$

(1)+(2) および (1)−(2) より

$$\sin(\alpha+\beta)+\sin(\alpha-\beta)=2\sin\alpha\cos\beta \qquad (3)$$

$$\sin(\alpha+\beta)-\sin(\alpha-\beta)=2\cos\alpha\sin\beta \qquad (4)$$

$\cos(\alpha+\beta)$, $\cos(\alpha-\beta)$ についても同様の公式が得られる．

これらの等式の両辺を 2 で割って，次の公式が得られる．

●積を和・差に直す公式

$$\sin\alpha\cos\beta=\frac{1}{2}\{\sin(\alpha+\beta)+\sin(\alpha-\beta)\}$$

$$\cos\alpha\sin\beta=\frac{1}{2}\{\sin(\alpha+\beta)-\sin(\alpha-\beta)\}$$

$$\cos\alpha\cos\beta=\frac{1}{2}\{\cos(\alpha+\beta)+\cos(\alpha-\beta)\}$$

$$\sin\alpha\sin\beta=-\frac{1}{2}\{\cos(\alpha+\beta)-\cos(\alpha-\beta)\}$$

例 3 $\sin 2\theta\cos\theta=\frac{1}{2}\{\sin(2\theta+\theta)+\sin(2\theta-\theta)\}=\frac{1}{2}(\sin 3\theta+\sin\theta)$

$\cos 75^\circ\cos 15^\circ=\frac{1}{2}\{\cos(75^\circ+15^\circ)+\cos(75^\circ-15^\circ)\}=\frac{1}{2}\cos 60^\circ=\frac{1}{4}$

問・8 次の式を和・差の形に直せ．

(1) $\cos 2\theta\cos 5\theta$　(2) $\sin 4\theta\sin 3\theta$　(3) $\cos 5\theta\sin 3\theta$

(3) において，$\alpha+\beta=A$, $\alpha-\beta=B$ とおくと

$$\alpha=\frac{A+B}{2},\quad \beta=\frac{A-B}{2}$$

5章 三角関数

したがって，(3) を A, B で表すと

$$\sin A + \sin B = 2\sin\frac{A+B}{2}\cos\frac{A-B}{2}$$

同様にして，三角関数の和・差を積に直す次の公式が得られる．

●和・差を積に直す公式

$$\sin A + \sin B = 2\sin\frac{A+B}{2}\cos\frac{A-B}{2}$$
$$\sin A - \sin B = 2\cos\frac{A+B}{2}\sin\frac{A-B}{2}$$
$$\cos A + \cos B = 2\cos\frac{A+B}{2}\cos\frac{A-B}{2}$$
$$\cos A - \cos B = -2\sin\frac{A+B}{2}\sin\frac{A-B}{2}$$

例 4

$$\begin{aligned}\cos 15^\circ - \cos 75^\circ &= -2\sin\frac{15^\circ + 75^\circ}{2}\sin\frac{15^\circ - 75^\circ}{2}\\ &= -2\sin 45^\circ \sin(-30^\circ)\\ &= -2\cdot\frac{\sqrt{2}}{2}\cdot\left(-\frac{1}{2}\right) = \frac{\sqrt{2}}{2}\end{aligned}$$

問・9 次の式を積の形に直せ．

(1)　$\sin 5\theta + \sin 3\theta$　　(2)　$\cos 2\theta + \cos 4\theta$　　(3)　$\sin 6\theta - \sin 2\theta$

加法定理を利用すると

$$a\sin x + b\cos x \quad （ただし\ a,\ b\ は定数）$$

という形の式を 1 つの三角関数で表すことができる．

座標平面上に点 $\mathrm{P}(a,\ b)$ をとり，X 軸の正の向きを始線としたときの動径 OP の表す角を α とすると

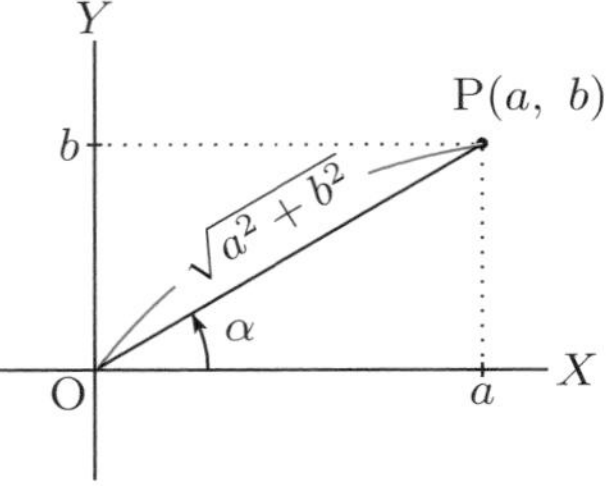

$$\mathrm{OP} = \sqrt{a^2 + b^2}$$

$$\cos\alpha = \frac{a}{\sqrt{a^2+b^2}},\quad \sin\alpha = \frac{b}{\sqrt{a^2+b^2}}$$

よって，$a = \sqrt{a^2+b^2}\cos\alpha$, $b = \sqrt{a^2+b^2}\sin\alpha$ となるから

$$a\sin x + b\cos x = \sqrt{a^2+b^2}\cos\alpha\sin x + \sqrt{a^2+b^2}\sin\alpha\cos x$$
$$= \sqrt{a^2+b^2}(\sin x\cos\alpha + \cos x\sin\alpha)$$
$$= \sqrt{a^2+b^2}\sin(x+\alpha)$$

したがって，次の公式が得られる．

●三角関数の合成

$$a\sin x + b\cos x = \sqrt{a^2+b^2}\sin(x+\alpha)$$

ただし　$\cos\alpha = \dfrac{a}{\sqrt{a^2+b^2}}$，$\sin\alpha = \dfrac{b}{\sqrt{a^2+b^2}}$

例 5　$y = \sqrt{3}\sin x - \cos x$ を 1 つの三角関数で表す場合は，$a = \sqrt{3}$，$b = -1$ として，座標平面上に点 $\mathrm{P}(\sqrt{3},\ -1)$ をとる．$\mathrm{OP} = \sqrt{\left(\sqrt{3}\right)^2 + 1^2} = 2$ だから，$\cos\alpha = \dfrac{\sqrt{3}}{2}$，$\sin\alpha = -\dfrac{1}{2}$ を満たす α を求めると，図より　$\alpha = -\dfrac{\pi}{6}$

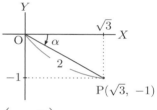

よって，1 つの三角関数で表すと　$y = 2\sin\left(x - \dfrac{\pi}{6}\right)$

問・10　次の式を 1 つの三角関数で表せ．

(1)　$y = \sin x + \cos x$　　(2)　$y = \sin x - \sqrt{3}\cos x$

例題 4　関数 $y = \sin x + \sqrt{3}\cos x\ (0 \leqq x \leqq 2\pi)$ の最大値と最小値，およびそのときの x の値を求めよ．

解　点 $\mathrm{P}(1,\ \sqrt{3})$ をとると

$$\mathrm{OP} = \sqrt{1^2 + (\sqrt{3})^2} = 2$$

また，$\cos\alpha = \dfrac{1}{2}$，$\sin\alpha = \dfrac{\sqrt{3}}{2}$ より　$\alpha = \dfrac{\pi}{3}$

これから　$y = \sin x + \sqrt{3}\cos x = 2\sin\left(x + \dfrac{\pi}{3}\right)$

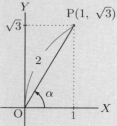

$0 \leqq x \leqq 2\pi$ より，$\dfrac{\pi}{3} \leqq x + \dfrac{\pi}{3} \leqq 2\pi + \dfrac{\pi}{3}$ であり

$x + \dfrac{\pi}{3} = \dfrac{\pi}{2}$　すなわち　$x = \dfrac{\pi}{6}$ のとき　最大値 $2\sin\dfrac{\pi}{2} = 2$

$x + \dfrac{\pi}{3} = \dfrac{3}{2}\pi$　すなわち　$x = \dfrac{7}{6}\pi$ のとき　最小値 $2\sin\dfrac{3}{2}\pi = -2$　//

●注…　$y = \sin x$，$y = \sqrt{3}\cos x$，$y = \sin x + \sqrt{3}\cos x$ のグラフを重ねてかくと図のようになる．

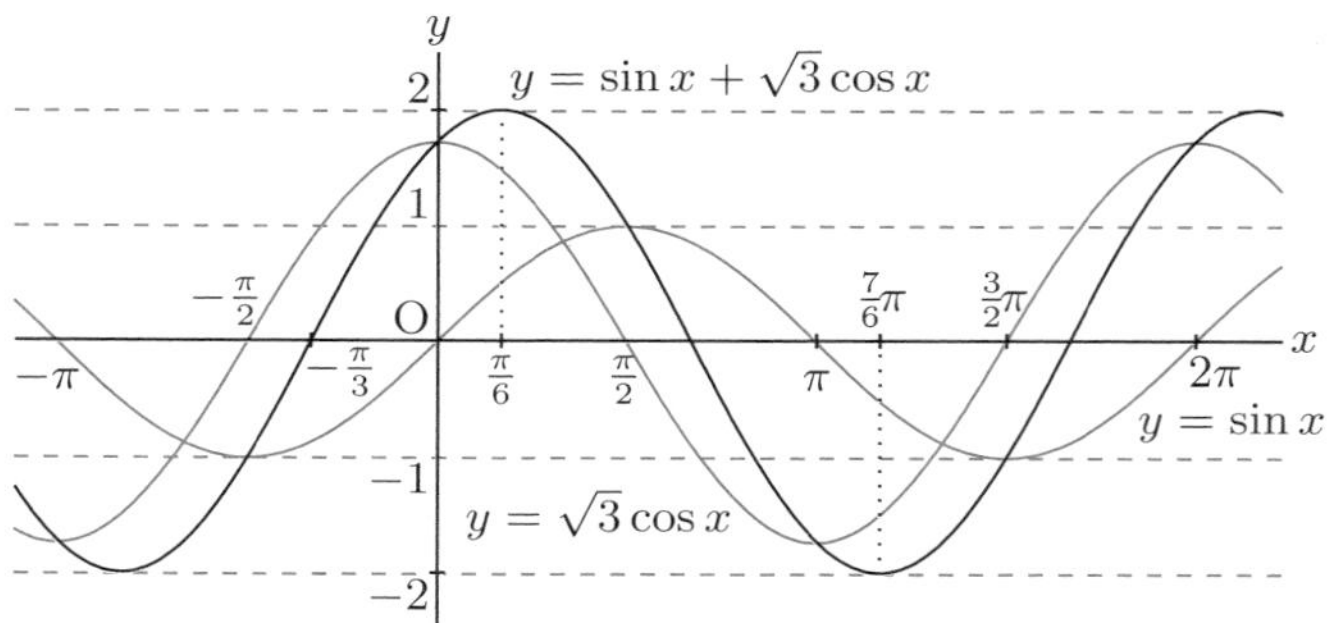

問・11 関数 $y = \sin x - \cos x$ $(0 \leqq x \leqq 2\pi)$ の最大値と最小値，およびそのときの x の値を求めよ．

コラム

音と三角関数

楽器から出る音には，三角関数で表される多くの音の成分が含まれる．このうち，音の高さを定める基準の成分を基音といい，基音の周期の $\dfrac{1}{n}$ 倍（n は 2 以上の整数）の周期をもつ成分を倍音という．すなわち，基音を表す三角関数が $y = \sin x$ のとき，倍音は $y = \sin 2x$，$y = \sin 3x$，$\cdots$ で表される．

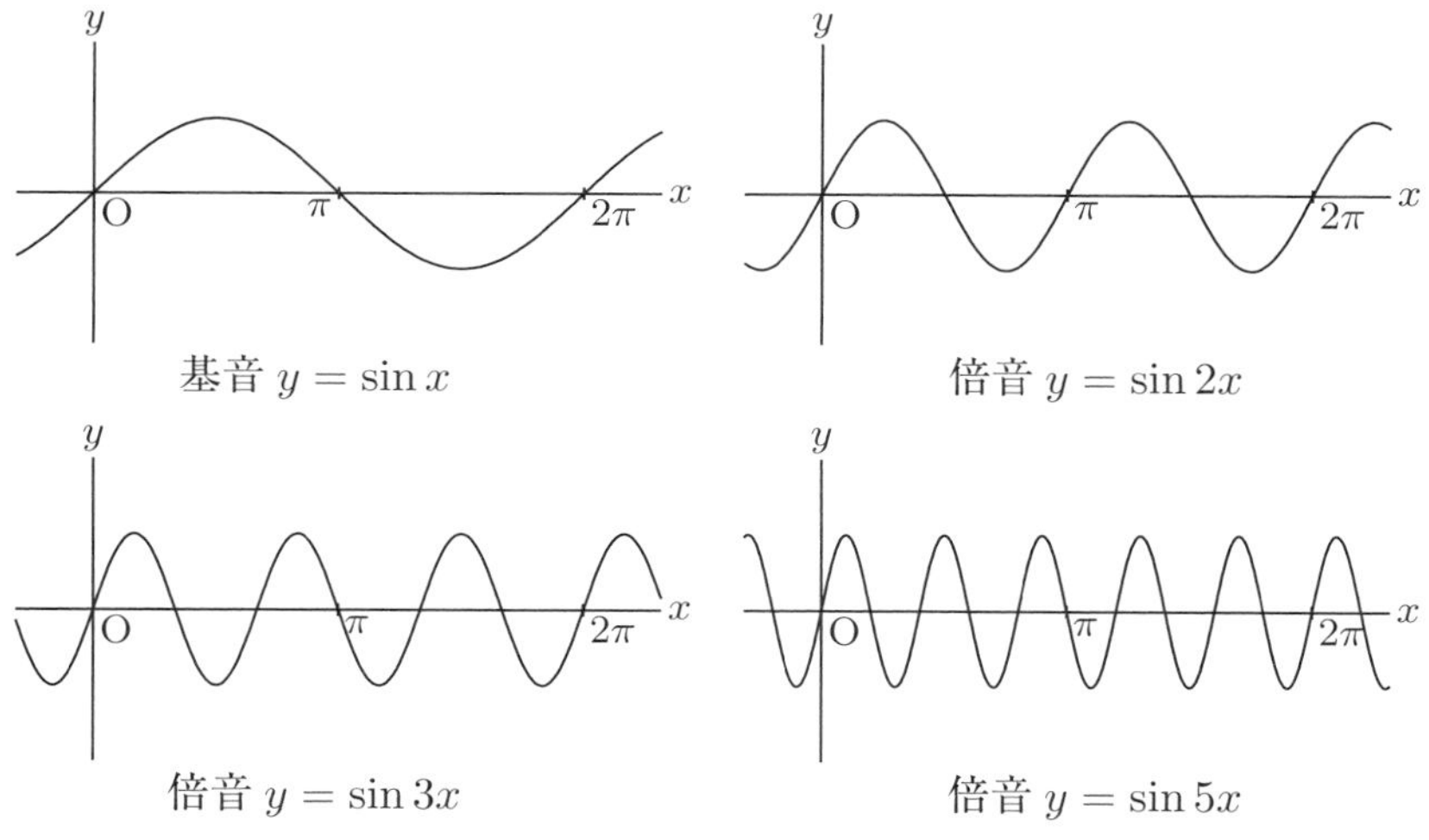

基音 $y = \sin x$　倍音 $y = \sin 2x$

倍音 $y = \sin 3x$　倍音 $y = \sin 5x$

音の高さが同じでも楽器によって音色が違うのは，倍音を表す三角関数の係数が異なると波形が大きく変わるからである．以下の例は，上から

(1)　2 倍音 $-\dfrac{1}{2}$，3 倍音 $\dfrac{1}{3}$

(2)　2 倍音 $-\dfrac{1}{2}$，3 倍音 $\dfrac{1}{3}$，5 倍音 $-\dfrac{1}{5}$

(3)　3 倍音 $\dfrac{1}{3}$，5 倍音 $\dfrac{1}{5}$

(4)　3 倍音 $\dfrac{1}{3}$，5 倍音 $\dfrac{1}{5}$，7 倍音 $\dfrac{1}{7}$

の場合のグラフである．

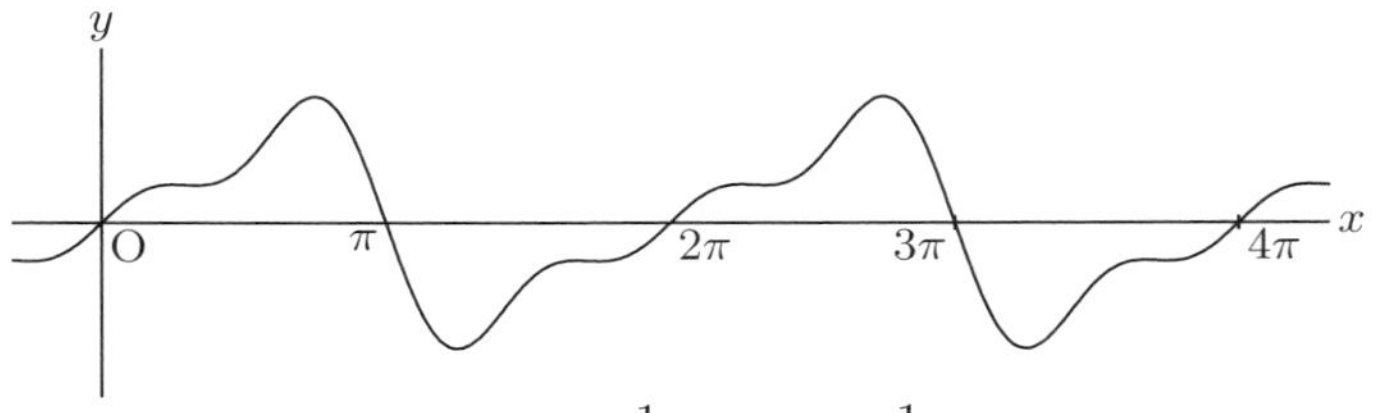

(1) $y = \sin x - \dfrac{1}{2}\sin 2x + \dfrac{1}{3}\sin 3x$

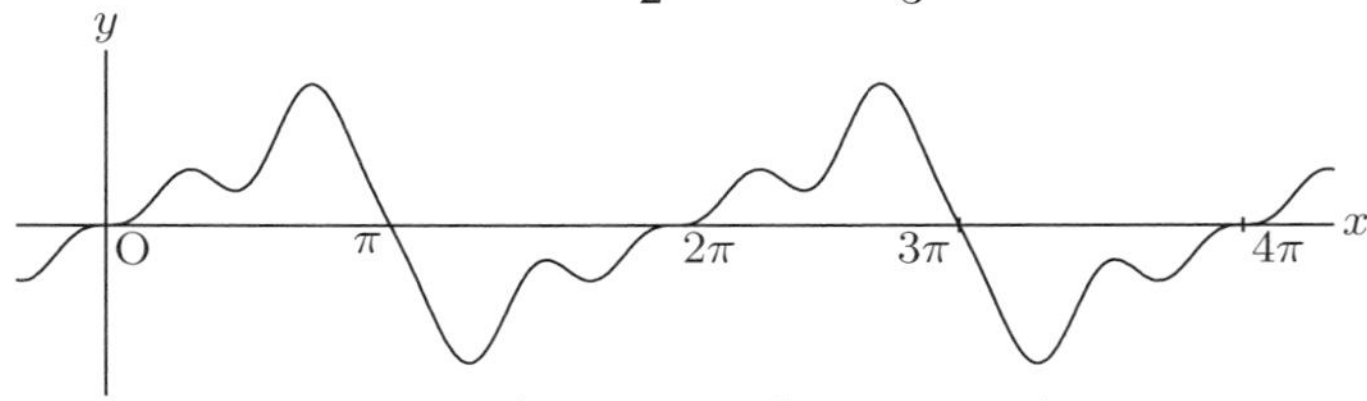

(2) $y = \sin x - \dfrac{1}{2}\sin 2x + \dfrac{1}{3}\sin 3x - \dfrac{1}{5}\sin 5x$

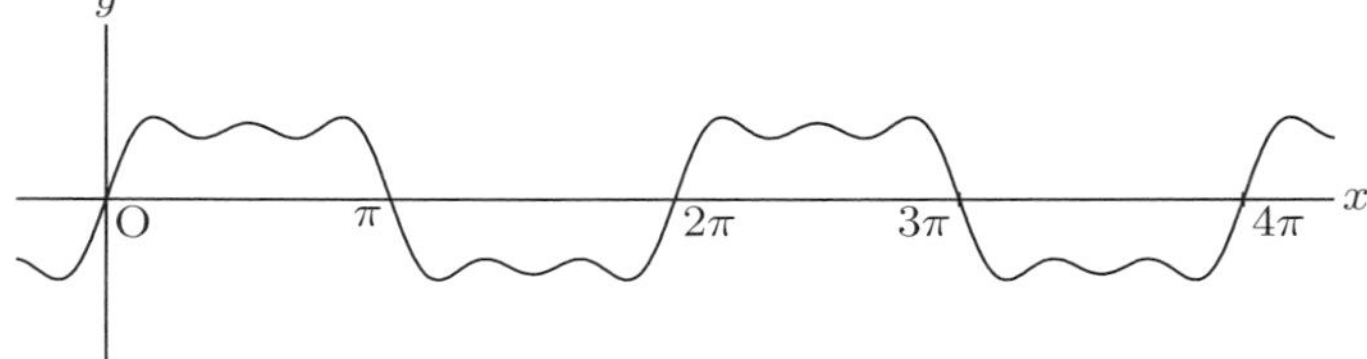

(3)$y = \sin x + \dfrac{1}{3}\sin 3x + \dfrac{1}{5}\sin 5x$

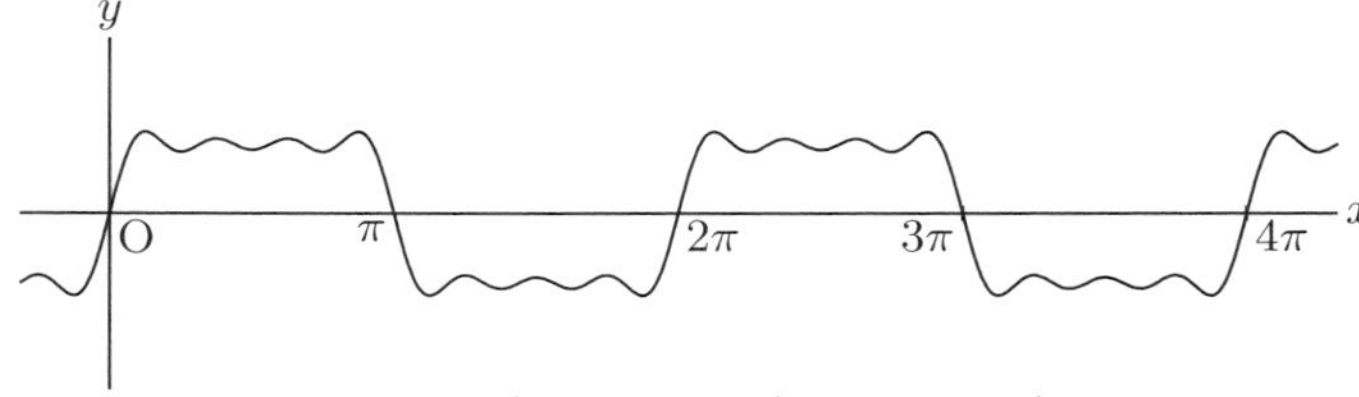

(4)$y = \sin x + \dfrac{1}{3}\sin 3x + \dfrac{1}{5}\sin 5x + \dfrac{1}{7}\sin 7x$

練習問題 3・A

1. α, β がともに鈍角で，$\tan\alpha = -\dfrac{1}{2}, \cos\beta = -\dfrac{4}{5}$ のとき，次の値を求めよ．

(1) $\sin(\alpha+\beta)$　(2) $\cos(\alpha+\beta)$　(3) $\tan(\alpha-\beta)$

2. $\sin\alpha = -\dfrac{2\sqrt{2}}{3}$，$\pi < \alpha < \dfrac{3}{2}\pi$ のとき，$\sin 2\alpha$，$\cos 2\alpha$，$\sin\dfrac{\alpha}{2}$，$\cos\dfrac{\alpha}{2}$ の値を求めよ．

3. 次の等式を証明せよ．

(1) $\dfrac{\sin(\alpha+\beta)}{\sin(\alpha-\beta)} = \dfrac{\tan\alpha+\tan\beta}{\tan\alpha-\tan\beta}$

(2) $\tan\left(\dfrac{\pi}{4}+x\right)\tan\left(\dfrac{\pi}{4}-x\right) = 1$

4. 次の 3 倍角の公式を証明せよ．

(1) $\sin 3\theta = 3\sin\theta - 4\sin^3\theta$　(2) $\cos 3\theta = 4\cos^3\theta - 3\cos\theta$

5. 次の式を簡単な形にせよ．

(1) $\sin\theta\cos 3\theta + \sin\theta\cos 5\theta + \sin\theta\cos 7\theta$

(2) $\sin\theta\sin 3\theta + \sin\theta\sin 5\theta + \sin\theta\sin 7\theta$

6. 次の式を 1 つの三角関数で表せ．

(1) $-\sqrt{3}\sin x + \cos x$　(2) $3\cos x + \sqrt{3}\sin x$

7. 関数 $y = -\sin x + \cos x$ の最大値と最小値，およびそのときの x の値を求めよ．ただし，$0 \leqq x < 2\pi$ とする

練習問題 3・B

1. △ABC において，次の等式が成り立つことを証明せよ．

$$a\cos\left(B-\frac{\pi}{3}\right)+b\cos\left(A+\frac{\pi}{3}\right)=\frac{c}{2}$$

2. 次の式の値を求めよ．

(1) $\cos 80^\circ - \cos 20^\circ + \cos 40^\circ$　　(2) $\cos 10^\circ \cos 50^\circ \cos 70^\circ$

3. 次の問いに答えよ．

(1) $\theta = 18^\circ$ のとき，$\sin 2\theta = \cos 3\theta$ が成り立つことを証明せよ．

(2) $\sin 18^\circ$ の値を求めよ．

4. $0 \leqq x \leqq \pi$ のとき，関数 $f(x) = 2\sin^2 x + \sin x \cos x + \cos^2 x$ の最大値と最小値を求めよ．

5. $\tan\alpha = t$ とおくとき，次の式を証明せよ．

$$\sin 2\alpha = \frac{2t}{1+t^2},\quad \cos 2\alpha = \frac{1-t^2}{1+t^2},\quad \tan 2\alpha = \frac{2t}{1-t^2}$$

6. 次の方程式を解け．ただし，$0 \leqq x < 2\pi$ とする．

(1) $\sin 2x = \cos x$　　(2) $\cos 2x + 3\cos x - 1 = 0$

(3) $\sin x + \sqrt{3}\cos x = 1$　　(4) $\cos x - \sin x = 1$

7. 次の不等式を解け．ただし，$0 \leqq x < 2\pi$ とする．

(1) $\sin 2x + \sin x > 0$　　(2) $\cos 2x - \sin x \geqq 0$

8. 次の等式を証明せよ．ただし，i は虚数単位である．

$$(\cos\alpha + i\sin\alpha)(\cos\beta + i\sin\beta) = \cos(\alpha+\beta) + i\sin(\alpha+\beta)$$

6章 図形と式

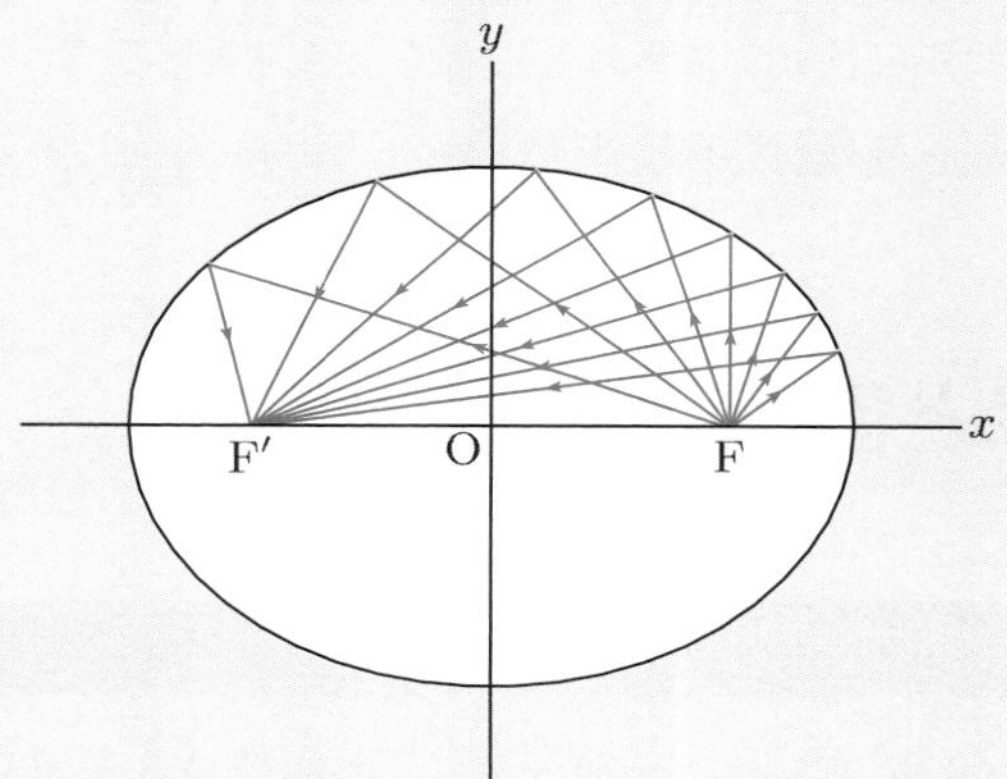

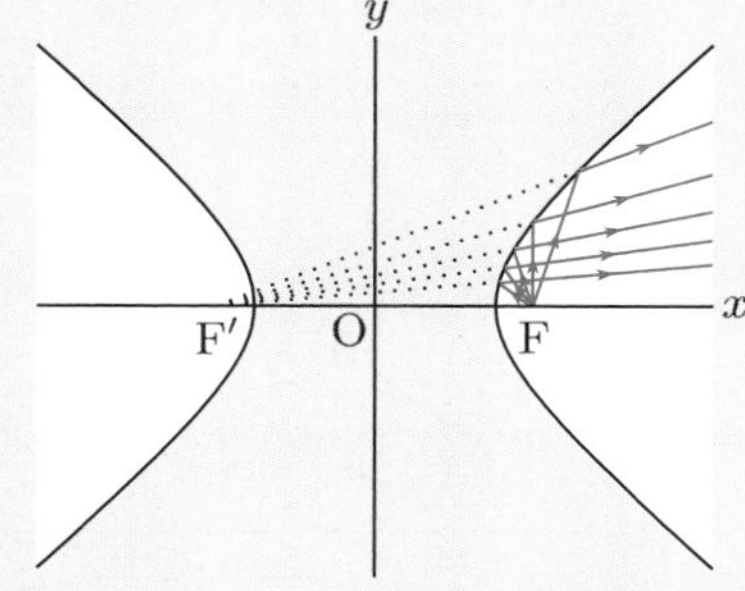

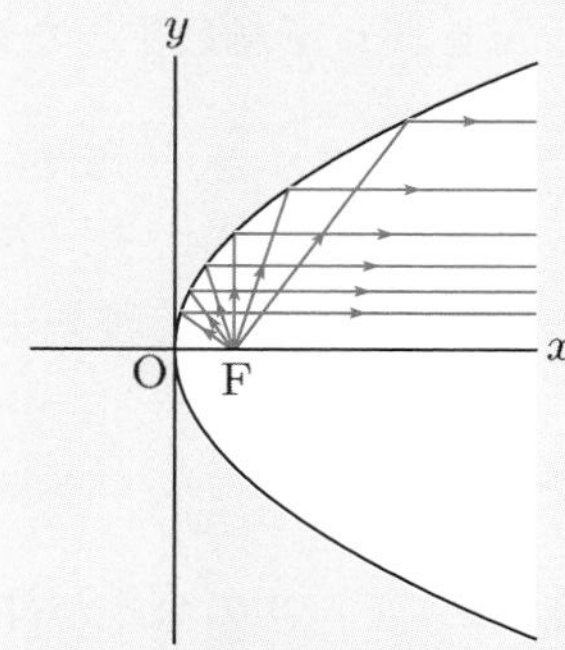

（F, F′ は焦点）

●この章を学ぶために

図形の性質を調べる数学の分野を幾何というが，本章で学ぶのは，座標を用いて図形を数式で表して，その性質を調べるもので，座標幾何と呼ばれる．ある図形上の点を $(x,\ y)$ とおくとき，$x,\ y$ の関係式ができる．これをその図形の方程式という．直線および円の方程式はそれぞれ $x,\ y$ の1次式および2次式となる．方程式が2次式で表される曲線を2次曲線という．本章では，これらの図形の方程式と性質について学ぶ．

1　点と直線

1　1　2点間の距離と内分点

座標平面上の2点 $A(x_1,\ y_1)$，$B(x_2,\ y_2)$ の距離 AB を求めよう．

A を通り x 軸に平行な直線と，B を通り y 軸に平行な直線との交点を C とすると

$$AC = |x_2 - x_1|,\ \ BC = |y_2 - y_1|$$

よって，三平方の定理より

$$\begin{aligned} AB^2 &= AC^2 + BC^2 \\ &= (x_2 - x_1)^2 + (y_2 - y_1)^2 \end{aligned}$$

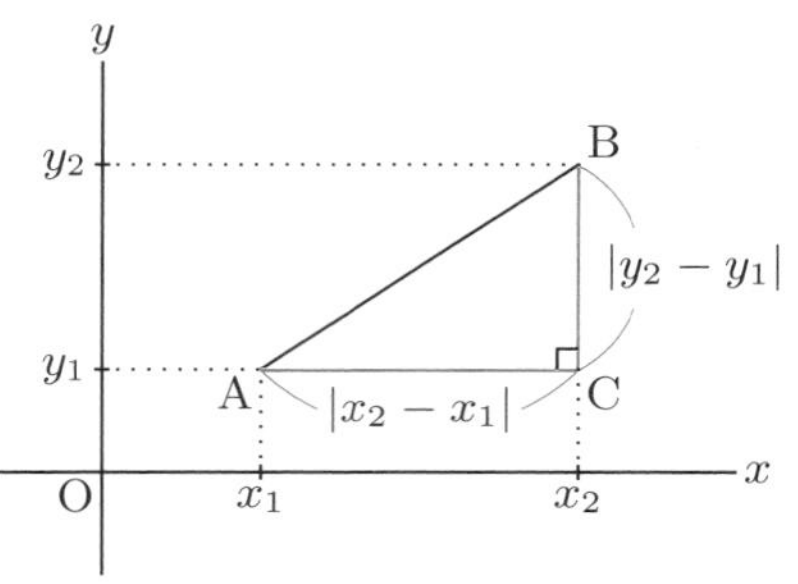

したがって，次の公式が得られる．

●2点間の距離

> 2点 $A(x_1,\ y_1)$，$B(x_2,\ y_2)$ の距離 AB は
>
> $$AB = \sqrt{(x_2 - x_1)^2 + (y_2 - y_1)^2}$$
>
> 特に，原点 $O(0,\ 0)$ と点 A との距離は　$OA = \sqrt{{x_1}^2 + {y_1}^2}$

例 1　$A(0,\ -1)$，$B(3,\ 2)$ のとき　$AB = \sqrt{(3-0)^2 + (2+1)^2} = 3\sqrt{2}$

問・1　$A(1,\ -3)$，$B(2,\ 4)$ のとき，AB，OA，OB を求めよ．

例題 1 2点 A(1, −1), B(4, 2) から等距離にある x 軸上の点 P の座標を求めよ.

解 点 P の座標を $(x,\ 0)$ とすると, AP = BP だから

$$\sqrt{(x-1)^2+(0+1)^2}=\sqrt{(x-4)^2+(0-2)^2}$$

両辺を 2 乗して

$$(x-1)^2+1=(x-4)^2+4$$

$$x^2-2x+2=x^2-8x+20$$

これを解いて　$x=3$

したがって, 点 P の座標は　(3, 0)　//

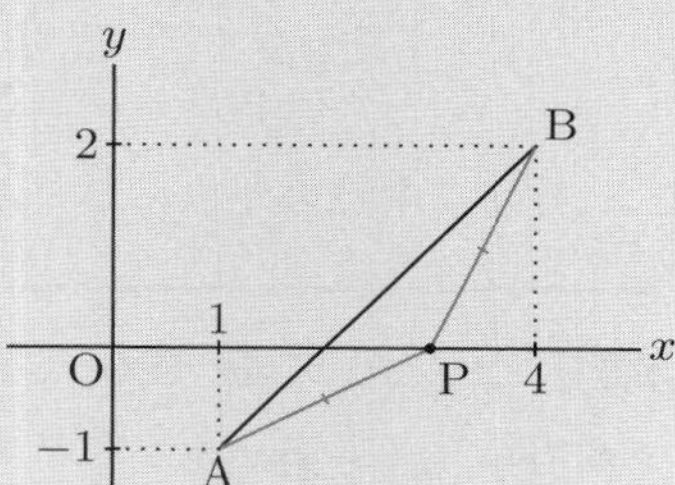

問・2 2点 A(2, 5), B(6, 3) から等距離にある y 軸上の点 P の座標を求めよ.

線分 AB 上に点 P があって, 正の数 m, n に対し

$$\mathrm{AP}:\mathrm{PB}=m:n$$

が成り立つとき, 点 P は線分 AB を $m:n$ の比に**内分する**といい, 点 P を線分 AB の**内分点**という.

$\mathrm{A}(x_1,\ y_1)$, $\mathrm{B}(x_2,\ y_2)$ のとき, 内分点 P の座標 $(x,\ y)$ を求めよう.

点 A, P, B から x 軸に垂線 AA′, PP′, BB′ を引くと

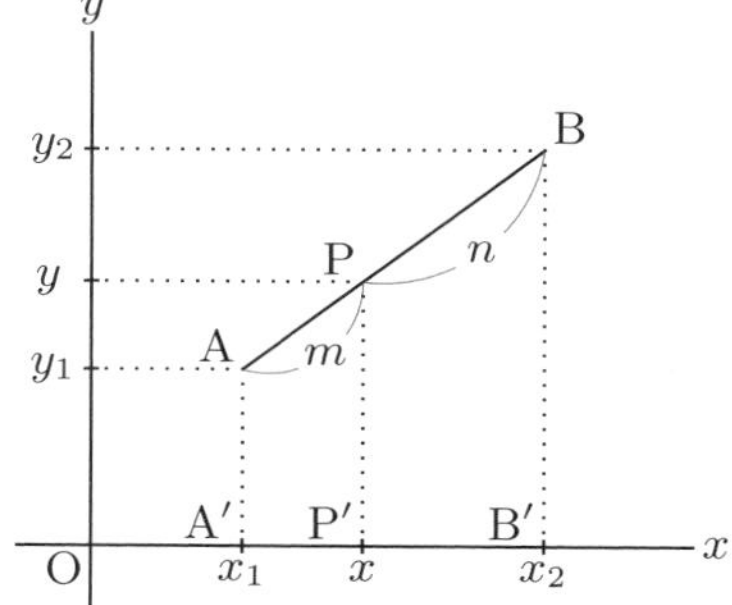

$$\mathrm{A'P'}:\mathrm{P'B'}=\mathrm{AP}:\mathrm{PB}=m:n$$

$x_1<x_2$ のとき, $\mathrm{A'P'}=x-x_1$, $\mathrm{P'B'}=x_2-x$ より

$$(x-x_1):(x_2-x)=m:n$$

これから x を求めると $x = \dfrac{nx_1 + mx_2}{m+n}$ (1)

$x_1 \geqq x_2$ のときも (1) が成り立つ.

y についても同様な式が得られ，次の公式が得られる.

●内分点の座標

2点 $(x_1,\ y_1), (x_2,\ y_2)$ を結ぶ線分を $m:n$ の比に内分する点の座標は

$$\left(\frac{nx_1 + mx_2}{m+n},\ \frac{ny_1 + my_2}{m+n}\right)$$

特に，中点の座標は $\left(\dfrac{x_1 + x_2}{2},\ \dfrac{y_1 + y_2}{2}\right)$

例 2 2点 A(1, 4), B(5, −2) を結ぶ線分 AB を 2 : 3 の比に内分する点を $\mathrm{P}(x,\ y)$ とおくと

$$x = \frac{3\cdot 1 + 2\cdot 5}{2+3} = \frac{13}{5},\quad y = \frac{3\cdot 4 + 2\cdot(-2)}{2+3} = \frac{8}{5}$$

よって，P の座標は $\left(\dfrac{13}{5},\ \dfrac{8}{5}\right)$

問・3 2点 A(−2, 3), B(5, −1) を結ぶ線分 AB を 1 : 2 の比に内分する点 P，2 : 1 の比に内分する点 Q，および線分 AB の中点 M の座標を求めよ.

任意の三角形ABCにおいて, 辺BC, CA, AB の中点をそれぞれ L, M, N とするとき, 線分 AL, BM, CN は1点で交わり, その交点 G は各線分を 2 : 1 の比に内分する．このことを, 内分点の座標の公式を用いて証明しよう.

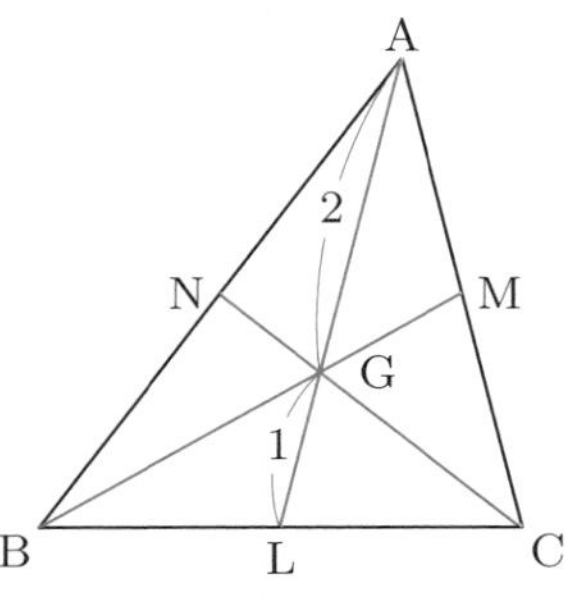

3点を $\mathrm{A}(x_1,\ y_1), \mathrm{B}(x_2,\ y_2), \mathrm{C}(x_3,\ y_3)$ とする．辺BC の中点 L の座標は

$$\left(\frac{x_2 + x_3}{2},\ \frac{y_2 + y_3}{2}\right)$$

よって，AL を 2 : 1 の比に内分する点を G$(x,\ y)$ とすると

$$x = \frac{1 \times x_1 + 2 \times \dfrac{x_2 + x_3}{2}}{2+1} = \frac{x_1 + x_2 + x_3}{3}$$

$$y = \frac{1 \times y_1 + 2 \times \dfrac{y_2 + y_3}{2}}{2+1} = \frac{y_1 + y_2 + y_3}{3}$$

同様に，辺 CA の中点 M の座標は $\left(\dfrac{x_3 + x_1}{2},\ \dfrac{y_3 + y_1}{2}\right)$ となるから，BM を 2 : 1 の比に内分する点の座標を求めると

$$\left(\frac{x_1 + x_2 + x_3}{3},\ \frac{y_1 + y_2 + y_3}{3}\right)$$

となり，G の座標と一致する．CN についても同じである．

したがって，直線 AL, BM, CN は G で交わり，G は各線分を 2 : 1 の比に内分する．G を △ABC の**重心**という．

●三角形の重心

3 点 A$(x_1,\ y_1)$, B$(x_2,\ y_2)$, C$(x_3,\ y_3)$ を頂点とする △ABC の重心 G の座標は

$$\left(\frac{x_1 + x_2 + x_3}{3},\ \frac{y_1 + y_2 + y_3}{3}\right)$$

例 3　3 点 A(1, −2), B(5, 3), C(4, 6) を頂点とする △ABC の重心の座標を $(x,\ y)$ とおくと

$$x = \frac{1+5+4}{3} = \frac{10}{3},\quad y = \frac{-2+3+6}{3} = \frac{7}{3}$$

よって，重心の座標は　$\left(\dfrac{10}{3},\ \dfrac{7}{3}\right)$

問・4　3 点 (2, −5), (4, 3), (−3, 1) を頂点とする三角形の重心の座標を求めよ．

問・5　3 点 A(1, 5), B(6, 0), C$(x,\ y)$ を頂点とする △ABC の重心の座標が (2, 1) であるとき，$x,\ y$ の値を求めよ．

6 章 図形と式

1 2 直線の方程式

座標平面上に1つの図形が与えられたとする．図形上の任意の点の座標を (x, y) とするとき，x，y の間に成り立つ関係式をその**図形の方程式**という．

いろいろな直線の方程式を考えよう．

まず，73ページで学んだ1次関数のグラフと y 軸に平行な直線をまとめると，次のようになる．

●直線の方程式 (1)

傾き m，切片 n の直線の方程式は　　$y = mx + n$

$m = 0$ のときは，$y = n$ となり，x 軸に平行な直線を表す．

点 $(k, 0)$ を通り，y 軸に平行な直線の方程式は　　$x = k$

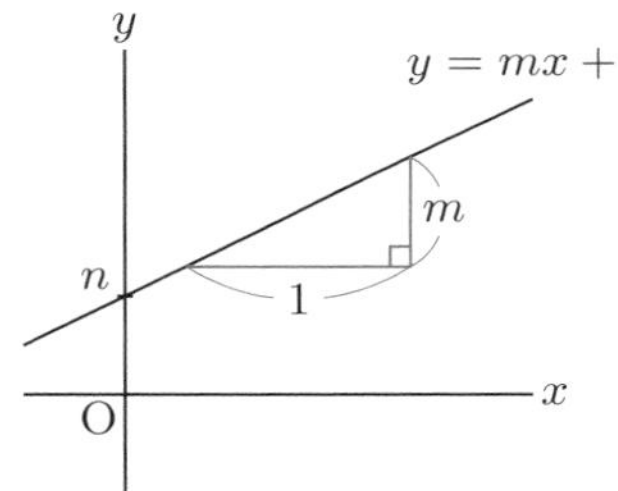

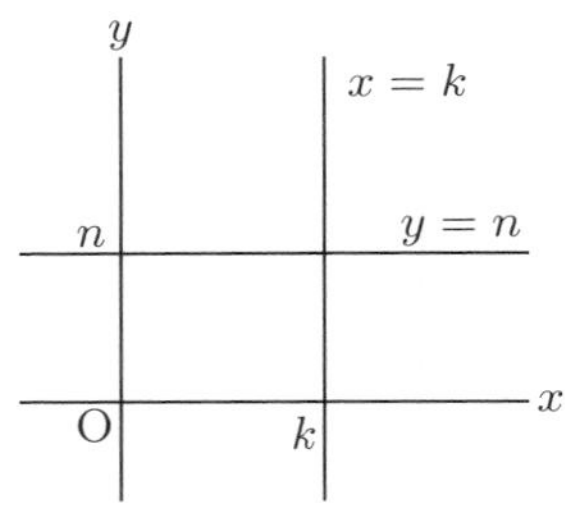

点 $A(x_1, y_1)$ を通り，傾き m の直線 ℓ の方程式を求めよう．

直線 ℓ 上のAと異なる任意の点Pの座標を (x, y) とすると，APの傾きは $\dfrac{y - y_1}{x - x_1}$ だから

$$\frac{y - y_1}{x - x_1} = m$$

が成り立つ．よって

$$y - y_1 = m(x - x_1) \qquad (1)$$

点Aにおいても，明らかに (1) が成り立つ．

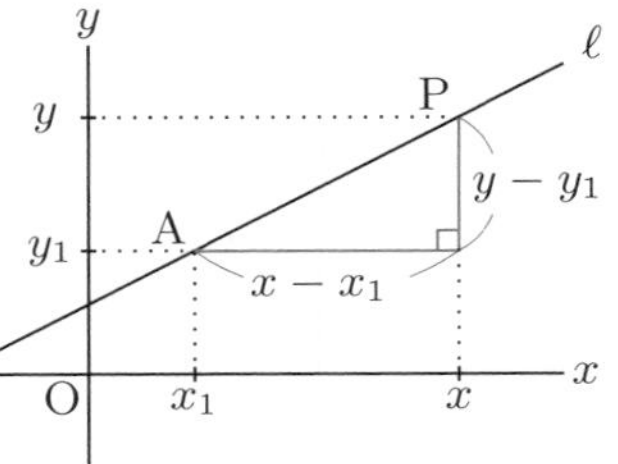

●直線の方程式 (2)

点 $(x_1,\ y_1)$ を通り，傾き m の直線の方程式は

$$y-y_1=m(x-x_1)$$

例 4 点 $(2,\ -1)$ を通り，傾き $\dfrac{1}{2}$ の直線の方程式は

$y-(-1)=\dfrac{1}{2}(x-2)$ より $y=\dfrac{1}{2}x-2$

問・6 次の直線の方程式を求めよ.

(1) 点 $(1,\ 3)$ を通り，傾きが 2 の直線

(2) 点 $(-1,\ 0)$ を通り，x 軸となす角が 60° で正の傾きをもつ直線

2 点 $\mathrm{A}(x_1,\ y_1)$, $\mathrm{B}(x_2,\ y_2)$ を通る直線 ℓ の方程式を求めよう.

$x_1 \neq x_2$ のとき，直線 ℓ の傾きを m とすると $m=\dfrac{y_2-y_1}{x_2-x_1}$

直線 ℓ は点 A を通るから

$$y-y_1=\frac{y_2-y_1}{x_2-x_1}(x-x_1)$$

$x_1=x_2$ のとき，ℓ は y 軸に平行だから，その方程式は $x=x_1$ である.

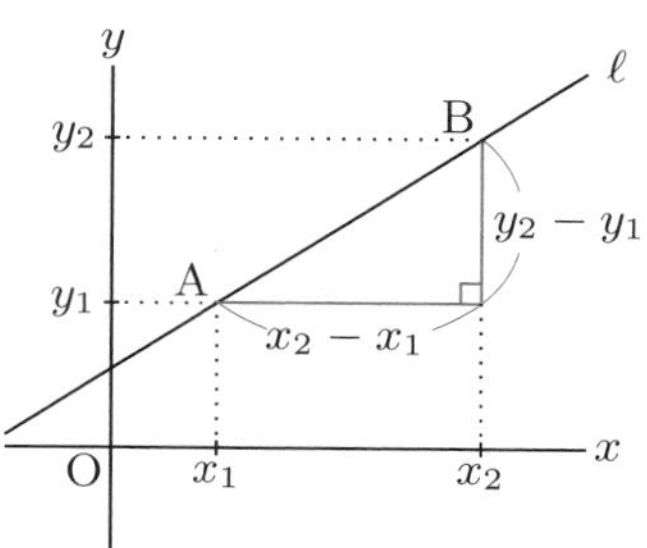

●直線の方程式 (3)

2 点 $(x_1,\ y_1)$, $(x_2,\ y_2)$ を通る直線の方程式は

$x_1 \neq x_2$ のとき $y-y_1=\dfrac{y_2-y_1}{x_2-x_1}(x-x_1)$

$x_1=x_2$ のとき $x=x_1$

例 5 2 点 $(1,\ -1)$, $(3,\ 4)$ を通る直線の方程式は

$y-(-1)=\dfrac{4-(-1)}{3-1}(x-1)$ より $y=\dfrac{5}{2}x-\dfrac{7}{2}$

問・7 次の 2 点を通る直線の方程式を求めよ．

(1) (2, 1), (4, 7)　　(2) (1, −3), (5, −3)

(3) (3, −1), (−5, 2)　　(4) (2, −2), (2, 1)

直線 $y=mx+n$, $x=k$ はそれぞれ次のように変形することができる．

$$mx+(-1)y+n=0, \qquad 1\cdot x+0\cdot y-k=0$$

他も同様であり，直線の方程式は x, y の 1 次方程式で表される．

●直線の方程式 (4)

$$ax+by+c=0 \quad (a \neq 0 \text{ または } b \neq 0)$$

例 6 (1) $2x-y+1=0$ は，傾き 2，切片 1 の直線の方程式である．

(2) $5x-4=0$ は，x 軸上の点 $\left(\dfrac{4}{5},\ 0\right)$ を通り，y 軸に平行な直線の方程式である．

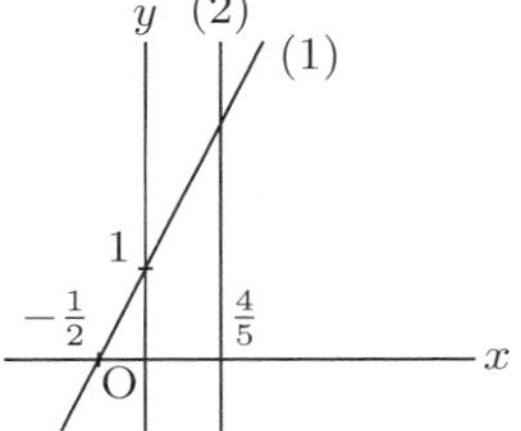

問・8 次の方程式の表す直線をかけ．

(1) $4x-3y+5=0$　(2) $3x+4=0$　(3) $2y-5=0$

1 3 2 直線の関係

2 直線

$$\ell \ : y=mx+n$$

$$\ell' : y=m'x+n'$$

の関係を調べよう．

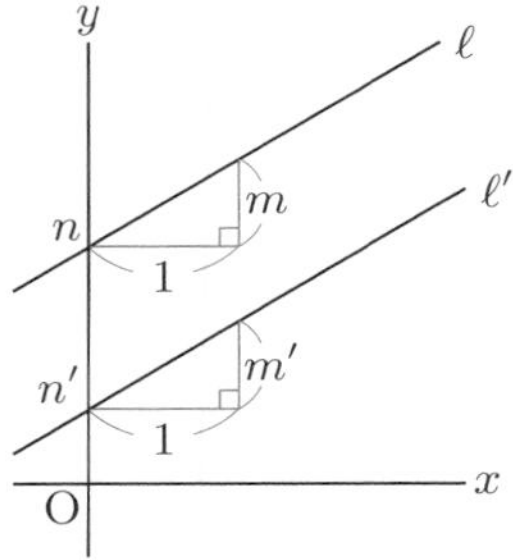

まず，傾きと切片の定義から次のことがわかる．

$m=m'$, $n \neq n'$ のとき，ℓ と ℓ' は平行

$m=m'$, $n=n'$ のとき，ℓ と ℓ' は一致

次に，$m \neq 0$, $m' \neq 0$ のとき，ℓ と ℓ' が垂直となる条件を求めよう．

2 直線 ℓ, ℓ' を平行移動して原点を通るようにすると，方程式はそれぞれ $y = mx$, $y = m'x$ となる．これらの直線上に点 $\mathrm{P}(1,\ m)$, $\mathrm{Q}(1,\ m')$ をとる．ℓ, ℓ' が垂直ならば，三平方の定理より

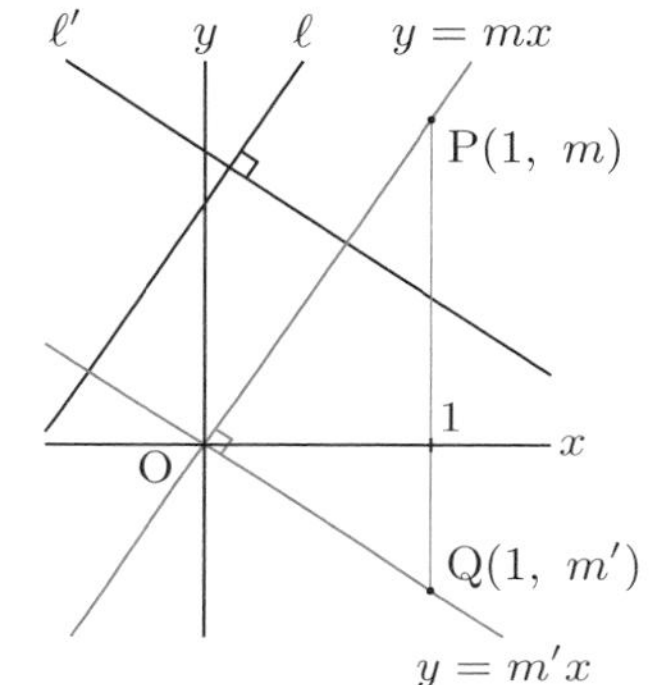

$$\mathrm{OP}^2+\mathrm{OQ}^2 = \mathrm{PQ}^2$$

すなわち

$$(1^2 + m^2) + (1^2 + m'^2) = (m - m')^2$$

これから　$mm' = -1$

また，$mm' = -1$ が成り立てば，2 直線は垂直になることがわかる．

6章 図形と式

● 2 直線の平行・垂直条件

2 直線 $y = mx + n$, $y = m'x + n'$ について

平行または一致の条件	$m = m'$
垂直条件	$mm' = -1$

例題 2 点 $(2,\ 4)$ を通り，直線 $2x + 3y - 6 = 0$ に平行な直線と垂直な直線の方程式を求めよ．

解　直線の傾きは　$m = -\dfrac{2}{3}$

平行な直線の方程式は

$$y - 4 = -\frac{2}{3}(x - 2)$$

$$\therefore\quad 2x + 3y - 16 = 0$$

また，垂直な直線の傾き m' は

$-\dfrac{2}{3}m' = -1$ より　$m' = \dfrac{3}{2}$

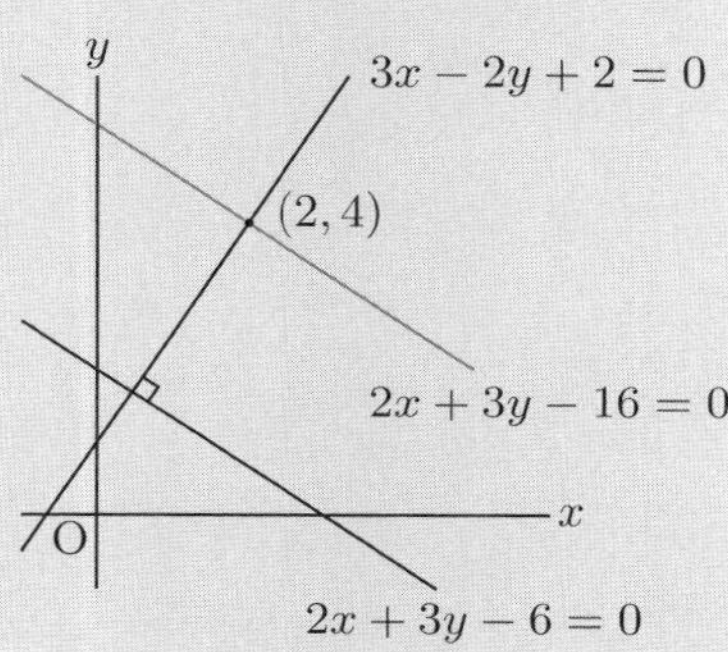

よって，求める方程式は　$y-4=\frac{3}{2}(x-2)$

$\therefore\quad 3x-2y+2=0$ //

問・9 次の条件を満たす直線の方程式を求めよ．

(1)　点 $(3,\ 5)$ を通り，直線 $y=2x$ に平行な直線

(2)　点 $(1,\ -3)$ を通り，直線 $3x-4y+2=0$ に垂直な直線

(3)　点 $(-2,\ 1)$ を通り，直線 $x-1=0$ に平行な直線

(4)　点 $(5,\ 4)$ を通り，y 軸に垂直な直線

問・10 $\mathrm{A}(3,\ 1)$, $\mathrm{B}(5,\ -3)$ のとき，線分 AB の垂直二等分線の方程式を求めよ．

練習問題 1・A

1. A(1, -1), B(-5, 2) のとき $2\text{AP} = \text{BP}$ を満たす x 軸上の点 P の座標を求めよ．

2. 3 点 (3, 0), (2, 7), (-4, -1) から等距離にある点の座標を求めよ．

3. 2 点 (2, 5), (a, b) を結ぶ線分を 1 : 3 の比に内分する点が (1, 4) であるという．a, b の値を求めよ．

4. 3 点 (3, 1), (-1, 6), (a, 2) を頂点とする三角形の重心が直線 $y = x + 1$ 上にあるという．a の値を求めよ．

5. 次の直線の方程式を求めよ．

(1) A(2, 3), B(5, -2) とするとき，線分 AB の垂直二等分線

(2) 2 点 (-1, 1), (4, -3) を通る直線に平行で，点 (1, -2) を通る直線

(3) 2 直線 $3x - 4y - 5 = 0$, $2x + y - 7 = 0$ の交点を通り，直線 $2x - 3y + 1 = 0$ に平行な直線

6. 2 点 (-2, 4), (7, 1) を結ぶ線分を 2 : 1 の比に内分する点を通り，この線分に垂直な直線の方程式を求めよ．

7. 3 直線 $2x - 3y + 8 = 0$, $x - 4y + 9 = 0$, $kx - 2y + 1 = 0$ が 1 点で交わるように定数 k の値を定めよ．

8. 2 直線 $ax + by + c = 0$, $a'x + b'y + c' = 0$ について，次のことが成り立つ．これを $b \neq 0$, $b' \neq 0$ の場合に証明せよ．

(1) 2 直線が平行または一致の条件は　$ab' = a'b$

(2) 2 直線が垂直の条件は　$aa' + bb' = 0$

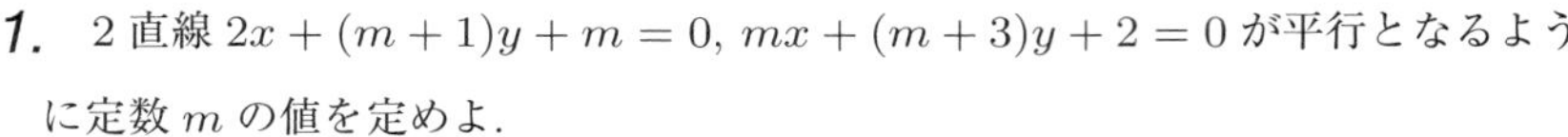

1. 2 直線 $2x+(m+1)y+m=0$, $mx+(m+3)y+2=0$ が平行となるように定数 m の値を定めよ．

2. 直線 $y=3x-1$ に関して点 $(2,\ 1)$ と対称な点の座標を求めよ．

3. 平行な 2 直線 $4x+3y+1=0$, $4x+3y-5=0$ に垂直に交わる直線がこの平行な 2 直線によって切り取られる線分の長さを求めよ．

4. $\mathrm{A}(x_1,\ y_1)$, $\mathrm{B}(x_2,\ y_2)$, $\mathrm{C}(x_3,\ y_3)$ を頂点とする $\triangle\mathrm{ABC}$ の辺 BC, CA, AB を $m:n$ の比に内分する点を，それぞれ P, Q, R とするとき，$\triangle\mathrm{ABC}$ と $\triangle\mathrm{PQR}$ の重心は一致することを証明せよ．ただし，$m>0$, $n>0$ とする．

5. 原点を通り，直線 $\ell : ax+by+c=0$ に垂直な直線が ℓ と交わる点を H とするとき，次の問いに答えよ．

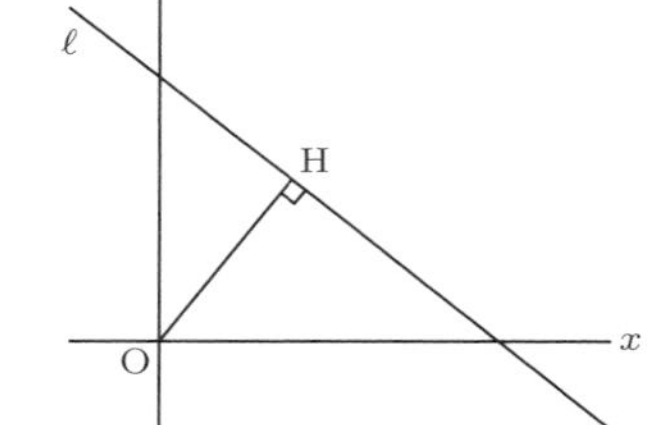

(1) 点 H の座標を求めよ．

(2) O と ℓ との距離 OH は次の式で与えられることを証明せよ．

$$\mathrm{OH}=\frac{|c|}{\sqrt{a^2+b^2}}$$

6. 点 $(x_1,\ y_1)$ と直線 $ax+by+c=0$ との距離 d は，次の式で与えられることを証明せよ．

$$d=\frac{|ax_1+by_1+c|}{\sqrt{a^2+b^2}}$$

2 2次曲線

2 1 円の方程式

ある条件を満たしながら動く点Pの描く図形を点Pの**軌跡**という．円は定点Cからの距離が一定の値 r である点の描く軌跡である．定点Cをその円の中心，r を半径という．

円の方程式を求めよう．

円の中心をC$(a,\ b)$，半径を r，円周上の点をP$(x,\ y)$ とすると，CP $= r$ だから

$$\sqrt{(x-a)^2+(y-b)^2}=r$$

両辺を2乗して

$$(x-a)^2+(y-b)^2=r^2 \qquad (1)$$

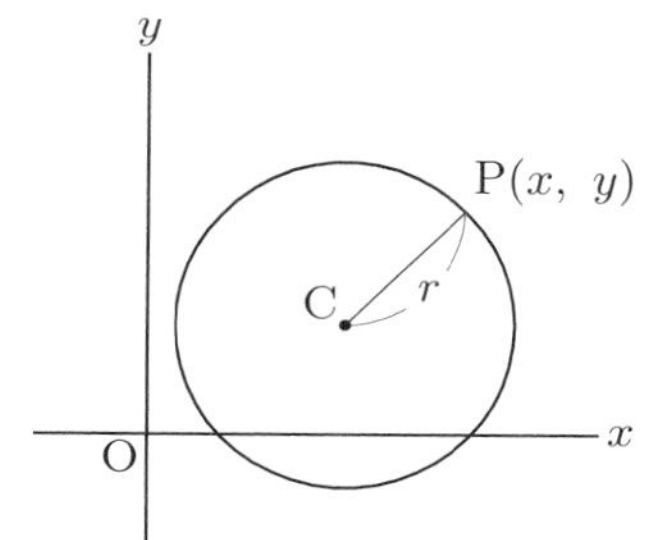

●円の方程式

点 $(a,\ b)$ を中心とする半径 r の円の方程式は

$$(x-a)^2+(y-b)^2=r^2$$

特に，原点を中心とする半径 r の円の方程式は

$$x^2+y^2=r^2$$

例 1 点 $(3,\ -2)$ を中心とする半径4の円の方程式は

$$(x-3)^2+(y+2)^2=16$$

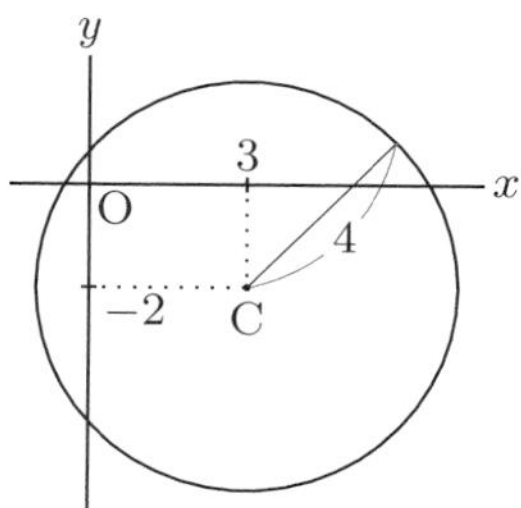

問・1 次の円の方程式を求めよ．

(1) 中心 $(-2,\ 1)$，半径3の円

(2) 点 $(1,\ -1)$ を通り，原点を中心とする円

(3) 2点 $(6,\ 1)$，$(-2,\ 7)$ を直径の両端とする円

方程式 (1) を展開すると

$$x^2+y^2-2ax-2by+a^2+b^2-r^2=0$$

となる．したがって，円の方程式は次の形に書くこともできる．

$$\boldsymbol{x^2+y^2+Ax+By+C=0} \qquad \textbf{(}\boldsymbol{A,\ B,\ C}\ \textbf{は定数)} \quad (2)$$

例 2　方程式 $x^2+y^2-2x+8y-10=0$ を変形すると

$$x^2-2x+1+y^2+8y+16=10+1+16$$

よって　$(x-1)^2+(y+4)^2=27$

これは中心 $(1,\ -4)$，半径 $\sqrt{27}=3\sqrt{3}$ の円を表す．

●注…… (2) は常に円を表すわけではない．例えば

$x^2+y^2-2x+8y+18=0$ を変形すると　$(x-1)^2+(y+4)^2=-1$

したがって，$x^2+y^2-2x+8y+18=0$ を満たす点はない．

問・2　次の方程式で表される円の中心と半径を求めよ．

(1)　$x^2+y^2+6x-4y-3=0$　　(2)　$x^2+y^2-x-2y+1=0$

例題 1　点 P$(-2,\ -1)$, Q$(2,\ -3)$, R$(0,\ 3)$ を通る円の方程式を求めよ．また，その中心と半径を求めよ．

解　求める円の方程式を

$$x^2+y^2+Ax+By+C=0$$

とおく．3 点の座標を代入すると

$$\begin{cases} 4+1-2A-B+C=0 \\ 4+9+2A-3B+C=0 \\ 9+3B+C=0 \end{cases}$$

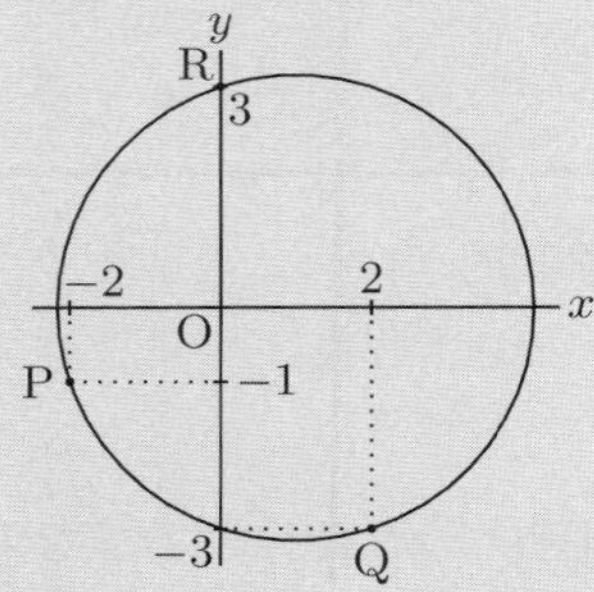

この連立方程式を解くと　$A=-2,\ B=0,\ C=-9$

したがって，求める円の方程式は　$x^2+y^2-2x-9=0$　　①

また，①は $(x-1)^2+y^2=10$ と変形されるから

中心は $(1,\ 0)$，半径は $\sqrt{10}$ //

問・3 3点 $(1,\ -1)$, $(2,\ 1)$, $(3,\ -2)$ を通る円の方程式を求めよ．また，その中心と半径を求めよ．

例題 2 2点を $\mathrm{A}(-3,\ 0)$, $\mathrm{B}(3,\ 0)$ とするとき，$\mathrm{AP}:\mathrm{BP}=2:1$ を満たす点Pの軌跡を求めよ．

解 点Pの座標を $(x,\ y)$ とすると

$$\mathrm{AP}=\sqrt{(x+3)^2+y^2}$$

$$\mathrm{BP}=\sqrt{(x-3)^2+y^2}$$

$\mathrm{AP}=2\mathrm{BP}$ だから

$$\sqrt{(x+3)^2+y^2}=2\sqrt{(x-3)^2+y^2}$$

両辺を2乗して整理すると

$$(x-5)^2+y^2=16$$

よって，求める軌跡は，中心 $(5,\ 0)$，半径4の円である． //

6章 図形と式

問・4 $\mathrm{A}(2,\ 0)$, $\mathrm{B}(-6,\ 4)$ のとき，$\mathrm{AP}^2+\mathrm{BP}^2=42$ を満たす点Pの軌跡を求めよ．

一般に，方程式が x, y の2次式で与えられる曲線を**2次曲線**という．円は方程式 (2) で表されるから，2次曲線である．放物線 $y=ax^2+bx+c$ も2次曲線である．また，分数関数

$$y=\frac{cx+d}{ax+b}\ (a\neq 0) \tag{3}$$

を変形すると

$$axy+by-cx-d=0$$

となるから，(3) の表す曲線も2次曲線である．

②2 いろいろな2次曲線

▶▶ 楕円

a, b を正の定数とするとき，円 $x^2+y^2=a^2$ を y 軸方向に $\dfrac{b}{a}$ 倍に縮小または拡大すると，下図の曲線になる．

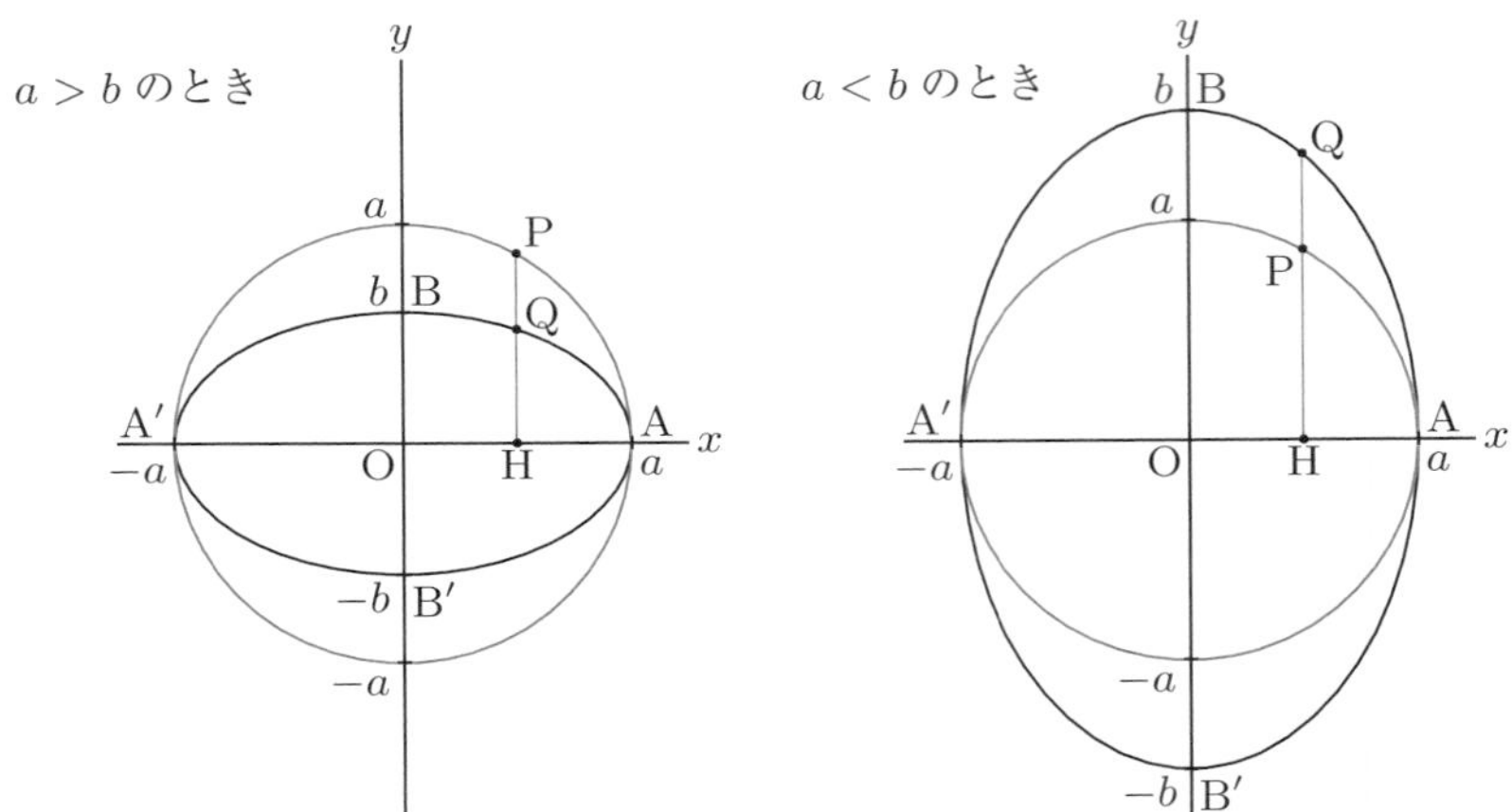

このようにしてできる曲線を**楕円**という．

円上の点 P の座標を $(x,\ y)$，楕円上の点 Q の座標を $(X,\ Y)$ とすると

$$x^2+y^2=a^2 \qquad (1)$$

$$\begin{cases} X=x \\ Y=\dfrac{b}{a}y \end{cases} \quad \text{これから} \quad \begin{cases} x=X \\ y=\dfrac{a}{b}Y \end{cases} \qquad (2)$$

(2) を (1) に代入すると

$$X^2+\frac{a^2}{b^2}Y^2=a^2 \quad \text{すなわち} \quad \frac{X^2}{a^2}+\frac{Y^2}{b^2}=1$$

したがって，楕円の方程式は次のようになる．

$$\frac{x^2}{a^2}+\frac{y^2}{b^2}=1 \qquad (3)$$

これを**楕円の方程式の標準形**という．楕円 (3) と x 軸との交点は，$\mathrm{A}(a,\ 0)$，$\mathrm{A}'(-a,\ 0)$ で，y 軸との交点は $\mathrm{B}(0,\ b)$，$\mathrm{B}'(0,\ -b)$ である．

A, A′, B, B′ を楕円の**頂点**といい，原点 O を**中心**という．$a > b$ のとき，横長の楕円，$a < b$ のとき，縦長の楕円になる．AA′, BB′ のうち，長い方を**長軸**，短い方を**短軸**という．楕円は長軸，短軸に関して対称である．

楕円 (3) において

$a > b$ のとき　F$(c,\ 0)$, F′$(-c,\ 0)$　（ただし $c = \sqrt{a^2 - b^2}$）

$a < b$ のとき　F$(0,\ c)$, F′$(0,\ -c)$　（ただし $c = \sqrt{b^2 - a^2}$）

により 2 点 F, F′ を定める．このとき，楕円上の任意の点 P について，PF + PF′ の値は一定であることが証明される．F, F′ を楕円の**焦点**という．

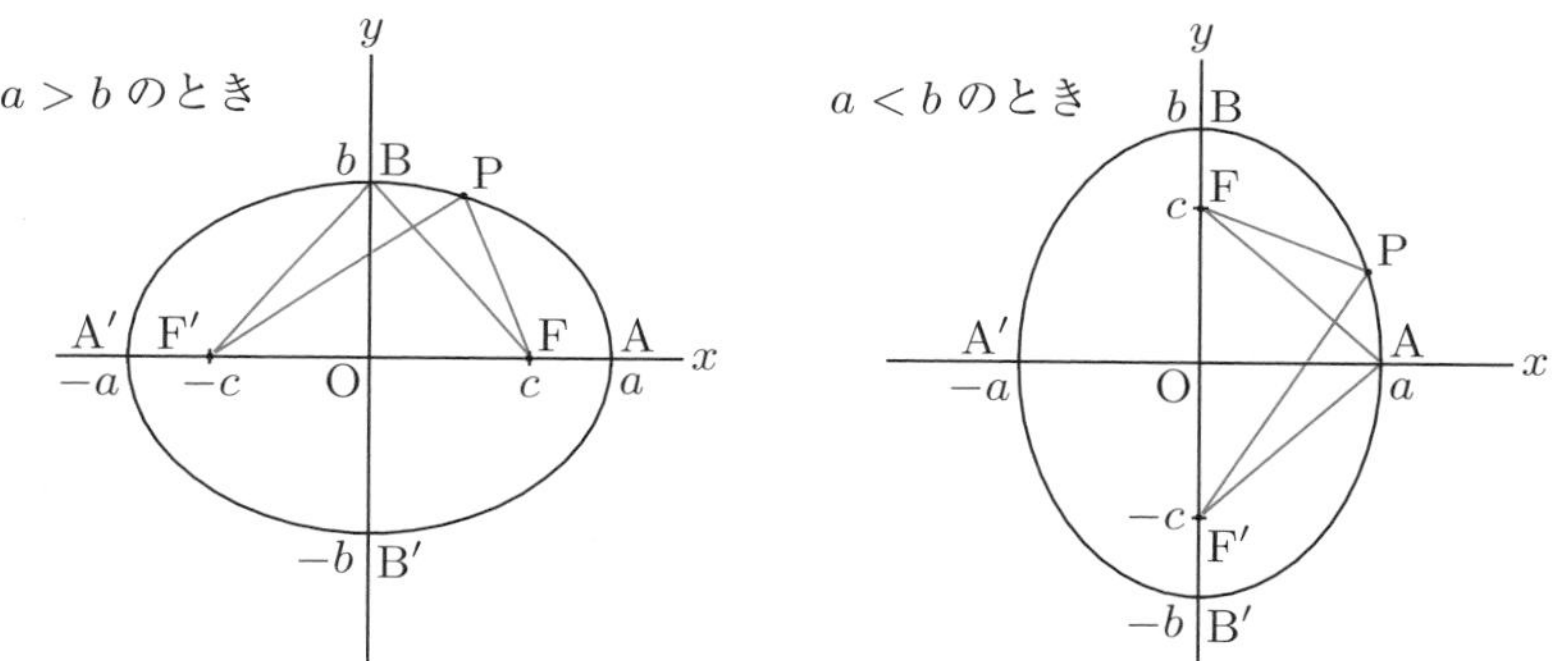

●**注**…PF + PF′ は一定の値をとるが，$a > b$ のとき

$$\mathrm{AF} + \mathrm{AF'} = (a - c) + (a + c) = 2a$$

$$\mathrm{BF} + \mathrm{BF'} = 2\sqrt{c^2 + b^2} = 2\sqrt{(a^2 - b^2) + b^2} = 2\sqrt{a^2} = 2a$$

となることから，PF + PF′ $= 2a$ となることがわかる．

また，$a < b$ のときは PF + PF′ $= 2b$ となる．

楕円は 2 焦点からの距離の和が一定である点の描く軌跡である．また，楕円に沿って曲線状の鏡をおいたとき，1 つの焦点から発せられる光はすべて他の焦点に集まることが知られている．

●楕円の方程式

楕円の方程式　$\dfrac{x^2}{a^2}+\dfrac{y^2}{b^2}=1$　$(a>0,\ b>0)$

$a>b$ のとき

焦点 $\mathrm{F}(c,\ 0),\ \mathrm{F}'(-c,\ 0)$　(ただし $c=\sqrt{a^2-b^2}$)

長軸の長さ $2a$，短軸の長さ $2b$

$a<b$ のとき

焦点 $\mathrm{F}(0,\ c),\ \mathrm{F}'(0,\ -c)$　(ただし $c=\sqrt{b^2-a^2}$)

長軸の長さ $2b$，短軸の長さ $2a$

例 3　$\dfrac{x^2}{9}+\dfrac{y^2}{4}=1$ のとき

$a=3,\quad b=2,\quad c=\sqrt{3^2-2^2}=\sqrt{5}$

したがって，この楕円の焦点は　$\mathrm{F}(\sqrt{5},\ 0),\ \mathrm{F}'(-\sqrt{5},\ 0)$

長軸，短軸の長さはそれぞれ　6，4

例 4　焦点が $(0,\ 3)$，$(0,\ -3)$ で，長軸の長さが 12 のとき，縦長の楕円で

$c=3,\quad b=6$

また，$c^2=b^2-a^2$ より　$a^2=b^2-c^2=6^2-3^2=27$

したがって，この楕円の方程式は　$\dfrac{x^2}{27}+\dfrac{y^2}{36}=1$

問•5　4 点 $(6,\ 0)$，$(-6,\ 0)$，$(0,\ 5)$，$(0,\ -5)$ を頂点とする楕円の方程式と焦点の座標を求めよ．

問•6　次の楕円の焦点の座標，長軸および短軸の長さを求め，概形をかけ．

(1)　$\dfrac{x^2}{49}+\dfrac{y^2}{16}=1$　(2)　$9x^2+y^2=9$　(3)　$9x^2+16y^2=9$

問•7　2 点 $(4,\ 0)$，$(-4,\ 0)$ を焦点とし，短軸の長さが 6 の楕円の方程式を求め，概形をかけ．

問•8　2 点 $(0,\ 2)$，$(0,\ -2)$ を焦点とし，短軸の長さが 4 の楕円の方程式を求め，概形をかけ．

双曲線

a, b を正の定数とするとき，方程式

$$\frac{x^2}{a^2}-\frac{y^2}{b^2}=1 \qquad (4)$$

で表される図形を**双曲線**といい，(4) を**双曲線の方程式の標準形**という．双曲線 (4) の概形は図のようになる．

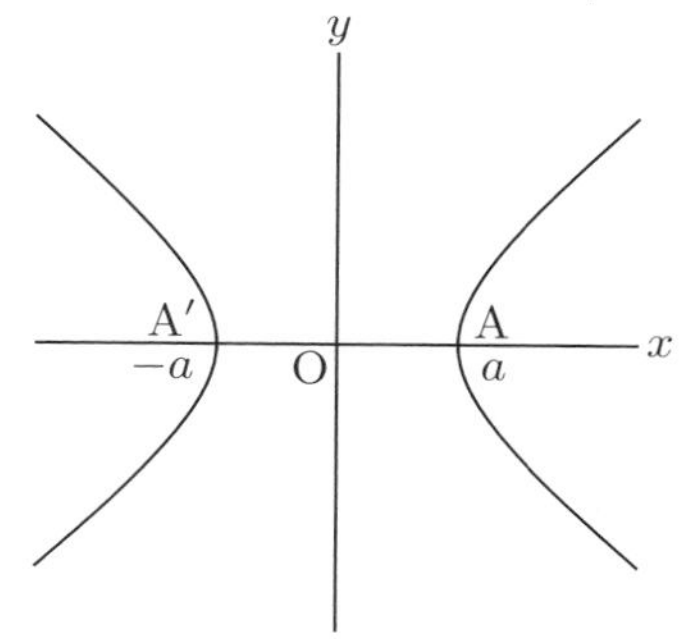

双曲線 (4) の性質を調べよう．

まず，(4) は x 軸，y 軸に関して対称であり，x 軸との交点は $\mathrm{A}(a,\ 0)$, $\mathrm{A}'(-a,\ 0)$ で，y 軸との共有点はない．A, A′ を**頂点**，原点 O を**中心**といい，AA′ を**主軸**という．

双曲線 (4) において，$c=\sqrt{a^2+b^2}$ とおくとき，$\mathrm{F}(c,\ 0)$, $\mathrm{F}'(-c,\ 0)$ を双曲線の**焦点**という．このとき，双曲線上の任意の点 P について，$|\mathrm{PF}-\mathrm{PF}'|$ の値は常に $2a$ であることが証明される．すなわち，双曲線は 2 焦点からの距離の差が一定である点の描く軌跡である．

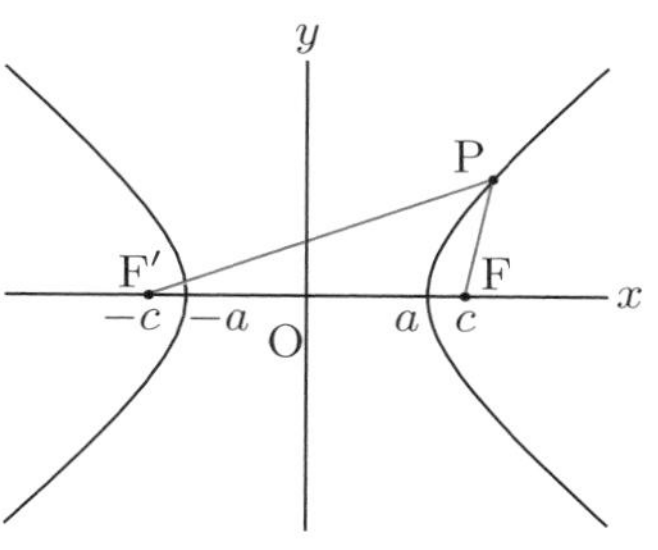

双曲線は漸近線をもつことが次のようにして示される．

$x>0$, $y>0$ とし，(4) を変形すると

$$\left(\frac{x}{a}-\frac{y}{b}\right)\left(\frac{x}{a}+\frac{y}{b}\right)=1$$

$$\frac{x}{a}-\frac{y}{b}=\frac{1}{\dfrac{x}{a}+\dfrac{y}{b}}$$

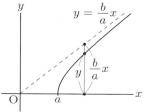

曲線上の点 $(x,\ y)$ が原点から限りなく遠ざかると，右辺の分母の値は限りなく大きくなり，$\dfrac{x}{a}-\dfrac{y}{b}=\dfrac{1}{b}\left(\dfrac{b}{a}x-y\right)$ の値は限りなく 0 に近づく．よって，直線 $y=\dfrac{b}{a}x$ は双曲線の漸近線である．

他の象限についても同様に，漸近線

$$y = \pm \frac{b}{a} x$$

が求められる．

以上より，標準形

$$\frac{x^2}{a^2} - \frac{y^2}{b^2} = 1$$

で表される双曲線について，次の公式が成り立つ．

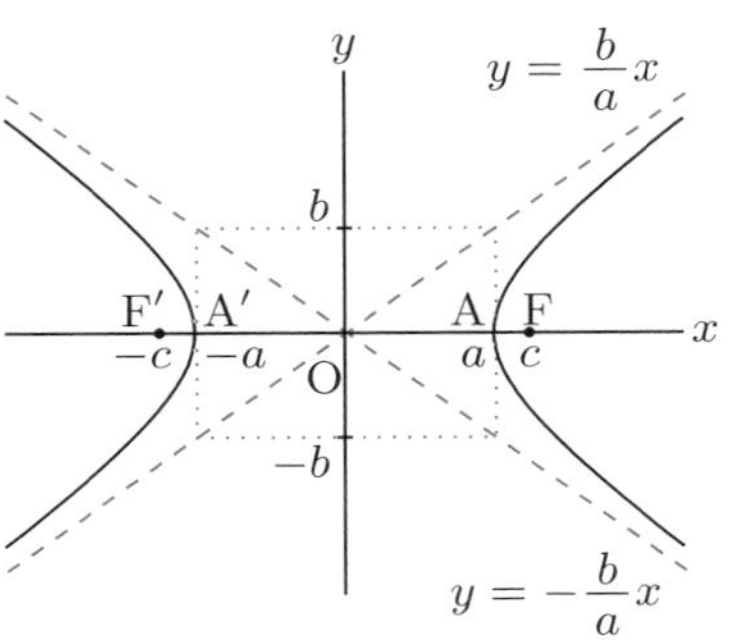

●双曲線の方程式

双曲線の方程式　$\frac{x^2}{a^2} - \frac{y^2}{b^2} = 1$

焦点の座標は

$\mathrm{F}(c,\ 0)$，$\mathrm{F}'(-c,\ 0)$　（ただし $c = \sqrt{a^2 + b^2}$）

漸近線の方程式は

$$y = \pm \frac{b}{a} x$$

例 5　$\frac{x^2}{9} - \frac{y^2}{4} = 1$ のとき

$a = 3$，$b = 2$ より

$$c = \sqrt{3^2 + 2^2} = \sqrt{13}$$

焦点は　$\mathrm{F}(\sqrt{13},\ 0)$，$\mathrm{F}'(-\sqrt{13},\ 0)$

漸近線は　$y = \pm \frac{2}{3} x$

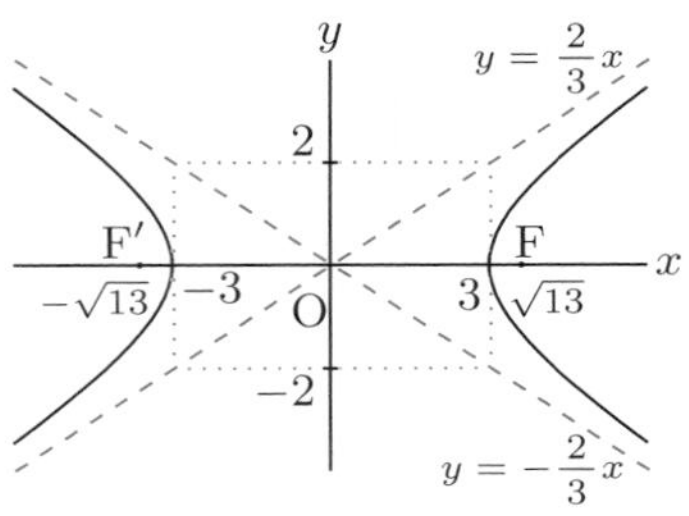

例 6　焦点が $(3,\ 0)$，$(-3,\ 0)$ で，主軸の長さが4のとき

$$c = 3,\quad a = 2,\quad b^2 = c^2 - a^2 = 3^2 - 2^2 = 5$$

双曲線の方程式は $\frac{x^2}{4} - \frac{y^2}{5} = 1$ で，漸近線の方程式は $y = \pm \frac{\sqrt{5}}{2} x$

問・9　次の双曲線の焦点の座標と漸近線の方程式を求め，概形をかけ．

(1)　$x^2 - y^2 = 1$　　(2)　$\frac{x^2}{9} - \frac{y^2}{16} = 1$　　(3)　$9x^2 - 4y^2 = 9$

問・10 焦点が $(4,\ 0)$, $(-4,\ 0)$ で，2点 $(2,\ 0)$, $(-2,\ 0)$ を通る双曲線およびその漸近線の方程式を求めよ．

正の数 a, b について，$\dfrac{x^2}{a^2}-\dfrac{y^2}{b^2}=-1$ で表される曲線を求めよう．

この曲線上の任意の点 $\mathrm{P}(X,\ Y)$ および直線 $y=x$ に関して P と対称な点 $\mathrm{P}'(Y,\ X)$ をとると

$$\frac{X^2}{a^2}-\frac{Y^2}{b^2}=-1 \text{ より } \quad \frac{Y^2}{b^2}-\frac{X^2}{a^2}=1$$

したがって，P′ は双曲線

$$\frac{x^2}{b^2}-\frac{y^2}{a^2}=1 \qquad (5)$$

上にある．すなわち，この曲線は双曲線 (5) と直線 $y=x$ に関して対称な双曲線である．焦点と漸近線も直線 $y=x$ に関して対称であり，次のようになる．

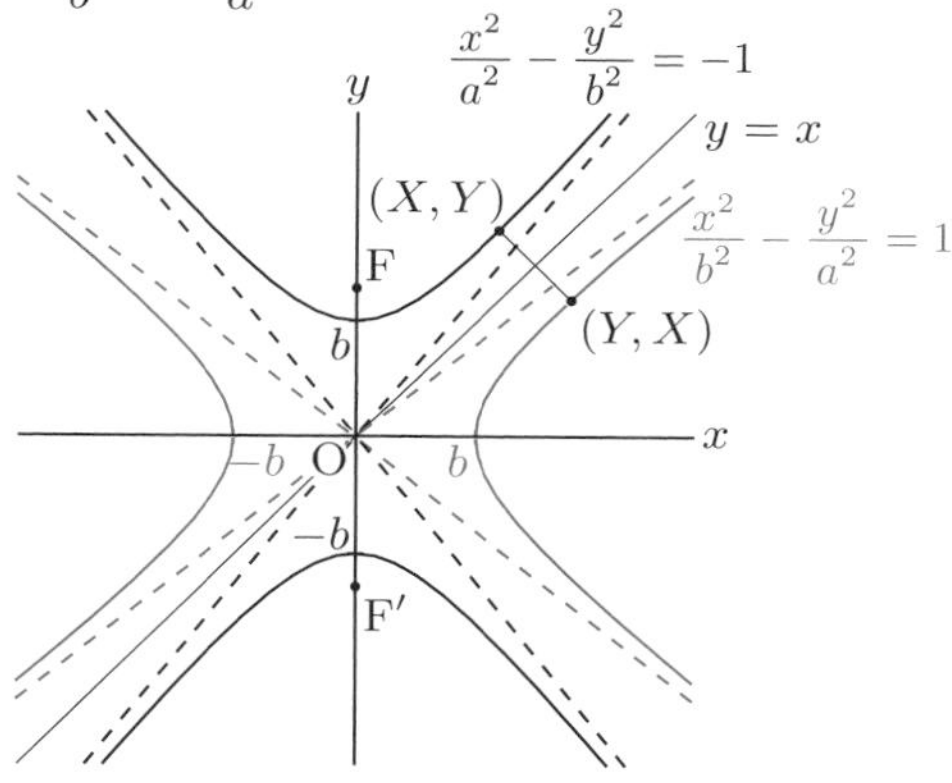

●双曲線 $\dfrac{x^2}{a^2}-\dfrac{y^2}{b^2}=-1$ の焦点と漸近線

焦点　$\mathrm{F}(0,\ c)$, $\mathrm{F}'(0,\ -c)$　（ただし $c=\sqrt{a^2+b^2}$）

漸近線　$y=\pm\dfrac{b}{a}x$

例 7 双曲線 $\dfrac{x^2}{5}-\dfrac{y^2}{4}=-1$

$$a=\sqrt{5},\ b=\sqrt{4}=2,\ c=\sqrt{5+4}=3$$

よって，焦点は $(0,\ 3)$, $(0,\ -3)$ で，漸近線は $y=\pm\dfrac{2}{\sqrt{5}}x$ である．

問・11 次の双曲線の焦点の座標と漸近線の方程式を求め，概形をかけ．

(1) $x^2-y^2=-1$　　(2) $\dfrac{x^2}{9}-\dfrac{y^2}{16}=-1$　　(3) $\dfrac{x^2}{8}-\dfrac{y^2}{4}=-1$

6章 図形と式

▶▶放物線

0 でない定数 p について，方程式

$$y^2 = 4px \tag{6}$$

で表される図形を**放物線**といい，(6) を**放物線の方程式の標準形**という．

放物線 (6) は x 軸に関して対称である．x 軸を放物線の**軸**，原点 O を**頂点**という．

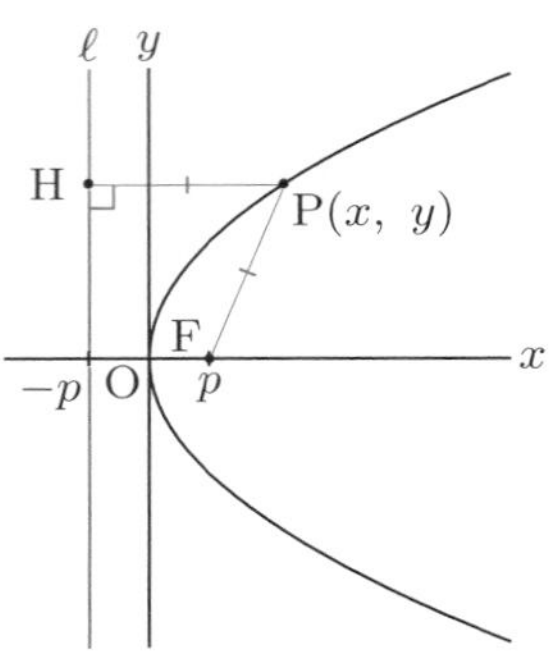

点 F$(p,\ 0)$ を放物線の**焦点**，直線 $x = -p$ を放物線の**準線**という．

放物線上の任意の点 P から準線に垂線 PH をひくとき，PF $=$ PH が成り立つ．すなわち，放物線は垂線 PH と線分 PF の長さが等しい点 P の描く軌跡である．

●放物線 $y^2 = 4px$

焦点は　F$(p,\ 0)$　　準線は　$x = -p$

例 8　放物線 $y^2 = 8x$

$p = 2$ となるから，焦点は $(2,\ 0)$ で，準線は $x = -2$ である．

問・12▶　焦点の座標が $(3,\ 0)$ で，直線 $x = -3$ を準線とする放物線の方程式を求め，その概形をかけ．

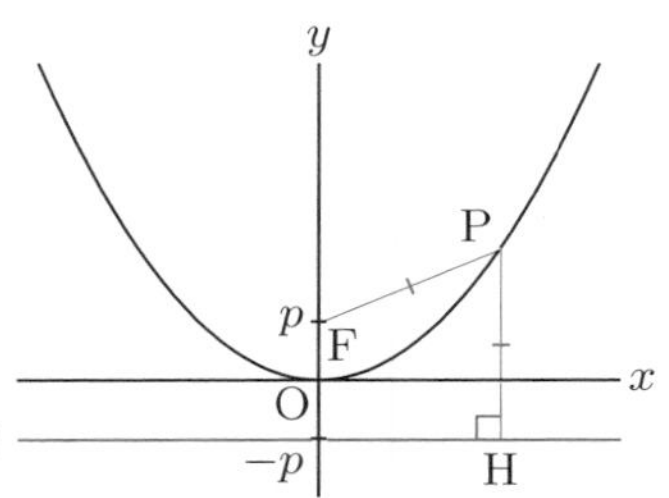

方程式 $x^2 = 4py$ で表される図形は，放物線 (6) と直線 $y = x$ に関して対称な放物線で，軸は y 軸，焦点は F$(0,\ p)$，準線は $y = -p$ となる．

問・13▶　次の放物線の焦点の座標と準線の方程式を求めよ．

(1)　$y^2 = 20x$　　(2)　$y^2 = -16x$　(3)　$x^2 = 4y$　　(4)　$x^2 = -y$

② 3 2 次曲線の接線

2 次曲線 C と直線 ℓ との共有点の座標は，C と ℓ の方程式を連立させ，それを解くことによって求めることができる．特に，x または y についての 2 次方程式が 2 重解をもつとき，C と ℓ は 1 点だけを共有する．この共有点を**接点**といい，ℓ を C の**接線**という．

例題 3 楕円 $\dfrac{x^2}{3}+\dfrac{y^2}{5}=1$ の接線で，傾きが 1 であるものを求めよ．

解 求める接線を $y=x+k$ として，連立方程式

$$\begin{cases} \dfrac{x^2}{3}+\dfrac{y^2}{5}=1 & ① \\ y=x+k & ② \end{cases}$$

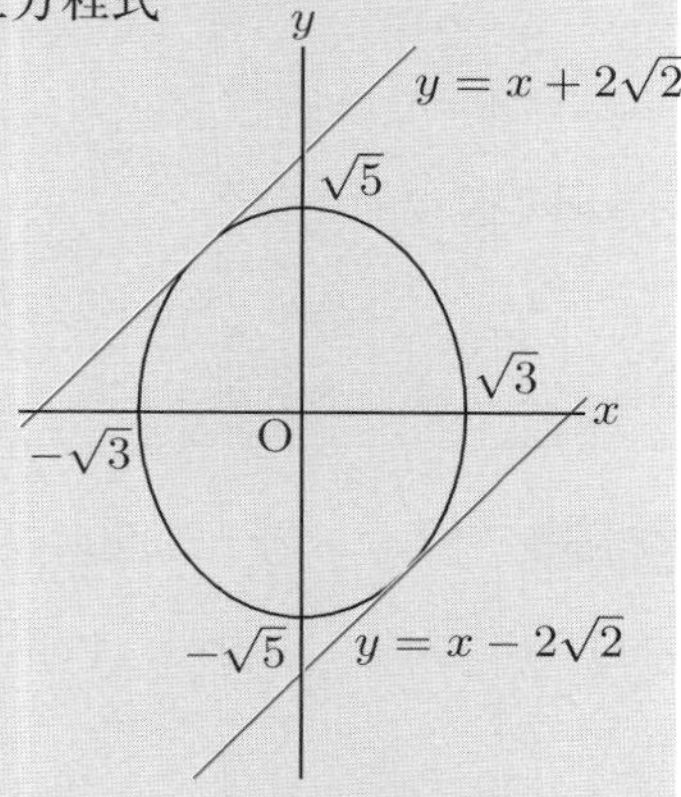

を考える．②を①に代入して

$$\frac{x^2}{3}+\frac{(x+k)^2}{5}=1$$

分母を払って整理すると

$$5x^2+3(x+k)^2=15$$

$$8x^2+6kx+(3k^2-15)=0$$

接するための条件は

$$D=(6k)^2-4\cdot 8(3k^2-15)=0$$

これより　$k=\pm 2\sqrt{2}$

したがって，求める接線は　$y=x\pm 2\sqrt{2}$ //

問・14 直線 $y=2x+k$ が放物線 $x^2=-y$ の接線となるように，定数 k の値を定めよ．

問・15 双曲線 $x^2-\dfrac{y^2}{4}=-1$ の接線で，傾きが -1 であるものを求めよ．

例題 4　円 $x^2+y^2=r^2$ 上の点 $\mathrm{A}(x_0,\ y_0)$ における接線の方程式は

$$\boldsymbol{x_0x+y_0y=r^2}$$

であることを証明せよ.

解　この円の中心は $\mathrm{O}(0,\ 0)$，半径は r である．接線上の任意の点を $\mathrm{P}(x,\ y)$ とする．接線は OA に垂直だから三平方の定理より

$$\mathrm{OP}^2=\mathrm{AP}^2+\mathrm{OA}^2$$

ここで $\mathrm{OA}=r$ だから

$$x^2+y^2=(x-x_0)^2+(y-y_0)^2+r^2$$

展開して整理すると

$$2x_0x+2y_0y=x_0^2+y_0^2+r^2=2r^2$$

よって　$x_0x+y_0y=r^2$　//

問・16　円 $x^2+y^2=25$ 上の次の点における接線の方程式を求めよ.

(1)　$(4,\ 3)$　　(2)　$(-3,\ 4)$　　(3)　$(5,\ 0)$

三角形の 3 つの辺に接する円をその三角形の**内接円**といい，内接円の中心をその三角形の**内心**という．三角形の内心は，3 つの内角の 2 等分線の交点である．

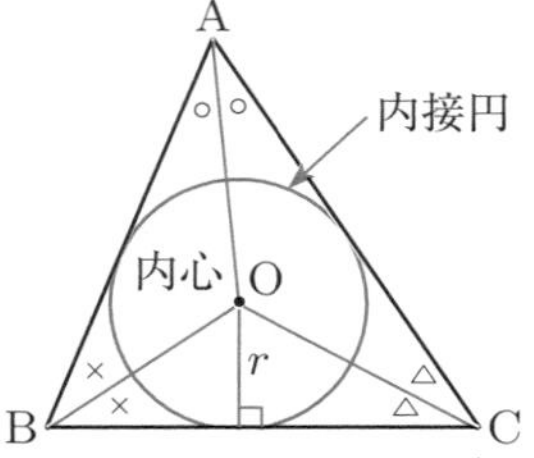

問・17　内接円の半径が r，3 辺の長さが $a,\ b,\ c$ の $\triangle\mathrm{ABC}$ の面積 S は $S=\dfrac{1}{2}(a+b+c)r$ であることを証明せよ.

問・18　3 辺の長さが 4, 5, 7 の三角形の面積を，ヘロンの公式を用いて求め，三角形の内接円の半径を求めよ.

② 4 不等式と領域

変数 x, y についての不等式が与えられたとき，その不等式を満たす点 $(x,\ y)$ の存在する範囲をその**不等式の表す領域**という．

不等式

$$y > ax + b \tag{1}$$

の表す領域を調べよう．

直線

$$y = ax + b \tag{2}$$

によって，座標平面はその上側と下側の 2 つの部分に分かれる．

点 $\mathrm{P}(x_1,\ y_1)$ が不等式 (1) の表す領域にあるとすると

$$y_1 > ax_1 + b \tag{3}$$

が成り立つ．

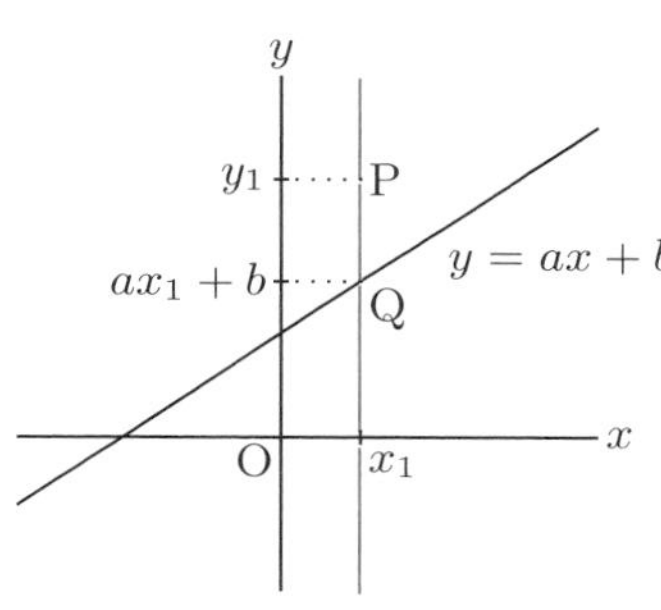

点 $\mathrm{Q}(x_1,\ ax_1 + b)$ が直線上にあるから，(3) より，点 $\mathrm{P}(x_1,\ y_1)$ は直線より上側にあることがわかる．よって

$y > ax + b$ は直線 (2) の上側を表す．

同様に

$y < ax + b$ は直線 (2) の下側を表す．

例 9　不等式 $x + 2y - 2 \leqq 0$ の表す領域を求める．

不等式を変形すると

$$y \leqq -\frac{1}{2}x + 1$$

したがって，不等式の表す領域は直線 $y = -\dfrac{1}{2}x + 1$ およびその下側の部分で，図の斜線の部分である．ただし，境界を含む．

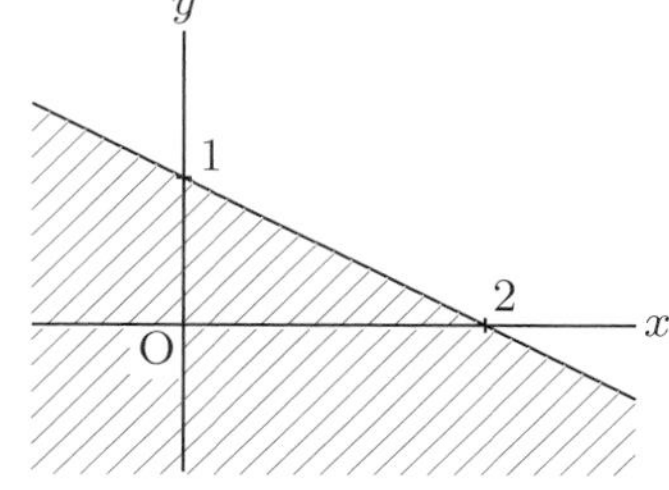

同様にして，曲線 $y=f(x)$ について

$y>f(x)$ の表す領域は曲線 $y=f(x)$ の上側である．

$y<f(x)$ の表す領域は曲線 $y=f(x)$ の下側である．

問・19 次の不等式の表す領域を図示せよ．

(1) $y<-x+1$ (2) $2x-3y\leqq 6$

(3) $y\leqq(x-2)^2+1$ (4) $x^2+2x-y-1<0$

例題 5 不等式 $x^2+y^2\leqq 1$ の表す領域を図示せよ．

解 方程式 $x^2+y^2=1$ は原点Oを中心とする半径1の円を表している．

円の内部または円周上に点 $\mathrm{P}(x,\ y)$ をとると，

$\mathrm{OP}\leqq 1$ だから $\sqrt{x^2+y^2}\leqq 1$

これから $x^2+y^2\leqq 1$

したがって，条件を満たす．

点 $\mathrm{P}(x,\ y)$ が円の外部にあるときは

$\mathrm{OP}>1$ すなわち $\sqrt{x^2+y^2}>1$

これから $x^2+y^2>1$

したがって，不等式を満たさない．

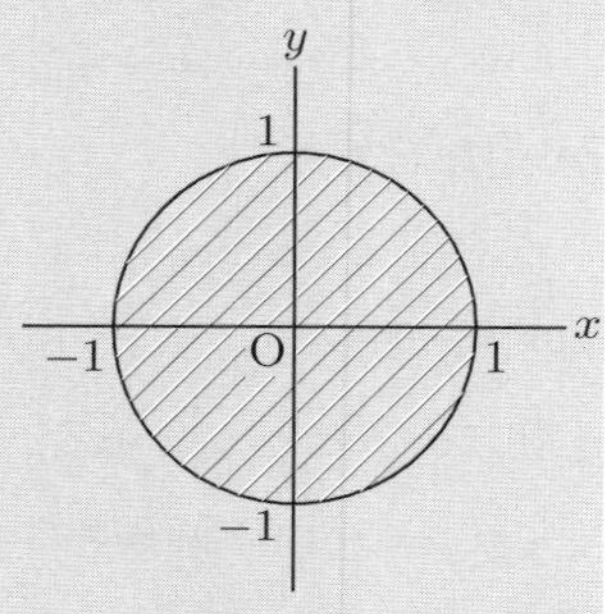

よって，求める領域は図の円周および内部である． //

●注…円の場合と同様に，楕円 $\dfrac{x^2}{a^2}+\dfrac{y^2}{b^2}=1$ の内部，外部はそれぞれ不等式 $\dfrac{x^2}{a^2}+\dfrac{y^2}{b^2}<1$，$\dfrac{x^2}{a^2}+\dfrac{y^2}{b^2}>1$ で表される．

問・20 次の不等式の表す領域を図示せよ．

(1) $x^2+y^2>9$ (2) $x^2-4x+y^2\leqq 0$ (3) $\dfrac{x^2}{4}+\dfrac{y^2}{9}<1$

例題 6 次の不等式を同時に満たす点 $(x,\ y)$ の範囲を図示せよ．

$$\begin{cases} x+y>1 & ① \\ x^2+y^2<4 & ② \end{cases}$$

●注…この範囲を**連立不等式の表す領域**という．

解 ①から　$y>-x+1$

よって，①の表す領域は

直線 $y=-x+1$ の上側

また，②の表す領域は

原点を中心とする半径2の円の内部

求める領域はこの2つの領域の共通部分である．ただし，境界を含まない．　//

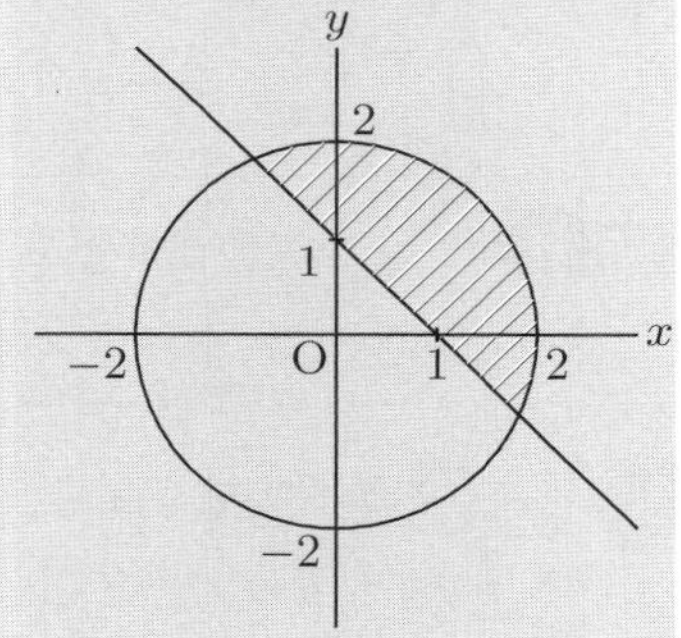

問・21 次の連立不等式の表す領域を図示せよ．

(1) $\begin{cases} x^2+y^2>1 \\ x^2+y^2<4 \end{cases}$　　(2) $\begin{cases} x+y-2<0 \\ x^2-y\leqq 0 \end{cases}$

例題 7 図の斜線部分の領域はどのような連立不等式で表されるか．ただし，境界を含むものとする．

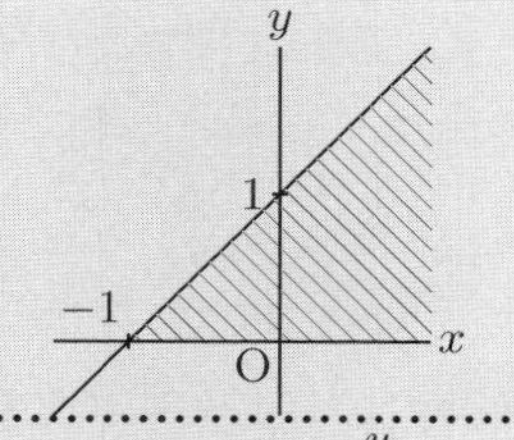

解 $y\geqq 0$ および $y\leqq x+1$ の表す領域の共通部分だから

$$\begin{cases} y\geqq 0 \\ y\leqq x+1 \end{cases}$$　//

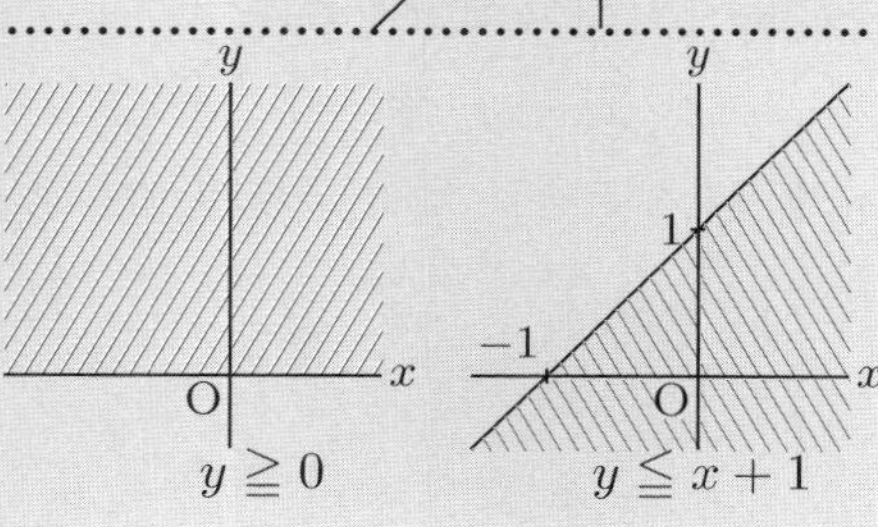

問・22 図の斜線部分の領域はどのような連立不等式で表されるか．

(1)

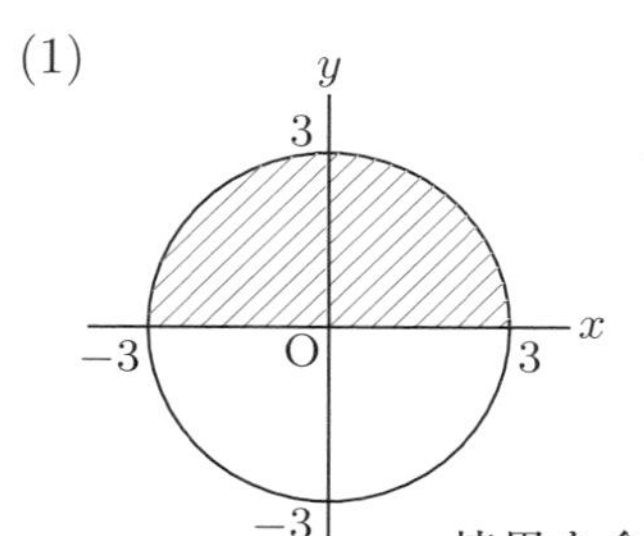

境界を含まない

(2)

y
2
x
O
1
−1

境界を含む

例題 8 x，y が次の連立不等式を満たすとき，$x+y$ の最大値を求めよ．

$$y \leqq -2x+5, \quad x+2y-6 \leqq 0, \quad x \geqq 0, \quad y \geqq 0$$

解 連立不等式の表す領域は図の斜線部分である．ただし，境界を含む．

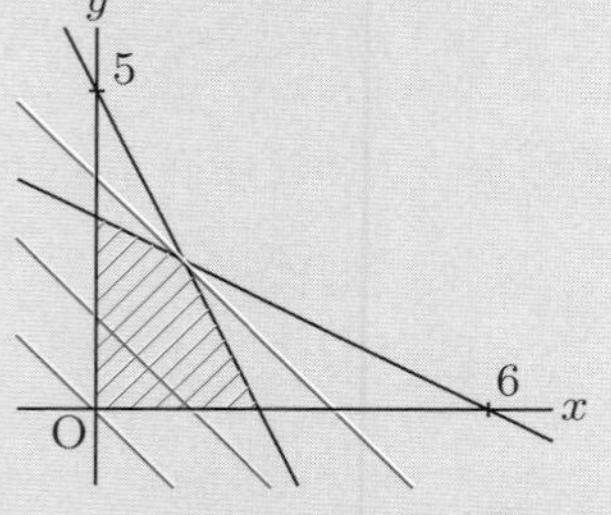

いま，$x+y=k$ とおくと　$y=-x+k$

これは，傾き -1，切片 k の直線を表す．このような直線の中で図の領域と共有点をもち，切片 k が最大となるのは，この直線が2直線

$$y=-2x+5, \quad x+2y-6=0$$

の交点Pを通るときである．交点Pの座標を求めると　$\left(\dfrac{4}{3},\ \dfrac{7}{3}\right)$

よって，$x=\dfrac{4}{3}$，$y=\dfrac{7}{3}$ のとき $x+y$ は最大値 $\dfrac{11}{3}$ をとる．　//

問・23 x，y が連立不等式

$$x+3y-9 \leqq 0, \quad 2x+y-8 \leqq 0, \quad x \geqq 0, \quad y \geqq 0$$

を満たすとき，次の式の最大値を求めよ．

(1)　$x+y$　　　　(2)　$3x+y$

コラム

軌跡

図形と式の分野では，軌跡の問題がしばしば現れる．例えば 185 ページの例題 2 の円はアポロニウスの円と呼ばれていて，定点 A, B からの距離が $m:n$ である点 P の軌跡である．特に $m=n$ のときは，線分 AB の垂直 2 等分線となる．また，楕円などの 2 次曲線も，すべてある条件を満たす点の軌跡として表される．

ここでは，図のように半径 2 の円に内接する半径 1 の円をとり，これを原点を中心に回転するとき，中心と x 軸との交点（原点以外）の中点 M の軌跡を求めよう．

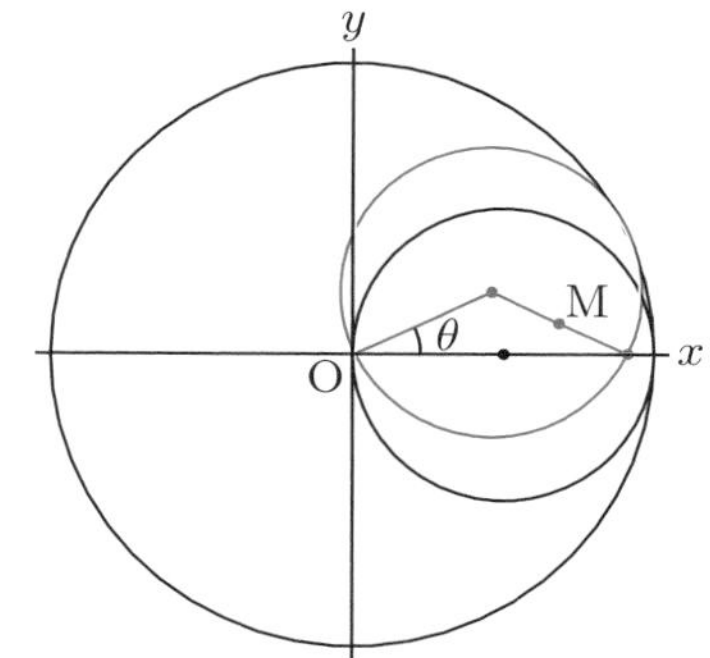

回転角を θ とすると，円の中心の座標は $(\cos\theta,\ \sin\theta)$ となるから，円の方程式は

$$(x-\cos\theta)^2+(y-\sin\theta)^2=1$$

$y=0$ とすると

$$x^2-2x\cos\theta=0$$

$x \neq 0$ より $x=2\cos\theta$ となるから，x 軸との交点は，$(2\cos\theta,\ 0)$ である．したがって，M の座標を $(x,\ y)$ とおくと

$$x=\frac{\cos\theta+2\cos\theta}{2}=\frac{3}{2}\cos\theta,\ y=\frac{\sin\theta}{2}$$

これから

$$\cos\theta=\frac{2}{3}x,\ \sin\theta=2y$$

よって，求める軌跡は次の方程式で表される楕円である．

$$\frac{4}{9}x^2+4y^2=1$$

実は，この楕円は，点 $P\left(\dfrac{3}{2},\ 0\right)$ をおき，小さい円を大きい円に内接させながら滑らずに転がしたときのPのえがく軌跡であり，トロコイドという曲線の1つである．円の半径やPの位置によっていろいろなトロコイド曲線が得られる．

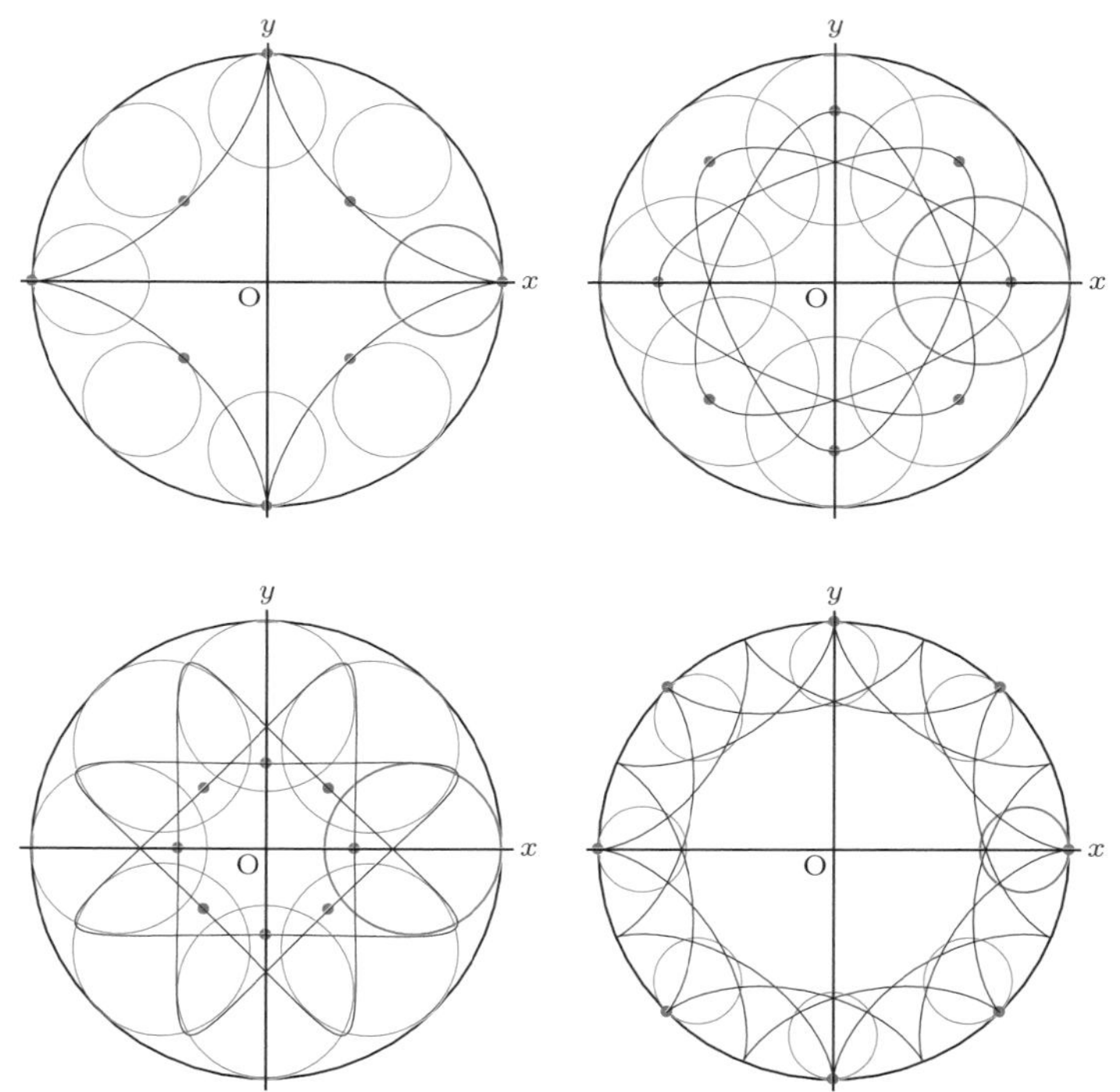

練習問題 2・A

1. 次の方程式が表す円の中心の座標と半径を求めよ.

(1)　$x^2+y^2-4x+2y-7=0$　　(2)　$x^2+y^2-3y+1=0$

2. 次の円の方程式を求めよ.

(1)　中心の座標が $(1,\ -2)$ で, 点 $(4,\ 1)$ を通る円

(2)　2 点 $(2,\ 4)$, $(6,\ -2)$ を直径の両端とする円

(3)　3 点 $(1,\ 1)$, $(2,\ 4)$, $(5,\ 3)$ を通る円

3. 2 点 $\mathrm{A}(2,\ 0)$, $\mathrm{B}(0,\ 2)$ があるとき, 次の条件を満たす点 P の軌跡の方程式を求め, それを図示せよ.

(1)　$\mathrm{AP}^2+\mathrm{BP}^2=6$　　(2)　$\mathrm{AP}:\mathrm{BP}=1:2$　　(3)　$\mathrm{AP}^2-\mathrm{BP}^2=4$

4. 次の 2 次曲線の概形をかけ.

(1)　$\dfrac{x^2}{9}+\dfrac{y^2}{2}=1$　　(2)　$3y^2-4x=0$　　(3)　$\dfrac{x^2}{4}-\dfrac{y^2}{3}=1$

5. 次の 2 次曲線の方程式を求め, その概形をかけ.

(1)　焦点 $(0,\ \sqrt{3})$, $(0,\ -\sqrt{3})$, 長軸の長さ 6 の楕円

(2)　漸近線が $y=\pm\dfrac{1}{2}x$ で, 点 $(0,\ 1)$ を通る双曲線

6. 双曲線 $5x^2-y^2=-5$ と直線 $y=x+k$ が接するように定数 k の値を定めよ. また, そのときの接点の座標を求めよ.

7. 次の連立不等式の表す領域を図示せよ.

(1)　$\begin{cases} x^2+y^2>4 \\ x+y+2>0 \end{cases}$　　(2)　$\begin{cases} x^2+y \leqq 0 \\ 2x-y-3 \leqq 0 \end{cases}$

8. x, y が次の連立不等式を満たすとき, $2x+y$ の最大値と最小値を求めよ.

$y \leqq x+1,\quad y \geqq -x+1,\quad y \geqq 3x-1$

練習問題 2・B

1. 次の円の方程式を求めよ．

(1) 中心が y 軸上にあって，2点 $(-1,\ 1)$, $(2,\ 4)$ を通る円

(2) 中心が直線 $y=x$ 上にあって，2点 $(0,\ 0)$, $(1,\ 3)$ を通る円

2. 直線 $y=mx$ が円 $x^2+y^2-3x-2y+3=0$ に接するように定数 m の値を定めよ．また，共有点をもたないように m の値の範囲を定めよ．

3. 円 $(x-a)^2+(y-b)^2=r^2$ 上の点 $(x_1,\ y_1)$ における接線の方程式は

$$(x_1-a)(x-a)+(y_1-b)(y-b)=r^2$$

であることを証明せよ．これを用いて円 $(x+2)^2+(y-1)^2=13$ 上の点 $(1,\ 3)$ における接線の方程式を求めよ．

4. 楕円 $x^2+4y^2=2$ と直線 $y=mx+1$ との共有点の個数を調べよ．

5. 放物線 $y^2=4px$ 上に2点A，Bがあり，△OABは正三角形であるという．△OABの面積を求めよ．

6. 長さ3の線分ABの両端A，Bが，それぞれ x 軸，y 軸上を動くとき，線分ABを $1:2$ の比に内分する点を $\mathrm{P}(x,\ y)$ とする．次の問いに答えよ．

(1) A, Bの座標をそれぞれ $(a,\ 0)$, $(0,\ b)$ とすると，a，b の間にどのような関係があるか．

(2) x, y を a, b で表せ．

(3) 点Pの軌跡の方程式を求め，図示せよ．

7. x，y が次の連立不等式を満たすとき，$x-y$ の最大値と最小値を求めよ．

$$y^2 \leqq 4x, \qquad 2x+y \leqq 12$$

8. 正の定数 a, c は $a>c$ を満たすとし，$b^2=a^2-c^2$ とおく．2定点 $\mathrm{F}(c,\ 0)$, $\mathrm{F'}(-c,\ 0)$ をとるとき，$\mathrm{PF}+\mathrm{PF'}=2a$ を満たす点Pの軌跡の方程式は

$$\frac{x^2}{a^2}+\frac{y^2}{b^2}=1$$

となることを証明せよ．

7章 場合の数と数列

総和

$2^0=1$ ← 1 $=1=11^0$

$2^1=2$ ← 1 1 $=11=11^1$

$2^2=4$ ← 1 2 1 $=121=11^2$

$2^3=8$ ← 1 3 3 1 $=1331=11^3$

$2^4=16$ ← 1 4 6 4 1 $=14641=11^4$

$2^5=32$ ← 1 5 10 10 5 1 $=161051=11^5$

$2^6=64$ ← 1 6 15 20 15 6 1 $=1771561=11^6$

$2^7=128$ ← 1 7 21 35 35 21 7 1 $=19487171=11^7$

$2^8=256$ ← 1 8 28 56 70 56 28 8 1

1 9 36 84 126 126 84 36 9 1

1 10 45 120 210 252 210 120 45 10 1

1 11 55 165 330 462 462 330 165 55 11 1

1 12 66 220 495 792 924 792 495 220 66 12 1

1 13 78 286 715 1287 1716 1716 1287 715 286 78 13 1

n $\frac{n(n+1)}{2}$ $\frac{n(n+1)(n+2)}{6}$ $\frac{n(n+1)(n+2)}{6}$ $\frac{n(n+1)}{2}$ n

●この章を学ぶために

異なるいくつかの種類から数個を選んで順に並べたものを順列，順番を考えずに 1 組にしたものを組み合せという．1 節では，順列と組合せの総数を求める公式によって，いろいろな場合の数が求められることを学ぶ．

2 節では，規則的に並んだ数列を扱う．1 つの数列において，第 n 番目の数がどのように表されるか，また数列の和がどうなるかを学ぶ．数列は，隣どうしの数の関係式で定義されることもあり，これについても学習する．

1 場合の数

1 1 場合の数

図のように，4 地点 P, Q, R, S を結ぶ道があるとき，同一地点を 2 度通らずに P から S まで行く道の選び方が何通りあるかを調べよう．

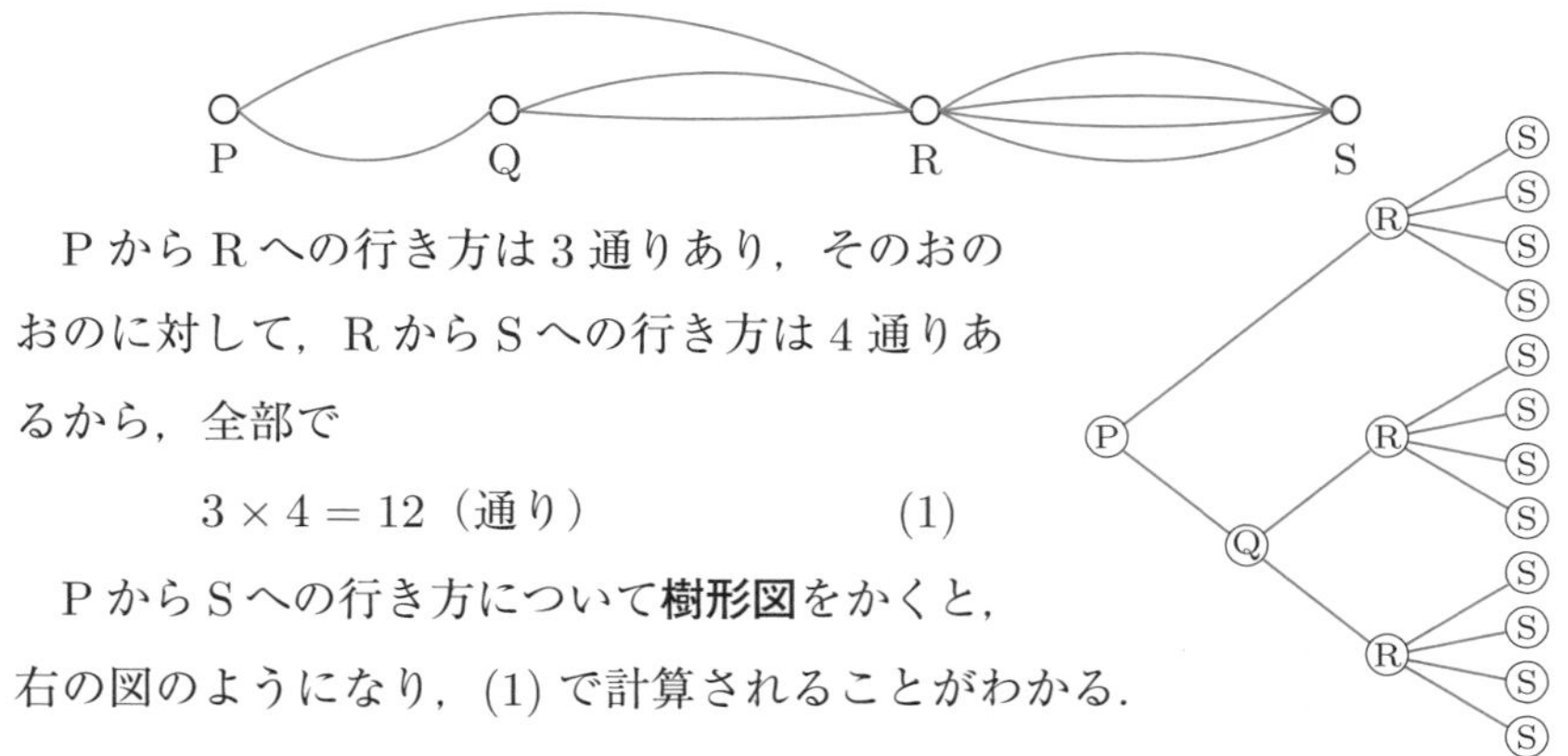

P から R への行き方は 3 通りあり，そのおのおのに対して，R から S への行き方は 4 通りあるから，全部で

$$3 \times 4 = 12 \text{（通り）} \qquad (1)$$

P から S への行き方について**樹形図**をかくと，右の図のようになり，(1) で計算されることがわかる．

一般に，2 つのことがら A, B について，A の起こり方が m 通りあり，そのおのおのに対して，B の起こり方が n 通りあるとき，A と B がともに起こる場合の数は mn 通りである．これを**積の法則**という．

最初の例は，次のように考えることもできる．

(i) Q を通らない場合
P から R への行き方は 1 通り，R から S へは 4 通りだから

$$1 \times 4 = 4 \text{（通り）}$$

(ii) Q を通る場合
Q から R への行き方は 2 通り，R から S へは 4 通りだから

$$2 \times 4 = 8 \text{（通り）}$$

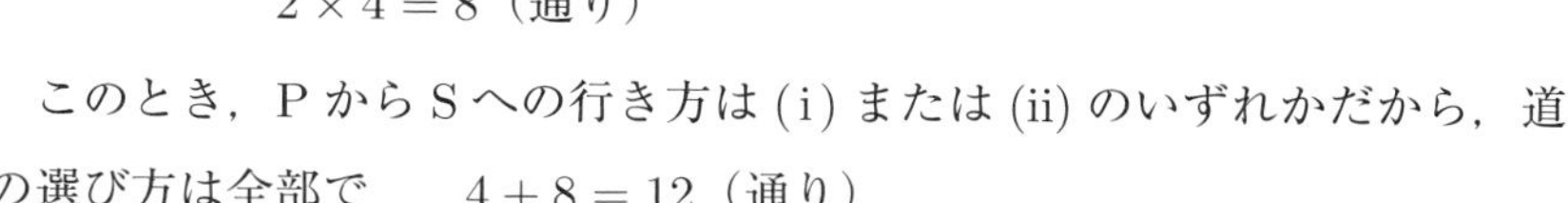

このとき，P から S への行き方は (i) または (ii) のいずれかだから，道の選び方は全部で　$4 + 8 = 12$（通り）

一般に，A の起こり方が m 通り，B の起こり方が n 通りあって，これらが同時に起こらないとき，A または B の起こる場合の数は，$m + n$ 通りである．これを**和の法則**という．

積の法則と和の法則は，3 つ以上のことがらについても同様に成り立つ．

例題 1 360 の約数は，全部で何個あるか．

解 360 を素因数分解すると　$360 = 2^3 \times 3^2 \times 5^1$
したがって，360 の約数の素因数分解は次の形で表される．

$$2^p 3^q 5^r \quad (p = 0,\ 1,\ 2,\ 3,\quad q = 0,\ 1,\ 2,\quad r = 0,\ 1)$$

ここで，p, q, r の選び方は，それぞれ 4 通り，3 通り，2 通りあるから
求める約数の個数は，積の法則より　$4 \times 3 \times 2 = 24$（個）　//

問・1 168 の約数は，全部で何個あるか．

問・2 次の整式の約数の個数は，それぞれ全部で何個あるか．

(1) $(x-1)^3(x-2)^2(x-3)^4$　　(2) $x^5 - x^3$

例題 2 $5x+y \leqq 20$ を満たす正の整数の組 $(x,\ y)$ は何個あるか.

解 $5x+y \leqq 20$ より $y \leqq 20-5x$ となるから，y の選び方は

$x=1$ のとき，$1 \leqq y \leqq 15$ より　15 通り

$x=2$ のとき，$1 \leqq y \leqq 10$ より　10 通り

$x=3$ のとき，$1 \leqq y \leqq 5$ より　5 通り

よって，組 $(x,\ y)$ の個数は，和の法則より　$15+10+5=30$（個）//

問・3 $4x+y \leqq 16$ を満たす正の整数の組 $(x,\ y)$ は何個あるか.

問・4 $3x+y+z=12$ を満たす正の整数の組 $(x,\ y,\ z)$ は何個あるか.

問・5 大，中，小 3 個のさいころを同時に投げるとき，大の目が中の目と小の目の積に等しくなる場合の数を求めよ.

1 2 順　列

a, b, c, d の 4 個の文字の中から 3 個を選び，次のように並べるとき，全部で何通りの並べ方があるかを考えよう.

$$abc \quad abd \quad acb \quad acd \quad \cdots \quad bac \quad bad \quad \cdots$$

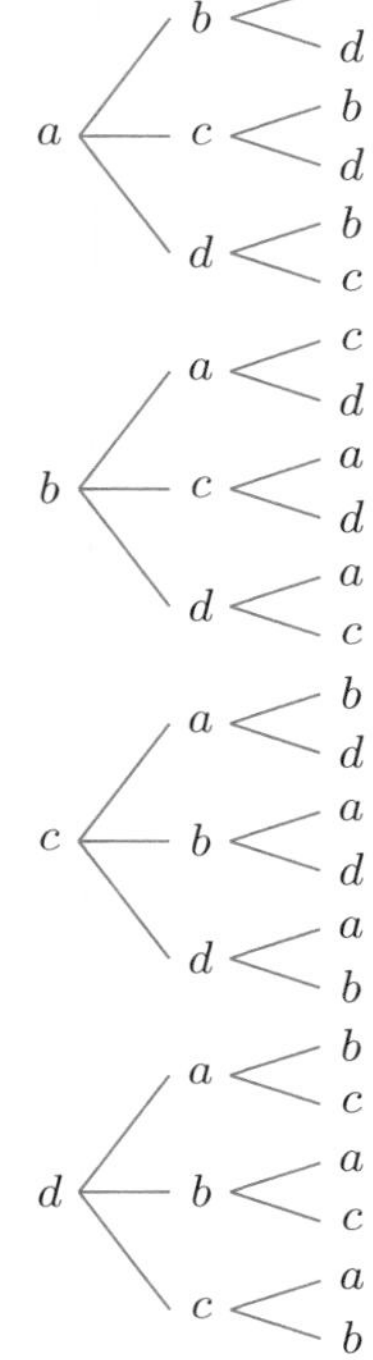

先頭の文字の選び方は 4 通りあり，そのおのおのに対して 2 番目の文字は，残った 3 個の文字から選ぶことになるから，選び方は 3 通りあり，そのおのおのに対して 3 番目の文字の選び方は 2 通りある.

したがって，求める並べ方の総数は，積の法則より

$$4 \times 3 \times 2 = 24 \text{（通り）}$$

一般に，n 個の異なるものから r 個を選んで並べたものを，n 個から r 個をとる**順列**といい，その総数を ${}_n\mathbf{P}_r$ で表す．

206 ページの例と同様にして，次の公式が成り立つことがわかる．

$$\begin{aligned}{}_n\mathrm{P}_r &= \underbrace{n(n-1)(n-2)\cdots\{n-(r-1)\}}_{r\text{ 個の積}} \\ &= n(n-1)(n-2)\cdots(n-r+1)\end{aligned}$$

例 1　${}_4\mathrm{P}_3 = 4\cdot3\cdot2 = 24$，　${}_8\mathrm{P}_2 = 8\cdot7 = 56$，　${}_5\mathrm{P}_5 = 5\cdot4\cdot3\cdot2\cdot1 = 120$

問・6　次の値を求めよ．

(1)　${}_5\mathrm{P}_3$　　(2)　${}_7\mathrm{P}_4$　　(3)　${}_6\mathrm{P}_1$　　(4)　${}_6\mathrm{P}_6$

特に，n 個から n 個をとる順列の総数は

$${}_n\mathrm{P}_n = n(n-1)(n-2)\cdots3\cdot2\cdot1$$

右辺の 1 から n までの自然数の積を n の**階乗**といい，$\boldsymbol{n!}$ で表す．

例 2　$2! = 2\cdot1 = 2$，　$5! = 5\cdot4\cdot3\cdot2\cdot1 = 120$

$10! = 3628800$，　$15! = 1307674368000$

$$\frac{6!}{5!} = \frac{6\cdot\cancel{5}\cdot\cancel{4}\cdot\cancel{3}\cdot\cancel{2}\cdot\cancel{1}}{\cancel{5}\cdot\cancel{4}\cdot\cancel{3}\cdot\cancel{2}\cdot\cancel{1}} = 6,\quad \frac{n!}{(n-1)!} = \frac{n\cdot\cancel{(n-1)!}}{\cancel{(n-1)!}} = n$$

問・7　次の値を求めよ．

(1)　$3!$　　(2)　$4!$　　(3)　$\dfrac{10!}{9!}$　　(4)　$\dfrac{n!}{(n-2)!}$

定義から　　${}_n\mathbf{P}_n = \boldsymbol{n!}$

また，$r < n$ のとき

$$\begin{aligned}{}_n\mathrm{P}_r &= n(n-1)(n-2)\cdots(n-r+1) \\ &= \frac{n(n-1)(n-2)\cdots(n-r+1)\times(n-r)!}{(n-r)!} \\ &= \frac{n!}{(n-r)!}\end{aligned}$$

したがって，次の公式が得られる．

●順列の公式

$$ {}_n\mathrm{P}_r = n(n-1)(n-2)\cdots(n-r+1) = \frac{n!}{(n-r)!} $$

上の公式で $r = n$ とすると

$$ \text{左辺} = {}_n\mathrm{P}_n = n!, \quad \text{右辺} = \frac{n!}{0!} $$

そこで，この公式が $r = n$ のときも成り立つように

$$ \mathbf{0! = 1} $$

と定義する．また，上の公式が成り立つように ${}_n\mathrm{P}_0 = 1$ と定義する．

例題 3 0 から 6 までの整数を用いて，7 けたの整数を作る．ただし，同じ数字は 2 回以上使わないことにする．このとき，次の問いに答えよ．

(1) 全部でいくつできるか．　　(2) 偶数はいくつできるか．

解 (1) 最高位の数字の選び方は 0 を除いた 6 通りあり，そのおのおのに対して残りの 6 個の数字を並べればよいから，積の法則より

$$ 6 \times {}_6\mathrm{P}_6 = 6 \times 6! = 4320 \text{（個）} $$

(2) 1 の位の数字が 0 のときは，残りの 6 個の数字を並べればよいから

$$ {}_6\mathrm{P}_6 = 6! = 720 \text{（個）} $$

1 の位の数字が 2, 4, 6 のいずれかのときは，(1) と同様に考えて，それぞれ $5 \times {}_5\mathrm{P}_5$ 個ずつあるから，積の法則より

$$ 3 \times 5 \times {}_5\mathrm{P}_5 = 1800 \text{（個）} $$

したがって，和の法則より，偶数は全部で

$$ 720 + 1800 = 2520 \text{（個）} $$

//

問・8 6 個の文字 a, b, c, d, e, f を全部並べるとき，両端が母音のものはいくつできるか．

問・9 A, B, C の 3 人が 1 号室から 6 号室のうちの 3 部屋に 1 人ずつ宿泊する．次の問いに答えよ．

(1) 3 人が宿泊する部屋の選び方は全部で何通りか．

(2) 3 人が連続する番号の部屋に宿泊する場合の数を求めよ．

a, b, c の 3 文字から，同じ文字を繰り返し選ぶことを許して 2 文字を並べるとき，並べ方が何通りあるかを求めよう．

図のように，先頭の文字の選び方は 3 通りあり，そのおのおのについて 2 番目の文字の選び方も 3 通りある．したがって，求める並べ方の総数は，積の法則より

$$3 \times 3 = 3^2 = 9 \text{（通り）}$$

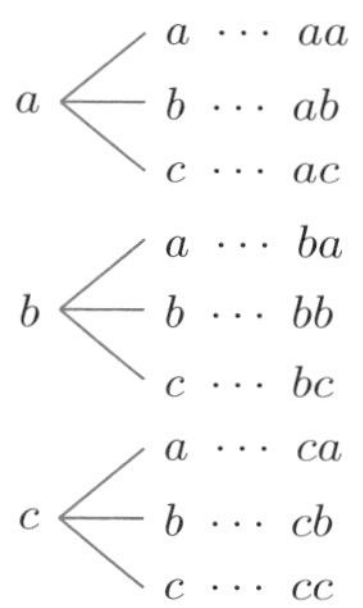

一般に，n 個の異なるものから，同じものを繰り返し選ぶことを許して r 個並べたものを，n 個から r 個をとる**重複順列**という．

重複順列について，次の公式が成り立つ．

●重複順列の公式

n 個から r 個をとって並べる重複順列の総数は　n^r

例 3 1 から 5 までの数字を繰り返し使用することを許して 3 けたの整数を作るとき，作られる整数の総数は　$5^3 = 125$（個）

問・10 大，中，小 3 個のさいころを同時に投げるとき，目の出方は何通りあるか．

問・11 4 人でジャンケンをするとき，4 人のグー，チョキ，パーの出し方は何通りあるか．

問・12 数字 0 と 1 を繰り返し使用することを許して 10 個並べる場合の数を求めよ．

① 3 組合せ

n 個の異なるものから r 個を選び，1 組としたものを，n 個から r 個をとる**組合せ**といい，その総数を $_n\mathbf{C}_r$ で表す．

例えば，5 個の文字 a, b, c, d, e から 3 個を選ぶ組合せの総数は $_5\mathrm{C}_3$ で表される．

組合せの総数 $_5\mathrm{C}_3$ の値を求めよう．5 個の文字から 3 個をとる順列の総数は $_5\mathrm{P}_3$ であり，この中で，例えば，a, b, c を並べ変えてできる順列

$$abc \quad acb \quad bac \quad bca \quad cab \quad cba$$

は組合せとしては同じものである．それぞれの組合せに対してこのような順列は $_3\mathrm{P}_3 = 3!$ ずつあるから

$$_5\mathrm{C}_3 \times 3! = {_5\mathrm{P}_3}$$

したがって

$$_5\mathrm{C}_3 = \frac{_5\mathrm{P}_3}{3!} = \frac{5 \cdot 4 \cdot 3}{3 \cdot 2 \cdot 1} = 10$$

abc	abd	abe	acd	ace	ade	bcd	bce	bde	cde
acb	adb	aeb	adc	aec	aed	bdc	bec	bed	ced
bac	bad	bae	cad	cae	dae	cbd	cbe	dbe	dce
bca	bda	bea	cda	cea	dea	cdb	ceb	deb	dec
cab	dab	eab	dac	eac	ead	dbc	ebc	ebd	ecd
cba	dba	eba	dca	eca	eda	dcb	ecb	edb	edc

一般に，次の公式が成り立つことがわかる．

●組合せの公式

$$_n\mathrm{C}_r = \frac{_n\mathrm{P}_r}{r!} = \frac{n(n-1)\cdots(n-r+1)}{r!} = \frac{n!}{r!\,(n-r)!}$$

上の公式が $r=0$ のときも成り立つように，$_n\mathbf{C}_0 = \mathbf{1}$ と定義する．

例 4　$_5C_2 = \dfrac{5!}{2!\,3!} = \dfrac{5 \cdot 4}{2 \cdot 1} = 10,\quad {}_8C_5 = \dfrac{8!}{5!\,3!} = \dfrac{8 \cdot 7 \cdot 6 \cdot 5 \cdot 4}{5 \cdot 4 \cdot 3 \cdot 2 \cdot 1} = 56$

問・13　次の値を求めよ．

(1)　$_{10}C_3$　(2)　$_7C_2$　(3)　$_7C_5$　(4)　$_nC_1$　(5)　$_nC_n$

問・14　等式 $_nC_r = {}_nC_{n-r}$ を証明せよ．

例題 4　1 から 10 までの自然数の中から 3 個を選ぶとき，次の問いに答えよ．

(1)　組合せの総数を求めよ．

(2)　3 個の自然数の積が 3 で割り切れる場合は何通りか．

解　(1)　10 個から 3 個をとる組合せの総数を求めて

$$_{10}C_3 = \frac{10!}{7!\,3!} = \frac{10 \cdot 9 \cdot 8}{3 \cdot 2 \cdot 1} = 120 \text{（通り）}$$

(2)　(1) で求めた総数から，積が 3 で割り切れない場合の数を取り除く．積が 3 で割り切れないのは，3 個の整数すべてが 3 で割り切れない場合である．3 で割り切れない整数は 7 個あるから

$$_7C_3 = \frac{7!}{4!\,3!} = \frac{7 \cdot 6 \cdot 5}{3 \cdot 2 \cdot 1} = 35 \text{（通り）}$$

したがって，求める場合の数は　$120 - 35 = 85$（通り）　//

問・15　男子 8 人，女子 6 人の中で，次のようなグループをつくる方法は何通りあるか．

(1)　男子 3 人からなるグループ

(2)　男子 3 人，女子 2 人からなるグループ

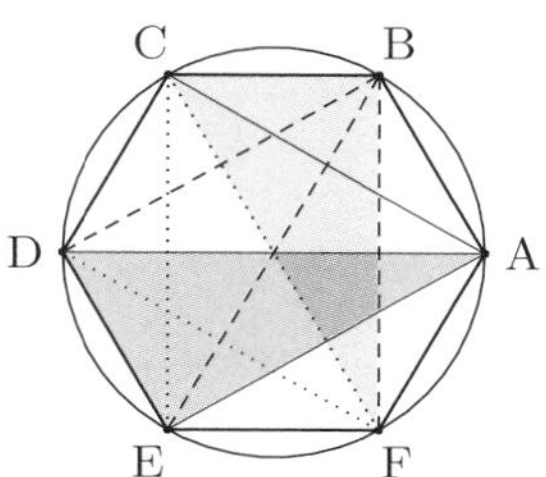

問・16　円周上に異なる 6 点がある．これらの点を結んでできる線分は何本あるか．また，これらの点を頂点とする三角形は何個できるか．

例題 5　次の等式を証明せよ．

$${}_{n}\mathrm{C}_{r} = {}_{n-1}\mathrm{C}_{r-1} + {}_{n-1}\mathrm{C}_{r}$$

解　n 個のなかの特定の 1 個を a とする．n 個から r 個を選ぶとき，次の 2 つの場合に分けて考える．

(i)　a を含む選び方は，a 以外の $(n-1)$ 個から $(r-1)$ 個を選ぶ方法と同じだから ${}_{n-1}\mathrm{C}_{r-1}$ 通りある．

(ii)　a を含まない選び方は，a 以外の $(n-1)$ 個から r 個を選ぶ方法だから ${}_{n-1}\mathrm{C}_{r}$ 通りある．

したがって，n 個から r 個を選ぶ方法の総数は，和の法則から

$${}_{n-1}\mathrm{C}_{r-1} + {}_{n-1}\mathrm{C}_{r}$$

すなわち　${}_{n}\mathrm{C}_{r} = {}_{n-1}\mathrm{C}_{r-1} + {}_{n-1}\mathrm{C}_{r}$　//

問・17　次の等式を証明せよ．

$${}_{8}\mathrm{C}_{4} = {}_{6}\mathrm{C}_{2} + 2\,{}_{6}\mathrm{C}_{3} + {}_{6}\mathrm{C}_{4}$$

1 4　いろいろな順列

7 個の文字 a, a, b, b, b, c, c を 1 列に並べる方法は何通りあるかを求めよう．同じ文字を含むから，208 ページの順列の公式を使うことはできない．そこで，a から順に，同じ文字を入れる場所の選び方を考える．

7 個の場所から文字 a を入れる場所の選び方は ${}_{7}\mathrm{C}_{2}$ 通りある．

そのおのおのに対して，残りの場所 5 個に文字 b を入れる場所の選び方は ${}_{5}\mathrm{C}_{3}$ 通りある．

b　a　○　b　a　b　○

さらに残った場所 2 個に文字 c を入れる場所の選び方は ${}_2\mathrm{C}_2$ 通りある.

(b) (a) (c) (b) (a) (b) (c)

したがって, 求める方法の総数は

$$ {}_7\mathrm{C}_2 \times {}_5\mathrm{C}_3 \times {}_2\mathrm{C}_2 = \frac{7!}{5!\,2!} \times \frac{5!}{3!\,2!} \times \frac{2!}{2!\,0!} = \frac{7!}{2!3!\,2!} = 210 \text{（通り）} $$

一般に, 次の公式が成り立つ.

●同じものを含む順列の公式

n 個のもののうち, p 個は同じもの, q 個は他の同じもの, r 個はその他の同じもの, $\cdots$ とする. このとき, これらの n 個全部を 1 列に並べる方法の総数は

$$ \frac{n!}{p!\,q!\,r!\ \cdots} \qquad (\text{ただし，} n = p + q + r + \cdots) $$

例 5　学生 6 人を A, B, C の 3 つのグループに 2 人ずつ分ける方法は, A, A, B, B, C, C を 1 列に並べる方法に等しいから

$$ \frac{6!}{2!\,2!\,2!} = 90 \quad \text{(通り)} $$

問・18　8 個の数字 1, 1, 1, 1, 2, 2, 2, 3 を使ってできる 8 けたの整数は何個あるか.

問・19　赤玉 3 個, 白玉 1 個, 青玉 2 個を 1 列に並べるとき, 何通りの並べ方があるか. また, 青玉 2 個が隣り合うような並べ方は何通りあるか.

5 個の文字 a, b, c, d, e を円形に並べるとき, その並べ方は何通りあるかを調べよう.

5 個の文字を 1 列に並べる順列の総数は ${}_5\mathrm{P}_5 = 5!$ 通りあるが, 例えば

$$ abcde \qquad bcdea \qquad cdeab \qquad deabc \qquad eabcd $$

の 5 個の並べ方は, 円形にすると同じだから, 1 通りとみなす.

a e b d c
b a c e d
c b d a e
d c e b a
e d a c b

このように，円形に並べる方法として同じものが 5 個ずつあるから，求める並べ方は　$\dfrac{5!}{5} = 4! = 24$　(通り)

このような順列を**円順列**という．n 個の異なるものを並べる円順列の総数は次の式で求められる．

$$\boldsymbol{\frac{n!}{n} = (n-1)!}$$

例題 6　大人 2 人と子供 4 人が手をつないで輪をつくるとき，次の問いに答えよ．

(1)　並び方は何通りあるか．

(2)　大人 2 人が隣り合うような並び方は何通りあるか．

解　(1)　6 人の円順列だから　$(6-1)! = 5! = 120$　(通り)

(2)　大人 2 人を 1 人とみなして，5 人の円順列を考えると $4!$ 通りある．
次に，大人 2 人の並び方を考えると $2!$ 通りある．
したがって，大人 2 人が隣り合う並び方は

$$4! \times 2! = 48 \quad (通り)$$

//

問・20　男子 3 人，女子 3 人が丸く並んで 1 つの輪をつくるとき，次の問いに答えよ．

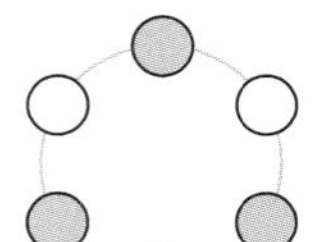

(1)　全部で何通りあるか．

(2)　男女交互に並ぶ方法は何通りあるか．

① 5 二項定理

$$(a+b)^4 = (a+b)(a+b)(a+b)(a+b)$$

の右辺の展開を考えると

$$a^4,\ a^3b,\ a^2b^2,\ ab^3,\ b^4$$

の 5 種類の項が現れる．これらの項がそれぞれ何回現れるかを調べよう．

a^4 と b^4 はそれぞれ 1 回ずつであるが，a^3b は

$$b\cdot a\cdot a\cdot a,\quad a\cdot b\cdot a\cdot a,\quad a\cdot a\cdot b\cdot a,\quad a\cdot a\cdot a\cdot b$$

のように，右辺の 4 つの括弧のうちの 1 つから b をとり，残りからは a をとって掛けることにより得られるから，${}_4\mathrm{C}_1 = 4$ 回現れる．

同様に，a^2b^2 の項は ${}_4\mathrm{C}_2 = 6$ 回，ab^3 の項は ${}_4\mathrm{C}_3 = 4$ 回現れる．

したがって

$$\begin{aligned}(a+b)^4 &= a^4 + {}_4\mathrm{C}_1a^3b + {}_4\mathrm{C}_2a^2b^2 + {}_4\mathrm{C}_3ab^3 + b^4\\ &= a^4 + 4a^3b + 6a^2b^2 + 4ab^3 + b^4\end{aligned}$$

一般に，$(a+b)^n$ の展開式の各項は ${}_n\mathrm{C}_r\,a^{n-r}b^r$ $(r=0,\ 1,\ \cdots,\ n)$ と表され，次の等式が成り立つ．これを**二項定理**，係数 ${}_n\mathrm{C}_r$ を**二項係数**という．

●二項定理

$$(a+b)^n = {}_n\mathrm{C}_0a^n + {}_n\mathrm{C}_1a^{n-1}b + {}_n\mathrm{C}_2a^{n-2}b^2 + \cdots + {}_n\mathrm{C}_{n-1}ab^{n-1} + {}_n\mathrm{C}_nb^n$$

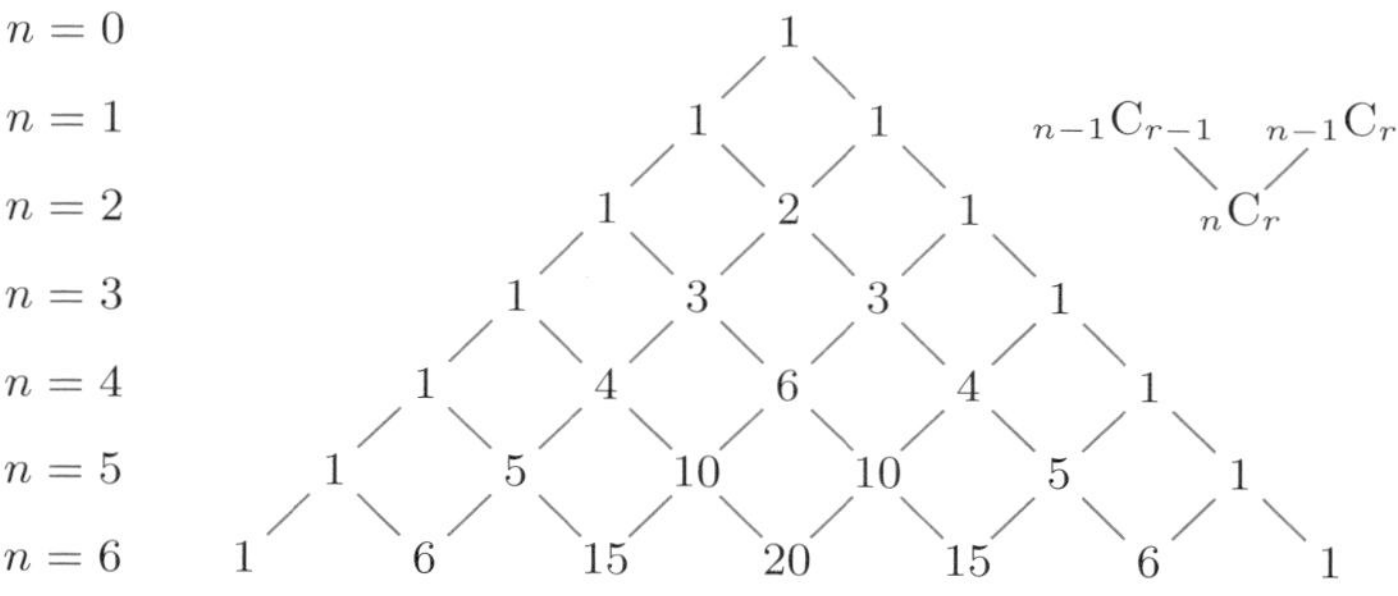

二項係数を前ページの図のように並べてみると，1 つの段の隣り合う 2 数を加えたものが次の段の数になっている．このことは例題 5 の等式

$$ {}_n\mathrm{C}_r = {}_{n-1}\mathrm{C}_{r-1} + {}_{n-1}\mathrm{C}_r $$

によって示される．

二項係数の関係を表すこの図は，**パスカルの三角形**と呼ばれている．

例 6　$(a-2)^4 = a^4 + {}_4\mathrm{C}_1 a^3(-2) + {}_4\mathrm{C}_2 a^2(-2)^2 + {}_4\mathrm{C}_3 a(-2)^3 + (-2)^4$

$= a^4 - 8a^3 + 24a^2 - 32a + 16$

問・21　次の式を展開せよ．

(1)　$(a+1)^6$　　(2)　$(a+3b)^4$　　(3)　$(x-1)^7$

例題 7　次の係数を求めよ．

(1)　$(2x+y)^7$ を展開したときの x^4y^3 の係数

(2)　$\left(x+\dfrac{1}{x}\right)^9$ を展開したときの x の係数

解　(1)　二項定理から，展開式の項は

$$ {}_7\mathrm{C}_r(2x)^{7-r}y^r = 2^{7-r}{}_7\mathrm{C}_r x^{7-r}y^r $$

$x^{7-r}y^r = x^4y^3$ となるのは $r=3$ のときだから，x^4y^3 の係数は

$$ 2^4{}_7\mathrm{C}_3 = 560 $$

(2)　展開式の項は

$$ {}_9\mathrm{C}_r x^{9-r}\left(\frac{1}{x}\right)^r = {}_9\mathrm{C}_r\, x^{9-r}\cdot x^{-r} = {}_9\mathrm{C}_r x^{9-2r} $$

$x^{9-2r} = x$ となるのは $9-2r=1$，すなわち，$r=4$ のときだから

x の係数は

$$ {}_9\mathrm{C}_4 = 126 $$

//

問・22　$\left(\dfrac{x}{2}-2y\right)^8$ を展開したときの x^5y^3 の係数を求めよ．

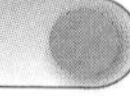

練習問題 1・A

1. A 地点と B 地点の間に 6 つの道があり，B 地点と C 地点の間に 5 つの道がある．A から C まで行き，同じ道を通らないで A に戻る方法は何通りあるか．

2. 大小 2 個のさいころを投げて，出る目の数の和が 4 の倍数になる場合は何通りあるか．

3. 8 つの数字 0, 1, 2, 3, 4, 5, 6, 7 を使って 3 けたの整数をつくる．次の問いに答えよ．

(1) 異なる 3 個の数字を使う場合は，何個できるか．

(2) 同じ数字を繰り返し使ってもよい場合は，何個できるか．

4. 次の式を簡単にせよ．

(1) $\dfrac{(n-1)!}{(n-3)!}$　　(2) $\dfrac{(n-1)!}{(n+1)!}$　　(3) $\dfrac{(n-r+1)!}{(n-r-1)!}$

5. 色の異なる 6 個のボールを大きさの異なる 3 つの箱に入れる方法は何通りあるか．ただし，ボールを 1 個も入れない箱があってもよいとする．

6. 右の図は，7 本の平行線が他の 6 本の平行線と交わってできた図形である．この図の中に平行四辺形はいくつあるか．

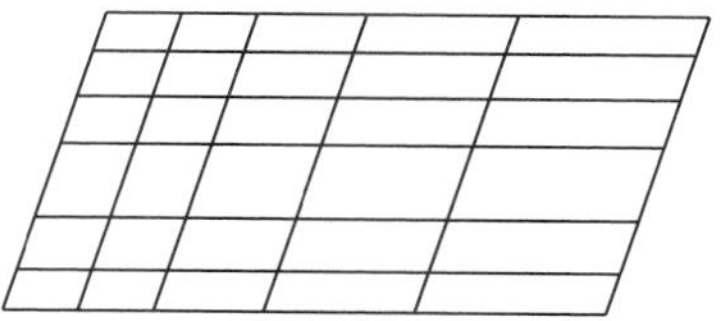

7. 1 から 3 までの数字を繰り返し使用することを許して 7 けたの整数をつくるとき，1 が 3 回用いられる整数はいくつできるか．

8. 7 つの数字 3, 3, 3, 4, 4, 5, 5 を全部並べて 7 けたの数をつくる．次の問いに答えよ．

(1) 全部でいくつできるか．　　(2) 偶数はいくつできるか．

9. $\left(2x^2 - \dfrac{1}{x}\right)^6$ を展開したとき，次の項の係数を求めよ．

(1) x^3　　(2) $\dfrac{1}{x^3}$　　(3) 定数項

7 章 場合の数と数列

練習問題 1・B

1. 男子 4 人，女子 3 人が円形テーブルのまわりに座る．次の問いに答えよ．

(1) 座り方は全部で何通りあるか．

(2) 女子 3 人が隣り合う場合は何通りあるか．

(3) 女子が隣り合わない場合は何通りあるか．

2. 右の図は，南北 5 本，東西 4 本の道からなる街の地図である．次の問いに答えよ．

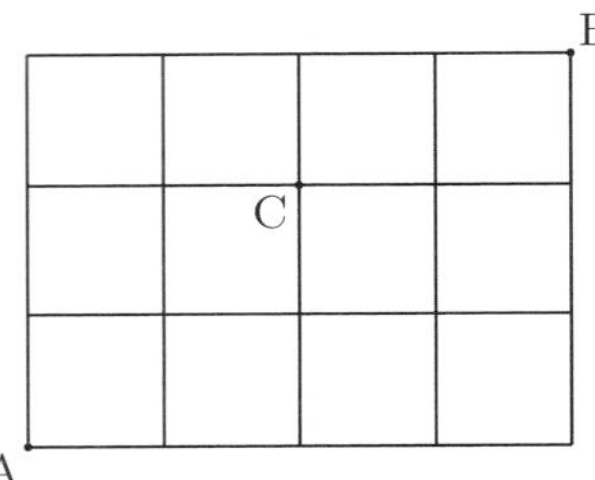

(1) A 地点から B 地点まで行く最短の通路はいくつあるか．

(2) そのうち，C 地点を通らない通路はいくつあるか．

3. 正九角形の頂点から 3 個を選んで三角形をつくる．次の問いに答えよ．

(1) 全部で何個の三角形ができるか．

(2) 正九角形と 2 辺を共有する三角形は何個あるか．

(3) 正九角形と 1 辺を共有する三角形は何個あるか．

(4) 正九角形と辺を共有しない三角形は何個あるか．

4. 6 つの数字 0, 1, 1, 2, 2, 3 を全部並べて 6 けたの数をつくる．次の問いに答えよ．

(1) 全部でいくつできるか．　　(2) 偶数はいくつできるか．

5. $(1+x)^n$ に二項定理を適用して，次の等式を証明せよ．

$$ {}_n\mathrm{C}_0 + {}_n\mathrm{C}_1 + {}_n\mathrm{C}_2 + \cdots + {}_n\mathrm{C}_n = 2^n $$

6. $(a+b+c)^7$ を展開したとき，次の項の係数を求めよ．

(1) $a^3b^2c^2$　　(2) a^5bc　　(3) a^5b^2

7. $(x^2+x+1)^6$ を展開したとき，次の項の係数を求めよ．

(1) x^{11}　　(2) x^9　　(3) x^6

2 数 列

2 1 数 列

正の偶数を2から100まで順に並べると

$$2,\ 4,\ 6,\ 8,\ 10,\ \cdots,\ 100 \qquad (1)$$

また，正の整数を2乗して得られる数を順に並べると

$$1,\ 4,\ 9,\ 16,\ 25,\ \cdots \qquad (2)$$

このように，一定の規則に従って順に並べられた数の列を**数列**という．数列のおのおのの数を**項**といい，はじめから順に**初項**（**第1項**），**第2項**，**第3項**，$\cdots$ という．はじめから n 番目の項を**第 n 項**という．

数列に最後の項があるとき，これを**末項**といい，項の総数を**項数**という．数列(1)の末項は100，項数は50である．

一般の数列を表す場合，初項を a_1，第2項を a_2，第3項を a_3，$\cdots$，第 n 項を a_n，$\cdots$ として

$$a_1,\ a_2,\ a_3,\ \cdots,\ a_n,\ \cdots$$

のように書く．また，この数列を $\{a_n\}$ と表すこともある．

数列(1)，(2)の第 n 項はそれぞれ $2n$，n^2 である．このように，数列の第 n 項を n の式で表したものをその数列の**一般項**という．これから，数列(1)，(2)はそれぞれ $\{2n\}$，$\{n^2\}$ で表される．

問・1 一般項が次の式で表される数列のはじめの5項を求めよ．

(1) $a_n = 3n - 2$ (2) $b_n = \left(-\dfrac{1}{3}\right)^n$ (3) $c_n = \dfrac{1}{n(n+2)}$

問・2 一般項が $a_n = (-1)^{n-1}$ のとき，次の問いに答えよ．

(1) 数列 $\{a_n\}$ のはじめの6項を求めよ．

(2) $b_n = \dfrac{a_n + 1}{2}$ のとき，数列 $\{b_n\}$ のはじめの6項を求めよ．

7章 場合の数と数列

2 2 等差数列

数列

$$3,\ 7,\ 11,\ 15,\ 19,\ \cdots \qquad (1)$$

は，初項 3 に順に一定の数 4 を加えることにより得られる．このように，ある数 a から始まり，順に一定の数 d を加えて得られる数列

$$a,\ a+d,\ a+2d,\ a+3d,\ a+4d,\ \cdots$$

を**等差数列**といい，一定の数 d を**公差**という．

等差数列の第 n 項は，初項 a に公差 d を $n-1$ 回加えて得られるから，次の公式が成り立つ．

●等差数列の一般項

初項 a，公差 d の等差数列の一般項は　$a_n = a + (n-1)d$

例 1　(1) の数列では，$a=3$，$d=4$ だから，一般項は

$$a_n = 3 + (n-1)\cdot 4 = 4n - 1$$

問・3　等差数列になるように，□ の中にあてはまる数を入れよ．

(1)　2，□，12，□，□　　　(2)　□，-4，□，□，5

問・4　初項 35，公差 -3 の等差数列について，次の問いに答えよ．

(1)　一般項を求めよ．　　　(2)　第 10 項を求めよ．

(3)　-22 は第何項か．　　　(4)　はじめて負の数となるのは第何項か．

初項 a，公差 d の等差数列 $\{a_n\}$ の初項から第 n 項までの和を求めよう．

$$S_n = a_1 + a_2 + a_3 + \cdots + a_{n-1} + a_n$$

とおく．右辺の和の順序を逆に書くと

$$S_n = a_n + a_{n-1} + \cdots + a_3 + a_2 + a_1$$

これらを辺々加えて，2 項ずつまとめると

$$2S_n = (a_1 + a_n) + (a_2 + a_{n-1}) + \cdots + (a_n + a_1)$$

ここで　$a_1 + a_n = a + \{a + (n-1)d\} = 2a + (n-1)d$

$$a_2 + a_{n-1} = (a+d) + \{a + (n-2)d\} = 2a + (n-1)d = a_1 + a_n$$

$$a_3 + a_{n-2} = (a+2d) + \{a + (n-3)d\} = 2a + (n-1)d = a_1 + a_n$$

$$\vdots \qquad\qquad \vdots$$

$$a_n + a_1 = a_1 + a_n$$

a	$a+(n-1)d$
$a+d$	$a+(n-2)d$
$a+2d$	$a+(n-3)d$
$\vdots$	
$a+(n-3)d$	$a+2d$
$a+(n-2)d$	$a+d$
$a+(n-1)d$	a

n 個

$2a+(n-1)d$

したがって

$$2S_n = n(a_1 + a_n)$$

これから

$$S_n = \frac{n(a_1 + a_n)}{2}$$

以上より，次の公式が得られる．

●等差数列の和

初項 a，公差 d の等差数列の初項から第 n 項までの和 S_n は

$$S_n = \frac{n(a_1 + a_n)}{2} = \frac{n\{2a + (n-1)d\}}{2}$$

例題 1　100 から 200 までの整数のうち，3 の倍数の和を求めよ．

解　これらの整数は，初項 102，公差 3 の等差数列を作る．

末項が 198 となることから，項数 n を求めると

$$102 + 3(n-1) = 198 \qquad \therefore \quad n = 33$$

したがって，求める和は　$\dfrac{33(102+198)}{2} = 4950$　//

問・5　次の等差数列の和を求めよ．

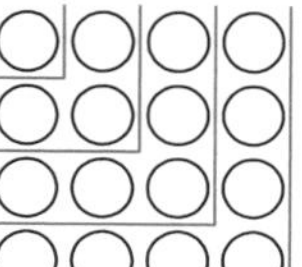

(1)　$-1 + 2 + 5 + \cdots + 56$

(2)　$1 + 3 + 5 + \cdots + (2n-1)$　(右図参照)

問・6　初項 -4，公差 3 の等差数列の初項から第何項までの和が 35 になるか．

② 3 等比数列

数列

$$2,\ 6,\ 18,\ 54,\ 162,\ \cdots \tag{1}$$

は，初項 2 に一定の数 3 を次々に掛けることにより得られる．

このように，ある数 a から始まって，一定の数 r を次々に掛けて得られる数列

$$a,\ ar,\ ar^2,\ ar^3,\ ar^4,\ \cdots$$

を**等比数列**といい，一定の数 r を**公比**という．

等比数列の第 n 項は，初項 a に公比 r を $n-1$ 回掛けて得られるから，次の公式が成り立つ．

●等比数列の一般項

初項 a，公比 r の等比数列の一般項は　$a_n = ar^{n-1}$

例 2　(1) の数列では，$a=2$，$r=3$ だから $a_n = 2\cdot 3^{n-1}$

例題 2　第 2 項が 6，第 4 項が 54 である等比数列の初項と公比を求めよ．

解　初項を a，公比を r とすると　$ar=6$，$ar^3=54$

これから　$r^2=9$　$\therefore$　$r=\pm 3$，$a=\pm 2$　(複号同順)　//

問・7　等比数列になるように，□ の中にあてはまる数を入れよ．

(1)　4，□，□，-108，□　　(2)　□，72，□，18，□

問・8　初項が -24 で，第 4 項が 3 である等比数列の第 10 項を求めよ．

初項 a，公比 r の等比数列の初項から第 n 項までの和 S_n を求めよう．

S_n と rS_n を並べて書くと

$$S_n = a + ar + ar^2 + ar^3 + \cdots + ar^{n-2} + ar^{n-1}$$

$$rS_n = \qquad ar + ar^2 + ar^3 + \cdots + ar^{n-2} + ar^{n-1} + ar^n$$

これらを辺々引いて

$$(1-r)S_n = a - ar^n$$

これから

$r \neq 1$ のとき　$S_n = \dfrac{a(1-r^n)}{1-r}$

$r = 1$ のとき　$S_n = \underbrace{a + a + a + \cdots + a}_{n\text{ 個}} = na$

したがって，次の公式が得られる．

●等比数列の和

初項 a，公比 r の等比数列の初項から第 n 項までの和は

$$S_n = \begin{cases} \dfrac{a(1-r^n)}{1-r} = \dfrac{a(r^n-1)}{r-1} & (r \neq 1 \text{ のとき}) \\ na & (r = 1 \text{ のとき}) \end{cases}$$

例題 3 初項 1，公比 3 の等比数列がある．初項から第何項までの和が 1093 になるか．

解 求める項数を n とすると

$$\frac{1 \times (3^n - 1)}{3-1} = 1093$$

これから　$3^n = 2187 = 3^7$　　$\therefore \quad n = 7$　　//

問・9 次の等比数列の和を求めよ．

$$1 + 2 + 2^2 + 2^3 + 2^4 + \cdots + 2^9$$

問・10 次の等比数列について，以下の問いに答えよ．

$$3,\ 6,\ 12,\ \cdots$$

(1) この数列の一般項を求めよ．

(2) 384 は第何項か．

(3) 等比数列の和 $3 + 6 + 12 + \cdots + 384$ を求めよ．

② 4 いろいろな数列の和

数列の和 $a_1 + a_2 + a_3 + \cdots + a_n$ を，記号 $\sum$（シグマ）を用いて $\sum_{k=1}^{n} a_k$ とも表す．この記号は，$k = 1, 2, 3, \cdots, n$ とおいて得られるすべての項 a_k の和を表す．

$$\sum_{k=1}^{n} a_k = a_1 + a_2 + a_3 + \cdots + a_n$$

例 3 $\sum_{k=1}^{7} k = 1 + 2 + 3 + \cdots + 7 = 28$

$$\sum_{k=1}^{8} 2^{k-1} = 1 + 2 + 2^2 + \cdots + 2^7 = \frac{1 \cdot (2^8 - 1)}{2 - 1} = 255$$

問・11 次の数列の和を $\sum$ 記号を用いずに表せ．また，その和を求めよ．

(1) $\sum_{k=1}^{5} k^2$　　(2) $\sum_{i=1}^{10} (3i - 2)$　　(3) $\sum_{k=1}^{n} 2 \cdot 3^{k-1}$

例題 4 次の数列の和を $\sum$ 記号を用いて表せ．

(1) $2 + 5 + 8 + \cdots + 203$　　(2) $3 + 3 + 3 + 3 + 3 + 3 + 3$

解 (1) 初項 2，公差 3 の等差数列だから，第 k 項は

$$2 + 3(k - 1) = 3k - 1 \quad (k = 1, 2, 3, \cdots)$$

項数を n とすると　$3n - 1 = 203$　　$\therefore \quad n = 68$

よって　$2 + 5 + 8 + \cdots + 203 = \sum_{k=1}^{68} (3k - 1)$

(2) すべての k について，第 k 項は 3（定数）で，項数は 7 だから

$$3 + 3 + 3 + 3 + 3 + 3 + 3 = \sum_{k=1}^{7} 3$$ //

問・12 次の数列の和を $\sum$ 記号を用いて表せ．

(1) $101 + 102 + 103 + 104 + 105 + \cdots + 200$

(2) $1 - \frac{1}{2} + \frac{1}{4} - \frac{1}{8} + \frac{1}{16} - \frac{1}{32} + \cdots - \frac{1}{512}$

$\sum$ 記号を含む計算について，次の公式が成り立つ．

● $\sum$ 記号の性質

(Ⅰ) $\displaystyle\sum_{k=1}^{n}(a_k \pm b_k) = \sum_{k=1}^{n} a_k \pm \sum_{k=1}^{n} b_k$ （複号同順）

(Ⅱ) $\displaystyle\sum_{k=1}^{n} ca_k = c\sum_{k=1}^{n} a_k$ （c は定数）

(Ⅲ) $\displaystyle\sum_{k=1}^{n} c = nc$ （c は定数）

証明 (Ⅰ) $\displaystyle\sum_{k=1}^{n}(a_k \pm b_k) = (a_1 \pm b_1) + (a_2 \pm b_2) + \cdots + (a_n \pm b_n)$

$$= (a_1 + a_2 + \cdots + a_n) \pm (b_1 + b_2 + \cdots + b_n)$$

$$= \sum_{k=1}^{n} a_k \pm \sum_{k=1}^{n} b_k \quad \text{（複号同順）}$$

(Ⅱ) $\displaystyle\sum_{k=1}^{n} ca_k = ca_1 + ca_2 + \cdots + ca_n = c(a_1 + a_2 + \cdots + a_n) = c\sum_{k=1}^{n} a_k$

(Ⅲ) $\displaystyle\sum_{k=1}^{n} c = \underbrace{c + c + c + \cdots + c}_{n\text{ 個}} = nc$ //

自然数の累乗の和を求めよう．まず，自然数 1 から n までの和は，等差数列の和の公式から

$$\sum_{k=1}^{n} k = 1 + 2 + 3 + \cdots + n = \frac{1}{2}n(n+1)$$

また，恒等式 $(k+1)^3 - (k-1)^3 = 6k^2 + 2$ を利用して

$$\sum_{k=1}^{n}\{(k+1)^3 - (k-1)^3\} = \sum_{k=1}^{n}(6k^2 + 2)$$

この式の左辺と右辺を，それぞれ計算すると

$$\text{左辺} = \sum_{k=1}^{n}(k+1)^3 - \sum_{k=1}^{n}(k-1)^3$$

$$= \{2^3 + 3^3 + 4^3 + \cdots + (n-1)^3 + n^3 + (n+1)^3\}$$

$$- \{0^3 + 1^3 + 2^3 + 3^3 + 4^3 + \cdots + (n-1)^3\}$$

$$= n^3 + (n+1)^3 - 1 = 2n^3 + 3n^2 + 3n$$

$$\text{右辺} = \sum_{k=1}^{n} 6k^2 + \sum_{k=1}^{n} 2 = 6\sum_{k=1}^{n} k^2 + 2n$$

したがって

$$2n^3+3n^2+3n=6\sum_{k=1}^{n}k^2+2n$$

これから

$$\sum_{k=1}^{n}k^2=\frac{1}{6}(2n^3+3n^2+n)=\frac{1}{6}n(n+1)(2n+1)$$

以上より，次の公式が得られる．

●自然数の累乗の和

$$\sum_{k=1}^{n}k=\frac{1}{2}n(n+1),\qquad \sum_{k=1}^{n}k^2=\frac{1}{6}n(n+1)(2n+1)$$

例 4 $1^2+2^2+3^2+\cdots+10^2=\sum_{k=1}^{10}k^2=\frac{1}{6}\cdot 10\cdot 11\cdot 21=385$

例題 5 次の数列の初項から第 n 項までの和 S_n を求めよ．

$$1\cdot 3,\ 3\cdot 5,\ 5\cdot 7,\cdots\cdots$$

解 この数列の第 k 項は $(2k-1)(2k+1)=4k^2-1$

したがって

$$\begin{aligned}S_n&=\sum_{k=1}^{n}(4k^2-1)=4\sum_{k=1}^{n}k^2-\sum_{k=1}^{n}1\\&=\frac{2}{3}n(n+1)(2n+1)-n\\&=\frac{1}{3}n(4n^2+6n-1)\end{aligned}$$

//

問・13 次の和を求めよ．

(1) $\sum_{k=1}^{n}k(k-1)$

(2) $1\cdot 3+2\cdot 5+3\cdot 7+\cdots+n(2n+1)$

(3) $1^2+3^2+5^2+\cdots+(2n-1)^2$

②5 漸化式と数学的帰納法

数列を定める規則は，いくつかの項の間の関係式で与えることもできる．例えば，初項 a，公差 d の等差数列は，初項以外の各項が直前の項に d を加えて得られるから

$$a_1 = a,\ a_{k+1} = a_k + d \quad (k = 1,\ 2,\ 3,\ \cdots)$$

によっても表される．このように，いくつかの項の間の関係式を用いた数列の定め方を，数列の**帰納的定義** という．また，この定義に現れる各項の関係式をその数列の**漸化式** という．

例 5　初項 a，公比 r の等比数列は次の漸化式で表される．

$$a_1 = a,\ a_{k+1} = ra_k \quad (k = 1,\ 2,\ 3,\ \cdots)$$

問・14　次の数列を表す漸化式をつくれ．

(1)　初項が 1 で，各項が直前の項の 3 倍に 2 を加えた数列

(2)　初項が 2 で，各項が直前の項から 1 を引いたものを 2 乗した数列

問・15　次の漸化式で表される数列のはじめの 4 項を求めよ．

(1)　$a_1 = 1,\ a_{k+1} = a_k^2 + 1 \quad (k = 1,\ 2,\ 3,\ \cdots)$

(2)　$b_1 = 3,\ b_{k+1} = b_k + 3k \quad (k = 1,\ 2,\ 3,\ \cdots)$

例題 6　次の漸化式で表される数列の一般項を求めよ．

$$a_1 = 1,\ a_{k+1} = 2a_k + 1 \quad (k = 1,\ 2,\ 3,\ \cdots)$$

解　漸化式を用いて，各項を求めると

$$a_2 = 2a_1 + 1 = 2 + 1$$

$$a_3 = 2a_2 + 1 = 2(2+1) + 1 = 2^2 + 2 + 1$$

$$a_4 = 2a_3 + 1 = 2(2^2 + 2 + 1) + 1 = 2^3 + 2^2 + 2 + 1$$

$$\vdots \qquad \vdots$$

これから　$a_n = 1 + 2 + 2^2 + \cdots + 2^{n-1} = \dfrac{1 \cdot (2^n - 1)}{2 - 1} = 2^n - 1$　//

問・16 次の漸化式で表される数列の一般項を求めよ．

(1) $a_1 = 4,\ a_{k+1} = 3a_k + 4 \quad (k = 1,\ 2,\ 3,\ \cdots)$

(2) $b_1 = 2,\ b_{k+1} = b_k + (2k - 1) \quad (k = 1,\ 2,\ 3,\ \cdots)$

自然数 n に関する命題 $P(n)$ が与えられたとき，この命題 $P(n)$ がすべての自然数 n に対して成り立つことを示すには

(i) $P(1)$ が成り立つ．

(ii) 任意の自然数 k について，

「$P(k)$ が成り立つと仮定すると $P(k+1)$ も成り立つ」．

を証明すればよい．(ii) は

$P(1)$ が成り立つならば，$P(2)$ も成り立つ

$P(2)$ が成り立つならば，$P(3)$ も成り立つ

⋮

ということを意味している．したがって，(i) と (ii) が証明されれば，

(i) より，$P(1)$ が成り立つ

このことと (ii) より，$P(2)$ が成り立つ

このことと (ii) より，$P(3)$ が成り立つ

⋮

となり，すべての自然数 n について命題 $P(n)$ が成り立つことがわかる．

このような証明の方法を**数学的帰納法**といい，自然数 n に関する命題を証明する場合などにしばしば用いられる．

例題 7 n が自然数のとき，$n^3 + 2n$ は 3 で割り切れることを証明せよ．

解 数学的帰納法で証明する．

(i) $n = 1$ のとき

$$n^3 + 2n = 1^3 + 2 \cdot 1 = 3$$

よって 3 で割り切れる．

(ii) $n=k$ のとき，$n^3+2n=k^3+2k$ は 3 で割り切れると仮定する．
このとき，$k^3+2k=3m$（ただし m は自然数）と表される．
そこで，$n=k+1$ のとき，n^3+2n について考えると

$$\begin{aligned} n^3+2n &= (k+1)^3+2(k+1) \\ &= k^3+2k+3(k^2+k+1) \\ &= 3(m+k^2+k+1) \end{aligned}$$

よって，$n=k+1$ のとき，n^3+2n は 3 で割り切れる．
(i)，(ii) より，すべての自然数 n について n^3+2n は 3 で割り切れる． //

例題 8 漸化式

$$a_1=3,\quad a_{k+1}=3a_k+3^{k+1} \quad (k=1,\ 2,\ 3,\ \cdots)$$

で表される数列の第 n 項は，次の式で与えられることを証明せよ．

$$a_n=n\cdot 3^n \qquad (1)$$

解 数学的帰納法で証明する．
(i) $n=1$ のとき

$$(1) \text{ の左辺} = a_1 = 3, \quad (1) \text{ の右辺} = 1\times 3^1 = 3$$

したがって，(1) は成り立つ．
(ii) $n=k$ のとき，(1) が成り立つと仮定すると　$a_k=k\cdot 3^k$
$n=k+1$ のとき，漸化式と上の仮定を用いて

$$a_{k+1}=3a_k+3^{k+1}=3(k\cdot 3^k)+3^{k+1}=(k+1)\cdot 3^{k+1}$$

したがって，$n=k+1$ のときも (1) は成り立つ．
(i)，(ii) より，すべての自然数 n について (1) は成り立つ． //

問・17 次の漸化式で表される数列がある．

$$a_1=4,\quad a_{k+1}=4-\frac{4}{a_k} \quad (k=1,\ 2,\ 3,\ \cdots)$$

このとき，$a_n=\dfrac{2n+2}{n}$ であることを数学的帰納法で証明せよ．

フィボナッチ数列

227ページでは，2つの項の間の関係式として漸化式を学んだ．ここでは，3つの項の間の漸化式で表される有名な数列として**フィボナッチ数列**を紹介する．この数列 $\{a_n\}$ は次の漸化式で定義される．

$$a_1 = 1,\ a_2 = 1,\quad a_{n+2} = a_{n+1} + a_n\ (n = 1,\ 2,\ 3,\ \cdots)$$

数列 $\{a_n\}$ を初項から順に求めると

$$1,\ 1,\ 2,\ 3,\ 5,\ 8,\ 13,\ 21,\ 34,\ 55,\ 89,\ 144,\ 233,\ 377,\ 610,\ \cdots$$

という自然数（**フィボナッチ数**という）の列であり，その一般項は次の式で表される．

$$a_n = \frac{1}{\sqrt{5}}\left\{\left(\frac{1+\sqrt{5}}{2}\right)^n - \left(\frac{1-\sqrt{5}}{2}\right)^n\right\}$$

フィボナッチ数列について様々な性質が知られている．例えば，フィボナッチ数を2乗してできる数列 $\{{a_n}^2\}$ は

$$1,\ 1,\ 4,\ 9,\ 25,\ 64,\ 169,\ 441,\ 1156,\ 3025,\ 7921,\ 20736,\ \cdots$$

である．この数列の初項からの和を求めると，次のようになる．

$$1+1 = 2 = 1\times 2$$
$$1+1+4 = 6 = 2\times 3$$
$$1+1+4+9 = 15 = 3\times 5$$
$$1+1+4+9+25 = 40 = 5\times 8$$
$$1+1+4+9+25+64 = 104 = 8\times 13$$
$$1+1+4+9+25+64+169 = 273 = 13\times 21$$
$$\vdots$$

1^2　1^2　2^2　3^2　5^2　8^2

図は，フィボナッチ数の2乗を正方形の面積で表して順に並べてできる長方形であり，その面積は第5式の和を表している．このように，数列 $\{{a_n}^2\}$ の和は隣り合うフィボナッチ数の積と一致する．

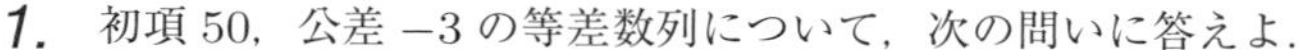

練習問題 2・A

1. 初項 50，公差 -3 の等差数列について，次の問いに答えよ．

(1) はじめて負になるのは第何項か．

(2) 初項から第 10 項までの和を求めよ．

(3) 初項から第何項までの和をとると，はじめて負になるか．

2. 初項 3，公比 2 の等比数列について，次の問いに答えよ．

(1) はじめて 3000 より大きくなるのは第何項か．

(2) 初項から第 7 項までの和を求めよ．

(3) 初項から第何項までの和をとると，はじめて 30000 より大きくなるか．

3. 次の等比数列の和を求めよ．

(1) $1-\dfrac{1}{2}+\dfrac{1}{2^2}-\dfrac{1}{2^3}+\cdots-\dfrac{1}{2^9}$

(2) $\sqrt{3}-1+\dfrac{1}{\sqrt{3}}-\dfrac{1}{3}+\dfrac{1}{3\sqrt{3}}-\cdots$ （初項 $\sqrt{3}$ から第 10 項まで）

4. 次の和を求めよ．

(1) $\displaystyle\sum_{k=1}^{n} k(3k-1)$ (2) $\displaystyle\sum_{k=1}^{n-1} k(k+3)$

5. 次の漸化式で表される数列の一般項を求めよ．

(1) $a_1=3,\ a_{k+1}=4a_k+3 \quad (k=1,\ 2,\ 3,\ \cdots)$

(2) $b_1=4,\ b_{k+1}=b_k+2k \quad (k=1,\ 2,\ 3,\ \cdots)$

6. 漸化式

$$a_1=1,\ a_{k+1}=3a_k+(k+1)3^k \quad (k=1,\ 2,\ 3,\ \cdots)$$

で表される数列の第 n 項は，次の式で与えられることを証明せよ．

$$a_n=\frac{n(n+1)}{2}\cdot 3^{n-1}$$

練習問題 2・B

1. 数列 $\{a_n\}$ について，第 $n+1$ 項と第 n 項の差 $b_n = a_{n+1} - a_n$ を**階差**といい，階差によって定まる数列 $\{b_n\}$ を数列 $\{a_n\}$ の**階差数列**という．次の問いに答えよ．

(1) $n \geqq 2$ のとき $a_n = a_1 + \sum_{k=1}^{n-1} b_k$ となることを証明せよ．

(2) 次の数列 $\{a_n\}$ の階差数列 $\{b_n\}$ を求め，a_n を n の式で表せ．

$$1,\ 2,\ 5,\ 10,\ 17,\ \cdots$$

2. 数列 $\{a_n\}$ の初項から第 n 項までの和が，$S_n = \sum_{k=1}^{n} a_k = n^2 - 2n \ (n \geqq 1)$ と表されるとき，数列 $\{a_n\}$ はどのような数列か．

3. 平面上に n 本の直線があり，どの 2 本も平行でなく，どの 3 本も同一の点を通らないとする．これらの直線の交点の数を a_n とするとき，次の問いに答えよ．

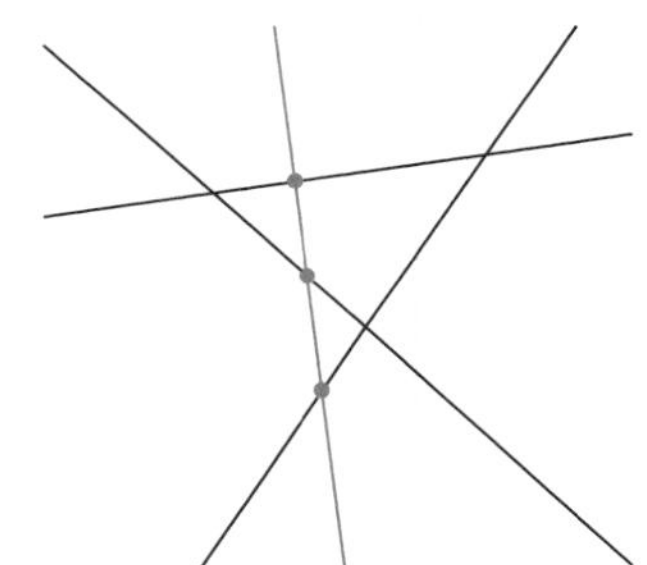

(1) a_2，a_3，a_4 を求めよ．

(2) a_{k+1} を a_k と k で表せ．

(3) $n \geqq 2$ のとき，a_n を n の式で表せ．

4. 任意の自然数 n について，$6^n - 1$ は 5 で割り切れることを証明せよ．

5. p, q, r を互いに異なる素数とし，l, m, n を自然数とする．このとき，整数 $p^l q^m r^n$ のすべての約数の和は

$$\frac{p^{l+1}-1}{p-1} \cdot \frac{q^{m+1}-1}{q-1} \cdot \frac{r^{n+1}-1}{r-1}$$

となることを証明せよ．

解答

1章 数と式の計算

1 (p.2〜18)

問1 (1) $2x^2+2x-2$

(2) x^2+7x-3

問2 (1) $A+B=5x^2-3x+3$

$A-B=-x^2+9x-1$

(2) $A+B=x^4+x^3-x-2$

$A-B=-x^4+x^3-4x^2+x+4$

問3 (1) $3ax^2+2bx+c$

(2) $2x^2+(3y-2)x+(-y^2+1)$

問4 (1) $A+B=3x^3+(a^2+a)x^2$

$+3x+2a^3$

$A-B=-x^3+(-a^2+a)x^2-3x+2a^3$

(2) $A+B=3y^2+6xy+(-x^2+3x)$

$A-B=-y^2-2xy+(5x^2+3x)$

問5 (1) 9 (2) -9 (3) $-108a^9b^8$

(4) x^3-3x^2-8x+4

問6 (1) $x^2+7x+10$

(2) $x^2+8xy+15y^2$

(3) $9x^2-1$ (4) $6x^2+xy-12y^2$

(5) $27a^3+27a^2b+9ab^2+b^3$

(6) $8a^3-36a^2b+54ab^2-27b^3$

問7

(1) $a^2+9b^2+4c^2+6ab+12bc+4ca$

(2) x^3+27y^3

問8 (1) $x^2+6xy+9y^2+3x+9y+2$

(2) $a^2-b^2-2bc-c^2$

問9 (1) $a(a-2b)^2$

(2) $3(x+3y)(x-3y)$

(3) $(a+3b+2c)(a+3b-2c)$

(4) $(2a+1)(4a^2-2a+1)$

(5) $(x+2)(y-3)$

(6) $(a+1)(3b+2)$

問10 (1) $(x+2)(x+8)$

(2) $(x+6)(x-1)$

問11 (1) $(3x+2)(x+4)$

(2) $(3x-2)(2x+1)$

問12 (1) $(x+1)(x-1)(x+2)(x-2)$

(2) $(a+b+3)(a+b-1)$

(3) $(x-y+2)(x-y-3)$

(4) $(3x+y+2)(x+2y-1)$

問13 (1) 商 $2x+1$, 余り 2

$A=B(2x+1)+2$

(2) 商 $3x+5$, 余り 7

$A=B(3x+5)+7$

(3) 商 x^2-3x+1, 余り -1

$A=B(x^2-3x+1)-1$

問14 $x^3+3x^2+6x+11$

問15 最大公約数, 最小公倍数の順に

(1) b, ab^2c

(2) $2ac$, $24a^2b^3c^3d^2$

(3) $x(x+1)$, $6x^2(x+1)^3(x+2)^2(x-3)$

問16 (1) x^3+4x^2-7x+5

(2) $7x^3+3x^2-4x+5$

(3) 4　(4) 1

(5) $2a^3+3a^2-5a+4$

(6) a^3+a^2+2a+1

問17　(1) 1　(2) -6

問18　$\frac{3}{2}$，　$-\frac{5}{2}$

問19　$x-2$

問20　$k=4$

問21　(1) $(x-1)(x^2-2x-1)$

(2) $(x+1)(x-2)(x+6)$

(3) $(x-1)(x+2)(2x+1)$

(4) $(x+1)(x-2)(x+2)^2$

練習問題 1・A　(p.19)

1. (1) $5a^2+3ab-4b^2$

(2) $-3a^2+18ab-15b^2$

(3) $-3a^2b^2+9ab^3-3b^4$

2. (1) $a^4-8a^2b^2+16b^4$

(2) $15x^2+2x-8$

(3) $64x^3-48x^2y+12xy^2-y^3$

(4) $4a^2+12ab+9b^2-6a-9b-4$

(5) x^3+8y^3

(6) $2x^3+x^2y+2xy^2-12y^3$

3. (1) $2x(x-2y)(x^2+2xy+4y^2)$

(2) $(a+b)(x-y)$

(3) $(3a-5)(a+1)$

(4) $(x+1)(x-1)(x+3)(x-3)$

(5) $(x-2y+1)(x-y+3)$

(6) $(x+y-1)(x+3y+9)$

4. (1) 商 x^2-2x+4，余り 0

$A=B(x^2-2x+4)$

(2) 商 $4x^2+2x+3$，余り 4

$A=B(4x^2+2x+3)+4$

5. (1) $2ab$, $12a^3b^3c^2$

(2) $x-1$, $x(x-1)^2$

(3) $x-1$, $(x+1)(x-1)(x+2)(x^2+3)$

(4) $x+2$, $x(x-1)(x+2)^2$

6. 商 x^2-x+1，余り $2x+2$

7. (1) $(x+2)(x-1)Q(x)+3x+1$

(2) 4

練習問題 1・B　(p.20)

1. (1) a^6-64b^6

(2) $x^4+10x^3+35x^2+50x+24$

(3) $a^4+b^4+c^4-2a^2b^2-2b^2c^2-2c^2a^2$

(4) $x^3-y^3+z^3-3x^2y+3xy^2$

$+3y^2z-3yz^2+3z^2x+3zx^2-6xyz$

2. (1) $x(4x+3y)(x-2y)$

(2) $(a+b+c+d)(a-b+c-d)$

(3) $(2x-3y-2)(x+2y+3)$

(4) $(x-y)(xy+yz+zx)$

(5) $(x-1)(x+2)(x^2+x+1)(x^2-2x+4)$

3. (1) $-(a-b)(b-c)(c-a)$

(2) $(x^4+4x^2+4)-x^2$ と変形せよ.

$(x^2+x+2)(x^2-x+2)$

(3) $(x+1)(x-1)(x+2)(x-3)$

4. $(x-1)(x-2)$

5. $(2x-1)(x+2)$, $(2x-1)(x^2+2)$

6. $x+2$

7. $2x-1$

2 (p.21～32)

問1 (1) $\dfrac{3y^4}{xz^6}$ (2) $\dfrac{x+1}{x(x+2)}$

(3) $\dfrac{a+b-c}{a-b-c}$

問2 (1) $\dfrac{3x+1}{(x+1)(x-1)}$

(2) $\dfrac{2x}{(x-1)(x-3)}$

(3) $\dfrac{xy}{x-y}$ (4) $\dfrac{a-b}{ab}$

問3 (1) $\dfrac{a^2b}{6}$ (2) $\dfrac{t-6}{t+3}$ (3) 2

(4) $-\dfrac{y}{2x}$

問4 (1) $\dfrac{d}{ac}$ (2) $\dfrac{1}{x+1}$ (3) $\dfrac{x-1}{x-3}$

問5 (1) $3x-2+\dfrac{3}{x+2}$

(2) $-4x+2+\dfrac{3x-7}{x^2+x+1}$

問6 (1) 4 (2) $2\pi-4$ (3) 2

問7 (1) $3\sqrt{3}$ (2) 0 (3) $5\sqrt{6}$

(4) $8\sqrt{5}$

問8 (1) $4-\sqrt{3}$ (2) $5-\pi$

問9 (1) $\dfrac{2\sqrt{6}}{5}$ (2) $\sqrt{5}-2$

(3) $\dfrac{\sqrt{10}+\sqrt{6}}{2}$ (4) $7-4\sqrt{3}$

問10 (1) $10+5i$ (2) 0

(3) $-\dfrac{1}{5}+\dfrac{2}{5}i$ (4) $\dfrac{10}{13}$

問11 (1) -8 (2) $-2i$

問12

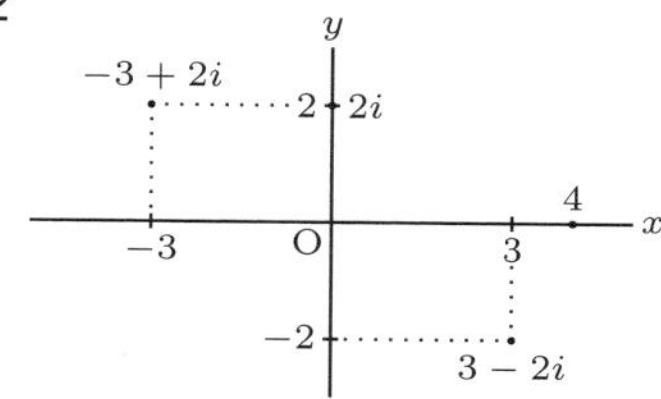

問13 (1) $3+2i$ (2) $-3-2i$ (3) $-2i$

(4) 4

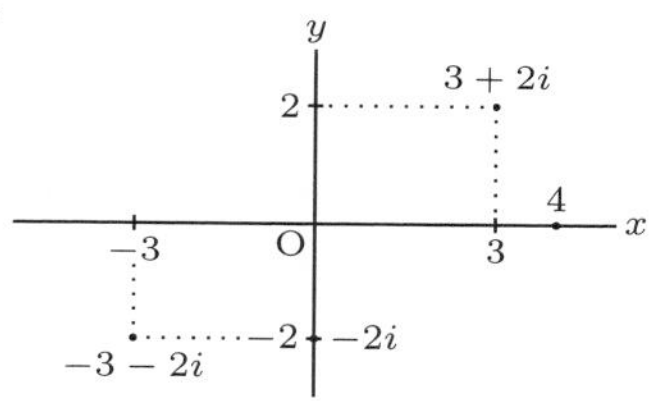

問14 (1) 8 (2) 17 (3) $-8+6i$

問15 (1) 4 (2) $\sqrt{10}$ (3) $\sqrt{10}$ (4) $\sqrt{10}$

練習問題 2·A (p.33)

1. (1) $\dfrac{4y}{3x^2z^3}$ (2) $\dfrac{2xy}{(x+y)(x-y)}$

(3) $\dfrac{1}{y}$ (4) 1 (5) $\dfrac{x+2}{x+3}$ (6) $-\dfrac{x+1}{x-1}$

2. (1) 6 (2) 1

(3) $(x+y)^2-2xy$ と変形せよ．34

(4) $\dfrac{x^2+y^2}{xy}$ と変形せよ．34

3. (1) $2\sqrt{5}$ (2) $3+4\sqrt{3}$ (3) $-5\sqrt{6}$

(4) $\dfrac{14}{11}$ (5) $-2-2i$ (6) $\sqrt{3}i$

4. (1) $1+\sqrt{5}$ (2) 1 (3) $\dfrac{\sqrt{5}-1}{4}$ (4) 0

練習問題 2·B (p.34)

1. (1) $\dfrac{a+1}{(2a+1)(2a-1)}$ (2) $-\dfrac{8}{a^8-1}$

(3) $-\dfrac{1}{2}$ (4) $x-1$ (5) 0

(6) $(a+1)(a-1)$

2. (1) 3 (2) $\dfrac{2-\sqrt{2}+\sqrt{6}}{4}$

3. $a \geqq 1$ のとき $a-1$

$\dfrac{1}{2} \leqq a < 1$ のとき $1-a$

4. $\alpha = a+bi,\ \beta = c+di$ として，共役複素数の定義を用い，左辺の計算結果と右辺の計算結果がそれぞれ一致することを確かめよ．

2章 方程式と不等式

1 (p.36〜49)

問1 (1) $-1,\ -5$ (2) -2 (3) ± 7

(4) $0,\ 2$ (5) $\dfrac{3}{2},\ -\dfrac{2}{3}$ (6) $-\dfrac{1}{2},\ 3$

問2 (1) $\dfrac{-5\pm\sqrt{13}}{2}$ (2) $\dfrac{-3\pm\sqrt{21}}{6}$

(3) $2\pm\sqrt{2}$ (4) $\dfrac{1\pm\sqrt{41}}{4}$

問3 (1) -3（2 重解）

(2) $\dfrac{3}{2}$（2 重解）

問4 (1) $\dfrac{-3\pm\sqrt{7}i}{2}$ (2) $\dfrac{-5\pm\sqrt{7}i}{4}$

(3) $\pm 3i$ (4) $\dfrac{2\pm\sqrt{5}i}{3}$

問5 (1) 2 重解 (2) 異なる 2 つの虚数解 (3) 異なる 2 つの実数解

問6 (1) $k=0$ のとき $x=0$,

$k=8$ のとき $x=-2$

(2) $k=-1$ のとき $x=1$,

$k=7$ のとき $x=-3$

問7 (1) 19 (2) 30 (3) 10

問8 (1) $\left(x-2-\sqrt{2}\right)\left(x-2+\sqrt{2}\right)$

(2) $\left(x-\dfrac{5+\sqrt{3}i}{2}\right)\left(x-\dfrac{5-\sqrt{3}i}{2}\right)$

(3) $2\left(x+\dfrac{1-\sqrt{5}i}{2}\right)\left(x+\dfrac{1+\sqrt{5}i}{2}\right)$

(4) $4\left(x-\dfrac{1+\sqrt{2}}{2}\right)\left(x-\dfrac{1-\sqrt{2}}{2}\right)$

$\left(=\left(2x-1-\sqrt{2}\right)\left(2x-1+\sqrt{2}\right)\right)$

問9 (1) $\pm\sqrt{5},\ \pm 2i$

(2) $0,\ \pm 2,\ \pm i$

問10 (1) 1 (2 重解), -2 (2) $1,\ -2,\ \dfrac{1}{2}$

問11 (1) $x=1,\ y=-2,\ z=2$

(2) $x=-2,\ y=1,\ z=3$

問12 (1) $\begin{cases} x=1 \\ y=1 \end{cases},\ \begin{cases} x=4 \\ y=7 \end{cases}$

(2) $\begin{cases} x=1\pm\sqrt{2} \\ y=1\mp\sqrt{2} \end{cases}$ （複号同順）

問13 (1) $-1,\ -2$ (2) $\dfrac{7}{3},\ 1$

問14 (1) -4 (2) 1（-5 は無縁解）

問15 (1) 4（1 は無縁解）

(2) 3（-2 は無縁解）

問16 (1) $a=-3,\ b=1$

(2) $a=1,\ b=2$

問17 (1) $a=3,\ b=-2,\ c=-1$

(2) $a=1,\ b=-1,\ c=4$

(3) $a=4,\ b=2,\ c=3$,

$a=3,\ b=3,\ c=2$

問18 (1) $a=\dfrac{1}{3},\ b=-\dfrac{1}{3}$

(2) $a=1,\ b=-1,\ c=3$

問19 (1) 右辺を展開せよ.

(2) 両辺をそれぞれ展開せよ.

問20 $z=-x-y$ を代入せよ.

練習問題 1・A (p.50)

1. (1) $\dfrac{3\pm\sqrt{17}}{4}$ (2) $\dfrac{2\pm\sqrt{11}i}{3}$

(3) $\dfrac{-1\pm 3i}{2}$ (4) $-1,\ \dfrac{2\pm\sqrt{7}}{3}$

(5) 2 (6) 3

2. (1) $x=4,\ y=2,\ z=1$

(2) $x=4,\ y=3,\ z=-1$

(3) $x=3,\ y=-2$

(4) $\begin{cases} x=-2\pm 2\sqrt{3} \\ y=4\mp 2\sqrt{3} \end{cases}$ (複号同順)

3. $k=0$ のとき $x=1$, $k=8$ のとき $x=5$

4. (1) $\dfrac{10}{3}$ (2) $\dfrac{98}{9}$ (3) 6

5. (1) $9\left(x-\dfrac{1+\sqrt{5}}{6}\right)\left(x-\dfrac{1-\sqrt{5}}{6}\right)$

$\left(=\left(3x-\dfrac{1+\sqrt{5}}{2}\right)\left(3x-\dfrac{1-\sqrt{5}}{2}\right)\right)$

(2) $15\left(x+\dfrac{2}{5}\right)\left(x+\dfrac{4}{3}\right)$

$(=(5x+2)(3x+4))$

6. (1) $-\dfrac{1}{2}$ (2) $2x^2-2x-1=0$

7. (1) $a=6,\ b=2,\ c=3$

(2) $a=1,\ b=2,\ c=3$

練習問題 1・B (p.51)

1. (1) $\pm\dfrac{1}{\sqrt{3}},\ \pm\sqrt{5}i$

(2) 1（2 重解）, $-3,\ \dfrac{2}{3}$ (3) 5

(4) $|a|=|b|$ のとき, $a=b$ または $a=-b$ であることを用いよ. $5,\ -\dfrac{1}{5}$ (5) 6

2. (1) $\begin{cases} x=2 \\ y=-1 \end{cases},\ \begin{cases} x=-1 \\ y=2 \end{cases}$

(2) $\begin{cases} x=\pm 3 \\ y=\pm 1 \end{cases},\ \begin{cases} x=\pm\sqrt{7} \\ y=\mp\sqrt{7} \end{cases}$

(ともに複号同順)

3. (1) $a=-4,\ b=4,\ c=1$

(2) $a=-1,\ b=1,\ c=3$

4. $z=-x-y$ を左辺に代入せよ.

5. $x^3+y^3+z^3-3xyz$

$=(x+y)^3+z^3-3xy(x+y)-3xyz$

$=\{(x+y)+z\}\{(x+y)^2-(x+y)z+z^2\}-3xy(x+y+z)$

$=(x+y+z)(x^2+y^2+z^2-xy-yz-zx)$

6. $c=\dfrac{1}{ab}$ を左辺に代入せよ.

例えば, 第 3 項は

$$\frac{\dfrac{1}{ab}}{\dfrac{1}{b}+\dfrac{1}{ab}+1}=\frac{1}{a+1+ab}$$

7. 1.5m

8. $4+\sqrt{2}$ cm, $4-\sqrt{2}$ cm, 6 cm

2 (p.52～68)

問1 (1) $x>4$ (2) $x\leqq\dfrac{7}{3}$

(3) $x\leqq 10$ (4) $x<-4$

問2 4 個まで

問3 (1) $-1<x<4$

(2) $-2\leqq x<-\dfrac{2}{3}$

(3) $x \geqq 4$ (4) $-\dfrac{9}{5} \leqq x \leqq 5$

問4 (1) $2 < x < 5$

(2) $x < -\dfrac{1}{2},\ x > 1$

(3) $-3 \leqq x \leqq 3$ (4) $x \leqq -3,\ x \geqq -\dfrac{2}{3}$

問5 (1) $-1 < x < -\dfrac{1}{2},\ x > 2$

(2) $x \leqq -3,\ -1 \leqq x \leqq 2$

問6 $a^2 - 1 \geqq 0$ を証明せよ.

(等号は $a = 1$ のとき)

問7 $(a + c) - (b + d) > 0$ を証明せよ.

問8 $(a^2 + b^2)(x^2 + y^2) - (ax + by)^2$ を変形せよ.

(等号は $ay = bx$ のとき)

問9 次のように変形せよ.

(1) $x^2 - 4x + 4 = (x - 2)^2$

(2) $x^2 - 6x + 10 = (x - 3)^2 + 1$

問10 相加平均と相乗平均の関係を用いよ. 等号成立は (1) $a = 2$ (2) $a = b$

問11 $\overline{B} = \{x | x^2 \leqq 4\}$

$= \{-2, -1, 0, 1, 2\}$

問12 (1) $A \cap B = \{2, 5\}$

(2) $A \cup B = \{1, 2, 3, 4, 5, 7, 8\}$

(3) $\overline{A} \cap \overline{B} = \{6, 9, 10\}$

(4) $\overline{A \cup B} = \{6, 9, 10\}$

問13 ド・モルガンの法則を繰り返し適用せよ.

問14 (1) 真 ($x^2 - 4 > 0$ を示す)

(2) 偽 ($x = -3$ のとき $x < 2$ であるが $x^2 = 9 > 4$)

問15 (1) 必要十分 (2) 必要 (3) 十分 (4) 十分

問16 否定 $\overline{p}$ は「n は 4 の倍数でない」

$\overline{P} = \{1, 2, 3, 5, 6, 7, 9, 10\}$

問17 (1) $1 \leqq x \leqq 3$

(2) 整数 n は 4 で割り切れないか 5 で割り切れない

問18 逆「$xy < 0 \rightarrow x < 0$ かつ $y > 0$」

裏「$x \geqq 0$ または $y \leqq 0 \rightarrow xy \geqq 0$」

対偶「$xy \geqq 0 \rightarrow x \geqq 0$ または $y \leqq 0$」

問19 対偶「m と n の両方が奇数ならば mn は奇数である」が真である.

練習問題 2·A (p.69)

1. (1) $x > -\dfrac{5}{2}$ (2) $x \leqq -1$

(3) $x < -2,\ x > 2$ (4) $-\dfrac{1}{2} \leqq x \leqq 3$

2. $3 \leqq x \leqq 9$

3. (1) $-2 \leqq x \leqq -1,\ x \geqq 1$

(2) $x < -1,\ -\dfrac{1}{3} < x < 2$

4. (1),(3) は左辺 $-$ 右辺を計算せよ.

等号は (1) $x = 1,\ y = 1$

(2) $x = 0,\ y = 0$ (3) $a = b$

(4) $a = \pm 1$ のとき

5. (1) 逆:$x = 0$ ならば $xy = 0$ である. 真

対偶:$x \neq 0$ ならば $xy \neq 0$ である. 偽

(2) 逆:$x^2 = 1$ ならば $x = 1$ または $x = -1$ である. 真

対偶:$x^2 \neq 1$ ならば $x \neq 1$ かつ $x \neq -1$

である．真

6. (1) 必要十分 (2) 必要 (3) 十分

● 練習問題 2-B (p.70)

1. (1) $-1 \leqq x < \dfrac{1}{3}$

(2) $-1 \leqq x < 0,\ 2 < x \leqq 3$

2. 両辺に $(x-1)^2\ (>0)$ を掛けよ．

(1) $x < 1,\ x > 5$

(2) $-1 < x < 1$

3. (1) $a + \dfrac{4}{b} \geqq 4\sqrt{\dfrac{a}{b}}$,

$b + \dfrac{4}{c} \geqq 4\sqrt{\dfrac{b}{c}}$,

$c + \dfrac{4}{a} \geqq 4\sqrt{\dfrac{c}{a}}$ の辺々を掛けよ．

（等号は $a = b = c = 2$ のとき）

(2) $a + b \geqq 2\sqrt{ab}$ が成り立つことを利用して式を変形せよ．

（等号は $a = b$ のとき）

4. (1) $1 + a^2 > 2a - a^2$

(2) $x < 2a - a^2,\ x > 1 + a^2$

5. (1) 命題:真, 逆「$x - y = -1$ ならば $x = 2$ かつ $y = 3$ である」:偽

対偶「$x - y \neq -1$ ならば $x \neq 2$ または $y \neq 3$ である」:真

(2) 命題：偽, 逆「$a = 0$ かつ $b = 0$ ならば $a^2 + b^2 = 0$ である」:真

対偶「$a \neq 0$ または $b \neq 0$ ならば $a^2 + b^2 \neq 0$ である」:偽

6. (1) $x \geqq 2$ かつ $y \geqq 2$ ならば $x^2 + y^2 \geqq 8$ であることを証明せよ．

(2) 対偶を利用して，n が 3 の倍数でなければ，ある整数 m を用いて，$n = 3m+1$ または $n = 3m + 2$ と書けることを用いよ．

3章 関数とグラフ

1 (p.72～85)

問1 $1,\ -2a+3,\ 2a+5$

問2 (1) $-2 \leqq y \leqq 4$

(2) $-1 \leqq y \leqq 7$

問3 (1) 軸 $x = 0$, 頂点 $(0,\ 2)$

(2) 軸 $x = 2$, 頂点 $(2,\ 0)$

(3) 軸 $x = 1$, 頂点 $(1,\ 1)$

(4) 軸 $x = -1$, 頂点 $(-1,\ -2)$

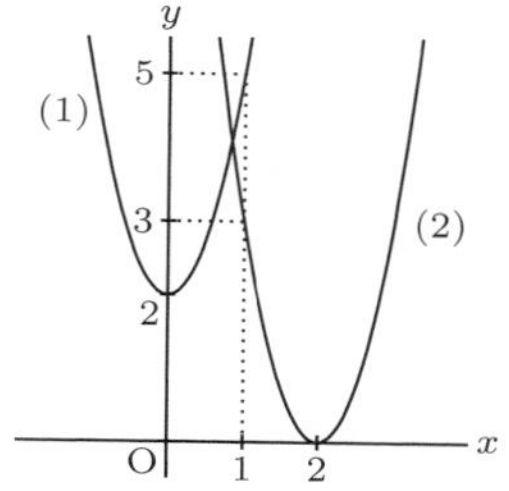

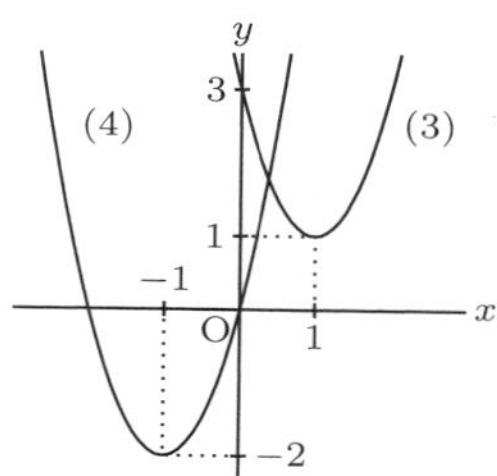

問4 $y = -3(x+2)^2 + 1$

問5 (1) $y = (x-3)^2 + 2$

軸 $x = 3$, 頂点 $(3,\ 2)$

(2) $y = 2(x+1)^2 - 1$

軸 $x=-1$，頂点 $(-1,\ -1)$

(3) $y=2\left(x+\dfrac{1}{2}\right)^2-\dfrac{1}{2}$

軸 $x=-\dfrac{1}{2}$，頂点 $\left(-\dfrac{1}{2},\ -\dfrac{1}{2}\right)$

(4) $y=-4\left(x-\dfrac{3}{4}\right)^2+\dfrac{5}{4}$

軸 $x=\dfrac{3}{4}$，頂点 $\left(\dfrac{3}{4},\ \dfrac{5}{4}\right)$

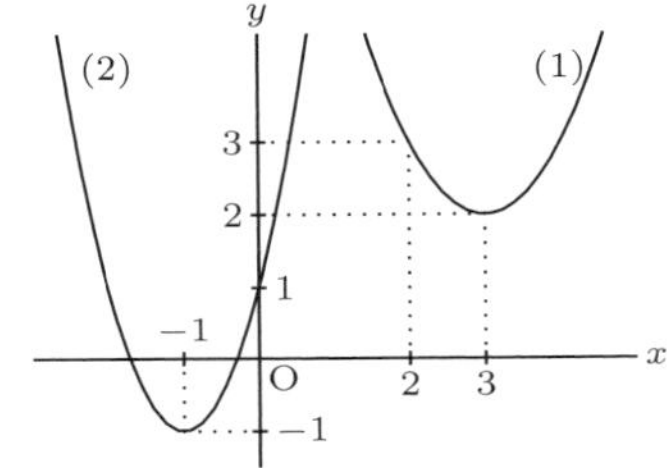

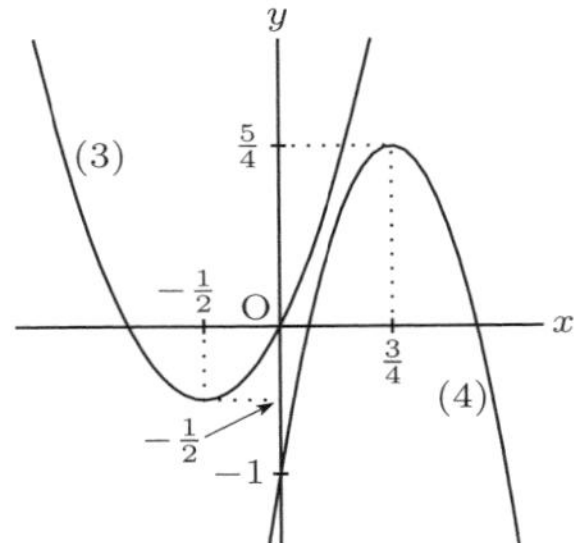

問6 (1) $y=-3(x+1)^2+3$

(2) $y=-3x^2+5$

問7 $y=-x^2+2x+3$

軸 $x=1$, 頂点 $(1,\ 4)$

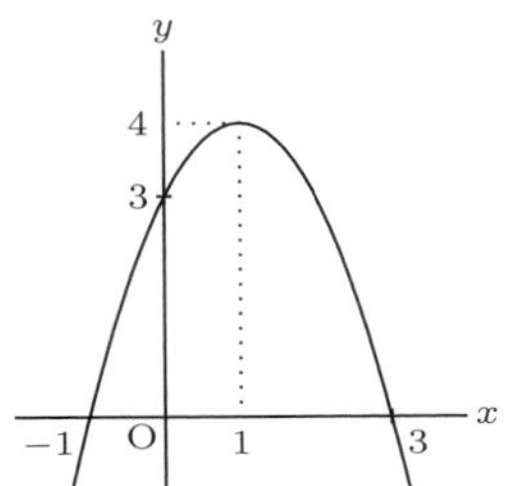

問8 (1) 最大値 4 ($x=1$ のとき)

(2) 最小値 $-\dfrac{11}{4}$ ($x=-\dfrac{1}{4}$ のとき)

問9 (1) 最大値 5 ($x=4$ のとき)

最小値 -4 ($x=1$ のとき)

(2) 最大値 0 ($x=0$ のとき)

最小値 -16 ($x=-2$ のとき)

問10 $x=3$ のとき，最大値 9 m^2

問11 (1) 共有点なし

(2) 2 点で交わる．$x=\dfrac{2\pm\sqrt{6}}{2}$

(3) 接する．$x=\dfrac{1}{2}$

問12 (1) $k<9$ (2) $k=\pm\sqrt{15}$

(3) $k>\dfrac{1}{8}$

問13 (1) $x\leqq-3,\ x\geqq4$

(2) $\dfrac{3-\sqrt{13}}{2}\leqq x\leqq\dfrac{3+\sqrt{13}}{2}$

(3) 5 以外のすべての実数 ($x\neq5$)

(4) すべての実数

● 練習問題 1・A (p.86)

1. (1) $2\leqq y<8$ (2) $0\leqq y<8$

2. (1) $y=-\dfrac{3}{4}(x-2)^2+4$

(2) $y=-3(x-1)^2+2$

(3) $y=-x^2+2x+4$

3. (1) 最小値 -1 ($x=1$ のとき)

(2) 最小値 $\dfrac{7}{8}$ ($x=-\dfrac{3}{4}$ のとき)

(3) 最大値 $\dfrac{27}{2}$ ($x=-5$ のとき)

4. (1) 最大値 8 ($x=-1,\ 5$ のとき)

最小値 -1 ($x=2$ のとき)

(2) 最大値 8（$x=-1$ のとき）

最小値 -19（$x=-4$ のとき）

(3) 最大値 2（$x=\dfrac{3}{2}$ のとき）

最小値 $-\dfrac{1}{4}$（$x=3$ のとき）

5. (1) $\dfrac{2}{3} \leqq x \leqq \dfrac{3}{2}$ (2) 解なし

6. 1 または -4

7. x 軸方向に 3, y 軸方向に 2

8. $b=-4,\ c=1$

9. $k<-1$ のとき 2 個

$k=-1$ のとき 1 個

$k>-1$ のとき 0 個

練習問題 1･B (p.87)

1. $a=5,\ b=\dfrac{1}{4}$

2. $y=a(x-2)^2-4a+b$ と変形してグラフを考えよ．$a=2,\ b=1$

3. グラフが下に凸であり，x 軸と共有点をもたないことから $a>1$

4. C の座標を $(t,\ 0)$ とおき，周の長さを t で表せ．AB $=3$

5. $s=-m^2-4m$

$m=-2$ のとき最大（最大値は 4）

6. (1) $L=y+(a-y)^2$

(2) $0<a \leqq \dfrac{1}{2}$ のとき，$y=0$ で最小値 a^2 をとり，$a>\dfrac{1}{2}$ のとき，$y=a-\dfrac{1}{2}$ で最小値 $a-\dfrac{1}{4}$ をとる．

7. 標準形

$$y=a\left(x+\frac{b}{2a}\right)^2-\frac{b^2-4ac}{4a}$$

軸 $x=-\dfrac{b}{2a}$

頂点 $\left(-\dfrac{b}{2a},\ -\dfrac{b^2-4ac}{4a}\right)$

2 (p.88～98)

問1 (1) 奇関数 (2) 偶関数

(3) 奇関数でも偶関数でもない

問2 (1)

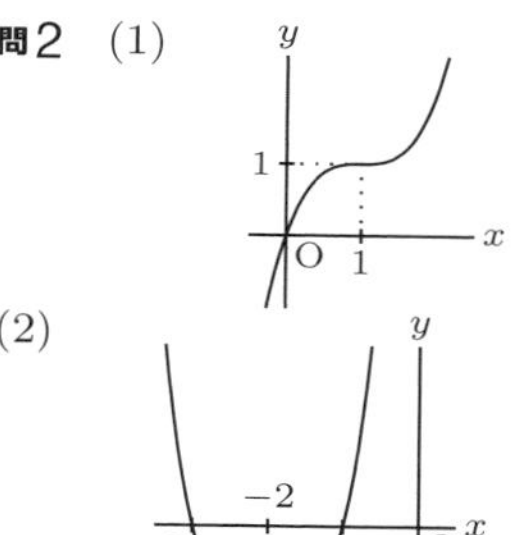

(2)

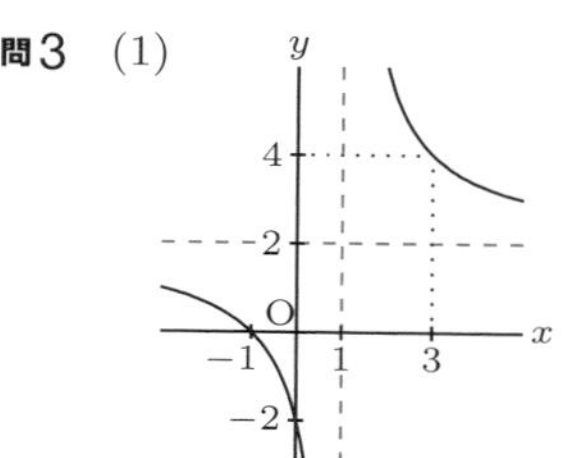

問3 (1)

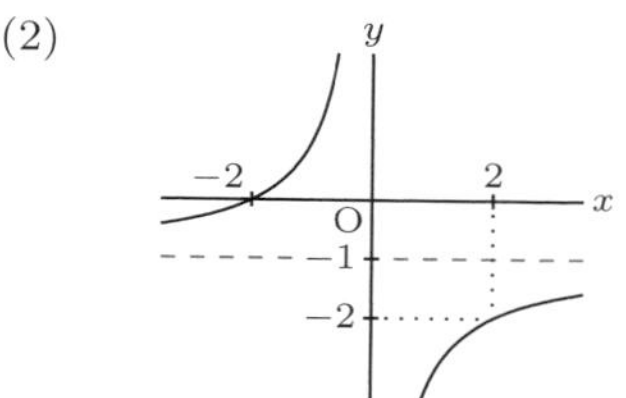

定義域 $x \neq 1$, 値域 $y \neq 2$
漸近線 $x=1,\ y=2$

(2)

定義域 $x \neq 0$, 値域 $y \neq -1$
漸近線 $x=0,\ y=-1$

(3)

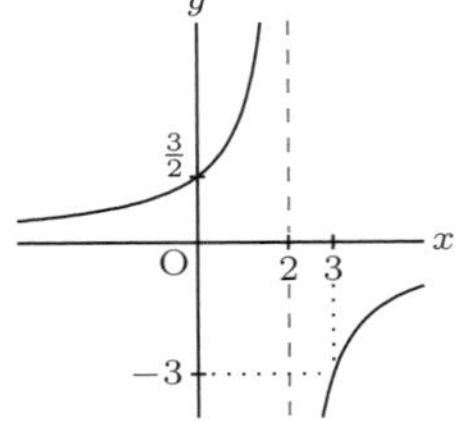

定義域 $x \neq 2$, 値域 $y \neq 0$
漸近線 $x = 2$, $y = 0$

問4 (1)

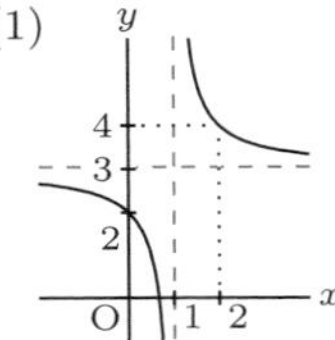

定義域 $x \neq 1$, 値域 $y \neq 3$
漸近線 $x = 1$, $y = 3$

(2)

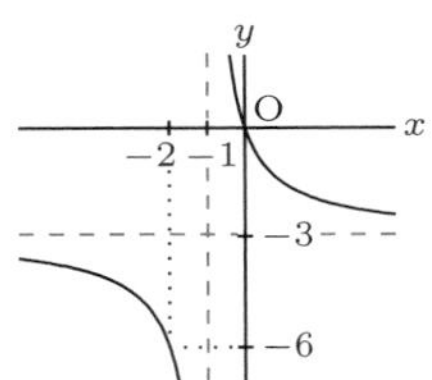

定義域 $x \neq -1$, 値域 $y \neq -3$
漸近線 $x = -1$, $y = -3$

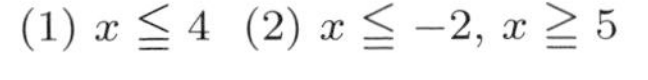

問5 (1) $x \leqq 4$ (2) $x \leqq -2$, $x \geqq 5$

(3) $x > 3$

問6 (1)

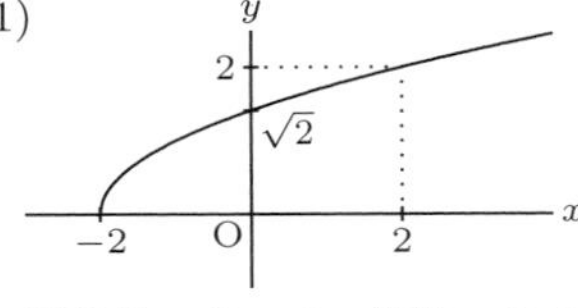

定義域 $x \geqq -2$, 値域 $y \geqq 0$

(2)

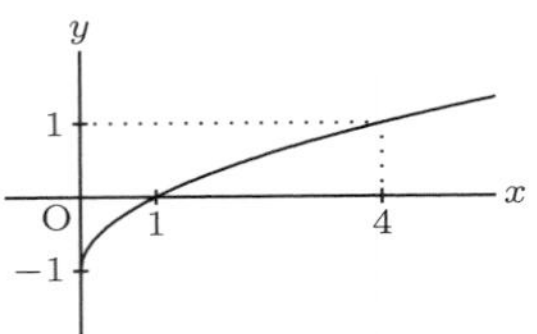

定義域 $x \geqq 0$, 値域 $y \geqq -1$

(3)

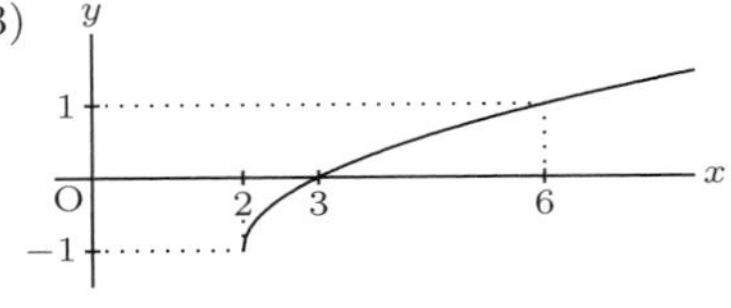

定義域 $x \geqq 2$, 値域 $y \geqq -1$

問7 (1) $y = -x^2 + x - 1$

(2) $y = x^2 + x + 1$

(3) $y = -x^2 - x - 1$

問8 (1)

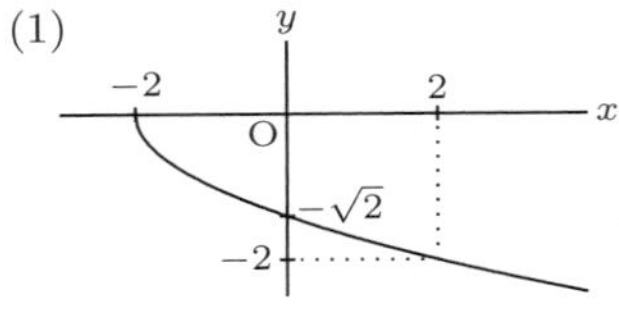

(2)

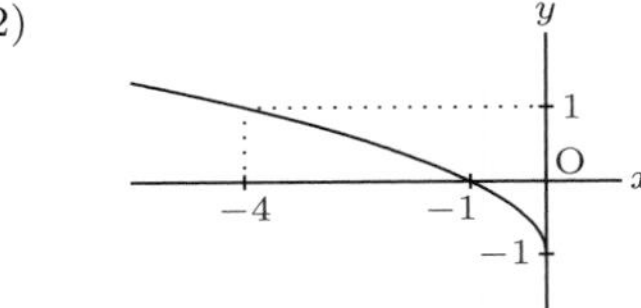

(3)

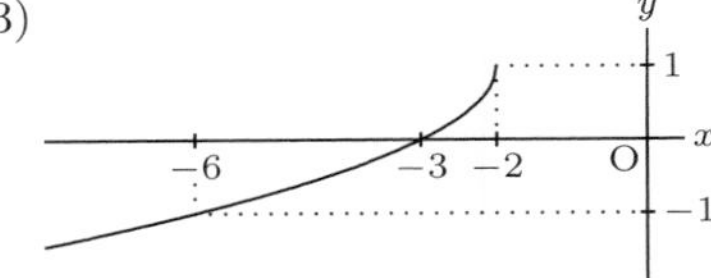

問9 (1) $y = -\dfrac{1}{5}x + \dfrac{2}{5}$ (定義域 $-13 \leqq x \leqq -3$, 値域 $1 \leqq y \leqq 3$)

(2) $y = \dfrac{4}{x-2}$ (定義域 $\dfrac{10}{3} \leqq x \leqq 6$,

値域 $1 \leqq y \leqq 3$）

(3) $y=-\sqrt{x-2}$（定義域 $x \geqq 2$，値域 $y \leqq 0$）

練習問題 2･A (p.99)

1. (1) 偶関数 (2) 奇関数

(3) 奇関数でも偶関数でもない

(4) 偶関数

2. (1)

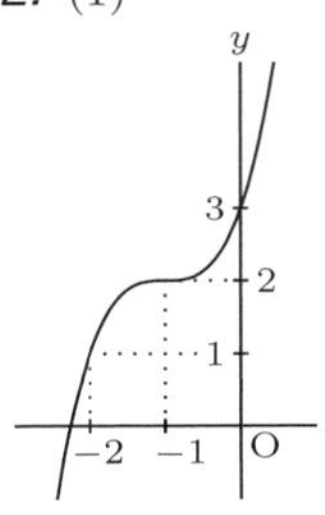

(2)

(3)

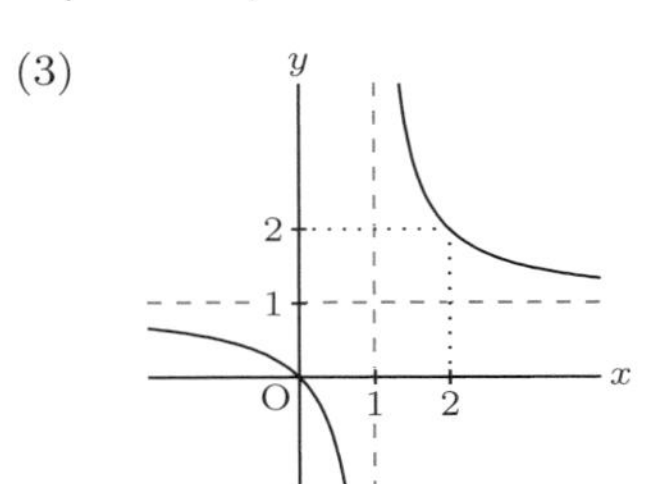

(4)

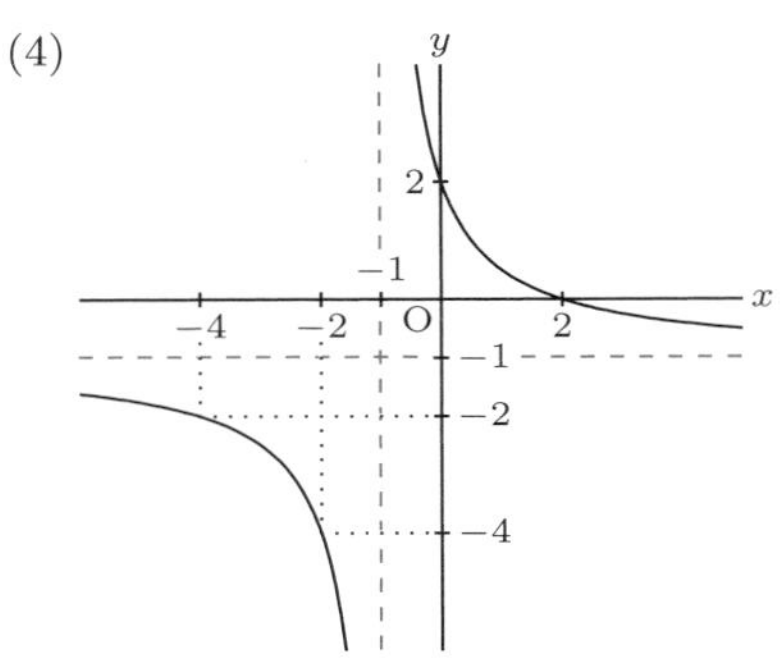

(5)

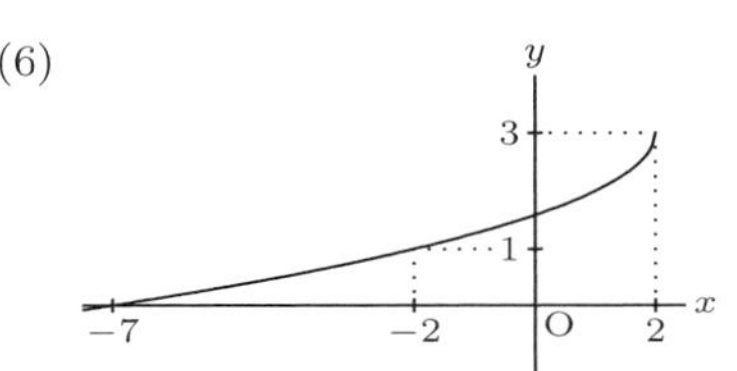

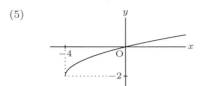

(6)

3. グラフをかいて調べよ．$-3 \leqq y \leqq 0$

4. $a=2,\ b=5$

5. $a=12$

6. (1) $y=-\dfrac{1}{a}x+\dfrac{b}{a}$

(2) $y=-\sqrt{1-x}$ (3) $y=\dfrac{a}{x}+b$

(4) $y=\dfrac{-2x-3}{x-1}$

7. $y=\sqrt{x-3}+2$

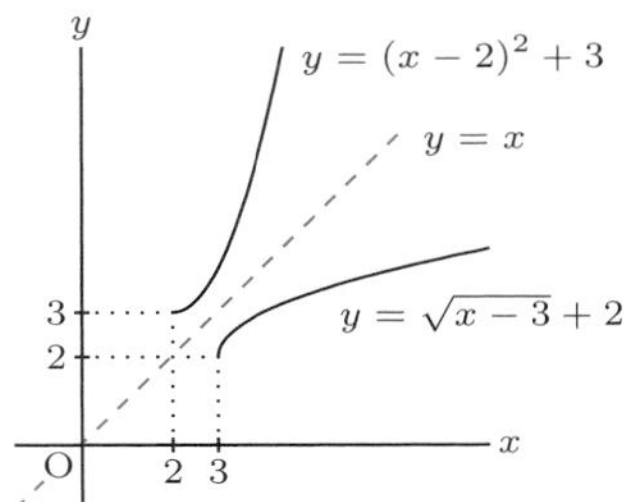

練習問題 2･B (p.100)

1. $a=2,\ b=0,\ c=-1$

2. $k=-\sqrt{2}$

3. グラフをかいて考えよ．$a=-7$

4. $k=-2$

5. $a=3, b=-5$

6. (1)

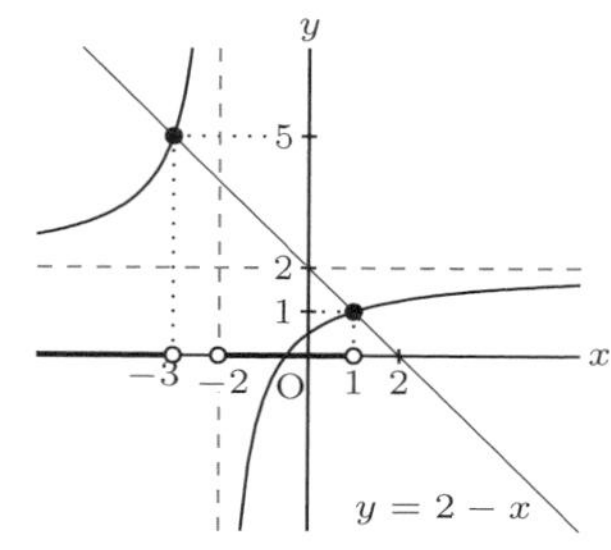

(2) $(-3,5)$, $(1,1)$

(3) 双曲線が直線より下にある x の範囲を求めよ．$x<-3$, $-2<x<1$

7. (1) 無理関数のグラフが直線より上にある x の範囲を求めよ．$-6 \leqq x<3$

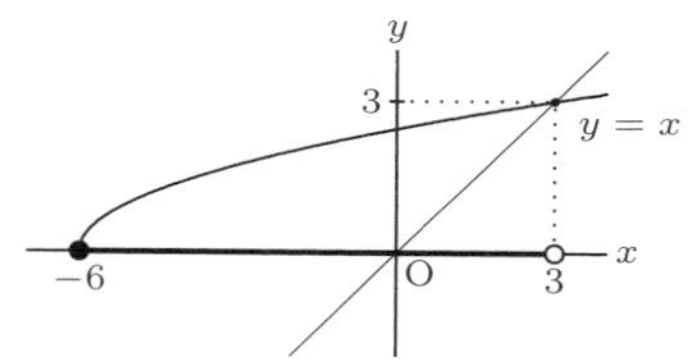

(2) 双曲線が直線より上にある x の範囲を求めよ．$x<-1$, $1<x<2$

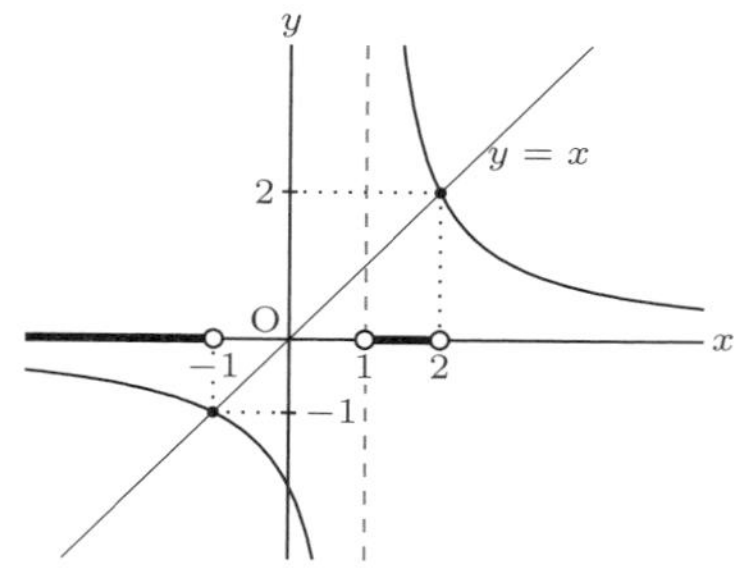

4章 指数関数と対数関数

1 (p.102〜109)

問1 (1) $\sqrt[3]{20}$ (2) $\sqrt[5]{-9}$ (3) $\pm\sqrt[4]{7}$

問2 (1) 9 (2) 2 (3) 4 (4) 3

問3 (1) $\dfrac{1}{4}$ (2) $\dfrac{5}{3}$ (3) $\dfrac{b^5}{a^8}$ (4) $\dfrac{54b^8}{a^5}$

問4 (1) $a^{\frac{1}{2}}$ (2) $a^{\frac{6}{5}}$ (3) $\sqrt[4]{a}$

(4) $\sqrt[5]{a^{-3}}=\dfrac{1}{\sqrt[5]{a^3}}$

問5 (1) $a^{-2}=\dfrac{1}{a^2}$ (2) $a^{\frac{1}{2}}=\sqrt{a}$

(3) $a^{0.8}=\sqrt[5]{a^4}$

問6 (1) $(a^{\frac{2}{3}})^{\frac{1}{2}}=a^{\frac{1}{3}}=\sqrt[3]{a}$

(2) $a^{\frac{3}{5}-\frac{1}{2}}=a^{\frac{1}{10}}=\sqrt[10]{a}$

(3) $a^{1+\frac{1}{3}-\frac{5}{6}}=a^{\frac{1}{2}}=\sqrt{a}$

問7 (1)

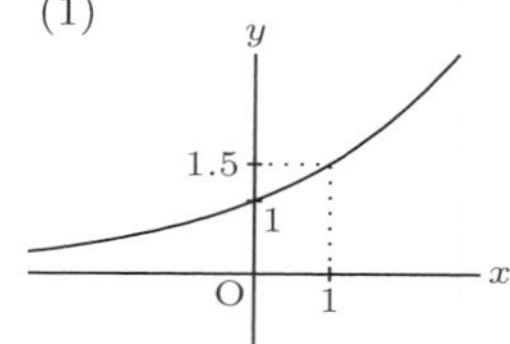

(2)

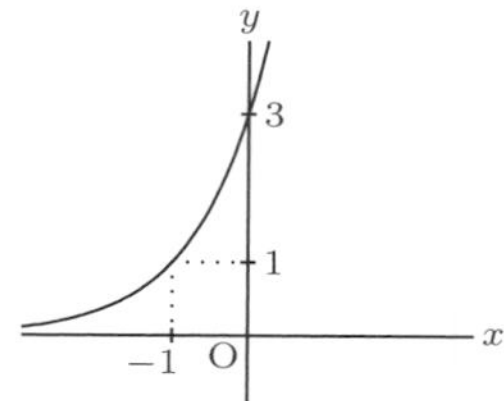

(3)

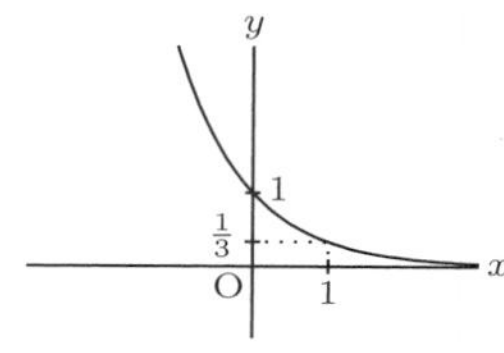

8 (1)

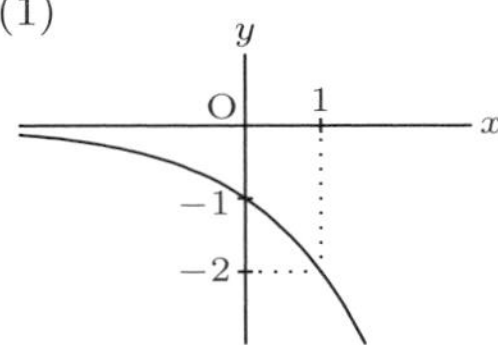

(2)

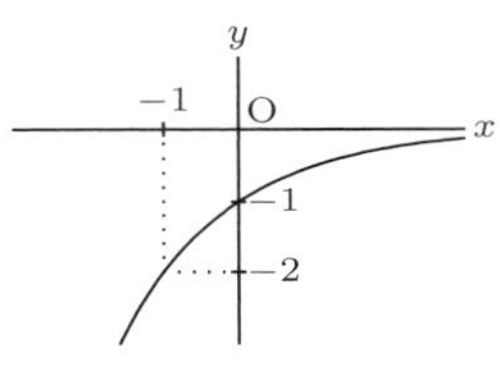

問9 (1) $x=\frac{1}{2}$ (2) $x=-\frac{3}{4}$

(3) $x=2$

問10 (1) $x<\frac{3}{2}$ (2) $x<3$

練習問題 1・A (p.110)

1. (1) $2a^2$ (2) $\frac{1}{a}$ (3) a^2 (4) $\sqrt[12]{a^5}$

2. (1) $\sqrt[3]{9}$, $\sqrt[4]{9}$, 1, $3^{-\frac{1}{2}}$, $9^{-\frac{1}{3}}$

(2) 0.3^{-2}, $\frac{1}{0.3}$, 1, $\sqrt[3]{0.3}$, $\sqrt{0.3}$

3. (1)

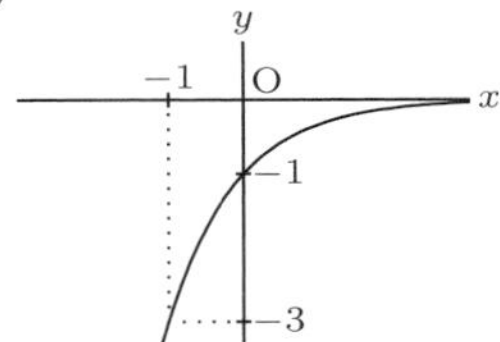

(2)

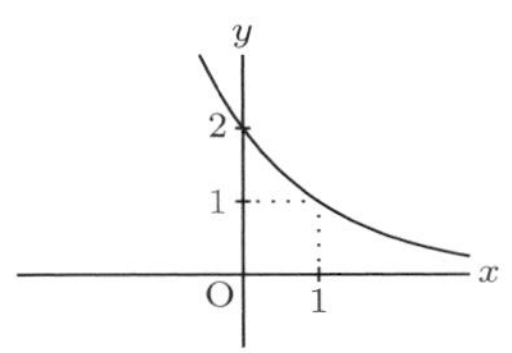

(3)

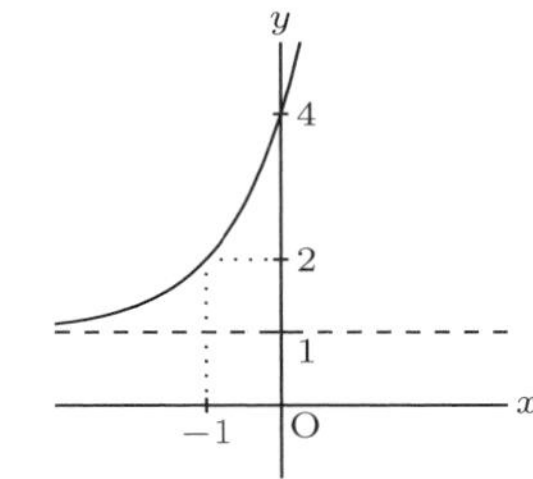

4. (1) $x=\frac{5}{2}$ (2) $x=2$

5. (1) $x<-\frac{1}{4}$ (2) $x>-\frac{1}{3}$

6. (1) $a-\frac{1}{b}$ (2) $a-b$ (3) $a-b$

練習問題 1・B (p.111)

1. (1) $2\sqrt{5}$

(2) $\left(x^{\frac{1}{3}}+x^{-\frac{1}{3}}\right)^3$ の展開を利用せよ. 3

2. (1) $\frac{1}{\sqrt[3]{16}}$, $8^{-\frac{2}{5}}$, $\frac{\sqrt[8]{2^{-1}}}{2}$

(2) $(\sqrt[4]{2})^3$, $\sqrt[4]{3^2}$, $\sqrt[4]{10}$

3. $\sqrt{5}$

4. (1) $0<x<1$ (2) $x=-\frac{1}{2}$, -1

(3) $x\leqq 3$

(4) $\begin{cases} x=-1 \\ y=-2 \end{cases}$, $\begin{cases} x=2 \\ y=1 \end{cases}$

5. $0<a<1$ のとき $x>-\frac{8}{9}$

$a>1$ のとき $x<-\frac{8}{9}$

6. (1) $\sqrt[4]{a^3}+\sqrt[4]{b^3}$ (2) $\frac{3b}{a}$

7. 相加平均と相乗平均の関係を用いよ.

(等号は $x=y$ のとき)

8. 相加平均と相乗平均の関係を用いよ.

最小値 $2\sqrt{2}$ $\left(x=\frac{1}{4},\ y=\frac{1}{6}\text{のとき}\right)$

2 (p.112〜122)

問1 (1) 4 (2) -2 (3) 0 (4) -1
(5) 2 (6) $\frac{2}{3}$

問2 (1) 5 (2) 1 (3) $\frac{3}{2}$ (4) $\frac{1}{2}$

問3 (1) 左辺 $= \log_a M^{-1} =$ 右辺
(2) 左辺 $= \log_a M^{\frac{1}{n}} =$ 右辺

問4 (1) まず 2 項を計算せよ. (2) 1

問5 $\frac{2}{5}$

問6 -1

問7 (1) 1 (2) 16

問8 (1)

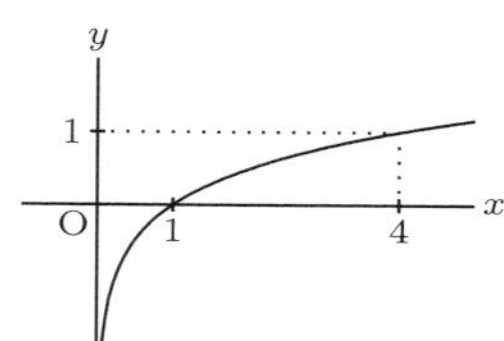

(2)

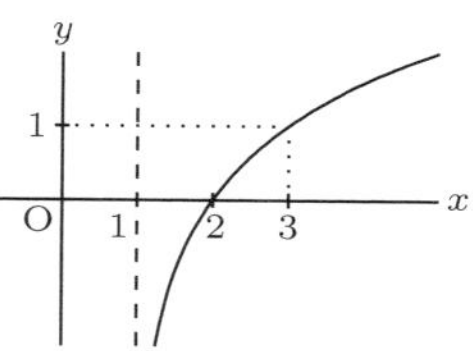

(3)

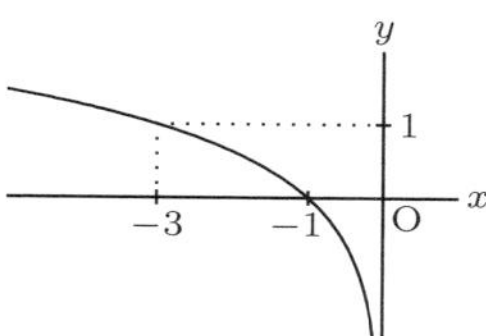

問9 (1) $-4 < y < \frac{3}{2}$
(2) $2 \leqq y < 3$

問10 (1) $\log_4 0.25 < \log_4 2 < \log_4 5$
(2) $\log_{\frac{1}{3}} 3 < \log_{\frac{1}{3}} \sqrt{3} < \log_{\frac{1}{3}} \frac{1}{9}$

問11 (1) $x = \frac{9}{8}$ (2) $x = 2$

問12 (1) $x \geqq 4$
(2) $-\frac{1}{2} < x \leqq 4$

問13 (1) 0.7781 (2) 0.1761
(3) 1.365

問14 (1) 8 (2) 15

問15 47

問16 13 時間後

問17 14 年

練習問題 2·A (p.123)

1. (1) $x = 27$ (2) $x = 3$ (3) $x = 4$
(4) $x = 2$ (5) $x = 2$ (6) $x = -6$

2. (1) 3 (2) -1 (3) 6

3. $\frac{2m}{1+m}$

4. (1) $2, \frac{1}{2}\log_3 50, \log_3 \sqrt{45}, \log_3 4$
(2) $\log_{0.5} \sqrt[3]{2}, \log_{0.5} \sqrt[6]{6}, \log_{0.5} \sqrt{3}$

5. (1)

(2)

(3)

6. $x = 5$

7. (1) $x \leqq -5$ (2) $-5 \leqq x < \dfrac{1}{3}$

8. 10 枚以上

練習問題 2·B (p.124)

1. (1) 1 (2) $\dfrac{1}{2}$ (3) 6

2. (1) $x = 7$ (2) $x = 2 + \sqrt{2}$

(3) $x = \dfrac{1}{8}$, 2

3. X, Y を $\log_a 2$, $\log_a 3$ を用いて表し

$\log_a 2$ について解け. $\dfrac{-2X + Y}{3}$

4. $y = x \log_2 3$

5. (1) $1 < x < 16$ (2) $-3 < x < 0$

6. (1) $y = \log_2 x + 1$ と変形せよ.

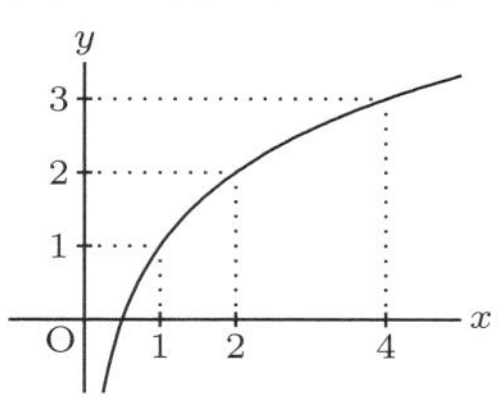

(2) $y = \begin{cases} \log_2 x & (x > 0 \text{ のとき}) \\ \log_2(-x) & (x < 0 \text{ のとき}) \end{cases}$

であることに注意せよ.

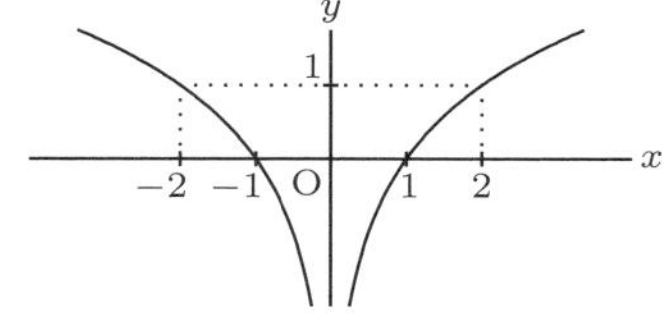

7. $\log_b a = \dfrac{1}{\log_a b}$ と

$0 < \log_a b < 1 < \log_b a$ を用いよ.

$-\dfrac{2\sqrt{7}}{3}$

5章 三角関数

1 (p.126〜137)

問1 (1) $\sin\alpha = \dfrac{2}{3}$, $\cos\alpha = \dfrac{\sqrt{5}}{3}$

$\tan\alpha = \dfrac{2}{\sqrt{5}}$

(2) $\sin\alpha = \dfrac{4}{5}$, $\cos\alpha = \dfrac{3}{5}$

$\tan\alpha = \dfrac{4}{3}$

(3) $\sin\alpha = \dfrac{1}{\sqrt{5}}$, $\cos\alpha = \dfrac{2}{\sqrt{5}}$

$\tan\alpha = \dfrac{1}{2}$

問2 $\sin 30^\circ = \dfrac{1}{2}$, $\cos 30^\circ = \dfrac{\sqrt{3}}{2}$

$\tan 30^\circ = \dfrac{1}{\sqrt{3}}$, $\sin 45^\circ = \dfrac{1}{\sqrt{2}}$

$\cos 45^\circ = \dfrac{1}{\sqrt{2}}$, $\tan 45^\circ = 1$

$\sin 60^\circ = \dfrac{\sqrt{3}}{2}$, $\cos 60^\circ = \dfrac{1}{2}$

$\tan 60^\circ = \sqrt{3}$

問3 (1) 0.5878 (2) 0.9397

(3) 1.4281

問4 水平方向 198.06 m

垂直方向 27.84 m

問5 (1) $\cos 25^\circ$ (2) $\sin 36^\circ$

(3) $\dfrac{1}{\tan 10^\circ}$

問6 $\sin 120^\circ = \dfrac{\sqrt{3}}{2}$

$\cos 120^\circ = -\dfrac{1}{2}$, $\tan 120^\circ = -\sqrt{3}$

$\sin 150^\circ = \dfrac{1}{2}$, $\cos 150^\circ = -\dfrac{\sqrt{3}}{2}$

$\tan 150^\circ = -\dfrac{1}{\sqrt{3}}$

問7 (1) 0.3420 (2) -0.8192

(3) -1.5399

問8 $\cos\alpha = -\dfrac{2\sqrt{2}}{3}$,

$\tan\alpha = -\dfrac{1}{2\sqrt{2}}$

問9 $\cos\alpha = -\dfrac{2}{\sqrt{5}}$, $\sin\alpha = \dfrac{1}{\sqrt{5}}$

問10 $a = 3\sqrt{3}$, $b = 3$

問11 正弦定理により AC を求め,

$\mathrm{CH} = \mathrm{AC}\sin A$ により CH を求めよ.

$\mathrm{AC} = 22.16$, $\mathrm{CH} = 17.46$

問12 $c = \sqrt{21}$

問13 $\cos A = \dfrac{43}{48}$, $\cos B = \dfrac{29}{36}$

$\cos C = -\dfrac{11}{24}$

問14 (1) 5 (2) $\dfrac{9}{2}$

問15 45°

問16 $204\,\mathrm{m}^2$

練習問題 1·A (p.138)

1. (1) $x = 2.54$, $y = 1.59$

(2) $x = 6.16$, $y = 7.34$

2. 6

3. (1) $\sin^2\theta + \cos^2\theta = 1$ を用いよ.

(2) $1 + \tan^2\theta = \dfrac{1}{\cos^2\theta}$ を用いよ.

4. (1) $a = 9.96$, $b = 9.06$ (2) 120°

5. (1) 正弦定理と余弦定理を用いて

$$\frac{a^2 + b^2 - c^2}{2ab} = \frac{\dfrac{a}{2R}}{\dfrac{b}{2R}}$$

(2) $B = 90^\circ$ の直角三角形

6. $\mathrm{AB} = 4.2$, $S = 23.7$

練習問題 1·B (p.139)

1. (1) $\triangle\mathrm{ABC}$ と $\triangle\mathrm{BCD}$ の相似を利用せよ. $x = \dfrac{-1 + \sqrt{5}}{2}$

(2) $\sin 18^\circ = \dfrac{x}{2}$ を用いよ.

$\sin 18^\circ = \dfrac{-1 + \sqrt{5}}{4}$

2. $\sin(\alpha - 90^\circ) = \sin(90^\circ - (180^\circ - \alpha))$ に余角と補角の三角比を用いよ. $\dfrac{\sqrt{21}}{5}$

3. 正弦定理を用いよ.

4. 余弦定理を用いて $a^2 - b^2 = \pm c^2$ を導け. $A = 90^\circ$ または $B = 90^\circ$ の直角三角形

5. $45.0\,\mathrm{m}$

6. $\sin(B + C) = \sin(180^\circ - A)$ と変形し, 面積公式 $S = \dfrac{1}{2}ab\sin C$ と正弦定理を用いよ.

7. (1) $\cos A = \dfrac{b^2 + c^2 - a^2}{2bc}$ と相互関係 $\cos^2 A + \sin^2 A = 1$ から $\sin^2 A$ を a, b, c で表せ.

(2) 面積公式と (1) の結果を用いよ.

2 (p.140〜155)

問1

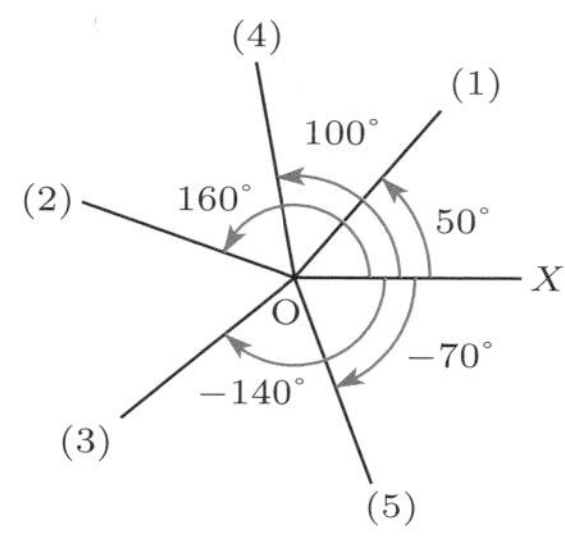

問2 (1) 第 2 象限 (2) 第 4 象限
(3) 第 1 象限 (4) 第 3 象限
(5) 第 2 象限

問3 (1) $-\dfrac{\sqrt{3}}{2}$ (2) $\dfrac{1}{\sqrt{2}}$ (3) $-\dfrac{1}{\sqrt{3}}$
(4) -1 (5) $-\dfrac{1}{2}$ (6) 1

問4 (1) $\dfrac{\pi}{3}$ (2) $\dfrac{\pi}{6}$ (3) $\dfrac{2}{3}\pi$
(4) $-\dfrac{5}{6}\pi$ (5) $\dfrac{\pi}{10}$

問5 (1) 135° (2) 108° (3) 210°
(4) -225° (5) 270°

問6 (1) $\dfrac{1}{2}$ (2) $-\dfrac{1}{2}$ (3) 1
(4) $\dfrac{1}{\sqrt{2}}$ (5) $\dfrac{\sqrt{3}}{2}$ (6) $\sqrt{3}$

問7 $l = 8\pi\,\mathrm{cm}$, $S = 48\pi\,\mathrm{cm}^2$

問8 $\dfrac{2}{5}\pi$

問9 $\dfrac{1}{2}r^2(\theta - \sin\theta)$

問10 (1) $\dfrac{1}{\tan\theta} = \dfrac{\cos\theta}{\sin\theta}$ を用いよ.
(2) 左辺を因数分解せよ.

問11 $\sin\theta = -\dfrac{\sqrt{7}}{4}$, $\tan\theta = \dfrac{\sqrt{7}}{3}$

問12 第 1 式と同様に

$$\theta + \frac{\pi}{2} = \frac{\pi}{2} - (-\theta)$$

と変形し (2) と (4) を用いて証明せよ.

問13 $\pi - \theta = \pi + (-\theta)$ と変形し (2) と (3) を用いよ.

問14 周期 (1) 2π (2) 2π

(1)

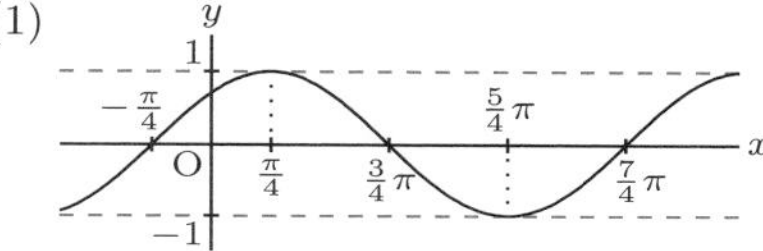

(2)

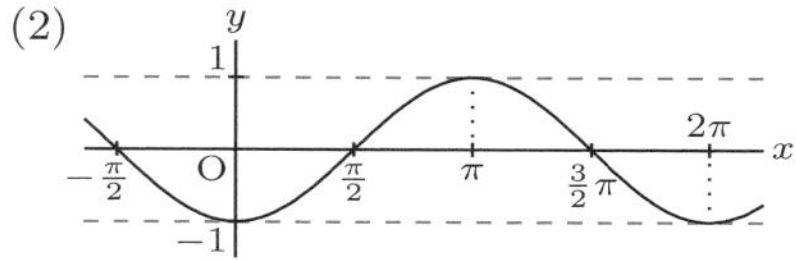

問15 周期 (1) 2π (2) 2π

(1)

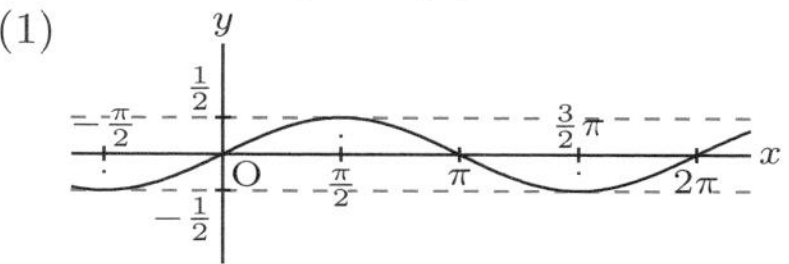

(2)

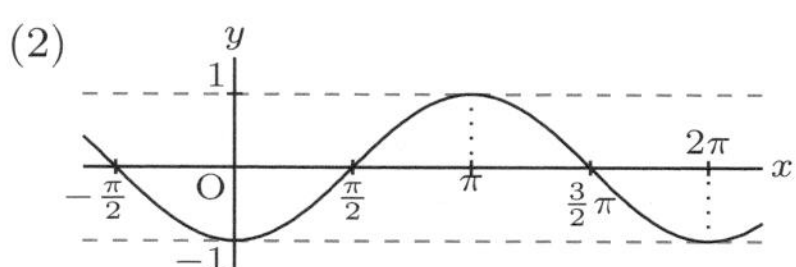

問16 周期 4π

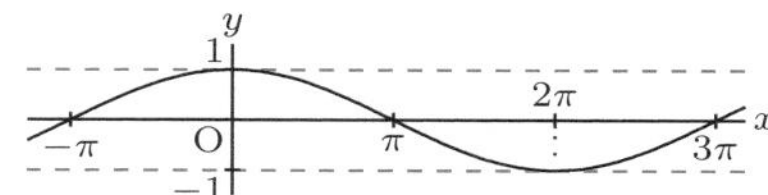

問17 (1) $x = \dfrac{\pi}{6}, \dfrac{5}{6}\pi$
(2) $x = \dfrac{\pi}{6}, \dfrac{11}{6}\pi$ (3) $\dfrac{5}{4}\pi \leqq x \leqq \dfrac{7}{4}\pi$
(4) $0 \leqq x < \dfrac{\pi}{3}, \dfrac{5}{3}\pi < x < 2\pi$

問18 (1) $x = \dfrac{\pi}{4}, \dfrac{5}{4}\pi$
(2) $x = \dfrac{5}{6}\pi, \dfrac{11}{6}\pi$

練習問題 2·A (p.156)

1. (1) 0.7193 (2) -0.1736

(3) 0.8391 (4) $-\dfrac{\sqrt{3}}{2}$ (5) $-\dfrac{\sqrt{3}}{2}$

(6) 1

2. $\sin\theta = -\dfrac{5}{13}$, $\tan\theta = -\dfrac{5}{12}$

3. $\sin\theta = \pm\dfrac{2}{\sqrt{5}}$, $\cos\theta = \pm\dfrac{1}{\sqrt{5}}$

（複号同順）

4. (1) 左辺を展開して $\sin^2\theta + \cos^2\theta = 1$ を用いよ.

(2) 左辺を通分せよ.

(3) 左辺の分母の 1 を $\sin^2\theta + \cos^2\theta$ で置き換えよ.

5. 周期 (1) 2π (2) π (3) 2π (4) 4π

(1)

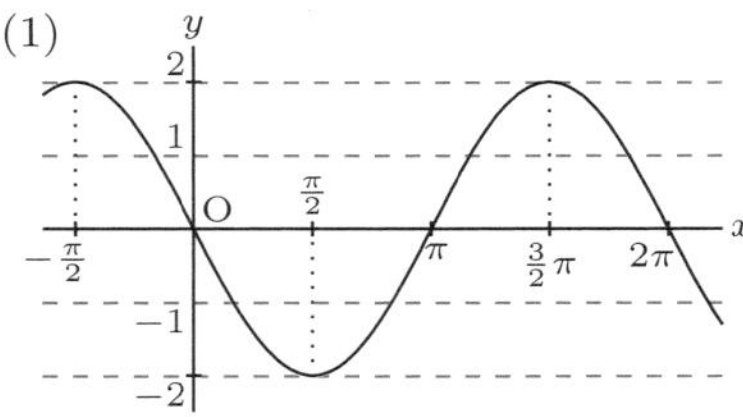

(2)

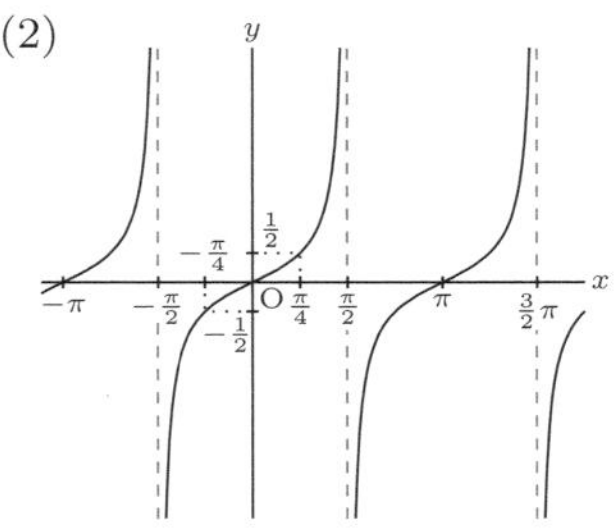

(3)

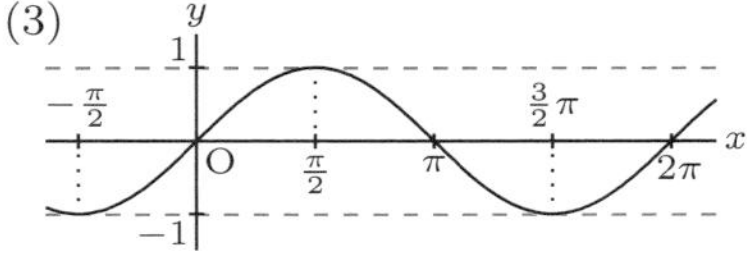

(4)

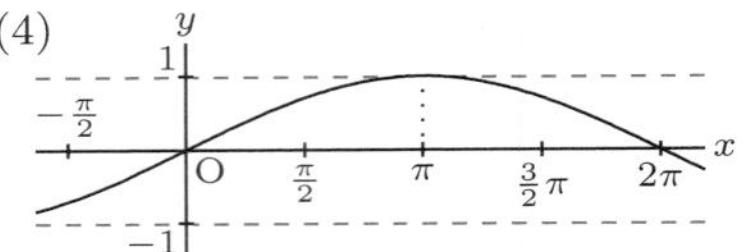

6. (1) $x = \dfrac{4}{3}\pi,\ \dfrac{5}{3}\pi$ (2) $x = \dfrac{\pi}{4},\ \dfrac{7}{4}\pi$

(3) $x = \dfrac{\pi}{6},\ \dfrac{7}{6}\pi$

7. (1) $\dfrac{\pi}{6} < x < \dfrac{5}{6}\pi$

(2) $\dfrac{\pi}{6} < x < \dfrac{11}{6}\pi$

練習問題 2·B (p.157)

1. $\dfrac{7}{3}\pi - 2\sqrt{3} - 2$

2. (1) $\sin\theta + \cos\theta = \dfrac{1}{3}$ の両辺を 2 乗せよ. $-\dfrac{4}{9}$ (2) $\pm\dfrac{\sqrt{17}}{3}$

(3) $\dfrac{13}{27}$ (4) $\pm\dfrac{5\sqrt{17}}{27}$

3. 周期 (1) π (2) π

(1)

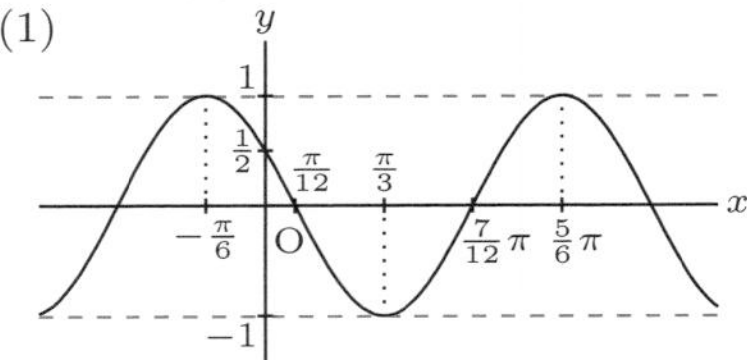

(2)

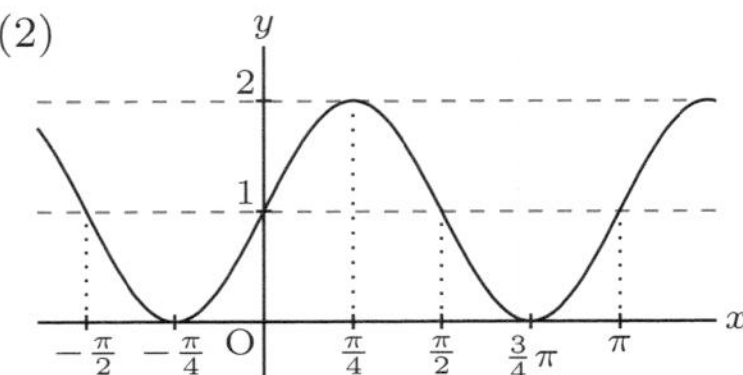

4. (1) $y = -2t^2 - 2t + 3$

(2) $y = -2\left(t + \dfrac{1}{2}\right)^2 + \dfrac{7}{2}$

$-\dfrac{\sqrt{3}}{2} \leqq t \leqq 1$ に注意せよ.

最大値 $\frac{7}{2}$ $(x=\frac{2}{3}\pi)$

最小値 -1 $(x=0)$

5. (1) $0 \leqq 2x < 4\pi$ に注意せよ．

$x=\frac{1}{3}\pi,\ \frac{2}{3}\pi,\ \frac{4}{3}\pi,\ \frac{5}{3}\pi$

(2) $-\pi < \pi - x \leqq \pi$ に注意せよ．

$x=\frac{2}{3}\pi,\ \frac{5}{3}\pi$

6. (1) $0 \leqq 2x < 4\pi$ に注意せよ．

$\frac{7}{12}\pi < x < \frac{11}{12}\pi,$

$\frac{19}{12}\pi < x < \frac{23}{12}\pi$

(2) $0 \leqq x+\pi < 2\pi$ に注意せよ．

$-\pi \leqq x < -\frac{3}{4}\pi,\ \frac{3}{4}\pi < x < \pi$

3 (p.158〜168)

問1 $\sin 75^\circ = \frac{\sqrt{6}+\sqrt{2}}{4}$

$\tan 75^\circ = 2+\sqrt{3}$

$\sin 15^\circ = \frac{\sqrt{6}-\sqrt{2}}{4}$

$\cos 15^\circ = \frac{\sqrt{6}+\sqrt{2}}{4}$

$\tan 15^\circ = 2-\sqrt{3}$

問2 $\frac{1+\tan\theta}{1-\tan\theta}$

問3 $\sin(\alpha+\beta)=\frac{\sqrt{21}+4\sqrt{2}}{15}$

$\cos(\alpha+\beta)=\frac{2-2\sqrt{42}}{15}$

問4 $\tan(\alpha+\beta)=1,\ \alpha+\beta=\frac{\pi}{4}$

問5 $\sin 2\alpha = -\frac{24}{25},\ \cos 2\alpha = -\frac{7}{25}$

$\tan 2\alpha = \frac{24}{7}$

問6 $\cos\frac{\pi}{8}=\frac{\sqrt{2+\sqrt{2}}}{2}$

問7 $\sin\frac{\alpha}{2}=\frac{2\sqrt{2}}{3},\ \cos\frac{\alpha}{2}=\frac{1}{3}$

$\tan\frac{\alpha}{2}=2\sqrt{2}$

問8 (1) $\frac{1}{2}(\cos 7\theta+\cos 3\theta)$

(2) $\frac{1}{2}(\cos\theta-\cos 7\theta)$

(3) $\frac{1}{2}(\sin 8\theta-\sin 2\theta)$

問9 (1) $2\sin 4\theta\cos\theta$

(2) $2\cos 3\theta\cos\theta$

(3) $2\cos 4\theta\sin 2\theta$

問10 (1) $y=\sqrt{2}\sin\left(x+\frac{\pi}{4}\right)$

(2) $y=2\sin\left(x-\frac{\pi}{3}\right)$

問11 最大値 $\sqrt{2}$ $\left(x=\frac{3}{4}\pi\right)$

最小値 $-\sqrt{2}$ $\left(x=\frac{7}{4}\pi\right)$

● 練習問題 3･A (p.169)

1. (1) $-\frac{2}{\sqrt{5}}$ (2) $\frac{1}{\sqrt{5}}$ (3) $\frac{2}{11}$

2. $\sin 2\alpha=\frac{4\sqrt{2}}{9},\ \cos 2\alpha=-\frac{7}{9}$

$\sin\frac{\alpha}{2}=\sqrt{\frac{2}{3}},\ \cos\frac{\alpha}{2}=-\frac{1}{\sqrt{3}}$

3. (1) 左辺の分母分子を加法定理で展開せよ．

(2) 左辺を加法定理で展開せよ．

4. (1) $\sin 3\theta=\sin(2\theta+\theta)$ を加法定理で展開せよ．

(2) $\cos 3\theta=\cos(2\theta+\theta)$ として (1) と同様に考えよ．

5. (1) $\frac{1}{2}(\sin 8\theta-\sin 2\theta)$

(2) $\frac{1}{2}(\cos 2\theta-\cos 8\theta)$

6. (1) $2\sin\left(x+\dfrac{5}{6}\pi\right)$

(2) $2\sqrt{3}\sin\left(x+\dfrac{\pi}{3}\right)$

7. $y=\sqrt{2}\sin\left(x+\dfrac{3}{4}\pi\right)$ と変形せよ.

最大値 $\sqrt{2}$ $\left(x=\dfrac{7}{4}\pi\right)$

最小値 $-\sqrt{2}$ $\left(x=\dfrac{3}{4}\pi\right)$

練習問題 3·B (p.170)

1. 左辺を加法定理で展開し, 余弦定理, 正弦定理を用いよ.

2. (1) 0 (2) $\dfrac{\sqrt{3}}{8}$

3. (1) $\sin\alpha=\cos(90^\circ-\alpha)$ を利用せよ.

(2) 2 倍角, 3 倍角の公式を用いよ.

$\sin 18^\circ=\dfrac{-1+\sqrt{5}}{4}$

4. $f(x)=\dfrac{\sqrt{2}}{2}\sin\left(2x-\dfrac{\pi}{4}\right)+\dfrac{3}{2}$

最大値 $\dfrac{3+\sqrt{2}}{2}$ $\left(x=\dfrac{3}{8}\pi\right)$

最小値 $\dfrac{3-\sqrt{2}}{2}$ $\left(x=\dfrac{7}{8}\pi\right)$

5. $1+\tan^2\alpha=\dfrac{1}{\cos^2\alpha}$ より

$\cos^2\alpha=\dfrac{1}{1+t^2}$

6. (1) $\cos x(2\sin x-1)=0$ より

$x=\dfrac{\pi}{2},\ \dfrac{3}{2}\pi,\ \dfrac{\pi}{6},\ \dfrac{5}{6}\pi$

(2) $(2\cos x-1)(\cos x+2)=0$ より

$x=\dfrac{\pi}{3},\ \dfrac{5}{3}\pi$

(3) $2\sin\left(x+\dfrac{\pi}{3}\right)=1$ より

$x=\dfrac{\pi}{2},\ \dfrac{11}{6}\pi$

(4) $\sqrt{2}\sin\left(x+\dfrac{3}{4}\pi\right)=1$ より

$x=0,\ \dfrac{3}{2}\pi$

7. (1) $\sin x(2\cos x+1)>0$ より

$0<x<\dfrac{2}{3}\pi,\ \pi<x<\dfrac{4}{3}\pi$

(2) $(\sin x+1)(2\sin x-1)\leqq 0$ より

$0\leqq x\leqq\dfrac{\pi}{6},\ \dfrac{5}{6}\pi\leqq x<2\pi$

8. 左辺を展開し加法定理を用いよ.

6章 図形と式

1 (p.172〜180)

問1 $\mathrm{AB}=5\sqrt{2}$, $\mathrm{OA}=\sqrt{10}$

$\mathrm{OB}=2\sqrt{5}$

問2 $(0,\ -4)$

問3 $\mathrm{P}=\left(\dfrac{1}{3},\ \dfrac{5}{3}\right)$, $\mathrm{Q}=\left(\dfrac{8}{3},\ \dfrac{1}{3}\right)$

$\mathrm{M}=\left(\dfrac{3}{2},\ 1\right)$

問4 $\left(1,\ -\dfrac{1}{3}\right)$

問5 $x=-1,\ y=-2$

問6 (1) $y=2x+1$

(2) $y=\sqrt{3}x+\sqrt{3}$

問7 (1) $y=3x-5$ (2) $y=-3$

(3) $y=-\dfrac{3}{8}x+\dfrac{1}{8}$ (4) $x=2$

問8 (1)

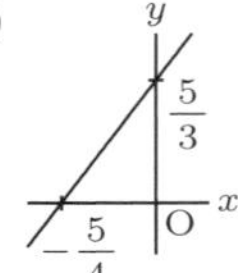

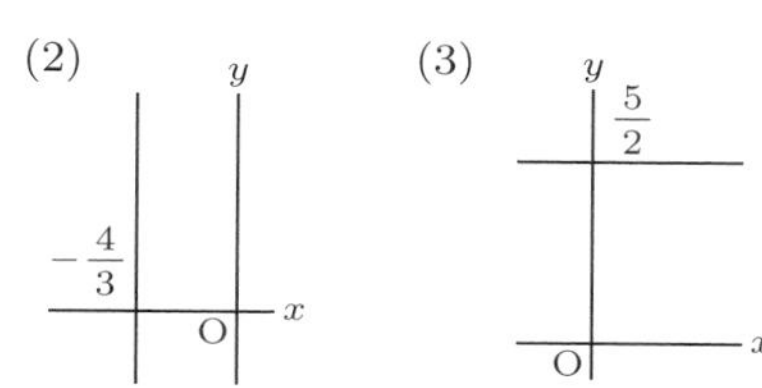

問9 (1) $2x - y - 1 = 0$

(2) $4x + 3y + 5 = 0$　(3) $x + 2 = 0$

(4) $y - 4 = 0$

問10 $x - 2y - 6 = 0$

● 練習問題 1·A　(p.181)

1. $(-1,\ 0),\ (7,\ 0)$

2. $(-1,\ 3)$

3. $a = -2,\ b = 1$

4. $a = 4$

5. (1) $3x - 5y - 8 = 0$

(2) $4x + 5y + 6 = 0$

(3) $2x - 3y - 3 = 0$

6. $3x - y - 10 = 0$

7. $k = -3$

8. 2 直線の傾きを求め，平行条件，垂直条件を用いよ．

● 練習問題 1·B　(p.182)

1. $m = 3$　($m = -2$ のときは一致する)

2. $\left(-\frac{2}{5},\ \frac{9}{5}\right)$

3. $\frac{6}{5}$

4. P，Q，R の座標を求め，△PQR の重心を計算せよ．

5. (1) $\left(-\frac{ac}{a^2 + b^2},\ -\frac{bc}{a^2 + b^2}\right)$

(2) (1) の結果を用いて OH を計算せよ．

6. 直線 $ax + by + c = 0$ を x 軸，y 軸方向にそれぞれ $-x_1$，$-y_1$ 平行移動した直線 $a(x + x_1) + b(y + y_1) + c = 0$ と原点との距離を求めよ．

② (p.183～200)

問1 (1) $(x + 2)^2 + (y - 1)^2 = 9$

(2) $x^2 + y^2 = 2$

(3) $(x - 2)^2 + (y - 4)^2 = 25$

問2 (1) 中心 $(-3,\ 2)$，半径 4

(2) 中心 $\left(\frac{1}{2},\ 1\right)$，半径 $\frac{1}{2}$

問3 $x^2 + y^2 - 5x + y + 4 = 0$

中心 $\left(\frac{5}{2},\ -\frac{1}{2}\right)$，半径 $\frac{\sqrt{10}}{2}$

問4 中心 $(-2,\ 2)$，半径 1 の円

問5 $\frac{x^2}{36} + \frac{y^2}{25} = 1$

焦点 $(\sqrt{11}, 0)$，$(-\sqrt{11}, 0)$

問6 (1) 焦点 $(\sqrt{33}, 0)$，$(-\sqrt{33}, 0)$

長軸 14, 短軸 8

y　4　−7　O　7　x　−4

(2) 焦点 $(0, 2\sqrt{2})$，$(0, -2\sqrt{2})$

長軸 6, 短軸 2

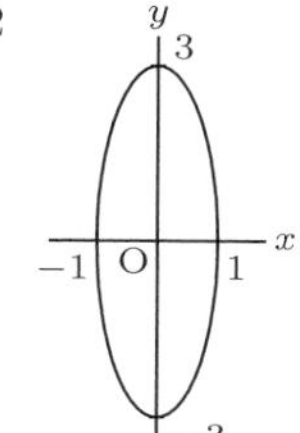

(3) 焦点 $\left(\dfrac{\sqrt{7}}{4}, 0\right)$, $\left(-\dfrac{\sqrt{7}}{4}, 0\right)$

長軸 2, 短軸 $\dfrac{3}{2}$

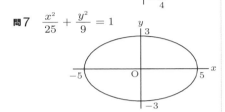

問7 $\dfrac{x^2}{25} + \dfrac{y^2}{9} = 1$

問8 $\dfrac{x^2}{4} + \dfrac{y^2}{8} = 1$

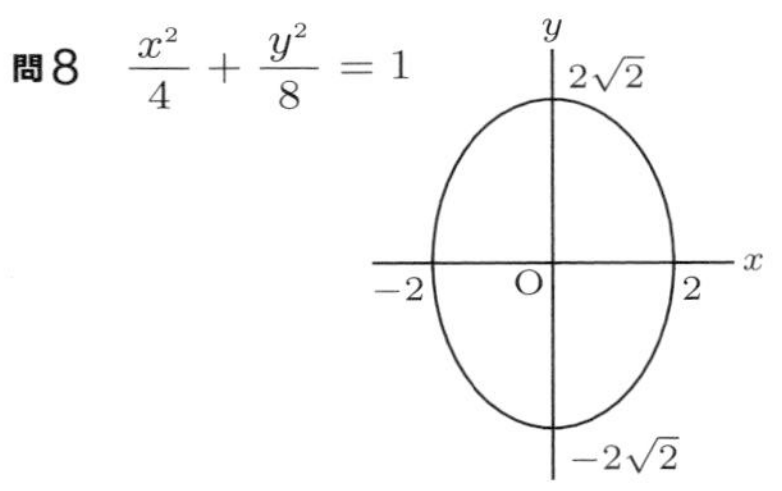

問9 (1) 焦点 $(\sqrt{2}, 0)$, $(-\sqrt{2}, 0)$

漸近線 $y = \pm x$

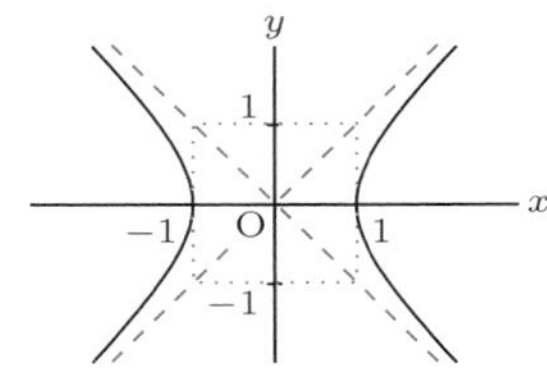

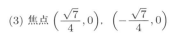

(2) 焦点 $(5, 0)$, $(-5, 0)$

漸近線 $y = \pm\dfrac{4}{3}x$

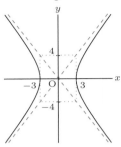

(3) 焦点 $\left(\dfrac{\sqrt{13}}{2}, 0\right)$, $\left(-\dfrac{\sqrt{13}}{2}, 0\right)$

漸近線 $y = \pm\dfrac{3}{2}x$

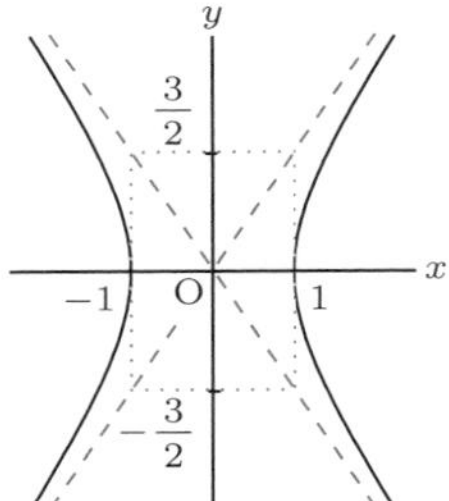

問10 $\dfrac{x^2}{4} - \dfrac{y^2}{12} = 1$, $y = \pm\sqrt{3}x$

問11 (1) 焦点 $(0, \sqrt{2})$, $(0, -\sqrt{2})$

漸近線 $y = \pm x$

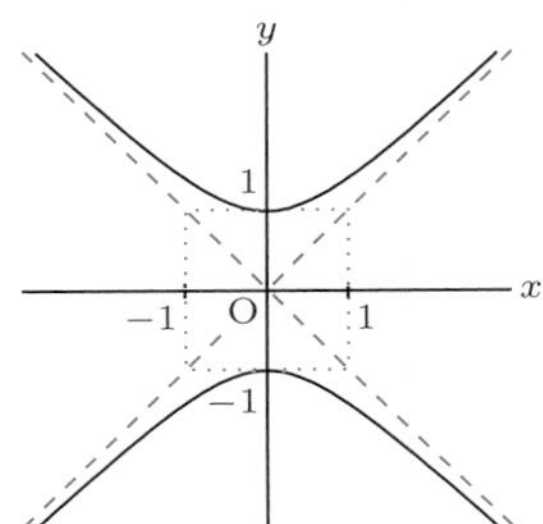

(2) 焦点 $(0,5)$，$(0,-5)$

漸近線 $y=\pm\dfrac{4}{3}x$

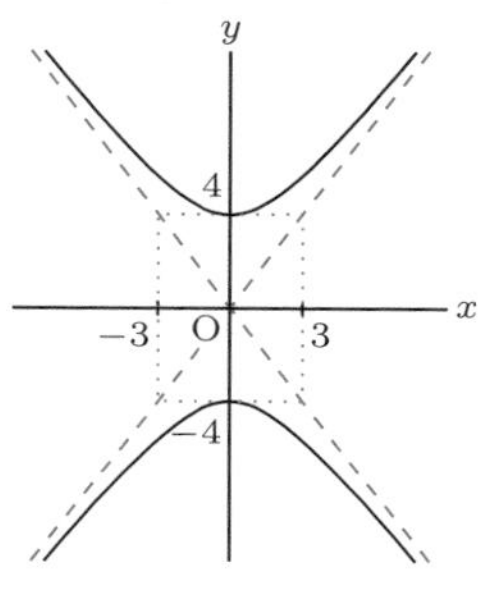

(3) 焦点 $(0,2\sqrt{3})$，$(0,-2\sqrt{3})$

漸近線 $y=\pm\dfrac{1}{\sqrt{2}}x$

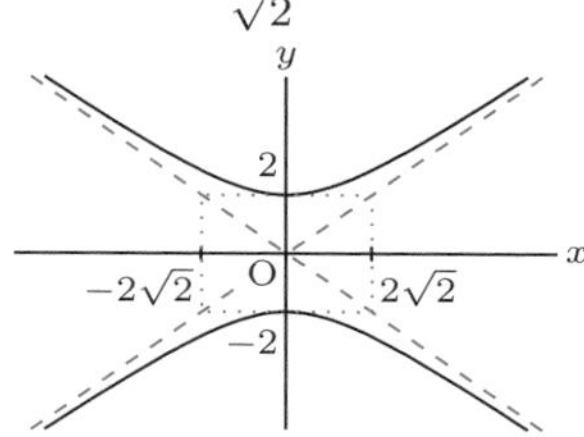

問12　$y^2=12x$

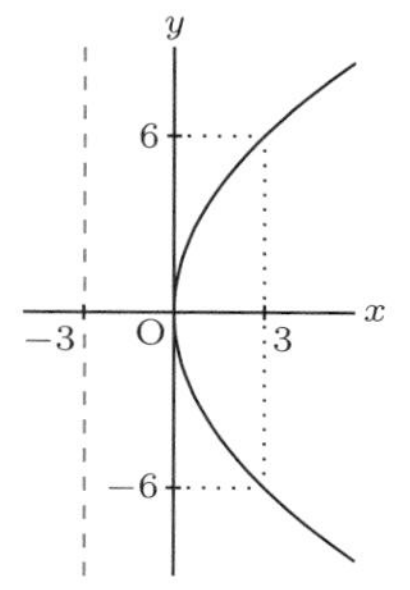

問13　(1) 焦点 $(5,0)$, 準線 $x=-5$

(2) 焦点 $(-4,0)$, 準線 $x=4$

(3) 焦点 $(0,\ 1)$，準線 $y=-1$

(4) 焦点 $\left(0,-\dfrac{1}{4}\right)$，準線 $y=\dfrac{1}{4}$

問14　$k=1$

問15　$y=-x\pm\sqrt{3}$

問16　(1) $4x+3y=25$

(2) $-3x+4y=25$　(3) $x=5$

問17　$\triangle\mathrm{OBC}=\dfrac{1}{2}ar$ などと

$\triangle\mathrm{ABC}=\triangle\mathrm{OBC}+\triangle\mathrm{OCA}+\triangle\mathrm{OAB}$

を用いて証明せよ.

問18　面積 $4\sqrt{6}$，半径 $\dfrac{\sqrt{6}}{2}$

問19　(1)

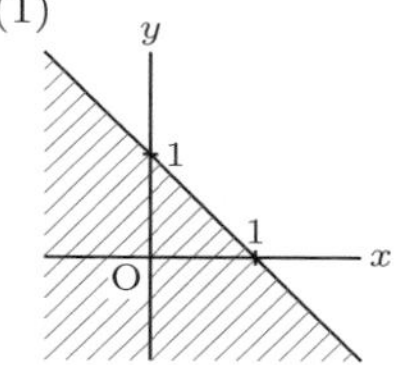

境界を含まない

(2)

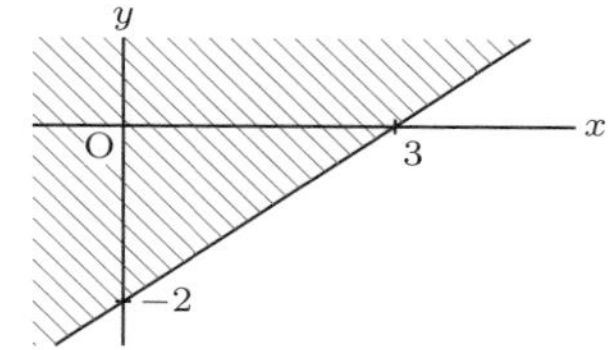

境界を含む

(3)

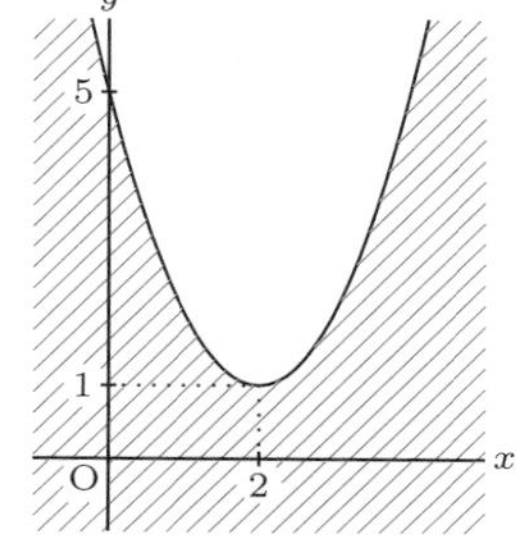

境界を含む

(4)

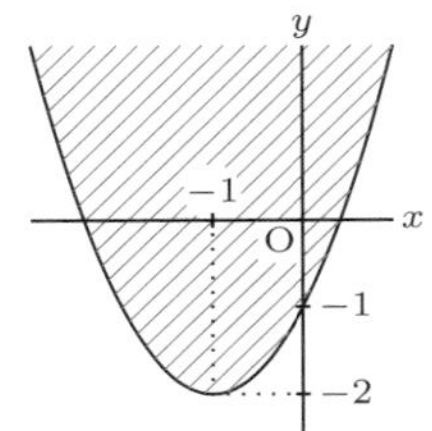

境界を含まない

問20 (1)

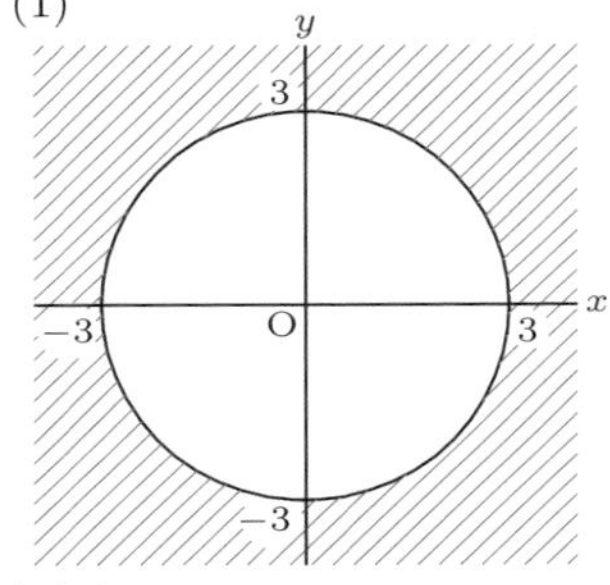

境界を含まない

(2)

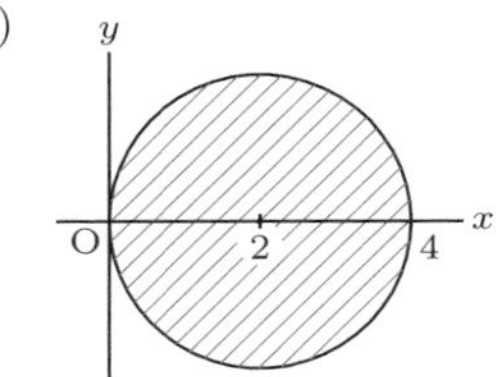

境界を含む

(3)

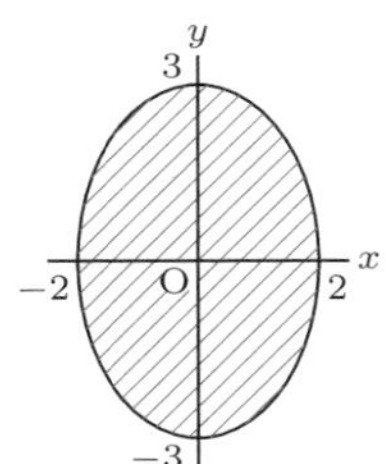

境界を含まない

問21 (1)

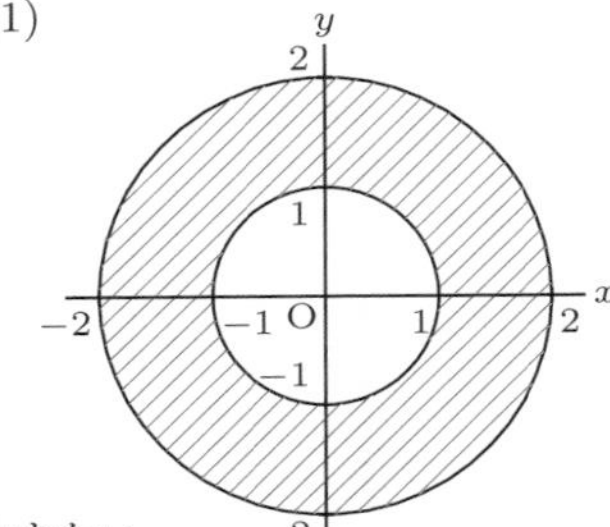

境界を含まない

(2)

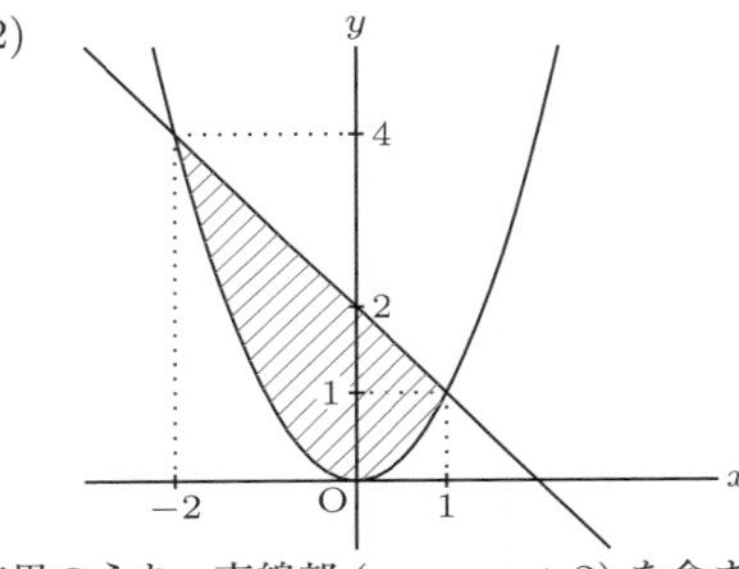

境界のうち，直線部 $(y=-x+2)$ を含まない

問22 (1) $\begin{cases} y>0 \\ x^2+y^2<9 \end{cases}$

(2) $\begin{cases} y \geqq x-1 \\ y \leqq -2x+2 \end{cases}$

問23 (1) 5 $(x=3,\ y=2$ のとき$)$

(2) 12 $(x=4,\ y=0$ のとき$)$

練習問題 2·A (p.201)

1. (1) 中心 $(2,\ -1)$，半径 $2\sqrt{3}$

(2) 中心 $\left(0, \dfrac{3}{2}\right)$，半径 $\dfrac{\sqrt{5}}{2}$

2. (1) $(x-1)^2+(y+2)^2=18$

(2) $(x-4)^2+(y-1)^2=13$

(3) $x^2+y^2-6x-4y+8=0$

3. (1) $(x-1)^2+(y-1)^2=1$

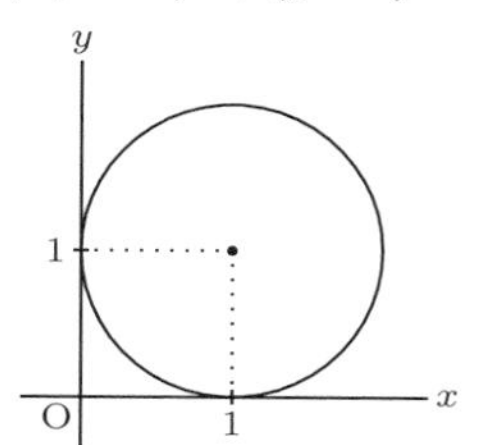

(2) $\left(x-\dfrac{8}{3}\right)^2+\left(y+\dfrac{2}{3}\right)^2=\dfrac{32}{9}$

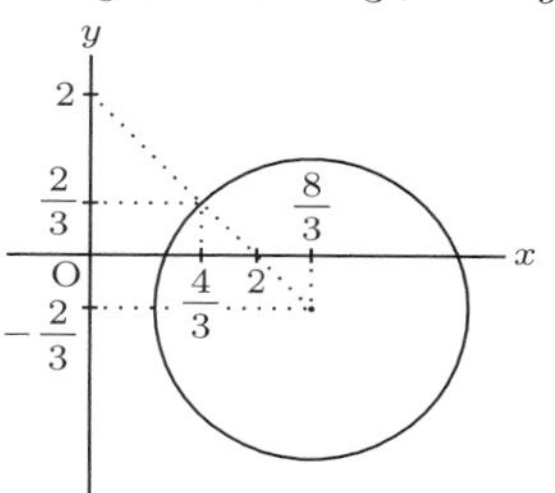

(3) $y=x+1$

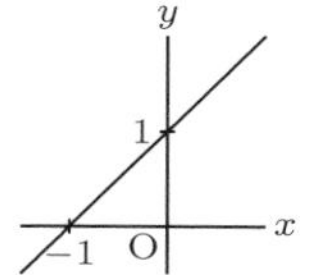

4. (1)

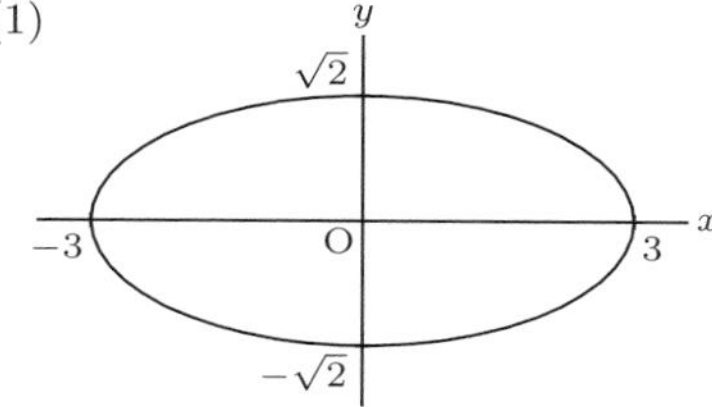

(2)

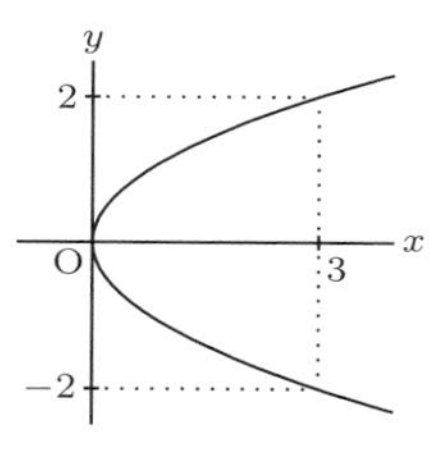

(3)

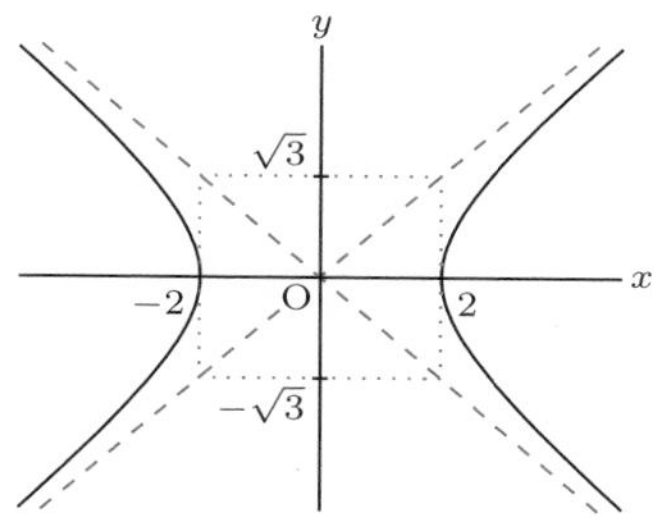

5. (1) $\dfrac{x^2}{6}+\dfrac{y^2}{9}=1$

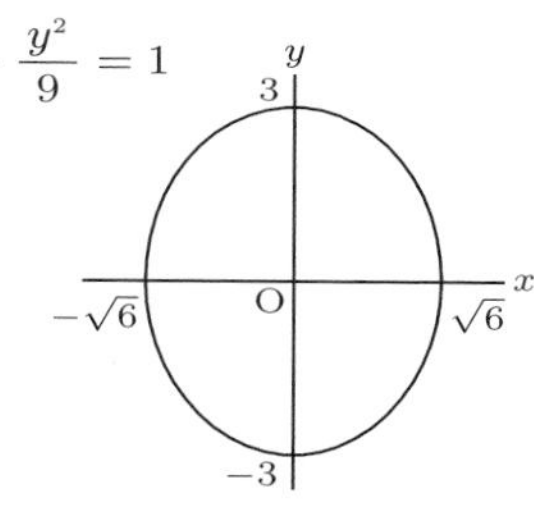

(2) $\dfrac{x^2}{4}-y^2=-1$

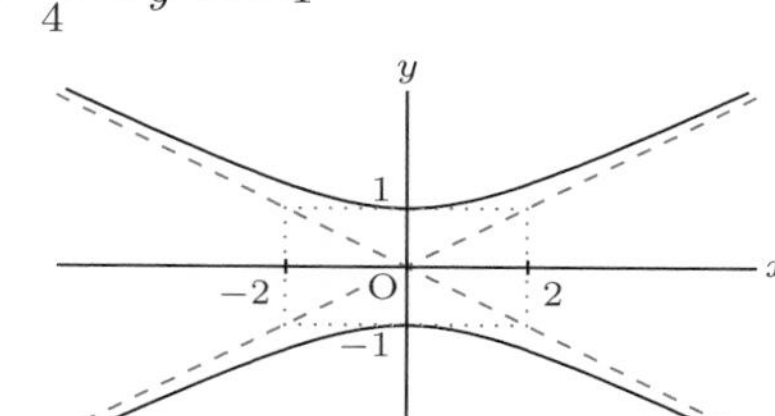

6. $k=\pm 2$

$\left(\pm\dfrac{1}{2}, \pm\dfrac{5}{2}\right)$ (複号同順)

7. (1)

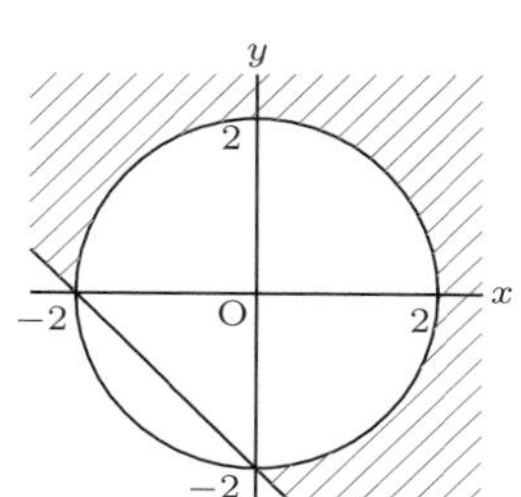

境界を含まない

(2)

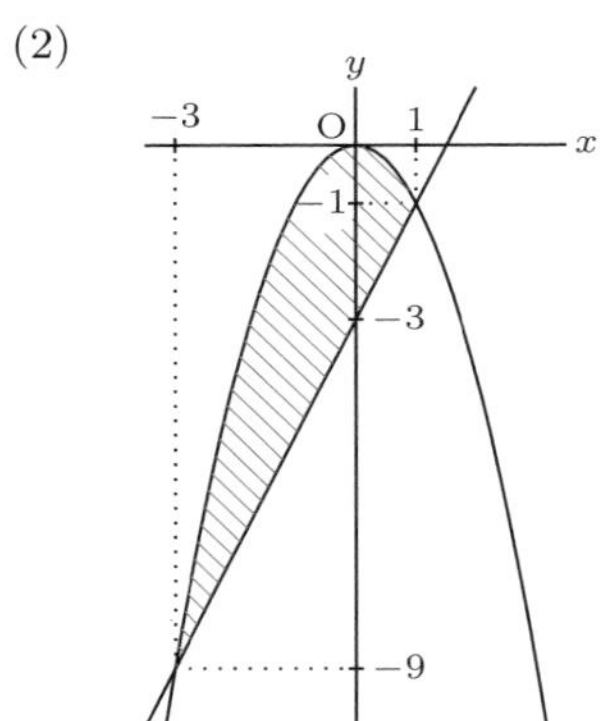

境界を含む

8. 最大値 4 ($x=1$, $y=2$ のとき)

最小値 1 ($x=0$, $y=1$ のとき)

練習問題 2·B (p.202)

1. (1) $x^2+(y-3)^2=5$

(2) $\left(x-\dfrac{5}{4}\right)^2+\left(y-\dfrac{5}{4}\right)^2=\dfrac{25}{8}$

2. 接するとき $m=\dfrac{3\pm\sqrt{3}}{4}$

共有点をもたないとき

$m<\dfrac{3-\sqrt{3}}{4}$, $m>\dfrac{3+\sqrt{3}}{4}$

3. x 軸方向に $-a$, y 軸方向に $-b$ 平行移動して考えよ．$3x+2y=9$

4. $m<-\dfrac{1}{2}$, $m>\dfrac{1}{2}$ のとき 2 個

$m=\pm\dfrac{1}{2}$ のとき 1 個

$-\dfrac{1}{2}<m<\dfrac{1}{2}$ のとき 0 個

5. $48\sqrt{3}p^2$

6. (1) $a^2+b^2=9$

(2) $x=\dfrac{2}{3}a$, $y=\dfrac{1}{3}b$

(3) $\dfrac{x^2}{4}+y^2=1$

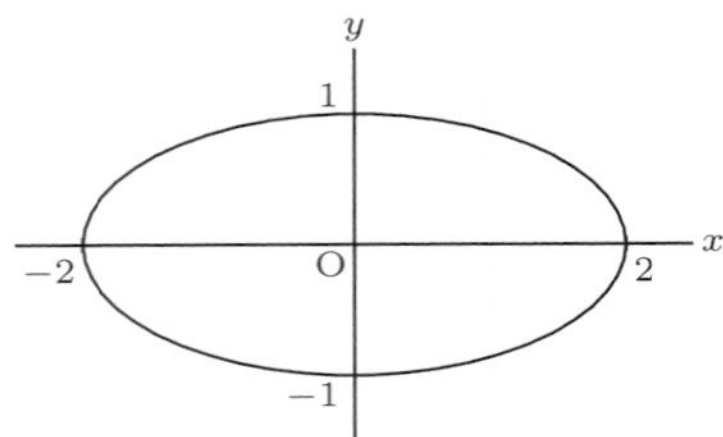

7. 最大値 15 ($x=9$, $y=-6$ のとき)

最小値 −1 ($x=1$, $y=2$ のとき)

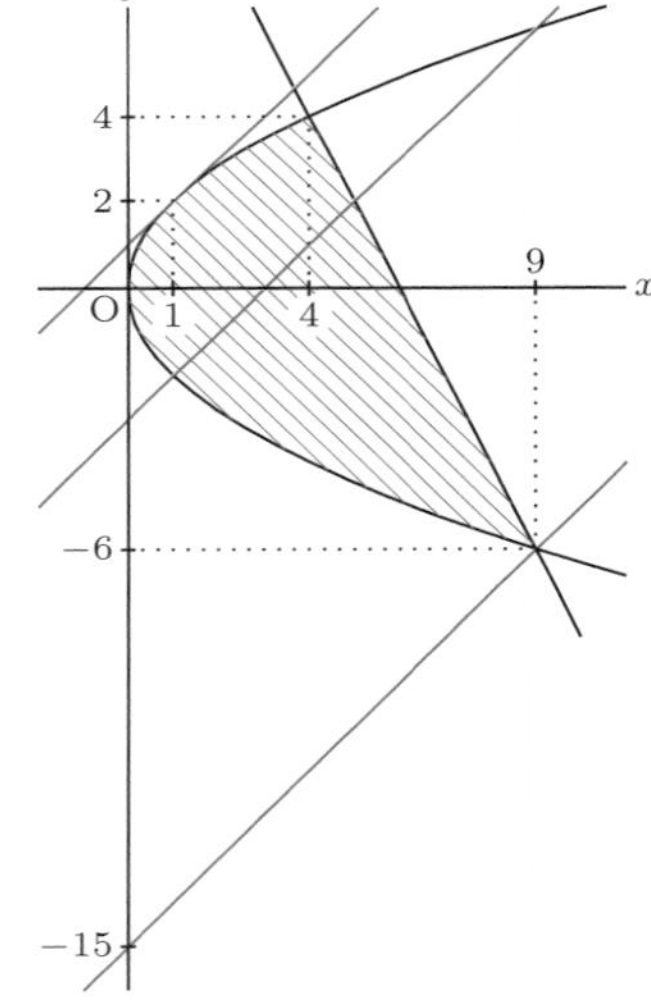

8. $\mathrm{PF}+\mathrm{PF}'=2a$ から得られる式

$$\sqrt{(x-c)^2+y^2}=2a-\sqrt{(x+c)^2+y^2}$$

の両辺を 2 乗して整理することにより

$$a\sqrt{(x+c)^2+y^2}=a^2+cx$$

を導き，さらに 2 乗して整理せよ．

7章 場合の数と数列

1 (p.204～216)

問1 16 個

問2 (1) 60 個 (2) 16 個

問3 24 個

問4 15 個

問5 14 通り

問6 (1) 60 (2) 840 (3) 6 (4) 720

問7 (1) 6 (2) 24 (3) 10 (4) $n(n-1)$

問8 48 個

問9 (1) 120 通り (2) 24 通り

問10 216 通り

問11 81 通り

問12 1024 通り

問13 (1) 120 (2) 21 (3) 21 (4) n (5) 1

問14 ${}_n\mathrm{C}_r$ は n 個から r 個とる組合せであり，${}_n\mathrm{C}_{n-r}$ は n 個から $n-r$ 個残す組合せと考えればよい．また，両辺に組合せの公式を適用して証明もできる．

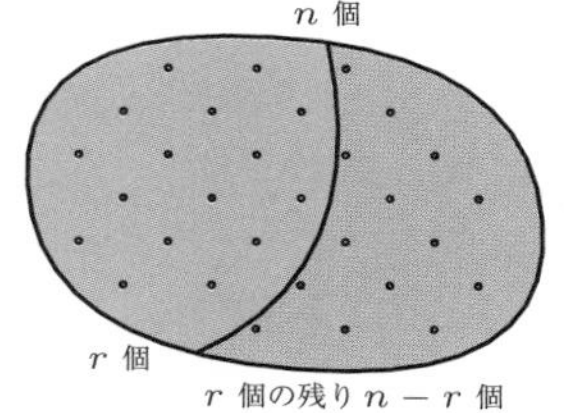

問15 (1) 56 通り (2) 840 通り

問16 15 本，20 個

問17 例題 5 の等式を繰り返し用いよ．

問18 280 個

問19 60 通り，
20 通り（青玉 2 個を 1 つとみなす）

問20 (1) 120 通り (2) 12 通り
（男子 3 人を円形に並べた後，間に女子 3 人を並べる）

問21 (1) $a^6+6a^5+15a^4+20a^3+15a^2+6a+1$

(2) $a^4+12a^3b+54a^2b^2+108ab^3+81b^4$

(3) $x^7-7x^6+21x^5-35x^4+35x^3-21x^2+7x-1$

問22 -14

練習問題 1・A (p.217)

1. 600 通り
2. 9 通り
3. (1) 294 個 (2) 448 個
4. (1) $(n-1)(n-2)$ (2) $\dfrac{1}{n(n+1)}$
(3) $(n-r)(n-r+1)$
5. 729 通り
6. 315 個
7. 560 個（まず，1 の場所を 3 つ選ぶ）
8. (1) 210 個 (2) 60 個
9. (1) -160 (2) -12 (3) 60

練習問題 1・B (p.218)

1. (1) 720 通り (2) 144 通り
(3) 144 通り（男子 4 人を円形に並べた後，男子間の 4 カ所から 3 つを女子 3 人へ割り振る．$3!\times{}_4\mathrm{P}_3$ ）
2. (1) $\dfrac{7!}{4!3!}=35$

(2) $35-\dfrac{4!}{2!2!}\times\dfrac{3!}{2!1!}=17$

3. (1) 84 個 (2) 9 個 (3) 45 個

(4) 30 個

4. (1) 150 個 (2) 78 個

5. 展開式に $x=1$ を代入してみよ.

6. (1) $\dfrac{7!}{3!2!2!}=210$ (2) $\dfrac{7!}{5!1!1!}=42$

(3) $\dfrac{7!}{5!2!}=21$

7. (1) 6 (2) 50 (3) 141

2 (p.219～230)

問1 (1) 1, 4, 7, 10, 13

(2) $-\dfrac{1}{3}$, $\dfrac{1}{9}$, $-\dfrac{1}{27}$, $\dfrac{1}{81}$, $-\dfrac{1}{243}$

(3) $\dfrac{1}{3}$, $\dfrac{1}{8}$, $\dfrac{1}{15}$, $\dfrac{1}{24}$, $\dfrac{1}{35}$

問2 (1) 1, −1, 1, −1, 1, −1

(2) 1, 0, 1, 0, 1, 0

問3 (1) 7, 17, 22 (2) −7, −1, 2

問4 (1) $-3n+38$ (2) 8

(3) 第 20 項 (4) 第 13 項

問5 (1) 550 (2) n^2

問6 第 7 項

問7 (1) −12, 36, 324

(2) ±144, ±36, ±9 (複号同順)

問8 $\dfrac{3}{64}$

問9 1023

問10 (1) $3\cdot 2^{n-1}$ (2) 第 8 項 (3) 765

問11 (1) $1^2+2^2+3^2+4^2+5^2=55$

(2) $1+4+7+\cdots+28=145$

(3) $2+6+18+\cdots+2\cdot 3^{n-1}=3^n-1$

問12 (1) $\displaystyle\sum_{k=1}^{100}(100+k)$

(2) $\displaystyle\sum_{k=1}^{10}\left(-\frac{1}{2}\right)^{k-1}$

問13 (1) $\dfrac{1}{3}n(n+1)(n-1)$

(2) $\dfrac{1}{6}n(n+1)(4n+5)$

(3) $\dfrac{1}{3}n(2n+1)(2n-1)$

問14 (1) $a_1=1$,

$a_{k+1}=3a_k+2\quad(k=1,2,3,\cdots)$

(2) $a_1=2$,

$a_{k+1}=(a_k-1)^2\quad(k=1,2,3,\cdots)$

問15 (1) 1, 2, 5, 26

(2) 3, 6, 12, 21

問16 (1) $2\cdot 3^n-2$

(2) $2+(n-1)^2=n^2-2n+3$

問17 $a_k=\dfrac{2k+2}{k}$ と仮定して

$a_{k+1}=\dfrac{2k+4}{k+1}=\dfrac{2(k+1)+2}{k+1}$ となることを示せ.

練習問題 2·A (p.231)

1. (1) 第 18 項 (2) 365 (3) 第 35 項

2. (1) 第 11 項 (2) 381 (3) 第 14 項

3. (1) $\dfrac{1-\left(-\frac{1}{2}\right)^{10}}{1-\left(-\frac{1}{2}\right)}=\dfrac{341}{512}$

(2) $\dfrac{\sqrt{3}\left\{1-\left(-\frac{1}{\sqrt{3}}\right)^{10}\right\}}{1-\left(-\frac{1}{\sqrt{3}}\right)}$

$=\dfrac{121(\sqrt{3}-1)}{81}$

4. (1) $n^2(n+1)$

(2) $\dfrac{1}{3}n(n-1)(n+4)$

5. (1) 4^n-1 (2) n^2-n+4

6. $a_k=\dfrac{k(k+1)}{2}\cdot 3^{k-1}$ が成り立つと仮定して $a_{k+1}=\dfrac{(k+1)(k+2)}{2}\cdot 3^k$ が成り立つことを証明せよ．

● 練習問題 2·B (p.232)

1. (1) 右辺に $b_k=a_{k+1}-a_k$ を代入せよ．

(2) $a_n=n^2-2n+2$

2. $a_n=2n-3$

3. (1) 1，3，6 (2) $a_{k+1}=a_k+k$

(3) $a_n=\dfrac{n(n-1)}{2}$

4. 6^k-1 が 5 で割り切れると仮定すると，$6^k-1=5m$（ただし m は自然数）と表されることを利用せよ．

5. $p^lq^mr^n$ の約数は次の形で表される．

$$p^aq^br^c$$

ここで

$$a=0,1,\cdots,l,\quad b=0,1,\cdots,m,$$
$$c=0,1,\cdots,n$$

すべての約数は次の 3 つの式の積を展開したときの項となっていることを用いよ．

$$1+p+p^2+\cdots+p^a+\cdots+p^l,$$
$$1+q+q^2+\cdots+q^b+\cdots+q^m,$$
$$1+r+r^2+\cdots+r^c+\cdots+r^n$$

索引

三 角 関 数 表

角	sin	cos	tan	角	sin	cos	tan
0°	0.0000	1.0000	0.0000	45°	0.7071	0.7071	1.0000
1°	0.0175	0.9998	0.0175	46°	0.7193	0.6947	1.0355
2°	0.0349	0.9994	0.0349	47°	0.7314	0.6820	1.0724
3°	0.0523	0.9986	0.0524	48°	0.7431	0.6691	1.1106
4°	0.0698	0.9976	0.0699	49°	0.7547	0.6561	1.1504
5°	0.0872	0.9962	0.0875	50°	0.7660	0.6428	1.1918
6°	0.1045	0.9945	0.1051	51°	0.7771	0.6293	1.2349
7°	0.1219	0.9925	0.1228	52°	0.7880	0.6157	1.2799
8°	0.1392	0.9903	0.1405	53°	0.7986	0.6018	1.3270
9°	0.1564	0.9877	0.1584	54°	0.8090	0.5878	1.3764
10°	0.1736	0.9848	0.1763	55°	0.8192	0.5736	1.4281
11°	0.1908	0.9816	0.1944	56°	0.8290	0.5592	1.4826
12°	0.2079	0.9781	0.2126	57°	0.8387	0.5446	1.5399
13°	0.2250	0.9744	0.2309	58°	0.8480	0.5299	1.6003
14°	0.2419	0.9703	0.2493	59°	0.8572	0.5150	1.6643
15°	0.2588	0.9659	0.2679	60°	0.8660	0.5000	1.7321
16°	0.2756	0.9613	0.2867	61°	0.8746	0.4848	1.8040
17°	0.2924	0.9563	0.3057	62°	0.8829	0.4695	1.8807
18°	0.3090	0.9511	0.3249	63°	0.8910	0.4540	1.9626
19°	0.3256	0.9455	0.3443	64°	0.8988	0.4384	2.0503
20°	0.3420	0.9397	0.3640	65°	0.9063	0.4226	2.1445
21°	0.3584	0.9336	0.3839	66°	0.9135	0.4067	2.2460
22°	0.3746	0.9272	0.4040	67°	0.9205	0.3907	2.3559
23°	0.3907	0.9205	0.4245	68°	0.9272	0.3746	2.4751
24°	0.4067	0.9135	0.4452	69°	0.9336	0.3584	2.6051
25°	0.4226	0.9063	0.4663	70°	0.9397	0.3420	2.7475
26°	0.4384	0.8988	0.4877	71°	0.9455	0.3256	2.9042
27°	0.4540	0.8910	0.5095	72°	0.9511	0.3090	3.0777
28°	0.4695	0.8829	0.5317	73°	0.9563	0.2924	3.2709
29°	0.4848	0.8746	0.5543	74°	0.9613	0.2756	3.4874
30°	0.5000	0.8660	0.5774	75°	0.9659	0.2588	3.7321
31°	0.5150	0.8572	0.6009	76°	0.9703	0.2419	4.0108
32°	0.5299	0.8480	0.6249	77°	0.9744	0.2250	4.3315
33°	0.5446	0.8387	0.6494	78°	0.9781	0.2079	4.7046
34°	0.5592	0.8290	0.6745	79°	0.9816	0.1908	5.1446
35°	0.5736	0.8192	0.7002	80°	0.9848	0.1736	5.6713
36°	0.5878	0.8090	0.7265	81°	0.9877	0.1564	6.3138
37°	0.6018	0.7986	0.7536	82°	0.9903	0.1392	7.1154
38°	0.6157	0.7880	0.7813	83°	0.9925	0.1219	8.1443
39°	0.6293	0.7771	0.8098	84°	0.9945	0.1045	9.5144
40°	0.6428	0.7660	0.8391	85°	0.9962	0.0872	11.4301
41°	0.6561	0.7547	0.8693	86°	0.9976	0.0698	14.3007
42°	0.6691	0.7431	0.9004	87°	0.9986	0.0523	19.0811
43°	0.6820	0.7314	0.9325	88°	0.9994	0.0349	28.6363
44°	0.6947	0.7193	0.9657	89°	0.9998	0.0175	57.2900
45°	0.7071	0.7071	1.0000	90°	1.0000	0.0000	–

対 数 表 (1)

数	0	1	2	3	4	5	6	7	8	9
1.0	.0000	.0043	.0086	.0128	.0170	.0212	.0253	.0294	.0334	.0374
1.1	.0414	.0453	.0492	.0531	.0569	.0607	.0645	.0682	.0719	.0755
1.2	.0792	.0828	.0864	.0899	.0934	.0969	.1004	.1038	.1072	.1106
1.3	.1139	.1173	.1206	.1239	.1271	.1303	.1335	.1367	.1399	.1430
1.4	.1461	.1492	.1523	.1553	.1584	.1614	.1644	.1673	.1703	.1732
1.5	.1761	.1790	.1818	.1847	.1875	.1903	.1931	.1959	.1987	.2014
1.6	.2041	.2068	.2095	.2122	.2148	.2175	.2201	.2227	.2253	.2279
1.7	.2304	.2330	.2355	.2380	.2405	.2430	.2455	.2480	.2504	.2529
1.8	.2553	.2577	.2601	.2625	.2648	.2672	.2695	.2718	.2742	.2765
1.9	.2788	.2810	.2833	.2856	.2878	.2900	.2923	.2945	.2967	.2989
2.0	.3010	.3032	.3054	.3075	.3096	.3118	.3139	.3160	.3181	.3201
2.1	.3222	.3243	.3263	.3284	.3304	.3324	.3345	.3365	.3385	.3404
2.2	.3424	.3444	.3464	.3483	.3502	.3522	.3541	.3560	.3579	.3598
2.3	.3617	.3636	.3655	.3674	.3692	.3711	.3729	.3747	.3766	.3784
2.4	.3802	.3820	.3838	.3856	.3874	.3892	.3909	.3927	.3945	.3962
2.5	.3979	.3997	.4014	.4031	.4048	.4065	.4082	.4099	.4116	.4133
2.6	.4150	.4166	.4183	.4200	.4216	.4232	.4249	.4265	.4281	.4298
2.7	.4314	.4330	.4346	.4362	.4378	.4393	.4409	.4425	.4440	.4456
2.8	.4472	.4487	.4502	.4518	.4533	.4548	.4564	.4579	.4594	.4609
2.9	.4624	.4639	.4654	.4669	.4683	.4698	.4713	.4728	.4742	.4757
3.0	.4771	.4786	.4800	.4814	.4829	.4843	.4857	.4871	.4886	.4900
3.1	.4914	.4928	.4942	.4955	.4969	.4983	.4997	.5011	.5024	.5038
3.2	.5051	.5065	.5079	.5092	.5105	.5119	.5132	.5145	.5159	.5172
3.3	.5185	.5198	.5211	.5224	.5237	.5250	.5263	.5276	.5289	.5302
3.4	.5315	.5328	.5340	.5353	.5366	.5378	.5391	.5403	.5416	.5428
3.5	.5441	.5453	.5465	.5478	.5490	.5502	.5514	.5527	.5539	.5551
3.6	.5563	.5575	.5587	.5599	.5611	.5623	.5635	.5647	.5658	.5670
3.7	.5682	.5694	.5705	.5717	.5729	.5740	.5752	.5763	.5775	.5786
3.8	.5798	.5809	.5821	.5832	.5843	.5855	.5866	.5877	.5888	.5899
3.9	.5911	.5922	.5933	.5944	.5955	.5966	.5977	.5988	.5999	.6010
4.0	.6021	.6031	.6042	.6053	.6064	.6075	.6085	.6096	.6107	.6117
4.1	.6128	.6138	.6149	.6160	.6170	.6180	.6191	.6201	.6212	.6222
4.2	.6232	.6243	.6253	.6263	.6274	.6284	.6294	.6304	.6314	.6325
4.3	.6335	.6345	.6355	.6365	.6375	.6385	.6395	.6405	.6415	.6425
4.4	.6435	.6444	.6454	.6464	.6474	.6484	.6493	.6503	.6513	.6522
4.5	.6532	.6542	.6551	.6561	.6571	.6580	.6590	.6599	.6609	.6618
4.6	.6628	.6637	.6646	.6656	.6665	.6675	.6684	.6693	.6702	.6712
4.7	.6721	.6730	.6739	.6749	.6758	.6767	.6776	.6785	.6794	.6803
4.8	.6812	.6821	.6830	.6839	.6848	.6857	.6866	.6875	.6884	.6893
4.9	.6902	.6911	.6920	.6928	.6937	.6946	.6955	.6964	.6972	.6981
5.0	.6990	.6998	.7007	.7016	.7024	.7033	.7042	.7050	.7059	.7067
5.1	.7076	.7084	.7093	.7101	.7110	.7118	.7126	.7135	.7143	.7152
5.2	.7160	.7168	.7177	.7185	.7193	.7202	.7210	.7218	.7226	.7235
5.3	.7243	.7251	.7259	.7267	.7275	.7284	.7292	.7300	.7308	.7316
5.4	.7324	.7332	.7340	.7348	.7356	.7364	.7372	.7380	.7388	.7396

$\log \pi = 0.4971$

対 数 表 (2)

数	0	1	2	3	4	5	6	7	8	9
5.5	.7404	.7412	.7419	.7427	.7435	.7443	.7451	.7459	.7466	.7474
5.6	.7482	.7490	.7497	.7505	.7513	.7520	.7528	.7536	.7543	.7551
5.7	.7559	.7566	.7574	.7582	.7589	.7597	.7604	.7612	.7619	.7627
5.8	.7634	.7642	.7649	.7657	.7664	.7672	.7679	.7686	.7694	.7701
5.9	.7709	.7716	.7723	.7731	.7738	.7745	.7752	.7760	.7767	.7774
6.0	.7782	.7789	.7796	.7803	.7810	.7818	.7825	.7832	.7839	.7846
6.1	.7853	.7860	.7868	.7875	.7882	.7889	.7896	.7903	.7910	.7917
6.2	.7924	.7931	.7938	.7945	.7952	.7959	.7966	.7973	.7980	.7987
6.3	.7993	.8000	.8007	.8014	.8021	.8028	.8035	.8041	.8048	.8055
6.4	.8062	.8069	.8075	.8082	.8089	.8096	.8102	.8109	.8116	.8122
6.5	.8129	.8136	.8142	.8149	.8156	.8162	.8169	.8176	.8182	.8189
6.6	.8195	.8202	.8209	.8215	.8222	.8228	.8235	.8241	.8248	.8254
6.7	.8261	.8267	.8274	.8280	.8287	.8293	.8299	.8306	.8312	.8319
6.8	.8325	.8331	.8338	.8344	.8351	.8357	.8363	.8370	.8376	.8382
6.9	.8388	.8395	.8401	.8407	.8414	.8420	.8426	.8432	.8439	.8445
7.0	.8451	.8457	.8463	.8470	.8476	.8482	.8488	.8494	.8500	.8506
7.1	.8513	.8519	.8525	.8531	.8537	.8543	.8549	.8555	.8561	.8567
7.2	.8573	.8579	.8585	.8591	.8597	.8603	.8609	.8615	.8621	.8627
7.3	.8633	.8639	.8645	.8651	.8657	.8663	.8669	.8675	.8681	.8686
7.4	.8692	.8698	.8704	.8710	.8716	.8722	.8727	.8733	.8739	.8745
7.5	.8751	.8756	.8762	.8768	.8774	.8779	.8785	.8791	.8797	.8802
7.6	.8808	.8814	.8820	.8825	.8831	.8837	.8842	.8848	.8854	.8859
7.7	.8865	.8871	.8876	.8882	.8887	.8893	.8899	.8904	.8910	.8915
7.8	.8921	.8927	.8932	.8938	.8943	.8949	.8954	.8960	.8965	.8971
7.9	.8976	.8982	.8987	.8993	.8998	.9004	.9009	.9015	.9020	.9025
8.0	.9031	.9036	.9042	.9047	.9053	.9058	.9063	.9069	.9074	.9079
8.1	.9085	.9090	.9096	.9101	.9106	.9112	.9117	.9122	.9128	.9133
8.2	.9138	.9143	.9149	.9154	.9159	.9165	.9170	.9175	.9180	.9186
8.3	.9191	.9196	.9201	.9206	.9212	.9217	.9222	.9227	.9232	.9238
8.4	.9243	.9248	.9253	.9258	.9263	.9269	.9274	.9279	.9284	.9289
8.5	.9294	.9299	.9304	.9309	.9315	.9320	.9325	.9330	.9335	.9340
8.6	.9345	.9350	.9355	.9360	.9365	.9370	.9375	.9380	.9385	.9390
8.7	.9395	.9400	.9405	.9410	.9415	.9420	.9425	.9430	.9435	.9440
8.8	.9445	.9450	.9455	.9460	.9465	.9469	.9474	.9479	.9484	.9489
8.9	.9494	.9499	.9504	.9509	.9513	.9518	.9523	.9528	.9533	.9538
9.0	.9542	.9547	.9552	.9557	.9562	.9566	.9571	.9576	.9581	.9586
9.1	.9590	.9595	.9600	.9605	.9609	.9614	.9619	.9624	.9628	.9633
9.2	.9638	.9643	.9647	.9652	.9657	.9661	.9666	.9671	.9675	.9680
9.3	.9685	.9689	.9694	.9699	.9703	.9708	.9713	.9717	.9722	.9727
9.4	.9731	.9736	.9741	.9745	.9750	.9754	.9759	.9763	.9768	.9773
9.5	.9777	.9782	.9786	.9791	.9795	.9800	.9805	.9809	.9814	.9818
9.6	.9823	.9827	.9832	.9836	.9841	.9845	.9850	.9854	.9859	.9863
9.7	.9868	.9872	.9877	.9881	.9886	.9890	.9894	.9899	.9903	.9908
9.8	.9912	.9917	.9921	.9926	.9930	.9934	.9939	.9943	.9948	.9952
9.9	.9956	.9961	.9965	.9969	.9974	.9978	.9983	.9987	.9991	.9996

▶ 本書の WEB Contents を弊社サイトに掲載しております. ご活用下さい.
https://www.dainippon-tosho.co.jp/college_math/web_fundamental.html

●監修

高遠 節夫　元東邦大学教授

●執筆

赤池 祐次　呉工業高等専門学校教授
岡崎 貴宣　岐阜工業高等専門学校教授
西浦 孝治　福島工業高等専門学校教授
野澤 武司　長岡工業高等専門学校教授
濵口 直樹　長野工業高等専門学校教授
前田 善文　長野工業高等専門学校名誉教授
山下 哲　木更津工業高等専門学校教授

●校閲

石井 伸一郎　北九州工業高等専門学校准教授
市木 一平　高知工業高等専門学校教授
伊藤 豊治　近畿大学工業高等専門学校教授
碓氷 久　群馬工業高等専門学校教授
岡中 正三　呉工業高等専門学校名誉教授
蔵岡 誉司　東京情報大学総合情報学部教授
高橋 正郎　久留米工業高等専門学校准教授
冨永 徳雄　旭川工業高等専門学校教授
藤島 勝弘　苫小牧工業高等専門学校教授
米田 郁生　徳山工業高等専門学校准教授

写真 | mirai4192/PIXTA

表紙・カバー | 田中 晋　　本文設計 | 矢崎 博昭

新基礎数学　改訂版

2020.11.1　改訂版第1刷発行
2023.12.1　改訂版第5刷発行

●著作者　高遠 節夫 ほか
●発行者　大日本図書株式会社 (代表)中村 潤
●印刷者　株式会社 加藤文明社印刷所
●発行所　大日本図書株式会社　〒112-0012 東京都文京区大塚3-11-6
tel. 03-5940-8673(編集), 8676(供給)

中部支社　名古屋市千種区内山1-14-19 高島ビル　tel. 052-733-6662
関西支社　大阪市北区東天満2-9-4 千代田ビル東館6階　tel. 06-6354-7315
九州支社　福岡市中央区赤坂1-15-33 ダイアビル福岡赤坂7階　tel. 092-688-9595

ISBN978-4-477-03315-0
Printed in Japan